DEUTSCHLANDS letzte PARADIESE

Das Handbuch aller deutschen Natur- und Nationalparks

BRUCKMANN

Inhaltsverzeichnis

IM NORDEN

Special: Lebensraum Flüsse und Auen 10

1 Nationalpark Schleswig-Holsteinisches Wattenmeer 12

2 Naturpark Schlei 18

3 Naturpark Hüttener Berge 20

4 Naturpark Westensee 22

5 Naturpark Aukrug 26

6 Naturpark Holsteinische Schweiz 28

7 Nationalpark Vorpommersche Boddenlandschaft 34

8 Nationalpark Jasmund 40

Weißstorch

9 Biosphärenreservat Südost-Rügen 44

10 Naturpark Insel Usedom 48

11 Nationalpark Niedersächsisches Wattenmeer 52

12 Nationalpark Hamburgisches Wattenmeer 56

13 Naturpark Bourtanger Moor-Bargerveen 58

14 Naturpark Wildeshauser Geest 60

15 Naturpark und Geopark TERRA.vita 66

16 Naturpark Dümmer 72

17 Naturpark Steinhuder Meer 74

18 Naturpark Südheide 76

19 Naturpark Lüneburger Heide 78

20 Naturpark Lauenburgische Seen 82

21 Biosphärenreservat Schaalsee 84

22 Naturpark Mecklenburgisches Elbetal 86

23 Naturpark Elbhöhen-Wendland 88

24 Biosphärenreservat Flusslandschaft Elbe 90

25 Naturpark Drömling 94

26 Naturpark Sternberger Seenland 96

27 Naturpark Nossentiner/Schwinzer Heide 98

28 Naturpark Mecklenburgische Schweiz und Kummerower See 100

29 Naturpark Flusslandschaft Peenetal 104

30 Nationalpark Müritz 106

31 Naturpark Stechlin-Ruppiner Land 114

32 Naturpark Uckermärkische Seen 118

33 Naturpark Feldberger Seenlandschaft 122

34 Naturpark Am Stettiner Haff 124

35 Biosphärenreservat Schorfheide-Chorin 126

36 Nationalpark Unteres Odertal 130

37 Naturpark Westhavelland 134

38 Naturpark Barnim 138

39 Naturpark Märkische Schweiz 142

Die Lahnschlinge bei Cramberg

IM WESTEN

Special: Lebensraum Moore **146**
40 Naturpark Weserbergland 148
41 Naturpark Hohe Mark 152
42 Naturpark Teutoburger Wald / Eggegebirge 156
43 Naturpark Schwalm-Nette 160
44 Naturpark Solling-Vogler 164
45 Naturpark Bergisches Land 168
46 Naturpark Ebbegebirge 172
47 Naturpark Homert 174
48 Naturpark Arnsberger Wald 178
49 Naturpark Rothaargebirge 182
50 Naturpark Diemelsee 188
51 Nationalpark Kellerwald-Edersee 192
52 Naturpark Kellerwald-Edersee 196
53 Naturpark Habichtswald 200
54 Naturpark Münden 204
55 Naturpark Meißner-Kaufunger Wald 208
56 Nationalpark Eifel 212
57 Naturpark Hohes Venn-Eifel 216
58 Naturpark Südeifel 220
59 Natur- und Geopark Vulkaneifel 222
60 Naturpark Rheinland 224
61 Naturpark Siebengebirge 226
62 Naturpark Rhein-Westerwald 228
63 Naturpark Nassau 232
64 Naturpark Taunus 236
65 Naturpark Rhein-Taunus 238
66 Naturpark Hoher Vogelsberg 242
67 Naturpark Lahn-Dill-Bergland 246
68 Naturpark Spessart 248
69 Naturpark Hessischer Spessart 252
70 Naturpark Hessische Rhön 256
71 Biosphärenreservat Rhön 260
72 Naturpark Bayerische Rhön 264
73 Naturpark Soonwald-Nahe 268
74 Naturpark Saar-Hunsrück 270
75 Biosphärenreservat Bliesgau 274
76 Naturpark und Biosphärenreservat Pfälzerwald 276

Inhaltsverzeichnis

IM OSTEN

Special: Lebensraum Wälder 280

77 Naturpark Elm-Lappwald 282

78 Naturpark Hoher Fläming 286

79 Naturpark Fläming/Sachsen-Anhalt 290

80 Naturpark Nuthe-Nieplitz 292

81 Naturpark Dahme-Heideseen 294

82 Biosphärenreservat Spreewald 296

83 Naturpark Schlaubetal 302

84 Naturpark Harz 308

85 Nationalpark Harz 314

86 Naturpark Unteres Saaletal 320

87 Naturpark Kyffhäuser 322

88 Naturpark Eichsfeld-Hainich-Werratal 324

89 Naturpark Dübener Heide 330

90 Naturpark Niederlausitzer Heidelandschaft 334

91 Naturpark Niederlausitzer Landrücken 336

92 Biosphärenreservat Oberlausitzer Heide- und Teichlandschaft 338

93 Naturpark Saale-Unstrut-Triasland 342

94 Nationalpark Hainich 346

95 Naturpark Thüringer Wald 352

96 Biosphärenreservat Vessertal 358

97 Naturpark Thüringer Schiefergebirge/Obere Saale 360

98 Naturpark Fichtelgebirge 364

99 Naturpark Steinwald 370

100 Naturpark Erzgebirge/Vogtland 372

101 Naturpark Zittauer Gebirge 380

102 Nationalpark Sächsische Schweiz 382

Wildschweinfamilie

Blühende Margeritenwiese

IM SÜDEN

Special: Lebensraum Wiesen und Weiden 390

103 Naturpark Haßberge 392

104 Naturpark Frankenwald 396

105 Naturpark Bergstraße-Odenwald 400

106 Naturpark Neckartal-Odenwald 404

107 Naturpark Steigerwald 408

108 Naturpark Frankenhöhe 412

109 Naturpark Fränkische Schweiz-Veldensteiner Forst 416

110 Naturpark Hirschwald 422

111 Naturpark Nördlicher Oberpfälzer Wald 424

112 Naturpark Oberpfälzer Wald 428

113 Naturpark Oberer Bayerischer Wald 430

114 Naturpark Bayerischer Wald 434

115 Nationalpark Bayerischer Wald 442

116 Naturpark Stromberg-Heuchelberg 450

117 Naturpark Schwäbisch-Fränkischer Wald 452

118 Naturpark Altmühltal 456

119 Biosphärengebiet Schwäbische Alb 460

120 Naturpark Schwarzwald Mitte/Nord 462

121 Naturpark Südschwarzwald 468

122 Naturpark Schönbuch 474

123 Naturpark Obere Donau 476

124 Naturpark Augsburg-Westliche Wälder 482

125 Nationalpark und Biosphärenreservat Berchtesgaden 484

126 Naturpark Nagelfluhkette 492

Register 494

Impressum 496

Der Abend senkt sich am Weststrand auf Hiddensee.

Einführung

Die Vielfalt der Naturlandschaften in Deutschland ist ein wahrer Schatz, den es auch für die folgenden Generationen zu erhalten gilt. Der Bogen spannt sich von den Küsten der Nord- und der Ostsee mit ihren Inseln bis zu den majestätisch aufragenden Alpen von Berchtesgaden bis zum Allgäu. Dazwischen dehnen sich die reizvolle Norddeutsche Tiefebene und abwechslungsreiche Mittelgebirgslandschaften.

Fast 30 Prozent der Fläche Deutschlands ist von Großschutzgebieten bedeckt, die seit 2005 unter der Dachmarke »Nationale Naturlandschaften« vereint sind. Diese Dachmarke wurde von EUROPARC Deutschland und dem Verband Deutscher Naturparke mit Unterstützung der Deutschen Bundesstiftung Umwelt, Natur und Reaktorsicherheit sowie des Bundesamtes für Naturschutz und von zahlreichen Bundesländern entwickelt. Informationen über die Naturparke, Nationalparke und Biosphärenreservate sind über das Internet unter www.nationale-naturlandschaften.de zu erhalten.

Den größten Anteil haben die **Naturparks**, die zum Schutz besonders reizvoller Kulturlandschaften geschaffen wurden. Eine schonende Nutzung der Flächen ist im Naturpark erwünscht, ja sogar notwendig. Inmitten dieser reizvollen Erholungslandschaften gebührt den ebenfalls geschützten historischen Stätten und gewachsenen Ortsbildern besondere Beachtung.

Im **Nationalpark** steht der Schutz der Natur im Vordergrund, die entweder nur in geringem Maß oder überhaupt nicht durch den Eingriff des Menschen verändert wurde. Während sich in der Kernzone des Nationalparks die Lebensgemeinschaften mit ihrer Tier- und Pflanzenwelt ungestört entwickeln, greift der Mensch außerhalb der Kernzone im Nationalpark zu Schutzzwecken ein.

Die **Biosphärenreservate** dienen vor allem der Erforschung, wie sich der Eingriff des Menschen auf den Naturhaushalt auswirkt. Diese Gebiete überschneiden sich gelegentlich mit den Gebieten, die als Natur- oder Nationalpark ausgewiesen sind.

In diesem Buch werden – der Idee der »Nationalen Naturlandschaften« entsprechend – alle Nationalparke, Naturparke und Biosphärenreservate Deutschlands gemeinsam dargestellt.

Dabei kommt es vor allem darauf an, die Schönheiten der Großschutzgebiete in Augenschein zu nehmen, ihre speziellen Charakteristika vorzustellen und Wege zu zeigen, wie man diese Naturschönheiten auf Spaziergängen, Wanderungen oder Radtouren hautnah erleben und genießen kann.

Unbedingt zu beachten sind beim Besuch dieser Großschutzgebiete die geltenden Regeln, die auf Tafeln an Rastplätzen, Wanderparkplätzen und anderen Stellen sichtbar sind. Prinzipiell gilt, nur auf den dafür ausgewiesenen Flächen zu parken, die markierten Wege nicht zu verlassen und Rücksicht auf Tier- und Pflanzenwelt zu nehmen.

Themen-Specialseiten erzählen darüber hinaus etwas zu den Lebensräumen »Flüsse und Auen«, »Moore«, »Wälder« und »Wiesen und Weiden«.

Das Dahner Felsenland lockt auch mit weiten Wäldern.

St. Bartholomä am Ufer des Königssees ist und bleibt die Attraktion im Nationalpark und Biosphärenreservat Berchtesgaden.

Lebensraum Flüsse und Auen

Artenvielfalt am und im Süßgewässer

Oben: Besonders in der Dämmerung kann man Biber sehr gut beobachten.
Mitte: Biberdamm in einem Flussseitenarm
Unten: Durch die Abholzung der Auwälder wurde die Hochwassergefahr verstärkt.

Deutschlands Naturparks zählen zu den schönsten und wertvollsten Landschaftsgebieten der Nation. Dabei erstrecken sich die Kulturlandschaften über verschiedenste Lebensräume. Und genauso verschieden sind die Pflanzen- und Tierarten, die man dort trifft. Ein wichtiger natürlicher Lebensraum sind beispielsweise Flüsse und deren angrenzende Auen: ein fruchtbares Revier, das eine große Biodiversität begünstigt.

Kraft des Wassers

Die zehn längsten Flüsse, die durch Deutschland fließen, kennt wohl jeder: Donau, Rhein und Elbe, Oder, Weser, Mosel und Main, Inn, Saale und Spree. Kilometer um Kilometer winden sie sich durch unser Land – und bilden gemeinsam mit den umgebenden Uferauen ein Refugium für unzählige Tiere und Pflanzen. Die Kraft des Wassers gestaltet die Ufer, schafft Neben- und Altarme, bildet feuchte Senken, formt Schlammbänke und Steilufer, überflutet regelmäßig die Auen und Auwälder. Flora und Fauna haben sich diesem ständigen Wechsel angepasst und profitieren von den nährstoffreichen Ablagerungen, die die Auenböden fruchtbar machen. Sofern der Mensch nicht eingreift.

Hochwasser statt natürlicher Überflutung

Doch schon seit Jahrhunderten versuchen wir, wilde Flusslandschaften zu zähmen: für den Transport per Binnenschifffahrt, für die Trinkwassergewinnung, für die Stromerzeugung. Dadurch wurden viele lebendige Flüsse Deutschlands zu tristen Wasserstraßen: an vielen Stellen begradigt, zwischen Deiche gedrängt und mit Schleusen verbaut.

Daneben hat der Mensch die Flussauen stark verändert und seiner Nutzung angepasst. Die ebenen Flächen gelten seit jeher als guter Siedlungsraum, sie sind leicht zu erschließen und zu bebauen. Der natürliche Auwald wurde vieler Orten abgeholzt, die Aue dann als Weide genutzt. Für einen landwirtschaftlichen Anbau war der Boden zu feucht. So weit, so gut. Aber mit Beginn des industriellen Zeitalters verdrängten anwachsende Siedlungen und der technische Hochwasserschutz, also Deiche und Dämme, die angestammten Überflutungsflächen in den Flussauen – insbesondere in dicht besiedelten Gebieten. In Hochwasserspitzen stieg damit das Risiko der Überflutung von Siedlungsplätzen. Erst jüngste Hochwasserereignisse machten einer breiten Öffentlichkeit klar, dass die Flussaue zum Fluss gehört und dieses natürliche Überschwemmungsgebiet keinesfalls weiter eingeengt werden darf. Unter anderem deshalb sind an vielen Flüssen Renaturierungsbestrebungen im Gange – nicht nur in ausgewiesenen Naturparks und Biosphärenreservaten.

Zurück zur Natur

Ein natürlicher Flusslauf verändert seinen Charakter von der Quelle bis zur Mündung unentwegt. Dadurch entstehen verschiedene Biotope, die den passenden Lebensraum für die unterschiedlichsten Artengemeinschaften bilden. Vielfalt herrscht hier nicht nur im Wasser, sondern auch an den Ufern. Eine naturbelassene Aue bietet beispielsweise mit ihren Steilufern, Kiesbänken und Schilfgürteln Nistmöglichkeiten für vielerlei Vögel – und genauso Nahrung und Laichstätten für Amphibien und Fische. Insgesamt gilt: Je weniger Staustufen im Flussbett, je weniger Begradigungen am Ufer, desto mehr Biodiversität. Je unverfälschter das Ökosystem, desto mehr und seltenere Tiere und Pflanzen.

Invasive Arten

Mit einer Einschränkung: Nicht jedes Tier ist im Lebensraum Flusslandschaft willkommen. Ein großes Problem für das Ökosystem Fluss sind die sogenannten invasiven Arten, also vom Menschen eingeschleppte Tiere und Pflanzen, die in der Region zuvor nicht heimisch waren und zudem eine Gefahr für die vorhandene Flora und Fauna darstellen. So verdrängt zum Beispiel der Nordamerikanische Ochsenfrosch in großem Maß die einheimischen Amphibien unserer Flussauen. Ebenso verbreitet sich die Chinesische Wollhandkrabbe, die es vermutlich über Handelsschiffe bis in unsere heimischen Gewässer geschafft hat, in einem rasanten Tempo.

Nachhaltige Nutzung

Naturschutzgroßprojekte haben also mehr Sinn und Berechtigung denn je. Derzeit nehmen Deutschlands Naturparks ein gutes Viertel der gesamten Landesfläche ein. Sie bilden einen wichtigen Baustein im Naturschutz und helfen, die landschaftlichen Schönheiten, die Kulturlandschaften, die seltenen Arten und Biotope zu bewahren – und sie auch späteren Generationen zugänglich zu machen. Die Idee, die dabei zugrunde liegt, ist ein Erhalt durch Nutzung. Das heißt, der Schutz der Natur und die Bedürfnisse von Erholungssuchenden sollen so verknüpft werden, dass beide Seiten davon profitieren: Natur und Mensch. Im Fokus steht ein nachhaltiger Tourismus mit großem Respekt vor dem Wert der Natur. In diesem Sinne: Viel Freude beim Entdecken von Deutschlands letzten Paradiesen!

Oben: Auwald im Donaudelta
Mitte: Der Eisvogel lebt an mäßig fließenden oder stehenden klaren Gewässern.
Unten: Giersch in der Blüte

Nationalpark Schleswig-Holsteinisches Wattenmeer

SERVICE

Anfahrt Auf der A 23 Hamburg–Heide und der B 5 zum Nationalparkzentrum in Tönning, dann nach Niebüll und zur Insel Sylt; die Inseln sind mit Fährschiffen, Sylt ist per Autozug von Niebüll aus erreichbar.

Lage Vor der Westküste Schleswig-Holsteins, zwischen Elbmündung und dänischer Grenze.

Größe 4431 km^2

Höchste Erhebung Stollberg (44 m)

Gründung 1985, seit 2005 als UNESCO-Biosphärenreservat

Information Nationalparkamt, Schlossgarten 1, 25861 Tönning

Telefon 04861/61 60

Infohäuser Auf allen größeren Inseln und in vielen Orten auf dem Festland

Internet www.nationalpark-wattenmeer.de/sh

TOP TIPP

- **2 Listland** In Deutschland einzigartige Dünenlandschaft
- **5 Morsum-Kliff** Geologisches Schaufenster in die Erdgeschichte
- **8 Hallig Hooge** Juwel der nordfriesischen Hallig-Kultur
- **13 St. Peter-Ording** Rochelsand und schönster Leuchtturm an der Waterkant
- **14 Eidersperrwerk** Größtes Küstenschutzbauwerk an der deutschen Nordseeküste

Was zieht die Urlauber in Scharen an die Waterkant? Das trotz aller Vorurteile vom norddeutschen »Schmuddelwetter« angenehme Klima, die Badestrände, die Kultur der Nordfriesen und Dithmarscher, vor allem jedoch die Begegnung mit einer noch weithin ungebändigten Natur.

Das Leuchtturmensemble von Westerheversand – eines der schönsten Fotomotive der deutschen Nordseeküste

Die Zahlen sprechen für sich: Allein 63 verschiedene Fischarten kommen im Nationalpark vor, insgesamt sind hier gut 3200 Tierarten heimisch, über zwei Millionen Vögel rasten auf der Durchreise, und wer sich das scheinbar unbelebte Sand- und Schlickwatt bei Niedrigwasser einmal genauer anschaut, entdeckt eine unglaubliche Fülle von Geschöpfen. Auf einem einzigen Quadratmeter Wattboden können z. B. 50 000 und mehr Wattschnecken und Schlickkrebse leben, und die Zahl der Mikroorganismen geht in die Millionen.

Deutschlands »Nordkap« und »Sahara« Sylt besitzt nur eine größere Bucht: den **Königshafen** 1 nördlich von List. Er verdankt seinen Namen dem dänischen König Christian IV., der im Lister Tief 1644 eine schwedisch-niederländische Flotte besiegte. Seither hat sich die Bucht verändert. An der Nordseite ist der Ellenbogen, eine mit Dünen besetzte

Landzunge, nach Osten gewachsen und bildet einen natürlichen Deich, hinter dem zahllose Seevögel sichere Brut- und Rastplätze finden. Von dem Deichwanderweg, der am Südufer der Bucht entlangführt, kann man die vielfältige Vogelwelt gut beobachten. Einen herrlichen Überblick über die gesamte Bucht, die sich im Winter bei strengem Frost erstaunlich schnell mit Eisschollen bedeckt, erlaubt der Ellenbogenberg. Er ist auf dem Weg zu erreichen, der links hinter der Mautstation von der mautpflichtigen Straße zur Ellenbogenspitze abzweigt. Jenseits der Dünen, auf denen das Leuchtfeuer »List West« steht, verbirgt sich Deutschlands »Nordkap«, der nördlichste Punkt unseres Landes: 55°03' – jenseits des Atlantiks erstrecken sich in dieser geografischen Breite schon arktische Tundren. Die Sylter nennen das Dünengebiet ihre »Sahara«, und das Bild, das sich bei der Fahrt auf der schmalen Betonpiste durch das ➠ **Listland** 2 bietet, erinnert in der Tat an eine Sandwüste: 25 bis 30 Meter hohe, gelblichweiße Dünen, auf denen der Wind ständig neue Wellenmuster aus Sand zeichnet, während er an anderen Stellen tiefe Kessel und Mulden in den Boden gräbt. Ein Weg führt bei Westerheide von der Stelle, an der die Betonpiste von der L 24 zum Lister Weststrand abzweigt, auf eine Düne empor. Von oben hat man einen geradezu atemberaubenden Ausblick auf die erodierten Sandberge hinter dem Süderstrandtal.

Von einer ganz anderen Seite präsentiert sich Deutschlands größte Nordseeinsel im **Klappholttal** 3 nördlich von Kampen. Radler und Wanderer, die vom Parkplatz »Buhne 16« aus auf der Inselbahn-Trasse nordwärts unterwegs sind, kommen nach etwa 1,5 Kilometern in ein weites Dünental mit ungewöhnlichem Pflanzenkleid. Gegen Ende des 19. Jahrhunderts wurden hier zur Dünenbefestigung Schwarzkiefern angepflanzt – mit mäßigem Erfolg. Die Kiefern östlich der Trasse sind vom Wind zu abenteuerlichen Baumgestalten verformt worden; westlich breitet sich am Grund des Dünentals ein niedriges Gehölz aus, das dem Krummholz in den mitteleuropäischen Hochgebirgen oberhalb der Waldgrenze gleicht. Häufiger starker Wind und der von ihm verfrachtete Salzstaub lassen hier keinen höheren Baumwuchs aufkommen.

In dem für eine nahezu waldlose Insel exotischen »Klappholz« finden auch Waldbewohner wie der Birkenzeisig oder das Eichhörnchen einen Lebensraum.

Rings um die **Kampener Vogelkoje** 4 an der L 24 Kampen–List und am Wattenmeer kann der Sylt-Urlauber eine kleine Waldoase aus Weiden, Erlen und Moorbirken bewundern. Dieses urwaldähnliche Gelände mit dem Süßwasserteich im Kern ist einer der wertvollsten Biotope der Insel: etwa für das nur fünf Gramm schwere Wintergoldhähnchen, die stark gefährdete Zwergmaus, das

Zehn Millionen Jahre Erdgeschichte – doch das Morsum-Kliff beeindruckt nicht nur durch sein Alter ... sondern auch durch seine Farbenpracht.

seltene Meerneunauge und mindestens 170 Pflanzenarten. Die Kampener Vogelkoje erreicht man vom Klappholttal in knapp zehn Minuten auf dem Fahrweg, der beim Nordseeheim Klappholttal nach Osten abzweigt.

Insel der Dünen – Insel der Kliffs Auf Sylt gibt es das Rote Kliff, das Weiße Kliff, das Grüne Kliff ... und im äußersten Osten ein »Buntes Kliff«, das ➡ **Morsum-Kliff** 5, ein geologisches Fenster, das Einblick in zehn Millionen Jahre Erdgeschichte gewährt. Mindestens vier verschiedene Gesteinsschichten aus dem jüngeren Tertiär und dem Eiszeitalter verleihen ihm die Farbenpracht: pechschwarzer Glimmerton, rostroter Limo-

nitsandstein, weißer Kaolinsand und brauner Geschiebelehm. Das bemerkenswerteste Gestein ist zweifellos der stark eisenhaltige Limonitsandstein; er bildet sonderbare Formen, die die Insulaner »Hexenschüsselchen« oder »Nachtgeschirre der Unterirdischen« nennen. Das Morsum-Kliff befindet sich fünf Minuten vom gleichnamigen Hotel-Restaurant entfernt. Im Süden grenzt das Kliff an die Morsumer Heide mit dem größten zusammenhängenden Hügelgräbergelände Deutschlands und einer ganzen Reihe seltener Pflanzen wie dem Lungenenzian oder dem Sonnentau.

Über nordfriesische Traditionen informiert das Heimatmuseum in Keitum (bei 5), geöffnet: Ostern bis Okt., Mo–Fr 10–17 Uhr; Sa, So und feiertags 11–17 Uhr; Nov.–März Di–Sa 12–16 Uhr, Tel. 04651/316 69).

Südlich des Hindenburgdamms, der Sylt mit dem Festland verbindet, liegen etliche Eilande im Wattenmeer verstreut. **Amrum** 6 ist eine Geestkerninsel wie aus dem Bilderbuch. Beim Blick vom Roten Leuchtturm auf der Großdüne erkennt man im Osten das meist grasgrüne, flache Geestland, nach Westen hin einen kieferngrünen Waldgürtel, dann die von dunkler Heide oder hellem Strandhafer bedeckten Dünen und schließlich den schier endlos breiten weißen Kniepsand, eine an der Seeseite des Geestkerns gestrandete Sandbank. Von Norddorf bis fast nach Wittdün erstreckt sich das Naturschutzgebiet »Amrumer Dünen« mit botanischen Kleinoden wie der seltenen Dünenrose. Das Naturschutzgebiet »Nordspitze Amrum« ist dagegen das Revier der Seevögel, insbesondere der Heringsmöwen, die in den entlegenen Dünentälern geeignete Brutplätze finden. In der Saison werden regelmäßig Führungen durch das während der Brutzeit gesperrte Gebiet veranstaltet.

Föhr besitzt ebenfalls einen Geestkern, allerdings nur einen kleinen, der mit seinen eiszeitlichen Ablagerungen am Gotingkliff eine Viertelstunde von **Nieblum** 7 entfernt zutage tritt. Wer sich für die Kultur der Inselfriesen interessiert, wird in Osterlandföhr, einem der schönsten Dörfer Deutschlands, fündig: niedrige, reetgedeckte Friesenhäuser bestimmen das malerische Ortsbild; sehenswert ist auch die im Innern verschwenderisch ausgestattete St. Johanniskirche aus dem 12./13. Jahrhundert.

Multimar Wattforum

Das Multimar Wattforum in Tönning, westlich von St. Peter-Ording 13 an der Mündung der Eider, ist das größte Infozentrum des Nationalparks. Höhepunkte der Ausstellung sind das Gezeitenbecken, in dem die Entstehung von Ebbe und Flut veranschaulicht wird, und die insgesamt 36 große Aquarien mit mehr als 280 Arten. Sie führen den Besucher Schritt für Schritt von der Brandungszone über die Muschelbänke bis zur Hochsee, zeigen Seesterne, Krebse, Quallen und natürlich auch die verschiedensten Fische. Den größten Säugetieren der Meere ist das Walhaus gewidmet. Hier kann man u. a. das 17,5 m lange Originalskelett eines 1997 gestrandeten Pottwals bewundern. Mehr Informationen gibt's unter www.multimar-wattforum.de.

Königin der Halligen Die großen Inseln im Nordfriesischen Wattenmeer werden durch hohe Deiche vor schweren Sturmfluten, die hauptsächlich im Winterhalbjahr auftreten, geschützt. Bei den zehn Halligen, meist Überbleibsel tief gelegener, durch Sturmfluten zerrissener Marschenländer, fehlt ein solcher Schutz. Die Häuser der Halligbewohner stehen daher auf Warften (künstlich aufgeschütteten Erdhügeln).

Viel interessante Natur hat die ➠ **Hallig Hooge** 8 zu bieten, wo besonders in den Salzwiesen weit über 250 Tierarten des Nationalparks heimisch sind. Nach der Brutzeit ab Mitte Juli kann man die Nachbarhallig Norderoog mit ihrer reichen Vogelwelt im Rahmen einer Führung von Hooge aus besuchen.

»Gott schuf das Meer ... aber der Friese die Küste.« Die Bewohner der schleswig-holsteinischen Nordseeküste haben dem Meer in Jahrhunderten viele Quadratkilometer fruchtbares Marschenland abgerungen, und dieses Sprichwort drückt ihren berechtigten Stolz aus. Mittlerweile dient die Landgewinnung hauptsächlich dem Schutz vor Überschwemmungen von der See- ebenso wie von der Landseite her. Der vor gut 40 Jahren zwischen Dagebüll und Ockholm eingedeichte **Hauke-Haien-Koog** 9 dient zum großen Teil als Speicherraum für das Wasser, das mehrere Kanäle aus dem Binnenland heranführen. Die von Schilfdickichten gesäumten Speicherbecken sind Paradiese für Vögel; rund 240 Arten wurden hier schon beobachtet, darunter der seltene Kampfläufer, der an seiner riesigen Halskrause zu erkennen ist.

Die Geschichte der Halligen verlief turbulent: Zahlreiche sind spurlos verschwunden, manche, wie die Kleine Hallig bei Niebüll, liegen heute kilometerweit hinter der Küstenlinie, und andere ragen als Halbinseln noch ein Stück ins Wattenmeer hinein. Zu diesen gehört die **Hamburger Hallig** 10 vor dem Sönke-Nissen-Koog bei Bredstedt. Das Eiland hat durch die feste Landanbindung vor allem für die Zugvögel nichts an Attraktivität verloren. Im Frühjahr und Herbst sind die Watten, Salzwiesen und nicht zuletzt der Luftraum über der Küste von Zigtausenden von gefiederten Gästen bevölkert: Nonnengänse, Pfeifenten, Alpenstrandläufer und Austernfischer, um nur die häufigsten Arten zu nennen.

Lohnende Aussichtspunkte sind im Schleswig-Holsteinischen Wattenmeer naturgemäß selten. Einen prachtvollen Panoramablick bietet hingegen der nördlich von Bredstedt gelegene **Stollberg** 11, mit 44 Metern Höhe der markanteste Berg Nordfrieslands. Vom Parkplatz am Sendeturm an der B 5 Bredstedt–Niebüll führen aussichtsreiche Wege am Steilhang der Geest entlang. Der **Adolfskoog** 12 bei Simonsberg ist einer der zahlreichen Köge, die das nordfriesische Festland südwestlich von Husum mit der Halbinsel Eiderstedt verbinden. Man kann ihn am besten vom »Roten Haubarg« aus auf einer gut neun Kilometer langen Rundwanderung über Deichstraßen und -wege erkunden. Lachmöwen, Trauerseeschwalben und Rotschenkel stärken sich derweil in dem stillen Gewässer Westerspätinge an der Westseite des Koogs.

Sandstrände sind an der Festlandsküste der Deutschen Bucht rar; der Rochelsand vor ➠ **St. Peter-Ording** 13, eine über einen Kilometer breite Sandfläche, über die die Strandsegler rasend schnell kreuzen, gehört zu den bemerkenswerten Ausnahmen. Der Sandstrand ist aber nur einer von mehreren ökologisch wertvollen Lebensräumen, die sich hier an der Westküste Eiderstedts über die Salzwiesen bis zu den Dünengürteln und landseitigen Feuchtgebieten mit Strandflieder und Strandaster, Odinshühnchen und Sumpfohreule ungewöhnlich dicht aneinanderdrängen. Auf geführten Wanderungen, beispielsweise zur »Lysdeel«, kann man sie erleben. Der »Hitzlöper«, eine Art Straßenbahn, befördert die Passagiere um die von zahlreichen Seevögeln bevölkerte Tümlauer Bucht nach Westerhever. Von dort ist es noch ein knapp einstündiger

Fußmarsch zum Leuchtfeuer Westerheversand, dem vielleicht schönsten Leuchtturm an der ganzen deutschen Nordseeküste.

Volkssport »Krabbenpuhlen« Der Nationalpark Schleswig-Holsteinisches Wattenmeer ist zugleich auch ein Biosphärenreservat, in dem ökologisch sinnvolle, nachhaltige Formen der Landnutzung entwickelt und erprobt werden sollen. Und tatsächlich wird das flache Land an der Nordseeküste seit Jahrhunderten auf verschiedenste Weise intensiv genutzt; gleichzeitig zeigen jedoch immer wieder Fluten von der See her und aus dem Binnenland die Grenzen der Nutzung auf.

Mit aufwendigen Küstenschutzanlagen versucht der Mensch, sich gegen die Fluten zu schützen. Das gewaltigste Bollwerk an der schleswig-holsteinischen Nordseeküste ist das ➠ **Eidersperrwerk** (14), das seit 1973 die Trichtermündung der Eider abriegelt. Die technische Meisterleistung hat die Natur an der Mündung des Flusses stark verändert. Zum Ausgleich wurde gleich hinter dem Sperrwerk das Naturschutzgebiet »Katinger Watt« eingerichtet, ein buntes Mosaik von Wiesen, Teichen, Wäldern und Schilfdickichten. Die Vogelwelt – von der Großen Rohrdommel bis zum Säbelschnäbler – hat die neuen Lebensräume rasch angenommen. Im Naturzentrum Katinger Watt mit Beobachtungshütten und Aussichtsturm kann man sie bewundern.

Anlass für den Bau des Sperrwerks war die schwere Sturmflut vom 16. und 17. Februar des Jahrs 1962. Warum und wie der »Blanke Hans«, die Nordsee, alle paar Jahre wieder zuschlägt, erklärt auf anschauliche und unterhaltsame Weise das Sturmfluterlebnis »Blanker Hans« in **Büsum** (15). Seit Jahrhunderten laufen von hier die Kutter aus, um im Wattenmeer die leckeren Nordseekrabben zu fangen. Im malerischen Hafen kann man sie fangfrisch vom Kutter kaufen und sich dann mit dem notwendigen Fingerspitzengefühl im »Puhlen« der Garnelen versuchen.

Auf der Hallig Hooge schützt der künstlich aufgeschüttete Erdhügel der Backenswarft vor Sturmflutschäden.

Naturpark Schlei

Der Naturpark Schlei ist der jüngste in Schleswig-Holstein und erstreckt sich von Schleswig aus beiderseits der Schlei bis zu ihrer Mündung in die Ostsee. Als sich am Ende der Weichsel-Eiszeit der Gletscher zurückzog, blieb die Schlei als Schmelzwasserrinne in einem Tal erhalten. Besonders charakteristisch sind zahlreiche Buchten, Steilufer und Salzwiesen, im Mündungsgebiet prägen Strandwälle und Strandhaken das Bild.

SERVICE

Anfahrt Auf der A 7 Hamburg–Flensburg bis Ausfahrt Schleswig/Jagel und auf der B 77 in Richtung Schleswig, nächstgelegener Bahnhof Schleswig

Größe 500 km²

Höchste Erhebung 35 m (ohne Namen)

Gründung 2008

Information Naturpark Schlei, Reeperbahn 2, 24376 Kappeln

Telefon 04642/183 33

Internet www.naturparkschlei.de

Die Altstadt von Schleswig wird vom Dom St. Petri mit dem neogotischen Kirchturm überragt.

TOP TIPP

1. **Schleswig** Malerische Altstadt
2. **Reesholm** Artenreiche Salzwiesen-Vegetation
3. **»Schwansener See«** Einzigartige Tier- und Pflanzenwelt
4. **Haithabu bei Haddeby** Museum, wo einst die Wikingerkönige residierten

Von Gletschervorstößen gebildete Moränenzüge sorgen im Naturpark Schlei für eine leicht kuppige Landschaft, in der sich interessante Lebensräume mit einer artenreichen Tier- und Pflanzenwelt entwickeln konnten. Einige herausragende Gebiete sind Naturschutzgebiete wie die Halbinsel Reesholm bei Schleswig mit Salzwiesen, das Esprehmer Moor bei Borgwedel mit Resten eines Hochmoores, der »Os bei Süderbarup« mit trockenen Hangflächen oder der »Schwansener See« bei Karby mit einer reichen Wasservogel-Fauna. Schließlich lohnt im Naturpark auch der Besuch der Wikingersiedlung Haithabu bei Haddeby.

Salzwiesen, Knicks und Galloway-Rinder Nicht weit entfernt von ➡ **Schleswig** 1 mit seiner malerischen Altstadt zweigt in Füsing eine Straße zum Parkplatz Winningmay ab. Von hier gelangt man an der Schlei entlang zum Naturschutzgebiet ➡ **Reesholm** 2, das auf einem flachen Moränenhügel liegt. Nur knapp einen halben Meter über dem Meeresspiegel (NN) gelegen, werden weite Teile der Wiesen immer wieder überflutet, sodass sich eine artenreiche Salzwiesen-Vegetation entwickelte. Vor allem Salzastern nehmen größere Flächen ein und verwandeln im Herbst weite Landstriche in ein violett-blaues Blütenmeer. Auf höheren Flächen dominiert eine Trockenrasengesellschaft, wo im Frühsommer der Besenginster mit seinen leuchtend gelben Blüten hervorsticht. Auch einige Knicks (Wallhecken aus verschiedenen Gehölzen) sind hier vorhanden, die vor allem aus Weißdorn bestehen und die Koppeln voneinander trennen. Hier grasen Galloway-Rinder, die durch Verbiss für die biologische Erhaltung der Artenvielfalt sorgen. Auch die Vogelwelt ist reich vertreten, denn die Schilfgürtel bieten Rohrsänger und Rohrammer Brutmöglichkeiten, und in Mulden am Boden bauen Kiebitz, Schafstelze, Rotschenkel und Austernfischer ihre Nester. Schließlich bietet Reesholm im Frühjahr und Herbst einen hervorragenden Rastplatz für Stare, verschiedene Gänsearten und Brachvögel.

Ein Kleinod an der Ostseeküste Zwischen der Schlei und der Ostsee liegt nur fünf Kilometer südlich von Kappeln das Kirchdorf Karby mit seiner sehenswerten Backsteinkirche, die um 1300 errichtet

Blick über die Schlei bei Kappeln mit Heringszäunen, einer ganz besonderen Sehenswürdigkeit

wurde. Von hier führt die Straße geradewegs zum Ostseebad Schönhagen. Südlich davon liegt das Naturschutzgebiet ➠ **»Schwansener See«** ③, das durch schmale Strandwälle von der Ostsee getrennt ist. Von einem Parkplatz auf der rechten Seite hinter Schönhagen aus gelangt man zu Fuß zu einer Schutzhütte des Naturschutzbunds. Hier beginnt ein Wanderweg mit mehreren Beobachtungsmöglichkeiten. Vor allem am Morgen kann man mitunter Rotschenkel und Kiebitz beobachten, auch Grau- und Brandgänse halten sich oft in Nähe des Wegs auf. Die Strandwälle und Salzwiesen zwischen dem See und der Ostsee bieten ebenfalls eine interessante Tier- und Pflanzenwelt.

Wikinger Museum Haithabu

Vor über 1000 Jahren bildete die Wikinger-Metropole ➠ **Haithabu bei Haddeby** ④ eine Keimzelle des Landes. Zwischen 811 und 1020 errichtet, regierten hier zeitweilig Wikingerkönige im Schutz des Danewerks, einer dänischen Grenzbefestigung. Ausführlich informieren kann man sich darüber im Wikinger Museum Haithabu, Haddebyer Noor 5, 24866 Busdorf, Tel. 04621/81 32 22.

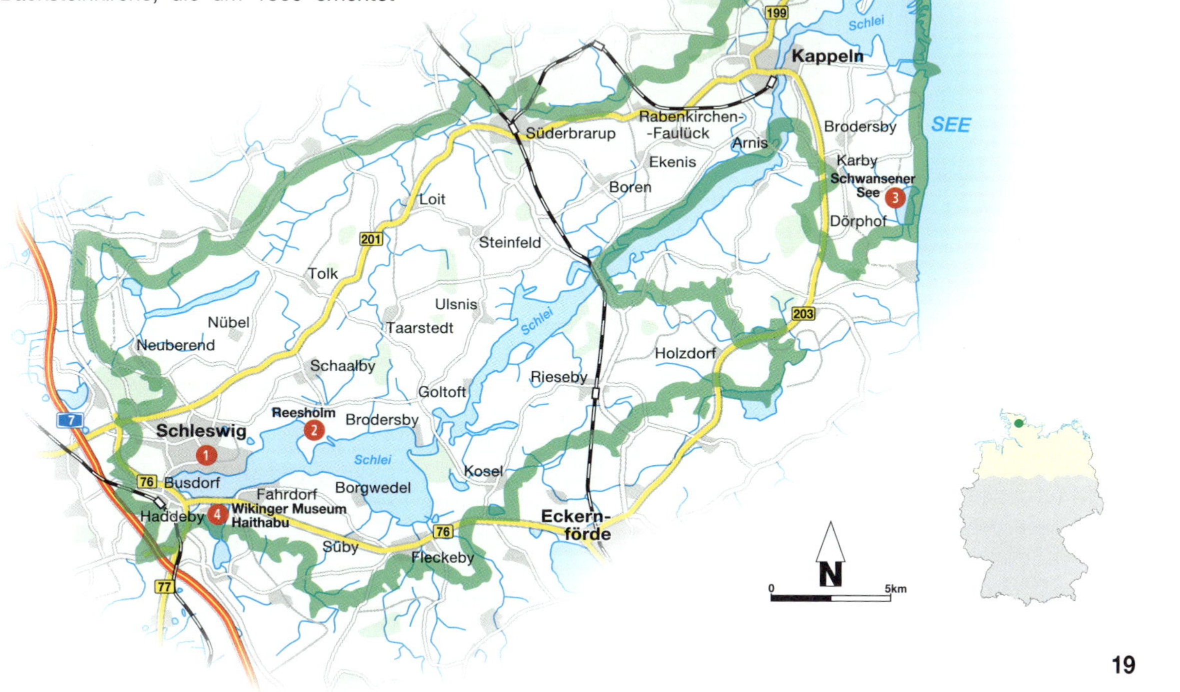

Naturpark Hüttener Berge

Die Hüttener Berge sind Kern und Namengeber von Deutschlands nördlichstem Naturpark. Zwischen dem inneren Ende der Schlei, der Eckernförder Bucht und dem Nord-Ostsee-Kanal erstreckt sich diese von der Eiszeit geformte Natur- und Kulturlandschaft mit ihren aussichtsreichen Moränenhügeln, Wäldern, Mooren, Seen und heckengesäumten Wegen sowie kleinen Dörfern mit alten Höfen, Wind- und Wassermühlen. Es ist eine Gegend vor allem für die stille Erholung, für Wanderungen und Radtouren.

SERVICE

Anfahrt Auf der A 7 in Richtung Flensburg bis zur Ausfahrt Owschlag, von dort über Owschlag zur B 77 und weiter bis Sorgbrück; nächstgelegener ICE-Bahnhof in Hamburg, von dort weiter Richtung Schleswig

Lage In Schleswig-Holstein zwischen Rendsburg, Eckernförde und Schleswig

Größe 219 km^2

Höchste Erhebung Scheelsberg (106 m)

Gründung 1970

Information Touristinformation Schönhagen, Strandstraße 13, 24398 Schönhagen

Telefon +49 (0) 800 20 20 240

Infohaus Redderhus Tourist-Information Hüttener Berge, Hauptstr. 2, 24361 Holzbunge, Telefon: 0 43 56 / 98 61 07

Internet www.naturpark-huettenerberge.de www.ostseebad-eckernfoerde.de/huettener-berge.html

TOP TIPP

1 **Sorgwohlder Binnendünen** Einzigartige Heide- und Waldlandschaft

3 **Aschberg** Panoramaberg mit wundervoller Aussicht

7 **Nord-Ostsee-Kanal bei Sehestedt** Künstliche Wasserstraße mit beeindruckenden Ozeanriesen und Kreuzfahrtschiffen

Tief in einem Wald verborgen lädt das Naturparadies des Rammsees zur beschaulichen Rast.

Dünen, Heide und Moor Das Naturschutzgebiet → **Sorgwohlder Binnendünen** 1 ist eine Heide- und Waldlandschaft über der Niederung des Flüsschens Sorge am Westrand des Naturparks. Winde türmten hier am Ende der Eiszeit Sand zu mächtigen Dünen auf, die heute noch über zehn Meter hoch sind. Während die flachen Bereiche seit über 1000 Jahren landwirtschaftlich genutzt wurden, blieben die eigentlichen Dünen bis ins 16. Jahrhundert vegetationsfreie Weißdünen, ständig der Kraft des Windes ausgesetzt; erst dann begann die Stabilisierung durch Anpflanzung von Strandhafer. Heute präsentiert sich das Gebiet als weite Sandheide- und Waldlandschaft, die wie vor 1000 Jahren von Heidschnucken beweidet wird, damit die Heide nicht verwaldet. Für Schleswig-Holstein ist diese Heidelandschaft mit zahlreichen selten gewordenen Pflanzen und Tieren einzigartig. So stehen fast 30 Prozent der in den Binnendünen registrierten Schmetterlingsarten in Schleswig-Holstein auf der Roten Liste. Westlich des Dünengebiets quert der älteste Handels-, Pilger- und Heerweg Schleswigs die Sorge: der »Ochsenweg«, seit vorgeschichtlicher Zeit Hauptverkehrsader, heute zentraler Wander- und Radweg auf der Geest. Wikinger, Räuber, Könige, Handelsleute, Pilger – alle überquerten in Sorgbrück die Sorge. Vielleicht stand schon damals ein Krug an der Furt, ein Vorläufer des Landgasthofs: An ihm beginnen mehrere Rundwanderwege; einer führt zu den Sorgwohlder Dünen. Ein anderer lohnender Rundweg leitet durch das Owschlager Moor nordöstlich der Dünen, ein weiterer umrundet das **Duvenstedter Moor** 2, ein Hochmoor, wo Vogelarten wie Sumpfohreule und Brachvogel leben.

Gebirge im Kleinstformat Der Panoramaberg der Hüttener Berge ist der 98 Meter hohe ➠ **Aschberg** 3: Er bietet einen wundervollen Ausblick über die abwechslungsreiche Knick-Landschaft und die beiden Wassersportparadiese Bistensee und Wittensee. Am Wanderweg auf den Aschberg (Wegweiser ab Ascheffel) liegt der idyllische **Rammsee** 4 in einem von zum Teil steilen, bewaldeten Bergflanken umgebenen Talkessel. Der seerosengeschmückte, von Röhricht gesäumte See ist ein Toteissee. Er entstand, als nach der letzten Eiszeit Eisblöcke abschmolzen, die sich in Hohlräume zwischen den Moränen geschoben hatten.

Bei Neu Duvenstedt erhebt sich der **Heidberg** 5, der als besondere »Einzelschöpfung der Natur« ein Naturdenkmal bildet und geschützt ist. Der Gipfel bietet eine prächtige Aussicht über die Umgebung, in der auch noch viele Zeugnisse der Vorzeit erhalten sind. Wie ein Zeichen aus einer versunkenen Welt thront der **Dolmen von Lehmsiek** 6 auf einem Hügel bei Goosefeld südlich von Eckernförde, ein Bilderbuchbeispiel der gewaltigen Großsteinanlagen, die vor über 5000 Jahren errichtet wurden und als Kulturzeugnisse bis heute überdauert haben.

Infozentrum Redderhus

Das reetgedeckte Redderhus in Holzbunge zwischen Bistensee und Wittensee (östlich von 5) ist das Informationszentrum zu Natur, Kultur, Umwelt und Tourismus im Naturpark. Die Gebäude des Dorfkrugs aus dem 19. Jh. beherbergen auch ein Restaurant mit Kaffeegarten. Der Name »Redderhus« verweist auf den Redder als ein für diese Landschaft charakteristisches Kulturelement: einen Weg, der beidseits von Hecken, sogenannten Knicks, gesäumt wird (s. Bild). »Knick und Redder – Lebensadern der Kulturlandschaft« lautet der Titel der spannenden Ausstellung im Obergeschoss: Hier können Kinder durch einen Knicktunnel kriechen und die dort lebenden Tiere kennenlernen.

Die Südgrenze des Naturparks bildet der ➠ **Nord-Ostsee-Kanal bei Sehestedt** 7. Er verbindet auf 98,7 Kilometern Länge Nord- und Ostsee und gilt als meistbefahrene künstliche Seeschifffahrtsstraße der Erde.

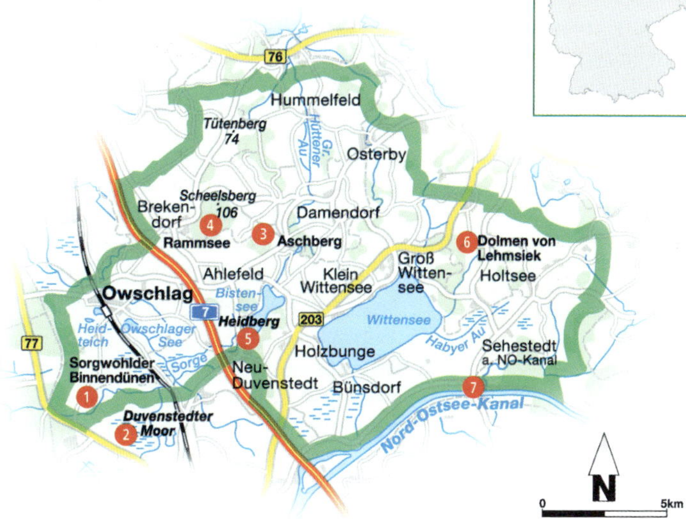

Naturpark Westensee

Eingebettet in eine Hügelkulisse mit dem Kieler Berg als höchster Erhebung und dem Tüteberg als schönstem Aussichtspunkt, haben sich zahlreiche größere und kleinere Seen sowie viele Wasserläufe als Zeugen der letzten Eiszeit vor 10 000 Jahren erhalten. Im Norden präsentiert sich der Namen gebende Westensee mit seinen zahlreichen Buchten und sanft ansteigenden Ufern, im Süden blieben Wardersee, Brahmsee, Borgdorfer See und viele andere Wasserflächen zurück.

Stimmungsvolles Licht über dem Westensee: Am Abend kann man hier reizvolle Eindrücke genießen.

Große Moorlandschaften bei Hassmoor, Katenstedt und Schülp bei Nortorf bestimmen das Bild ebenso wie Mischwälder, mächtige Eichen sowie eine prachtvolle, 250 Jahre alte Linden- und Kastanienallee, die zum Gut Emkendorf führt. Charakteristisch sind auch die Knicks: grüne Schutzwälle aus Gehölzen, die angelegt wurden, um die Felder vor der Erosionskraft des Windes zu schützen. Die vielfältige Tierwelt reicht von der Nachtigall bis zu den Wildgänsen, von brütenden Fisch- und Seeadlern bis zu scheuen Schwarzstörchen, die auf den feuchten Wiesen Nahrung suchen.

Von hoher Warte den Park im Blick

Kernstück des Naturparks ist der sieben Quadratkilometer große ➠ **Westensee** ①. An seinem westlichen Zipfel liegt der gleichnamige Ort, dessen Dorfkern unter Denkmalsschutz steht. Sehenswert ist die Kirche St. Catharina aus der Mitte des 13. Jahrhunderts, die sich in goti-

SERVICE

Anfahrt Auf der A 7 Hamburg–Flensburg bis Ausfahrt Warder und über Groß-Vollstedt oder auf der A 210 Rendsburg–Kiel bis Ausfahrt Achterwehr und über Felde nach Westensee; nächstgelegener ICE-Bahnhof in Kiel

Lage In der Mitte von Schleswig-Holstein im Städtedreieck Kiel, Rendsburg und Neumünster

Größe 250 km^2

Höchste Erhebung Kieler Berg (94 m)

Gründung 1969

Information Tourismusverein Nortorter Land und Naturpark Westensee, Niedernstraße 6, 24589 Nortorf

Telefon 0 43 92/8 96 20

Infohaus In Nortorf

Internet www.tourismus-naturpark-westensee.de

TOP TIPP

① **Westensee**
Ort mit denkmalgeschütztem Dorfkern und Badestelle am See

② **Schloss Emkendorf**
Frühklassizistisches Herrenhaus mit Musikveranstaltungen

④ **Arche Warder**
Sehenswerter Tierpark mit selten gewordenen Haustierrassen

⑧ **Bordesholm**
Kulturhistorisches Kleinod auf einer Insel im Bordesholmer See

schen Formen mit einem flach gedeckten Feldsteinschiff entwickelte. Von der Erstausstattung stammt die romanische Granittaufe, aus dem 16. Jahrhundert das lebensgroße Grabmonument für Daniel Rantzau, einen dänischen Feldherrn unter König Friedrich II., der 1569 starb. Lohnendes Ausflugsziel von Westensee aus ist der Tüteberg. Die Wanderung beginnt bei der Kirche, wo man der Markierung »gelber Pfeil« auf den Berg folgt. Von diesem 88 Meter hohen Moränenhügel bietet sich ein reizvoller Blick auf die holsteinische Seen- und Hügellandschaft.

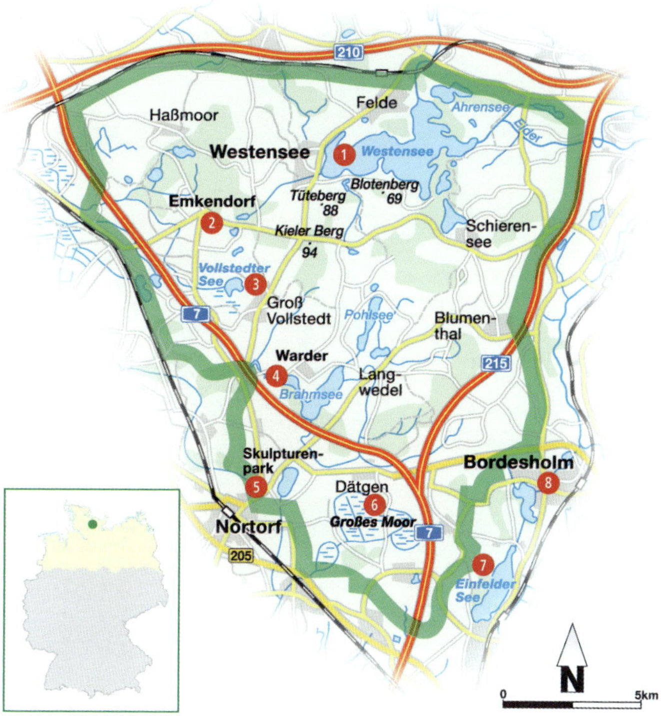

Herrenhäuser – Zeugen der Vergangenheit

Der Naturpark bietet dem Besucher eine Vielzahl sehenswerter Baudenkmäler, darunter Herrenhäuser wie in Emkendorf, Schierensee oder Deutsch Nienhof. Öffentlich zugänglich ist nur ➠ **Schloss Emkendorf** 2, dessen Vergangenheit bis ins Mittelalter zurückreicht. Vor allem unter Friedrich Graf Reventlov und seiner Frau Julia Gräfin Schimmelmann, die 1786 hier einzogen, erlebte Emkendorf seine Blütezeit als ein kulturelles Zentrum des Nordens. Hier gingen der Philosoph Friedrich Heinrich Jacobi, die Dichter Friedrich Gottlieb Klopstock und Matthias Claudius und andere ein und aus. Über den Umbau des barocken Herrenhauses im Louis-XVI.-Stil und die Ausmalung der Räume durch den Italiener Giuseppe Anselmo Pellicia nach etruskischen und pompejanischen Motiven kann man sich bei einer Führung informieren. Zum Abschluss bietet sich ein Spaziergang durch den schönen Landschaftspark an. Im Sommer finden auf Schloss Emkendorf Konzerte des Schleswig-Holsteinischen Musikfestivals statt. Informationen gibt es bei der Verwaltung des Herrenhauses (Tel. 04330/99 46 90) oder bei der Tourismus-Information (Tel. 04392/896 20).

Südlich von Emkendorf lädt der idyllisch zwischen eiszeitlichen Hügeln gelegene **Vollstedter See** 3 zu einem Besuch ein. Röhricht, moorige Feuchtwiesen und sandige Ufer bilden den Lebensraum für eine interessante Pflanzenwelt, zu der Orchideen und Sumpfveilchen auf den Feuchtwiesen sowie das Kleine Filzkraut am Ufer gehören. In Groß Vollstedt gibt es eine kleine Badestelle, und der »Verein Vollstedter See und Umgebung« führt Natur-

Freilichtmuseum Molfsee

Auf einer Fläche von 60 ha präsentiert das Schleswig-Holsteinische Freilichtmuseum Molfsee bei Kiel (östlich von 1) die bäuerliche Kultur der Region. Bauernhäuser, Scheunen, Katen, verschiedene Windmühlen und eine Wassermühle gehören ebenso zu den Sehenswürdigkeiten wie Mobiliar, Hausrat und diverse Arbeitsgeräte früherer Zeiten. Lebendig wird die gesamte Anlage durch zahlreiche Tiere, die hier inmitten der historischen Höfe gehalten werden (s. Bild). Schließlich vermitteln auch die Bauerngärten bei den Häusern einen Eindruck vom Landleben vergangener Jahrhunderte (geöffnet 1. April –31. Oktober täglich 9–18 Uhr, 1. November – 24. März nur So von 11–16 Uhr).

Wildpark Eekholt

Im Dreieck zwischen Neumünster, Bad Bramstedt und Bad Segeberg liegt südlich von 7 im naturnah erhaltenen Osterautal abseits des Naturparks der Wildpark Eekholt. Hier leben auf rund 67 ha etwa 700 einheimische Wildtiere, zu denen Hirsche, Wölfe, Wildkatzen und Fischotter gehören. Außerdem gibt es eine Vogelpflegestation für Greifvögel, Eulen und Störche. Anfassen, Experimentieren und Gestalten sind Teile des umweltpädagogischen Konzepts des Wildparks – was ihn zu einem Erlebnis nicht nur für Kinder macht (täglich geöffnet ab 9 Uhr, Tel. 04327/99 23-0).

wanderungen am See durch, bei denen man viel Wissenswertes über die hier heimische Flora und Fauna erfahren kann.

Bedrohte Tierrassen, skurrile Kunstobjekte Zwischen Brahm- und Wardersee befindet sich die ➠ **Arche Warder** 4, Europas größter Park für seltene und vom Aussterben bedrohte Nutz- und Haustiere. Mehr als 90 Nutztierrassen stehen in Deutschland auf der »Roten Liste«. Sie sollen in der Arche Warder ein sicheres Zuhause finden und vor dem Aussterben gerettet werden. Verschiedene Rundwege bieten Gelegenheit, die Tiere hautnah zu erleben, zu streicheln und zu füttern. Glöckchenschweine, Girgentana-Ziegen, französische Poitou-Esel oder englische Parkrinder sind nur einige der rund 1000 Tiere aus 100 Rassen aus aller Welt, die man in diesem Park antreffen kann.

Am südlichen Rand des Naturparks liegt die kleine Stadt Nortorf, wo sich im Nortorfer Landschaftspark ein Besuch des **Skulpturenparks** 5 anbietet. Die ersten Skulpturen wurden 1987 aufgestellt; heute umfasst die Sammlung 22 Skulpturen und Plastiken, alle von schleswig-holsteinischen Bildhauern geschaffen.

Feuchtgebiete – die Kleinodien des Naturparks Moore gibt es in Schleswig-Holstein viele – und auch im Naturpark Westensee sind solche Feuchtgebiete häufig anzutreffen. Berühmt geworden ist das **Große Moor** 6 bei Dätgen, wo im Jahr 1959 eine männliche Moorleiche geborgen wurde. Sie stammt vermutlich aus der Mitte des 2. Jahrhunderts v. Chr. und wurde von Strafgefangenen entdeckt.

Wer ein wahres Naturparadies besuchen möchte, findet dies am **Einfelder See** 7. Es liegt am Stadtrand von Neumünster und damit nicht mehr im Naturpark, ist aber wegen seiner interessanten Tier- und Pflanzenwelt einen Besuch wert. Allerdings ist das Naturschutzgebiet »Westufer des Einfelder Sees« nur auf einem Rundwanderweg um den See herum zu begehen; er beginnt am südwestlichen Ufer beim Parkplatz am Ende der Uferstraße. Am westlichen Seeufer hat sich ein breiter Erlenbruchwald mit Eschen, Eichen und Faulbäumen erhalten, den ein dichtes Weidendickicht flankiert. Je nach Wasserstand besiedeln zahlreiche Pflanzenarten die Schilfbereiche mit der offenen Verlandungszone davor: Blut- und Gilbweiderich, Sumpf-Helmkraut, Sumpfblutauge, Wasserminze, Sumpf-Vergissmeinnicht und andere Feuchtigkeit liebende Pflanzen. In einem Großseggenried hinter der Verlandungszone kann man Ästigen Igelkolben, Gemeinen Wasserdost, Froschlöffel und Wasserschwertlilie antreffen. Kleine Einbuchtungen im nördlichen Drittel des Sees sind von Schwimmblattpflanzen wie Weißer Seerose, Gelber Teichrose – auch Mummel genannt – und Wasserknöterich bedeckt. Zur vielfältigen Tierwelt gehören etwa 25 Brutvogelarten, wie z. B. Sperber, Rotkehlchen, Zaunkönig, Mönchsgrasmücke und Heckenbraunelle. Häufigster Brutvogel im Schilf ist die Blessralle, ein seltenerer Gast die Teichralle. Auch Haubentaucher, Graugans, Zwergtaucher und Tafelente brüten hier. Gelegentlich kann man Kormorane, Seeadler und Graureiher beobachten.

Ebenfalls schon etwas außerhalb des Naturparks liegt ➠ **Bordesholm** (8). Hier gründeten Augustinermönche 1322 auf einer abgelegenen kleinen Insel im Bordesholmer See ein Kloster. Mit dem in zehnjähriger Bauzeit entstandenen Herrenchor gehört die Backsteinhalle der Klosterkirche aus dem späten 15. Jahrhundert zu den schönsten Sakralbauten in ganz Schleswig-Holstein. Nach der Auflösung des Klosters im Jahr 1566 blieb nur wenig von der reichen Ausstattung der Kirche erhalten. Der berühmte, von Hans Brüggemann geschaffene Bordesholmer Altar wurde 1666 in den Dom zu Schleswig gebracht; die Gebäude verfielen bzw. wurden Mitte des 19. Jahrhunderts teilweise abgerissen. Heute sind an Kirchenschätzen noch das Triumphkreuz aus dem 15. Jahrhundert, das Chorgestühl von 1509 und die spätgotische Bronzetumba (1514) des Herzogs Christian Albrecht und seiner Gemahlin zu sehen.

In der Arche Warder finden seltene und vom Aussterben bedrohte Tierrassen, wie dieser Poitou-Esel, Asyl.

Die ehemalige Klosterkirche auf einem kleinen Eiland im Bordesholmer See zieht nicht nur kulturhistorisch interessierte Besucher an, sondern verzaubert auch mit ihrer landschaftlich wunderschönen Lage.

Naturpark Aukrug

Der Naturpark ist geprägt von den Altmoränen der sandigen Geest, die vor 130 000 Jahren entstanden. Viele Geesthänge rutschten damals über dem Dauerfrostboden ab, das Gelände wurde flacher und trockener. Allerdings bestimmen auch Gesteinsmassen und Hügel das Bild im Naturpark, die zurückblieben, als die Gletscher der Saaleeiszeit vor 10 000 Jahren ihren Rückzug antraten.

SERVICE

Anfahrt Auf der A 7 bis Neumünster-Mitte und weiter auf der B 430 nach Aukrug; nächstgelegener Bahnhof ist Aukrug an der Strecke Neumünster–Heide.

Lage Im mittleren Holstein, westlich von Neumünster

Größe 384 km²

Gründung 1970

Höchste Erhebung Boxberg (78 m)

Information Naturpark Aukrug, Bargfelder Str. 10, 24613 Aukrug

Telefon 04873/999 44

Infohaus In Aukrug

Internet www.naturschutzring-aukrug.de
www.naturpark-aukrug.de

Der Boxberg – die höchste Erhebung des Naturparks – lockt mit saftigen Wiesen und dunkelgrünen Wäldern.

TOP TIPP

1 Aukrug
Boxberg als beliebtes Wanderziel und schöner Aussichtspunkt

3 Viertshöhe
Idyllisches Hochmoor zum Wandern mit einer artenreichen Flora und Fauna

Entstanden sind Mischwälder auf den Hügeln, Moore und Feuchtgebiete mit Birkenbrüchen und Resten von Auwäldern in den Niederungen. Hier haben Schwarzstorch und Kranich ihr Revier. Reich an seltenen Tieren sind die Geestbäche inmitten der Sandheiden und Trockentäler, die mit Röhricht und Sümpfen umgebenen Teiche, aber auch die Quellwälder. Die Kraft der Bäche nutzten zahlreiche Wassermühlen, von denen die Bünzer Wassermühle noch am besten erhalten ist. Etliche Wanderwege führen durch den Naturpark und bieten Rundwanderungen von drei bis neun Kilometern Länge sowie vielfältige Möglichkeiten der Naturbeobachtung.

Natur und altes Kulturland mit Freude erkunden Das Zentrum im Naturpark ist die Gemeinde → **Aukrug** 1 mit ihren fünf Dörfern, die 1970 zusammengelegt wurden. Umgeben von den drei höchsten Erhebungen des Naturparks – Boxberg (78 m), Glasberg (64 m) und Tönsberg (63 m) – zeigt sich dem Besucher hier eine abwechslungsreiche Landschaft. Vor allem der Boxberg ist beliebt, denn von ihm hat man einen weiten Blick über das waldreiche Gelände. Mehrere Wanderwege führen auf die Höhe des Berges, dessen Name sich von »Booksberg« (Buchenberg) ableitet. Reine Buchenbestände gibt es nicht mehr, aber an seinen Hängen stehen Mischwälder. Ein 1,3 Kilometer langer Walderlebnispfad zieht am Boxberg große und kleine Besucher an. In den Wäldern leben Schwarzspecht und Wespenbussard, an den Wasserläufen haben Gebirgsstelze, Eisvogel und Seeadler ihre Reviere. Die Heidelerche bevorzugt neben trockenen, lichten Kiefernwäldern vor allem sandige Heiden und Trockenrasen. Das 67 Hektar große Naturschutzgebiet Tönsheider Wald liegt östlich der Fachklinik Aukrug und wartet mit einer reichen Tier- und Pflanzenwelt auf.

Die Gegend um Aukrug war bereits in der älteren Bronzezeit (um 1500–600 v. Chr.) besiedelt, wie drei Hünengräber in der **Bünzer Feldmark** 2 östlich der Bredenbeksbrücke belegen. Sie haben einen Durchmesser von 30 Metern, sind drei Meter hoch und werden als Dithmarscher Berg bezeichnet. Schönstes Hügelgrab ist der mit Buchen bestandene Kluesbarg an der Itzehoer Chaussee.

Kohle und Keramik Das letzte erhaltene Hochmoor des Naturparks findet man bei ➠ **Viertshöhe** 3. An einem Wanderweg mitten durch das Hochmoor fallen mehrere ringförmige Hügel auf, Überreste aus der Zeit der Torfverarbeitung. Artenreich sind Flora und Fauna des Moores, wo über den weißen Wattebällchen der Wollgräser zahlreiche Insekten wie Libellen und Schmetterlinge schweben.

Sehenswert ist das ganz im Süden des Naturparks gelegene **Kellinghusen** 4. Auf einem Geesthang beherrscht die Kirche St. Cyriakus, ein einschiffiger Feldsteinbau aus dem 13. Jahrhundert, das Bild. Reiche Tonvorkommen in der Umgebung von Kellinghusen begünstigten die Entstehung von Fayence-Manufakturen, die Mitte des 18. Jahrhunderts ihre Blütezeit hatten. Die Produkte konnten mit feinem chinesischem Porzellan konkurrieren, da man die Keramik mit einer weißen Glasur überzog. Eine hervorragende Auswahl der Fayencen kann man im Museum Kellinghusen (Hauptstr. 18) bestaunen. Wer sich einen Blick über die Störniederung bis zur Elbe gönnen möchte, sollte auf den Louisenberg steigen. Den Schlüssel für den Aussichtsturm erhält man in der unterhalb der Anhöhe gelegenen Gaststätte »Louisenberg«.

Freilichtmuseum »Dat Ole Hus«

In Aukrug-Bünzen befindet sich in einer Fachwerkkate »Dat ole Hus« (s. Bild), ein ausgesprochen originelles Heimatmuseum (bei 2). Anschaulich wird dem Besucher ein Eindruck der bäuerlichen Wohnkultur vom 18.–20. Jh. vermittelt. Aus dieser Zeit stammen auch die Arbeitsgeräte, die im Stall, in der Remise und im Bienenstand zu sehen sind. Für das leibliche Wohl ist auch gesorgt: Spezialität sind die Waffeln mit Roter Grütze (geöffnet Sa, So, Feiertage 14–18 Uhr).

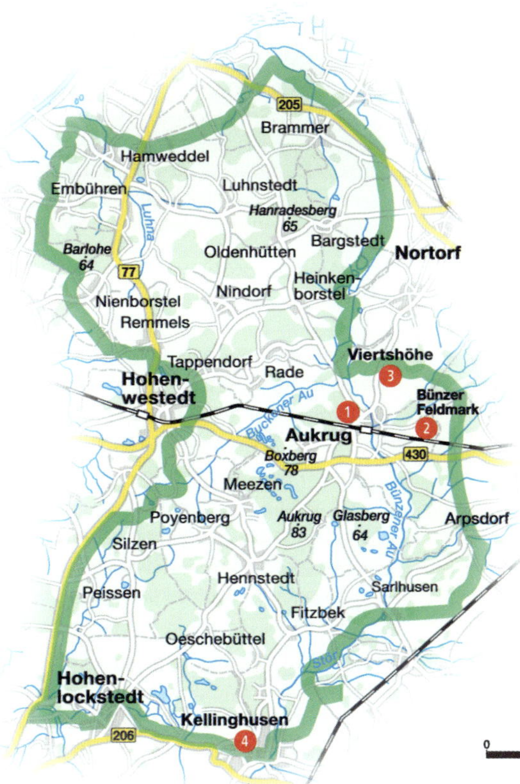

Naturpark Holsteinische Schweiz

Die reizvolle sanfte Hügellandschaft in der Holsteinischen Schweiz ist das Fazit der letzten Eiszeit: Endmoränen wurden als mehr oder weniger steile Erhebungen abgelagert, während die vom Eis mitgeführten Materialien nach dem Abschmelzen als Grundmoränen liegen blieben.

SERVICE

Anfahrt Auf der A 1 bis Oldenburg-Süd, weiter auf der B 202 bis Lütjenburg und der B 430 nach Dannau; nächstgelegener Bahnhof in Malente, von hier Bus nach Dannau

Lage Im Südwesten Schleswig-Holsteins zwischen Kiel und Lübeck

Größe 753 km^2

Höchste Erhebung Bungsberg (167 m)

Gründung 1986

Information Naturpark Holsteinische Schweiz e. V., Schlossgebiet 9, 24306 Plön

Telefon 04522/74 93 80

Internet www.naturpark-holsteinische-schweiz.de

TOP TIPP

- **3 Bungsberg** Wanderberg mit Blick bis zur Kieler Förde
- **4 Schwentine** Durchbruchstal mit seltenen Vogelarten
- **7 Malente-Gremsmühlen** Startpunkt für Seenrundfahrten
- **11 Plön** Luftkurort mit Schloss, Altstadt und Prinzeninsel
- **13 Stocksee** Naturschutzgebiet mit Gut Stockseehof
- **15 Glasau** Flussniederung mit Naturschutzgebiet Heidmoor
- **17 Kalkberg** Gipsberg mit Höhle

Der Große Plöner See inmitten des Naturparks ist ein Paradies für Erholungsuchende und zahlreiche Brutvogelarten.

Wo große Eisblöcke später schmolzen, entstanden die idyllischen Seen, die große Teile der Landschaft prägen. Hier kann man mit Glück Fischreiher beim Jagen beobachten oder Haubentaucher, Schell- und Reiherenten mit ihren Küken auf dem Wasser schwimmen sehen. In den Schilfgürteln haben Rohrdommeln ihr Zuhause, und Kormorane suchen im Sommer und Herbst ihre Schlafplätze an den Seen auf. Naturnahe Bäche und Teiche sind das Revier des schillernden Eisvogels, und in den feuchten Senken leben Moorfrösche und Rotbauchunken. Typisch sind die Knicks – Wallhecken aus verschiedenen Gehölzen. Mit duftenden Blüten im Frühjahr und bunten Früchten im Herbst geschmückt, umsäumen sie die Felder und schützen diese vor Sandverwehungen. Die Knicks bieten vielen Singvögeln Nistmöglichkeiten, aber auch kleine Säugetiere haben hier einen idealen Lebensraum gefunden.

Einstimmung auf eine herrliche Landschaft Ganz im Norden des Naturparks liegt der **Dannauer See** 1 in der Nähe des Ortes Dannau. Seit 1993 ist das 40 Hektar große Naturschutzgebiet »Dannauer See« ausgewiesen. An seinem Ufer bestimmen Erlenbruchwälder, Schilfgürtel und Seggenhorste das Bild,

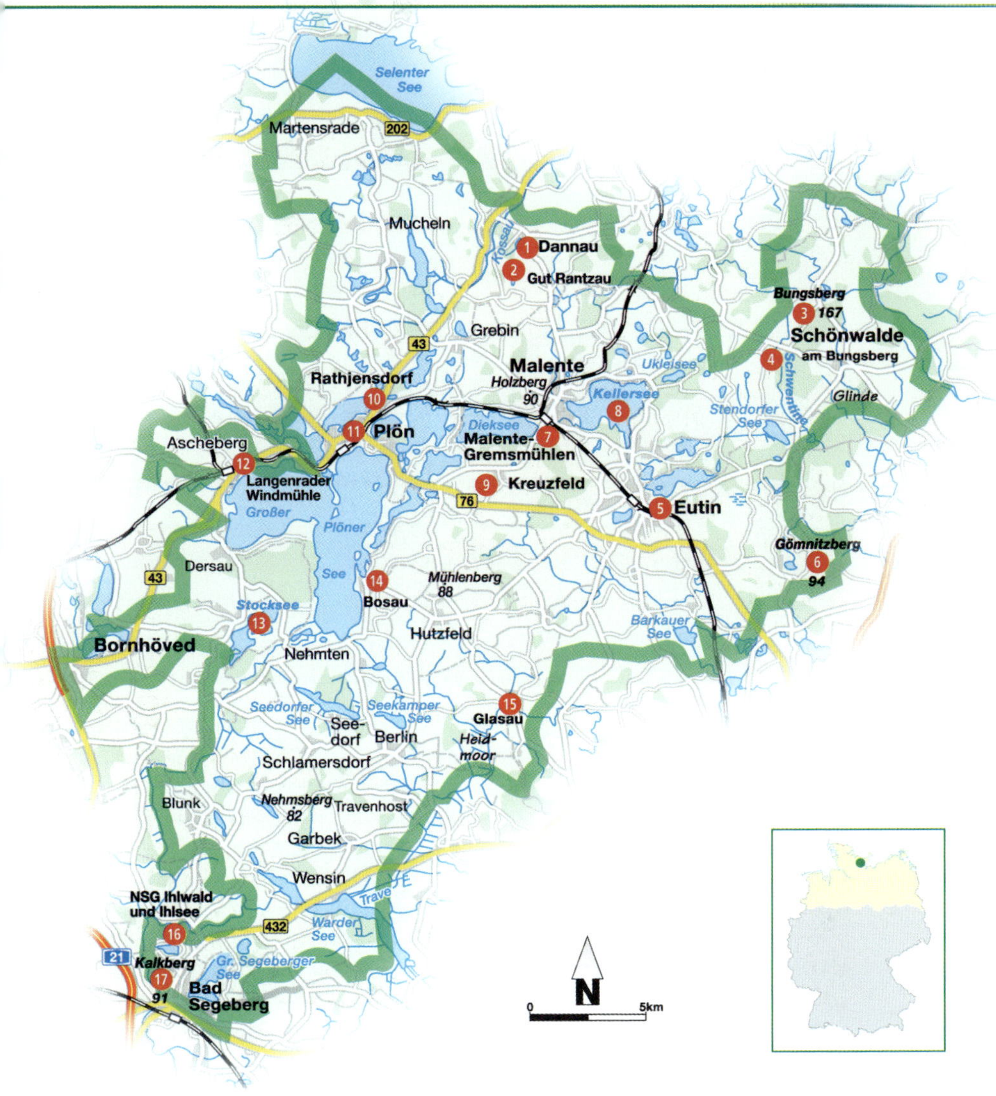

Zeichen der fortschreitenden Verlandung bestimmter Uferbereiche. Die dichten Seerosenteppiche sind im Juni mit vielen Blüten geschmückt, und auch der Wasserhahnenfuß hat seine unzähligen kleinen weißen Blüten entfaltet. Im feuchten Uferbereich breiten sich Blutweiderich, Mädesüß und andere Feuchtigkeit liebende Pflanzenarten aus, in der Luft erklingt der Gesang der Zaunkönige. Rohrsänger brüten im Schilf, ebenso Blesshühner und Stockenten.

Nur zwei Kilometer südwestlich von Dannau steht in einer weiten Schleife der Kossau **Gut Rantzau** 2, einst Stammsitz einer führenden holsteinischen Adelsfamilie. Ihr Name geht auf das wendische Ranzowen zurück und wurde zu Rantzau. Die 22 Kilometer lange Kossau fließt in einem natürlichen, gewundenen Bett und steht teilweise unter Naturschutz. Bachneunauge, Elritze und der Europäische Flusskrebs kommen hier vor, Tiere, die vielerorts bereits ausgestorben sind. Wer sich von Rantzau aus auf den Wanderweg »R 1« begibt, kann die Landschaft der Kossau genießen und kurz vor Sasel ein Hügelgrab entdecken.

Üppige Flora entlang des Heiligen Flusses

Vor rund 150 000 Jahren wurde bei Schönwalde der ➠ **Bungsberg** 3 auf-

Nicht nur von außen ein wahres Schmuckstück: Es lohnt sich auch ein Blick ins Innere des barocken Eutiner Schlosses.

getürmt. Die Eismassen späterer Zeiten schürften ihn nicht ab, sondern zerteilten sich an seinem Fuß. So blieb er als eisfreie Insel stehen und ist heute noch mit 167 Metern die höchste Erhebung in Schleswig-Holstein. Von Schönwalde aus lässt sich der Berg bequem erwandern. Von seiner Höhe bietet sich eine großartige Aussicht über die leicht wellige Hügellandschaft. Am Südwesthang des Bungsbergs entspringt die ➠ **Schwentine** 4, von den Slawen Heiliger Fluss genannt. Während der letzten Eiszeit lagerten sich in ihrem heutigen Verlauf wie an einer Perlenkette aufgereiht Toteisblöcke ab, die später allmählich schmolzen. Es bildete sich eine Treppe aufgestauter Seen, an manchen Stellen entstanden Durchbrüche und damit eine Verbindung der Seen, die heute im sehr reizvollen Durchbruchstal der Schwentine ihren Ausdruck finden.

Während die Schwentine zwischen Eutin und Plön nur selten zu sehen ist, zeigt sie sich bei Dörnick als breites, von Wiesen und Weiden umgebenes Gewässer. Ein kleiner Teil des Flusses sowie ein Altarm außerhalb des Naturparks bei Rastorf wurden als Naturschutzgebiet ausgewiesen. Hier gibt es noch Uferwälder mit Eschen und Schwarzerlen, und beiderseits breiten sich Hangwälder mit Bergulmen und Hainbuchen aus, in denen eine reiche Frühjahrsflora mit Buschwindröschen, Hohlem Lerchensporn und Scharbockskraut gedeiht.

Die teilweise turbulente Strömung der Schwentine ist ein idealer Lebensraum für Forellen. Stichlinge und Quappen, auch seltene Vögel wie Wasseramsel, Gebirgsstelze und Eisvogel haben hier ihr Revier.

Kletterrosen schmücken in **Eutin** 5 jedes Jahr viele Häuser mit einem Blütenmeer, und die Stadt verwandelt sich in ein Rosarium – ein prächtiges Tableau alter und moderner Rosensorten. Schon im Stadtwappen aus dem 13. Jahrhundert sind Rosen als Symbol der Reinheit abgebildet, und die Messingknaufe der Fenster im barocken Teil des Eutiner Schlosses zeigen die Form von Rosenblüten. Das Schloss, auf einer Halbinsel im Großen Eutiner See gelegen, erhielt nach einem Brand 1689 seine heutige Gestalt. An das Schloss schließt sich der Garten mit einer prachtvollen Lindenallee an.

Südöstlich von Eutin ragt der **Gömnitzberg** 6 auf. Mit seinen nordwestlichen Ausläufern gehört er zu einer Endmoränenkette, die hier die Eisrandlage markiert. Auf dieser 94 Meter hohen Erhebung wurde 1828 ein 13 Meter hoher Backsteinturm errichtet, ein fantastischer Aussichtspunkt mit Blick über die Landschaft Ostholsteins bis hinüber zur Lübecker Bucht.

Eine Lusttour zu zahlreichen Seen Zwischen Kellersee und Dieksee gelegen und von der Schwentine durchflossen ist ➡ **Malente-Gremsmühlen** 7. Seit 1925 Luftkurort und seit 1956 Kneipp-Heilbad, nennt sich der Ort seit 1996 ganz offiziell Bad Malente. Die Malenter Kirche, im 13. Jahrhundert aus Feldsteinen errichtet, erhielt 1893 einen neoromanischen Westturm. Sehenswert sind hier die Kanzel in spätromanischen Formen sowie eine spätgotische Bischofsfigur, die die Kanzeltür bewacht. Die reetgedeckte Alte Räucherkate (Sebastian-Kneipp-Straße) von 1634 hat keinen Schornstein. Dort wurden bis 1967 nach alter Tradition mit Buchenspänen Wurst und Schinken geräuchert. Inzwischen präsentiert hier das Heimatmuseum ländlichen Hausrat. Von Malente aus bietet sich ein Spaziergang den **Kellersee** 8 entlang in Richtung Ukleisee an.

In Sielbeck lädt auf einer kleinen Anhöhe zwischen Kellersee und Ukleisee ein Jagdschlösschen zur Besichtigung ein. Es wurde 1776 von Georg Greggenhofer, dem Hofbaumeister Herzog Friedrich Augusts von Oldenburg, errichtet. Interessant ist eine Führung durch das Jagdschlösschen in Verbindung mit einem geführten, ca. 4 km langen Rundgang um den sagenumwobenen Ukleisee (15. Mai–14. Sept., Di–So von 11–16 Uhr geöffnet). Südlich von Gremsmühlen lohnt sich ein Besuch des Findlingsgartens bei **Kreuzfeld** 9, wo ein 126 Tonnen schwerer und fünf Meter hoher Riesenfindling zu sehen ist. Er kam während der letzten Eiszeit mit den Gletschern aus dem Norden bis nach Kreuzfeld und gehört zu den größten Findlingen in Schleswig-Holstein.

In der Nähe von Malente laden Ausflugsschiffe zur Fünf-Seen-Rundfahrt ins Herz der Holsteinischen Schweiz ein.

Eisvogel *(Alcedo atthis)*

Der Eisvogel, auch »fliegender Edelstein« genannt, fällt mit seinem türkisfarbenen, schillernden Gefieder auf. Er fliegt sehr schnell über das Wasser oder wartet von einem Ansitz am Uferrand auf die Gelegenheit, sich blitzschnell auf Beute zu stürzen. Kleine Fische sind seine Hauptnahrung, aber auch Kaulquappen, kleinere Frösche, Krebse und Wasserinsekten gehören dazu, insbesondere bei den im Jagen noch ungeübten Jungvögeln. Der Eisvogel brütet von März bis September, wobei die Sterblichkeitsrate sehr hoch ist. Nur 20–30 % der jungen Eisvögel überleben, der Rest fällt natürlichen Feinden wie Sperbern, Rabenkrähen, Ratten und Wieseln zum Opfer. Interessant ist die sogenannte Schachtelbrut des Eisvogels mit drei bis vier Bruten im Jahr. Während das Männchen die Jungen versorgt, sitzt das Weibchen schon wieder auf dem Zweitgelege.

Seltenen Vogelarten auf der Spur Ein sehr reizvoller Wanderweg führt von Plön aus am Trammer See entlang in Richtung **Rathjensdorf** (10) über artenreiche Feuchtwiesen, auf denen im Frühjahr Sumpfdotterblumen, Wiesenschaumkraut und Kuckuckslichtnelken blühen. Hinter Rathjensdorf ist ein herrlicher Aussichtspunkt: Unten liegen der Kleine Plöner See und der Trammer See, und bei klarem Wetter ist auch der Große Plöner See zu sehen. Mit einer Fläche von rund 30 Quadratkilometern ist dieser das größte Gewässer in Schleswig-Holstein und samt seinen Inseln – Warder genannt – eines der bedeutsamsten Vogelschutzgebiete. Im Frühjahr und Sommer brüten im Schilf Rohrweihe und Rohrsänger, auf den Inseln Enten und Gänse. Im Herbst und Winter ist der Plöner See Rast- und Überwinterungsgebiet für Tausende durchziehende Vögel, zu denen Reiher- und Schellenten, Graugänse, Zwergmöwen und Blesshühner gehören.
Von einem Kranz aus Seen und Hügeln umgeben, präsentiert sich ➠ **Plön** (11) mit seinem Schloss auf einer Anhöhe über dem Großen Plöner See. Am Westufer des Sees liegt der Ort Ascheberg, wo sich seit 25 Jahren wieder das Kreuz der **Langenrader Windmühle** (12) dreht. Im Mühlenraum gibt es Ausstellungen, Vorträge und Veranstaltungen, außerdem finden jedes Jahr Mühlenfeste statt. Die Mühle kann besichtigt werden, wenn sich das Flügelkreuz dreht oder nach vorheriger Anmeldung (Tel. 04526/18 73).

Von Kirschen und Heilkräutern – rund um den Stocksee Südwestlich vom Großen Plöner See breitet sich der 207 Hektar große ➠ **Stocksee** (13) aus, dessen Name auf die Bestockung des Ufers mit Schwarzerlen zurückgeht, die auch heute noch außerhalb der Wiesen und Felder erkennbar sind. Ein Teil des östlichen Seeufers ist als Naturschutzgebiet Mittlerer Stocksee ausgewiesen. Zu empfehlen ist eine Rundwanderung um den See von Stocksee aus, denn zwischen Hornsmühlen und Im Sande findet man ideale Aussichtspunkte, wo zahlreiche Vögel wie Kormorane, Graureiher, Haubentaucher sowie Fisch- und Seeadler, aber auch der Eisvogel anzutreffen sind. Berühmt ist auch der Fischreichtum: Aale, Brassen, Hechte Karpfen, Rotfedern, Plötzen und Schleie sind nur einige der zahlreichen Arten im See. (Erlaubnisscheine zum Angeln kann man in Stocksee erwerben, Tel. 04526/30 98 33). Lohnend ist ein Besuch im Gut Stockseehof, wo man sich bei Kaffee und Kuchen ausruhen kann.
Dicht am Plöner See steht in **Bosau** (14) eine der ältesten Feldsteinkirchen Schleswig-Holsteins: die von Vicelin 1151 gegründete Kirche St. Petri. Reste gotischer Malereien haben in der Apsis überdauert, und ein gotischer Schnitzaltar sowie ein spätgotischer Flügelaltar sind nur einige der herausragenden Ausstattungsstücke. Gleich bei der Kirche liegt der schön gestaltete Dorfplatz mit reetgedeckten Katen. Die Dunkersche Kate (Bischofsdamm) stammt aus dem Jahr 1687 und ist von einem sehenswerten bäuerlichen Garten mit allerlei Blumen und Heilkräutern umgeben (Tel. 04527/9 70 44). Ein reizvoller Wanderweg führt von Bosau zum »Kleinen Warder« im Bischofssee.

Geschützte Moore und Seen sowie ein imposanter Gipsfelsen In beeindruckender Weite breitet sich südlich von ➠ **Glasau** (15) das vier Kilometer lange Flusstal der Trave aus. In seinem Zentrum liegt das Naturschutzgebiet Heidmoor, das am Ende der Eiszeit vor 10 000 Jahren noch ein bis zu zwölf Meter tiefer See war. Im Laufe der Zeit verlandet, entwickelte sich ein regenabhängiges Hochmoor, auch Regenmoor genannt. Beiderseits des Flussbetts der Trave dehnen sich weite Wiesenflächen aus, auf denen im Frühsommer rosafarbene Kuckuckslichtnelken, gelbe Hahnenfüße sowie die zartrosa Blüten des Wiesenschaumkrauts Akzente setzen. Hier absolviert der Wiesenpieper seinen Balzflug mit Gesang, während Braunkehlchen im dichten Gras am Boden brü-

Der Katengarten von Bosau ist eine Idylle besonderer Art zum Genießen.

ten. Auch Kiebitze leben im Bereich dieser Feuchtwiesen und hüten zwischen den hohen Gräsern ihr Gelege.

Am nördlichen Rand von Bad Segeberg dehnt sich das **Naturschutzgebiet Ihlwald und Ihlsee** 16 aus. Der nährstoffarme Ihlsee wurde bereits 1950 unter Schutz gestellt, da er zahlreiche seltene Pflanzen beherbergt. Besonders zu erwähnen sind die Wasserlobelien, die in den Monaten Juli und August an ihren weißen Blüten mit blauer Röhre über der Wasserfläche zu erkennen sind. Der umgebende Laubmischwald und der Bruchwald südlich des Sees werden von Farnen, verschiedenen Orchideen und einer reichen Frühjahrsflora besiedelt. Hier leben außer dem kleinen Zaunkönig und anderen Vogelarten auch vier Spechtarten, die man gelegentlich hören oder sehen kann. Am häufigsten lässt sich der Buntspecht, der an seinem auffälligen schwarz-weißen Federkleid sowie dem roten Nackenfleck des Männchens zu erkennen ist, beim Trommeln beobachten. Außerdem leben hier Grün- und Schwarzspecht sowie der Kleinspecht, der kleiner als ein Sperling ist.

Als geologische Besonderheit überragt der 91 Meter hohe ➠ **Kalkberg** 17 das gesamte Umland von Bad Segeberg, der vor 250 Millionen Jahren durch gewaltige Erdbewegungen an die Oberfläche gedrückt wurde. Man kann ihn auf Treppen bequem besteigen – die Aussicht ist großartig. Im Inneren des Bergs liegt Deutschlands nördlichstes Höhlensystem. Es wurde durch Sickerwasser ausgelaugt, ist ca. zwei Kilometer lang und zählt infolge einer außergewöhnlich großen Fledermauskolonie zu den bedeutendsten Quartieren dieser Tiere in Europa. Sehenswert ist die Ausstellung des Fledermauszentrums, das seit 2006 auch die Betreuung der Höhlen übernommen hat. Die grauen Gipswände des Kalkbergs bieten eine vorzügliche Kulisse für die Karl-May-Festspiele, die in einer Grube am Fuß des Bergs jedes Jahr stattfinden.

Nationalpark Vorpommersche Boddenlandschaft

SERVICE

Anfahrt Zum Weststrand bei Ahrenshoop fährt man über die A 19 bis zur Ausfahrt Rostock-Ost und weiter über die B 105, bei Altheide links zum Fischland; mit der Bahn gelangt man nach Barth am Bodden.

Lage Halbinseln und Inseln der Ostseeküste Mecklenburg-Vorpommerns zwischen Rostock und Stralsund, Westrügen und Hiddensee

Größe 805 km^2

Gründung 1990

Information Nationalparkamt Vorpommersche Boddenlandschaft, Im Forst 5, 18375 Born/Darß

Telefon 038234/50 20

Infohäuser In Barhöfter Kliff, Natureum Darßer Ort, Darßer Arche in Wieck, Hiddensee, Kranichzentrum Groß Mohrdorf, Schaprode, Sundische Wiese, Waase

Internet www.nationalpark-vorpommersche-boddenlandschaft.de

TOP TIPP

1. **Weststrand** Strand mit urtümlichem Charakter
2. **Darßer Ort** Hier formen die Kräfte der Natur neues Land
6. **Hohe Düne Pramort** Beliebte Radwanderung zu prächtiger Weißdüne
8. **Barhöfter Kliff** Rundumblick auf den Nationalpark
17. **Kloster** Hauptort und Hafen der schönsten Ostseeinsel

Die Hälfte des Nationalparks besteht aus offenem Meer. Sandhaken, Nehrungen, aktive Kliffs, weiße Strände und Dünen – die erdgeschichtlich sehr junge Küstenlandschaft beeindruckt durch ihre zahlreichen Gesichter und ihre Dynamik. Die Flachwasserzonen zwischen Darß, Zingst, Hiddensee und Rügen bilden übrigens den größten Brackwasserlebensraum der Erde.

Kraft und Schönheit der Natur – gestürzte Kiefern am urtümlichen Gestade des Darßer Weststrands

In den Röhrichten entlang der Boddengewässer tummelt sich Leben, und selbst Salzgrasland mit interessantem Bewuchs ist an der Ostseeküste zu finden. Auf trockenem Grasland, dem Magerrasen, wachsen gefährdete Pflanzenarten; auf Hiddensee sind die letzten großen Zwergstrauchheiden des mecklenburgischen Küstenraums zu finden. In den Wäldern des Nationalparks bleiben die Bäume ihrem Werden und Vergehen überlassen. Mitunter sind auch sehr alte

Bäume anzutreffen. Bizarre, von Wind und Wetter zerzauste und gebeugte Formen, Windflüchter genannt, schmücken den Weststrand des Darß und die westlich gelegenen Ufergebiete der Insel Hiddensee.

Ein erhellender Leuchtturm Der Darß zeigt eine abwechslungsreiche Landschaft. Zum Baden eignet sich der weitläufige ➠ **Weststrand** ❶ des Darß nur bedingt. Eher lädt das urtümliche Gestade zu ausgedehnten Spaziergängen ein.

Eine Wanderung über den Weststrand beginnt in der ehemaligen Künstlerkolonie Ahrenshoop (am Parkplatz an der Straße nach Prerow), deren Naturschutzgebiet Ahrenshooper Holz mit seinem Stechpalmenbestand einen Besuch wert ist. Auch vom nördlich gelegenen Prerow gelangt man zu Fuß oder mit dem Fahrrad durch den Darßwald zum Weststrand. In Prerow startet zudem eine motorisierte Minibahn, die Ausflügler zum Leuchtturm am ➠ **Darßer Ort** ❷ befördert. In den Wirtschaftsgebäuden des 35 Meter hohen roten Leuchtturms informiert das Ausstellungszentrum »Natureum« über die Naturwunder am Darßer Ort.

Prerow ❸ hat sich viel von seinem alten Charme als Seebad bewahrt: die Promenade, die in einer Seebrücke endet; alte, mit Stroh gedeckte Katen mit holzgeschnitzten, bemalten Türen; alte Pensionen und Cafés; ein bis zum Strand reichender Kiefernwald. **Zingst** ❹, modern und selbstbewusst, ist ganz auf die Bedürfnisse von Urlaubern eingestellt.

Östlich des Ortes Zingst erstreckt sich die gleichnamige Halbinsel, ein 20 Kilometer langer Landstreifen, an der breitesten Stelle nur 3,5 Kilometer stark. Ein schmaler Dünensaum begrenzt Zingst seeseitig. Auf dem steinfreien Schwemmland östlich des Ortes steht der Osterwald. Auf dem moorigen Untergrund wachsen Birken, Stieleichen und Pfeifengras. Ein Netz von ausgeschilderten Wanderwegen durchzieht den urwüchsigen, wildreichen Wald; sie sind von den Parkplätzen am Wieker Weg (hinter Müggenburg), über die Sundische Wiese (Naturparkinformationsstelle) sowie vom letzten Parkplatz am Strandübergang 5 in Zingst aus leicht

zu erreichen. Für Radler bietet sich ein acht Kilometer langer Asphaltweg an, der nach Pramort am östlichen Zipfel der Halbinsel führt. Dort ermöglicht ein hölzerner Beobachtungsstand den Blick auf die Vogelwelt: Über 100 Vogelarten tummeln sich im Sand und Schlick des Großen Werders; im Herbst rasten hier Tausende Kraniche.

Land zwischen den Wassern Östlich des Osterwalds erstreckt sich zum Bodden hin die **Sundische Wiese** 5, ein flaches Land, das einst dem Vieh der Stralsunder Ackerbürger als Sommerweide diente. Die Sturmfluten der Ostsee brachen sich regelmäßig Bahn bis zum Bodden, bis zu 20 Meter breit spülten sie Flutrinnen. Der Deichbau ermöglichte später die Besiedlung; heute weidet auf der zum Nationalpark gehörenden Sundischen Wiese wieder Vieh. Das östliche Ende der Insel markiert die ➠ **Hohe Düne Pramort** 6, ein unbewaldetes Weißdünenfeld, das größte an der deutschen Ostseeküste. Noch weiter östlich schließt sich ein sogenanntes Primärdünenfeld an, auf dem neue Dünen entstehen. Zuerst bilden sich kleine Sandhügel, die allmählich zu einem Weißdünenwall heranwachsen. Die Vegetation ist karg, aber typisch: Strandhafer, Birken und kleine Kiefern, vereinzelt und versteckt ein Knabenkraut. In den älteren Dünentälern finden sich Glockenheide und Kriechweide, und im Spätsommer leuchtet auf den Braundünen die Besenheide. Auf dem Zingst hat vielerlei Wild eine Heimat gefunden: Rehe, Wildschweine, Rot- und Damwild. Im Barther Bodden liegen die Vogelinseln **Große Kirr** und **Oie** 7. Sie erheben sich kaum einen halben Meter über den Normalwasserstand in der Bucht und werden mehrmals im Jahr vom Boddenwasser überspült. Durchziehende Vögel wie Graugänse, Bläss- und Saatgänse oder auch Kraniche nutzen Oie und Große Kirr als Weide-, Schlaf- oder Brutplatz. Die Inseln dürfen zum Schutz der Tiere nicht betreten werden. Zwei rohrgedeckte Hütten am Boddendeich nahe der Ortschaft Zingst bieten Vogelfreunden jedoch eine sehr gute Möglichkeit, die Tiere zu beobachten.

Einen sagenhaften Blick auf die Boddenlandschaft der Inseln Bock, Kleiner und Großer Werder hat man vom alten Leuchtturm am ➠ **Barhöfter Kliff** 8. Den Rahmen der Szenerie bilden im Osten die Insel Ummanz vor Rügen und die Halbinsel Zingst im Westen. Auch die Insel Hiddensee im Norden mit Gellen und Dornbusch ist gut auszumachen. Zu Füßen des Leuchtturms liegt die Fahrrinne Barther Zufahrt, die einzige schiffbare

Meeresmuseum Stralsund

Ein Ausflug in die Hansestadt Stralsund (südlich von 8) zum Deutschen Meeresmuseum zeigt, dass man im Meer nicht nur baden kann. Das Museum bietet Kindern und Erwachsenen vielfältige Einblicke in die Erforschung und Nutzung des Meeres. Besonders eindrucksvoll sind die Ausstellungsräume in einer frühgotischen Klosterkirche: Im Kirchenschiff schwebt ein gigantisches Walskelett (s. Bild). Die Ausstellungen zum Leben im Meer werden durch faszinierende heimische und tropische Meerestiere in 45 Aquarien ergänzt (Infos im Internet: www.meeresmuseum.de). Eine Außenstelle des Meeresmuseums mit drei Aquarien befindet sich im »Natureum« am Leuchtturm Darßer Ort 2.

Die Kraft und Weite des Meeres erlebt man besonders intensiv an der Hohen Düne bei Pramort.

Verbindung zwischen offenem Meer und Bodden. Vom Barhöfter Hafen (Parkplätze am Ortseingang) ist der Aussichtsturm über den Uferweg rasch zu erreichen.

Nomaden der Lüfte Die Küstengewässer des Nationalparks wirken wie ein Magnet auf Zugvögel, die hier ruhige Schlafgewässer und vielfältige Nahrungsräume vorfinden. Alljährlich verweilen im Frühjahr und Herbst in der Rügen-Bock-Kirr-Region auch Tausende von Kranichen. Im **Kranichzentrum Groß Mohrdorf** 9, 14 Kilometer nordwestlich von Stralsund, kann man sich jederzeit über die Aufenthaltsorte der Tiere und über günstige Beobachtungsplätze in der näheren Umgebung informieren. Vor allem der **Beobachtungsturm »Kranich Utkiek«** 10 bei Hohendorf (östlich von Groß Mohrdorf an der südlichen Boddenküste) bietet einen schönen Blick auf die Nahrung suchenden Vögel.

Die Insel **Ummanz** 11 wird durch das Udarser Wiek und den Koselower See von Rügen getrennt. Eine Brücke verbindet beide Inseln und führt nach Waase, einem malerischen Fischerort am Koselower See.

Kranich *(Grus grus)*

Der Kranich wird 1,30 m groß, und seine Flügelspanne von 2,20 m reicht an die mancher Adler heran. Zu seinem typischen Flugbild gehören der lange, gerade vorgestreckte Hals sowie die Beine, die den Schwanz überragen. Er trägt eine rote Kopfplatte und über den kurzen Schwanz herabhängende Flügelfedern, Schleppe genannt. Die Paare – sie bleiben oft ein Leben lang zusammen – kehren ab Mitte Februar aus Spanien und Frankreich zurück. Zwei Eier brüten sie auf dem Boden in Sumpfwäldern und Erlenbrüchen aus. Nach etwa 30 Tagen schlüpfen die Jungen.

Zur schönsten Insel der deutschen Ostsee Zur autofreien Insel Hiddensee setzt man von **Schaprode** ⑫ auf Rügen über. Das karge Land des südlichen Inselteils, des **Gellen** ⑬, schiebt sich zur einen Seite flach in den Bodden, zur anderen drängen Kiefern mit zerzausten Wipfeln zum weißen Sandstrand am Meer; dazwischen der kleine Leuchtturm. Hier beginnt eine streng geschützte Zone des Nationalparks, die Besucher nur mit einer Führung betreten dürfen.

Vom Hafen von Neuendorf windet sich die einzige Straße der Insel wie ein graues Band nordwärts bis zum Hochland. Sehr erlebnisreich ist der Weg durch die **Dünenheide** ⑭, wo im Spätsommer das violettrote Heidekraut in voller Blüte steht. Auch verschiedene Moose, silbergraue Flechten, Kriechweiden, zarte Glockenblumen und Gräser wachsen hier. Fußbreite Pfade winden sich vorbei an knorrigen Kiefern und niedrigen Birken.

Hinter dem hohen Schilf des flachen Boddengewässers versteckt sich die **Fährinsel** ⑮, ein Paradies für Lachmöwen, Graugänse, Kraniche, Kormorane und Austernfischer. Unzählige Vogelarten bauen hier ihre Nester und ziehen in Brutkolonien ihre Jungen auf.

Abgeschiedene Idylle Unmittelbar hinter dem Deich führt die Straße von **Vitte** ⑯ weiter nach Norden. Zum Bodden hin finden sich Salzwiesen, wo Kühe und Schafe weiden. Kurz vor ➠ **Kloster** ⑰ steht der alte Rettungsschuppen des Seenotdiensts von 1888, in dem das Heimatmuseum untergebracht ist. In der Ortsmitte ist die schlichte Inselkirche ein beliebtes Ausflugsziel, und auf dem kleinen Friedhof fand der Dramatiker Gerhart Hauptmann 1946 seine letzte Ruhestätte. Das Haus »Seedorn« in Kloster ist inzwischen Gedenkstätte und gibt einen Einblick in das Leben und Schaffen des Schriftstellers.

Hinter Kloster passt sich der Weg der hügeligen Moränenlandschaft, dem Hochland, an. Uralte Weiden, karge, nach Thymian duftende Wiesen, eine Handvoll

Nur die schmale Barther Zufahrt zwischen Bock und Barhöfter Kliff verbindet den Bodden mit dem Meer.

Vom Dornbusch, der höchsten Erhebung auf Hiddensee, kann man die beiden Haken der Inseln Alt- und Neubessin gut erkennen.

Häuser. Dann eine schier endlose Hecke von blassgrünem Sanddorn, in der auch Brombeeren ranken. Ein schmaler Pfad schlängelt sich durch das Gesträuch und bricht plötzlich ab – der Enddorn, die Nordspitze der Insel mit ihrem strahlend weißen Sand ist erreicht. Auch den **Bessin** 18, die beiden parallel liegenden Halbinseln, die fast an Rügen stoßen, überzieht Dornengeflecht. Ebenso wie die Fährinsel gehört auch der Bessin den Vögeln und darf nicht betreten werden.

Nach Westen wächst der geschwungene Strand des Enddorn zu einem immer steiler werdenden Ufer an. Schroff erhebt sich die Wand aus Geschiebemergel, Kreide und Ton über das Meer. Vom **Dornbusch** 19, dem südlichen Teil des Hochlands, reicht der Blick weit zurück. Am Horizont werden im flirrenden Licht gar die drei Türme der Stralsunder Kirchen sichtbar.

Die Natur Natur sein lassen Jahraus, jahrein verändert sich die Küstenlinie an der vorpommerschen Ostsee. Zwischen dem **Bug** 20 und den beiden Haken der Insel Hiddensee, Altbessin und Neubessin, liegt nichts weiter als eine vom Wasser kaum überspülte Sandbank. Allein in den letzten 300 Jahren dehnte sich die 8 km lange Halbinsel Bug mehr als einen halben Kilometer in südlicher Richtung aus. Der Bug kann nur im Rahmen einer Führung betreten werden (Anmeldung: Nationalparkverwaltung), doch der Besuch lohnt sich. Die ausgedehnten Waldflächen, die fast die Hälfte der Halbinsel bedecken, lassen vergessen, dass sie vor 150 Jahren nahezu baumlos war. Im Grenzsaum zu den Dünen befinden sich großflächige Sanddorndickichte, und auf den nicht von Menschen genutzten Stränden tummeln sich Sandregenpfeifer, Zwergseeschwalben und Sandlaufkäfer. Die eigentümliche Flora des Meeresspülsaums ist hier noch vollständig zu finden: Spießmelde und Salzmiere, der rosa blühende Meersenf und das stachelige Kali-Salzkraut. Auch die selten gewordene Stranddistel fühlt sich hier wohl (Anfahrt über Dranske, Parkmöglichkeiten vor dem Tor zum Bug südlich von Dranske).

Hühnergott und Donnerkeil

An den Stränden gibt es nicht nur Muscheln und »Hühnergötter« (Feuersteine mit einem Loch, das Wellen, Wind und Sand hineingebohrt haben) zu entdecken, sondern auch »Donnerkeile« (s. Bild). Früher glaubte man, die länglichen, spitzen Steine seien Blitze, die vom Himmel gefallen sind. Tatsächlich handelt es sich dabei um versteinerte Kopffüßler, längst ausgestorbene Belemniten (Tintenschnecken) aus der Kreidezeit.

Nationalpark Jasmund

Es war mehr als eine Touristenattraktion, die in die Tiefe stürzte. Es war das Sinnbild deutscher Romantik, ja ein Symbol für Deutschland selbst. Und doch war es ein ganz natürlicher Vorgang: Am 24. Februar 2004 rutschten 50 000 Kubikmeter Kreide der berühmten Wissower Klinken hinab in die Ostsee.

SERVICE

Anfahrt Auf der A 20 bis Stralsund, dann über den Rügendamm und die B 96 via Bergen und Sassnitz zur Stubnitz; Sassnitz kann auch mit der Bahn erreicht werden

Lage Steilküste im Nordosten der Ostseeinsel Rügen

Größe 30 km^2

Höchste Erhebung Piekberg (161 m)

Gründung 1990

Information Nationalparkamt Vorpommern, Nationalpark Jasmund Stubbenkammer 2a, 18546 Sassnitz

Telefon 038392/3 50 11 22

Infohaus Nationalparkzentrum Königsstuhl, Zentrale Anlaufstelle für Besucher

Telefon 038392/66 17 66

Internet www.nationalpark-jasmund.de, www.koenigsstuhl.com

TOP TIPP

1 **Stubnitz** Einzigartiger Buchenwald an der Steilküste

5 **Königsstuhl** Schönster Aussichtspunkt an der gesamten Ostsee

10 **Wissower Klinken** Beschädigtes Sinnbild der deutschen Romantik

Eine überwältigende Komposition aus Felsen und Meer, Himmel und Wald: die Steilküste Rügens

Ihren Ruhm verdankten die beiden fast 20 Meter hohen Kreidezinnen an der Rügener Steilküste einem Bild des romantischen Malers Caspar David Friedrich (1774–1840). Es zeigt eine Frau und zwei Männer, die vom hohen Ufer auf das Meer blicken. Das Gemälde wurde als Allegorie deutscher Geisteshaltung verstanden, und in der romantischen Kulisse vermeinte man die Wissower Klinken zu erkennen. Die Forschung jedoch stellte fest, dass zur Zeit der Entstehung des Bildes (1818) die Kreidezacken in ihrer typischen Form noch gar nicht existierten. Nur die Kunst kann die Vergänglichkeit überwinden.

Uraltes Stufenland hoch über dem Meer Auch wenn die berühmten Kreidefelsen die Hauptattraktion darstellen, sind sie nicht die einzige Besonderheit des Nationalparks. Vor allem auch wegen ihres Buchenwalds wurde die Halbinsel Jasmund zum Nationalpark erklärt. Unter dem Gesichtspunkt der Naturbewahrung zählt die ➠ **Stubnitz** ❶ zu den schützenswertesten Gebieten. Die Lage des Waldes über dem Meer ist ebenso einzigartig wie seine Ursprünglichkeit. Die früher auf Rügen siedelnden Slawen nannten das Gebiet Stubnitz (»Stufenland«). Das Atlantikum, die Wärmeperiode vor rund 6000 Jahren, begünstigte die Eiche. Erst als das Klima wieder feuchter und kühler wurde, übernahm die Buche die Herrschaft im Wald, und seit etwa 2000 Jahren bildet sie in der Stubnitz geschlossene Wälder, in der aufgrund des Lichtmangels weder Eichen noch andere Bäume eine Chance haben. Lediglich in sehr kühlen und feuchten Tälern, wie etwa dem Kieler-Bach- und dem Brißnitz-Tal, machen Esche und Bergahorn der Buche den Platz streitig. Die zahlreichen Bäche, die mäanderförmig durch den Buchenwald zum Steilufer fließen, haben tiefe Einschnitte in die Kreideküste gekerbt. Sie entspringen in den Quellmooren des Nationalparks. Schon in der Steinzeit nutzten die Menschen die Stubnitz als Siedlungsraum. Einige Großsteingräber aus dieser Zeit sind erhalten geblieben. An die slawische Besiedlung bis vor etwa 800 Jahren erinnern noch die imposanten Wälle ehemaliger Fluchtburgen.

Seit über 200 Jahren wird auf Rügen Kreide abgebaut. Über die Entstehung von Kreide und ihre Nutzung durch den Menschen informiert das **Kreidemuseum Gummanz** ❷, das bei Neddesitz in einem alten Kreidebruch eingerichtet wurde (geöffnet Ostern bis 31. Oktober täglich 10–17 Uhr und 1. November bis Ostern Di–So 10–16 Uhr, www.kreidemuseum.de). Zum Museum gehört ein Lehrpfad, der durch das Gelände führt.

Die Natur als Architekt – eine Kathedrale aus Buchen Besonders intensiv erlebt man die Buchenkathedrale auf der rund vier Kilometer langen Wanderung

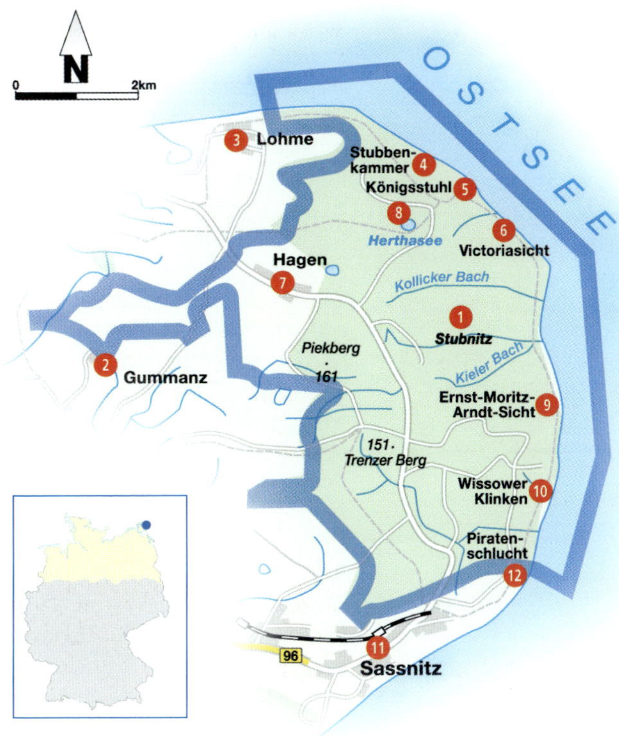

von dem an der Nordküste liegenden Fischerort **Lohme** ❸ zum Königsstuhl. Schon im Hafen von Lohme wird die Einzigartigkeit der Landschaft körperlich spürbar; nur eine steile Holztreppe führt hinab zum Hafenbecken. Von Lohme folgt der Waldweg dem Nordufer. An einigen Stellen führt er bis hinab zum Meer, wo Salzbinse, Salzmiere und Strandtausendgüldenkraut die Salzvegetation des Kieselstrands bestimmen. Die steilen Küstenhänge wurden kaum bewirtschaftet. Hin und wieder leuchtet zwischen den eindrucksvollen Buchenstämmen das Blau des Meeres hindurch. Die Kreidefelsen werden erst an der **Stubbenkammer** ❹ sichtbar, dann ist auch der sagenumwobene Königsstuhl erreicht.

Imponierende Felsen aus Kreide Am frühen Morgen hat man das weltberühmte Wahrzeichen der Insel Rügen, den fantastischen ➠ **Königsstuhl** ❺, noch ganz für sich allein. 118 Meter tief fällt der Blick von der großen Aussichtsplattform auf den Strand. Der Abstieg über die steile,

Knabenkraut

Selbst Naturliebhaber verblüfft es, an den Steilhängen Rügens Orchideen zu entdecken. Die Abbruchflächen der Kreidekliffs werden von Pflanzen besiedelt, die auf kalkreiche Böden, trockene Wärme und viel Licht angewiesen sind. Im Nationalpark konnten mehr als 20 einheimische Orchideen nachgewiesen werden. Dazu zählen das Stattliche Knabenkraut (Orchis mascula) und das abgebildete Gefleckte Knabenkraut (Dactylorizha maculata), die gern am Rand von Rotbuchenwäldern gedeihen. Orchideen sind wegen ihrer exotischen Blüten besonders beliebt. Sie zu pflücken oder gar auszugraben, ist jedoch strikt verboten. Die Pflanzen stehen unter strengem Naturschutz.

hölzerne Treppe hinunter an den Naturstrand lohnt sich. Weniger mühsam ist der Weg zur benachbarten **Victoriasicht** 6. Von der winzigen schwebenden Plattform genießt man einen schönen Blick auf den Königsstuhl selbst. Wie der Königsstuhl zu seinem Namen kam, bleibt umstritten: Der schwedische König Karl XII. soll hier im Jahr 1715 einen Stuhl aufgestellt haben, um die Seeschlacht zwischen seiner und der dänischen Flotte zu verfolgen. Nun ist die Bezeichnung aber nachweislich viel älter. Bleibt die Legende vom Kletterkönig: Wer als Schnellster vom Strand den Kreidefelsen emporkletterte, sollte König werden. Ein waghalsiges Unterfangen, das unter strengen historischen Gesichtspunkten auch niemandem geglückt ist.

Die Steilküste Jasmunds ist eine besonders exponierte Außenküste; ihre markanten, steil aufragenden Kreidekliffs sind die höchsten im südlichen Ostseeraum. Aus Rücksicht auf die Natur ist die Straße zum Königsstuhl für den öffentlichen Verkehr gesperrt. Vom Großparkplatz in **Hagen** 7 fährt ein Shuttle-Bus zum Königsstuhl. Auch führt ein zwei Kilometer langer Wanderweg durch die ursprünglichen Buchenwälder der Stubbenkammer vorbei am **Herthasee** 8 und der Herthaburg zum Königsstuhl. Nur auf dem Hochuferweg, direkt über der Steilküste, gelangt man zur **Ernst-Moritz-Arndt-Sicht** 9 und zu den berühmten Wissower Klinken. Der auf Rügen geborene Schriftsteller Ernst Moritz Arndt (1769–1860), Zeitgenosse Caspar David Friedrichs, schrieb die Märchen und Sagen seiner Heimat auf.

Strand unter einer Steilwand Selbst heute noch ist die Wucht des Bergsturzes an den → **Wissower Klinken** 10 deutlich nachfühlbar. Auch wenn ihre ursprüngliche Schönheit gelitten hat, sind die Felsen immer noch eindrucksvoll. Der alte Fischereihafen der zweitgrößten Stadt auf Rügen, **Sassnitz** 11, liegt malerisch unterhalb des alten Stadtkerns. Die Stadtpromenade lädt zu Spaziergängen ein, das Museum für Unterwasserarchäologie lockt Wissbegierige. Vom

Wer von Hagen zum Königsstuhl wandert, sollte unbedingt am Herthasee rasten und die Stille genießen.

Die berühmten Wissower Klinken in ihrer ganzen Pracht

Fährhafen Mukran fahren die Schiffe nach Schweden und ins Baltikum. Auch ist Sassnitz ein idealer Ausgangspunkt für eine Wanderung über den Strand zu den Wissower Klinken. Diese beginnt am nördlichen Ende der Hafenstadt (vom Parkplatz des Nationalparks ausgeschildert). Oft ist der begehbare Saum zwischen Meer und Felsen schmal; drohend überragen die weißen Felsen den Wanderer, und immer höher türmen sie sich himmelwärts. Manche von ihnen tragen Namen wie »Hengst«; diese benutzten bereits die Germanen und Slawen als Fluchtberge.

Wer den weiten Weg bis zu den Klinken nicht mühsam am Meer entlang laufen möchte, steigt durch die **Piratenschlucht** 12 zum Hochufer hinauf. Der Hochuferweg zu den Wissower Klinken bietet eine Vielzahl weiterer reizvoller Ausblicke auf die Küste und das Meer.

Kreide

Sie entsteht aus winzigen kalkigen Resten von im Meer lebenden Einzellern, die sich als Sediment ablagerten.

Vor etwa 69 Mio. Jahren, also lange vor der Entstehung der Ostsee, lag Rügen in einer Meeresstraße, die das englisch-französische Kreidemeer mit einem Meer im Bereich von Krim und Kaukasus verband. Innerhalb dieser Meeresstraße lagerte sich in einer ca. 100 km breiten Zone Kreide ab. Erst am Ende der Eiszeit hoben sich die mächtigen Kreideschichten.

Die so entstandenen Kreidefelsen von Rügen (wie die Wissower Klinken) waren Namen gebend für eine ganze erdgeschichtliche Epoche: die Kreidezeit. Wissenswertes zur Kreide vermittelt der Lehrpfad bei Gummanz 2.

Biosphärenreservat Südost-Rügen

Schon der Heimatforscher Johann Jakob Grümbke schwärmte vor 200 Jahren in seinen »Streifzügen durch das Rügenland« von der Schönheit der Insel und bezeichnete die Landschaft des heutigen Biosphärenreservats Südost-Rügen als das »wahre Paradies von Rügen«.

SERVICE

Anfahrt Auf der A 20 bis Stralsund und weiter auf der B 96 nach Putbus oder aus Richtung Greifswald auf der B 96 nach Reinberg und dann nach Stahlbrode, von dort mit der Autofähre nach Rügen und über Garz nach Putbus; mit der Bahn gelangt man ebenfalls nach Putbus.

Lage Im Südostteil der Insel Rügen zwischen Putbus, Binz und Göhren

Größe 235 km²

Höchste Erhebung Tempelberg (107 m)

Gründung 1990

Information Amt für das Biosphärenreservat Südost-Rügen, Circus 1, 18581 Rotbus

Telefon 038301/88 29-0

Internet www.biosphaerenreservat-suedostruegen.de

TOP TIPP

1. **Putbus** Klassizistische Residenzstadt mit Circus, Theater und Wildpark
3. **Insel Vilm** Naturparadies mit unberührten Wäldern und Küstenabschnitten
7. **Granitz** Buchenwaldgebiet und Jagdschloss mit Aussichtsturm
10. **Zickersche Alpen** Reizvolles Wandergebiet mit herrlichen Ausblicken

Klatschmohn und Kornblumen schmücken vielerorts die Feldränder.

Tatsächlich gehören die Granitz mit ihren herrlichen Buchenwäldern und dem Tempelberg sowie das reizvolle Mönchgut mit den rohrgedeckten Fischerhäusern, den Zickerschen Alpen und den langen Sandstränden zu den schönsten Landschaften auf Rügen. Von besonderem Reiz sind die Buchenwälder im Frühjahr, wenn dichte Teppiche von Buschwindröschen, Leberblümchen oder Schlüsselblumen blühen. Ganz anders zeigen sich die blühenden Trockenrasen, wie sie besonders schön in den Zickerschen Alpen ausgeprägt sind: Zwischen Silbergras wachsen Sandknöpfchen, Grasnelken und Heidenelken, stellenweise leuchtet der gelb blühende Besenginster. Klatschmohn und Kornblumen gehören im Juni zu den Highlights, die die Getreidefelder mit einem üppigen Farbenspiel in Rot und Blau begleiten.

In der »weißen Stadt« auf fürstlichen Spuren wandeln Wer das erste Mal in die »weiße Stadt« → **Putbus** 1 kommt, spürt noch den Hauch einer vergangenen, glanzvollen Epoche. Hier ließ im frühen 19. Jahrhundert Malte I. von Putbus seinen Fürstensitz errichten, eine auf dem Reißbrett konzipierte klassizistische Stadt- und Residenzanlage. Mittelpunkt des Ortes ist heute noch der Circus, ein von weißen Kavaliershäusern gesäumtes Rondell mit einem Obelisken in der Mitte, auf den das sternförmige Wegenetz zuläuft. An Malte I. erinnert das überlebensgroße Denkmal im gegenüberliegenden Landschaftspark, das 1859 von Friedrich Drake geschaffen wurde. Die stimmungsvolle Anlage enthält zahlreiche einheimische und fremde Gehölze. Im Park lädt das Rosencafé in der ehemaligen Villa Löwenstein zum Besuch ein. Spazierwege führen am Schwanenteich entlang, zur Orangerie und dem frühgotisch inspirierten Mausoleum. Das ehemalige Affenhaus (um 1830) beim Schwanenteich beherbergt ein Puppen- und Spielzeugmuseum. Im Park befindet sich auch ein großes Gehege für Rot- und Damwild. Am Parkrand führt eine Chaussee nach **Lauterbach** 2, wo Fürst Malte 1817/18 für Gäste vor der Kulisse des Goor-Waldes ein Badehaus mit einer 18-säuligen Vorhalle errichten ließ.

Vom Hafen in Lauterbach bietet sich ein Ausflug zur → **Insel Vilm** 3 an, die von urwüchsigen Buchen- und Eichenwäldern bedeckt ist. Diese 37 Hektar große Insel im Rügischen Bodden erhebt sich bis zu 37 Meter Höhe und steht seit 1936 unter Naturschutz. Die uralten Bäume bieten ausgezeichnete Brutmöglichkeiten für Waldkauz und Gänsesäger, Uferschwalben legen am Steilufer ihre Nisthöhlen an, und Kormorane und Graureiher fischen im Bodden. Besonders eindrucksvoll ist ein Besuch der Insel im Herbst und Frühjahr, wenn auf den Wasserflächen rund um die Insel zahlreiche Wasservögel rasten. Hier ist der Sitz der Internationalen Naturschutzakademie und der Bundesforschungsanstalt für Naturschutz.

Erinnerungen an das Putbuser Fürstenhaus gibt es auch in **Vilmnitz** 4, das über eine schöne Kastanienallee erreichbar ist. In der Kirche im Ort (13.–15. Jh.) befindet sich die Familiengruft des Hauses Putbus mit 27 Prunksärgen sowie zahlreichen Sandsteinepitaphen der Putbuser Fürsten.

Eine malerische Kastanienallee führt nach **Lancken-Granitz** 5, in dessen Umgebung sich die bedeutendsten Großsteingräber auf Rügen befinden. Im Ort stehen bei der Alten Mühle entsprechende Wegweiser. Sie führen in Richtung Stresower Bucht zu den **Stresower Tannen** 6, wo sich kulturhistorisch bedeutsame Grabanlagen der Jungsteinzeit befinden. Die Ruhestätten wurden zwischen 3500 und 1800 v. Chr. angelegt

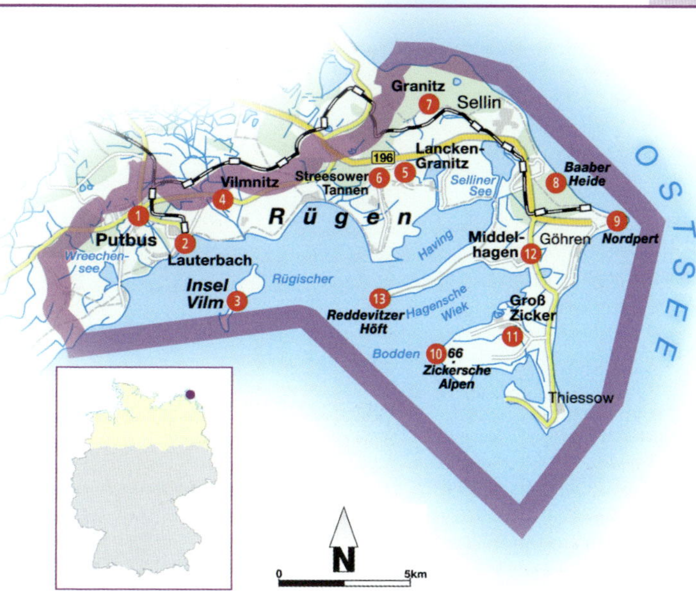

»Rasender Roland«

Ein Erlebnis besonderer Art ist die Fahrt mit dem »Rasenden Roland«, der durch die Wälder der Granitz 7 und der Baaber Heide 8 schnauft. Seit über 100 Jahren verkehrt die dampfbetriebene Kleinbahn mit einer Spurbreite von 750 mm auf Rügen und verbindet im Stundentakt Putbus mit den Ostseebädern Binz, Sellin, Baabe und Göhren; von Mai bis September verkehren die Züge bis zum Hafen von Lauterbach.

Das Jagdschloss Granitz mit seinem markanten Aussichtsturm

und sind Sippengräber von Ackerbauern und Viehzüchtern. Bei den »Ziegensteinen« fallen über zwei Meter hohe Wächtersteine am Ostende des Hünenbettes auf.

Dichte Wälder und Moore mit artenreicher Flora Den besten Überblick über das Naturschutzgebiet ➠ **Granitz** 7 bietet der Turm des Jagdschlosses auf dem Tempelberg auf 145 Metern Höhe. Das Panorama reicht von Jasmund bis Mönchgut zur Insel Usedom. Das Jagdschloss Granitz wurde in den Jahren 1836–46 nach Plänen von Johann Gottfried Steinmeyer für Fürst Malte I. von Putbus gebaut und erhielt 1844 den markanten Aussichtsturm nach einem Entwurf von Karl Friedrich Schinkel. Ein hervorragendes Zeugnis des Eisenkunstgusses ist die Wendeltreppe im Turm mit ihren 154 Stufen.

Das Naturschutzgebiet Granitz bildet das größte zusammenhängende Waldgebiet im Biosphärenreservat Südost-Rügen. Im vorherrschenden Buchenwald stehen im Frühjahr Buschwindröschen, Leberblümchen, Maiglöckchen und Waldmeister in voller Blüte, und zwischen den bewaldeten Hügeln breiten sich die »Große Wiese« und der »Schwarze See« aus, Kesselmoore mit einer großen Zahl seltener Pflanzenarten. Über den Torfmoosflächen schweben im Sommer die weißen Wattebällchen der Wollgräser, und im Moos versteckt wachsen Moosbeeren, Sumpfporst sowie der Rundblättrige Sonnentau, eine Fleisch fressende Pflanze, die mit ihren klebrigen Tentakeln kleine Insekten einfängt.

Zwischen Sandstränden und ganz speziellen Alpen wandern Bei Baabe beginnt das Naturschutzgebiet Mönchgut auf der gleichnamigen Halbinsel, ein Kleinod im Biosphärenreservat. Zwischen Baabe und Göhren breitet sich das Gebiet der **Baaber Heide** 8 aus, wo Kiefernwälder das Bild bestimmen. Gut zu überblicken ist diese Landschaft vom **Nordpert** 9 bei Göhren aus, das als Stauchendmoräne vor 10 000 bis 15 000 Jahren entstanden ist. Im Wasser liegt etwa 200 Meter vor der Küste bei Göhren der Buskam, mit 600 Kubikmetern der größte Findling an der deutschen Küste. Zwischen Nord- und Südpert breitet sich eine abwechslungsreiche Landschaft mit Salzwiesen, Trockenrasen und Gebüschformationen aus. Hier gehört eine Wanderung über die ➠ **Zickerschen Alpen** 10 mit dem 66 Meter hohen Bakenberg zu den eindrucksvollsten Erlebnissen. Wunderschöne Ausblicke auf den Rügischen Bodden sowie auf die Zungen und Buchten des Mönchguts warten als Belohnung. Bis in die 1970er-Jahre als Acker genutzt, hat sich das Gelände innerhalb kurzer Zeit als Lebensraum eines artenreichen Magerrasens entwickelt, wo Silbergras, Grasnelke, Sandstrohblume und Habichtskraut wachsen. Auf den sonnigen Hängen fühlen sich Eidechsen, Heuschrecken und viele Käferarten wohl.

Zwischen dem Höhenzug und dem Zickersee liegt **Groß Zicker** 11 mit reetgedeckten Häusern und einer Backsteinkirche (14. Jh.) mit schönen Bleiglasfenstern und geschnitzter Kanzel. Hier steht auch das älteste Wohnhaus auf dem Mönchgut, das Pfarrwitwenhaus von 1723, ein echtes Rookhus ohne Schornstein.

Hauptort des Mönchgutes ist **Middelhagen** 12, ein kleiner Ort mit sehenswerter Kirche (Baubeginn vor 1450). Sie birgt einen kostbaren Schnitzaltar (1480), das Schiffsmodell einer Brigg mit gesetzten Segeln (1842) und einen Opferstock aus dem 17. Jahrhundert. In einem alten Küsterhaus ist das Schulmuseum (Dorfstraße 4) mit Schulstube und Wohnung des Küsters, Kantors und Dorfschullehrers untergebracht. Schulbänke, Wandrollbilder und Schiefertafeln, aber auch Tierpräparate gehören zur Ausstattung.

Museen in Göhren

Das Heimatmuseum in Göhren (Strandstr. 1, bei 9) informiert über die Geschichte des Mönchguts; der Museumshof (Strandstr. 4) ist eine Freilicht-Hofanlage aus dem 18./19. Jh. und gibt einen Einblick in die bäuerliche Kultur und Lebensweise. Sehenswert ist auch das Rookhus (Thiessower Str. 7), ein kleines Lehmfachwerk-Hallenhaus. Es handelt sich um einen schornsteinlosen Zuckerhut-Haustyp mit tief herabgezogenem Reetdach. Des Weiteren lädt das Museumsschiff »Luise« hinter den Dünen (Südstrand 1a) zum Besuch ein. Es wurde 1906 als Motorsegler auf einer holländischen Werft gebaut und gibt einen Einblick in die Lebensweise der Fischer.

Von den Zickerschen Alpen auf der Halbinsel Mönchgut bietet sich eine fantastische Aussicht auf das tiefblaue Meer.

Naturpark Insel Usedom

Die Vielfalt der Natur ist auf Usedom überall gegenwärtig. Vom Golm kann man sich den besten Überblick verschaffen: Weit reicht der Blick zum Achterwasser, dem Stettiner Haff und natürlich zur Ostsee mit ihren feinen Sandstränden. Typische Landschaften des Naturparks sind Salzwiesen, wie sie im Bereich des Peenestroms vorkommen, Moore an Gothen- und Wockninsee sowie das einzigartige Mümmelkenmoor.

SERVICE

Anfahrt Auf der A 20 Lübeck–Neubrandenburg bis Jarmen und weiter auf der B 110 nach Usedom; mit der Bahn bis Züssow, dann mit der Usedomer Bäderbahn auf die Insel

Lage An der Ostküste von Mecklenburg-Vorpommern zwischen Pommerscher Bucht und Stettiner Haff; im Osten grenzt der Naturpark an Polen.

Größe 632 km^2

Höchste Erhebung Golm (71 m)

Gründung 1999

Information Naturpark Insel Usedom, Bäderstr. 5, 17406 Usedom

Telefon 038372/76 30

Internet www.naturpark-usedom.de

TOP TIPP

5 **Drei Kaiserbäder** Ahlbeck, Heringsdorf, Bansin – Glanz vergangener Zeiten

6 **Sieben-Seen-Blick** Grandioser Rundblick über Seen und Achterwasser

10 **Streckelsberg** Orchideen-Buchen-Wälder, Kliffkanten, Panoramen

12 **Krumminer Lindenallee** Herrliche Baumallee aus dem 18. Jahrhundert

Am Abend sind Seebrücke und Strand bei Ahlbeck vor der Kulisse des farbenprächtigen Himmels fast menschenleer.

Auch schöne Buchenwälder mit Orchideen wie Rotem Waldvöglein, Zweiblättriger Waldhyazinthe, Breitblättrigem Sitter oder Bräunlicher Nestwurz sowie anderen seltenen Pflanzen gehören zum typischen Bild. Darüber wartet der Naturpark mit einer reichen Tierwelt auf, zu der u. a. Kranich, Eisvogel, Seeadler und Fischotter gehören.

Zeugnisse der Vergangenheit Wir nehmen den Weg nach Usedom über die malerische, 330 Meter lange Klappbrücke bei Zecherin. Erster Ort ist **Usedom** 1, ein kleines Städtchen mit kopfsteingepflasterten Gassen und mittelalterlichem Kern. Wahrzeichen ist das Anklamer Tor (1450), das als Einziges von drei mittelalterlichen Stadttoren noch erhalten ist. Dominierend ist im Stadtbild die Marienkirche, eine dreischiffige Hallenkirche im spätgotischen Stil. Für Naturfreunde ist vor allem der Besuch des Naturpark-Informationszentrums in der Bäderstraße wichtig.

Über Suckow erreicht man den **Lieper Winkel** 2, eine urwüchsige Halbinsel mit kleinen Buchten, die faustförmig in das Achterwasser hineinragt. Das Dorf Liepe wartet mit einer eindrucksvollen Kirche aus dem 12. Jahrhundert auf.

Der **Golm** 3 bei Kamminke ist eine markante Endmoräne aus der letzten Eiszeit und mit 71 Metern Höhe einer der besten

Aussichtspunkte Usedoms. Der Blick schweift von der Pommerschen Bucht bis zur Steilküste der Insel Wollin, das Mündungsgebiet der Swine und die Stadt Swinemünde. Die Besiedlung Usedoms reicht weit zurück, wovon elf Großsteingräber aus der Jungsteinzeit (4000–1800 v. Chr.) zeugen. Der Burgwall auf dem Golm sowie mehr als 90 Siedlungen stammen aus der Bronzezeit (1800–800 v. Chr.). Nach dem Abzug der Germanen um 400 siedelten um 700 Slawen auf Usedom, die ebenfalls ihre Spuren in der Gegend hinterließen: die drei Burgwälle in Mellenthin, Neppermin und Usedom.

Größter Binnensee der Insel ist mit einer Fläche von 600 Hektar der **Gothensee** 4 in der Thurbruch-Niederung, der von ausgedehnten Hoch- und Niedermooren umgeben ist. Der Name des Bruchs bezieht sich auf den Ur *(Bos primigenius)*, den Auerochsen, der hier nach urkundlichen Berichten um 1360 erlegt worden sein soll. Heute gehören Lurche, Unken, Kröten, Frösche und Molche zu den Bewohnern des Naturschutzgebiets. Südlich des Gothensees befindet sich ein Fischotterschongebiet, wo dieses Säugetier fast ungestört leben kann.

Wilhelminischer Glanz – die drei Kaiserbäder Einst suchte sich der Ahlbach (niederdeutsch Ahlbeek) den Weg vom Thurbruch durch den Gothensee in die Ostsee. Dort, wo der Bach in die Ostsee mündete, entstand um 1700 eine Siedlung, die den Namen Ad-

Lachmöwe *(Larus ridibundus)*

Wappentier Usedoms ist die etwa taubengroße Lachmöwe, ein häufiger Brutvogel und in größeren Kolonien auf der Insel verbreitet. Schnabel und Beine sind rot; der Kopf zeigt im Frühjahr eine schokoladenbraune Maske, im Hochsommer dagegen nur einen dunklen Fleck hinter dem Auge.

Um den Schmollensee

Sehr reizvoll ist eine Wanderung um den Schmollensee, die am Bahnhof von Bansin 5 beginnt. Die Rundtour ist mit einem gelben Strich markiert, 19 km lang und führt zunächst mit herrlichen Aussichten am Langeberg vorbei. In Pudagla kann man das 1575 erbaute Schloss bewundern, den Witwensitz für Herzogin Marie von Pommern; über dem Hauptportal des zweigeschossigen Wohnhauses prangt ein Wappen. In Benz ist eine der letzten mit Holzschindeln gedeckten Holländerwindmühlen (s. Bild) zu sehen; der Maler Otto Niemeyer-Holstein nutzte sie als Atelier für Nachwuchskünstler. Er ist auf dem denkmalgeschützten Teil des Benzer Friedhofs begraben, der neben der Feldsteinkirche St. Peter liegt. Über Sellin am Schmollensee führt der Weg schließlich nach Bansin zurück.

lig-Ahlbeck erhielt. 1852 wurde das Fischerdorf als Sommerfrische entdeckt und entwickelte sich ab 1894 durch den Eisenbahnanschluss zu einem der größten Seebäder an der Ostseeküste.

Inzwischen reihen sich die **drei Kaiserbäder** 5 Ahlbeck, Heringsdorf und Bansin wie Perlen einer Kette aneinander. Zu Kaiser Wilhelms Zeiten trafen sich der Adel und das wohlhabende Bürgertum in den mondänen Seebädern; die wilhelminische Bäderarchitektur in Heringsdorf erinnert heute noch an jene Zeiten, ebenso wie die hübschen Villen der Insel. Schmuckstück von Ahlbeck und Wahrzeichen Usedoms ist die 280 Meter lange Seebrücke.

Vom Bahnhof Bansin aus erreicht man über die Benzer Chaussee in Richtung Süden in 20 Minuten einen herrlichen Aussichtspunkt, den **Sieben-Seen-Blick** 6 mit grandiosem Rundblick: Im Westen liegen Großer und Kleiner Krebssee, Schmollensee und Achterwasser, im Südosten Gothensee und Wolgastsee sowie der Kachliner See im Thurbruch. Unweit vom Sieben-Seen-Blick liegt am Nordwestufer des Gothensees Bansin Dorf, ein idealer Ausgangspunkt für Radtouren und Wanderungen um den Gothensee.

Als vor Jahrtausenden zwischen Schmollensee und dem Langeberg (55 m) ein Gletscher schmolz, entstand der kleine **Mümmelkensee** 7. Sein Name geht auf die gelb blühende Mummel (auch Mümmel genannt) zurück, die im See wächst. Der See ist von einem artenreichen Hochmoor mit seltenen Pflanzen wie Sumpfporst, Moosbeere und Krähenbeere umgeben. Auch der Langblättrige Sonnentau siedelt im Torfmoos, der mit seinen klebrigen, schillernden Tropfen kleine Insekten einfängt und verdaut. Der Eisvogel stürzt sich dagegen kopfüber in das Wasser, wenn er eine Plötze im Teich entdeckt.

Der **Wockninsee** 8 im Osten von Ückeritz liegt in einem 49 Hektar großen,

Die prächtigen Villen am Strand von Bansin – ein wunderschönes Beispiel der wilhelminischen Bäderarchitektur

nach ihm benannten Naturschutzgebiet. Ursprünglich ein Strandsee, verwandelte er sich vor etwa 10 000 Jahren durch Anschwemmungen in ein Verlandungsgebiet. Schwarzerlen wachsen am Ufer, und Jahrhunderte alte Rotbuchen und Stieleichen bilden die Kulisse dieser reizvollen Landschaft. Besonders eindrucksvoll ist der See zur Brut- und Rastzeit von Kranichen und Graugänsen, die sich dann zu Tausenden hier tummeln.

Vineta – sagenumwoben und vom Meer verschlungen Zwischen der Ostsee und dem Achterwasser erstreckt sich das kleine Seebad **Koserow** 9, erstmals 1347 erwähnt. Einst soll sich hier am Riff vor der Küste das sagenumwobene und wegen der Sündhaftigkeit seiner Bewohner vom Meer verschlungene Vineta befunden haben. Daran erinnern auch die sehr beliebten Vineta-Spiele, die jährlich im Sommer auf der Ostseebühne in Zinnowitz veranstaltet werden. Schiffe nach Zinnowitz sowie zu den Kaiserbädern legen an der 261 Meter langen Seebrücke von Koserow ab.

Neben dem Zugang zur Seebrücke stehen sechs schön restaurierte Salzhütten. Diese niedrigen Fachwerkhäuser mit Rohrdach wurden 1820 errichtet und dienten zur Lagerung von grobem Salz, das für die Konservierung von Heringen verwendet wurde. Hausberg von Koserow ist der 56 Meter hohe ➠ **Streckelsberg** 10, ein Kliff mit Kliffranddüne, das seit 1961 unter Naturschutz steht. Man begann bereits 1818, den unbewaldeten Berg mit Buchen aufzuforsten, um das Abtragen des Kliffs durch den Wind zu verhindern, aber auch eine später errichtete Brandungsmauer am Fuß des Berges vermag den Abtragungsprozess nicht zu stoppen. Lohnend ist ein Aufstieg vom Strand aus, denn außer der faszinierenden Rundsicht von der Aussichtsplattform wartet im Buchenwald auch eine besonders reiche Flora mit Leberblümchen und zahlreichen einheimischen Orchideen.

Malerische Plätze wie diesen Steg an der Krumminer Wiek findet man im Naturpark immer wieder.

Zwischen Achterwasser und Krumminer Wiek Verlässt man bei Zinnowitz die B 111, führt der Weg schnurstracks zur Halbinsel **Gnitz** 11, deren Südspitze als Naturschutzgebiet ausgewiesen ist. Zu den Lebensräumen zahlreicher seltener und vom Aussterben bedrohter Tiere und Pflanzen gehören die von Magerrasen und alten Hutebäumen bedeckten Moränenrücken, offene Dünen und Strandflächen sowie die Salzwiese am Möwenort. Auch der Wacholder-Kiefern-Wald am 32 Meter hoch aufragenden Weißen Berg mit seinen Trockenwiesen, Schlehen und Wildrosen ist ein wahres Paradies für Naturliebhaber. Im Nordwesten fällt der Weiße Berg als Steilküste ab; dort finden sich jedes Jahr zahlreiche Paare der Uferschwalbe ein. Inmitten dieser einmaligen Landschaft befindet sich in einem Eichengehölz in der Nähe von Lütow das einzige auf Usedom erhaltene Großsteingrab.

Vor dem Verlassen der Insel Usedom über die Wolgaster Peenebrücke sollte man sich noch Zeit für ein weiteres Highlight nehmen: die herrliche ➠ **Krumminer Lindenallee** 12. Auf einer Länge von 1,5 Kilometern säumen über 300 Linden die von der B 111 abzweigende und nach Krummin führende Allee. Sie wurde Ende des 18. Jahrhunderts von der Familie Corswandt angelegt und steht seit 1990 unter Naturschutz.

Nationalpark Niedersächsisches Wattenmeer

SERVICE

Anfahrt Auf der A 31 Essen–Emden bis Ausfahrt Emden-West, dann mit der Fähre nach Borkum; nächstgelegener Bahnhof ist Emden.

Lage Zwischen Ems- und Elbemündung vor der niedersächsischen Nordseeküste

Größe 2800 km²

Gründung 1986

Information Nationalparkverwaltung Niedersächsisches Wattenmeer, Virchowstr. 1, 26382 Wilhelmshaven

Telefon 04421/91 10

Infohäuser In vielen Orten auf dem Festland und auf den Inseln

Internet www.nationalpark-wattenmeer.de

TOP TIPP

- **4 Greetsiel** Mit seinem niederländischen Flair eine Perle am Wattenmeer
- **7 Spiekeroog** Ostplate – die größte unberührte Sandwildnis auf den Inseln
- **10 Elisabeth-Außengroden** Älteste Salz-Brachen im Deichvorland der Nordseeküste mit vielfältiger Flora und Fauna
- **12 Sehestedter Außendeichsmoor** Einzigartig: ein Moor, das bei Sturmfluten schwimmt
- **13 Land Wursten** Historische Bauernrepublik zwischen Wurster Watt und Wurster Heide

Der niedersächsische Nationalpark erhält durch drei große Ströme einen Süßwasserzufluss: durch Ems, Weser und Elbe. Auch wenn viele durch Sturmfluten im Mittelalter geschaffene Buchten inzwischen verlandet und eingedeicht sind, besitzt die niedersächsische Küste doch noch zwei markante: den Dollart und den Jadebusen.

Eine Wattwanderung gehört zu den Highlights an der Nordseeküste; hier kann man die Natur hautnah erleben.

Die beiden weiten Buchten gliedern die Küstenlinie und bilden innerhalb des Wattenmeers als Buchtwatten besondere Biotope. Die zahlreichen Inseln bestehen aus einem bunten Mosaik gegensätzlichster Lebensräume – von den Stränden und Sandbänken an der Nordseite über Dünen mit eingelagerten Feuchtgebieten im Kern bis zu den Salzwiesen und von Rinnen durchzogenen Sand- und Schlickwattflächen an der Südseite der Inseln.

Insellandschaften und Naturparadiese

Aus dem Blickwinkel der Seevögel sieht die westlichste der Ostfriesischen Inseln, **Borkum** 1, in ihren Umrissen wie ein Paar von Quallen aus. Die sichelförmigen Gebilde sind Dünenketten, die die beiden Kerne der Doppelinsel – Westland und Ostland – im Nordwesten umschließen. In Westland liegt hinter den Sandhügeln das Naturschutzgebiet Greune Stee, ein urwüchsiges kleines Wäldchen und Feuchtgebiet. In Ostland ist der gleich neben dem Flugplatz gelegene Tüskendörsee für Naturfreunde ein Anziehungspunkt. Das in den 1970er-Jahren durch Sandentnahme für den Deichbau geschaffene Gewässer wird von der Vogelwelt als Brut- und Rastgebiet gern besucht. Lachmöwen, Rotschenkel und

Säbelschnäbler sind hier recht häufig zu beobachten.

Juist 2, die schmale Insel am Rand des weiten Mündungstrichters der Ems, wirkt zerbrechlich. Sie hatte unter Sturmfluten schon schwer zu leiden: So schlug die Petriflut anno 1651 eine breite Bresche durch die Insel. Seither hat sich der ursprüngliche Meerwassersee innerhalb der Bruchstelle durch den Regen in einen Süßwassersee verwandelt, den größten der Ostfriesischen Inseln.

Nur selten hinterlässt ein Krieg positive Spuren; zu diesen Ausnahmen gehören das Rantumbecken auf Sylt und der Südstrandpolder der Insel **Norderney** 3. Beide wurden für militärische Zwecke angelegt und dann von Seevogelgeschwadern in Besitz genommen. Der von Deichen umschlossene, mit Teichen, Röhrichten und Gebüschen durchsetzte Polder an der Südküste Norderneys zieht in Scharen vor allem Lach- und Silbermöwen, Austernfischer und Brandgänse an; Wiesenpieper brüten in größerer Zahl auf der Insel. Der Polder selbst darf nicht betreten werden, die Deiche bieten jedoch einen guten Einblick.

Im Süden liegt die Marschenlandschaft Krummhörn, wo Dörfer auf aufgeschütteten Erdhügeln stehen, im Norden die teilweise eingedeichte Leybucht mit der größten Brutkolonie des Säbelschnäblers in Mitteleuropa. Genau dazwischen liegt ➠ **Greetsiel** 4, ein malerischer, über 600 Jahre alter Sielort mit den berühmten Zwillingswindmühlen am Alten Sieltief und einem der schönsten Wohnhäuser des Klassizismus in Norddeutschland in der Mühlenstraße.

»Buten un binnen« Draußen (»buten«) die schlickgrauen Watten und die Inseln mit ihren sandgelben Stränden, hinter (»binnen«) den hohen Seedeichen die meist grasgrünen Marschen – sie grenzen an der ostfriesischen Küste auf wenige Meter aneinander. **Dornumersiel** 5, eines der Zentren des Nationalparks, liegt an der vordersten Front der Marschen. Bis in das hohe Mittelalter reicht die Geschichte von Dornum zurück. Von ehemals drei Wasserburgen sind noch zwei erhalten: die kleine, aber sorgfältig restaurierte Osterburg sowie die Norderburg, ein prachtvoller, von einem weitläufigen Park umschlossener Barockbau, vielleicht das schönste Wasserschloss Ostfrieslands.

Auf Gastvögel übt die »Lange Insel« **Langeoog** 6 offenbar eine große Anziehungskraft aus: Knutt, Alpenstrandläufer, Sanderling und verschiedene Möwenarten steuern das Eiland in dichten Schwärmen an.

Bei fast allen Inseln vor der ostfriesischen Küste wird die Westseite verstärkt angenagt und der abgetragene Sand im

Siele

Die Namen vieler Orte an der niedersächsischen Nordseeküste enden auf »siel«, was einen Deichdurchlass oder eine -schleuse bezeichnet. Diese dienten dazu, das von einem Wasserlauf aus dem Marschenland herangeführte Wasser ins Meer abzuleiten. Im Kern besteht ein Sielbauwerk aus einer Kammer mit an der Seeseite angeordneten Toren. Bei Flut schließen sich diese Tore automatisch durch den Druck des auflaufenden Wassers und öffnen sich wieder bei steigendem Innendruck, wenn bei Ebbe der Wasserstand im Meer unter den im Binnenland fällt.

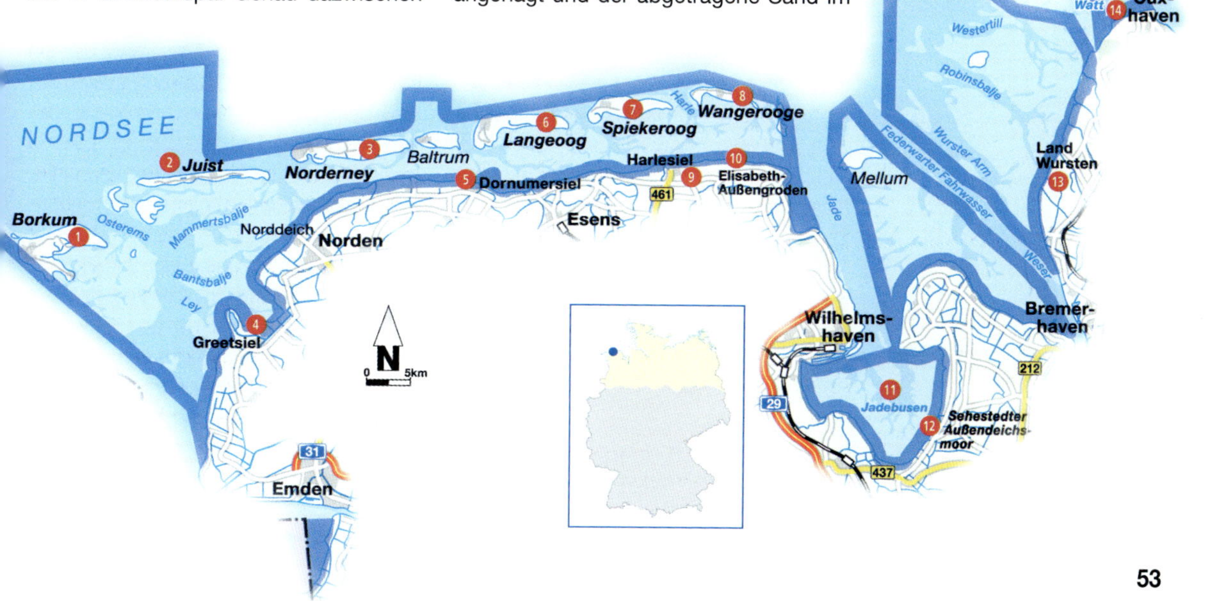

Die Zwillingsmühlen am Alten Sieltief sind das Wahrzeichen des malerischen Fischerdorfs Greetsiel.

Osten an einer mehr oder weniger großen Sandplate wieder abgelagert. Auf diese Weise »wandern« die Inseln langsam ostwärts. **Spiekeroog** 7, die Insel vor dem Harlingerland, besitzt die größte Sandplate von allen. Rund acht Kilometer weit erstreckt sich die Spiekerooger Ostplate vom Badestrand bis über die Ostbake hinaus: Flugsandfelder und niedrige Dünen – ein in Deutschland einmaliges Landschaftsbild. Für Silber-, Lach- und Heringsmöwen ist die Plate ein begehrtes Nistgebiet. Daher darf sie in der Brutsaison auch nicht betreten werden.

Vom Watt der Insel **Wangerooge** 8 ist ein Teil eingedeicht, ein Teil liegt noch im Einflussbereich höherer Fluten und wird von den Prielen aus überschwemmt. Die Eindeichung bedeutet immer einen tiefen Eingriff in die Natur: Während vor den Deichen Salzwiesenarten wie der Strandflieder oder die Strandaster die Flora beherrschen, kommen auf dem nun weitgehend salzfreien Boden des Wangerooger Westgrodens Landgewächse vor, darunter auch seltene Orchideen. Die Fähren nach Wangerooge laufen von **Harlesiel** 9 aus, und die B 461 ist gewissermaßen der rote Faden, an dem sich die Eindeichung und Verlandung der früheren Harlebucht ablesen lässt.

Der **Elisabeth-Außengroden** 10 ist seit 1970 Naturschutzgebiet. Bei Führungen von der Deichtreppe Küstersmatt/Minsen aus entlang dem Lehrpfad in der Schutzzone 1 des Nationalparks kann man die Flora und Fauna dieses einmaligen Lebensraums kennenlernen: von den Wiesen am Deichfuß mit salzempfindlichen Landpflanzen wie Löwenzahn bis zum regelmäßig überfluteten Andelrasen am Watt, vom seltenen Teichrohrsänger bis zu Enten, Gänsen und anderen Gastvögeln.

Ein schwimmendes Moor und Galopp auf dem Meeresgrund Vermutlich wäre der **Jadebusen** 11 schon längst von der Landkarte verschwunden, wenn die 200 Quadratkilometer große Bucht zwischen Ostfriesland und der Halbinsel Butjadingen als natürliches Spülbecken nicht die Fahrrinnen vor Wilhelmshaven, Deutschlands einzigem Tiefwasserhafen, freihalten müsste. Bei Ebbe wird der Jadebusen mindestens von einer Million Vögeln jährlich angeflogen, insbesondere von der Brandgans, dem Kiebitz und dem Alpenstrandläufer. Für den Rotschenkel bildet er eines der wichtigsten Brutgebiete an der Nordseeküste. Die Vogelwelt ist am besten vom Südostufer des Jadebusens aus zu beobachten, z. B. vom Aussichtspunkt bei der Badestelle vor Sehestedt, wo die Wat- und Wasservögel besonders nahe an das Ufer herankommen.

Gleich in der Nähe befindet sich eines der größten Naturwunder des Nationalparks: das **Sehestedter Außendeichsmoor** 12, ein vor dem Deich in

Seehund *(Phoca vitulina)*

Neben der Kegelrobbe ist der Seehund die einzige Robbenart, die in den Nationalparks an der deutschen Nordseeküste regelmäßig vorkommt. Heute dürften im Wattenmeergürtel am Rand der Deutschen Bucht mindestens 15 000 dieser bis 1,8 m langen und 115 kg schweren Tiere leben, in den vergangen Jahrhunderten sollen es über 40 000 gewesen sein. Im Nationalpark kann man sie z. B. beim Ausflug mit dem historischen Segelkutter »Gebrüder« von Carolinensiel (bei 10) zu den Sandbänken aus gebührender Entfernung beobachten. Dort bringen sie auch zwischen Ende Mai und Mitte Juli ihre Jungen zur Welt.

Eine einzigartige Landschaft, geschaffen von Wind und Wellen: das Watt der Nordseeinsel Juist

den Salzwiesen gelegenes Moor, dessen leichtere Torfschichten bei schweren Sturmfluten vom Untergrund abheben und dann in der aufgewühlten See schwimmen. Man kann es von der Deichkrone vor Sehestedt aus bewundern.

Am östlichen Ufer der Weser säumt das ➠ **Land Wursten** 13 die Trichtermündung des Stroms. Der Name kommt von den Wurten, den künstlich aufgehäuften Erdhügeln, auf denen hier die alten Dörfer erbaut wurden. Die Mulsumer Wurt, auf der eine wuchtige Feldsteinkirche steht, ist mit sieben Metern eine der höchsten des Landes. Im benachbarten Dorum informiert das Niedersächsische Deichbaumuseum über Deichbau und Küstenschutz an der Wattenmeerküste, und das Museum für Wattenfischerei im drei Kilometer entfernten Wremen gewährt Einblick in die Geschichte der Fischerei an der Nordseeküste.

Der Nationalpark endet im Osten mit dem **Duhner Watt** 14. Den größten Teil des Jahres stampfen dort kräftige Rösser gemächlich durch Schlick und Sand und ziehen die Wattwagen zur Insel Neuwerk. Einmal im Hochsommer beherrschen Traber, Galopper und Ponys die Szene am Seedeich: beim Duhner Wattrennen (www.duhner-wattrennen.de), dem weltweit einzigen Pferderennen auf dem Meeresgrund – aber erst nachdem Neptun den Rundkurs für die vierbeinigen Landbewohner freigegeben hat.

Nationalpark Hamburgisches Wattenmeer

Knapp zehn Kilometer vor der niedersächsischen Küste ragt über einer flachen Insel »Dat Nige Werk« auf, ein nicht zu übersehender Turmkoloss mit fast drei Meter dicken Backsteinmauern. Keineswegs ein »neues Bauwerk«, steht er seit rund 700 Jahren auf dem Eiland, dem er den Namen »Neuwerk« gegeben hat.

SERVICE

Anfahrt Von Süden und Westen mit dem Auto auf der A 27 Bremen–Cuxhaven; von Norden und Osten über die Elbfähre Glückstadt–Wischhafen und die B 495/B 73 nach Cuxhaven; weiter mit dem Schiff, mit dem Wattwagen oder zu Fuß von Cuxhaven-Sahlenburg nach Neuwerk; nächstgelegener Bahnhof in Cuxhaven

Lage Rund 100 km von Hamburg entfernt im Wattenmeer der westlichen Elbmündung bei Cuxhaven, angrenzend an den Nationalpark Niedersächsisches Wattenmeer

Größe 138 km^2

Gründung 1990

Information Nationalparkstation Neuwerk, Turmwurt, 27499 Insel Neuwerk

Telefon 04721/692 71

Internet www.nationalpark-wattenmeer.de/hh www.hamburg.de/wattenmeer/

TOP TIPP

3 Neuwerk
Einzige Hallig am Südrand der Deutschen Bucht, mit mächtigem Wehrturm, bedeutendem Seevogelbrutgebiet und artenreichen Salzwiesen

4 Scharhörn
Unbewohnte Düneninsel mit Hunderttausenden von Zugvögeln und Blick auf die Vogelschutzinsel Nigehörn

Die etwas andere Erkundungstour durch den Nationalpark: ein Kutschenausflug bei Neuwerk

Er diente den Hamburger Kaufleuten und Reedern als Seezeichen, Wehr- und Leuchtturm. Der strategisch wichtige Vorposten an der Elbmündung ist bis heute (mit Unterbrechungen) im Besitz der Hanseaten geblieben und bildet das Wahrzeichen des kleinen Nationalparks. Von dem etwa 450 Kilometer langen und bis zu 20 Kilometer breiten Wattengürtel, der sich von Den Helder in den Niederlanden bis hinauf nach Esbjerg in Dänemark erstreckt, nimmt der Nationalpark Hamburgisches Wattenmeer einen winzigen, jedoch besonders interessanten und ökologisch wertvollen Abschnitt ein. Im Unterschied zu den meisten anderen Watten an der deutschen Nordseeküste, die als Rückseitenwatten im Schutz von Inseln liegen, sind die Watten rings um Neuwerk offene Watten und damit dem Angriff der Strömungen und Wellen stark ausgesetzt.

Vom Wald zum Watt Das Wattenmeer grenzt an der deutschen Festlandküste nur an sehr wenigen Stellen unmittelbar an die Geest. Und ebenso selten begegnen sich dort Meer und Wald. Die **Hohe**

Lieth 1, ein bis über 30 Meter hoher Geestrücken südwestlich von Cuxhaven, gehört zu den wenigen Berührungspunkten. Hier trifft am Sahlenburger Strand das Gebiet des Nationalparks in einem spitzen Keil auf die Küste.

Bei Hochwasser ist die Insel mit dem Schiff zu erreichen, zünftiger sind jedoch Fahrten mit dem Wattwagen oder Wanderungen durch das **Sahlenburger Watt** 2. Für die meisten Wattwanderer endet

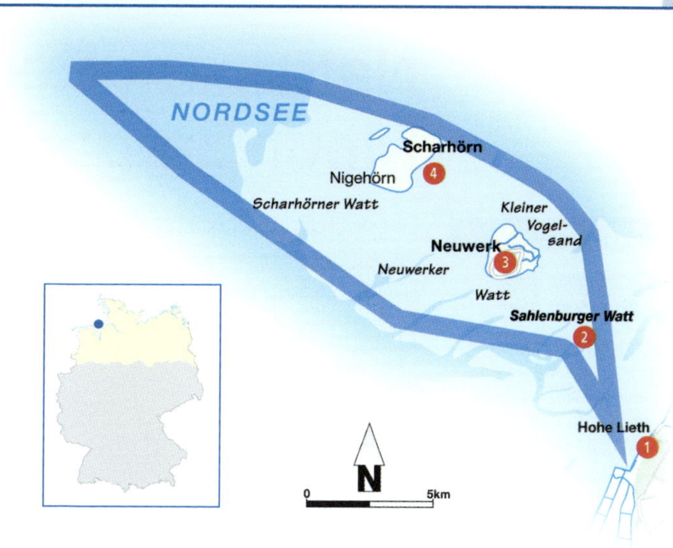

die Tour auf der einzigen Hallig an der südlichen Nordseeküste. Nur etwa ein Drittel (rund 100 ha) von ➡ **Neuwerk** 3 ist eingedeicht; vor dem Deich erstrecken sich die von Prielen durchzogenen und bei höheren Fluten überschwemmten Salzwiesen, in denen im Sommer Strandastern, Strandnelken und andere Gewächse der Küstenflora blühen. Für die Vogelwelt ist der Neuwerker Außengroden ein wertvolles Brutgebiet, vor allem für Seeschwalben; in den Zugzeiten fallen hier Möwen, Enten und Gänse in riesigen Geschwadern ein. Informationen über Flora und Fauna sind im Nationalparkhaus Neuwerk und im Infozentrum des Vereins Jordsand am Fuß des Wehrturms zu erhalten.

An der heutigen Düneninsel ➡ **Scharhörn** 4 nagt das Meer kräftig; sie ist nur noch etwa 20 Hektar groß und verliert kostbare Brutgebiete für die Brandgans oder den Seeregenpfeifer, aber auch für Singvögel wie Feldlerche und Star. Um die Flächenverluste auszugleichen, wurde ab 1989 in einem beispiellosen Naturschutz-Großprojekt die Vogelschutzinsel Nigehörn auf derselben Sandbank aufgespült. Die Vogelwelt, darunter Lachmöwen, Silbermöwen und Küstenseeschwalben, hat sie dankbar angenommen. Für Nigehörn besteht ein absolutes Betretungsverbot; Scharhörn darf nur bei offiziellen Führungen betreten werden.

Austernfischer *(Haematopus ostralegus)*

Das Wappentier des Nationalparks ist mit seinem langen, roten Schnabel nicht zu übersehen und erst recht nicht zu überhören. Die großen, schwarz-weißen Strandvögel machen viel Lärm, geben laute »pik-pik-pik«-Rufe und ein schrilles »kliep, kliep« von sich. Als ein typischer Bewohner des Wattenmeers sucht sich der Austernfischer seine Nahrung hauptsächlich im Wattboden, verschmäht aber auch die Kost nicht, die er auf Landgängen findet. Austern stehen nur selten auf seinem Speiseplan, häufiger dafür Borstenwürmer, Krebse und vor allem Herz- und Miesmuscheln.

Naturpark Bourtanger Moor-Bargerveen

SERVICE

Anfahrt Auf der A 31 in Richtung Emden (aus südlicher Richtung) bzw. Oberhausen (aus nördlicher Richtung) bis Geeste bzw. Twist; nächstgelegener ICE-Bahnhof in Osnabrück

Lage Im Nordwesten Niedersachsens zwischen dem Emsland, der Grafschaft Bentheim und der niederländischen Provinz Drenthe

Größe 140 km²

Höchste Erhebung Aussichtshügel im Bargerveen (26 m)

Gründung 2006

Information Internationaler Naturpark, Bourtanger Moor-Bargerveen e. V., Ordeniederung 1, 49716 Meppen

Telefon 05931/44 22 77

Internet www.naturpark-moor.eu

TOP TIPP

1 **Emsland Moormuseum** Ausstellungen zu Entstehung und Nutzung des Moores

3 **Bargerveen** Schöne Moorlandschaft mit vielen Wanderwegen

4 **Erdöl-Erdgas-Museum** Ausstellungen zur Geschichte der Erdölförderung

Der noch junge Park in der deutsch-niederländischen Grenzregion besteht seit 2006. Er umfasst Hochmoorbereiche des südlichen Bourtanger Moors auf deutscher und das Naturschutzgebiet Bargerveen auf niederländischer Seite. Seit Mitte des 19. Jahrhunderts baute man hier im großen Stil Torf ab.

Feuchter Farbreigen: Wie ein Spiegel reflektieren die dunklen Wasser des Moores den Himmel und die Heide.

Ein dichtes Kanalnetz im Gebiet wurde zur Entwässerung der Moore angelegt, um den Torfabbau zu ermöglichen. Später nutzte man es zum Abtransport der Torfsoden auf Kähnen. Typischer Blickfang in der Region sind auch die vielen »Ölnicker«, mächtige Pumpen, die die nicht unbedeutenden Erdölvorkommen fördern. Erst Ende der 1970er-Jahre erkannte man die Bedeutung des einzigartigen Lebensraums Moor. Seither finden zahlreiche Schutz- und Renaturierungsmaßnahmen statt. In einigen der abgetorften Gebiete werden die Entwässerungsgräben geschlossen und die Flächen wieder vernässt. Zahlreiche Wanderwege führen nun durch eine Moorlandschaft, die reich an seltenen Pflanzen und Tieren ist; hier findet man u. a. den Sonnentau, den Goldregenpfeifer und das Blaukehlchen.

Geschichte einer Landschaft Wer mehr über das Moor erfahren möchte, sollte das erst kürzlich modernisierte ➡ **Emsland Moormuseum** 1 mit vielen Ausstellungsstücken in Geeste-Groß Hesepe besuchen (geöffnet täglich außer Mo 10–18 Uhr, www.moormuseum.de). Ein Schwerpunkt liegt dabei auf der Geschichte der Region Emsland. Einblicke in das Leben im Moor vermittelt eine nachgebaute Siedlerstelle aus den 1930er-Jahren.

Ein Ausflug über die Grenze führt ins holländische **Emmen** 2, eine sehr grüne Stadt. Nicht versäumen sollte man einen Besuch im Zoo, der sein Publikum vor allem mit einem faszinierenden tropischen Schmetterlingsgarten begeistert (ganzjährig geöffnet).

Das ➠ **Bargerveen** 3, der niederländische Teil des Naturparks, setzt sich aus dem Meerstalblok, dem Amsterdamsche Veld und dem Schoonebeeker Veld zusammen.

Die Moorlandschaft mit ihrer Vielfalt an Insekten ist ein wahres Paradies für den seltenen Neuntöter. Dieser »vorratsbewusste« Vogel spießt seine Beute, meist große Insekten wie Libellen und Schmetterlinge, an dornigen Sträuchern auf und sorgt so für magere Zeiten vor. Als Besonderheiten unter den Tagschmetterlingen kommen hier Kaisermantel und Erdbeerbaumfalter recht häufig vor. Am Himmel ziehen Baumfalke, Rohr- und Kornweihe ihre Kreise.

Ein Großteil des Naturschutzgebiets kann auf markierten Wanderwegen erkundet werden, einzig den mittleren Teil des Meerstalbloks darf man nur mit einer Führung besuchen, die die niederländische staatliche Forstverwaltung (Staatsbosbeheer) anbietet (Tel. 0031/591/31 35 72).

Das 1999 eröffnete ➠ **Erdöl-Erdgas-Museum** 4 in Twist liegt inmitten der flächenmäßig größten Erdölfelder Deutschlands und beantwortet zahlreiche Fragen zu den Themen Erdgas und Erdöl (geöffnet Di–So 14–18 Uhr, www.erdoel-erdgas-museum-twist.de).

Schon von Weitem ist die große Kuppel der katholischen St.-Martinus-Kirche in **Haren** 5 zu erkennen, im Volksmund »Emsland-Dom« genannt. Das Hauptschiff bietet bei einer Länge von 58 Metern rund 1200 Menschen Platz, die Kuppel ragt 55 Meter empor. Vom mit Backsteingebäuden gesäumten Marktplatz spaziert man die Lange Straße entlang etwa 500 Meter bis zur Kirche.

Das Museum auf dem Kanal

Die Harener Geschichte ist seit Jahrhunderten eng mit der Ems-, Küsten- und Seeschifffahrt verbunden. Im Haren-Rütenbrock-Kanal liegen gleich fünf Schiffe für immer vor Anker – ein lohnenswertes Schifffahrtmuseum mit Ausstellungsräumen, in denen sich Besucher über Themen wie Nautik, Schiffsbau, Emsschifffahrt und die Harener Geschichte informieren können (geöffnet 1. Mai – 31. Okt. Di–Sa 14–17 Uhr, Mi auch 10–12 Uhr, So 14.30–17.30 Uhr).

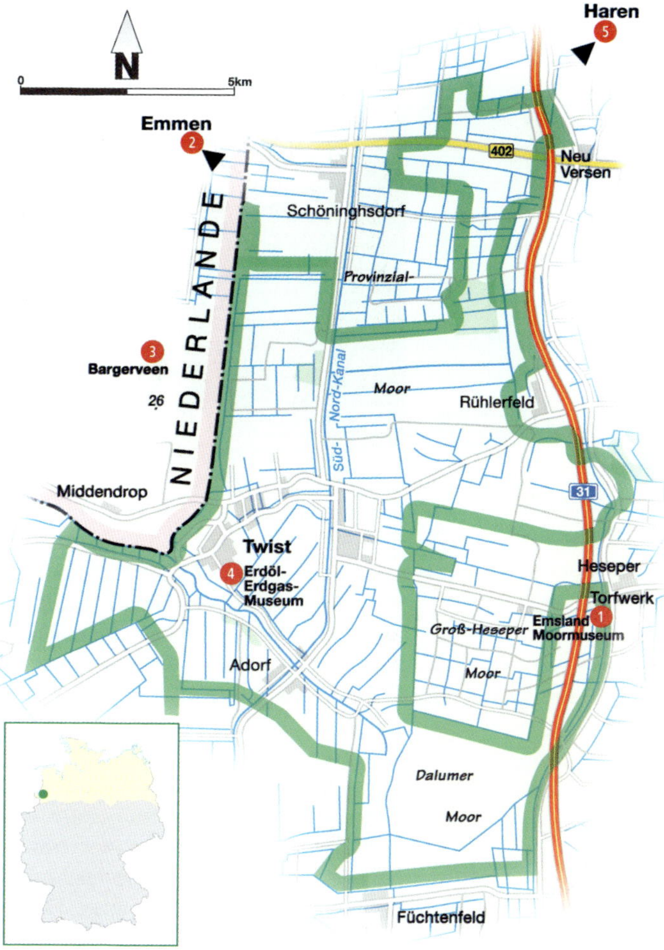

Naturpark Wildeshauser Geest

SERVICE

Anfahrt Auf der A 28 Bremen–Oldenburg bis zur Ausfahrt Hude; nächstgelegener Bahnhof in Hude

Lage Im Oldenburger Land in Niedersachsen südwestlich von Bremen und Oldenburg

Größe 1532 km²

Höchste Erhebung Hoher Berg in Syke-Ristedt (58 m)

Gründung 1984

Information Naturpark Wildeshauser Geest, Delmenhorster Str. 6, 27793 Wildeshausen

Telefon 04431/853 51

Infohaus In Goldenstedt

Internet www.naturparkwildeshausergeest.de, www.steinzeitreise.de

TOP TIPP

2 **Hude**
Monumentale Ruine einer Klosterkirche

3 **Urwald Hasbruch**
Naturwald mit uralten Eichen und Buchen

6 **Ahlhorner Teiche**
100 Jahre alte Teichlandschaft

9 **Glaner Braut**
Imposanter vorgeschichtlicher Kultplatz

10 **Visbeker Brautzug**
Eine der größten Megalithanlagen Europas

Die Wildeshauser Geest ist die von Laubwäldern und tausendjährigen Eichen geschmückte Krone des Oldenburger Lands, die auf dem 120 Kilometer langen Oldenburger Wanderweg erlebbar ist. Die außergewöhnliche Dichte jungsteinzeitlicher Steinsetzungen macht die Wildeshauser Geest zu einer wichtigen Stätte der Megalithkultur-Archäologie in Europa.

Zeugnis alter Baukunst: Der Tabkenhof in Dötlingen ist einer der schönsten Fachwerkhöfe des Dorfs.

Beispiele sind Visbeker Brautzug, Glaner Braut, Hohe Steine, andere Großsteinanlagen sowie bronzezeitliche Kultsteine. Einer der Rad- und Wanderwege durch die Geest heißt deshalb »Steingräberweg«, und zahlreiche Radwanderwege führen unter dem Motto »Erlebnisroute Faszination Archäologie« zu Relikten aus der Steinzeit. Namengeber des Naturparks ist der Luftkurort Wildeshausen an der Hunte. Das nicht schiffbare Flüsschen windet sich in unzähligen Mäandern in einer eiszeitlichen Schmelzwasserrinne quer durch die Geesthochfläche – ein Naturparadies, dessen Glanzpunkte auf dem »Huntepadd« (Huntepfad) bei Dötlingen und auf dem Wanderweg durch die Buchen-Stechpalmen-Wälder am Fuß der Osenberge zu entdecken sind.

»Hünenbrücke«, Backsteingotik und uralte Baumgiganten Vor den alten Laubwäldern am Nordrand des Naturparks weiten sich die einsamen Moorregionen am Übergang zur Wesermarsch: Das Naturschutzgebiet Wittemoor und Holler Moor ist ein verwunschen wirkendes Ensemble aus Hochmooren, aufgelassenen Torfstichen, Wollgräsern, Birkenbruchwäldern, kleinen Heideflächen und grasig-torfigen Wegen.

Am Reetdachgasthof »To'n Drögen Schinken« (Zum trockenen Schinken) bei Hude beginnt der Weg in die Einsamkeit des Wittemoors, wo vor rund 2800 Jahren geniale Baumeister der Vorzeit einen **Bohlenweg** 1 (6,5 km) anlegten, um von der Geest durch die Moore in die Marsch zu gelangen. Neben den Bohlen wurden auch die Nachbildungen zweier vorgeschichtlicher »Verkehrszeichen« aufgestellt: die hölzernen Statuetten einer männlichen und einer weiblichen Figur, die als schützende Gottheiten gedeutet werden.

Die monumentale Ruine der Klosterkirche in ➠ **Hude** 2 (Von-Witzleben-Allee, 27798 Hude) auf einem parkähnlichen Gutsgelände mit uralten Bäumen zählt zu den herausragenden Denkmälern der Backsteingotik in Norddeutschland. 1232 gründeten Zisterzienser im Auftrag der Grafen von Oldenburg das Kloster Marienbusch am Rand des Urwalds Hasbruch an der Berne, dessen Kirche als Grablege der Grafen von Oldenburg fungierte. Nach der Reformation wurde das Kloster zerstört, die Kirche

Das einzigartige Natur- und Freizeitparadies Goldenstedter Moor kann man auch auf einem Barfußweg erkunden.

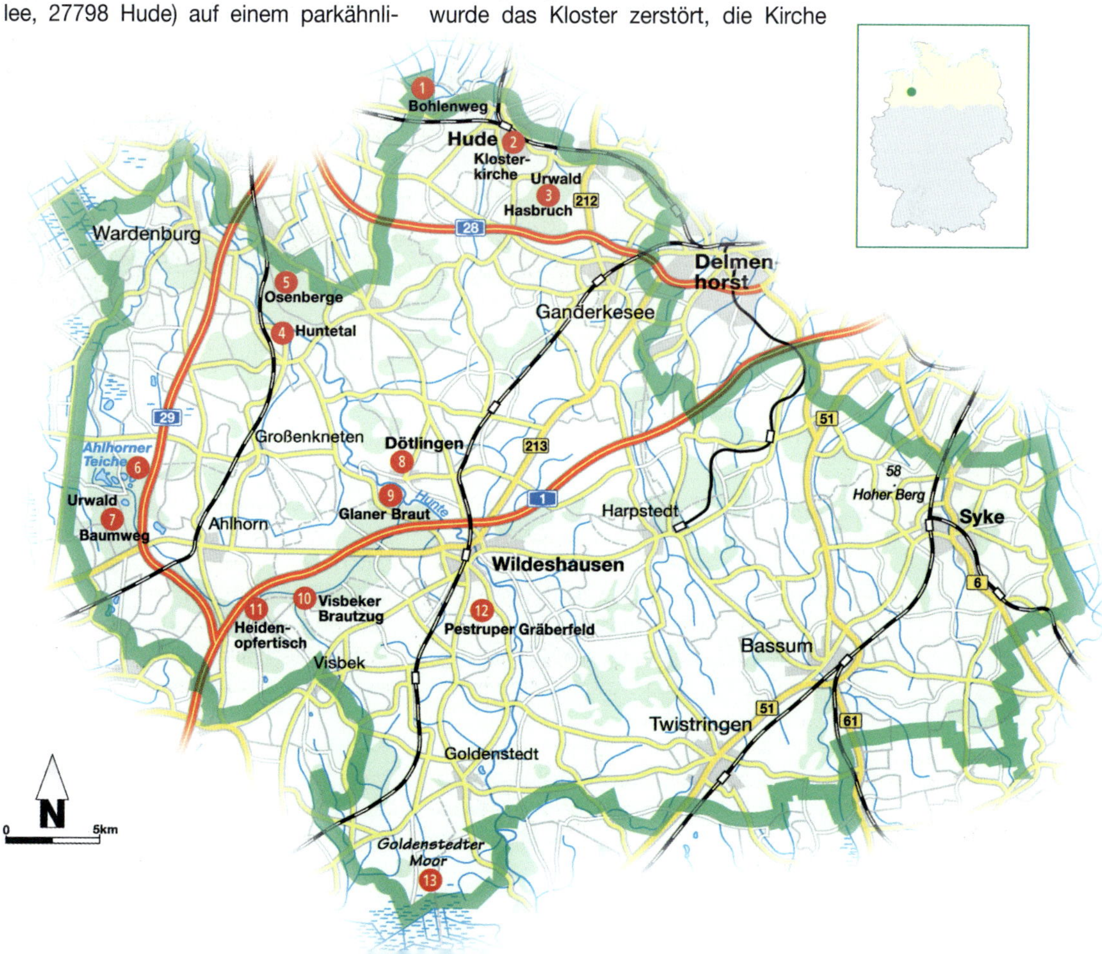

verkam zur Ruine. 1693 erwarb die Familie von Witzleben das Klostergut. Nach umfangreichen Restaurierungen 1983–94 ist das eindrucksvolle Ruinengelände nun wieder öffentlich zugänglich. Schlemmen unter hohen, alten Bäumen kann man in der »Klosterschänke« gleich neben der Ruine. In der frühgotischen Backstein-Saalkirche am Beginn der Zufahrt finden sich reiche Wandmalereien sowie ein gotischer Schnitzaltar.

Der ➠ **Urwald Hasbruch** 3 ist eines der ältesten Naturwaldgebiete Norddeutschlands. Mehrere hundert Jahre alte Eichen und Buchen in oft bizarren Wuchsformen sowie Tausende von Stechpalmen prägen das 630 Hektar große Gebiet, das zu den schönsten Wanderrevieren der Wildeshauser Geest zählt. Der älteste Baum ist die Friederikeneiche, deren Alter auf über 1000 Jahre geschätzt wird. Als »Asebroc« (Asenbruch) wird der Hasbruch Mitte des 13. Jahrhunderts im Besitz des Klosters Hude erstmals erwähnt; der Name »Ase« wird auf die Asen zurückgeführt, die germanischen Götter, die hier möglicherweise in einem heiligen Hain verehrt wurden. Die Bezeichnung »Bruch« verweist auf die Feuchtigkeit des Geländes, in dem Stieleichen, Hainbuchen, Erlen, Eschen und Stechpalmen wachsen.

Vom »Wunderhorn« zu den »Zwölf Aposteln« Das **Huntetal** 4 bei den Hattener Dörfern Sandkrug und Sandhatten sowie die sagenumwobenen **Osenberge** 5 mit dem »Wunderhorn« sind weitere herausragende Naturparadiese der Wildeshauser Geest. Schon der von alten Eichen, Buchen und Stechpalmen gesäumte Pfad entlang der Hunte am Rand des Barneführer Holzes ist ein Hochgenuss für Wanderer. Auch trifft man allenthalben auf Sagen und Legenden: Daran erinnert der Flurname »Wunderhorn« am Kistenberg, ebenso wie der Titel der 1808 von Clemens von Brentano und Achim von Arnim herausgegebenen Volksliedsammlung »Des Knaben Wunderhorn«.

Fischadler, Baumfalken und Fischreiher kreisen über den ➠ **Ahlhorner Teichen** 6 mit ihren rund 50 seenartigen Gewässern, ihren Wäldern und bizarren Eichen im Lethetal. Ab Anfang des 20. Jahrhunderts wurde die Teichlandschaft als staatliches Fischzuchtgebiet des damaligen Großherzogtums Oldenburg angelegt. Heute erinnern sie an einen romantischen, von Spazier- und Wanderwegen durchzogenen Landschaftspark mit 100 Jahre alten Bäumen. Die Teiche und ihre Umgebung beherbergen eines der größten Amphibienvorkommen im Nordwesten Deutschlands und stehen mit einer Fläche von 485 Hektar seit 1993 unter Naturschutz. Am Wanderparkplatz beginnen zwei ausgeschilderte, farbig markierte Rundwege, die durch die Bruch-

Mit über 50 kleineren und größeren Gewässern bieten die Ahlhorner Teiche zahlreichen Wasservögeln Lebensraum.

wälder des Lethetals und zu den Ahlhorner Teichen führen.

Der als Naturschutzgebiet ausgewiesene **Urwald Baumweg** 7 ist zwar kein »richtiger« Urwald, aber ein sehenswertes Waldgebiet. Bis zur Säkularisation 1803 befand sich der Baumweg wie das gesamte heutige Oldenburger Münsterland im Besitz der Fürstbischöfe von Münster. Als der Baumweg nach der Aufhebung des Fürstbistums in den Besitz von Oldenburg kam, wurde er durch einen Wall mit einer Hecke umgeben, um die Bauern am Vieheintrieb zu hindern – dieser Wall ist am Waldrand neben dem Steingräberweg noch gut erhalten. So klein der erhaltene »Urwald« heute auch ist, so lässt er doch ahnen, welch artenreiches Paradies er bis vor 150 Jahren noch gewesen sein mag. Am besten durchwandert man ihn ebenso wie die Ahlhorner Teiche zu Fuß: An seinem Südrand ist ein Waldparkplatz an der Bundesstraße ausgeschildert; dort durchschreitet man ein Holzportal mit der Aufschrift »Zum Urwald«. Für den schnurgeraden Weg, der von den Ahlhorner Teichen durch die Wirtschaftswälder des Baumwegs zum Urwald führt, ist dagegen das Fahrrad als Fortbewegungsmittel sehr gut geeignet.

Ein Bilderbuchdorf an der Hunte **Dötlingen** 8 am Hang über dem Huntetal ist das malerischste Dorf der Wildeshauser Geest. Schon um die prachtvollen Fachwerkhöfe und -häuser mit ihren Reetdächern zwischen alten Eichen zu bewundern, lohnt der Besuch dieses Bilderbuchdorfs. Eine tausendjährige Eiche steht vor dem schönsten Hof: Der »Tabkenhof« ist mit 58 Metern Länge und 18 Metern Breite eines der größten Niedersachsenhäuser überhaupt. Ein Schmuckstück ist auch die mittelalterliche Feldsteinkirche, deren älteste Teile aus dem 12. Jahrhundert stammen. Vom Gierenberg (35 m) hat man eine wunderbare Aussicht über das Huntetal bis nach Ahlhorn und Wildeshausen. Der naturnahe »Huntepadd« (Huntepfad; 5 km) erschließt die kulturellen und natürlichen Glanzpunkte von Dötlingen und seiner Umgebung jenseits der Hunte. Und auch für die Kleinen ist gesorgt: Der 17 Hektar große Wild- und Freizeitpark Ostrittrum in der gleichnamigen Ortschaft der Gemeinde Dötlingen wartet mit einer Fülle heimischer und exotischer Tiere und einem Streichelzoo auf (von Ende Feb. – Anfang Nov. von 9 Uhr bis Sonnenuntergang geöffnet).

Großer Brachvogel *(Numenius arquata)*

Mit einer Körperlänge von bis zu 55 cm ist der Große Brachvogel der größte Vertreter aus der Familie der Schnepfenvögel. Sein Federkleid ist unscheinbar graubraun gefleckt, auffällig hingegen sind sein langer, nach unten gebogener Schnabel und die langen Watbeine. Auf der Suche nach Nahrung stochert er mit seinem langen Schnabel im feuchten Boden nach Würmern, Schnecken und Fröschen und frisst auch Insekten, Samen und Beeren. Als Bodenbrüter baut er sein Nest in flachen Mulden, wo er im März und April vier olivgrüne, braun gefleckte Eier ausbrütet. Auffällig ist zur Brutzeit sein Singflug mit hohem, melodischem Trillern. Der Große Brachvogel ist stark bedroht und steht in Deutschland auf der Roten Liste; im Goldenstedter Moor 13 hat er ein Rückzugsgebiet gefunden.

Imposant und rätselhaft – Kultplätze der Vorgeschichte In der reizvollen Naturlandschaft über dem Huntetal befindet sich auf Wildeshauser Gebiet die Steinsetzung ➠ **Glaner Braut** 9, ein En-

Im Streichelzoo des Wild- und Freizeitparks Ostrittrum

Das Wittemoor mit dem Bohlenweg ist eine der Attraktionen auf dem Oldenburger Wanderweg.

semble von Megalithanlagen. Es handelt sich um den atmosphärisch schönsten und naturnahesten vorgeschichtlichen Kultplatz der Wildeshauser Geest. Die Sagen sehen in den Glaner Steinsetzungen aus der Zeit des Megalithikums (um 3000 v. Chr.) einen versteinerten Brautzug vergleichbar der Visbeker Braut. Wissenschaftler nennen die beiden größeren Anlagen Glaner Braut I und II. Ähnlich den Anlagen bei Visbek handelt es sich bei beiden Steinsetzungen um »Hünenbetten« (etwa 6 m lang und 1,5–2 m breit), die von beeindruckend weitläufigen Umfassungen umgeben sind; die leicht schlangenförmige Umfassung der Glaner Braut I hat eine Länge von gut 60 Metern, die Umfassung der Glaner Braut II misst rund 30 Meter. Um die Glaner Braut mit dem Auto zu erreichen, fährt man von Wildeshausen Richtung Huntlosen und biegt nach dem Überqueren des Flüsschens Aue rechts Richtung »Glaner Braut« ab; der Weg endet an einem Parkplatz. Von hier aus ist die Glaner Braut in knapp zehn Gehminuten erreichbar.

Eine der größten Megalithanlagen Europas ist der ➠ **Visbeker Brautzug** (10) auf der Ahlhorner Heide, errichtet während der Jungsteinzeit ab 3000 v. Chr. Das Ensemble erhebt sich in einem malerischen Laubwaldgebiet, durch das die Wanderwege »Brautweg« und »Steingräberweg« verlaufen. Die Visbeker Braut ist die am weitesten östlich gelegene Setzung dieser Anlage. Wie auch beim Visbeker Bräutigam handelt es sich um den Typ des »Hünenbetts«, bei dem eine Steinkammer von einer Einfriedung umgeben ist. In unmittelbarer Nähe des Visbeker Bräutigams wurden in der Jungsteinzeit weitere Megalithanlagen errichtet, beispielsweise der Visbeker Brautwagen (etwa 50 m südlich des Ostendes) mit ebenfalls vollständig erhaltener Grabkammer.

Über den anderen Wanderweg, den »Steingräberweg«, erreicht man beim Waldgasthof »Engelmannsbäke« den mehrere Tonnen schweren **Heidenopfertisch** (11), eine der mächtigsten Megalithanlagen-Deckplatten in Norddeutschland; er ist etwa fünf Meter lang, bis zu sieben Meter breit und bis zu 1,2 Meter dick. Die Großsteinanlage, zu der er ur-

Megalithkultur

Während der Jungsteinzeit wurden in Europa ab etwa 5000 v. Chr. Bauwerke aus meist unbehauenen Findlingen von oft kolossaler Größe errichtet. Die griechische Übersetzung mega lithos für »großer Stein« hat zur übergeordneten Bezeichnung »Megalithkultur« für alle Kulturgruppen geführt, für die solche Großsteinbauten charakteristisch sind. Mit großen regionalen Unterschieden reicht der Zeitraum, in dem diese Bauten entstanden, bis etwa ins Jahr 500.

Während die Großsteinbauten in der Bretagne, die vielfach als Heimat der Megalithkultur angesehen wird, bereits ab 5000 v. Chr. errichtet wurden, setzte der Megalithbau in der Norddeutschen Tiefebene erst zwischen 4000 und 3000 v. Chr. ein.

Die Megalithanlage der Glaner Braut (9) (s. Bild) entstand um 3000 v. Chr.

Sagenumwobene Megalithanlage auf der Ahlhorner Heide: der Visbeker Brautzug

sprünglich gehörte, ist nach Osten und Westen ausgerichtet. Die Menschen der Vorzeit sollen hier der Sage nach ihren Gottheiten Butter, Milch und Honig geopfert haben.

Alte Grabhügel und ein Moor für Entdecker Das **Pestruper Gräberfeld** 12 ist einerseits der größte vorgeschichtliche Friedhof Nordeuropas und andererseits die schönste Heidelandschaft der Wildeshauser Geest. Auf einer Fläche von 39 Hektar wurden während der Bronze- und der frühen Eisenzeit etwa 580 Grabhügel aufgeschüttet. Sie dienten von 900 bis 400 v. Chr. der Bestattung von Urnen und Knochen; die größeren Hügel werden auch als »Königsgräber« bezeichnet. Bei den Bestattungen wurden den Toten Schmuckstücke und Waffen aus Bronze oder Eisen mitgegeben. 1908 erwarb das Großherzogtum Oldenburg dieses einmalige Denkmal und stellte es unter Schutz; Funde sind im Oldenburger Landesmuseum ausgestellt.

Bei der Ortschaft Kleinenkneten südlich des Pestruper Gräberfeldes schließlich stehen weitere jungsteinzeitliche »Hünenbetten«, die Kleinenknetener Steine. Das Hünenbett I ist 49 Meter lang und sieben Meter breit; 85 Findlinge umgeben die Anlage, in deren Mitte sich eine 8 x 3 Meter große Grabkammer befindet. Die als Hünenbett II bezeichnete Anlage ist das einzige Ganggrab in Niedersachsen mit drei Kammern.

Wer sich etwas von dieser archäologischen Fülle erholen möchte, findet im **Goldenstedter Moor** 13, dem »Freizeitmoor« des Naturparks Wildeshauser Geest, zahlreiche Möglichkeiten. Zentrum der Aktivitäten ist das Naturschutz- und Informationszentrum »Haus im Moor« (Arkeburger Str. 20, 49424 Goldenstedt, www.goldenstedter-moor.de) am Rand des 640 Hektar großen Naturschutzgebiets. Ein Barfußpfad und ein Bohlensteg führen durch das Moor, und im August wird der »Moormarathon« veranstaltet. Auch Fahrten mit der »Moorbahn«, die von März bis Oktober jeden Samstag und Sonntag fährt, sind beliebt; Startpunkt ist ein eigens errichteter Ökobahnhof aus Holz.

Naturpark und Geopark TERRA.vita

SERVICE

Anfahrt A 1 Münster–Bremen bis Holdorf und B 214 über Ankum in Richtung Fürstenau; in Schwagstorf auf die Landstraße zur Maiburg und nach Bippen; nächstgelegener Bahnhof in Bersenbrück

Lage Zwischen Bielefeld, Minden und Rheine; der Park umfasst den nordwestlichen Teutoburger Wald, den Wiehen-Kamm, die Ankumer Höhe und das Osnabrücker Land.

Größe 1140 km²

Höchste Erhebung Dörenberg (331 m)

Gründung 1962

Information Naturpark TERRA.vita, Am Schölerberg 1, 49082 Osnabrück

Telefon 0541/501 42 18

Internet www.naturpark-terravita.de

TOP TIPP

1. **Bippener Maiburg** Jungsteinzeitliche Megalithanlagen und Kultsteine
2. **Museumspark Varusschlacht** Lebendige Geschichte – Hermann der Cherusker
3. **Gattberg** »Steinernes Meer« mit 1000 Findlingen
8. **Porta Westfalica** Weserdurchbruch; auch: Westfälische Pforte
10. **Hermannsweg** Kammweg im Teutoburger Wald
11. **Dörenther Klippen** Spektakuläre Felsen

Als erster Naturpark in Deutschland wurde TERRA.vita 2004 in das UNESCO-Geopark-Netz aufgenommen. Damit würdigte die Weltkulturorganisation das reiche geologische Erbe der Region als eines der bedeutsamsten weltweit.

Der Bogen der Glanzpunkte aus 300 Millionen Jahren Erdgeschichte spannt sich von den Felstürmen der Dörenther Klippen auf dem Osning bis zu den Dinosaurierspuren bei Barkhausen im Wiehengebirge, von jungsteinzeitlichen Großsteingräbern auf der Ankumer Höhe bis zum Steinernen Meer auf dem Gattberg; der Museumspark am Grabungsgelände der Schlacht im Teutoburger Wald gehört zu den wichtigsten archäologischen Stätten in Deutschland.

In zwei schmalen grünen Bändern umfasst der Naturpark die Kämme von Osning (Teutoburger Wald) und Wiehen im Grenzgebiet von Nordrhein-Westfalen und Niedersachsen; zwischen den bewaldeten Kämmen liegen im Hasetal die Domstadt Osnabrück und der Grönegau mit dem Wildschweinpark am aussichtsreichen Meller Berg. Vom Weserdurchbruch an der Porta Westfalica reicht das nördliche Band über den Wiehen-Kamm bis zum Varus-Schlachtfeld, ins Artland und zur Ankumer Höhe, während sich der Osning von Bielefeld bis zum Nassen Dreieck, der Mündung des Mittellandkanals in den Dortmund-Ems-Kanal, im nördlichen Münsterland erstreckt. Die »Osning-Route«, Hauptferienstraße im Naturpark verbindet auf 187 km Burgen, Naturattraktionen, Heilbäder, Saurierfährten und andere Höhepunkte.

Zwei Namen werden für den Besucher zu ständigen Begleitern: Widukind (oder Wittekind), der westfälische Freiheitskämpfer, und Hermann der Cherusker. Hunderte von Sagen und Legenden ranken sich im Naturpark TERRA.vita um diese beiden historischen Gestalten. Ob Wittekindsburg oder Hermannsweg – alles erinnert noch heute auf Schritt und Tritt an die Geschichte.

Opferrituale und Teufelstreiben – sagenumwobene Findlinge Das bewaldete Moränengelände südlich des Kirchdorfs Bippen, die **Bippener Maiburg** (1), beherbergt in einzigartiger Vielfalt Steindenkmäler, die von der Jungsteinzeit bis zur Christianisierung als Kultstätten genutzt wurden: die 86 Meter langen Großsteingräber von Hekese, den 66-Näpfchen-Stein von Restrup, den Teufelsstein am Hofdienerweg, die Steinallee von »Teufels Brotschrank« zum Hexentanzplatz auf dem Qualenberg und viele andere.

Der beste Ausgangspunkt zur Erkundung des Gebiets ist das Hotel-Restaurant »Forsthaus Maiburg« im Herzen der Maiburg (Maiburgstr. 26, 49626 Bippen). Auf dem Wanderweg »Friesenweg« finden sich Informationstafeln zu den Sagen, die sich um die Steine ranken.

Der Granitfindling Phaohlenstein (Phaohl ist eine Namensvariante des germanischen Sonnen- und Lichtgotts Balder) hat

Das Kaiser-Wilhelm-Denkmal krönt die Ostseite des Weserdurchbruchs Porta Westfalica.

eine wannenförmige Vertiefung in der tischartig flachen Oberfläche; die Sagen deuten diese Vertiefung, in der sich Regenwasser sammelt, als »Opferwanne«. Der bis zu 1,60 Meter aus der Erde ragende, 30 Tonnen schwere Granitblock »Deuvels Brotschapp« weist eine ähnliche wannenförmige Vertiefung auf der Oberfläche auf; er markiert den Beginn einer heute zerstörten Steinallee.

Erhalten geblieben ist das in der Jungsteinzeit vor etwa 4500 Jahren errichtete Großsteingrab von Hekese, das mit einer Länge von 86 Metern, der Ausrichtung auf den mittsommerlichen Sonnenuntergang und der Gestaltung als Doppelgrab eine für Westdeutschland einzigartige Anlage darstellt.

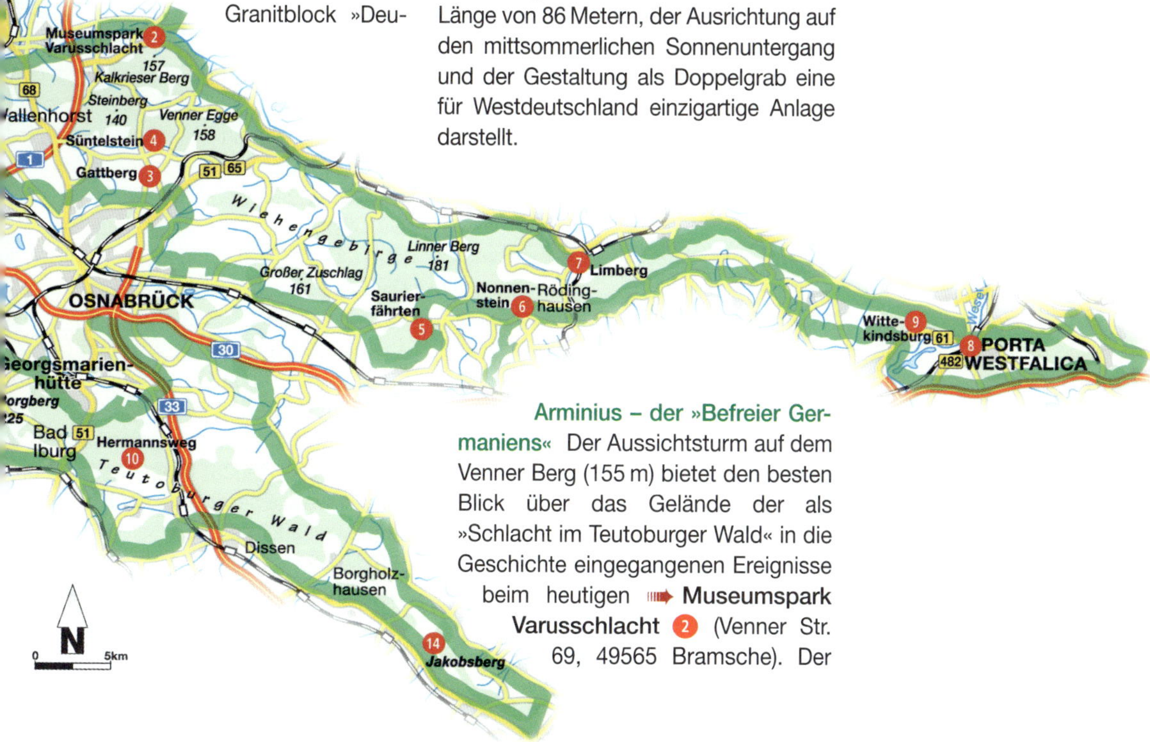

Arminius – der »Befreier Germaniens« Der Aussichtsturm auf dem Venner Berg (155 m) bietet den besten Blick über das Gelände der als »Schlacht im Teutoburger Wald« in die Geschichte eingegangenen Ereignisse beim heutigen ➡ **Museumspark Varusschlacht** 2 (Venner Str. 69, 49565 Bramsche). Der

Der Butterstein auf dem Gattberg ist nur einer – allerdings der größte – von rund 1000 Findlingen in der Gegend.

Museumspark stellt die Szenerie der Varusschlacht von vor 2000 Jahren nach. Entlang der Wege durch den Museumspark stehen Informationstafeln mit Texten antiker Autoren, die die drei Tage dauernden Kämpfe schildern; andere Tafeln weisen auf archäologische Funde hin, die im Museumsgebäude ausgestellt sind.

Der als »Steinernes Meer« bekannte ➠ **Gattberg** 3 im Osnabrücker Land ist eine von rund 1000 Findlingen übersäte flache Waldkuppe zwischen dem Kirchdorf Belm und dem oberen Nettetal. Der größte Felsblock hier ist der Butterstein: Sein Gewicht wird auf 1400 Zentner geschätzt, er ragt 1,40 Meter aus dem Boden und hat eine Seitenlänge von 3,40 Meter. Gletscher der Saale-Eiszeit haben die Granitblöcke vor 200 000 bis 120 000 Jahren von Skandinavien an ihre heutigen Lagerstätten verfrachtet. Seinen Namen verdankt der Butterstein vermutlich seinen weichen, fließenden Formen, die ihm seine Reise über Tausende von Kilometern hinweg eingebracht hat. Im Volksglauben wird der Name auf eine Legende zurückgeführt: Als der Teufel an dieser Stelle Mahlzeit halten wollte, begegnete ihm eine Bäuerin mit einem Korb Butter; er geriet in Streit mit ihr und verwandelte sie und ihre Butter in den »Butterstein«. Am Wanderparkplatz »Gattberg« an der Straße Belm–Venne beginnen zwei Rundwege mit Lehrtafeln durch das Steinerne Meer.

Den längsten aller Steine, den **Süntelstein** 4 bei Vehrte, soll der Teufel vom Gattberg zum Wiehengebirge geschleppt haben – in der Absicht, den Eingang der Walburgiskirche in Venne zu versperren.

Auf den Spuren der Riesenechsen Faszinierend sind die versteinerten **Saurierfährten** 5 in einem Steinbruch im Wiehengebirge bei Barkhausen, die elf der teilweise riesigen Echsen vor rund 140 Millionen Jahren hier hinterließen, als das Gebiet noch in Küstennähe lag. Was damals flaches Flaniergelände für Saurier war, wurde im Lauf der Jahrmillionen

Hohler Lerchensporn *(Corydalis Cava)*

Von März bis April blüht an feuchten und schattigen Standorten in Laubmischwäldern der Hohle Lerchensporn (s. Bild). Das bis zu 30 cm hohe Erdrauchgewächs hat doppelt dreizählig eingeschnittene Blätter, violette bis weiße, gespornte Blüten in dichten Trauben und eine kugelige, später hohl werdende Knolle. Die Samen tragen nährstoffreiche Anhängsel, Elaiosome genannt, die Ameisen anlocken. Der Lerchensporn, vor allem die Knolle, ist giftig.

von den Erdkräften wandartig aufgerichtet. 1921 wurden die Saurierfährten entdeckt, und heute befindet sich hier ein kleines Freilichtmuseum an der Kreuzung von Wittekindsweg, Wiehengebirgs-Kammweg und der Straße Barkhausen–Buer.

Der Parkplatz an den Saurierspuren ist auch ein empfehlenswerter Ausgangspunkt, um auf dem Wittekindsweg zum Grünen See und zum Aussichtsturm auf dem **Nonnenstein** 6 zu wandern. Der Nonnenstein auf einer Felshöhe des Wiehengebirges bietet einen traumhaften Blick über den Grönegau mit dem Meller Berg, auf den Teutoburger Wald sowie in das Norddeutsche Tiefland mit dem Dümmer. Der von einer Burgruine überragte **Limberg** 7 auf dem Kamm der Egge in der Oldendorfer Schweiz bietet wundervolle Ausblicke über das Eggetal hinüber zum Wiehen mit dem Nonnenstein und nordwärts weit ins Tiefland. Wohnturm, Mauerreste, Wälle und Gräben sowie die Femelinde erinnern noch an Burg Limberg, die in den 1290er-Jahren in den Besitz der Grafen von Ravensberg und 1325 in den Besitz des Bischofs von Minden kam.

Die Egge ist ein Nordausreißer des Wiehen, seine Ostbastion. Der aus Jurakalk aufgebaute, quellenreiche Limberg-Kegel mit seinen alten Linden und Buchen steht dank seiner botanischen Kostbarkeiten unter Naturschutz; die Sagen sprechen seinen Quellen Heilkraft zu. In der Nähe der Quellen, die am Nordwesthang des Limbergs entspringen, findet sich eine Ringwallanlage, die als »Schwedenschanze« bezeichnet wird, obwohl sie nicht aus der Zeit des Dreißigjährigen Krieges stammt, sondern während der Sachsenkriege Karls des Großen in den 770er-Jahren als Festung der Sachsen neu angelegt wurde.

Die Linden neben dem Forsthaus, heute Ausflugsrestaurant, sind mehr als 300 Jahre alt, die Femelinde (Gerichtslinde) vor den Mauern der Burgruine wird im 14. Jahrhundert erstmals erwähnt. Einen großen Teil des Limbergs bedecken natürliche Buchenwälder, wo südwestlich der Ruine als Kostbarkeit der Hohle Lerchensporn wächst, der im April den Waldboden in ein Meer aus weißen und violetten Blüten verwandelt.

Spektakulärer Durchbruch – die Porta Westfalica In der ➠ **Porta Westfalica** 8 (»Westfälische Pforte«) durchbricht die Weser den Bergkamm, der das Weserbergland wie ein Wall nördlich begrenzt, und tritt in das Norddeutsche Tiefland aus. Der Bergkamm links des Durchbruchs heißt Wiehengebirge, der Kamm rechts des Stromes Wesergebirge. Das Kaiser-Wilhelm-Denkmal (1892–96) auf dem »Ostpfeiler« der Westfälischen Pforte bietet einen eindrucksvollen Blick hinab auf den Weserdurchbruch sowie zum Wesergebirge im Naturpark Weserbergland. Bei der obe-

Im Varusschlacht-Museum am Kalkrieser Berg kann man sich über das historische Ereignis informieren.

ren Denkmalterrasse führt der Wittekindsweg – ein 90 Kilometer langer Fernwanderweg zwischen Osnabrück und der Porta Westfalica – zur nahen **Wittekindsburg** 9. Buchenhochwald, Klippen, Kammpfade und Aussichtspunkte machen die Wanderung auf dem Ostkamm des Wiehengebirges zu einer der schönsten im Naturpark. Nach Passieren des Aussichtsturms Moltketurm erreicht der Weg das »Berghotel Wittekindsburg« mit prächtigem Weserblick von der Terrasse. Hier erstreckt sich die Wittekindsburg, eine Ringwallanlage aus der Zeit der Sachsenkriege: Während Nord-, West- und Ostseite der 650 x 110 Meter großen Anlage durch Wälle gesichert sind, bilden im Süden Felsabstürze die natürliche Begrenzung. Die Wittekindsquelle in der Wallanlage ist der angebliche Ort von Wittekinds Bekehrung. Die romanische Kirche, die neben der (versiegten) Quelle steht, wurde im Jahr 1224 erstmals erwähnt.

Der ➠ **Hermannsweg** 10, Kammweg des Teutoburger Walds und Fernwanderweg, ist nach Hermann dem Cherusker benannt und in den letzten Jahren zu einer der beliebtesten Hiking-Routen der deutschen Mittelgebirge avanciert. Von der Fachwerkstadt Rheine an der Ems führt über 154 Kilometer durch das nördliche Münsterland auf den Kamm des Teutoburger Walds zu, den er am »Nassen Dreieck« bei Hörstel erreicht. Hier tritt er in den Naturpark TERRA.vita ein und folgt dem Kamm zu den ➠ **Dörenther Klippen** 11, ehe er bei Bielefeld in den Naturpark Eggegebirge und südlicher Teutoburger Wald wechselt, wo er auf der Velmerstot endet. Die Dörenther Klippen sind das spektakulärste Felsgebiet des nördlichen Teutoburger Walds und das Kletterrevier des Münsterlands. Zu den bedeutendsten Einzelfelsen und Felsgruppen gehören das Hockende Weib, die Klippen über dem Plisseetal, der Dreikaiserstuhl und der Königstein. Der Hermannsweg verbindet all diese Felsen miteinander. Die Sandsteinfelsen sind zudem berühmt wegen ihres artenreichen Moos- und Flechtenbewuchses:

Der Name des »Berghotels Wittekindsburg« erinnert an Herzog Widukind, den Widersacher Karls des Großen.

Das Hockende Weib an den Dörenther Klippen bietet Wanderern Rastplätze in luftiger Höhe.

Bryologen (Mooswissenschaftler) haben über 150 Moos- und Flechtenarten gezählt. Im Jahr 2005 wurden die Dörenther Klippen als Naturschutzgebiet ausgewiesen und dabei auch einige Pfade an den Klippen gesperrt. Der auffälligste der bis zu 40 Meter hohen Sandsteinfelsen ist das sogenannte Hockende Weib: Als bizarr verwitterter Turm erhebt er sich aus einem Absatz in der Südflanke des Osning. Sein Gipfel weist einen kopfartigen Überhang auf, den die Sage als zu Stein erstarrte Gestalt einer riesenhaften Frau deutet. Passend zur Sage führen auf den Gipfel des Felsens in den Sandstein eingetiefte »Spuren«, die wie Abdrücke nackter Fußsohlen aussehen. Vom Gipfel bietet sich ein einzigartiger Blick auf das Münsterland. Ausgangspunkt für den Ausflug zu den Dörenther Klippen ist der gleichnamige Parkplatz südlich von Ibbenbüren an der B 219 Richtung Greven; den Kletterfelsen erreicht man über den Hermannsweg in einer Viertelstunde.

Wo sich der Hauptkamm in Parallel- oder Einzelkämme auffächert, lässt sich der Hermannsweg etappenweise auch in reizvollen Rundwanderungen erkunden, z. B. im Gebiet von Lengerich mit dem aussichtsreichen **Lengericher Berg** 12 oder am **Hagener Borgberg** 13 mit seinen alten Buchenwäldern; weiter südlich lohnt im Frühjahr der kurze Abstecher zum **Jakobsberg** 14, dessen Kalkböden im März/April Hunderttausende von Leberblümchen in ein violettes Blütenmeer verwandeln. Markierte Rundwanderwege mit Informationstafeln führen von der Gaststätte »Friedrichshöhe« aus durch naturnahe Kalkbuchenwälder und durch artenreiches Grünland mit Feldgehölzen und Hecken; der Aussichtspunkt »Emilshöhe« bietet einen herrlichen Blick auf das Münsterland.

Altstadtperle Tecklenburg

Die Burg- und Fachwerkstadt Tecklenburg auf dem Kamm des Teutoburger Waldes (bei 11) hat eines der schönsten Altstadtbilder Westfalens bewahrt. Die Ruinen der Höhenburg dienen als Freilichttheater, im Sonnenhang des Burgbergs wird wie im Mittelalter Wein angebaut. Terrassenartig erstreckt sich die verwinkelte Altstadt mit Fachwerkhäusern aus dem 16.–19. Jh. auf dem Bergrücken und in den Hängen. Die unregelmäßigen Straßen sind durch Treppen im Steilhang verbunden, das Zentrum bildet der dreieckige Marktplatz; besonders malerisch ist das geschlossene Bild der Breuerstraße. Die Ruinen der Tecklenburg sind Ausgangspunkt des »Tecklenburger Hexenpfads«: Im Rahmen einer kurzen, landschaftlich beeindruckenden Wanderung führt dieser Pfad zu den Teufelsklippen, der Hexenküche, zum Heidentempel und anderen sagenumwobenen Stätten.

Naturpark Dümmer

Herz und Namensgeber des Naturparks im Oldenburger Münsterland ist der Dümmer, mit 13,5 Quadratkilometern der zweitgrößte See Niedersachsens und eines der meistbesuchten Wassersportparadiese im Nordwesten Deutschlands. Verlandungszonen, Fischreichtum, benachbarte Hoch- und Niedermoore sowie Feuchtwiesen machen den Flachwassersee zu einem Vogelrückzugsgebiet von internationaler Bedeutung.

SERVICE

Anfahrt Auf der A 1 Ruhrgebiet–Bremen–Hamburg bis zur Ausfahrt Neuenkirchen/Vörden bzw. Holdorf und über Damme zum Dümmer; mit der Bahn auf der Strecke Osnabrück–Diepholz–Bremen bis nach Lemförde

Lage Im Oldenburger Münsterland beiderseits der Grenze zwischen Niedersachsen und Nordrhein-Westfalen; die nächstgrößeren Städte sind Osnabrück, Diepholz und Minden.

Größe 1123 km²

Höchste Erhebung Stemweder Berg (181 m)

Gründung 1972

Information Naturpark Dümmer e. V., Niedersachsenstr. 2 (Kreishaus), 49356 Diepholz

Telefon 05447/99 70 73

Infohaus In Hüde

Internet www.duemmer.de www.naturpark-duemmer.de

TOP TIPP

1 **Dümmer** Wassersportparadies und Vogelrückzugsgebiet

4 **Bexaddetal** Renaturiertes Bachtal mit Benediktinerkloster

5 **Stemweder Berg** Über den Mooren ein Gebirge im Kleinstformat

Der Dümmer ist ein Mekka für Segler – viele stechen vom Olgahafen in Damme-Dümmerlohausen aus in See.

In milden Wintern halten sich hier bis zu 50 000 gefiederte Gäste auf, im niedersächsischen Binnenland ist der Dümmer das größte Rast- und Überwinterungsgebiet für Ente, Gänsesäger, Kiebitz, Kornweihe und Trauerseeschwalbe. An den Rändern der Dümmer-Niederung erheben sich die Endmoränen der Dammer Berge und des Kellenbergs sowie der aus Kalksandstein aufgebaute Stemweder Berg.

Archäologie und Weitblicke Am **Dümmer** 1 in Hüde haben Archäologen ein jungsteinzeitliches »Moordorf« ausgegraben, und das Dümmer-Museum in Lembruch präsentiert neben Fauna und Flora auch archäologische Funde seit dem Megalithikum. Ein beliebtes Nordic-Walking-Gebiet im Oldenburger Münsterland sind die **Dammer Berge** 2. Der Aussichtsturm auf dem Mordkuhlenberg (142 m) bietet einen fantastischen Blick über die »Dammer Schweiz« und den gesamten Naturpark. Die höchste Erhebung der Dammer Berge bildet mit 146 Metern der Signalberg, der die tief eingeschnittenen Erosionstäler und die vergleichsweise hohen Kuppen überragt. Dieser reichen landschaftlichen Gliederung verdankt die Region den Namen »Dammer Schweiz«. Eigenwilliges Biotop der »Dammer Schweiz« ist der **Dammer Bergsee** 3, ein 1953 künstlich angelegten Bergsee mit reichem Vogelleben, an dem auch der »Pickerweg« vorbeiführt. Das Baden ist in dem ehemaligen Klärteich verboten.

Ein Ort der Stille in den Dammer Bergen ist das Labyrinth am Benediktinerkloster Damme im ➠ **Bexaddetal** ❹. Feuchtwiesen, eine Streuobstwiese, Pferdekoppeln, eine massive Holzbrücke über einen Bach, ein von Weidengebüsch gesäumter Weiher – im Bexaddetal entsteht ein kleines Naturparadies, das schon heute zu den Perlen des Naturparks Dümmer zählt.

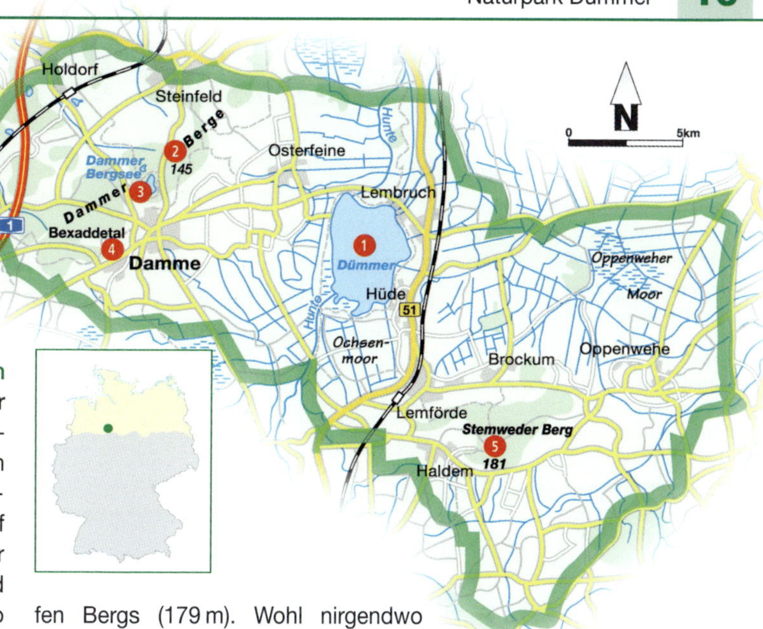

Historische Grenze zwischen Preußen und Hannover Der ➠ **Stemweder Berg** ❺ erhebt sich wie eine laubwaldgeschmückte Gebirgsinsel im Südosten des Naturparks aus den Moorniederungen mit faszinierenden Ausblicken auf den Dümmer und die Dammer Berge. Er besteht aus festem Kalksandstein und ist ein Gebirge im Kleinstformat: Knapp sieben Kilometer lang, bis zu drei Kilometer breit und so markant, dass er früher die Grenze zwischen den Königreichen Hannover und Preußen bildete.
Die historische Grenze lebt bis heute in der Grenze der Bundesländer Niedersachsen und Nordrhein-Westfalen fort und wurde im 19. Jahrhundert durch Schnadesteine markiert, die man beim Wandern entdecken kann: Der eingemeißelte Buchstabe »H« steht für Hannover, das »P« für Preußen. Ein guter Ausgangspunkt ist das Berggasthaus »Wilhelmshöhe« in der Nähe des Scharfen Bergs (179 m). Wohl nirgendwo sonst in Deutschland gibt es noch so weit nördlich ein »Berggasthaus«.

Gelungene Renaturierung: Im Bexaddetal kann sich die Natur wieder ungestört entwickeln.

Trauerseeschwalbe *(Chlidonias niger)*

Der in den Feuchtgebieten und Süßwasserflachseen Mitteleuropas heimische Vogel ernährt sich von großen Wasserinsekten, Krebsen und kleinen Fischen. Durch die Vernichtung geeigneter Brutplätze ist er vom Aussterben bedroht; am Dümmer ist jedoch noch ein bedeutendes Brutvorkommen der Trauerseeschwalbe zu finden. Ab Mitte Mai brütet sie in Kolonien im Schilf am Gewässerrand oder auf schwimmenden Blättern von Wasserpflanzen. Die etwa 25 cm große Schwalbenart ist zur Brutzeit im Sommer tiefschwarz gefärbt, nur die Flügel- und Schwanzunterseiten sind auffallend weiß. Der Schwanz ist gegabelt, der Schnabel spitz und schwarz. Ihr Ruf erinnert an den Schrei der entfernt verwandten Möwe. Am Ende des Sommers ziehen die Vögel in ihre Überwinterungsgebiete im tropischen Westafrika.

Naturpark Steinhuder Meer

Das Steinhuder Meer ist der größte See in Niedersachsen und das bedeutendste Wassersportrevier im Binnenland Nordwestdeutschlands. Der 30 Quadratkilometer große Flachwassersee am Nordrand der Mittelgebirgsschwelle bildet das Herzstück des gleichnamigen Naturparks; dieser umfasst außer dem von Grundwasser gespeisten See auch die umgebenden Moore und die Rehburger Berge. Sein Fischreichtum und die Größe der Wasserfläche sowie die umgebenden Feuchtgebiete haben das Steinhuder Meer zu einem bedeutenden Rast- und Brutgebiet für Wasser- und Watvögel werden lassen.

SERVICE

Anfahrt Auf der A 2 Hannover–Ruhrgebiet bis zur Ausfahrt Wunstorf-Luthe und über Wunstorf weiter nach Steinhude; nächstgelegener ICE-Bahnhof ist Hannover.

Lage In Niedersachsen im Nordwesten von Hannover zwischen Weser, Leine und dem Mittellandkanal

Größe 310 km^2

Höchste Erhebung Brunnenberg (161 m)

Gründung 1974

Information Naturpark Steinhuder Meer, Region Hannover, Höltystr. 17, 30171 Hannover

Telefon 0511/61 62 22 11

Infohäuser In Steinhude und Mardorf

Internet www.naturpark-steinhuder-meer.de

Der Segelhafen von Mardorf bietet dem Besucher einen fantastischen Blick über das weitläufige Steinhuder Meer.

Badeinsel und Findlingsgarten Die lohnendste Art, das Steinhuder Meer zu erkunden, ist eine Radtour rund um den See. Die leichte, familienfreundliche Tour ist etwa 30 Kilometer lang und zählt zu den schönsten Genuss-Radstrecken in Norddeutschland. Dank der zahlreichen Fahrradverleih-Stationen muss man nicht mit eigenen Rädern anreisen und kann sich auch Tandems und Kinderanhänger vor Ort ausleihen. Bester Einstiegspunkt für den Rundweg ist ➠ **Steinhude** ❶, einstiges Fischerdorf am Südufer und touristisches Zentrum des Steinhuder Meers. Das Ensemble der 13 historischen Scheunen im Scheunenviertel steht unter Denkmalschutz und ist eines der Veranstaltungszentren von Steinhude. Hier befindet sich auch das Naturpark-Infozentrum, das geführte Exkursionen wie eine Vogelbeobachtungswanderung durch den Meerbruch anbietet. Von Steinhude folgt der Rundweg aussichtsreich dem Südufer des Meers und führt dann landeinwärts in den Flecken **Hagenburg** ❷. Das Renaissance-Schloss der Fürsten von Schaumburg-Lippe und der umgebende Landschaftspark mit altem Baumbestand und einer Rhododendronallee machen das kleine Kirchdorf zu einem Schmuckstück. Sehenswert sind auch der Findlings- und der Moorgarten.

TOP TIPP

❶ **Steinhude**
Naturpark-Informationszentrum, denkmalgeschütztes Scheunenviertel und attraktive Badeinsel

❸ **Meerbruch bei Winzlar**
Reizvolles Moor- und Bruchgebiet mit »Schwimmenden Wiesen«

»Schwimmende Wiesen« und eine Festung im See Im Westuferbereich führt der Rundweg durch die feuchten Grünland- und Bruchgebiete des ➡ **Meerbruchs** 3 und der Meerbruchwiesen, wo der Steinhuder Meerbach den See verlässt. Der Weg hält aus Naturschutzgründen Distanz zum See sowie zu den Niedermooren, Birken- und Erlenbruchwäldern, damit das reiche Vogelleben nicht gestört wird. Nach dem Dorf Winzlar führt ein Exkursionsweg durch den Bruch an den »Schwimmenden Wiesen« vorbei zu einem Aussichtsturm und Beobachtungsständen am Ufer, wo sich ein herrlicher Blick auf die Bruch- und Grünlandschaft sowie den See mit der künstlich aufgeschütteten **Festungsinsel Wilhelmstein** 4 bietet. Das Museum in der Zitadelle dokumentiert die Geschichte der winzigen Insel, die mit ihrem Ausflugsrestaurant im Sommer ein beliebtes Ziel für Fahrten in »Auswanderer«-Booten ist – so heißen die Segelschiffe, weil sie einst vom schaumburg-lippischen Territorium auch ins preußisch-hannoversche »Ausland« auf der anderen Seite des Sees fuhren. Seit der Gebietsreform liegt der Wilhelmstein in der Region Hannover, gehört aber weiterhin der Fürstenfamilie Schaumburg-Lippe.

Die »Schwimmenden Wiesen« des Meerbruchs sind ein idealer Lebensraum für viele Vogelarten.

Wie bei Winzlar am Westufer bietet sich vom Rundweg aus auch im **Toten Moor** 5 die Möglichkeit, auf einem Exkursionsweg von Aussichtstürmen die Landschaft mit ihrer vielfältigen Vogelwelt zu beobachten. In **Mardorf** 6 bietet die dortige Naturpark-Infostelle geführte Exkursionen ins Tote Moor an. **Schloss Landestrost** 7 in Neustadt am Rübenberge wurde im Stil der Weser-Renaissance erbaut. Das dort untergebrachte Torfmuseum dokumentiert Torfabbau und Renaturierung.

Dinosaurierpark Münchehagen

Der »Dinopark« in den Rehburger Bergen bei Münchehagen (westlich von 3) ist ein Dinosaurier-Freilichtmuseum in einem Gebiet, wo vor rund 140 Mio. Jahren Dinosaurierherden durchzogen. Ein 2,5 km langer Rundweg führt zum Naturdenkmal »Saurierfährten« sowie zu Nachbildungen von mehr als 150 Dinosauriern in Originalgröße. Die »Saurierfährten« bestehen aus über 250 Saurierspuren auf dem Boden eines Kalksteinbruchs. Die Fährten von Fleisch und Pflanzen fressenden Dinosauriern an ein und demselben Ort sind international einmalig.

Naturpark Südheide

Wie lichterfüllte Inseln öffnen sich die Heideflächen des Naturparks Südheide zwischen Forsten, die zu den größten zusammenhängenden Holzanbaugebieten Deutschlands zählen. Bis weit ins 19. Jahrhundert war auch die Südheide überwiegend von Heideflächen bedeckt, ehe industrielle Revolution und Globalisierung die Heidebauernwirtschaft nach und nach zum Erliegen brachten.

SERVICE

Anfahrt Auf der A 7 Hannover–Hamburg bis Ausfahrt Soltau-Ost, dann auf der B 71 Richtung Munster und Uelzen, kurz hinter Munster Richtung Faßberg/Müden abbiegen; nächstgelegener Bahnhof ist Munster (Örtze) an der Linie Bremen–Soltau–Uelzen.

Lage In der südlichen Lüneburger Heide im niedersächsischen Landkreis Celle

Größe 480 km^2

Höchste Erhebung Lüßberg (130 m)

Gründung 1964

Information Naturpark Südheide, Landkreis Celle, Trift 26, 29221 Celle

Telefon 05141/91 6-0

Internet www.regioncelle.de www.landkreis-celle.de www.fassberg.de

Eine Kanuwanderung auf der Örtze gehört zu den ganz besonderen Attraktionen im Naturpark Südheide.

TOP TIPP

1 **Müden an der Örtze** Das malerischste Dorf der Südheide

3 **Schmarbecker Wacholderwald** Heidefläche mit Tausenden von Wacholderpflanzen

4 **Aschauer Teiche** Ornithologisch bedeutsame Fischteiche

Die Wanderschafherden als natürliche Landschaftspfleger verschwanden, und die Heideflächen verwaldeten oder wurden aufgeforstet – allerdings nicht mit standortgerechten Laubbäumen, sondern vorzugsweise mit raschwüchsigen Kiefern und Fichten. Heute haben die tatsächlich mit Heide bewachsenen Areale nur noch etwa ein Prozent ihres einstigen Umfangs. Doch diese Heideflächen sind die Perlen des Naturparks.

Idyllisches Dorf mit Panoramaberg Als das schönste Dorf der Südheide gilt → **Müden an der Örtze** 1. Der in der Nähe gelegene malerische Heidesee, der Wietzer Berg (102 m) mit seinen Heideflächen und wunderbaren Ausblicken, die gotische Laurentiuskirche, der Wildpark Müden sowie das ausgedehnte Rad- und Wanderwegenetz ließen das Fachwerkdorf an der Mündung der Wietze in die Örtze zu einem beliebten Ausflugsziel werden; auch der Europäische Fernwanderweg 1 führt durch Müden. Ein guter Ausgangspunkt zur Erkundung des Dorfes und seiner Umgebung ist der am Ortsrand von der Örtze aufgestaute Heidesee.

Von der hölzernen Brücke im Südbuchtbereich des Heidesees folgt ein Wanderweg der Örtze flussabwärts zur historischen Wassermühle, in der ein Besucherzentrum untergebracht ist, und weiter zur Laurentiuskirche aus dem 14. Jahrhundert. Von dort aus gelangt man zum Wildpark Müden mit heimischen Tieren und Pflanzen sowie zum **Wietzer Berg** 2, dem Panoramaberg der Südheide. Der 1921 aus Findlingen errichtete Löns-Stein auf der Gipfelkuppe erinnert an die Aufenthalte des Dichters Hermann Löns in der Region. Die fünf Grabhügel in der Umgebung wurden vermutlich in der späten Jungsteinzeit (2000 v. Chr.) errichtet.

Eine ganz andere Art von Heide ist der ➠ **Schmarbecker Wacholderwald** 3. Dicht an dicht stehen hier Tausende von bis zu fünf Meter hohen Wacholdern. Ein Ausflug durch dieses Gebiet lohnt auch wegen der hervorragenden Aussichten.

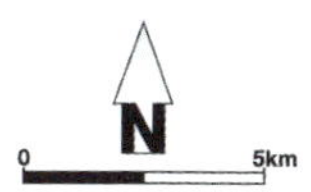

Artenreiche Teiche und das letzte Stück Naturwald Die geradezu paradiesisch anmutenden ➠ **Aschauer Teiche** 4 wurden zu Beginn des 20. Jahrhunderts oberhalb von Eschede zur Fischzucht angelegt. Aus ihnen entstand ein Ensemble aus Teichen, Heideflächen, Feuchtgrünländern, Birken-Kiefern-Bruchwäldern, Hochmooren und Wacholderbeständen. Sperlingskauz, Schwarzstorch und Seeadler haben hier ebenso ein Rückzugsgebiet gefunden wie die Arktische Smaragdlibelle und die Sumpf-Heidelibelle; in den Randbereichen der Teiche sonnt sich die Kreuzotter. Seinen Namen trägt das Gebiet nach der Aschau, die über die Lachte in die Aller entwässert. Ausgangspunkt für einen Ausflug ist der Parkplatz »Aschauteiche« an der B 191.

Das **Reservat am Lüßberg** 5 bei Unterlüß beherbergt den letzten Naturwald der Südheide, der sich als Vegetationsgesellschaft ohne menschliches Zutun entwickeln soll. Da auch kranke und tote Bäume nicht gefällt oder entfernt werden, muss man bei einer Wanderung durch diesen Wald mit seinen Gras- und Krautschichten und den von Pilzen besiedelten Totholzstämmen besonders aufpassen; Gefahr droht durch herabfallendes Totholz.

Filmtierpark Eschede

Im 120 000 m^2 großen Filmtierpark Eschede (bei 4) werden Leoparden, Löwenbabys, Frettchen, Stachelschweine, Waschbären, Hunde, Tiger, Bären und zahlreiche andere heimische und exotische Tiere auf Leinwand- und Fernsehkarrieren vorbereitet. Sie können in freier Wildbahn beobachtet werden, einige von ihnen sind streichelzahm (Bild). Gründer und Leiter des Parks ist Joe Bodemann; der gelernte Tierheilpraktiker zählt zu den erfolgreichsten Filmtiertrainern Europas. In täglichen Vorführungen werden seine Schützlinge dem Publikum vorgestellt (www.filmtierpark.de; vom 16. März – 3. November täglich geöffnet von 9–18 Uhr).

Naturpark Lüneburger Heide

SERVICE

Anfahrt Auf der A 7 Hannover–Hamburg bis zur Ausfahrt Egestorf und weiter Richtung Handeloh über Undeloh bis Wesel; nächstgelegener Bahnhof in Handeloh

Lage In Niedersachsen im Süden der Metropolregion Hamburg

Größe 1130 km^2

Höchste Erhebung Wilseder Berg (169 m)

Gründung 1911 (als Naturschutzpark), erweitert 2007

Information Naturpark Lüneburger Heide e. V., Marktstr. 1, 21385 Amelinghausen

Telefon 04132 /92 09-0

Infohäuser In Döhle, Niederhaverbeck und Undeloh; Heidemuseum in Bispingen; Archäologisches Museum in Oldendorf/Luhe

Internet www.naturpark-lueneburger-heide.de

TOP TIPP

4 **Wilseder Berg** Höchster Berg der Lüneburger Heide

5 **Totengrund** Beeindruckendes Trockental

6 **Schmale Aue** Urtümliches Wald- und Bachtal

9 **Haverbeeketal** Idyllisches Heidetal

10 **Pietzmoor** Imposante Moorlandschaft

Der Naturpark Lüneburger Heide ist das Kernstück des größten zusammenhängenden Heidegebiets in Mitteleuropa und von einem attraktiven Netz an Rad-, Reit- und Wanderwegen sowie Nordic-Walking-Strecken durchzogen. Panoramaberg der glazial überformten Moränenlandschaft ist der Wilseder Berg (169 m), die höchste Erhebung zwischen Elbe und Aller.

Ein Schäfer mit Heidschnuckenherde und Schäferhund – ein für die Lüneburger Heide typischer Anblick

Die Heide ist ältestes Kulturland in Deutschland: Durch Rodungen und den Eintrieb von Schafen und anderen Haustieren verschwanden ab der Jungsteinzeit immer mehr die natürlichen Buchen-, Eichen-Birken- und Eichen-Buchen-Wälder. Holz wurde geschlagen, und der Verbiss der Jungpflanzen durch die Schafe und andere Haustiere stoppte die natürliche Verjüngung des Waldes, lediglich die Wacholder wurden wegen ihrer Stacheln verschmäht und sind bis heute charakteristisch für viele Heideflächen. Auch etliche Buchen und Eichen blieben als Hudebäume stehen, unter deren Blätterdach das Vieh Schutz vor Sonne und Regen fand. Durch die Bewirtschaftung der Fläche durch die Bauern »verarmten« die ehemaligen Waldböden. Es konnten sich nur anspruchslose Pflanzen halten oder ansiedeln, zu denen Besen- und Glockenheide gehören. Wird die Heide nicht auf traditionelle Weise durch Schafbeweidung offen gehalten oder von Menschen »entbuscht«, so verschwindet sie – der Wald erobert die Fläche zurück.

Der Name klingt wenig einladend, die Landschaft des idyllischen Tals ist es schon: der Totengrund am Wilseder Berg.

Idyllische Wanderung durch das Seevetal Die Jugendherberge Inzmühlen im Seevetal sowie das Naturkundliche Museum in der Alten Schmiede bilden das Umweltschutzzentrum Handeloh am Nordwestrand des Naturparks. Das Gebiet ist Ausgangspunkt mehrerer Wander- und Radwege, darunter in die Weseler und in die Töpsheide. Während die **Weseler Heide** ❶ durch malerische Naturschönheit und gute Fernsichten beeindruckt, ist die höher gelegene **Töpsheide** ❷ fast ganz von Wald umgeben. Der beeindruckendste Wanderweg von Inzmühlen aus ist der Europäische Fernwanderweg 1 durch das obere **Seevetal** ❸ in das Reetdach- und Kirchdorf Undeloh und zum Wilseder Berg. Als romantischer Pfad führt er aufwärts in einen zauberhaften Laubwald – ein Idyll mit Eichen, Birken, Ebereschen und einzelnen Wacholdern und Kiefern, während links unten die Seeve munter durch ihr steilwandiges Tal mäandert. Im Wald lädt eine Schutzhütte zur Rast ein. Von dort wendet sich der Fernwanderweg schließlich nach links auf das Dorf Wehlen zu. Der Name kommt von »Quelle« und bezeichnet das Quellgebiet der Seeve. Im Jahr 1420 wird Wehlen erstmals urkundlich erwähnt, und bis heute hat sich der Ort mit alten Höfen unter Eichen seine Abgeschiedenheit bewahrt.

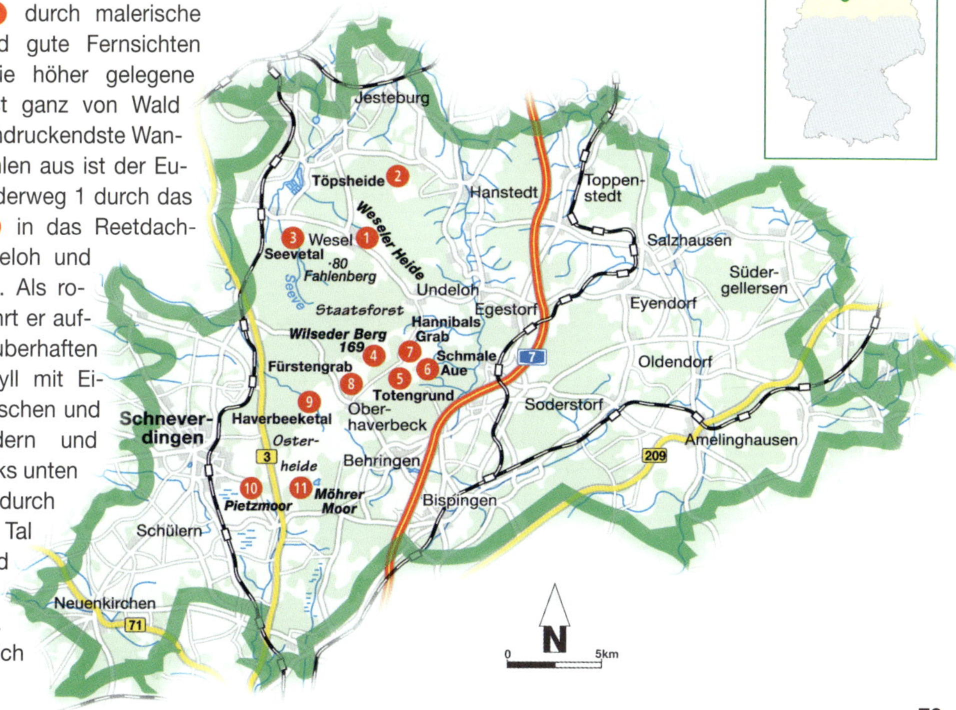

Heidschnucke *(Ovis ammon aries)*

Die grau gehörnten, genügsamen Heidschnucken stammen vermutlich vom Mufflon, einem Wildschaf, ab. Wahrscheinlich wurden sie schon in der Bronzezeit in der Heide gezüchtet. Ihr Hauptfutter ist die Besenheide, die sie durch Verbiss kurz halten. Durch Verbeißen nachwachsender Bäume verhindern sie zudem die Verwaldung der Heide; nur die Wacholder werden mit ihren Stacheln von den Heidschnucken gemieden. Im Spätsommer zerreißen die Schafe die vielen Spinnweben in der Heide, was den Bienen ermöglicht, Nektar zu sammeln. Die Bienen wiederum sorgen durch die Bestäubung der Heideblüten für den Fortbestand der Nahrung der Heidschnucken. Das fettarme Fleisch der Schnucken gilt als besondere Delikatesse.

Urtümliche Landschaft um den Wilseder Berg Höchste Erhebung der Lüneburger Heide und schönster Aussichtsberg ist der ➠ **Wilseder Berg** 4, ein von Heide und Laubwäldern sowie alten Wacholdern und Einzelbäumen bedecktes Moränengebiet, das von Trocken- und Bachtälern gegliedert wird. Aus allen Himmelsrichtungen führen Wanderwege auf den Wilseder Berg und münden in einen kurzen Panorama-Rundweg im Gipfelbereich. Markanteste Punkte dieses Rundwegs sind die Aussichtsterrasse beim Gaußstein, wo der Blick fast endlos nach Südwesten schweift, und die Sitzbänke im Nordbereich des Weges, wo an klaren Tagen die Türme Hamburgs zu sehen sind. Der Gaußstein erinnert daran, dass Carl Friedrich Gauß den Wilseder Berg 1822 als Triangulationspunkt bei der Vermessung des Königreichs Hannover benutzte.

Der ➠ **Totengrund** 5 mit seinen 40 Meter hohen Steilhängen ist das eindrucksvollste Tal am Wilseder Berg. Am Ende der letzten Eiszeit floss der Boden bei der Gletscherschmelze ab, wobei durch rückschreitende Erosion der Talkessel ausgehöhlt wurde.

Das urtümlichste Wald- und Bachtal des Naturparks ist das Tal der ➠ **Schmalen Aue** 6 bei Döhle. Der Bach mit seinen Erlenbruchwäldern und schluchtartigen Seitentälern markiert den Ostrand des Wilseder Raums. Er entspringt bei Bispingen-Volkwardingen, durchfließt zwischen Döhle und Schätzendorf das Naturschutzgebiet Lüneburger Heide und mündet bei Jesteburg in die zur Elbe entwässernde Seeve.

In vor- und frühgeschichtlicher Zeit wurde das Gebiet um den Wilseder Berg als Kultstätte genutzt. Vor allem der Bereich bis zur Mündung der Haverbeeke in die Wümme ist geradezu übersät von Grabhügeln, die der ausgehenden Jungstein- oder der beginnenden Bronzezeit zugeordnet werden. Mittelpunkt war mutmaßlich der Stattberg, der Quellberg der Haverbeeke. Die urgeschichtliche Sammlung des Heidemuseums in Wilsede dokumentiert die Ausstattung einiger dieser Hügel. Bekannteste jungsteinzeitliche Megalithanlage im Naturpark ist **»Hannibals Grab«** 7 auf einer Kuppe östlich von Wilsede. Sie wurde nach einem Gemälde des bekannten Malers Eugen Bracht von 1880 benannt. »Hannibals Grab« liegt an der für den öffentli-

In den Erlenbruchwäldern der Schmalen Aue kann man noch Tiere wie den Fischotter oder die Perlmuschel antreffen.

chen Verkehr gesperrten Kutsch- und Radwanderchaussee Volkwardingen-Wilsede; zu erreichen ist es auch auf dem Pastor-Bode-Weg.

Das »**Fürstengrab**« 8 am Weg von Niederhaverbeck zum Wilseder Berg ist der größte und eindrucksvollste Grabhügel im Bereich des Wilseder Bergs. Der auch Ebbenbrocken genannte Hügel wurde auf einer Anhöhe aufgeschüttet, die heute von einzelnen Eichen bestanden ist und einen hervorragenden Blick zum Wilseder Berg im Nordosten und zum Stattberg im Südosten gewährt. Mutmaßlich fanden hier die Mitglieder einer bronzezeitlichen Priesterfürstensippe die letzte Ruhe, daher der Name »Fürstengrab«.

Im schönsten Heidetal des Parks Mit einer jährlichen Niederschlagsmenge von durchschnittlich 800 Millimetern ist die höchste Erhebung der Lüneburger Heide ein bedeutendes Quellgebiet an der Wasserscheide zwischen Elbe und Weser. In den Osthängen treten die Quellbäche des Radenbachs zutage, die über die Schmale Aue zur Elbe entwässern; ebenfalls der Elbe fließt die bei Wehlen entspringende Seeve zu. Die der Weser zuströmende Wümme ist mit einem Lauf von 118 Kilometern der längste im Naturpark entspringende Fluss und der Wümmeberg über ihrem Quellmoor einer der schönsten Aussichtspunkte.

Der oberste Quellbach der Wümme ist die ➡ **Haverbeeke** 9: Sie entspringt am Stattberg und durchfließt das schönste Heidetal des Naturparks; die Heidedörfer Nieder- und Oberhaverbeck sind nach ihr benannt. Der in Niederhaverbeck beginnende Rundweg »Walther von der Vogelweide« erschließt den unteren Talabschnitt bis zur »Mündung« in die Wümme. Wo das Haverbeeketal endet, beginnt der Wald; dort ist an einer alten Eiche der nahe Wümmeberg ausgeschildert. Oben laden Sitzbänke mit herrlichem Blick über das Wümmemoor und das untere Haverbeeketal zum Verweilen ein.

Das ➡ **Pietzmoor** 10 ist mit 2,4 Quadratkilometern das größte »erhaltene«, d. h. nicht vollständig entwässerte und in Grünland umgewandelte Moor der Lüneburger Heide. Der Bohlenweg durch das Pietzmoor gewährt Einblick in die Versuche, ein zum Teil abgetorftes Moor durch Vernässung und Verfüllung von Entwässerungsgräben wieder zum Moor werden zu lassen. In den vernässten Torfstichen sieht man, wie mit Birken bewachsene Flächen langsam verschwinden und typische Moorpflanzen wie Wollgräser und Sonnentau zurückkehren. Auffällig sind im Sommer hier die Libellen, von denen im Pietzmoor 18 Arten nachgewiesen sind.

Ein weiteres sehenswertes Moor ist das wenige Kilometer östlich des Pietzmoors gelegene **Möhrer Moor** 11. Man erreicht es auf dem Naturlehrpfad, der an der im Hof Möhr untergebrachten Naturschutzakademie beginnt.

Das größte nicht vollständig entwässerte Moor der Lüneburger Heide, das Pietzmoor, kann man auf einem Bohlenweg aus der Nähe erkunden.

Reetdachweiler Wilsede

Der aus wenigen reetgedeckten Häusern bestehende Weiler Wilsede (s. Bild) liegt am Osthang des Wilseder Bergs 4; man erreicht ihn zu Fuß, mit dem Fahrrad oder mit der Pferdekutsche, für Autos ist eine Sondergenehmigung erforderlich. Zur Einkehr laden mehrere Café-Restaurants, darunter die »Milchhalle« ein. Das Heidemuseum »Dat ole Huus« ist eingerichtet wie ein Heidebauernhaus aus der Zeit des ausgehenden 19. Jh. Es vermittelt einen profunden Einblick in Leben und Arbeit der Heidebauern, und die urgeschichtliche Sammlung dokumentiert die jungsteinzeitlichen und bronzezeitlichen Grabhügel (Wilsede, 29646 Bispingen, Tel. 04175/80 29 33).

Naturpark Lauenburgische Seen

SERVICE

Anfahrt Auf der A 20 Lübeck–Schwerin bis zur Ausfahrt Groß Sarau, weiter auf der B 207 zum Ratzeburger See; nächstgelegener ICE-Bahnhof ist Lüneburg, von dort weiter bis Ratzeburg.

Lage Im südöstlichen Schleswig-Holstein im Osten der Metropolregion Hamburg an der Grenze zu Mecklenburg-Vorpommern, wo nahtlos das Biosphärenreservat Schaalsee anschließt.

Größe 474 km²

Höchste Erhebung Albsfelder Berg (80 m)

Gründung 1960

Information Naturpark Lauenburgische Seen, Farchauer Weg 7, 23909 Fredeburg

Telefon 04541/86 15 17

Infohaus In Mölln

Internet
www.kreisforst.de
www.naturpark-lauenburgische-seen.de

TOP TIPP

1 Ratzeburger See
Ein Paradies für Wassersportler

3 Seedorfer Werder
Halbinsel im Schaalsee mit herrlicher Natur und schönem Rundwanderweg

5 Hellbachtal
Naturschutzgebiet mit Seen sowie seltenen Pflanzen und Tieren

Ratzeburger See und Schaalsee sind die größten unter den 40 Seen in der hügeligen Jungmoränenlandschaft des Landkreises Herzogtum Lauenburg, in dem 1961 zwischen Elbe-Lübeck-Kanal und Eisernem Vorhang Schleswig-Holsteins erster Naturpark gegründet wurde. Ratzeburg und Mölln bilden die Zentren dieses abwechslungsreichen Wasser-, Wald- und Kulturraums.

Der Ratzeburger See lockt mit seinen vielen Freizeitmöglichkeiten nicht nur Ruderbegeisterte an.

Die Haupterlebnisrouten für Radler, Wanderer und Kanuten folgen den Spuren der Alten Salzstraße, einem mittelalterlichen Handelsweg, auf dem das »weiße Gold« von Lüneburg nach Lübeck transportiert wurde. Seine modernen Nachfolger sind die B 207 von Lüneburg nach Ratzeburg und Mölln, die gemeinsame Route der Europäischen Fernwanderwege 1, 6 und 9 von Lübeck durch das Wakenitztal und über Ratzeburg und Mölln nach Gudow sowie der Radfernweg »Alte Salzstraße«.

Dom, Seen, Wälder – der Ratzeburger Dreiklang verzaubert Besucher Eine zehn Kilometer lange, von bewaldeten Steilhängen eingefasste Kanuwander- und Segelfläche ist der **Ratzeburger See 1**. Er liegt in einer von Gletschern überformten Schmelzwasserrinne und ist das größte Wassersportparadies unter den Lauenburgischen Seen. Nach Norden entwässert er über die Wakenitz zur Trave, und der elf Kilometer lange Schaalseekanal verbindet ihn über den Küchensee südlich der Ratzeburger Dominsel mit Salemer See und Schaalsee – eine Traumroute für Kanuten. Vier Namen gibt es für denselben See: Ratzeburger See, Domsee, Küchensee und Kleiner Küchensee. Ein reizvoller Wanderweg führt durch die Wälder rund um den See, Beginn ist am besten am Burgtheater. Der Europäische Fernwanderweg 1 folgt, von Lübeck kommend, dem

Westufer und wechselt über die Dominsel und den Kleinbahndamm ans Ostufer des Küchensees.

Den Ursprung von **Ratzeburg** ② bildete eine slawische Ringwallanlage, nach deren Eroberung durch die Sachsen die »Racesburg« errichtet wurde. Herzog Heinrich der Löwe erneuerte 1154 das Bistum und ließ den romanischen Dom errichten – das Wahrzeichen der Stadt. Am Domhof befindet sich das A.-Paul-Weber-Museum: Weber wurde mit surreal-skurrilen Lithografien und Federzeichnungen einer der wichtigsten zeitkritischen Karikaturisten des 20. Jahrhunderts in Deutschland.

Fast die gesamte schleswig-holsteinische Seite des Schaalsees einschließlich des ➠ **Seedorfer Werders** ③ ist als Naturschutzgebiet ausgewiesen: Die Uferhänge mit ihren Wäldern sowie die Röhricht- und Schwimmblattgebiete mit reicher Unterwasservegetation bilden den Lebensraum für Seeadler, Kranich, Große Rohrdommel und Fischotter. Dieser Naturschutzbereich darf nicht mit Booten befahren werden, doch durch die Wälder führen Wanderwege und Naturlehrpfade. Zu den schönsten Wanderrouten zählen die Wege durch das Naturschutzgebiet **Salemer Moor** ④. Zu den Charakterpflanzen dieses Waldhochmoors gehört der Immergrüne Sumpfporst, der mittlerweile auf der Roten Liste steht. In den Wäldern glitzern drei kleine Seen wie Perlen: Garrensee, Plötschersee und Schwarze Kuhle.

Eine Landschaftsperle ist das Naturschutzgebiet ➠ **Hellbachtal** ⑤ mit Lottsee, Krebssee, Schwarzsee und dem Südteil des Drüsensees, das südlich an den »Naturerlebnisraum Möllner Seen« bei der Eulenspiegelstadt Mölln anschließt. Das Hellbachtal zählt zu den schönsten Wandertälern Norddeutschlands.

Till Eulenspiegel, der berühmte deutsche Schalk, soll der Überlieferung nach 1350 in **Mölln** ⑥ an der Pest gestorben sein. Das Eulenspiegel-Museum (Am Markt 12) zeigt Buchausgaben, Gemälde, Grafiken und Plastiken, die Eulenspiegels Leben und Werk illustrieren. Am Marktplatz steht ein Brunnen-Eulenspiegel, und das gotische Rathaus zählt zu den bedeutendsten seiner Art in Schleswig-Holstein.

Naturerlebnisraum Möllner Seen

Er erstreckt sich zwischen Mölln ⑥ und dem Hellbachtal ⑤ und wartet mit Rad- und Wanderwegen, einem Gesteinslehrgarten, dem Möllner Wildpark sowie zahlreichen Hinweistafeln zu Tieren, Pflanzen und Geologie auf.

Biosphärenreservat Schaalsee

SERVICE

Anfahrt Auf der A 20 Lübeck–Neubrandenburg bis Lüdersdorf oder auf der A 24 nach Zarrentin; mit der Bahn nach Zarrentin

Lage Im Westen von Mecklenburg-Vorpommern an der Grenze zu Schleswig-Holstein

Größe 309 km²

Höchste Erhebung Hellberg (93 m)

Gründung 1990 als Naturpark, 2000 als UNESCO-Biosphärenreservat

Information Amt für das Biosphärenreservat Schaalsee, PAHL-HUUS, Wittenburger Chaussee 13, 19246 Zarrentin

Telefon 038851/30 2 0

Internet www.schaalsee.de

TOP TIPP

① **Schaalsee**
Ein Paradies für Tiere und Pflanzen mit insgesamt 150 km Wander- und Radwegen

② **Zarrentin**
Die Klosterkirche glänzt mit einer der schönsten Kanzeln Mecklenburgs

Die Region um den Schaalsee war schon immer dünn besiedelt und gering bewirtschaftet, sodass sich hier eine große Vielfalt an Tieren und Pflanzen halten konnte. Günstig wirkte sich dabei auch die ehemalige innerdeutsche Grenzlage aus. Die Röhrichtgürtel der Seen, Bruchwälder, Feuchtwiesen und Moore sind Lebensraum für viele seltene Arten wie Seeadler, Rohrdommel oder Fischotter.

Der namengebende See des Biosphärenreservats ist ein idyllischer Zufluchtsort für Pflanzen- und Tierarten.

Von der Eiszeit geformt Im Herzen des Biosphärenreservats gelegen, entstand der ➠ **Schaalsee** ① während der letzten Eiszeit, als die gewaltigen Kräfte des Wassers ein tiefes Strudelloch entstehen ließen. Mit einer Fläche von 24 Quadratkilometern ist er der größte See im Biosphärenreservat und mit genau 72 Metern Tiefe zudem der tiefste See ganz Norddeutschlands. Mit seinen Buchten, Inseln und Halbinseln bietet er ein wahres Paradies für Tiere und Pflanzen. Auffällig sind die großen Verbreitungstiefen der Wasserpflanzen, die bis zu sieben Meter erreichen. Großflächig kommen Armleuchteralgen, verschiedene Laichkräuter und das Ährige Tausendblatt vor. Auf der Oberfläche bestimmen im Juni besonders Weiße See- und Gelbe Teichrosen das Bild. Die Schilfgürtel am Seeufer sind Brutplätze für seltene Vogelarten wie Rohrdommel, Kolbenente und Seeadler.

Am Südwestufer des Schaalsees liegt ➠ **Zarrentin** ②, eine Kleinstadt mit dörflichem Charakter und einfachen Fachwerkhäusern. Im 1250 gegründeten Zisterzienserkloster erwartet den Besucher eine interessante Ausstellung über das Kloster. Die Kanzel der Klosterkirche gehört zu der schönsten Mecklenburgs. Sie stammt aus der Marienkirche in Lübeck und wurde 1699 für die Kirche in Zarrentin gekauft. Das PAHLHUUS in Zarrentin informiert über Pflanzen und Tiere der Umgebung, beschreibt die eiszeitliche Entstehung und Gestaltung der Landschaft und stellt regionales Handwerk vor.

Nur einen Katzensprung von Zarrentin entfernt liegt **Lassahn** ③, dessen Kirche zwischen 1190 und 1250 erbaut wurde. Vom Kirchhof bietet sich ein schöner Blick auf den Lassahner Teil des Schaalsees mit der Insel Kampenwerder.

Erleben lässt sich die Vielfalt der Natur auch zwischen Schönwolde und Groß Salitz. Diese hügelige Landschaft prägen bahndammähnliche Wallrücken, die als »Oser« bezeichnet werden. Sie entstanden, als sich unter dem Gletscher Sand und Kies in Schmelzwassertunneln ablagerten und nach dem Abtauen des Eises zurückblieben. Sehr schön kann man das Innenleben eines Osers in einem alten Kiestagebau am Lützowhorster Moor studieren.

In unmittelbarer Nähe befindet sich das Naturschutzgebiet **Schönwolder Moor** ④, ein gut erhaltenes Regenmoor. Die nicht bewaldeten Flächen zieren niedrige Birkengehölze, dazwischen wächst im Torfmoos die Glockenheide, ein immergrüner Zwergstrauch mit glockenförmigen Blüten in kopfig-doldigen Büscheln am Ende der Zweige.

Als kleine Zungenbecken präsentieren sich der **Röggeliner See** ⑤ und das **Kuhlrader Moor** ⑥, die nur von einem Geschiebelehmrücken von etwa fünf Metern Höhe voneinander getrennt sind. Am Röggeliner See bietet bei **Klocksdorf** ⑦ ein Beobachtungsturm mit großer Plattform die Möglichkeit, das Leben der Vögel auf dem See zu beobachten. Besonders beeindruckend sind die Vogelzüge im Frühjahr und Herbst, und mit etwas Glück bekommt man dann auch jagende Seeadler zu sehen.

Ein Zeichen intakter Natur: In manchen Dörfern des Gebiets wie hier in Dechow sind Störche wieder heimisch.

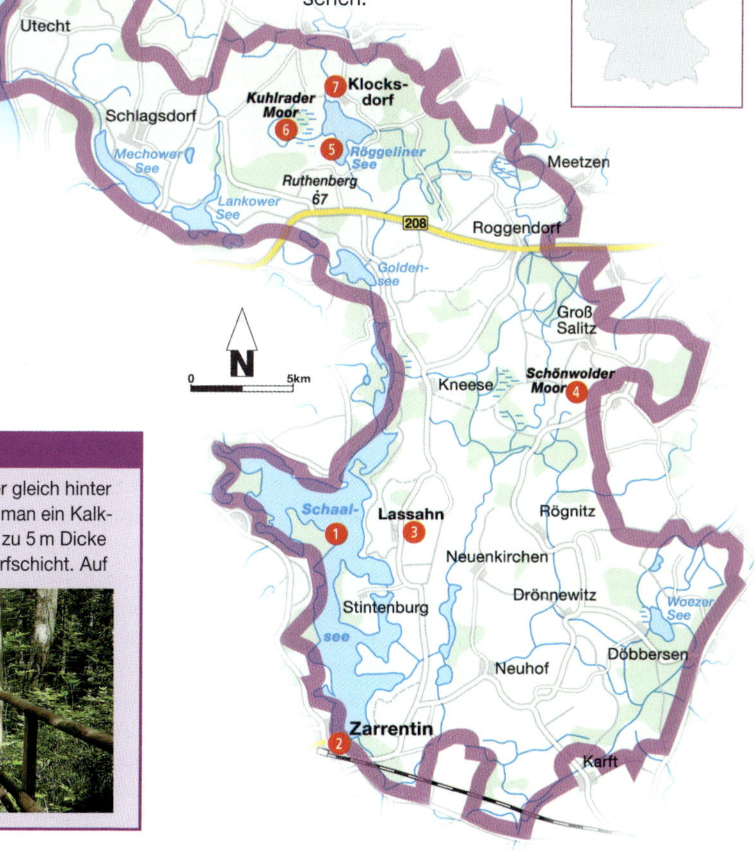

Erlebnispfad durchs Kalkflachmoor

Auf einem 800 m langen Bohlenweg (s. Bild), der gleich hinter dem PAHLHUUS in Zarrentin ② beginnt, kann man ein Kalkflachmoor erkunden. Kalkablagerungen von bis zu 5 m Dicke befinden sich unter der nur etwa 1 m starken Torfschicht. Auf dem Erlebnispfad gibt es reichlich Informationen zur Entstehung und ehemaligen Nutzung des Moores sowie zu Flora und Fauna.

Naturpark Mecklenburgisches Elbetal

SERVICE

Anfahrt Auf der A 24 entweder bis Neustadt-Glewe und weiter auf der B 191/B 5 über Ludwigslust nach Zahrensdorf oder bis Hagenow und auf der B 321 und der B 5 nach Zahrensdorf; mit der Bahn bis Boizenburg, Brahlstorf oder Pritzier und weiter mit dem Bus nach Zahrensdorf

Lage Im südwestlichen Mecklenburg, rechtselbisch zwischen Lauenburg und Dömitz

Größe 426 km²

Höchste Erhebung Forstberg (86 m)

Gründung 1998

Information Amt für das Biosphärenreservat Schaalsee, Dezernat Biosphärenreservat Flusslandschaft Elbe, Am Elbberg 8–9, 19258 Boizenburg/Elbe

Telefon 038847/62 48 40

Internet www.elbetal-mv.de

TOP TIPP

2 **Bretziner Heide**
Heideblüte und Hügelgräber aus der Bronzezeit

4 **»Dorfrepublik« Rüterberg**
Geschichtsträchtiges kleines Dorf mit Aussichtsturm

5 **Dömitz**
Eine der am besten erhaltenen Flachlandfestungen Nordeuropas

Von Boizenburg im Norden bis Dömitz im Süden erstreckt sich das breite Urstromtal, das von der Elbe durchflossen wird. Zahlreiche Nebenflüsse wie Sude, Schaale, Boize, Rögnitz und Löcknitz sind Bestandteil dieser naturnahen Landschaft, die noch den Lebensraum einer breiten Talaue prägt.

Wie in alten Zeiten werden die Wiesen rund um die imposante Festung Dömitz von Schafen beweidet

Hier finden Biber und Fischotter eine Zuflucht, und auch als Brutgebiet seltener Großvögel wie Schwarzstorch, Kranich und Seeadler sind die Niederungen sehr wichtig. Um Siedlungen und Felder bei Hochwasser zu schützen, wurden seit dem 13. Jahrhundert Deiche gebaut, die das Bild der Landschaft prägen. Vor allem im Winter tritt die Elbe regelmäßig über die Ufer, Altarme und Auen zwischen den Deichen werden überflutet. Die Überflutungsgebiete beherbergen charakteristische Stromtalpflanzen wie Wiesenalant und Sumpfgreiskraut. Die enge Verzahnung von Feucht- und Trockenbiotopen ist für diesen Naturpark, der zugleich einen Teil des UNESCO-Biosphärenreservats Flusslandschaft Elbe bildet, typisch: In Kontrast zur Elbniederung schließen sich Lebensräume an, die sich vor allem durch Trockenheit auszeichnen. Auffällig sind Binnendünen, die auf dem Scheitel meist locker mit Gebüsch bewachsen sind und am Fuß eine artenreiche Trockenvegetation aufweisen.

Land der Kontraste – Feucht- und Trockenbiotope Im nördlichsten Zipfel des Naturparks haben sich bei Bretzin sehr unterschiedliche Landschaftsformen erhalten. Während die naturnahe mäandrierende **Schaale** 1 mit einer artenreichen Feuchtufervegetation aufwartet, ist das Naturschutzgebiet ➠ **Bretziner Heide** 2 ein von Trockenheit liebenden Pflanzen geprägtes Biotop. Hier bestimmen großflächige Vorkommen der Besenheide das Bild, von Silbergrasfluren durchzogen. Besondere Farbtupfer sind im Frühjahr die gelben Blüten des Besenginsters.

Südlich von Boizenburg ist die **Sudeniederung** ③ einen Besuch wert. In diesem 1000 Hektar großen Areal dominieren Auenwälder und große Polderflächen mit feuchtem Grünland, wo Gelbe Wiesenraute, Kuckuckslichtnelken und Sumpf-Platterbsen wachsen. Richtung Süden führt hinter Wehningen eine kleine Straße zum Parkplatz der ➠ **»Dorfrepublik« Rüterberg** ④. Den Namen trägt der kleine Ort, weil er zu DDR-Zeiten 22 Jahre lang völlig von der Außenwelt abgeschirmt war. Von der älteren Vergangenheit zeugen Relikte der Saalekaltzeit vor etwa 150 000 Jahren; der Rüterberg ist ein Teil der damals entstandenen Endmoränenlandschaft. Vom Aussichtsturm hat man einen großartigen Blick auf die Landschaft mit ihren weiten Auen, Binnendünen mit Kiefern und dem steilen Geesthang.

Empfehlenswert ist auch ein Besuch von ➠ **Dömitz** ⑤, das von der Elbe, der Müritz-Elde-Wasserstraße und der Doven Elbe umflossen wird. Hier befindet sich eine der am besten erhaltenen Flachlandfestungen Nordeuropas, die 1559 zu einer mächtigen Backsteinfestung mit Bastionen, Kasematten und Wassergraben umgebaut wurde. Den Innenhof betritt man durch ein prachtvolles Renaissance-Tor von 1565. Über die Geschichte der Festung und die Schifffahrt auf der Elbe informiert das Museum im Kommandantenhaus (Mo geschlossen).

Überraschend trifft man bei Klein Schmölen auf zwei Kilometer lange und 600 Meter breite **Dünen** ⑥, die man eher an der Küste als am Ufer der Elbe erwarten würde. Hier wechselt sich Kiefernwald mit baumlosen Hängen ab, und an einem Parkplatz östlich von Klein Schmölen beginnt ein wunderschöner, vier Kilometer langer Wanderweg.

Boizenburg

Wo die Boize in die Elbe mündet (unweit der Sudeniederung ③), entstand ab 1170 im Schutz einer Wasserburg die Siedlung Boizenburg. Die Wälle der im 14. Jh. angelegten Befestigung wurden im 19. Jh. in eine von Linden gesäumte Promenade umgewandelt. Auf diesen Wallanlagen kann man rund um die Stadt mit ihren vielen schönen Fachwerkhäusern und dem reizvollen Rathaus (s. Bild) spazieren; hinter dem Heimatmuseum trifft man auf einen hübschen Wallpavillon. An Boizenburg als wichtigen Standort für die Fliesenherstellung erinnert das Erste Deutsche Fliesenmuseum (Reichenstr. 4; Mo geschlossen), das Wandkeramiken aus der Zeit von 1880–1930 zeigt.

Ein ungewohnter Anblick mitten im Binnenland: die Wanderdünen bei Klein Schmölen im Elbetal

Naturpark Elbhöhen-Wendland

SERVICE

Anfahrt Auf der A 24 bis Neustadt-Glewe und auf der B 191 über Ludwigslust und Quickborn nach Gartow; mit der Bahn bis Dannenberg, dann weiter mit dem Bus bis Gartow

Lage Zwischen der Lüneburger Heide und der Elbtalaue, östlich von Lüneburg

Größe 1160 km²

Gründung 1968

Höchste Erhebung Hoher Mechtin (142 m)

Information Naturpark Elbhöhen-Wendland e. V., Königsberger Str. 10, 29439 Lüchow (Wendland)

Telefon
05841/120-540

Internet
www.luechow-dannenberg.de

Das Urstromtal der Elbe wird im Naturpark Elbhöhen-Wendland von Altarmen mit Auwäldern, Wiesen und Marschen geprägt. Auch Elbdeiche und Moränenzüge gehören dazu, von denen man immer wieder faszinierende Eindrücke von der Landschaft gewinnen kann – so etwa vom Höhbeck, einem 75 Meter hohen Geesthügel mit großartiger Aussicht über den Strom zur Lenzener Wische im benachbarten Biosphärenreservat Flusslandschaft Elbe.

Vom Weinberg des Ortes Hitzacker aus bietet sich ein schöner Blick auf das weite Tal der Elbe.

TOP TIPP

❸ **Höhbeck**
Geesthügel mit Frankenkastell und schöner Aussicht

❺ **Hitzacker**
Zeitreise in die Bronzezeit und zu 25 archäologischen Kulturdenkmälern

❻ **Göhrde**
Interessantes Waldmuseum im Göhrder Forst mit Greifvogelgehege

Im Osten sieht man das Elbholz, einen Naturraum mit alten Eichen und ausgedehnten Qualmwassertümpeln. Naturfreunde können von Aussichtsplattformen im Frühjahr ein besonderes Schauspiel erleben: die Balz der Kraniche. Völlig anders präsentiert sich dagegen die Landschaft des Drawehn, eines Endmoränenzugs mit abwechslungsreichem Relief, das aus Trockentälern und Hochflächen besteht. Oft betragen die Höhenunterschiede 40 bis 70 Meter auf kurzer Entfernung; manche Kuppen, z. B. der Hohe Mechtin, bieten ausgezeichnete Fernblicke.

Highlights für Naturfreunde und Archäologen Überflutete Auen und Wiesen im Frühling und Herbst, Niedrigwasser im Sommer – das sind die natürlichen Rhythmen der Landschaft rings um **Gartow** ❶, wo ein vielgestaltiges Mosaik aus Wiesen, Wäldern und Flusslandschaften das Bild prägt. Aber auch der 67 Hektar große, bei Wassersportfreunden und Sonnenanbetern sehr beliebte Gartower See gehört dazu. Rund zehn Kilometer südwestlich von Gartow bei Nemitz erstreckt sich die 400 Hektar große **Nemitzer Heide** ❷, die sich nach

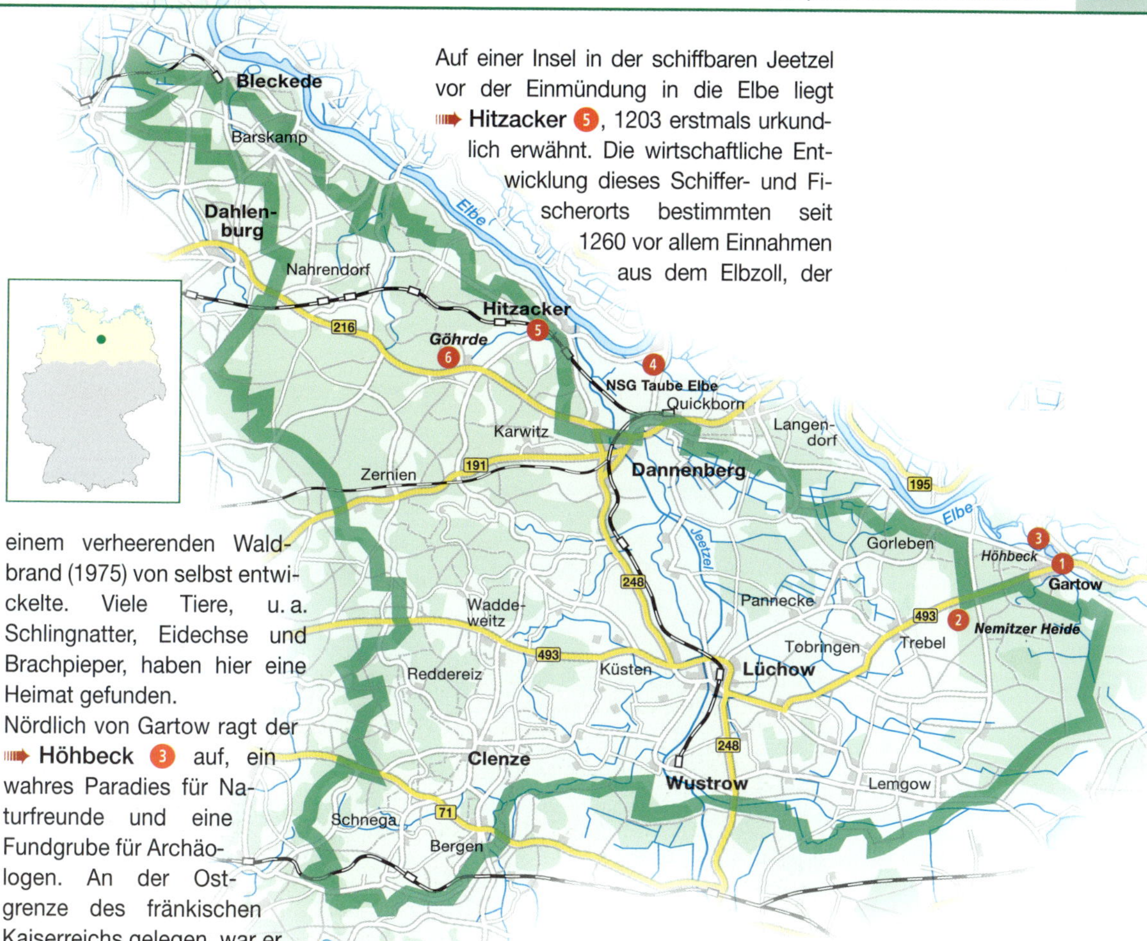

einem verheerenden Waldbrand (1975) von selbst entwickelte. Viele Tiere, u. a. Schlingnatter, Eidechse und Brachpieper, haben hier eine Heimat gefunden.

Nördlich von Gartow ragt der **Höhbeck** 3 auf, ein wahres Paradies für Naturfreunde und eine Fundgrube für Archäologen. An der Ostgrenze des fränkischen Kaiserreichs gelegen, war er eine Bastion Karls des Großen. Um 800 ließ Karl auf dem Höhbeck das »Castellum Hobuoki« errichten, ein Grenzkastell von 170 Metern Länge und 70 Metern Breite, das von einem drei Meter tiefen Graben umgeben war. Eine beachtliche Sammlung zur Archäologie des Höhbeck findet man im Heimatmuseum Vietze, und ein schöner Wanderweg führt vom Aussichtspunkt »Schwedenschanze« am nördlichen Hang des Höhbeck entlang zum Heidberg bei Vietze und weiter zum Parkplatz an der Fähre bei Pevestorf.

Bei Penkefitz lädt das Naturschutzgebiet **Taube Elbe** 4 mit Flutrinnen und Mulden zum Erkunden ein. Es ist geprägt von Riedflächen, Röhrichten und Wiesen, wo man zu allen Jahreszeiten eine Vielfalt an Wasservögeln beobachten kann.

Auf einer Insel in der schiffbaren Jeetzel vor der Einmündung in die Elbe liegt **Hitzacker** 5, 1203 erstmals urkundlich erwähnt. Die wirtschaftliche Entwicklung dieses Schiffer- und Fischerorts bestimmten seit 1260 vor allem Einnahmen aus dem Elbzoll, der erst 1872 aufgehoben wurde. Über die Geschichte des Orts informiert das Museum »Altes Zollhaus« (Zollstr. 2; Mo geschlossen). Vor 3000 Jahren siedelten am Ufer des Hitzacker Sees Menschen, die hier Felder anlegten und Vieh züchteten. Darüber kann man sich eingehend im Archäologischen Zentrum Hitzacker (Elbuferstraße 2–4) informieren.

Die **Göhrde** 6 ist eine von Wäldern bestandene Hochfläche nordwestlich des Drawehn. Fährt man auf der B 216 von Dannenberg in Richtung Lüneburg, kommt man durch den Ort Göhrde, wo ein Waldmuseum (König-Georg-Allee 5; von 1. April – 31. Oktober Mo, Di, Mi sind Ruhetage, Do, Fr 14–18 Uhr, Sa, So und Feiertage 11–18 Uhr) zu einem Besuch einlädt. Im Hof befindet sich ein kleines Greifvogelgehege, wo kranke Vögel versorgt werden.

Drawehn-Höhenweg

Der Wanderweg ist 52 km lang und führt durch den waldreichen Drawehn von Walmsburg bis Quarzau (Markierung »E«, weiter mit Markierung »H«, teilweise auch weißes Andreaskreuz, »E6«) über Leitstade, die Göhrde 6, Schmessau, Spranz, den Hohen Mechtin, Hohenvolkfien und Clenze-Reddereitz nach Schnega (Schweinemark).

Biosphärenreservat Flusslandschaft Elbe

Die Elbe wartet mit einer teilweise naturnahen Auenlandschaft auf, wo sich eine reiche Tier- und Pflanzenwelt erhalten hat. Am Ufer der Elbe und ihren Altarmen haben sich Weidenauenwälder, Röhrichte und Hochstauden entwickelt, wo Elbebiber und Fischotter Lebensräume finden.

SERVICE

Anfahrt Auf der A 24 bis Zarrenthin, auf der B 195 nach Neu-Bleckede und mit der Autofähre nach Bleckede; mit der Bahn ebenfalls bis Bleckede

Lage In der Elbtalaue von Schleswig-Holstein, Niedersachsen, Mecklenburg-Vorpommern, Brandenburg und Sachsen-Anhalt

Größe 3400 km²

Höchste Erhebung 109 m (ohne Namen)

Gründung 1997

InfoStellen In Bleckede, Rühstädt, Lenzen, Oranienbaum, Havelberg

Telefon (05852) 967 30

Internet www.elbtalaue.niedersachsen.de

Bei Vockerode (östlich von Dessau) bietet die Elbe ein beschauliches Bild nahezu unberührter Natur.

TOP TIPP

- ② **Bleckede** Aquarium im Schloss Bleckede
- ⑦ **Dannenberger Marsch** Feuchtgebiet mit Radrundweg
- ⑬ **Magdeburg** Traditionsreicher Handelsplatz an der Elbe mit imposantem Dom
- ⑰ **Wörlitzer Park** Idyllische Parklandschaft mit Spazierwegen und Bootsfahrten

Werden die Flächen vor den Deichen im Winter und Frühjahr durch Hochwasser überflutet, kann man massenhaft Wat- und Wasservögel, aber auch Gänsesäger und Schwäne beobachten. Die weiten Grünlandflächen zwischen Altarmen und Bracks dienen vielen nordischen Arten als Rastgebiet, etwa Zwerg- und Singschwänen, Saat- und Blessgänsen, Kiebitzen, Goldregenpfeifern und verschiedenen Greifvögeln. Die Qualmwasserbereiche in Deichnähe sind Lebensraum vieler Amphibien, zu denen die seltene Rotbauchunke, der Laubfrosch und der Kamm-Molch gehören. Sehr reizvoll ist eine Fahrt auf dem Elbe-Radweg, der von Hitzacker bis nach Dessau durch das Biosphärenreservat führt.

Besondere Siedlungsformen – Warften- und Rundlingsdörfer Der Weg nach Bleckede führt über das Warftendorf **Neu Wendischthun** ①, wo jedes Haus als Schutzmaßnahme vor dem Hochwasser auf einem Hügel (Warft) gebaut wurde. **Bleckede** ② erreicht man mit der Fähre, wo sich im Elbschloss Bleckede, einem barocken Fachwerkgebäude, das Informationszentrum für das Biosphärenreservat befindet. Auf über 1000 Quadratmetern Fläche präsentiert eine Ausstellung die einzigartige Natur dieser Flusslandschaft. Im Elbe-Aquarium kann man Fische der Elbe wie Aal, Brasse und Zander beobachten, und die Umweltwerkstatt bietet Kindern die Möglichkeit, die Natur aktiv zu entdecken. Fährt man von Bleckede entlang der Elbe in Richtung Neu Darchau, führt der Weg durch **Walmsburg** 3, ein typisches Rundlingsdorf.

Der Biber lässt sich auf Wanderwegen teilweise recht gut beobachten.

Hochmoore und eine Wanderdüne In Neu-Darchau geht es wieder per Autofähre auf die andere Seite der Elbe und

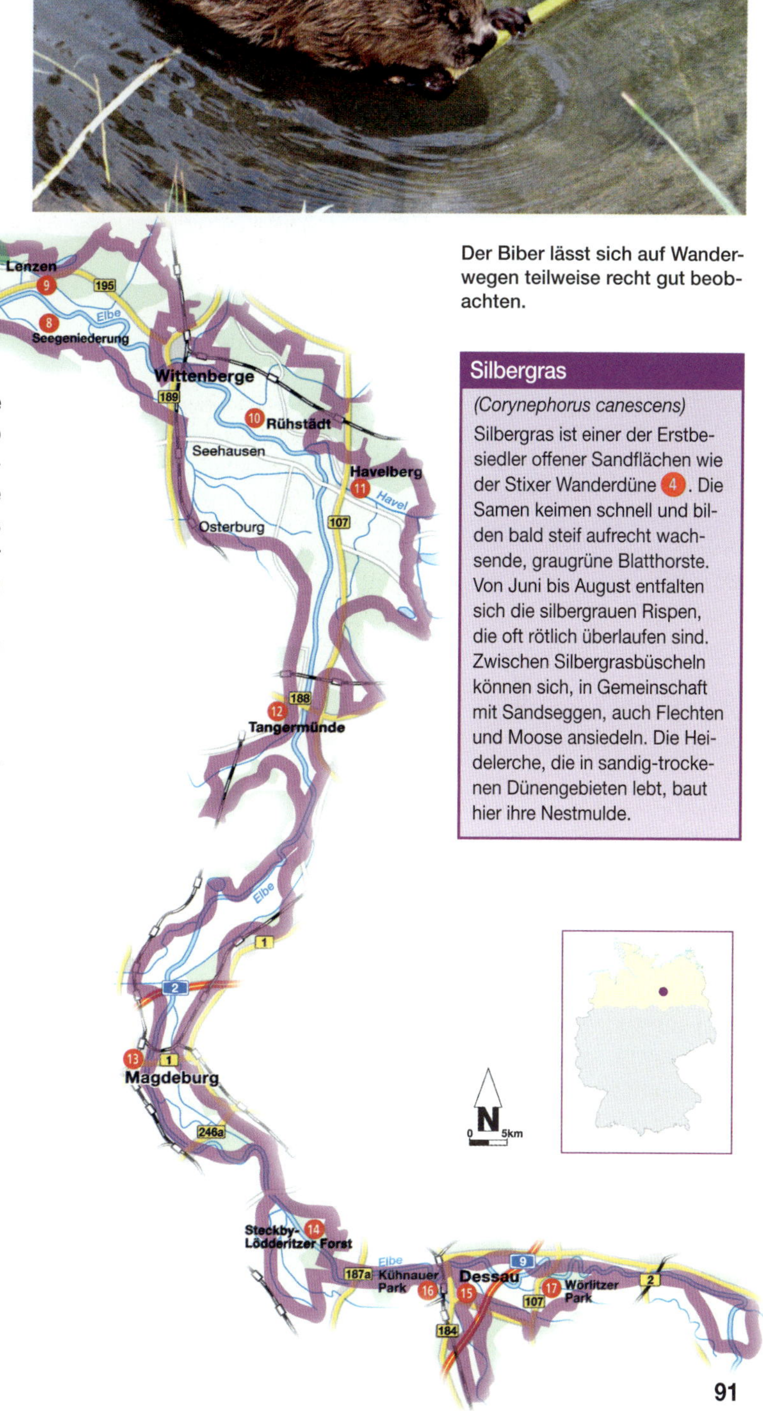

über Darchau und Haar nach Neuhaus. Von Neuhaus nach Tripkau führt eine Allee über die größte Binnendüne der niedersächsischen Elbtalaue, wo Kiefernwälder mit Silbergrasfluren abwechseln. Hinter der Düne sind kleine Hochmoorreste wie das Zeetzer und das Laaver Moor erhalten. Kurz vor Hitzacker haben sich die offenen Sandflächen zu einer Wanderdüne, der **Stixer Wanderdüne** 4, geformt, deren Sand ständig vom Wind bewegt wird – was man an den verschütteten Kiefern erkennt. Streckenweise fließt die Elbe auch am Fuß von Moränen entlang, die während der Eiszeit abgelagert wurden. Ein auffälliges Beispiel findet man bei **Alt Garge** 5, flussabwärts von Neu Darchau. Hier haben sich entlang der Elbe steile, bis zu 70 Meter hohe Geestkanten gebildet, die vorwiegend mit Buchen- und Eichenwäldern bewachsen sind.
Fachwerkhäuser, Kopfsteinpflaster und ein reizvolles Stadtbild erwarten den Besucher in **Hitzacker** 6. Auf einer Insel in der schiffbaren Jeetzel gelegen, wird der Ort erstmals 1203 urkundlich erwähnt. Einen Besuch wert ist das Alte Zollhaus (Zollstr. 2; Mo geschlossen), wo man viel Wissenswertes über die Geschichte der ehemaligen Welfenresidenz, aber auch über Schiffbau, Schifffahrt und Wasserbau erfährt.

Silbergras

(Corynephorus canescens)
Silbergras ist einer der Erstbesiedler offener Sandflächen wie der Stixer Wanderdüne 4. Die Samen keimen schnell und bilden bald steif aufrecht wachsende, graugrüne Blatthorste. Von Juni bis August entfalten sich die silbergrauen Rispen, die oft rötlich überlaufen sind. Zwischen Silbergrasbüscheln können sich, in Gemeinschaft mit Sandseggen, auch Flechten und Moose ansiedeln. Die Heidelerche, die in sandig-trockenen Dünengebieten lebt, baut hier ihre Nestmulde.

Das »Europäische Storchendorf« Rühstädt ist wegen seiner zahlreichen Weißstörche berühmt.

Froschkonzerte und Biberburgen Die ausgedehnte Niederung der Elbtalaue ist von Flutrinnen, Mulden und Altarmen geprägt. Sie alle findet man in der ➠ **Dannenberger Marsch** 7, einem bedeutenden Lebensraum für Amphibien.

In der **Seegeniederung** 8 führen von Gartow/Quarnstedt aus zwei Rundwanderwege ins Reich der Biber. Auf dem kleinen »Biberpfad« (Rundweg Kleiner See, 2,6 km) informieren Schautafeln über das Tier und seine Gewohnheiten. Wählt man den großen Rundweg »Obere Seegeniederung« (6,5 km), kann man den Biber mit etwas Glück von der Seegebrücke aus bei Dämmerung beobachten. Eingeschlossen in das Biosphärenreservat ist der Naturpark Mecklenburgisches Elbetal, wo sich an die weiten Auen der Elbe und ihrer Nebenflüsse die extrem trockenen Standorte der Binnendünen anschließen.

Auf der B 195 kommt man nach **Lenzen** 9, wo die Burg Lenzini im 10. Jahrhundert den Elbübergang zum slawischen Stammesgebiet der Livonen sicherte. Hier eröffnete der BUND 2003 das Europäische Zentrum für Auenökologie, Umweltbildung und Besucherinformation. In einem beispielhaften Projekt wurde 2005 unweit der Burganlage mit der Rückverlegung des Elbteichs begonnen, um eine 400 Hektar große Überflutungsaue zu schaffen. Hier finden seltene Tiere wie Kiemenfußkrebs und Rotbauchunke einen Lebensraum. Direkt am Deich steht ein ehemaliger DDR-Wachturm, der in Begleitung der Naturwacht bestiegen werden kann und einen großartigen Überblick über die Elblandschaft gibt.

Weißstörche – eine besondere Attraktion Besonders günstige Lebensbedingungen scheinen in und um **Rühstädt** 10 die Weißstörche zu finden. Der Ort mit den roten Backsteinhäusern und einer kleinen Kirche (ab 1140 von Zisterziensern erbaut) liegt westlich von Bad Wilsnack. Sein Wahrzeichen ist ein alter Wasserturm, auf dem 1952 das erste Storchenpaar nistete. Rühstädt erhielt 1996 den Titel »Europäisches Storchendorf«, und im Ort wird über die Störche genau Buch geführt – auf Holztafeln an den Hauswänden gibt es Informationen dazu. Reizvoll erhebt sich in **Havelberg** 11 der Bischofsberg mit dem Dom, 1170 als romanische Basilika geweiht und im 13. Jahrhundert gotisch umgebaut. Spätklassizistische Fassaden bestimmen das Stadtbild, zu denen auch die des Rathauses gehört. Die Kirche St. Laurentius (15. Jh.) ist ein schöner Backsteinbau.

Kirchliche Pracht, Denkmal- und Naturschutz in trauter Eintracht Wo die Tanger in die Elbe mündet, liegt auf einem Höhenzug **Tangermünde** 12 mit seinen Backstein- und Fachwerkbauten. Von der noch größtenteils vorhandenen

Stadtbefestigung aus dem 13. Jahrhundert mit drei Stadttoren gilt das Neustädter Tor (1450), mit brandenburgischem Wappen verziert, als das schönste. Sehenswert ist auch das Rathaus, 1430 im Stil deutscher Backsteingotik mit prachtvollem Schaugiebel errichtet. Beherrschender Kirchenbau ist die 1184 begonnene Stephanskirche. Von der Burganlage in Tangermünde sind neben Teilen der Ringmauer noch das Tor aus der Zeit Kaiser Karls IV. und der über 50 Meter hohe Bergfried erhalten.

➠ **Magdeburg** 13 wurde 805 als karolingischer Handelshof erwähnt, und zur Zeit Kaiser Ottos I. (912–73) nannte man Magdeburg das »Dritte Rom«. Auf dem Domplatz entstand 955 eine prachtvolle Basilika; an ihrer Stelle steht heute der gewaltige Dom (Bau 1209 begonnen). Anziehungspunkt unweit des Doms ist das Kloster Unser Lieben Frauen mit einem schönen Kreuzgang und dem ältesten Brunnenhaus Deutschlands aus dem 12. Jahrhundert.

Bei Steckby ist das Naturschutzgebiet **Steckby-Lödderitzer Forst** 14 zwischen Aken und der Saalemündung von großer Bedeutung. In den Auenbereichen herrscht ein Hartholzauenwald mit Eichen und Ulmen vor, und auch Wildapfel und -birne sowie die Vogelkirsche wachsen hier. Schwarzstorch, Kranich und Schreiadler haben dort ihre Reviere, und in Flussröhrichten und Galeriewäldern lebt der Elbebiber. Auf den Buhnenfeldern und in den Auen finden Schmetterlinge wie Schillerfalter oder Großer Fuchs, aber auch Libellen wie Asiatische Keiljungfer, Grüne Flussjungfer sowie die Südliche Mosaikjungfer einen Lebensraum.

Gegen Ende des 18. Jahrhunderts entstand in **Dessau** 15 und Umgebung das berühmte »Dessau-Wörlitzer Gartenreich«, eine Kulturlandschaft ersten Ranges. Hier ergänzen sich Naturschutz und Denkmalpflege: Die Parkanlagen sind Lebensraum vieler Vogelarten, und im Frühjahr ist hier typischerweise die Nachtigall zu hören. In den großen alten Bäumen finden auch Fledermäuse attraktive Sommerquartiere.

Bevor die Elbe durch den Deichbau in ihrem Lauf fixiert wurde, veränderte sie bei Hochwasser oft ihr Bett, und Teile wurden vom Fluss getrennt. Es entstanden Altwässer, für die eine besondere Artenvielfalt charakteristisch ist. Eines der größten Altwässer ist der 38 Hektar große Kühnauer See, der ab 1805 in den romantischen **Kühnauer Park** 16 integriert wurde. Dieser Park ist nur ein Teil der grandiosen Gartenlandschaft, die Fürst Leopold III. Friedrich Franz (1740–1814) im 18. Jahrhundert anlegen ließ. Wie an einer Perlenkette aufgereiht, ziehen sich die Parks durch das Land: Georgengarten, Beckerbruch, Mosigkau, Luisium, Oranienbaum und der ➠ **Wörlitzer Park** 17, die berühmteste entsprechende Anlage in Sachsen-Anhalt. Sie entstand ab 1764 und erstreckt sich entlang des Wörlitzer Sees auf einer Fläche von 100 Hektar mit Kanälen, Inseln, Gärten, Gebäuden, Grotten und Plastiken. Das Schloss ist im Stil englischer Landsitze erbaut und besticht durch seine Ausstattung und Gemälde berühmter Maler wie Rubens, Canaletto sowie dem deutschen Landschaftsmaler Philipp Hackert.

Der zum Welterbe der UNESCO gehörende Wörlitzer Park lässt sich auch gut per Boot erkunden.

Naturpark Drömling

Für seine fetten Frösche war der »Dräumling« seit uralten Zeiten berühmt. Heute gibt es noch etwa ein Dutzend verschiedener Lurcharten an den Ufern und in den insgesamt 1725 Kilometer langen, teils verlandeten Wasserläufen im Niederungsgebiet am südlichen Rand der Altmark. Wo Frösche als fette Beute vorkommen, sind Vögel nicht weit: Für rund 120 Brutvogelarten ist der Tisch reich gedeckt, so für Weißstorch, Schwarzstorch, die Bekassine und den Großen Brachvogel als Charaktervogel des Drömlings.

SERVICE

Anfahrt Auf der A 2 Berlin–Hannover bis zum Kreuz Wolfsburg-Königslutter, weiter auf der A 39 nach Wolfsburg und auf der B 188 nach Oebisfelde; nächstgelegener ICE-Bahnhof ist Wolfsburg, von dort Verbindung zum traditionellen Eisenbahnknoten Oebisfelde.

Lage Nordöstlich von Wolfsburg, zwischen Niedersachsen und Sachsen-Anhalt südlich der Altmark

Größe 278 km^2

Höchste Erhebung Südwestflanke des Hohen Feldes bei Quarnebeck (ca. 70 m)

Gründung 1990

Information Naturparkverwaltung Drömling, Bahnhofstr. 32, 39646 Oebisfelde

Telefon 039002/85 00

Infohaus In Kämkerhorst

Internet www.naturpark-droemling.de

TOP TIPP

1. **Oebisfelde** Historisches Zentrum mit dem aussichtsreichen Wehrturm der Sumpfburg
2. **Buchhorst** Ausgangspunkt für Wanderungen in das Kerngebiet der historischen Moordammkulturen
5. **Kämkerhorst** Informationshaus der Naturparkverwaltung und interessanter Rundwanderweg

Im Naturschutzgebiet Nördlicher Drömling findet man die charakteristischste Landschaft des Naturparks.

Zwei Dutzend Fischarten, darunter Schmerle und Quappe, bevölkern die im Sommer von den Blütenteppichen des Wasser-Hahnenfußes überzogenen Gräben. Bis zum Ende des 18. Jahrhunderts war die von Aller und Ohre durchflossene Moorniederung mit Weidendickichten und Erlenbruch bedeckt. Dann ließ Preußenkönig Friedrich II. das Gebiet durch Kanäle und Gräben entwässern und urbar machen. Für die moderne mechanisierte Landwirtschaft eignet sich das durch die Wasserläufe zerstückelte Gebiet schlecht, umso besser aber als Lebensraum für die Pflanzen- und Tierwelt.

Ideal für Radtouren geeignet Das Fahrrad ist das ideale Gefährt, um das flache Land zu erkunden, in dem Pappelreihen und Feldgehölze Schutz vor dem Wind bieten. Die Naturparkverwaltung hat dazu mehrere Faltblätter mit genauen Routenbeschreibungen herausgegeben. Erste Station ist das Städtchen ➠ **Oebisfelde** 1. Vom knapp 30 Meter hohen Bergfried der Sumpfburg hat man einen herrlichen

Ausblick über die Altstadt mit ihren Fachwerkhäusern und mittelalterlichen Kirchen sowie das »Land der tausend Gräben«, eine einmalige Kulturlandschaft Deutschlands.

In ➠ **Buchhorst** ② startet eine Tour durch das benachbarte Naturschutzgebiet »Nördlicher Drömling«, wo in der zweiten Hälfte des 19. Jahrhunderts Moordammkulturen angelegt wurden. Die reich gegliederte Wiesenniederung beiderseits der Straße Buchhorst–Röwitz behagt besonders dem Großen Brachvogel als Revier. Wiesenpieper und Braunkehlchen sind dort ebenfalls häufig anzutreffen.

Von **Mieste** ③ lohnt sich ein Streifzug südostwärts durch die Ohreniederung in Richtung Calvörde, in ein Naturschutzgebiet mit feuchten Grünlandflächen, Eichen-Birken-Wäldchen, Röhrichten und einer Vielzahl von Gewässern, auf denen Teichlinse, Teichrose und Tausendblatt die Flächen bedecken. Kiebitze stolzieren über die Wiesen, der Schilfrohrsänger tönt unmelodisch aus dem Schilf, und die Bekassine macht beim Balzflug mit Gemecker ihrem Ruf als »Himmelsziege« alle Ehre. Wer sie nicht hier im Naturschutzgebiet »Südlicher Drömling« entdeckt, wird sie vielleicht auf der nördlich des Mittellandkanals gelegenen **Bekassinenwiese** ④ beobachten können. Entwässerungsgräben müssen ständig gepflegt werden, damit sie das Wasser zuverlässig ableiten. Damit wurden im Drömling vier Grabenmeistereien beauftragt. Das ehemalige Gebäude der Grabenmeisterei ➠ **Kämkerhorst** ⑤ dient der Naturparkverwaltung heute als Informationshaus, in dem die Lebensräume des Drömlings mit ihrer typischen Flora und Fauna vorgestellt werden. Im Außenbereich schließt sich ein Rundwanderweg an, der besonders für Kinder spannende Informationen bietet, etwa beim Marsch über den Knüppeldamm, durch den Weidentunnel und zur Station 7, an der die Besucher durch einen »Guckeimer« die zahlreichen Pflanzen und Tiere im Wasser beobachten können.

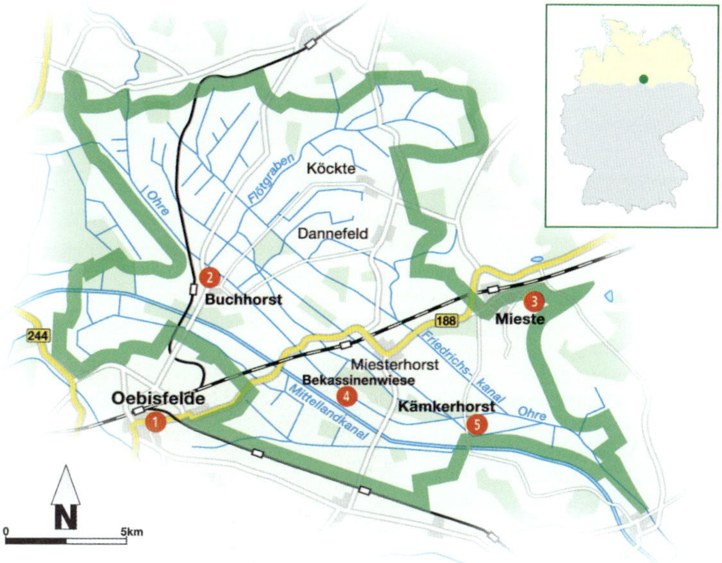

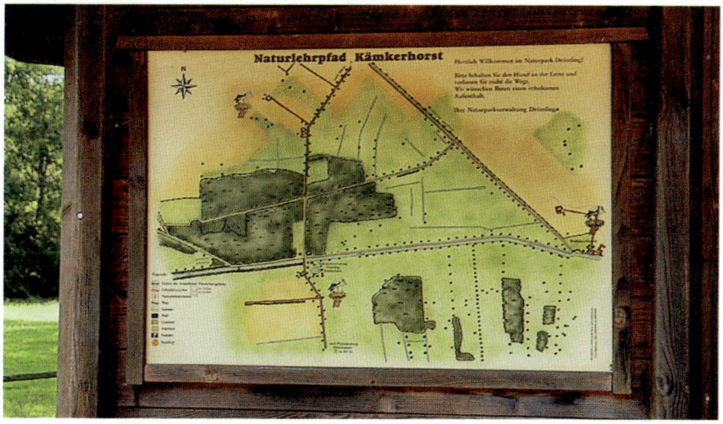

Das Infohaus in Kämkerhorst mit seinen Tafeln über Flora und Fauna ist nicht nur für Kinder interessant.

Fischotter *(Lutra lutra)*

Die Tiere sind in Deutschland vom Aussterben bedroht; auf etwa 700 Fischotter wird der Gesamtbestand derzeit geschätzt. Im Naturpark Drömling ist der Europäische Fischotter als Wappentier des Parks noch heimisch. Ein dichter Pelz, den er täglich mit Hingabe pflegt, schützt den bis zu 12 kg schweren Räuber vor Nässe und Kälte; er machte ihn bis ins 20. Jh. hinein aber auch zu einer beliebten Jagdbeute. Er selbst erbeutet, wie sein Name verrät, Fische, und zwar überwiegend kleine und darunter besonders die kranken und geschwächten. Fischotter vernichten also nicht Fischbestände, sondern tragen zu ihrer Gesunderhaltung bei. Zudem jagen sie auch Wasservögel und Wasserratten sowie Frösche.

Naturpark Sternberger Seenland

SERVICE

Anfahrt Auf der A 20 bis zur Ausfahrt Zurow, dann auf der B 192 in Richtung Sternberg, danach vor Brüel rechts nach Sülten abbiegen; mit der Bahn bis Bützow und weiter mit dem Bus nach Sülten oder mit der Bahn bis nach Blankenberg, dann weiter mit der Buslinie 201 nach Wismar oder mit der Buslinie 175 EV nach Sternberg

Lage In der Mecklenburgischen Seenplatte östlich von Schwerin

Größe 540 km^2

Höchste Erhebung Homberg (97 m)

Gründung 2005

Information Naturpark Sternberger Seenland, Am Markt 1, 19417 Warin

Telefon 038482/220 59

Internet
www.sternberger-seenland.de
www.rp-sternberger-seenland.de

TOP TIPP

2 Sternberg
Sehenswerte Altstadt mit hübschen Fachwerkhäusern und Heimatmuseum

4 Warnow-Mildenitz-Durchbruchstal
Romantisches Durchbruchstal mit Steilhängen und reicher Flora und Fauna

Östlich des Schweriner Sees breitet sich eine Landschaft aus, die ihre Form durch zwei Endmoränenzüge während der letzten Eiszeit erhielt. Dazwischen liegen zumeist bewaldete Sanderflächen, große Urstromtäler sowie Schmelzwasserseen. Prägend ist das Flusssystem der Warnow mit ihren Nebenflüssen, die sich in die Landschaft einschnitten.

Die idyllische Flussniederung der Warnow mausert sich bei Groß Görnow zum größten Durchbruchstal Mecklenburgs.

Reizvoll ist auch ein Besuch der Trockenhänge im Frühjahr, wenn der gelbe Ginster blüht. Dazwischen huschen Zauneidechsen über den Sonnenhang, gelegentlich erklingt der Gesang der Heidelerche. Verschiedene Naturschutzgebiete sind ein Paradies für Wat- und Wasservögel, die im Naturpark im Herbst Station machen. Vor allem Scharen von Grau-, Saat- und Blessgänsen, aber auch Kraniche, Kormorane und Fischadler lassen sich hier gut beobachten. Einer der ältesten und bekanntesten Seeadlerhorstplätze Deutschlands befindet sich im Naturschutzgebiet Uphaler und Lenzener See.

Am westlichen Ortsrand von Sülten breitet sich am Südhang des Kirchhügels die größte **Binnensalzwiese** 1 Mecklenburg-Vorpommerns aus. Sie beruht auf einer Zechstein-Salzstruktur im Untergrund. Hier dringt das salzige Grundwasser bis an die Oberfläche und kann in einem Quellmoor austreten. Neben einer Salzquelle gibt es hier weitere kleine Quellbereiche am Hang zwischen Straße und Salzwiese. Charakteristischer Bewohner solcher Binnensalzstellen ist das

Echte Löffelkraut, das an der Hauptquelle sein bedeutendstes Vorkommen in Deutschland hat.

Das sehenswerte Freilichtmuseum von Groß Raden

Auf Schritt und Tritt Vergangenheit erleben Von Sülten ist es nicht mehr weit bis ➠ **Sternberg** ②, am Südufer des gleichnamigen Sees gelegen. Der drei Quadratkilometer große See bietet mit seinen breiten Schilfgürteln Wasservögeln wie der Rohrdommel und dem Teichrohrsänger einen Lebensraum. Sternberg erlebte seine Blütezeit unter Heinrich II., der 1309–29 hier residierte. Aus dieser Zeit stammt die Stadtkirche St. Maria und St. Nikolaus, die 1322 errichtet wurde. Auch Reste der alten Stadtmauer hinter der Kirche sowie das gotische Mühlentor entstanden in dieser Zeit. Aus späterer Zeit stammen schöne Fachwerkhäuser, von denen manche das typische »Sternberger Band«, einen Zierstreifen mit Rautenmuster, tragen. Im ältesten Sternberger Wohngebäude gleich hinter der Kirche ist das sehenswerte Heimatmuseum untergebracht.

Vor etwa 1400 Jahren wanderten slawische Stämme in das Gebiet ein und hinterließen zahlreiche Burgwälle. Berühmtester Nachbau einer Niederungsburg ist im Archäologischen Freilichtmuseum von **Groß Raden** ③ zu sehen. 1973–80 wurde von Schweriner Archäologen eine Tempelburg aus dem 9./10. Jahrhundert ausgegraben. Man rekonstruierte Reste einer Kulthalle, mehrere Flechtwandhäuser sowie einen Burgwall. Auch zahlreiche Einzelfunde wie Hirsestampfer, Pferdeschädel, Holzlöffel sowie verschiedene Kultobjekte kamen ans Tageslicht. In einer Dauerausstellung wird die Kultur und Lebensweise slawischer Stämme dokumentiert (geöffnet April–Okt. Di–So. 10–17.30 Uhr, Nov.–März tägl. 10–16.30 Uhr).

Ein Highlight ist das ➠ **Warnow-Mildenitz-Durchbruchstal** ④ bei Groß Görnow, dessen Ursprung bis zur letzten Weichsel-Eiszeit vor 25 000 bis 10 000 Jahren zurückreicht. Dieses 80 Hektar große Naturschutzgebiet beeindruckt mit bewaldeten, bis zu 30 Meter hohen Steilhängen. Während in den oberen Bereichen ein Mischwald mit Rotbuchen, Winterlinden und Bergulmen vertreten ist, kommen in den Senken artenreiche Erlenwälder vor. Zahlreiche Vogelarten wie Schwarzspecht, Buntspecht, Weidenmeise, Gebirgsstelze und die seltene Wasseramsel haben hier ihren Lebensraum.

Wer dieses Tal auf einer Wanderung erkunden möchte, folgt vom Landgut in Groß Görnow dem Hinweis zu einem Parkplatz, der Ausgangspunkt für einen schönen Rundwanderweg ist.

Naturpark Nossentiner/ Schwinzer Heide

SERVICE

Anfahrt Auf der A 19 bis Linstow oder Karow am See; mit der Bahn bis Karow am See

Lage In der Mecklenburgischen Seenplatte östlich von Schwerin

Größe 355 km²

Höchste Erhebung Wahrenscher Berg (120 m)

Gründung 1994

Information Kultur- und Informationszentrum »Karower Meiler«, Ziegenhorn 1, 19395 Karow

Telefon 038738/702 92

Internet www.naturpark-nossentiner-schwinzer-heide.de

TOP TIPP

2 Krakower Obersee Bedeutendes Vogelparadies mit zahlreichen Arten

5 Damerower Werder Reservat mit Wisenten und Schaugatter

6 Aussichtsturm »Moorochse« Beobachtungssturm am Nordufer des Plauer Sees mit Blick auf die ehemaligen Torfstiche

Als die Gletscher der letzten Eiszeit am Nordrand des Naturparks zum Stillstand kamen, hinterließen sie Endmoränenzüge, die noch als Hügelketten erkennbar sind. Schmelzwasserströme lagerten südlich davon Kies und Sand ab, die als Sanderflächen zu den typischen Landschaften im Naturpark gehören.

Der Eingang zum Naturpark Nossentiner/Schwinzer Heide

Sie sind heute fast ausschließlich von künstlich geschaffenen Kiefernwäldern bewachsen, da die natürlichen Wälder – durch Holzbedarf in Glashütten, Teeröfen und Holzmeiler – fast vollständig abgeholzt wurden. Natürliche oder naturnahe Buchenwälder sowie Mischwälder aus Eichen, Birken und Kiefern haben im Naturpark nur eine geringe Ausdehnung. Doch auch die Kiefernwälder haben ihren Reiz: Hier findet man knorrige Bäume und große Wacholdersträucher oder seltene Pflanzen wie Moosglöckchen und Bärlapp. Reste historischer Waldnutzung, der sogenannten Waldweide, finden sich im Naturschutzgebiet Dünenkiefernwald bei Wooster Teerofen.

Wo der Moorochse ruft – Paradies für Tiere und Pflanzen Die geringe Siedlungsdichte und der Seenreichtum (60 Seen) des Naturparks wirkten sich positiv auf den Bestand an bedrohten Tier- und Pflanzenarten aus. Die Flüsse und feuchten Niederungen bieten dem Fischotter einen Lebensraum, und auch Seeadler, Fischadler, Kranich und Rohrdommel fühlen sich hier wohl. Am Beginn der Tour lohnt sich ein Besuch in **Krakow am See** 1, einem kleinen Städtchen mit parkähnlicher Seepromenade. Den schönsten Blick über den Ort und die Seenlandschaft hat man vom Aussichtsturm auf dem Jörnberg (76 m) am nördlichen Stadtrand von Krakow.

Von internationaler Bedeutung ist das Naturschutz- und Feuchtgebiet ➠ **Krakower Obersee** 2, der Südteil des Krakower Sees. Regelmäßig ist hier der Seeadler anzutreffen, und auch der Fischadler kommt in dem Gebiet vor. In den Schilfgürteln bauen die hübschen

Beutelmeisen ihre hängenden Nester, und die Rohrdommeln machen mit ihren dumpfen Rufen auf sich aufmerksam. Wer vom Krakower Obersee in Richtung Hohen Wangelin fährt, findet im Dorf **Linstow** 3 das Wolhynier-Museum. Es informiert über die kaum bekannte Geschichte der Deutschen, die im 13. Jahrhundert nach Russland auswanderten, dort Siedlungen gründeten und in den letzten 100 Jahren entschädigungslos vertrieben wurden. Das erste Haus entstand 1947 und war bis 1987 bewohnt. Das Museum, ein Wohnhaus, ist z. T. original eingerichtet (geöffnet Mi 14–16 Uhr und von Juni bis August Sa und So 14–16 Uhr). Durch Linstow fließt die Nebel, ein Nebenfluss der Warnow. Das Quellgebiet der Nebel liegt bei Hohen Wangelin und ist als Naturschutzgebiet **Obere Nebelseen** 4 ein vielfältiger Lebensraum. Feuchte Uferregionen wechseln mit Trockenhügeln und Magerrasen, wo unzählige Schmetterlinge, Bienen und Hummeln zu finden sind.

Ganz im Osten des Naturparks lohnt sich ein Besuch des Naturschutzgebiets ➠ **Damerower Werder** 5. Es besteht aus zwei Halbinseln mit altem Baumbestand und ist vor allem wegen seines Wisentreservats attraktiv. Hier können die Tiere auf einer Fläche von 280 Hektar naturnah gehalten werden, und in einem Schaugatter lässt sich die Fütterung der Wisente aus nächster Nähe beobachten.

Imposante »Urviecher« aus grauer Vorzeit leben im Wisentreservat auf der Halbinsel Damerower Werder.

Am Nordufer des Plauer Sees ist der ➠ **Aussichtsturm »Moorochse«** 6 sehr zu empfehlen. Er wurde nach der Rohrdommel benannt, die den volkstümlichen Namen »Moorochse« trägt. Das Männchen stößt im Frühjahr einen dumpfen Ruf aus, der sich wie das Brüllen eines Ochsen anhört. Auf dem See tummeln sich neben dem häufigen Haubentaucher auch Zwerg- und Rothalstaucher sowie verschiedene Entenarten. Regelmäßiger Brutvogel ist hier der Kranich.

Zum Abschluss bietet sich der Besuch von **Dobbertin** 7 mit seiner alten Klosteranlage an. Malerisch erhebt sich die Klosterkirche mit ihren beiden Türmen am Dobbertiner See, die nach Plänen von Karl Friedrich Schinkel im neugotischen Stil umgebaut wurde. Im Klostercafé mit Seeterrasse kann man die Tour gemütlich ausklingen lassen.

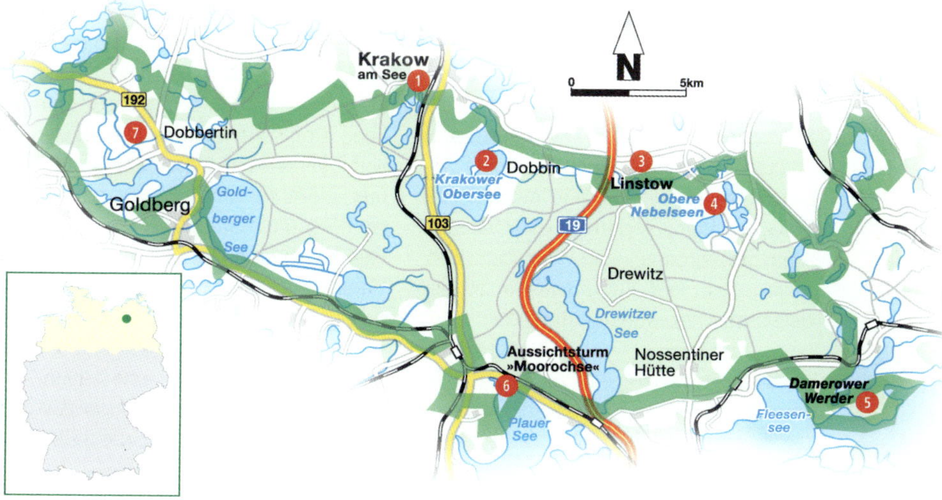

Naturpark Mecklenburgische Schweiz und Kummerower See

In dieser reich geformten Landschaft bestimmen mehr als 100 Meter hoch aufragende Endmoränenzüge das Bild: am höchsten der Hardtberg bei Malchin mit seinen 124 Metern, gefolgt von Aussichtsbergen wie dem Teterower Heidberg (100 m) oder dem Röthelberg (96 m) nahe der Burg Schlitz bei Karstorf.

Naturpark mit kulturellen Höhepunkten: das eindrucksvolle, in vier Jahrhunderten entstandene Schloss Basedow

Sanfte Hügel wechseln sich ab mit ausgedehnten Niederungen, dazwischen liegen Felder, Wälder und Wiesen, die von zahlreichen großen und kleinen Seen unterbrochen sind. Wandern, Radfahren und Reiten gehören hier zu den beliebten Freizeitbeschäftigungen. Auch wenn der menschliche Einfluss dieser Landschaft seinen Stempel aufdrückte, so bieten doch die Buchenwälder mit ihren Teppichen blühender Buschwindröschen im Frühjahr, die Getreidefelder mit Kornblumen und Klatschmohn im Sommer sowie die Uferregionen der Wasserläufe und Seen optische Reize. Im Herbst gehören die Rufe der rastenden Gänse und Kraniche immer wieder zu den herausragenden Eindrücken in dieser sonst recht stillen Landschaft. Großstein- und Hügelgräber sowie Burgwallanlagen sind Zeugen einer langen Vergangenheit. Kirchen, Schlösser und

SERVICE

Anfahrt Auf der A 20 bis zur Anschlussstelle Jarmen und weiter auf der B 110 nach Demmin. A 19, bis Ausfahrt Güstrow, dann auf der B 104 Richtung Teterow und Malchin. Mmit der Bahn bis Demmin. Außerdem: Mit der Bahn bis Malchin oder Teterow

Lage Im Norden der Mecklenburgischen Seenplatte zwischen Güstrow, Demmin und Malchin

Größe 616 km²

Höchste Erhebung Hardtberg (124 m)

Gründung 1997

Information Naturpark Mecklenburgische Schweiz und Kummerower See, Wargentiner Straße 4, 17139 Basedow

Telefon 039957/291 20

Internet www.naturpark-mecklenburgische-schweiz.de

TOP TIPP

2 Kummerower See
Artenreicher See mit hohem Steilufer und schöner Aussicht

4 Basedow
Dorfensemble mit Schloss und schönem Landschaftspark

7 Burg Schlitz
Klassizistisches Schloss mit Jugendstilbrunnen und Landschaftspark

12 Moorwiesen
Niedermoor bei Neukalen mit vielen seltenen Pflanzen und reicher Vogelwelt

Parkanlagen erinnern an eine kulturreiche Geschichte.

Im Reich von Biber & Co. an der Peene und am Kummerower See Von Demmin kommend, breitet sich an der Peene das Naturschutzgebiet **Devener Holz** 1 aus, ein 24 Hektar großer, naturnaher Perlgras-Buchenwald auf kuppiger Endmoräne, am Ufer der Peene. Mehr in Ufernähe mischen sich Eschen zu den Buchen, Waldgoldstern und Lerchensporn bedecken den Boden – ein idealer Lebensraum für zahlreiche Wasservögel. Hierher und an die Ufer der Seen kommen Schilfrohrsänger, Rohrweihe, Haubentaucher und Bekassine, und an der Peene hat auch der Biber sein Revier.
Folgt man der B 194 nach Süden bis Lindenhof, führt ein Sträßchen bei Verchen direkt an das Ufer des ➠ **Kummerower Sees** 2. Auf einem schönen Wanderweg entlang des Seeufers von Verchen bis Sommersdorf kann man eine abwechslungsreiche Landschaft genießen. Besonders interessant ist ein drei Kilometer langer Teil dieser Strecke bis Gravelotte, der als Naturerlebnispfad »Verchener Seeberge« ausgewiesen ist. Er führt, mit Infotafeln versehen, am 37 Meter hohen Steilufer des Kummerower Sees entlang, und es gibt einen Aussichtsturm, von dem sich Wasservögel beobachten lassen.

Hinter Hecken, Wiesen und goldenen Getreidefeldern grüßt aus der Ferne der Kummerower See.

Prachtvolle Adelshäuser laden zum Besuch ein Zwischen Kummerower See und Malchiner See liegt **Malchin** 3, eine Kleinstadt mit Resten einer mittelalterlichen Architektur. Besonders sehenswert ist die Kirche St. Johannis: eine dreischiffige Backsteinbasilika mit hübschem Sterngewölbe, elegant geschwungenem Orgelprospekt (1780) und einem Schnitzaltar aus dem 15. Jahrhundert. Von der mittelalterli-

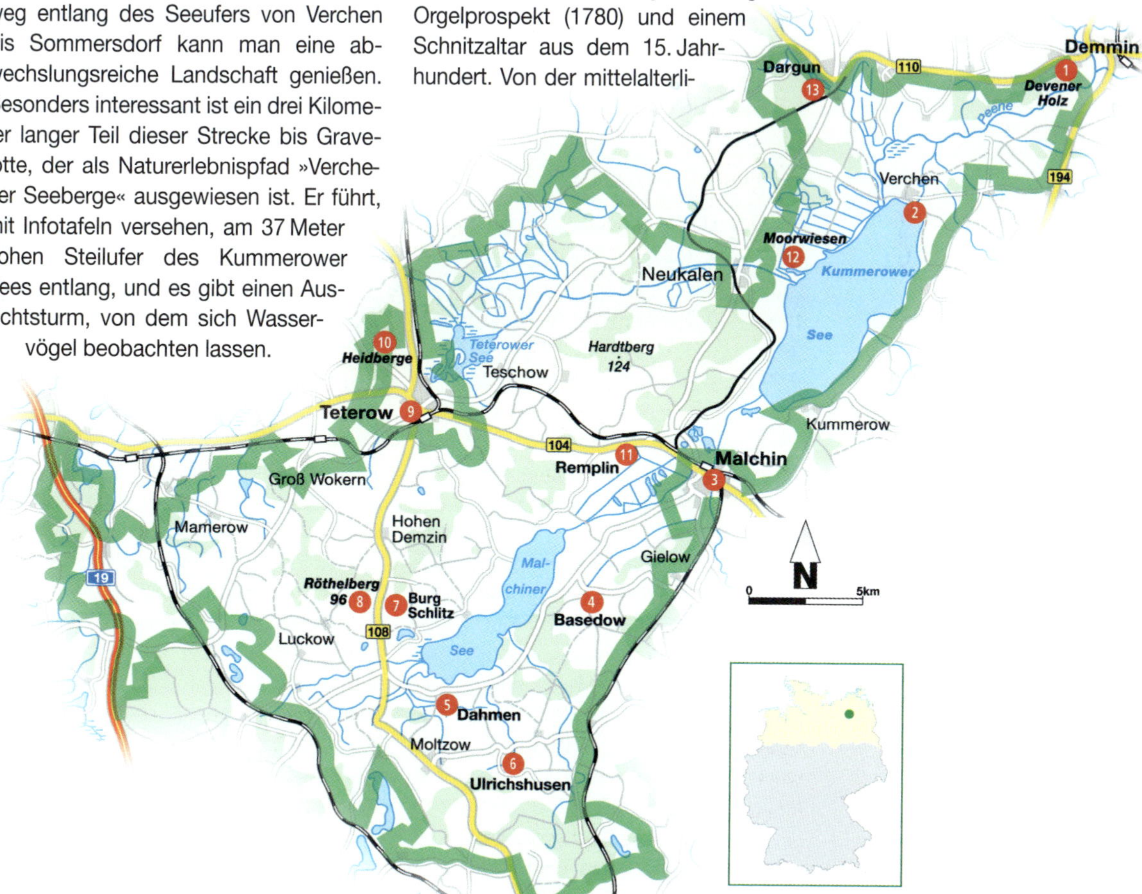

Mit der Draisine unterwegs

Ein Spaß für Kinder bietet sich zwischen Dargun 13 und Salem an: Hier kann man auf einer Fahrrad-Draisine die Landschaft genießen. Das Fahrzeug wurde ursprünglich vom badischen Forstmeister Karl Drais von Sauerbronn 1817 als lenkbares hölzernes Zweirad entwickelt, mit dem man sich mit den Füßen vorwärts stemmte. In den heutigen Draisinen (wie sie auch auf anderen Strecken in Mecklenburg-Vorpommern zu finden sind) tritt man wie bei einem Fahrrad in die Pedale, und der Lenker dient nur als Stütze für die Hände. Da das Gefährt auf der zweigleisigen, ehemaligen Bahnstrecke verkehrt, wurden zwei Draisinen durch eine Bank verbunden.

chen Stadtbefestigung blieben das Kalensche Tor im Norden und das Steintor im Süden sowie aus dem 16. Jahrhundert der Fangelturm erhalten.

Nimmt man von Malchin aus Kurs auf den Malchiner See, dann leiten Wegweiser nach ➠ **Basedow** 4, einem der schönsten und eindrucksvollsten Dorfensembles von Mecklenburg-Vorpommern. Ältestes Bauwerk ist die Kirche (13. Jh.) und Hauptanziehungspunkt das Schloss, eine stattliche Dreiflügelanlage, die vom 16. bis zum 19. Jahrhundert errichtet wurde. Am Schloss finden sich Kopien der hübschen Renaissance-Terrakottaplatten aus der Werkstatt des Statius von Düren. Den Schlosspark legte der berühmte Gartenkünstler Peter Joseph Lenné an.

Von Basedow geht es über Seedorf und Rothenmoor nach **Dahmen** 5. In den Niederungen der hiesigen Laubwälder, wie etwa im Burgtal bei Rothenmoor oder nahe der Straße von Dahmen nach Klocksin, beeindruckt im Frühling die Pracht des purpurn und weiß blühenden Hohlen Lerchensporns. Von Dahmen aus bietet sich ein Abstecher nach **Ulrichshusen** 6 an, wo man aus einer niedergebrannten, denkmalgeschützten Ruine ein schönes Schlosshotel hat entstehen lassen. Sehenswert ist auch der Park mit seinem altem Baumbestand und den Fischteichen. Aus einer großen Feldsteinscheune wurde ein Konzertsaal, der sich im Rahmen der Festspiele Mecklenburg-Vorpommerns zu einem bedeutsamen Aufführungsort entwickelt hat (Infos: Tel. 039953/79 00, www.gut-ulrichshusen.de).

Als wohl bedeutendste klassizistische Schlossanlage Mecklenburgs gilt ➠ **Burg Schlitz** 7, die heute als Schlosshotel mit exquisit eingerichteten Suiten und Zimmern genutzt wird. Sehenswert ist auch der Landschaftspark mit seinem 1903 von Walter Schott geschaffenen Jugendstilbrunnen, auf dessen Rand Nymphen einen Reigen tanzen. Von der Burg Schlitz aus lohnt sich ein kleiner Ausflug zum **Röthelberg** 8 (96 m) bei Karstorf, von dessen Gipfel man wohl den schönsten Eindruck von der Mecklenburgischen Schweiz erhält. Vor dem Auge des Betrachters breitet sich eine reizvolle Hügellandschaft aus, in die der Malchiner See eingebettet ist. Reizvolle Badestellen gibt es in Dahmen, dem Hauptort am Südufer, oder bei Bristow am Nordwestufer.

Teterow 9 mit seiner schönen Altstadt schmücken zwei mittelalterliche Stadttore und die Pfarrkirche St. Peter und Paul (Bauzeit 250 Jahre ab 1225) mit ihrem sehenswerten gotischen Flügelaltar. Das Wahrzeichen der Stadt, der Hechtbrunnen, steht vor dem Rathaus. Er erinnert an zwei Fischer aus Teterow, die einen Hecht aussetzten und ihm eine Glocke umhängten, um ihn wieder einfangen zu können. Zudem schlugen sie eine Kerbe in ihr Boot, um die Stelle zu markieren, an der sie den Hecht ausgesetzt hatten ... Die Anekdote verlieh Teterow den Beinamen »Schilda Mecklenburg«. Jährlich findet eine Woche vor Pfingsten das Hechtfest statt mit Bühnenshow und Festumzug. Zu empfehlen ist ein Besuch des Stadtmuseums im Malchiner Torhaus (Südlicher Ring 1), in dem man auch über die Burgwallinsel im Teterower See informiert wird. Lohnend ist ein Ausflug dorthin mit der Fähre; eine reetgedeckte Fachwerk-Gaststätte lädt zur Rast.

Nördlich von Teterow liegen die **Heidberge** 10, ein 200 Hektar großes Stauchmoränengebiet mit einem Buchenwald, wo im Frühjahr der Boden dicht mit blühenden Buschwindröschen bedeckt ist. Am Fuß einer Stauchmoräne mit Buchenwäldern und Äckern liegt der kleine Ort **Remplin** 11, der im Mittelalter Sitz der Familie von Hahn war. Im 19. Jahrhundert erwarb Herzog Georg von Mecklenburg-Strelitz das Schloss und ließ es 1851/52 nach Plänen von Friedrich Hitzig prachtvoll im Stil der französischen Renaissance umbauen. Ein Brand vernichtete das Schloss 1940 bis auf den Nordflügel. Berühmt sind die 200-jährigen Lindenalleen im Schlosspark, der im Barockstil angelegt und 1851 von Peter Joseph Lenné im Stil eines englischen Landschaftsparks erweitert wurde.

Vogelreichtum auf den Moorwiesen Die ➡ **Moorwiesen** 12 bei Neukalen sind auf einem Weg begehbar. Sie liegen östlich der Stadt am Peenekanal und repräsentieren als Naturschutzgebiet ein als Grünland genutztes Niedermoor. Bachnelkenwurz und Kriechender Hahnenfuß leiten zu feuchteren Wiesen über, auf denen neben Sumpfläusekraut auch Orchideen wie das Breitblättrige Knabenkraut wachsen. Beachtung verdient auch die Vegetation der Torfstiche, wenn sich im Juni auf den Wasserflächen die gelben Blüten der Großen Mummel entfalten. Die Moorwiesen bei Neukalen haben auch als Brutgebiet von Wiesenvögeln große Bedeutung. Sowohl auf den Torfstichen als auch am Seeufer nistet der Haubentaucher, und die Große Rohrdommel ist hier neben verschiedenen Entenarten ebenfalls anzutreffen. Rohr-, Korn- und Wiesenweihe kommen gelegentlich als Brutvögel auf den Wiesen und im Schilf vor, auch gibt es Kiebitze und Uferschnepfen. Blaumeise, Beutelmeise und Rohrschwirl bereichern als nistende Singvögel das gefiederte Tableau.

Den Abschluss der Entdeckungstour bildet die direkt am Klostersee gelegene Kleinstadt **Dargun** 13. Keimzelle des Orts war das im Jahr 1172 gegründete Kloster. Nach der Säkularisierung ließen es die Herzöge von Mecklenburg-Güstrow Ende des 16. Jahrhunderts zu einem prächtigen Renaissance-Schloss umbauen, das die Klosterkirche mit einschloss.

Deutsche Alleenstraße

Durch den Naturpark verläuft ein Teil der Deutschen Alleenstraße: Von Demmin geht es über Kummerow, Malchin 3 und Dahmen 5 in Richtung Malchow. Prächtige alte Bäume, meist Kastanien, Linden oder Buchen, säumen die Straße und schaffen ein lichtdurchflutetes Blätterdach. Die meisten dieser Alleen stammen aus dem 17. und 18. Jh. Für den Schutz und die Pflege setzt sich die »Arbeitsgemeinschaft Deutsche Alleenstraße« ein.

Zur Burgwallinsel im Teterower See kann man mit der Fähre übersetzen.

Naturpark Flusslandschaft Peenetal

SERVICE

Anfahrt Auf der A 20 bis Anklam, Jarmen oder Gützkow; mit der Bahn bis Demmin oder Anklam

Lage Zwischen dem Auslauf der Peene am Kummerower See und ihrer Mündung in den Peenestrom

Größe 334 km^2

Gründung 2011

Information Naturpark Flusslandschaft Peenetal, Pasewalker Str. 27a, 17389 Anklam

Telefon 03971/25 87 18

Infohäuser In Verchen, Loitz, Gützkow, Stolpe, Menzlin und Anklam

Internet www.naturpark-flusslandschaft-peenetal.de

TOP TIPP

1 **Neukalener Moorwiesen** Niedermoor mit seltenen Pflanzen und Tieren

3 **Schwingetal** Über 10 000 Jahre alter Bachlauf

5 **Otto-Lilienthal-Museum** Zeigt alte Flugapparate und erzählt die Geschichte des Traums vom Fliegen

6 **Anklamer Stadttor** Das Wahrzeichen der Stadt, ein Stadttor aus dem 13. Jahrhundert

Die Peene ist der drittlängste Fluss Mecklenburg-Vorpommerns und gehört zu den letzten unverbauten Flüssen Deutschlands. Keine Staue, keine Wehre regulieren ihren Lauf. Lediglich in den besiedelten Bereichen sind ihre Ufer befestigt. Nicht umsonst wird der urwüchsige Strom auch »Amazonas des Nordens« genannt. Ruhig und ohne nennenswerte Eigenströmung windet sich die Peene durch großräumige Moorlandschaften: ein Paradies für Vögel und Fische, diverse Amphibien, Fischotter und Biber – und natürlich für Kanuten und Wasserwanderer.

Das Peenetal bei Breechen

Moore, Hölzer und Mäander Direkt am Westufer des Kummerower Sees liegen die ➡ **Neukalener Moorwiesen** 1. Auf dem verlandeten Teil des Sees – begrenzt durch den Ort Neukalen im Osten und den Peenekanal im Süden – entwickelte sich ein nährstoffreiches Niedermoor, heute Heimat seltener Pflanzen und Tiere. Besucher können das artenreiche Gebiet auf Wirtschaftswegen begehen.

Rund 15 Kilometer nordwestlich befindet sich das **Devener Holz** 2. Ein 4 Kilometer langer Wanderrundweg führt vorbei an Rotbuchen, Eschen, Stiel- und Traubeneichen sowie Berg- und Spitzahorn – und zu einem beliebten Kinderspielplatz. Die Fauna besteht aus zahlreichen Lurchen und Kriechtieren wie ebenso typischen Waldvogelarten.

Etwas westlich der 5000-Einwohner-Gemeinde Loitz fließt die Schwinge, ein linker Nebenfluss der Peene, und bildet das ➡ **Schwingetal** 3. Dieses Tal entstand infolge des abschmelzenden Eises am Ende der letzten Eiszeit vor über 10 000

Jahren. Der Bachlauf bildete Flussschlingen aus, sogenannte Mäander, dazwischen wuchsen Feuchtwiesen und Moore. Vor allem Libellen, Falter und Echsen, Biber und Otter, Barsche und Hechte fühlen sich hier wohl.
Bei Gützkow schließlich erstrecken sich die **Peenewiesen** 4, inzwischen Teil des Naturschutzgebiet »Peenetal von Jarmen bis Anklam«. Gemähte Feuchtwiesen dominieren diese Schutzzone. Besonders sind hier seltene Orchideen- und Falterarten wie Ostsee-Knabenkraut und Großer Feuerfalter. Besucher können sich – am besten mit Fernglas bepackt – auf öffentlichen Wegen entlang der Gebietsgrenzen auf Erkundungstour begeben.

Vom Menschheitstraum Fliegen zur Anklamer Stadtgeschichte Wem nach all der vielen Natur, ihren Geheimnissen und Überraschungen der Sinn eher nach städtischer Abwechslung steht, macht am besten einen Abstecher in die Hansestadt Anklam, dem mit 13 000 Einwohnern größten Ort des Naturparks. Dort angekommen, führt kein Weg am ➠ **Otto-Lilienthal-Museum** 5 vorbei. Der berühmteste Sohn der Stadt, der Maschinenbauer Otto Lilienthal, gilt weithin als »erster Flieger der Menschheit«. Das Museum zeigt seine überdimensionalen Flugapparate, die ein wenig an Fledermausflügel erinnern, und erzählt die Geschichte des alten Menschheitstraums vom Fliegen nach.
Genauso sehenswert ist das 32 Meter hohe ➠ **Anklamer Steintor** 6, ein Stadttor aus dem 13. Jahrhundert. Das älteste Gebäude der Hansestadt ist zugleich ihr Wahrzeichen. Bis zum Ende des 19. Jahrhunderts als Stadtgefängnis genutzt, beherbergt das Tor seit 1989 das Stadt- und Regionalmuseum mit Schauen über Anklams Historie, zur Hanse, zum Peenetal und über Pommern.

Eine Trollblume mit »Besuch«

Wassertourismus – auf eigene Faust oder geführt Südöstlich von Anklam geht es zum Naturschutzgebiet **Anklamer Stadtbruch** 7. Die 1460 Hektar große Moorlandschaft liegt an der Einmündung des Peenestroms in das Küstengewässer Stettiner Haff. Erwandert werden darf das Gebiet über zwei Rundwege. Besucher erfreuen sich an Faltern, an Brutvögeln wie Seeadlern und Kranichen und – mit etwas Glück – auch an fleißigen Bibern.
Touristischer Schwerpunkt des gesamten Naturparks ist der Wassertourismus, doch am Ausbau des Rad- und Wanderwegnetzes wird intensiv gearbeitet. Wer nicht auf eigene Faust die Peene entlangschippern möchte, informiert sich am besten im Naturpark Infocenter in Verchen über die geführten Touren im Peenetal: Von einer Safari im Solarkatamaran über geführte Moorwanderungen bis hin zu Angeltouren ist hier so einiges geboten.

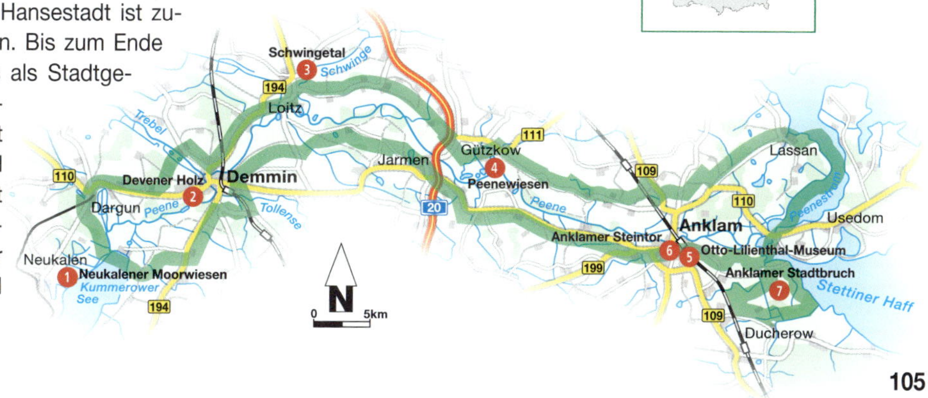

Nationalpark Müritz

Die Müritz ist mit 117 Quadratkilometern der größte See Norddeutschlands und Kernstück des gleichnamigen Nationalparks. Das Gebiet in Mecklenburg-Vorpommern wird auch »Land der tausend Seen« genannt; über 100 Seen sind zwischen einem und 400 Hektar groß. Der Nationalpark ist zweigeteilt: Im größeren, westlichen Teil (260 km²), der an die Müritz grenzt, wechseln sich tiefe Kiefernwälder mit weiten Moorgebieten ab. Im östlichen Teil (62 km²) um den kleinen Ort Serrahn überwiegen bemerkenswert alte Buchenbestände in einer hügeligen Landschaft mit vielen kleinen Mooren und Seen. Ein 500 Meter breiter Uferstreifen im Osten gehört noch zum Nationalpark.

Große, strahlende Seerosenblüten schmücken im Sommer etliche der Seen des Nationalparks.

Ein verheißungsvoller Anfang Die hübsche Stadt **Waren** 1 hat das Glück, an diesem schönen See zu liegen, und Wege führen direkt in den nördlichen Teil des Nationalparks. 650 Kilometer ausgewiesene Wanderwege leiten die Naturfreunde sicher an die schönsten und interessantesten Plätze im Park. Der erste Abstecher in das Naturparadies beginnt gleich am südlichen Stadtrand von Waren (Richtung Ecktannen; die Parkplätze des Nationalparks sind ausgeschildert). Rundwanderwege führen entlang des Müritzufers durch den Warener Stadtpark sowie um den Moorsee und den **Warnker See** 2. Schon hier kann man mit etwas Glück von einem Beobachtungsstand Kraniche oder Fischadler sichten. Auch Sonnentau gibt es hier; die fleischfressende Pflanze wächst manchmal direkt am Wegrand.

Alle Genießer unter den Naturfreunden werden den sich anschließenden Weg zum **Müritzhof** 3 nicht scheuen, denn auf der Terrasse oder in der Gaststube werden selbst gebackene Kuchen und

SERVICE

Anfahrt Auf der A 19 Rostock–Berlin bis zur Ausfahrt Waren (Müritz), weiter über die B 192 nach Waren; Bahnverbindungen nach Waren und Neustrelitz mit Anschluss zu weiteren Nationalparkorten

Lage Im Bundesland Mecklenburg-Vorpommern, östlich der Müritz zwischen den Städten Waren, Neustrelitz und Feldberg

Größe 322 km²

Höchste Erhebung Serrahner Berge (124 m)

Gründung 1990

Information Nationalparkamt Müritz, Schlossplatz 3, 17237 Hohenzieritz

Telefon 039824/252-0

Infohäuser In Federow, Friedrichsfelde, Kratzeburg, Schwarzenhof, Serrahn, Speck und Waren

Internet www.mueritz-nationalpark.de

TOP TIPP

- 4 **Wacholderheide Müritz** Reste einer 200 Jahre alten Weidelandschaft
- 5 **Nationalparkinfo** Videobilder aus einem Fischadlerhorst
- 10 **Käflingsbergturm** Der schönste Blick über den Nationalpark
- 14 **Görtowsee** Prächtige Seerosenblüten
- 18 **Naturerlebnispfad** »Der lange Weg zum Urwald«

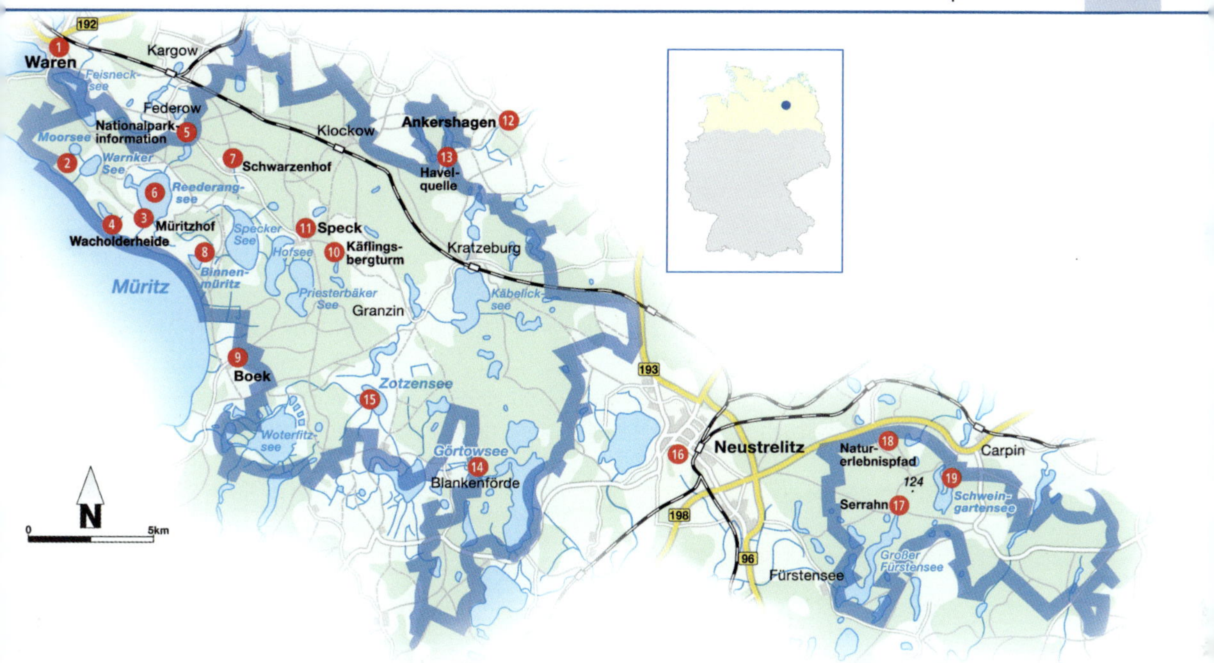

leckere regionale Speisen serviert. Auf den Weideflächen des Müritzhofs grasen Fjällrinder, Gotlandschafe und Shetlandponys. Seit Januar 1993 werden die Tiere von Behinderten betreut, die auf dem Müritzhof leben und arbeiten und sich aktiv am Naturschutzprojekt beteiligen. Dazu gehört neben der naturnahen Landwirtschaft auch der Aufbau einer Vogelauffangstation mit drei Volieren, in denen verletzte Tiere aus dem Nationalpark gepflegt werden. Frei lebendes Wild und Vieh halten die Flächen zwischen dem Wacholder frei. Hier können Orchideen sprießen oder auch die kleine Kriechweide. Nur mit einem Führer gelangt man vom Müritzhof über die Spuklochkoppel zu der herrlichen ➠ **Wacholderheide** 4 am Seeufer. Jeden Dienstag um 11 Uhr von April–Okt. wird eine dreistündige geführte Wanderung rund um den Müritzhof angeboten. Eine Anmeldung ist nicht erforderlich, allerdings kann der Müritzhof nicht mit dem Auto angefahren werden.

Ein Blick in die Kinderstube Bei der ➠ **Nationalparkinformation** 5 in Federow gibt es brütende Fischadler zu sehen: Per Videokamera kann man direkt in die Kinderstube eines nahe gelegenen Horstes blicken. Die Fischadler nisten auf einem Starkstrommast. Die Bilder werden von Fachleuten ausgewertet, und als Erinnerung sind die Videos auch zu erwerben. Neben der Information wird in einer kleinen Stube Kaffee und Kuchen angeboten. Zwischen Mai und September führen die Park-Ranger zweimal wöchentlich Besucher zwei Stunden lang zu den Schätzen des Parks. Die im Natio-

Weiße Seerose *(Nymphaea alba)*

In den Sommermonaten sticht ihr strahlendes Weiß auf den klaren Seen im Nationalpark hervor. Wie ein Teppich schwimmen ihre großen, rundlichen Blätter auf der Wasseroberfläche. Mithilfe ihrer biegsamen, bis zu 3 m langen Stängel, deren dicke Wurzeln fest im Boden verankert sind, passt sie sich den Bewegungen des Wassers an. Dabei dienen ihre armdicken Wurzeln in erster Linie dem Festhalten; Nährstoffe nimmt die Seerose auch mit dem Stängel und den Blättern auf. Sie ist winterfest und sommergrün und kommt in Europa bis zum Ural und Nordwestafrika vor. Ihre wohlriechenden, halb gefüllten weißen Blüten mit goldfarbener Mitte sieht man den gesamten Sommer über. Zur Abenddämmerung und bei Regenwetter schließen sich die Blüten. Die Blätter der Seerose sind lederartig und haben einen Wachsüberzug, der sie vor Wellengang oder aufprallendem Niederschlag schützt. Die für die Atmung wichtigen Spaltöffnungen befinden sich, anders als bei Landpflanzen, auf der Blattoberseite. Die Weiße Seerose ist in Deutschland streng geschützt.

Wie ein gepflegter Garten präsentiert sich die Wacholderheide an der Müritz.

nalpark Rast machenden scheuen Kraniche lassen sich besonders gut am **Rederangsee** 6 beobachten, einem der größten Kranichrastplätze Deutschlands. Von Federow (Parkplätze auch für Wohnmobile) kann man einen Beobachtungsstand gut zu Fuß (1,5 km) erreichen. Allerdings ist der Zugang von September bis Anfang November zum Schutz der Tiere nur eingeschränkt möglich.

Auch am nahen Priesterbäker See sind Kraniche und andere Wasservögel häufig zu sehen. Der in ein Hotel umgewandelte Gutshof **Schwarzenhof** 7 (mit Parkplatz) liegt in der Nähe einer mächtigen Eiche. Von hier führt ein Weg zum Specker See, weiter nach Boek und über Speck zum Ausgangspunkt zurück. Er eignet sich auch als Radtour (21 km, blaues Zeichen). Die Fahrt mit dem Rad führt zunächst durch Kiefernwald. Auf den Sandböden gedeiht die Kiefer besonders gut. Doch auch dieser Wald verändert sich, wenn man ihn gewähren lässt. Durch absterbende Bäume wird der Boden immer humusreicher, und dann haben auch andere Baumarten eine Chance, sich hier anzusiedeln, allen voran die Buche.

Ein Bohlensteg am Priesterbäker See bietet eine gute Gelegenheit, die Vogelwelt zu beobachten.

Dünen im Wald Der Weg führt nun westlich des Specker Sees durch ein ausgedehntes Moorgebiet mit Erlenbrüchen und abgestorbenen Birken – die **Binnenmüritz** 8, nicht zu verwechseln mit der gleichnamigen Bucht der Müritz vor Waren. Aufgeschreckte Enten verlassen fluchtartig das schützende Schilf, auf toten Bäumen hocken Kormorane. Aus dem ursprünglichen See sind durch eine Wasserspiegelabsenkung der Müritz vor

Malerische Abendstimmung: Vom Käflingsbergturm blickt man weit über die Seenlandschaft des Nationalparks.

200 Jahren drei Seen entstanden: Specker See, Hofsee und Priesterbäker See. Einen guten Überblick ermöglichen zwei Aussichtstürme am Radwanderweg. In den flachen Senken, den Sandern, erkennt man zahlreiche Versumpfungsmoore, die vom nacheiszeitlich ansteigenden Grundwasser gespeist wurden. Trockenheit und Wasserüberfluss wechseln sich im Versumpfungsmoor ab, es kommt deshalb zu Schwankungen des Moorwachstums. Interessante Pflanzen wachsen im Moor: Wollgras, Sumpfporst, Moosbeere und die aparte Sumpfcalla, aber auch Sonnentau und die sonnengelb strahlende Sumpfdotterblume.

Der weitere Weg führt in ein eigentümliches Dünengebiet nordöstlich des Dorfes **Boek** 9, die Sanderlandschaft. Die sechs Meter hohen Dünen, durch Flugsand entstanden, sind heute bewaldet. Das Gebiet war schon in der Steinzeit besiedelt, hier wurde das größte Feuersteinbeil des Mecklenburgischen Binnenlands gefunden. Der Ortskern von Boek wird vom Gutshaus dominiert. Um den Hauptplatz im Zentrum liegen verschiedene Hotels und Pensionen. Sehenswert sind die Backsteinkirche an der Ortsdurchfahrt, das Zinnmuseum sowie ein 80 Hektar großer Wildpark für einheimische Tiere. Mit Campingplatz, Fahrrad- und Kanuverleih eignet sich Boek auch für einen längeren Aufenthalt im Nationalpark.

Ein Blick in die Vergangenheit Den Kiefernwald um Speck überragt der ➡ **Käflingsbergturm** 10 mit seiner Aussichtsplattform in 32 Metern Höhe. Die Käflingsberge sind übersandete Höhenzüge

Fischadler *(Pandion haliaetus)*

Er ist auf sauberes, klares Wasser angewiesen, da er sich ausschließlich von Fischen ernährt. Die zahlreichen Seen in Mecklenburg sind für das Wappentier des Nationalparks Müritz ein ideales Revier. Im Frühjahr brüten und jagen die Fischadler hier. Von einem Ansitz oder aus dem Suchflug stürzen sie sich hinab und greifen ihre Beute aus dem Wasser. Ihren Horst errichten sie auf kahlen, abgestorbenen Bäumen, und auch Hochspannungsmaste werden angenommen. Die zwei bis vier Jungen werden etwa 37 Tage lang ausgebrütet und bis zur Eigenständigkeit gefüttert. Im Winter, wenn die Seen zufrieren, sucht der Seeadler südlichere Jagdreviere auf.

800 Jahre alt – die sagenhafte Linde bei Speck in ihrem zart grünen Frühlingskleid

alter Eisvorstöße, die erst aus der Höhe des Turms richtig sichtbar werden. Die beiden Zillmannseen zu Füßen des Turms entstanden zum Ende der letzten Eiszeit, als das abfließende Schmelzwasser eine rinnenförmige Vertiefung in den Untergrund spülte. Diese Rinne füllte sich mit Wasser; der »Rinnensee« reichte vermutlich bis auf die Höhe des Käflingsbergs. Auf einer Karte von 1786 sind die beiden Zillmannseen noch als ein See verzeichnet. Vom Turm ist die Teilung des Sees aufgrund des Verlandungsprozesses gut auszumachen.

Der kurze Weg vom Käflingsbergturm nach **Speck** 11 verläuft entlang des alten Müritzufers aus dem 13. Jahrhundert. In den Gebieten um Speck ist eine besonders interessante Waldform zu entdecken: die Reste alter Hutewälder, die durch die Nutzung eines Waldes für die Tierhaltung entstanden. Der Ort ist ein idyllisches Gutsdorf (18. Jh.) mit einer alten Schmiede, in der sich heute eines der Informationszentren des Nationalparks befindet. »Speck« bedeutet in der slawischen Sprache Damm oder Faschinenweg durch das Moor. Die ursprüngliche Siedlung lag auf einer Halbinsel inmitten eines Feuchtgebiets. Die kargen Sandböden waren aber nie ertragreich, und so baute der letzte Besitzer den ehemaligen Gutshof zu einem Jagdschloss um. Eine 800 Jahre alte Sommerlinde mit einem beeindruckenden Stammumfang von über neun Metern neben dem kleinen Parkplatz ist nicht zu übersehen. An der Rückseite des Gutshofs betritt man einen Park mit Frühlingswiesen voller Maiglöckchen und einer alten Eiche. Speck ist vom Schwarzenhof aus auch mit dem Auto erreichbar.

Moorfrosch *(Rana arvalis)*

Er bevorzugt Lebensräume mit hohem Grundwasserstand, hauptsächlich Niedermoore, Bruchwälder, sumpfiges Grünland, Nasswiesen sowie die Weichholzauen größerer Flüsse. Dort sucht er sich auch seine Laichgewässer mit Seggen-, Binsen- und Wollgrasrieden oder Flutrasen. Die Paarungsrufe sind sowohl tagsüber als auch nachts zu hören. Während der Paarungszeit können die Männchen für wenige Tage bläulich bis himmelblau gefärbt sein.

Wo die Havel ihren Lauf nimmt Einst an der alten Salzstraße gelegen, ist **Ankershagen** 12 heute bekannt als der Ort der Havelquelle. Heinrich Schliemann, der Entdecker von Troja, wurde hier geboren. In seiner Autobiografie schrieb Schliemann, dass er bereits mit acht Jahren den Entschluss fasste, Troja zu suchen und auszugraben. Ankershagen kann auf eine lange Geschichte, eine reiche Sagenwelt, ein Ritterschloss und viele weitere Relikte aus uralter Zeit verweisen. Das Schliemann-Museum vermittelt Wissenswertes über den wohl bekanntesten deutschen Archäologen.

Die **Havelquelle** 13 liegt am Fahrweg zwischen Ankershagen und Pieverstorf. Vom Parkplatz sind es nur wenige Hundert Meter bis zu der Steinsäule, die den Ursprung der Havel markieren soll. Eine richtige Quelle ist jedoch schwer auszumachen, da das Quellgebiet sehr großflächig ist. Ursprüngliche Havelquellseen waren der Born-, der Trinnen- und der Mühlensee, die nach Süden entwässerten. Durch menschliche Eingriffe seit dem Mittelalter wurde die hier verlaufende Wasserscheide zwischen Nord- und Ostsee und somit der Ursprung der Havel mehrfach verändert.

Mitten in der herrlichsten Natur liegen so ursprüngliche Dörfer wie Kratzeburg, Krienke oder Blankenförde – ideale Ausgangspunkte, um den Nationalpark zu erkunden. Bereits im Käbelicksee bei Kratzeburg wird die Havel für Wasserwanderer interessant. Im ➠ **Görtowsee** 14 blühen im Juli die Weißen Seerosen wunderbar prächtig, und besonders am frühen Morgen kann man das Erwachen der Natur ganz hautnah erleben und auf das anschwellende Geschnatter, Gezirp, Geflöte und Gehämmere lauschen, mit dem die Vogelwelt den Tag beginnt. Da der See zur Kernzone des Nationalparks gehört, sollte man dabei aber stets sorgfältig die Naturschutzhinweise beachten. Ein dumpfes Hupen dringt durch die Morgendämmerung zu den Beobachtungs-

Spuren alter Völker

Als die Römer an der Donau erste dauerhafte Siedlungen gründeten, war es an der Müritz noch nahezu menschenleer. In der Gegend von Ankershagen 12 bezeugen jedoch mehrere Großsteingräber eine etwa 4000 Jahre zurückliegende Besiedlung während der Steinzeit. Daneben gibt es eine größere Zahl von Hügelgräbern, von denen die »Königswiege« ganz in der Nähe der Informationsstelle Friedrichsfelde bei vielen Besuchern besonders beliebt ist. Von der wechselhaften Besiedlung durch Slawen und Germanen kündet noch heute ein germanischer Burgwall bei Pieverstorf, der in seiner Ausdehnung in Norddeutschland seinesgleichen sucht. Weitere Zeugen aus dem Mittelalter sind die Wasserburgruine in Ankershagen, die Mönchssiedlung in Freidorf und mehrere alte Handelswege.

Die schönste Seite des Dorfes Blankenförde lernt man während einer Wasserwanderung auf der Havel kennen.

Nationalparkbus

Der Nationalparkbus bringt Ausflügler und Ranger im Nationalpark Müritz bequem und schnell zu den wichtigsten Zielen. Der Vorteil: Der Bus kann Fahrräder transportieren und verkehrt auch auf Straßen, die sonst nicht von Autos befahren werden dürfen. Im Nationalpark verkehren die Müritz-Linie (Waren 1–Boek 9–Bolter-Kanal–Waren) und die Fischadler-Linie (Mirow–Kratzeburg–Granzin–Boek und Wesenberg–Zietlitz–Granzin). Der Fahrplan ist auch auf den Schiffsverkehr auf der Müritz abgestimmt.

punkten am **Zotzensee** 15, der ebenfalls zur Kernzone des Nationalparks Müritz gehört: Ein »Moorochse«, wie ihn die Einheimischen nennen, hockt im Röhricht. Dieser 75 Zentimeter große Reihervogel, die Große Rohrdommel *(Botaurus stellaris)*, wirkt durch das eulenartig kräftige Gefieder fast so wuchtig, wie er klingt. Großflächige Röhrichte bieten der stark gefährdeten Rohrdommel einen idealen Lebensraum. Ihr bräunlich gefärbtes Federkleid wirkt wie ein Tarnanzug und macht den Vogel im Dickicht aus Schilfhalmen so gut wie unsichtbar. Ihr Lebensraum wird gerade im Rahmen eines EU-Projekts erweitert, und bislang entwässerte Feuchtgebiete am Zotzensee dürfen wieder nass werden. Davon profitieren auch Amphibien wie Grün- und Grasfrösche sowie rosafarbene Kuckuckslichtnelken, Pfeifengräser und Orchideenarten wie das Knabenkraut.

Aufbruch in den Urwald Der Weg vom größeren zum kleineren, südöstlich gelegenen Teil des Nationalparks Müritz führt über das barocke Kleinstädtchen **Neustrelitz** 16. Bemerkenswert ist der Markt, von dem acht breite Straßen sternförmig auseinanderstreben. Gartenfreunde legen hier wegen des Schlossgartens aus dem 18. Jahrhundert gern eine Rast ein. Die Residenzstadt umgeben zahlreiche Seen, an deren Ufern jedoch nicht mehr Kiefern, sondern immer häufiger Buchen ihre Schatten werfen.

In diesem Haus befindet sich das Schliemann-Museum in Ankershagen.

Serrahn (17) liegt inmitten des kleineren Teils des Nationalparks Müritz, östlich der Stadt Neustrelitz. Zwischen 900 und 1400 existierte am Ufer des großen Serrahnbruchs bereits die wendische Siedlung »Saran«. Vor etwa 200 Jahren begann man mit der geregelten Forstwirtschaft; Kiefern wurden angebaut und ab Ende des 19. Jahrhunderts auch Baumarten wie Douglasie, Fichte, Lärche und Roteiche, die hier nicht heimisch sind.

Einer der reizvollsten Wanderwege beginnt am Parkplatz Zinow an der B 198 zwischen Strelitz und Carpin. Der ➠ **Naturerlebnispfad** (18) »Der lange Weg zum Urwald« führt durch sehr unterschiedliche, bewirtschaftete oder wilde Waldzonen, von der Weihnachtsbaumaufzucht bis zu urwaldartigen Schauplätzen. Schon vor Jahrzehnten schränkte man hier die forstwirtschaftliche Nutzung ein und ließ einen Unterwuchs aus Eiche, Buche, Esche und anderen Baumarten zu, die den Eindruck einer natürlichen Waldentwicklung vermitteln. Der Große Serrahnsee, durch wasserbauliche Maßnahmen um zwei Meter abgesenkt, ließ ein großes Verlandungsmoor mit zwei Restseen entstehen. Selten gewordenen Tieren und Pflanzen halten sich hier auf. Als schmaler Pfad schlängelt sich der Weg durch den Wald zu einem Aussichtsturm: Von oben blickt man tief ins Moor, das einmal ein See war. Über einen Steg im verlandeten See führt der Erlebnispfad weiter zur Siedlungsinsel Serrahn, wo im alten Forsthaus Serrahn neben der Nationalparkinformation auch eine Ausstellung über die Geschichte und Entwicklung des Gebiets zu sehen ist. Für den rund acht Kilometer langen Erlebnispfad sollte man (mit Pausen) etwa vier bis fünf Stunden einplanen.

Die Magie der Moore Wo am Ende der Eiszeit große Eisblöcke liegen blieben und nur langsam wegschmolzen, finden wir heute kreisrunde Kesselmoore. Diese ökologischen Wunderwelten sind nützlich und wichtig und für den Serrahner Teil des Nationalparks geradezu landschaftsprägend. Im Nationalpark gibt es zahlreiche unterschiedliche Formen von Mooren: Kessel-, Quell-, Versumpfungs- und Durchströmungsmoore. Die Lebensbedingungen im Moor sind hart, und nur wenige Pflanzen und Tiere können sich an Nässe, Säure und mangelnden Sauerstoff anpassen; sie sind besonders schützenswert. Aber auch die Moore selbst sind durch Grundwasserabsenkung bedroht: Sie trocknen aus, und mit ihnen verschwindet nach und nach ein einzigartiger Lebensraum.

Ein kurzer Abstecher zum **Schweingartensee** (19) führt ebenfalls zu einer urwaldartigen Landschaft: eingesenkte Kesselmoore mit Erlen und mächtigen umgestürzten Buchen, pilzübersät, vermoost und von ihren »Bewohnern« langsam zu Pulver zermahlen und der Erde wieder zugeführt. Wasserschwertlilien, Sumpfdotterblumen und Wassergräser zieren das Seeufer, und Bäume recken ihre Äste aus dem silbrig glänzenden Wasser.

Altholz in den Buchenwäldern von Serrahn – ein ideales Domizil für zahlreiche Tier- und Pflanzenarten

Tiergarten Neustrelitz

Tiere in freier Wildbahn zu beobachten ist nicht immer ganz einfach. Der Tiergarten in Neustrelitz (16) ermöglicht Begegnungen mit der Natur, ohne dass man dafür um 3 Uhr morgens aufstehen muss. Schon 1721 wurde der Tiergarten umzäunt und diente dem damaligen Herzog als Jagdrevier. 1993 übernahmen dann die Neustrelitzer Werkstätten die Trägerschaft und gestalteten das Gelände naturnah und kinderfreundlich mit Streichelgehege, Naturlehrpfad, Tierkinderabteilung und Spielplatz. Ein Tiergartenfest findet jährlich am zweiten Samstag im Juni statt.

Naturpark Stechlin-Ruppiner Land

SERVICE

Anfahrt Auf der A 24 bis Neuruppin, dann über Herzberg und Lindow nach Rheinsberg; mit der Bahn bis Rheinsberg, Gransee oder Fürstenberg/Havel

Lage Im Norden Brandenburgs zwischen Fürstenberg/Havel, Gransee, Neuruppin und Wittstock/Dosse

Größe 685 km^2

Höchste Erhebung Krähenberg (116 m)

Gründung 2001

Information Naturparkverwaltung Stechlin-Ruppiner Land, Am Friedensplatz 9, 16775 Stechlin/Menz

Telefon 033082/40 70

Internet
www.lugv-brandenburg.de

TOP TIPP

1 **Rheinsberg** Reizvolles Städtchen mit Schloss und Landschaftspark

2 **Großer Stechlinsee** See mit Rundweg, Buchenwald und reicher Flora und Fauna

5 **Menz** Dorf mit »NaturPark-Haus« sowie Wald- und Wassererlebnispfad

6 **Zechower Berge** Aussichtspunkt mit Trockenrasen und Heidelandschaft

10 **Kunsterspring** Naturschutzgebiet mit Kochquelle und Lehrpfad

Diese Bilderbuchlandschaft, die Theodor Fontane Ende des 19. Jahrhunderts beschrieb, hat sich wenig verändert. Noch bestimmen Kiefernwälder das Bild, und dort, wo noch natürliche Buchenmischwälder vorhanden sind, stehen Rotbuchen mit Traubeneichen oder Hainbuchen mit Stieleichen zusammen.

Der Rheinsberger See bei Rheinsberg erlangte durch eine Erzählung Kurt Tucholskys Berühmtheit.

Auf den Spuren von Tucholskys »Claire« und »Wölfchen« Eingebettet in die schöne Wald- und Seenlandschaft des Ruppiner Lands empfängt das Städtchen ➠ **Rheinsberg** 1 den Besucher mit seinem lieblichen Charme. Hier hat sich schon Kronprinz Friedrich sehr wohl gefühlt, der von 1736–40 im romantisch gelegenen Schloss am Grienericksee wohnte, lange bevor er »der Große« war. Das Schloss geht vor allem auf den Baumeister Georg Wenzeslaus von Knobelsdorff zurück. Der schöne Schlosspark wurde erst nach 1740 von Knobelsdorff und von Christian Friedrich Glume angelegt. Er bietet malerische Ausblicke über den Grienericksee hinweg zum Obelisken auf einer Anhöhe, eine Treppe mit Sphinxen, Alleen und Spazierwege zwischen alten Bäumen. Im Schloss kann neben Spiegel- und Muschelsaal auch eine Kurt-Tucholsky-Gedenkstätte besucht werden. Durch seine Erzählung »Rheinsberg, ein Bilderbuch für Verliebte« setzte der geistreiche Publizist dem Städtchen ein literarisches Denkmal.

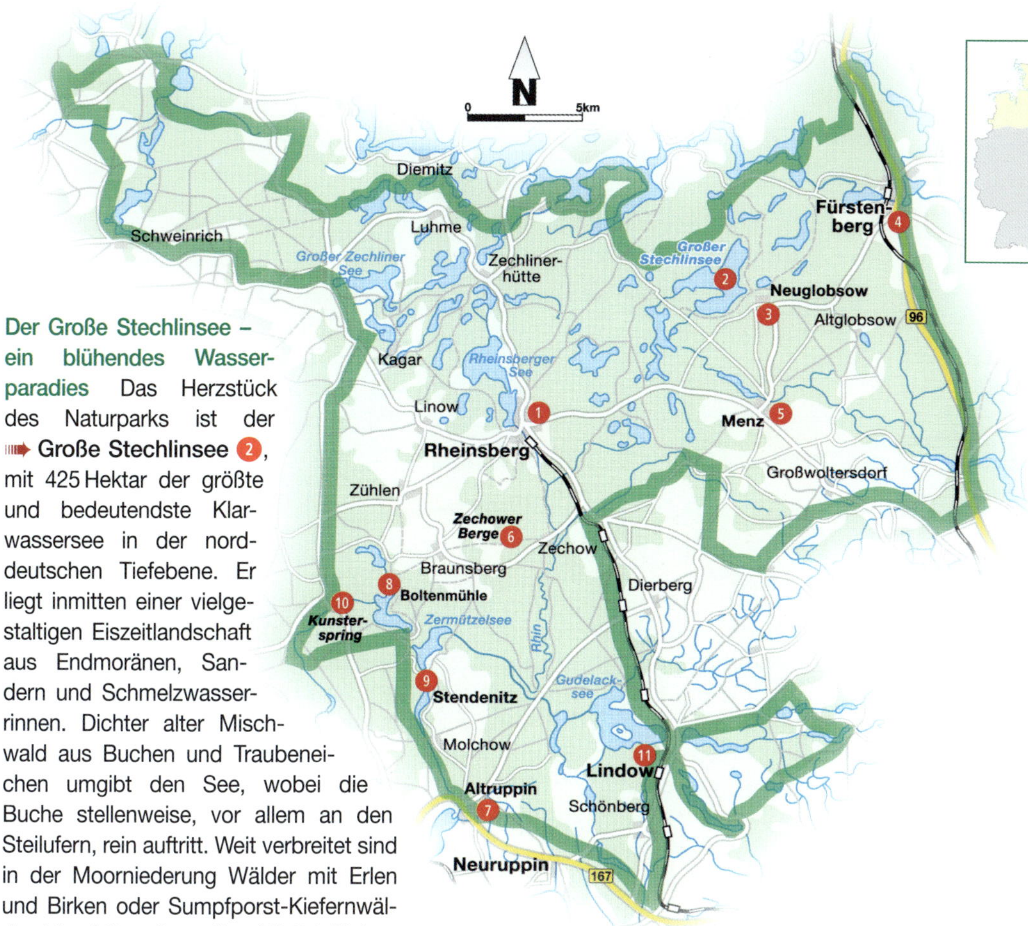

Der Große Stechlinsee – ein blühendes Wasserparadies Das Herzstück des Naturparks ist der ➠ **Große Stechlinsee** (2), mit 425 Hektar der größte und bedeutendste Klarwassersee in der norddeutschen Tiefebene. Er liegt inmitten einer vielgestaltigen Eiszeitlandschaft aus Endmoränen, Sandern und Schmelzwasserrinnen. Dichter alter Mischwald aus Buchen und Traubeneichen umgibt den See, wobei die Buche stellenweise, vor allem an den Steilufern, rein auftritt. Weit verbreitet sind in der Moorniederung Wälder mit Erlen und Birken oder Sumpfporst-Kiefernwälder. Hier fallen die weißen Wattebällchen der Wollgräser auf, Rosmarinheide, Rauch- und Moosbeere gedeihen prächtig, und dazwischen findet der langblättrige Sonnentau gute Lebensbedingungen. Charakteristisch ist im Wasser eine reiche Armleuchteralgen-Vegetation, die bis zu 20 Meter tief reicht. Von Juni bis August lenken an vielen Stellen die weißen Blüten der Kleinen Teichrose und die gelben Blüten der Mummel die Blicke auf sich. Zur reichen Vogelwelt des Stechlin gehören Greifvögel wie Fischadler, Habicht, Mäusebussard, Schwarz- und Rotmilan, Wander- und Baumfalke, die als Brutvögel hier beobachtet wurden. Gänsesäger und Schellente sind typische Bewohner der Wasserfläche, und in der Umgebung brüten Waldschnepfe und Fischreiher.

Wichtigster Ausgangspunkt für Wanderungen um den Stechlinsee ist **Neuglob-**

Heimattierpark Kunsterspring

Im Tierpark im Naturschutzgebiet Kunsterspring (10) kann man etwa 400 Tiere aus 90 Arten hautnah erleben und manche davon sogar in einem Streichelzoo anfassen. Viele heimische, teilweise seltene Arten wie Auerhahn, Uhu, Steinkauz, Luchs und Wildkatze sind zu beobachten. Als besondere Attraktion können Fischotter beim Füttern bestaunt werden, zudem gibt es ein Wolfsgehege (s. Bild) mit Aussichtsplattform. Seit 2006 ist das Eulenwald-Gehege geöffnet, wo verschiedene Eulenarten zu sehen sind. Zudem gibt es einen Abenteuerspielplatz und gastronomische Einrichtungen (geöffnet April–Sept. 9–19 Uhr, Okt.–März 9–17 Uhr; Infos unter Tel. 033929/702 71).

Im Frühjahr 2013 öffneten zudem die »Kunsterwiesen« ihre Pforten. Im früheren Haflingerstall erfahren die Besucher nun Interessantes rund um das Thema »Feuchtbiotop«– und das spielerisch: Dort können die Besucher vielen Vogelstimmen lauschen und in der Region lebende Tiere in einem Puzzle erraten.

Der Große Stechlinsee mit seinen vier Buchten liegt in einer landschaftlich traumhaften Umgebung.

sow 3. Seine Entstehung geht auf eine Glashütte zurück, die um 1780 ihren Betrieb aufnahm und grünes Glas herstellte. Eine informative Ausstellung zur Kulturgeschichte des Gebrauchsglases zeigt das Glasmacherhaus in Neuglobsow (Stechlinseestr. 12, Tel. 033082/40 863). Um 1900 begann die Entwicklung zum Erholungsort: Betuchte Berliner ließen prächtige Sommervillen errichten, und als 1928 eine Kleinbahn zwischen Gransee und Neuglobsow gebaut wurde, stieg die Zahl der Besucher sprunghaft an.

Seenketten und Flussläufe mit dem Rad erkunden Empfehlenswert ist von Neuglobsow eine Fahrradtour nach **Fürstenberg** 4, die am Peetschsee vorbeiführt. Unterwegs kann man vom Augustablick – nach der mecklenburgischen Großherzogin Augusta Caroline benannt – am Hochufer eine zauberhafte Aussicht genießen. Fürstenberg am Oberlauf der Havel trägt den Beinamen »Wasserstadt«, denn die aus dem Röblinsee im Westen austretende Havel teilt sich in drei Arme, die mit dem vierten, künstlich angelegten Schifffahrtskanal drei Inseln bildeten, auf denen Fürstenberg im 13. Jahrhundert von askanischen Markgrafen angelegt wurde. Im Zentrum der Stadt beeindruckt die Kirche im neugotischen Stil, die zwischen 1845–48 durch F. W. Buttel aus gelben Backsteinen errichtet wurde. Im stillen Dörfchen ➠ **Menz** 5 zieht das »NaturParkHaus Stechlin« (Kirchstr. 4) viele Gäste in die Stechlinsee-Region. Das Gebäude der alten Oberförsterei, die schon Fontane in seinen »Wanderungen durch die Mark Brandenburg« erwähnte, wurde als Besucherzentrum mit Erlebnisausstellung eingerichtet. Hier gibt es Informationsmaterial, Karten und Empfehlungen für Ausflüge.

Der Rhin fließt von Rheinsberg in einem eiszeitlichen Schmelzwassertal genau zwölf Kilometer lang geradewegs nach Süden, bevor er vom Gudelack-Rhin aufgenommen wird. Beim kleinen Dorf Zechow durchbricht dieses eiszeitliche Schmelzwassertal auf einer Breite von etwa 2,5 Kilometern einen Endmoränenbogen aus der Weichseleiszeit. Markante Ausprägung dieser Rückzugslage in unmittelbarer Nähe des Rhins sind die ➠ **Zechower Berge** 6, ein lohnender Aussichtspunkt. Sie erheben sich bis zu 97 Meter Höhe und sind mit artenreichem Trockenrasen besiedelt. An ihrem Fuß breitet sich die Zechower Heide aus, die in der Besenheide größere Bestände bildet und ab Ende August bis in den September hinein die Landschaft in ein violettes Farbenmeer verwandelt.

Mittelalterliche Orte und sprudelnde Quellen Am Nordufer des Ruppiner Sees liegt **Altruppin** 7, etwas südlicher an der Westseite des Sees – und nicht

Das Fontane-Denkmal in Neuruppin erinnert an den berühmten deutschen Dichter.

Fachwerkjuwel und beliebtes Ausflugsziel: die traditionsreiche Boltenmühle am Nordende des Tornowsees

mehr im Naturpark befindlich – grüßt Neuruppin. Bereits Anfang des 13. Jahrhunderts gegründet, wurde die mittelalterliche Stadt planmäßig angelegt. Nach einem großen Brand im späten 18. Jahrhundert im Stil des Frühklassizismus wieder aufgebaut, ist die schachbrettmusterartige Anlage der Stadt immer noch erkennbar. Karl Friedrich Schinkel, dem großen deutschen Baumeister des deutschen Klassizismus, ist im Heimatmuseum (August-Bebel-Str. 14/15) eine Ausstellung gewidmet, ebenso wie auch Theodor Fontane. Von beiden Persönlichkeiten stehen Denkmäler an markanten Stellen der Stadt.

Um die reizvolle Natur in der südwestlichen Ecke des Naturparks kennen zu lernen, empfiehlt sich eine Dampferfahrt von Neuruppin zur **Boltenmühle** 8, einer traditionsreichen Ausflugsgaststätte. Halt ist in **Stendenitz** 9, wo sich ein sehenswertes Waldmuseum befindet. Durch das Rottstielfließ, einen beiderseits bewaldeten Kanal von knapp einem Kilometer Länge, wird der Tornowsee erreicht, an dessen Ende die Boltenmühle steht. Ihr Name geht wohl auf den ersten Besitzer – Hans-Joachim Boldte – zurück; sie zieht schon seit Generationen Gäste an. Etwa zwölf Kilometer nördlich von Neuruppin befindet sich im Naturschutzgebiet ➠ **Kunsterspring** 10 das Quellgebiet des Bächleins Kunster mit mehreren, zum Teil ergiebigen Kesselquellen. Besonders faszinierend ist die sprudelnde Kochquelle: Sie wirbelt ständig Sand auf, sodass der Eindruck entsteht, hier koche das Wasser. Ein drei Kilometer langer Lehrpfad führt rund um das Quellgebiet.

Als Abschluss der Entdeckungsreise lohnt sich ein Besuch in **Lindow** 11, einem malerischen Städtchen zwischen Wutz- und Gudelacksee. Anfang des 13. Jahrhunderts wurde in Lindow ein Nonnenkloster gegründet, das Theodor Fontane als Vorbild für das Kloster Wutz in seinem Roman »Der Stechlin« diente.

Schellente *(Bucephala clangula)*

Sie ist das Wappentier des Naturparks; ihr Fluggeräusch erinnert an das Schellen einer Glocke. Typisches Merkmal der schwarz-weißen Ente mit dem schwarzen Kopf ist ein goldener Augenring. Sie brütet vorzugsweise in ehemaligen Spechthöhlen alter Buchen, weshalb der Große Stechlinsee 2 mit seinen Altbuchenbeständen und dem klaren Wasser ihr idealer Lebensraum ist.

Naturpark Uckermärkische Seen

SERVICE

Anfahrt Auf der A 20 bis zur Anschlussstelle Friedland, Strasburg oder Pasewalk-Nord und über Woldegk nach Fürstenwerder; mit der Bahn bis Fürstenberg, dann mit dem Linienbus nach Lychen

Lage Im Nordosten von Brandenburg zwischen den Städten Fürstenberg/Havel, Prenzlau, Templin, Zehdenick

Größe 895 km^2

Höchste Erhebung Splettberg (128 m)

Gründung 1997

Information Naturparkverwaltung, Zehdenicker Str. 1, 17279 Lychen

Telefon 039888/645 47

Internet www.lugv.brandenburg.de

TOP TIPP

3 **Boitzenburg** Prachtvolles Schloss im Neurenaissance-Stil, Schlosspark mit herrlichen Sichtachsen

6 **Templin** Kleinstadt mit Stadtmauer und Naturtherme

10 **Kleine Schorfheide** Heidelandschaft mit seltenen Vogelarten

14 **Himmelpfort** Kleines Dorf mit sehenswertem Klostergarten

16 **Zehdenicker Tonstichlandschaft** Niederungsgebiet der Havel und Eldorado für seltene Tiere

Große Teile des Naturparks nehmen im Nordosten naturnahe Wälder ein, in denen Eichen, Buchen und Ahorn dominieren. Sie beeindrucken im Frühjahr mit einem Blütenteppich aus Buschwindröschen, Leberblümchen und teilweise auch Lerchensporn. Etwa 300 Seen gibt es im Naturpark, wo brütende Rohrdommeln, Krick- und Knäkenten anzutreffen sind.

Wunderbare Ruhe und Natur pur erleben Besucher bei einer Kanufahrt auf dem Küstriner Bach.

Als besondere Seltenheit gelten die Vorkommen der Europäischen Sumpfschildkröte sowie des Edelkrebses. Auch der Reichtum der Moore mit Breitblättrigem Wollgras, Sumpfporst, Glanzkraut (einer Orchidee) sowie dem Fleischfressenden Sonnentau ist bemerkenswert. Hier findet der Moorfrosch ideale Lebensbedingungen, und auch eine der größten heimischen Spinnen, die Listspinne, lebt hier. In naturnahen Fließgewässern, wie z. B. dem Küstriner Bach und dem Hegesteinbach, kommen Bachforellen vor sowie das seltene, nur in sehr sauberen Gewässern heimische Bachneunauge.

Auf den Spuren der Familie von Arnim wandeln **Fürstenwerder** 1 gilt als das nördliche Tor zum Naturpark Uckermärkische Seen und ist als idyllisches Städtchen zwischen Dammsee und Großem See gelegen. Sein dominierendes Bauwerk ist die ehemalige Stadtkirche, die im 13. Jahrhundert aus Feldsteinen errichtet und im 18. Jahrhundert mit einem verputzten Turm ausgestattet wurde. Von der Stadtmauer sind noch Reste vorhanden, und von den drei Stadttoren blieben das Woldegker und das Berliner Tor erhalten. Unterhalb der Stadtmauer lädt eine Badestelle am Großen See im Sommer zum Schwimmen ein.

Nur wenige Kilometer südwestlich von Fürstenwerder liegt **Warbende** 2, eine Gutsiedlung mit einem Gartenkleinod. Im zwei Hektar großen Park – zwischen

Märchenschloss mit jahrhundertealter Geschichte: die imposante Boitzenburg im Nordosten des Naturparks

1830 und 1860 angelegt – mit seltenen Gehölzen steht auch eine Gurkenmagnolie, wohl die einzige in der Uckermark. Dem südlich von Fürstenwerder gelegenen ➠ **Boitzenburg** ③ sollte man einen Besuch abstatten. Hübsche kleine Fachwerkhäuser zieren die Straßen, und auf einer Insel steht das prachtvolle Neorenaissance-Schloss. Es ist von einem sehenswerten Schlosspark umgeben, der von Peter Joseph Lenné zu einem englischen Landschaftspark mit schönen Bäumen und herrlichen Sichtachsen umgestaltet wurde. Auf jeden Fall sollte man in Boitzenburg der funktionstüchtigen Klostermühle (Mühlenweg 5) die Ehre erweisen; Führungen sind nach Anmeldung (Tel. 039889/236 oder -869 60) möglich.

Von der Klostermühle aus lohnt sich ein Spaziergang oder eine Fahrt zum Naturschutzgebiet **Boitzenburger Tiergarten** ④ mit seinen bis zu 500-jährigen Eichen und dem sogenannten Verlobungsstein, einem großen Findling. Der Name

Tiergarten geht auf die Nutzung des Gebiets als herrschaftlicher Jagdgarten durch die Familie von Arnim zurück. Hier befinden sich auf einer Fläche von 45 Hektar die größten in Mitteleuropa erhaltenen Huteeichen-Bestände.

Östlich von Boitzenburg durchbricht ein kleiner Fluss mit dem Namen Strom auf dem Weg zur Ucker die Gerswalder Endmoräne in einer beeindruckenden Erosionsschlucht. Hier, im Naturschutzgebiet **Stromtal** 5, ist das Flüsschen relativ naturnah geblieben, trägt Wildbachcharakter und wird von Pfeifengraswiesen, Hang- und Schluchtwäldern, aber auch von Trockenrasen begleitet.

Naturtherme und pittoreske Orte an der Märkischen Eiszeitstraße In der Gegend um ➠ **Templin** 6 fallen viele lang gestreckte Rinnenseen als Zeugen der letzten Eiszeit auf. Auch große Sanderflächen mit ausgedehnten Binnendünen wie bei **Tangersdorf** 7 gehören zur Landschaft an der Märkischen Eiszeitstraße zwischen Templin und Lychen. Für Templin legten bereits die Askanier zwischen 1220 und 1250 den Grundstein. Ein beeindruckendes Bauwerk ist die mittelalterliche Mauer aus Feldsteinen, die die Stadt in einem zum Rechteck tendierenden Ring umschließt. Zu empfehlen ist ein Besuch der Naturtherme Templin (Tel. 03987/20 12 00), die harmonisch in die Landschaft eingebettet ist.

Hydrobikes und Fahrraddraisinen

Ein besonderer Spaß für Kinder sind Hydrobikes – Fahrräder auf Schwimmern. Das Hydrobike kann weder kentern noch sinken, und speziell für die ganz Kleinen gibt es auch einen Kindersitz. Das Wasserfahrrad ist bei der Firma Treibholz in Lychen 12 zu mieten (Tel. 039888/433 77). Auf der stillgelegten Bahnstrecke zwischen Fürstenberg und Templin 6 kann man außerdem mit der Fahrraddraisine fahren (siehe Bild). Wer unterwegs für ein Picknick oder ein Bad im See Pause machen will, hebt das Gefährt einfach aus den Schienen. Im Preis des Tickets ist die Rückfahrt mit dem Linienbus enthalten (Tel. 03987/26 31).

Von Templin führt eine kleine Straße über das denkmalgeschützte Angerdorf **Gandenitz** 8 mit seinen schönen Fachwerkhäusern und einer Feldsteinkirche aus dem 13. Jahrhundert nach **Alt Placht** 9. Hier steht inmitten 500-jähriger Linden das »Kirchlein im Grünen«, das um 1700 aus heimischen Kiefernbalken, Stroh und Lehm auf mittelalterlichen Fundamenten erbaut wurde. Es wird angenommen, dass hugenottische Einwanderer Einfluss auf den Bau genommen haben.

Auf dem bis 1991 genutzten Truppenübungsplatz zwischen Lychen und Vogelsang liegt auf Sanderflächen das Naturschutzgebiet ➠ **Kleine Schorfheide** 10. Wo der Kiefernwald die Flächen noch nicht zurückerobert hat, breitet sich eine Heidelandschaft mit der Besenheide und Silbergrasfluren aus, wo seltene Vogelarten wie Ziegenmelker und Heidelerche ihren Lebensraum gefunden haben. In den naturnahen Nebenarmen der Havel tummeln sich verschiedene Fischarten wie Steinbeißer, Hasel und Bitterling. Auch der Biber hat sich an den flachen Gewässern häuslich eingerichtet. Von einem Beobachtungsturm am **Ragöser Bach** 11 südlich des Densowsees kann man ferner Kraniche, Graugänse, verschiedene Entenarten und manchmal auch die Rohrweihe entdecken. Der Weg zum Turm ist ab den Orten Beutel und Annenwalde ausgewiesen.

Von der Stadt der Flößer zum Weihnachtsmann In **Lychen** 12, wegen seiner reizvollen Lage auch Inselstadt genannt, führen alle Wege zum Wasser: Der Ort ruht auf einer Landzunge und ist von sechs Seen umgeben. Ein Hauptgewerbe war im 19. und 20. Jahrhundert die Flößerei, denn die aufstrebenden Städte benötigten viel Holz, das in der Umgebung von Lychen reichlich vorhanden war. An diese Epoche erinnert das Flößer-Museum (Am Stargarder Tor) mit vielen Fotos, Geschichten und Erinnerungen zum Thema. Sehr zu empfehlen ist ein Ausflug auf dem Hohe-Heide-Rundweg durch das Naturschutzgebiet **Küstriner Bach** 13

Ein wahres Bilderbuchmotiv: Langhaus und efeubewachsene romanische Bogen der Klosterruine Himmelpfort

östlich von Lychen. Dank der hohen Fließgeschwindigkeit des Bachs und des recht sauberen Wassers des Großen Küstrinsees konnte sich eine sehr spezialisierte Bachfauna mit Bachmuschel, Kahnschnecke und Bachneunauge erhalten. Am Bach leben Prachtlibellen, Eisvögel und Gebirgsstelzen.

Auf dem Wasserweg von Lychen über den Großen Lychensee, die Woblitz und den Haussee in Richtung Stolpsee erreicht man ➡ **Himmelpfort** ⓮, ein Klosterdorf, das auch ein Weihnachtsmann-Postamt hat, das jedes Jahr Mitte November öffnet. Kinder aus aller Welt schreiben an die Adresse des Weihnachtsmanns Briefe, die auch beantwortet werden (Anschrift: Weihnachtsmann, 16798 Himmelpfort). An der Havelschleuse liegt das historische Zentrum von Himmelpfort. Hier gründete 1299 Markgraf Albrecht III. ein Zisterzienserkloster. Nach dessen Auflösung im Jahr 1542 verfiel das Langhaus der Kirche mit den schönen romanischen Bogenkaskaden allmählich und bildet heute mit Efeu bewachsen ein interessantes Fotomotiv. Am alten Brauhaus ist der Kräutergarten des Klosters in den Sommermonaten ein Anziehungspunkt. Über 200 Heil- und Gewürzkräuter sind hier nach verschiedenen Gesichtspunkten auf architektonisch gestalteten Beeten geordnet: Ein Beet ist den Pflanzen der mittelalterlichen Klostergärten wie Benediktenkraut, Mariendistel, Salbei gewidmet, und auf dem Hexenkräuterbeet stehen wichtige Rausch- und Giftpflanzen des Mittelalters. Man kann Kräuter kaufen, Duftkissen beschnuppern, Trockensträuße bewundern und verschiedene Kräuterschnäpse probieren.

Zehdenick ⓯ ist mit den Resten seines ehemaligen Klosters, einer Klostergalerie (Im Kloster 1) und dem technischen Schmuckstück der Dammhast-Brücke (Dammhaststraße) schon allein eine Reise wert. Besonders empfiehlt sich eine Radtour durch die ➡ **Zehdenicker Tonstichlandschaft** ⓰ zum Ziegeleipark Mildenberg, wo auf einem 42 Hektar großen Gelände ein Museum der Ziegelei- und Technikgeschichte zu besichtigen ist (Tel. 03307/31 04 10). Mehr als 50 Seen – mit Grundwasser gefüllte Tongruben – reihen sich aneinander, eine Landschaft mit seltener Flora und Fauna: Teichrohr- und Drosselrohrsänger sowie die Rohrdommel leben hier, Biber und Fischotter haben ein Zuhause, und Tausende Zugvögel rasten jährlich zwischen den ehemaligen Tonstichen (genauere Auskunft dazu erteilt die Touristinformation Zehdenick, Tel. 03307/28 77).

Naturpark Feldberger Seenlandschaft

SERVICE

Anfahrt Auf der A 20 bis Friedland und weiter bis Woldegk, auf der B 198 bis Möllenbeck und dann nach Feldberg; mit der Bahn bis Neustrelitz, dann Linienbus bis Feldberg

Lage Im Südosten von Mecklenburg-Vorpommern, südlich der B 198 zwischen Neustrelitz und Woldegk

Größe 345 km²

Höchste Erhebung Rosenberg (146 m)

Gründung 1997

Information Naturpark Feldberger Seenlandschaft, Strelitzer Str. 42, 17258 Feldberg

Telefon 03983/527 80

Internet www.naturpark-feldberger-seenlandschaft.de

TOP TIPP

2 Heilige Hallen Naturschutzgebiet mit urwaldähnlichem Baumbestand

4 Hauptmannsberg Höhenrücken mit herrlicher Aussicht auf den Schmalen Luzin

6 Krumbeck Sehenswerter Park mit zahlreichen Sichtachsen und schöner Lärchenallee

Die hügelige Landschaft ist im Norden vor allem durch Grund- und Endmoränen geprägt. Während die fruchtbaren Böden der Grundmoränen landwirtschaftlich genutzt werden, sind die Endmoränenbogen, aber auch die sich anschließenden Sanderflächen durch weitläufige Wälder gekennzeichnet. Die Endmoränen erreichen teilweise beachtliche Höhen.

Vom Reiherberg aus eröffnet sich das wunderbare Panorama der Seenlandschaft um Feldberg.

So ragt der Reiherberg bei Feldberg 145 Meter auf und auch der Hauptmannsberg zwischen dem Schmalen Luzin bei Feldberg und dem Zansensee bei Carwitz erreicht noch 121 Meter. Zahlreiche Kesselmoore sind für die Endmoränenlandschaft um Feldberg typisch. Hier wachsen Sonnentau und Breitblättriges Knabenkraut, und mit seinen verschiedenen Lebensräumen bietet der Naturpark auch zahlreichen Tierarten einen Lebensraum: Neben Fisch- und Seeadler kommt der Schreiadler vor, der im Naturpark seine westlichste Grenze erreicht; auch Biber und Fischotter sind in dieser wasserreichen Gegend recht häufig.

Auf den Spuren des Schriftstellers Hans Fallada Die kleine Provinzstadt **Feldberg** 1 schmiegt sich malerisch an das Südwestufer des Haussees. Im Zentrum steht die Stadtkirche, ein Backsteinbau von 1875, und über die Geschichte der Stadt informiert die Heimatstube (Amtsplatz 13). Vom Reiherberg kann man den klassischen Ausblick auf die Stadt genießen. Der 125 Meter hohe Hüttenberg (2,5 km vom Marktplatz) bietet eine schöne Aussicht auf die Liebesinsel im Haussee und auf Grabenwerder.

Einzigartig ist das Naturschutzgebiet ➡ **Heilige Hallen** 2 bei Lüttenhagen, das man von Feldberg über die Neuhofer Straße nach Neuhof erreicht. Seit 1938 als Naturschutzgebiet ausgewiesen, präsentiert das Areal uralte Buchen, von denen die ältesten auf über 300 Jahre geschätzt werden. Die hoch gewachsenen Bäume muten wie gotische Säulen an und führten zu dem Namen »Heilige Hallen«.

Carwitz 3 ist ein Ortsteil von Feldberg und ein kleines Straßendorf am Schmalen Luzin. Dieser klassische Rinnensee bildet mit seinen bis zu 40 Meter hohen, bewaldeten Steilufern ein Naturschutzgebiet. In Carwitz lohnt ein Besuch des Hauses von Hans Fallada, das als Museum (Zum Bohnenwerder 2) eingerichtet wurde, und auf dem Dorffriedhof fand der Schriftsteller (»Kleiner Mann, was nun?«) seine letzte Ruhestätte. Neben den Erinnerungen an Fallada kann Carwitz auch mit einer kleinen Fachwerkkirche mit sehenswerter Innenausstattung aufwarten. Ein schöner Wanderweg entlang des Schmalen Luzin führt in Richtung Hullerbusch, einem Naturschutzgebiet mit Hünengräbern. Kurz hinter Carwitz lohnt sich ein Abstecher zum ➠ **Hauptmannsberg** 4, einem Höhenrücken zwischen Schmalem Luzin und Zansensee. Hier bietet sich nicht nur eine schöne Aussicht an, sondern auch eine interessante Pflanzenwelt mit Karthäusernelken sowie Silbergrasfluren auf offenen Sandflächen. Zum Wanderweg zurückgekehrt, ist es nicht mehr weit zum Naturschutzgebiet **Hullerbusch** 5, wo man beim gleichnamigen Hotel mit einer handbetriebenen Seilfähre nach Feldberg gelangt. Am Hotel Hullerbusch befindet sich ein sehenswerter Park mit altem Baumbestand.

Lohnend ist ein Abstecher in das nördlich von Feldberg gelegene ➠ **Krumbeck** 6, wo der bedeutende Gartengestalter Joseph Peter Lenné einen Landschaftspark nach englischem Vorbild anlegte. Der Park umfasst eine Fläche von 3,5 Hektar und beherbergt viele schöne alte Bäume; komplett erhalten ist eine Lärchenallee am nördlichen Parkrand.

Um den Schmalen Luzin

Vom Parkplatz am südlichen Ortsrand von Feldberg 1 (»Luzinhalle«) führt eine Treppe zum Seeufer, und am Ufer entlang geht es nach Carwitz 3. Dort schwenkt man hinter der Kirche nach links, gelangt wieder ans Seeufer und folgt einem grün markierten Pfad auf den Hauptmannsberg 4. Der markierte Weg leitet weiter nordwärts; kurz nach dem Eintritt in den Wald biegt man auf einen Pfad nach links. Dieser führt zum Hotel Hullerbusch (bei 5), von wo aus es per Seilfähre (s. Bild) nach Feldberg zurückgeht. Die Strecke beträgt 8,5 km.

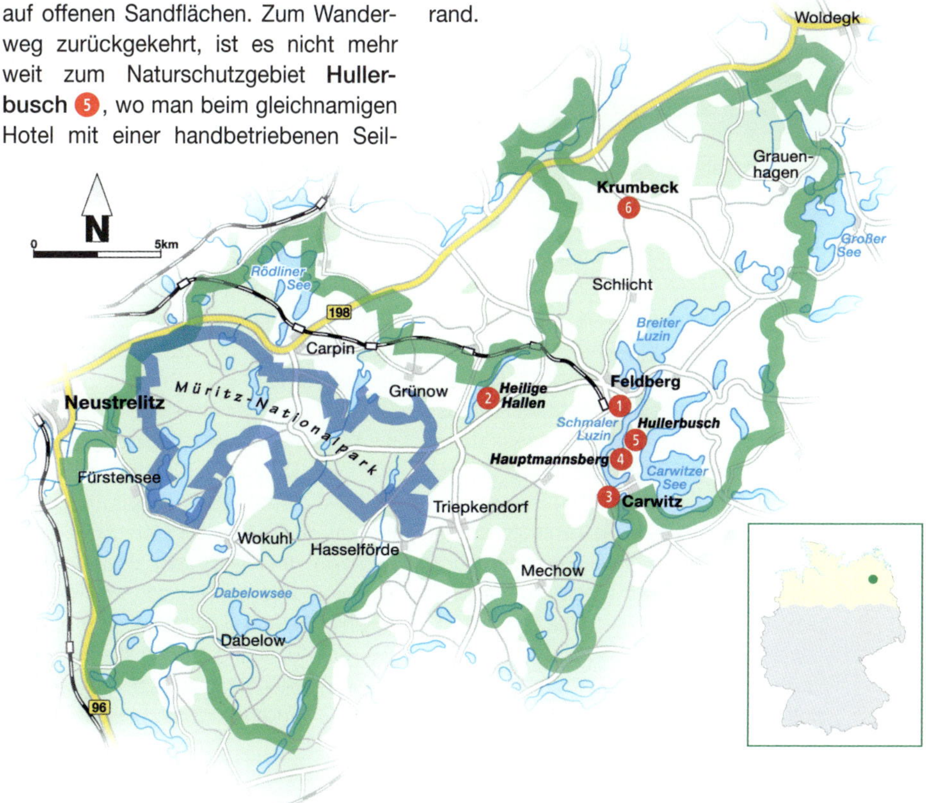

Naturpark Am Stettiner Haff

SERVICE

Anfahrt Auf der A 20 bis Anschlussstelle Pasewalk-Süd, auf der B 109 bis Ferdinandshof und dann nach Ueckermünde; mit der Bahn bis Ueckermünde

Lage Im Nordosten von Mecklenburg-Vorpommern am Stettiner Haff und an der Grenze zu Polen

Größe 573 km²

Höchste Erhebung Luderberg (133 m)

Gründung Ende 2004

Information Naturpark Am Stettiner Haff, Am Bahnhof 4–5, 17367 Eggesin

Telefon 039779/29 68-0

Internet www.natur-mv.de www.naturpark-am-stettiner-haff.de

Der Norden des Naturparks Am Stettiner Haff als Teil des Norddeutschen Tieflands ist im Gebiet der Ueckermünder Heide vor allem von Sanderflächen geprägt, die durch magere Sandböden und Binnendünen (beispielsweise bei Altwarp) charakterisiert sind. Dagegen bestimmen an der Haffküste sowie in den Flussniederungen von Uecker, Randow und Zarow Niedermoorflächen das Bild. Hier hat der Fischotter sein Jagdrevier.

Ein Bild wie aus alten Zeiten: Ein Fischkutter liegt vertäut im malerischen Stadthafen von Ueckermünde.

TOP TIPP

1 Ueckermünde Reizvolle Kleinstadt mit roten Ziegelhäusern und Stadthafen

4 Rothemühl Mächtige, über 100 Meter hohe Stauchmoränenwälle mit slawischer Höhenburg

6 Galenbecker See Vogelschutzgebiet mit außergewöhnlich reicher Wasservogelwelt

Weiter südlich hinterließ die letzte Eiszeit eine abwechslungsreiche Hügellandschaft mit Endmoränen, die mit den Brohmer Bergen ihre höchsten Erhebungen erreicht. Ein schöner Aussichtspunkt, der Fuchsberg, ist gut von Gehren aus erreichbar. Neben aufgeforsteten Nadelwäldern gibt es auch noch naturnahe Mischwälder, in denen Buchen und Eichen dominieren. Bemerkenswert ist das Vorkommen von Lerchensporn, Waldgoldstern und Einbeere. Feuchte bis nasse Standorte nehmen Bruchwaldgesellschaften mit Erlen ein, wo sich im Frühjahr die gelben Blüten der Sumpfdotterblumen entfalten.

Vom Stettiner Haff zur Ueckermünder Heide Zwischen der Wasserfläche des Stettiner Haffs und den ausgedehnten Sanderflächen mit Kiefernwäldern und Trockenrasen der Ueckermünder Heide liegt ➡ **Ueckermünde** 1, eine pommersche Kleinstadt. Backsteingebäude aus dem 19. und 20. Jahrhundert zieren rote und gelbe Steine, die an die Zeit erinnern, als hier die Ziegelproduktion ein wichtiger Industriezweig war. Tradition hat auch die Fischerei, wie die Fischerskulptur auf dem Marktplatz verrät.
Ein fast 400 Kilometer langes Rad- und Wanderwegenetz führt vom Haff in die waldreiche **Ueckermünder Heide** 2.

Nur gelegentlich prägen Heidelandschaften oder Dünen mit spärlicher Vegetation das Bild. Bei **Altwarp** 3 gilt die Binnendüne, mit Silbergras und Sandstrohblumen bewachsen, als eine kleine Besonderheit der Region. Hier befindet sich das Wacholdertal, wo die Heideflächen häufig mit säulenförmig wachsenden Wacholderbüschen durchsetzt sind.

Entlang der Straße von ➠ **Rothemühl** 4 in Richtung Süden nach Strasburg ist die Landschaft von mehreren Stauchmoränenwällen geprägt. Hier grüßt auf einem 124 Meter hohen Wall eine große, mittelslawische Höhenburg mit gut erhaltenem Burgwall. Auf der Wallanlage lockt ein alter Baumbestand aus Bergulmen, Linden sowie Rot- und Hainbuchen. Sehr reizvoll ist ein Perlgras-Buchenwald, wo neben Nickendem Perlgras auch Maiglöckchen und Leberblümchen den Boden bedecken. Mit etwas Glück kann man hier Zwergschnäpper, Grün- und Mittelspecht beobachten.

Südlich der Ortschaft Gehren liegt in den Brohmer Bergen das Naturschutzgebiet **Klepelshagen** 5, eine Stauchmoränenlandschaft, die vom Knüppelbach durchbrochen ist. Die süd- und südostwärts weisenden Hänge tragen eine Wärme liebende Vegetation mit Pfirsichblättrigen Glockenblumen und Wiesenschlüsselblumen; an den Nordhängen und in den Bachtälern wachsen dagegen Breitblättrige Glockenblume, Waldschachtelhalm und Alpenhexenkraut.

Am nördlichen Fuß der Brohmer Berge liegt der ➠ **Galenbecker See** 6, ein Naturschutzgebiet mit breitem Röhrichtgürtel. Hier brüten zahlreiche Wasservögel, wie z. B. der Höckerschwan, viele häufige Entenarten, aber auch Seltenheiten wie Moor-, Löffel- und Reiherente. Große Anziehungskraft übt der See auf tauchende Vogelarten wie den Haubentaucher, den Schwarzhals- und den Zwergtaucher aus. Regelmäßige Gäste sind Fischadler, Seeadler, Graureiher und Eisvogel. Im breiten Verlandungsgürtel brüten Rohrdommel, Rohrweihe und Wasserralle.

Vom Stettiner Haff aus lohnt ein Ausflug zur nahe gelegenen Insel Usedom mit dem Usedomer Winkel.

Süßwassergebiet

Durch die Zuflüsse von Oder, Peene, Uecker und Zarow sowie zahlloser Entwässerungsgräben befindet sich im Stettiner Haff fast reines Süßwasser. Die Ufer sind von Schilfstreifen gesäumt, die ausgezeichnete Rückzugs- und Brutgebiete verschiedener Tierarten darstellen. Bedeutungsvoll sind große Kolonien von Graureihern und Kormoranen (s. Bild), und neben Störchen und Kranichen kann man hier gelegentlich auch Seeadler beobachten.

Biosphärenreservat Schorfheide-Chorin

SERVICE

Anfahrt Auf der A 11 Berlin–Stettin bis zur Anschlussstelle Joachimsthal; mit der Bahn kommt man ebenfalls bis Joachimsthal

Lage Im Barnim und der Uckermark zwischen Eberswalde, Angermünde, Templin und Oderberg

Größe 1290 km²

Höchste Erhebung Blocksberg (139 m)

Gründung 1990

Information Biosphärenreservat Schorfheide-Chorin, Hoher Steinweg 5–6, 16278 Angermünde

Telefon 03331/365 40

Infohaus Blumberger Mühle in Angermünde

Internet www.schorfheide-chorin.de

TOP TIPP

2 Althüttendorf Südufer des Grimnitzsees mit Freibad; Ausgangspunkt für Wanderungen

4 »Drei-Seen-Blick« Aussichtsplatz vor schönem Seenpanorama

6 Altkünkendorf Reizvoller Ort mit Aussichtsturm am Naturbeobachtungspunkt »Große Wiese«

11 Pimpinellenberg Endmoränenhügel mit Ausblick auf das Odertal

14 Kloster Chorin Sehenswerte Klosterkirche mit prachtvoller Westfassade

Die jüngste Eiszeit hinterließ ein vielfältiges Mosaik aus Grund- und Endmoränen, Sanderflächen und Urstromtälern, wo sich Seen und Wasserläufe etablierten. Hier haben Sumpfschildkröten und Rotbauchunken einen Lebensraum. Herz des Biosphärenreservats ist die Choriner Endmoräne mit Buchenwäldern und Mooren.

Der Werbellinsee – hier von Altendorf aus gesehen – ist einer der über 230 Seen des Biosphärenreservats.

Mehr als 230 Seen bestimmen das Bild der Landschaft, deren größte der Werbellinsee, der Grimnitzsee und der Parsteiner See sind. Mehrere Aussichtspunkte bieten einen grandiosen Eindruck von dieser viel-fältigen Natur. So gewährt der Kleine Rummelsberg bei Brodowin einen herrlichen Blick zur Choriner Endmoräne, und vom Pimpinellenberg bei Oderberg lässt sich die Alte Oder mit ihren Mäandern gut erkennen. Spektakulär sind die Ansammlungen von Zugvögeln im Frühjahr und Herbst: Weiß- und Schwarzstörche, Graukraniche und Rohrdommeln sowie Fisch- und Seeadler.

Im Jagdrevier der Hohenzollern Eine Glashütte, die vom Kurfürsten Johann Georg 1575 am Grimnitzsee gegründet wurde, war der Ursprung von **Joachimsthal** 1. Der Wildreichtum in der Schorfheide veranlasste die Hohenzollern ebenso wie früher die Askanier (daran erinnert der Askanierturm am Werbellinsee), hier ihrer Jagdleidenschaft zu frönen. So wurde auf Geheiß Kaiser Wilhelms II. (reg. 1888–1918) zwischen Werbellin- und Grimnitzsee der »Kaiserbahnhof« bei Joachimsthal gebaut. Von hier ist es nicht weit bis Groß-Schönebeck an der südwestlichen Grenze des Biosphärenreservats, wo sich der

100 Hektar große Wildpark Schorfheide befindet (Tel. 033393/658 55).

Unweit von Joachimsthal liegt am Südostufer des Grimnitzsees ➠ **Althüttendorf** 2, ebenfalls als Glasmachersiedlung gegründet. Für Beobachtungen der artenreichen Tierwelt ist der Naturbeobachtungsturm in Althüttendorf bestens geeignet. Der See ist zwar mit 780 Hektar einer der größten im Biosphärenreservat, aber infolge seiner Entstehung als Zungenbeckensee mit vier bis acht Metern Tiefe eher seicht. Blesshühner bevölkern den Grimnitzsee, am Ufer bauen Biber ihre Burgen. Die Röhrichtgürtel sind ideale Brutstätten für viele Wasservögel; Fischadler, Seeadler und Rohrweihe finden hier Nahrung. Im Frühjahr ist der Ruf der Rohrdommel unüberhörbar.

Eiche *(Quercus)*

Auf den fruchtbaren Böden von Grundmoränen wachsen Eichen besonders gut. Vor allem Traubeneichen (Quercus robur) kann man in der Schorfheide sehr häufig finden. Sie sind als knorrige Riesen gegenwärtig und haben mitunter mehrere Hundert Jahre auf dem Buckel. Von den Eichen stammt übrigens auch der Name »Schorfheide« ab; das Wort Schorf wird mit »schürfen« erklärt, dem Aufsammeln von Eicheln. Mehr als 300 Jahre lang wurden die fürstlichen Wälder als Weide für Rinder, Pferde und Schafe genutzt.

Artenreiche Seen, so weit das Auge reicht Eine völlig andere Landschaft erwartet den Besucher am **Diebelsee** 3 bei Altenhof. Sein Name geht auf die Moorkarausche zurück, eine Fischart, die man im Brandenburgischen »Diebel« nennt. Der See ist 1,25 Hektar groß, 2,20 Meter tief und zählt zu den Kesselseen. Die moorigen und sumpfigen Uferbereiche sind Lebensräume für viele seltene Pflanzen, zu denen größere Bestände von Sumpfporst gehören. Dieser Strauch wird bis zu 1,50 Meter hoch und entfaltet im Mai und Juni zahlreiche weiße Blüten.

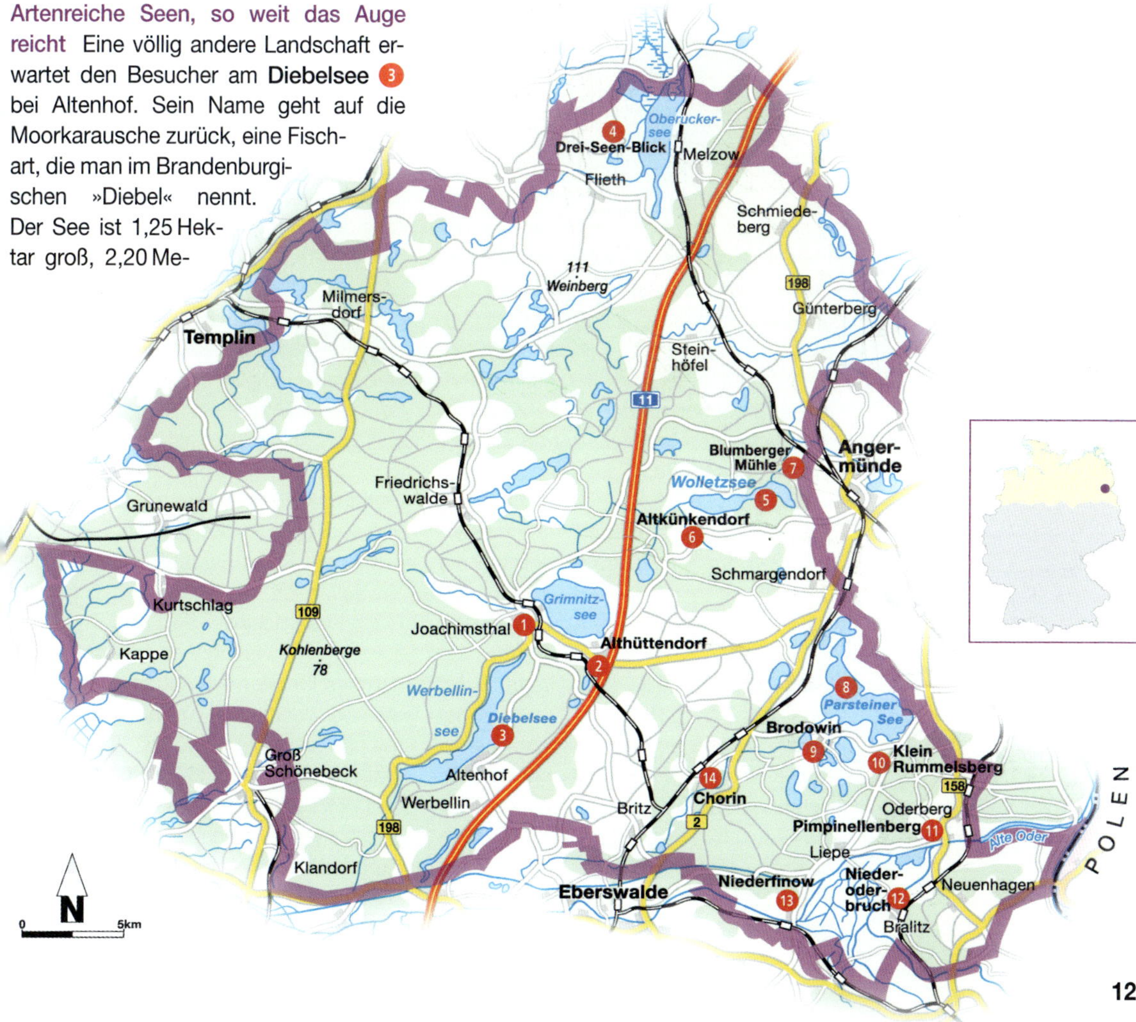

Das Infozentrum Blumberger Mühle bei Angermünde bietet viel Wissenswertes für die Besucher.

Auch Moosbeere und Rundblättriger Sonnentau leben zwischen den Torfmoosen. Große Flächen nehmen auch Wollgräser ein.

Wer einen Blick über das Uckertal genießen möchte, findet am Rastplatz ➠ **»Drei-Seen-Blick«** 4 zwischen Fergitz und Potzlow Gelegenheit. Oberucker-, Potzlow- und Krummer See inklusive kleinerer Nebenseen sind in eine Feuchtniederung eingebettet. In den breiten Röhrichtzonen lebt auch der scheue Brachvogel, der an seinem charakteristischen langen Schnabel erkennbar ist. Von einer stark hügeligen Landschaft umgeben ist der **Wolletzsee** 5, das Naherholungsgebiet der Angermünder. An der Straße Angermünde–Altkünkendorf lädt ein geologischer Lehrpfad ein, der 71 verschiedene Steine präsentiert und am Strandbad Wolletzsee endet.

Der verträumte Ort ➠ **Altkünkendorf** 6 hat eine sehenswerte Kirche aus dem 13. Jahrhundert zu bieten. Am Ortsausgang in Richtung Grumsin befindet sich der Naturbeobachtungspunkt »Große Wiese« mit einer Beobachtungshütte. Das Feuchtgebiet ist von Feuchtwiesen, Erlenbrüchen, Großseggensümpfen und offenen Wasserstellen geprägt. Rund um die Flachwasserzonen fühlen sich Rotbauchunken und Laubfrösche wohl. Der Drosselrohrsänger baut sein Nest zwischen den Schilfhalmen, der Kuckuck schiebt ihm gelegentlich seine Eier unter. Von den Libellen sind vor allem die blauen Azurjungfern häufig. Vom Strandbad Wolletzsee führt ein Weg in 20 Minuten zum Natur- und Wanderparadies **Blumberger Mühle** 7, einem Informationszentrum (Tel. 03331/260 40). Diese 14 Hektar große Teichlandschaft ist heute Bestandteil eines 200 Hektar großen Naturschutzgebiets, das bis zum Wolletzsee reicht. Von Mitte März bis in den Frühsommer hört man die Rufe verschiedener Amphibien wie das Glucksen der Moorfrösche, das Läuten der Rotbauchunken oder das Keckern der Laubfrösche. Als größter einheimischer Frosch kommt hier auch der Seefrosch vor.

Rastgewässer für Tausende von Wasservögeln Im Herbst herrscht auf dem **Parsteiner See** 8 ein munteres Treiben von Blässrallen, Enten und Gänsen. Ab März beginnen im Schilf die dumpfen Rufe der Rohrdommel, eines gut hühnergroßen Vogels mit braunem, tarnfarbigem Gefieder und langem Schnabel zu erklingen. Es sind Balzlaute der Männchen, die sich mehrere Weibchen im Revier halten. Dank eines Projekts zum Schutz der Rohrdommel wurde am Parsteinwerder bei Serwest ein Naturbeobachtungsturm gebaut. Er erlaubt einen großartigen Blick über den nördlichen und südlichen Parsteiner See.

Zwischen sieben Seen liegt das Ökodorf **Brodowin** 9, wo sich eine Kirche nach Plänen des Schinkel-Schülers Stüler, ein schöner Dreiseitenhof sowie der Hofladen des Ökodorfs befinden. In der Umgebung bestimmen mehrere Drumlins, elliptische Hügel aus der Eiszeit, das Bild, die am Weg zwischen Brodowin und Pehlitzwerder zu erkennen sind. Bei Pehlitzwerder erhebt sich der **Kleine Rummelsberg** 10 über den Wesensee. Die Rundsicht reicht vom Parsteiner See über Pehlitz- und Wesen- bis zum Rosinsee. Seine Hänge tragen eine Trockenrasenvegetation mit u. a. Gemeiner Braunelle, Natternkopf-Habichtskraut, Sand-Thymian, Golddistel und Wiesensalbei.

Zisterzienserkloster inmitten artenreicher Landschaft Eine großartige Aussicht bietet auch der 100 Meter hohe ➠ **Pimpinellenberg** ⑪ bei Oderberg. Er gehört zum Choriner Endmoränenbogen und ist als Naturschutzgebiet mit wärmeliebenden Pflanzen ausgewiesen. Seinen Namen erhielt der Berg durch das Vorkommen der Kleinen Bibernelle, einer früher sehr geschätzten Heilpflanze. Als besondere Seltenheit findet man hier die Goldaster, eine 45 Zentimeter hohe Pflanze mit sehr schmalen Blättern und gelben Blüten. Sie stehen in einer Dolde zusammen und entfalten sich im August und September.

Der **Niederoderbruch** ⑫ zwischen Eberswalde und Oderberg ist eine riesige Flussauenlandschaft, die in den 1960er-Jahren großflächig entwässert wurde. Obwohl die Menschen damals tiefe Gräben zogen und Staue bauten, blieb ein ausgedehntes Feuchtgebiet mit der Alten Oder und ihren Altmäandern erhalten. Hier kann man Wiesenvögel während der Balz beobachten: Kiebitz, Bekassine, Große Brachvögel, Wiesenpieper und Wachtelkönige brüten hier, und auch der Weißstorch ist auf den Auen ein häufiger Gast. Neben zahlreichen Pflanzenarten feuchter Wiesen wachsen hier auch Orchideen wie das Steifblättrige und das Breitblättrige Knabenkraut. Einen hervorragenden Ausblick zum Niederoderbruch, aber auch auf den Barnim und die Choriner Endmoräne genießt man von der Plattform des Schiffshebewerks **Niederfinow** ⑬ im Oder-Havel-Kanal, das zwischen 1927 und 1934 gebaut wurde und in 20 Minuten ein Gefälle von 36 Metern überwindet.

Umgeben von den Buchenwäldern der Choriner Endmoräne ist das ➠ **Kloster Chorin** ⑭ eine der bedeutendsten Klosteranlagen in Brandenburg. Es wurde von Markgraf Otto III. und Johann I. im Jahr 1258 als Kloster Mariensee auf dem Pehlitzwerder gegründet und 1273 nach Chorin verlegt. Nach der Säkularisierung 1542 diente das Kloster bald als Steinbruch und wurde nach starker Beschädigung im Dreißigjährigen Krieg teilweise abgetragen. Erhalten geblieben ist u. a. die sehenswerte Ruine der gotischen Klosterkirche mit spätromanischen Elementen, die in der europäischen Architektur wegen ihrer grandios gestalteten Westfassade hervorsticht.

Kiebitz *(Vanellus vanellus)*

Der Vogel ist etwa taubengroß und hat ein schwarz-weißes, oben metallisch glänzendes Gefieder. Seine Erkennungszeichen sind eine abstehende Federholle am Kopf und ein waghalsiger Balzflug. Er brütet auf den Wiesen und ernährt sich von Insekten, Larven und Würmern. Durch intensive Nutzung der Wiesen ist der Bestand des Vogels gefährdet.

Auch als Ruine noch eindrucksvoll: die spätromanisch-gotische Kirche des Zisterzienserklosters Chorin

Nationalpark Unteres Odertal

SERVICE

Anfahrt Auf der A 11 Berlin–Stettin bis zur Ausfahrt Penkun und weiter auf der B 113 nach Mescherin; mit der Bahn gelangt man nach Schwedt/Oder.

Lage Im Nordosten Brandenburgs. Der Nationalpark erstreckt sich auf einer Länge von etwa 60 km zwischen Hohensaaten und Stettin entlang der deutsch-polnischen Grenze.

Größe 105 km^2

Höchste Erhebung 85 m

Gründung 1995

Information Nationalpark Unteres Odertal, Park 2, 16303 Schwedt, Ortsteil Criewen

Telefon 03332/267 70

Internet www.unteres-odertal.de www.nationalpark-unteres-odertal.de www.nationalpark-unteres-odertal.eu

TOP TIPP

3 Gartzer Schrey Schönster Trockenwiesenhang an der Oder

5 Oderbruch Urtümliche Flussauenlandschaft mit reizvollen Wanderwegen

8 Schiffstour Ab Schwedt den Nationalpark vom Wasser aus erleben

9 Besucherzentrum Modern, informativ, mit großen Flussaquarien

Einfach nur ein Flusstal – das kann man so nicht behaupten. Auf engstem Raum finden sich hier unterschiedlichste Biotope: die Oder selbst, ihre Altwasser und Schilfgürtel, die periodisch überfluteten Feuchtwiesen und der naturnahe Auwald. Die Hänge längs des Stromtals sind von Laubwäldern bedeckt, ihre Kuppen von duftendem, blumigem Trockenrasen überzogen.

Die Flusspolderlandschaft der Oder mit ihren vielen kleinen Seen, Wasserrinnen und Altarmen bei Stützkow

Das Untere Odertal gehört zu den tierartenreichsten Gebieten Deutschlands. Alle drei Adler des norddeutschen Tieflands – Seeadler, Fischadler und Schreiadler – brüten im Nationalpark. Schwarz- und Weißstorch sowie seltene und schwer zu beobachtende Vögel wie Wachtelkönig oder Seggenrohrsänger bereichern die Landschaft. Es gibt weit über 100 000 Gänse und Enten, und 10 000 Kraniche und andere Zugvögel nutzen das untere Odertal als Rast- oder Überwinterungsgebiet. Säugetiere, Reptilien sowie 47 nachgewiesene Fischarten bevölkern die Gewässer und Auen. Wenn der Frühling einkehrt und die letzten Eisschollen flussabwärts in die Ostsee treiben, erwacht wieder das Leben. Auf den Oderhängen bei Gartz strahlen alsbald die blauen Blüten des Kreuzenzians, und aus dem Süden kehren Störche, Wachtelkönig und Seggenrohrsän-

Schwarzpappel *(Populus nigra)*

2006 wurde die seltene Schwarzpappel zum Baum des Jahres gekürt. Nicht mehr als 3000 Altbäume können in Deutschland sicher identifiziert werden. In Brandenburg sind nur zwei überalterte Restbestände an der Oder bekannt. Schwarzpappeln erreichen ein Alter von 100 bis 300 Jahren. Ältere Exemplare sind von mächtigem, knorrigem Wuchs. An günstigen Standorten werden sie bis zu 30 m hoch, bei einem Stammdurchmesser von über 2 m. Verantwortlich für den Rückgang der Schwarzpappel ist das Abholzen der Auwälder für die landwirtschaftliche Nutzung, die Begradigung von Flussläufen und die damit verbundene Absenkung des Grundwasserspiegels. Die Schwarzpappel gehört wegen ihres hohen Licht-, Wasser- und Nährstoffbedarfs zu den konkurrenzschwachen Bäumen. Andererseits ist sie eine Überlebenskünstlerin: Neben der Weide hält sie sogar großen Flutwellen stand. An der Oder wurden inzwischen 4000 neue Bäume gepflanzt, als Keimzelle eines neuen Auwalds.

ger zurück in ihre Brutgebiete. Im Sommer ertrinkt die Flussniederung im sattesten Grün, die Böschungen an den Wasserläufen sind mit Blutweiderich bewachsen, Froschlöffel sowie Pfeilkraut, ja sogar der seltene Schwimmfarn, Weiße Seerosen und auch Gelbe Mummeln sind auf dem Wasser nicht zu übersehen. Die Trockenrasenzonen an den Oderhängen bergen viele botanische Kostbarkeiten.

Steppenflora und Kranichplätze Am nördlichsten Punkt des Nationalparks ermöglicht **Mescherin** 1 mit den beiden Aussichtspunkten Seeberg und Stettiner Berg einen eindrucksvollen Blick über die Oderniederung. Auf der anderen Seite des Stroms ist das polnische Gryfino, das frühere Greifenhagen, gut zu erkennen. Eine Autobrücke verbindet die beiden Orte und Länder am Strom. Die schon 1932 als Naturschutzgebiet ausgewiesenen **Geesower Hügel** 2 gehören zwar nicht zum Nationalpark, verdienen aber dennoch Beachtung. Aufgrund der geringen Niederschlagsmengen haben hier Vertreter der Steppenvegetation ihr nördlichstes Vorkommen. So wächst beispielsweise das Federgras, und auch das außerordentlich seltene Dreizähnige Knabenkraut, den seltenen Kreuzenzian und selbst Sandnelken, Karthäusernelken und die Türkenbundlilie kann man entdecken.

Der ➠ **Gartzer Schrey** 3 erstreckt sich rund zwei Kilometer nördlich von Gartz (Oder) und wurde 1967 unter Naturschutz gestellt. Vom Kroatenberg bietet sich ein schöner Blick in die Oderniederung. Ein besonders eindrucksvolles Spiel ist jeden Abend am Deich in der Umgebung zu erleben, wenn die Kraniche in langen Ketten von den Feldern zu ihren Schlafplätzen im Zwischenstromland fliegen, das heute zu Polen gehört. Dieser Platz hieß schon in Karten aus dem frühen 19. Jahrhundert »Kranich-Strom«. Ende November bezie-

Auf den Trockenhängen am Gartzer Schrey im Norden des Nationalparks wachsen auch Golddisteln.

hen dann Singschwäne ihre angestammten Schlafplätze an der Oder, zusammen mit den Höckerschwänen. Gemeinsam überwintern sie mit Gänsesägern, Enten fast aller Arten sowie Greifvögeln, darunter oft mehr als 20 Seeadlern. In **Gartz** 4 kann man das Auto parken und zum Deich oder zum zwei Kilometer entfernten Gartzer Schrey wandern. Gartz selbst ist ein reizvolles Ackerbürgerstädtchen; seine Gäste empfängt es mit dem Stettiner Tor in der alten Stadtmauer von 1280, das heute auf drei Etagen die Ausstellungen des Ackerbürgermuseums beherbergt.

Land im Strom Zwischen Mescherin und Stolpe führt ein gut ausgebauter, asphaltierter Wanderweg durch den Nationalpark; er ist Bestandteil des wesentlich längeren Oder-Neiße-Radwegs. Von dem in Nord-Süd-Richtung verlaufenden Pfad führen auf der einen Seite sogenannte Sommerwege direkt in die ungestörte Natur der Polderlandschaft zwischen Oder und Hohensaaten-Friedrichsthaler-Wasserstraße; auf der anderen Seite des Wegs lassen sich die Sehenswürdigkeiten in den Orten Friedrichsthal, Gatow oder Criewen, entdecken.

An der B 2 weist nur ein unauffälliges Schild auf den Weg zur Teerofenbrücke hin. Dort lockt neben einem Naturlehrpfad, einem Grillplatz und einer Wildnisschule auch einer der besten Ausgangspunkte für Wanderungen in den ➠ **Oderbruch** 5 (Parkplätze vorhanden). Am Welsensee haben Biber ihre Bauten errichtet, und auf abgestorbenen Bäumen an der Unteren Welse versammeln sich Kormorane; verschiedene Wege führen durch das Poldergebiet bis zur gemächlich dahinströmenden Oder.

In verschiedenen Orten am Rand des Nationalparks, beispielsweise in Friedrichsthal, Gatow und **Vierraden** 6, stößt man immer wieder auf Tabaktrockenscheunen. Vor über 300 Jahren sorgten Hugenotten für die Ausbreitung des Tabakanbaus in der östlichen Uckermark. Die natürlichen und besonders die klimatischen Bedingungen begünstigten den Anbau. Das Tabakmuseum Vierraden zeigt in einem ehemaligen Speicher alles über Anbau, Handel und die Verarbeitung von Tabak im Gebiet zwischen Oder und Randow.

Die Industriestadt **Schwedt** 7, Hauptort des Nationalparks, kann am wenigsten verbergen, dass das Untere Odertal auf beiden Seiten von Wirtschaftszonen umgeben ist. Nicht immer bleibt hier die Aussicht von Strommasten, Kraftwerktürmen oder Schloten ungetrübt. Nach einem Brand im Jahr 1685 wurde die Stadt mit regelmäßigem Grundriss neu angelegt. Eine ➠ **Schiffstour** 8 von Schwedt nach Stolpe, Friedrichsthal, Gartz oder Mescherin bringt den Besuchern den Nationalpark vom Wasser aus näher. Die Anlegestelle befindet sich direkt am alten Stadtbollwerk, in unmittelbarer Nähe der Altstadt und der Schwedter Stadtbrücke.

Europäischer Elch *(Alces alces alces)*

Der Elch ist eine relativ junge Art, wahrscheinlich nicht älter als 2 Mio. Jahre. Seine Heimat sind Seen- und Sumpflandschaften, und als Nahrung dienen ihm Wasserpflanzen, wie z. B. Seerosen, Gräser, Zweige und Laubblätter.
Der Europäische Elch ist in Skandinavien, Polen und in den baltischen Staaten zu Hause. Er wurde auch schon im Nationalpark gesichtet, was auf seine baldige Rückkehr ins Odertal hoffen lässt.

Länderübergreifender Naturschutz Der ehemalige Schafstall der Criewener Gutsanlage beherbergt das sehr interessante ➠ **Besucherzentrum** (9) des Nationalparks Unteres Odertal; die umfangreiche Ausstellung informiert über Flora und Fauna. Im Mittelpunkt steht ein 15 000 Liter fassendes Oder-Aquarium mit mehr als 20 einheimischen Fischarten, die in den Gewässern der Oderauen vorkommen. Um 1822 ließ der damalige Besitzer des Ritterguts, Otto von Arnim, an der Stelle des alten Dorfes Criewen einen Landschaftspark anlegen. Er beauftragte den preußischen Landschaftsarchitekten Peter Joseph Lenné, das Terrain zur Oder hin neu zu gestalten. Lenné bezog Kirche und Friedhof mit in die Anlage ein. Neben geschwungenen Wegen, Teichen und Brücken findet man hier alle typischen Elemente eines englischen Gartens.

An der alten Fährstelle bei **Stützkow** (10) führt eine moderne Brücke ins Poldergebiet und macht damit den Ort zu einem guten Ausgangspunkt für Wanderungen und Spaziergänge. Oberhalb von Stützkow gelangt man von einem Parkplatz zu einem der schönsten Aussichtspunkte mit Blick auf den südlichen Teil des Nationalparks und den polnischen Landschaftsschutzpark Zehden, der im Nachbarland an die deutsche Nationalparkregion angrenzt. Der Landschaftsschutzpark Zehden (Cedynski Park Krajobrazowy) mit seinen 650 Quadratkilometern sowie der Landschaftsschutzpark Unteres Odertal (Park Krajobrazowy Dolina Dolnej Odry, 60 km^2) bilden eine gemeinsame Schutzzone. Grenzübergreifend umfassen die Schutzgebiete an der Oder insgesamt eine Fläche von 1183 Quadratkilometern.

Noch heute wird der mittelalterliche Bergfried bei **Stolpe** (11) von den Einheimischen als Grützpott bezeichnet. Der Name leitet sich von der Form des Bergfrieds ab, der an einen überdimensionalen Topf erinnert.

Der beliebte Oder-Neiße-Radwanderweg verläuft durch das Odertal mit seinen wunderschönen Auwäldern.

Naturpark Westhavelland

Vor allem die Weichselkaltzeit vor 10 000 Jahren prägte das Bild in dieser Landschaft im Westen Brandenburgs. Durch die mächtigen, das Gelände formenden Gletschermassen und die Schmelzwasserströme entstanden in den tieferen Lagen riesige Sumpfgebiete und Moore. Besonders charakteristisch sind das Havelländische Luch, das Rhinluch und das Dossebruch. In den auf Grund- oder Endmoränen hoch gelegenen »Ländchen« siedelten sich die Menschen an und gründeten Dörfer und Städte.

SERVICE

Anfahrt Auf der A 24 bis Neuruppin, auf der B 167 bis Neustadt/Dosse; mit der Bahn bis Neustadt/Dosse

Lage Im Nordwesten von Brandenburg an der Grenze zu Sachsen-Anhalt zwischen Brandenburg/Havel, Neustadt/Dosse und Friesack

Größe 1315 km²

Höchste Erhebung Gollenberg (109 m)

Gründung 1998

Information Naturparkverwaltung Westhavelland, Dorfstr. 5, 14715 Havelaue, OT Parey

Telefon 033872/74 30

Internet www.lugv.brandenburg.de

TOP TIPP

1 Neustadt (Dosse) Berühmtes Gestüt mit Hengstparaden sowie Dressur- und Springdarbietungen

4 Kleßen Hübsches Schloss und Märkischer Gutsgarten mit Spielzeugmuseum

6 Gülper See Rast- und Überwinterungsplatz für Wasser- und Watvögel

11 Möthlow Museum zum Thema Bienen und Imkerei

15 Untere Havel Nord Rast- und Überwinterungsplatz für Wasservögel

Die Havel bei Bützer – ein Naturparadies voller Wälder und Röhrichte, ideal zum Wandern und Radfahren

Die wasserreichen Niederungen bieten vielen bedrohten Tier- und Pflanzenarten ideale Lebensräume. So ist die Region sehr wichtig für Wat- und Wasservögel, zu denen nordische Gänse, Schwäne, Kraniche, Enten und Schnepfenvögel gehören. Sie finden hier im Frühjahr und Herbst auf ihren langen Zugrouten wasser- und nahrungsreiche Rastplätze. Der Kampfläufer, das Wappentier des Naturparks, kann im Frühjahr bei seinen Balzspielen beobachtet werden. Andere seltene Vogelarten (z. B. Uferschnepfe, Bekassine oder Rotschenkel) brüten hier. In den Feuchtgebieten leben Biber und Fischotter.

Neustadt (Dosse) – das »Sanssouci der Pferde« Nähert man sich dem Naturpark von Nordosten, ist ➔ **Neustadt (Dosse)** 1 die erste Station. Bereits seit 1407 im Besitz der Grafen von Ruppin, erwarb Landgraf Friedrich von Hessen-Homburg den Ort 1662 und ließ die Kirche bauen. Berühmt wurde Neustadt (Dosse) vor allem durch sein Gestüt, wo die jährlichen Hengstparaden als besondere Attraktion gelten.

Über Sieversdorf führt der Weg nach **Großderschau** ❷. Hier lädt das Heimathaus (Kleinderschauer Str. 1) zum Besuch ein, wo man sich über die Besiedlung des Rhinluchs und des Dossebruchs informieren kann, bevor das Städtchen **Rhinow** ❸ angesteuert wird, der Hauptort im »Ländchen« Rhinow mit seiner abwechslungsreichen Hügellandschaft.

Vom nahen Stölln aus lohnt sich ein Abstecher nach ➠ **Kleßen** ❹, wo ein hübsches Schloss mit dem Märkischen Gutsgarten wartet. Während das in Privatbesitz befindliche Schloss nur für die Havelländischen Musikfestspiele (Termine unter Tel. 033235/29 00 44 oder www.schloss-klessen.de) geöffnet ist, kann der Märkische Gutsgarten täglich außer montags besucht werden. Große Rasenflächen mit schönen, alten Bäumen, Rosen, Sommerblumen und ein Naschgarten mit Kräutern und Beeren prägen das Bild. In der alten Dorfschule ist das erste Spielzeugmuseum (geöffnet Mi–So 11–17 Uhr) des Havellands untergebracht, denn Brandenburg war einst ein Zentrum der Spielzeugherstellung.

Die Fahrt von Rhinow führt über eine der schönsten Alleen Brandenburgs nach **Strodehne** ❺. Die Dosseniederung nordöstlich des Orts ist ein artenreiches Überschwemmungsgebiet, wo neben Entenarten auch Bruchwasserläufer, Seeadler, Kampfläufer und Grünschenkel zu sehen sind.

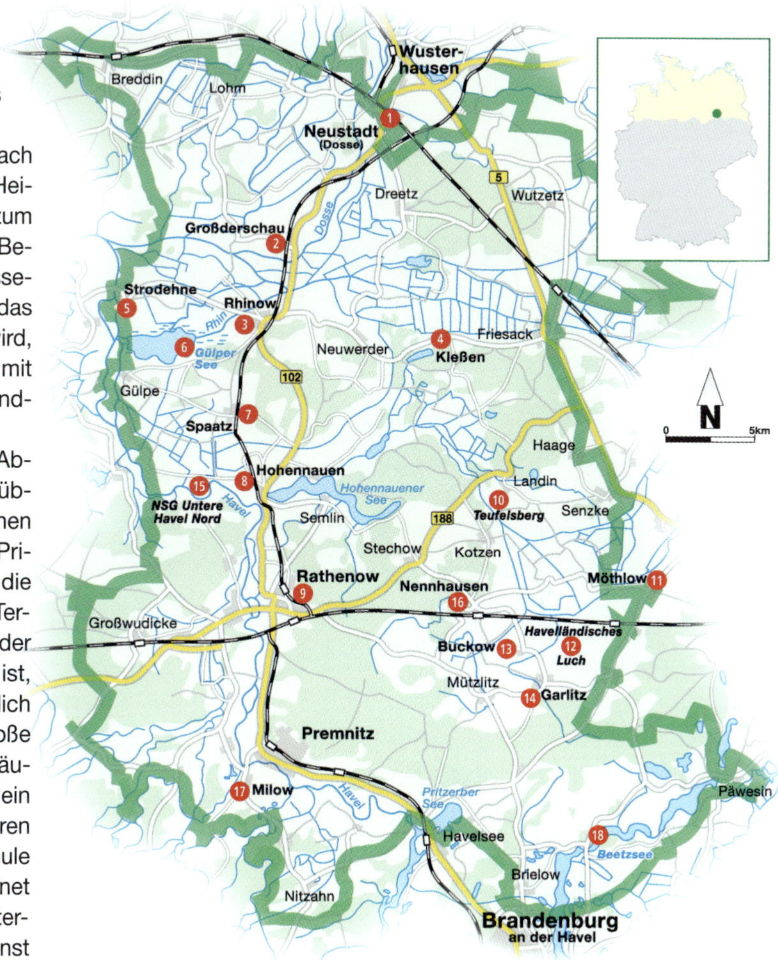

Invasion der Gänse Das Naturschutzgebiet ➠ **Gülper See** ❻ südlich von Strodehne ist ein herausragendes Vogelschutzgebiet im Naturpark. Allein 100 Brutvogelarten wurden festgestellt, darunter Lachmöwen und Trauerseeschwalben, die in Kolonien brüten. Zudem gibt es hier viele Entenarten, man trifft u. a. auf Schwarzhals-, Hauben- sowie Zwergtaucher, auf Rohrdommel, Rohrweihe, Rotschenkel, Rohrschwirl und Wasserralle. Regelmäßig jagen hier Fisch- und Seeadler. Nicht zuletzt ist der Gülper See ein bedeutender Rastplatz sowie Sammel- und Überwinterungsstätte für viele Sumpf- und Watvögel. Zur Zeit des Vogelzugs im Frühjahr und Herbst ist der spektakuläre Einfall von 100 000 Saat- und Blessgänsen gut vom Aussichtsturm am Südufer zwischen Gülpe und Prietzen zu beobachten.

Über **Spaatz** ❼ mit der Feldsteinkirche aus dem 13. Jahrhundert führt der Weg nach **Hohennauen** ❽ am Hohennauener See, das 1386 erstmals als »dat Hus to Hagenowen« erwähnt wurde. Die Havelniederung zwischen Hohennauen und Parey ist beiderseits von Feuchtwiesen geprägt, wo im Sommer Kiebitze beobachtet werden können. Auch Weißstörche und viele Graureiher sind anzutref-

Die Havel

Das Quellgebiet der Havel liegt im Nordosten des Müritz-Nationalparks bei Ankershagen. An einem eher unscheinbaren Wassergraben verzeichnet ein Gedenkstein die Orte, die die Havel bei ihrem 343 km langen Lauf bis zur Mündung in die Elbe durchfließt. Ursprünglich bildeten drei Quellseen – Born-, Trinnen- und Mühlensee – das Quellgebiet der Havel. Davon wurde die junge Havel vor rund 600 Jahren getrennt, als man südwestlich von Ankershagen einen Damm aufschüttete. In den Naturpark Westhavelland tritt die Havel nordwestlich von Brandenburg ein.

Abends senkt sich Stille über das Land und taucht das Havelländische Luch in sanftes Licht.

fen. Ein 31 Kilometer langer Wanderweg (Storchenweg genannt) führt von Hohennauen aus in sechs Stationen nach Nordwesten.

Wissenswertes über Bäume und Bienen **Rathenow** 9 wird bereits 1216 als Grenzort erwähnt; die romanische Kirche St. Marien und Andreas dürfte damals bereits gestanden haben. Von der mittelalterlichen Ausstattung ist der Flügelaltar erhalten.

Am südlichen Rand der Stadt Rathenow breitet sich die Königsheide aus, ein 3000 Hektar großes Waldgebiet. Hier befindet sich die Waldschule Grünaue mit einem Waldlehrgarten, wo man Wissenswertes über die Bäume des Jahres erfährt und der »Waldmännlein-Erlebnispfad« zum Entdecken und Entspannen einlädt.

Fährt man von Rathenow auf der B 188 in Richtung Friesack, ragt bei der Fahrt über den Großen Havelländischen Hauptkanal der **Teufelsberg** 10 als markante Anhöhe aus den Niederungen des Havelländischen Luchs heraus. Diese kiesig-sandige Stauchmoräne zeichnet sich durch das Vorkommen von Waldsteppen und Trockenrasen aus. Das Naturschutzgebiet ist von Kiefern, Traubeneichen, Stieleichen und einzelnen Winterlinden bestanden. Auf den Trockenrasen wachsen Wiesenkuhschelle, Bergziest, Blutroter Storchschnabel, Ähriger Ehrenpreis, Kammwachtelweizen und andere Trockenheit und Wärme liebende Pflanzenarten.

Ganz im Osten des Havelländischen Luchs, an der Grenze des Naturparks, liegt der kleine Ort ➠ **Möthlow** 11. Hier gibt es ein Bienenmuseum, in dem über 700 Exponate zur Imkerei ausgestellt sind.

Von seltenen Großtrappen und Kampfläufern Das **Havelländische Luch** 12 ist eines der wenigen Gebiete in Deutschland, wo die seltenen, vom Aussterben bedrohten Großtrappen vorkommen, die zu den größten flugunfähigen Vögeln der Welt gehören. Mit ihrem Schutz befassen sich die Mitarbeiter der Staatlichen Vogelschutzwarte in Buckow (Dorfstr. 34). Von den Beobachtungstürmen bei **Buckow** 13 und **Garlitz** 14 kann man besonders gut im März und Mai das beeindruckende Balzverhalten der Männchen sehen.

Das ➠ **Naturschutzgebiet Untere Havel Nord** 15 mit seinen weitläufigen überfluteten Flächen der Großen Grabenniederung liegt im Westen südlich von Gülpe und ist eines der wichtigsten

Rastgebiete für Wasservögel in ganz Brandenburg, die von einem Turm aus (erreichbar von Parey auf einem Plattenweg Richtung Wolsier, nach 1 km links Richtung Gülpe abbiegen und am linken Rand des Grabens entlang) beobachtet werden können.

In **Nennhausen** 16 sind Barockschloss und Landschaftspark denkmalgerecht wiederhergestellt worden. Der Park ist öffentlich zugänglich, das Schloss anlässlich von Konzertveranstaltungen geöffnet (Termine unter Tel. 033878/6 05 05 oder unter www.schloss-nennhausen.de). **Milow** 17 liegt im Südwesten des Naturparks an der Mündung der Stremme in die Havel. Westlich des heutigen Orts hat das Inlandeis der Weichselkaltzeit bei seinem Rückzug eine drei Kilometer lange Stauchendmoräne zurückgelassen, die am Milower Berg (71 m) beginnt und über den Vieritzer Berg (86 m) bis zum Bützer Berg (69 m) reicht. Am Vieritzer Berg gibt es einen Naturlehrpfad mit Informationstafeln zur Tier- und Pflanzenwelt, und in Milow befindet sich ein Besucherzentrum des Naturparks Westhavelland.

Kampfläufer *(Philomachus pugnax)*

Der Brutvogel ist Wappentier des Naturparks und ernährt sich von Kleintieren – im Wasser wie am Boden. Sein Lebensraum sind Nasswiesen und Moore, aber auch Uferregionen. Das Nest baut er am Boden versteckt in der Vegetation. Die Männchen sind wesentlich größer als die rotschenkligen Weibchen; auffällig sind beim Kampfläufer der kurze Schnabel und die aufrechte Haltung. Männliche Kampfläufer können im Federkleid sehr unterschiedlich gefärbt sein, vor allem Halskrause und Haube können grau, braun, gelb, weiß oder gescheckt sein. Bei der Balz mit echten Kämpfen und Turniergefechten spielen Halskrause und Perücke eine wichtige Rolle. Die Wahl treffen die Weibchen, die nach der Paarung im Mai/Juni vier graue bis olivgrüne Eier legen. Das Weibchen brütet allein 20–23 Tage und führt auch die Jungvögel allein aus, die nach etwa vier Wochen flügge sind.

Eingebettet in eine malerische Fluss- und Seenlandschaft liegt vor den Toren der Stadt Brandenburg der **Beetzsee** 18, im Sommer ein Tummelplatz für Schwimmer, Segler und Angler. Um den See führt der »Storchenweg« (31 km), auf dem man bequem die Natur genießen kann.

Im Fouqué-Schloss in Nennhausen finden in stilvoller Umgebung klassische Konzerte statt.

Naturpark Barnim

Die Hochfläche des Barnim fällt im Osten steil zum Tal der Oder ab; im Westen klingt sie dagegen sanft in der weiten Havelniederung aus. Die Talsandterrassen des Eberswalder Urstromtals sowie die großen Sanderflächen des Naturparks sind vor allem von Kiefernwäldern bestanden. Dazwischen erstrecken sich Felder, die weite Flächen der Landschaft im Frühjahr mit den leuchtend gelben Blüten des Rapses in ein Farbenmeer verwandeln. Stellenweise gibt es noch naturnahe Wälder, vor allem die herrlichen Buchenwälder am Liepnitzsee oder die Erlenbrüche im Briesetal.

SERVICE

Anfahrt Auf der A 11 bis Bernau-Nord oder Bernau-Süd und weiter nach Bernau; mit der Bahn bis Bernau

Lage In den nördlichen Berliner Bezirken Pankow und Reinickendorf und dem angrenzenden Teil von Brandenburg zwischen Bernau, Bad Freienwalde, Eberswalde, Liebenwalde und Oranienburg

Größe 750 km^2

Höchste Erhebung bei Sommerfelde (90 m, östlich von Eberswalde)

Gründung 1998

Information Naturparkverwaltung Barnim, Wandlitzer Chaussee 55, 16321 Bernau

Telefon 03338/751 76-0

Internet www-naturpark-barnim.de

TOP TIPP

3 **Karower Teiche** Vielfältiges Feuchtgebiet mit seltenen Tierarten und bizarren Bäumen

4 **Kalktuffgelände am Tegeler Fließ** Kalktuffterrassen und Feuchtwiesen voller Orchideen

6 **Schnelle Havel** Naturnaher Fluss in reizvoller Wiesenniederung mit reicher Uferflora und Rotbauchunken

7 **Finowkanal** Alte Wasserstraße mit Treidelweg, heute reizvoller Wanderweg

Ein Maler der Romantik hätte keine stimmungsvollere Komposition schaffen können: der Wandlitzsee am Abend.

Im Biesenthaler Becken, dem Quellgebiet der Finow, wechseln auf engstem Raum Bäche mit Erlenbruchwäldern, Schilfröhrichte und feuchte Wiesen mit Trockenrasen sowie kleinen Kiefernwäldern; auf Sandböden entwickelten sich regional Heideflächen. Zahlreiche Greifvögel schweben über dem Naturpark, von denen der Mäusebussard am häufigsten ist. Auch Rot- und Schwarzmilan, Habicht, Sperber, Eulen und Falken lassen sich hier beobachten.

Am schönsten im Spätsommer, wenn die Heide blüht **Bernau** 1 ist eine hübsche Kleinstadt mit gut erhaltener Stadtmauer; als ihr Wahrzeichen gilt das Steintor aus dem 15. Jahrhundert. Hier ist auch ein sehenswertes Museum (Berliner Straße) untergebracht, das über die Stadtgeschichte informiert. Mit dem Beinamen »Hussitenstadt« wird an die erfolgreiche Abwehr der Hussiten im Jahr 1432 erinnert, und jährlich finden am zweiten Juni-Wochenende die »Hussitenspiele« statt.

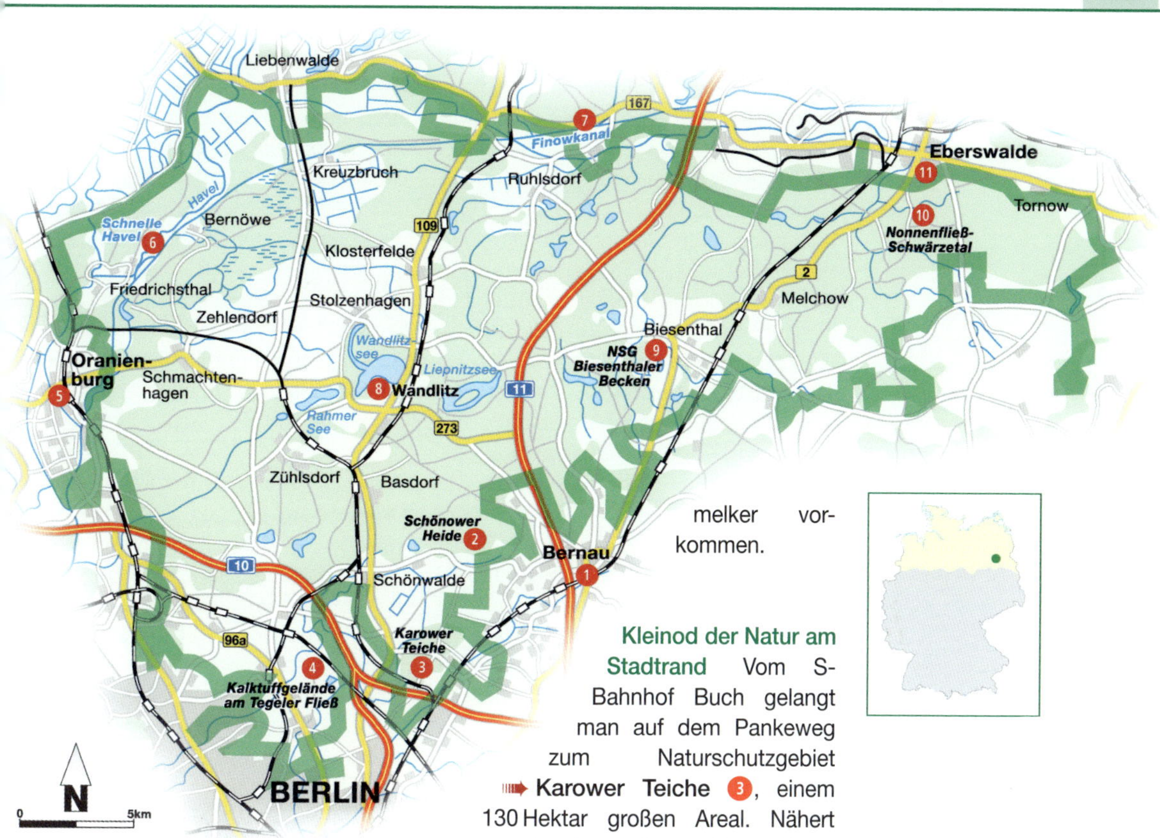

Westlich von Bernau befindet sich um die Gehackten Berge das Naturschutzgebiet **Schönower Heide** 2. Einige alte Kiefern bilden reizvolle Blickfänge, und auf den Sanderflächen mit aufgewehten Sanddünen bildete sich eine abwechslungsreiche Vegetation mit Heidekraut und Silbergräsern. Kleine Zauneidechsen eilen über den kargen Sandboden, und die seltene Glattnatter sonnt sich auf freien Plätzen; Roter Milan, Habicht und Bussard kreisen über dieser Landschaft. Im Spätsommer zur Heideblüte wimmelt es von Insekten, dicke Hummeln und fleißige Wildbienen laben sich am Nektar der Blüten, und schöne Tagfalterarten schweben von Blüte zu Blüte. Der Tiefblaue Silberfleckenbläuling bevorzugt Gräser, doch seine Raupen sind auf das Heidekraut als Futterpflanze angewiesen. Reichlich sind auch Singvögel vertreten, von denen hier u. a. Brachpieper, Heidelerche, Neuntöter, Schwarzkehlchen, Steinschmätzer, Wiedehopf und Ziegenmelker vorkommen.

Kleinod der Natur am Stadtrand Vom S-Bahnhof Buch gelangt man auf dem Pankeweg zum Naturschutzgebiet ➠ **Karower Teiche** 3, einem 130 Hektar großen Areal. Nähert man sich im Frühjahr dieser Oase, dringen aus der Ferne seltsame Töne ins Ohr, die dem Wiehern eines Pferdes äh-

Streuobstwiesen und Obstbaumalleen

Über Jahrhunderte gehörten die Streuobstwiesen zum Bild einer Kulturlandschaft. Die nur extensiv genutzten Obstbäume standen nicht nur in den Gärten, sondern auch auf kleineren Äckern und Wiesen oder gar am Straßenrand. Wer im Mai im Naturpark unterwegs ist, trifft heute noch am Rand vieler Dörfer auf ein prächtiges weißes Blütenmeer. Sehenswerte Streuobstwiesen mit verschiedenartigen Obstbäumen findet man vor allem um Schönwalde, Stolzenhagen und Zehlendorf. Ein schönes Beispiel für Obstbaumalleen ist die von Apfelbäumen (s. Bild) gesäumte Straße von Hohenfinow über Gersdorf nach Kruge im Osten des Naturparks.

neln. Es ist der Rothalstaucher, der seine Balzspiele vollführt. Auch der Zwergtaucher ist jetzt mit der Balz beschäftigt und trillert lauthals. Was sich wie das Quietschen von Schweinchen anhört, sind die Laute der Wasserralle. Auch Bläss- und Teichralle haben hier ihr Refugium und ziehen ihre Jungen im Schilfgürtel auf. Die umgestürzten Bäume am Uferrand dienen dem Eisvogel als Rastplatz, wenn er nicht gerade schnell über die Wasserfläche fliegt und im Sturzflug seine Nahrung aus dem Wasser holt. Sind die Teiche zugefroren, zieht sich dieser wunderschöne Vogel an eisfreie Gewässer, wie z. B. die Panke, zurück.

Südlich von Zühlsdorf beginnt der Bachlauf des Tegeler Fließtals, wo das Naturschutzgebiet ➠ **Kalktuffgelände am Tegeler Fließ** 4 Beachtung verdient. Es liegt im Norden von Berlin bei Hermsdorf und wurde 1929 unter Schutz gestellt. Der Bachlauf hat sich zehn Meter tief in das Barnimplateau eingeschnitten und wartet mit »wachsenden Steinen« auf. Am Talrand treten mehrere kalkhaltige Quellen aus, die die Vegetation mit einem Kalkfilm überziehen, der nach dem Absterben der Pflanzen als Kruste zurückbleibt. Dort siedeln sich kleine Krebse, Wasserskorpione und Insektenlarven an und leben wie in einem Korallenstock. Die klaren Wasser im Tegeler Fließ und in seinen Nebenarmen bieten Lebensräume für Seltenheiten wie Stichling und Flussbarsch. Auf den feuchten Wiesen gedeihen u. a. verschiedene Orchideen, die Steifblättrige Kuckucksblume, die Trollblume und die Prachtnelke.

Rotbauchunke *(Bombina bombina)*

Sie ziert das Logo des Naturparks Barnim, der mit seinen vielen kleinen Wasserflächen (Sölle) ein idealer Lebensraum für die vom Aussterben bedrohte Amphibienart ist. Da die Tiere sich mindestens während der gesamten Laichzeit im Wasser aufhalten, sind sie auf stehende oder schwach fließende Gewässer angewiesen. Mit den ersten warmen Sonnenstrahlen im März beginnt das Konzert der etwa 4 cm großen Amphibienart, die mit ihren orangefarbenen Flecken auf dem Bauch einzigartig ist. Die eigentümlichen, glockenartigen Rufe veranlassten die Menschen früher, sie in ihre Mythen und Legenden einzubeziehen.

Bäche, Fließe und Kanäle Zwischen **Oranienburg** 5 und Zehdenick sucht sich die ➠ **Schnelle Havel** 6 ihren Lauf. Dieser naturnahe Tieflandfluss mit seinen Altarmen und Stillwasserzonen bietet zahlreichen selten gewordenen Pflanzen Lebensraum. Gelbe Teichrosen, auch Mummel genannt, gedeihen hier gemeinsam mit Krebsscheren; im Schlick wachsen Schwanenblumen, die auf bis zu 1,50 Meter hohen Stängeln große rötlich-weiße Blütendolden tragen. In den Altarmen leben zahlreiche Amphibien, zu denen auch die Rotbauchunke gehört, das Wappentier des Naturparks. Ein wesentliches Merkmal des Naturparks sind zahlreiche Bäche, die von der Hochfläche des Barnim herabfließen. An der Wasserscheide von Nordsee und Ostsee strömen die Fließe entweder über die Oder in die Ostsee oder über die Havel in die Nordsee.

Der ➠ **Finowkanal** 7 (Eröffnung 1620) ist eine der ältesten künstlichen Wasserstraßen Deutschlands und hatte als Transportweg zwischen Oder und Havel große Bedeutung. Als er um die Wende vom 19. zum 20. Jahrhundert dem wachsenden Verkehr nicht mehr gewachsen war, begann man 1906 mit dem Bau des Oder-Havel-Kanals.

Wandlitz 8 ist vor allem als Wohnstätte der DDR-Führung bekannt. Die historische Ortsmitte liegt jedoch am Südufer des Wandlitzsees, wo auch ein schönes Freibad zum Besuch einlädt. Mehrere Lindenalleen führen zum Zentrum mit der

Im Naturschutzgebiet am Tegeler Fließ findet man noch ursprüngliche Lebensräume seltener Tiere und Pflanzen.

schönen Feldsteinkirche, und ganz in der Nähe befand sich bislang das Agrarmuseum. Unweit davon wird bis September 2013 ein neues Gebäude errichtet: Das Barnim-Panorama. Es beherbergt sowohl das Agrarmuseum Wandlitz als auch ein Besucherinformationszentrum des Naturparks Barnim beherbergen. Auf rund 1650 Quadratmetern Fläche werden die Themen Natur und Landwirtschaft zusammen in einer Ausstellung gezeigt. Die Exponate des früheren Agrarmuseums wie Arbeitsgeräte, Gebrauchsgegenstände sowie zahlreiche technische Gerätschaften von landwirtschaftlichen Maschinen bis Traktoren aus dem 20. Jahrhundert bleiben ebenfalls erhalten. Weitere Infos gibt es unter Tel. 03 33 97/681 92-0.

Herrliche Buchenmischwälder und reizvolle Seen Die Gegend zwischen Wandlitz und Biesenthal ist ein ideales Wandergebiet und reich an Badeseen wie Liepnitz-, Ober- und Wukensee. Abwechslungsreich präsentiert sich das Naturschutzgebiet **Biesenthaler Becken** (9) südlich von Biesenthal, das Ursprungsgebiet der Finow. Der Fluss entsteht aus dem Zusammenfluss von Hellmühler und Rüdnitzer Fließ. Seen, Fließe, Moore sowie aufragende Sandrücken, Kames genannt, prägen hier das Bild. Zu den botanischen Besonderheiten gehören die Trollblumen mit ihren hellgelben Blütenbällchen; größere Bestände bilden Wiesenknöterich und Kuckucksblume. Die Bäche sind Lebensraum für Eisvogel und Gebirgsstelze, und auf den trockenen Hügeln leben Braunkehlchen.

Fährt man von Biesenthal auf der B 2 nach Norden, führt der Weg vor Eberswalde in Spechthausen am Naturschutzgebiet **Nonnenfließ-Schwärzetal** (10) vorbei. Dieses Gewässersystem aus Nonnenfließ und Schwärze ist ökologisch sehr wertvoll. Insekten wie die Zweigestreifte Quelljungfer, aber auch Fischarten wie Bachforelle, Westgroppe und Steinbeißer leben im kühlen Wasser, gelegentlich sind Waldwasserläufer und Gebirgsbachstelze zu beobachten. Zum Abschluss lohnt sich ein Besuch des Forstbotanischen Gartens (Schwappachweg) in **Eberswalde** (11), der Bestandteil des Landschaftsschutzgebiets »Unteres Schwärzetal« ist. Auf mannigfaltigen Boden- und Reliefunterschieden gedeihen etwa 1100 Pflanzensippen aus heimischer und fremder Flora.

Naturpark Märkische Schweiz

SERVICE

Anfahrt Auf der A 10 (Berliner Ring) bis Berlin-Hellersdorf und weiter auf der B 1 über Rüdersdorf nach Müncheberg (Mark); mit der Bahn ab Berlin bis Müncheberg (Mark)

Lage Im Landkreis Märkisch-Oderland zwischen den Orten Strausberg, Müncheberg und Neuhardenberg

Größe 205 km²

Höchste Erhebung Krugberg (129 m)

Gründung 1990

Information Naturpark Märkische Schweiz, Lindenstr. 33, 15377 Buckow

Telefon 033433/158 41

Internet www.lugv.brandenburg.de

TOP TIPP

1. **Müncheberg** Hübsche Kleinstadt mit Stadtmauer und Waldlehrpfad
3. **Naturschutzgebiet Klobichsee** Vielfältige Natur mit Mooren, Sümpfen und Trockenhängen
6. **Ruhlsdorfer Bruch** Naturschutzgebiet mit vielen Vogel- und Orchideenarten
11. **Altfriedländer Teiche** Vogelreservat mit Aussichtsturm zur Vogelbeobachtung
13. **Neuhardenberg** Großartiges Schloss- und Parkensemble

Quer durch den Naturpark führt die Buckower Rinne, ein Schmelzwassertal der letzten Eiszeit, das vor 12 000 Jahren ausgewaschen wurde. Hier reihen sich Seen aneinander, die durch Wasserläufe miteinander verbunden sind. Als zentrales Fließgewässer durchquert der Stobber den Buckower Kessel von Südwesten nach Nordosten. Reste von Auwäldern, dazu Feuchtwiesen und Quellgebiete säumen seinen naturnahen Lauf.

Die intakte Landschaft der Altfriedländer Teiche ist Zufluchtsort für viele vom Aussterben bedrohte Tierarten.

Wo Toteisblöcke nach dem Rückzug der Gletscher liegen blieben, entstanden Seen wie Buckowsee, Großer und Kleiner Däbersee, Großer und Kleiner Klobichsee sowie Großer und Kleiner Tornowsee. Größtes Gewässer im Naturpark ist der Schermützelsee, den im Nordwesten Endmoränenhügel umgeben. Sehr reizvoll ist der Blick von der Bollersdorfer Höhe über den See nach Buckow. Eine Besonderheit des Naturparks sind die Kehlen, tiefe Schmelzwasserschluchten mit so klangvollen Namen wie Silberkehle, Buchenkehle oder Wolfsschlucht, die zum Erkunden einladen.

Eine Reise durch hübsche Städtchen und Naturschutzgebiete Als Tor zum Naturpark Märkische Schweiz gilt das märkische Ackerbürgerstädtchen ➜ **Münche-**

Fledermausmuseum

In dem kleinen Ort Julianenhof in der Nähe von Pritzhagen (nördlich von 10) gibt es einen historischen Eiskeller – und acht Fledermausarten (im Bild eine *Myotis bechsteini*). Die Fledermäuse nutzten den Eiskeller schon lange als Winterquartier, bevor die Idee geboren wurde, hier ein internationales Fledermausmuseum einzurichten. Nun werden Ausstellungen zum Thema gezeigt, Informationen über die Ansiedlung der Tiere gegeben sowie interessante Sammelobjekte rund um die Fledermaus vorgestellt. Bei dieser Gelegenheit wurde der Eiskeller saniert, und man kann sich über das Thema »Eisgewinnung und Einseinlagerung« sowie die Entwicklung der Kühltechnik vom Natureis bis zum Kühlschrank informieren.

berg 1. Sehenswert ist die fast vollständig erhaltene Stadtmauer, die 1319 angelegt und vorwiegend aus Feldsteinen erbaut wurde.

Jahrhundertelang war **Waldsieversdorf** 2 ein wüster Siedlungsfleck an den Däberseen. Erst der Sozialreformer Ferdinand Kindermann gründete 1895 Waldsieversdorf neu und ließ auf einem Höhenzug Villen und das »Märkische Sanatorium« bauen. Nun avancierte der Ort zu einem beliebten Ausflugs- und Luftkurort. Wahrzeichen des staatlich anerkannten Erholungsorts ist der denkmalgeschützte Wasserturm.

Im Zentrum der Buckower Rinne liegt das ➠ **Naturschutzgebiet Klobichsee** 3 mit dem Großen Klobichsee, weiteren kleinen Gewässern sowie Quell- und Trockenhängen. Neben verschiedenen Knabenkräutern wachsen hier auch Waldhyazinthe, Großes Zweiblatt, Weißes Waldvöglein und Sumpfsitter. Am See leben Fischotter und Europäische Sumpfschildkröte, auf den Feuchtwiesen kann man häufig Kraniche beobachten. Im See tummeln sich Barsche, Hechte, Karpfen, Schleien und Weißfische in großer Zahl.

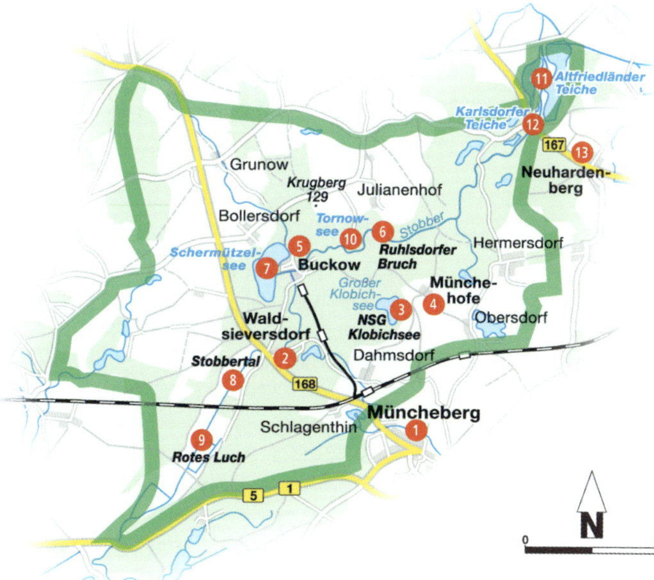

Gemeine Keiljungfer *(Gomphus vulgatissimus)*

Diese Libellenart wird oft auch als Flussjungfer bezeichnet und lebt in intakten Fließgewässern Europas und Kleinasiens. Sie wird 45–50 mm lang und hat eine Flügelspannweite von 6–7 cm. Ihre beiden Flügelpaare sind netzartig reich geädert, der Hinterleib ist lang, stabförmig und gelbschwarz gestreift. Die großen Komplexaugen haben einen außerordentlich weiten Blickwinkel, der mit dem von Fischen vergleichbar ist. Sie bestehen aus 10 000–30 000 wabenartig zusammengesetzten Einzelaugen und sind weit voneinander getrennt am Kopf angeordnet.

Wo einst Rosen für Berlin wuchsen Am Ostufer des Großen Klobichsees bietet sich von einer Steilkante eine herrliche Aussicht auf den See hat. Am besten erreicht man diesen Ausblick von **Münchehofe** 4 aus, einem Dorf mit kleiner Feldsteinkirche aus dem 14. Jahrhundert. Beim Erholungsheim »Schau ins Land« öffnet sich ein weiter Rundblick über den buchtenreichen Großen Klobichsee und eine bewaldete Hügelkette. Als in der Nacheiszeit Sand auf einen bereits vorhandenen Hügel aufgeweht wurde, entstand bei Münchehofe eine Düne, die man zum Bodendenkmal erklärte. In der Nähe gefundenes Gerät aus Feuerstein deutet darauf hin, dass sich hier vor etwa 10 000 Jahren ein Rastplatz steinzeitlicher Jäger befand.

Der Ort **Buckow** 5 verdankt seine Berühmtheit vor allem dem Dichter Bertolt Brecht und seiner Frau Helene Weigel, die in einem Jugendstilhaus ihren Sommersitz hatten. Heute befindet sich hier die Brecht-Weigel-Gedenkstätte (Bertolt-Brecht-Str. 30). Der magere Sandboden eignete sich schlecht für Ackerbau, aber gut für Hopfen, weshalb unter dem Einfluss der Lebuser Mönche aus Müncheberg das bis zum Ende des 17. Jahrhunderts bedeutendste märkische Hopfenanbaugebiet entstand. Das Buckower Bier verhalf dem Ort bald zu Wohlstand und Wachstum. Nach dem Siebenjährigen Krieg blühte hier auch die Rosenzucht auf, und sogar königliche Höfe sollen mit Rosen aus Buckow beliefert worden sein. Traditionsgemäß finden jährlich im Juni die »Buckower Rosentage« statt. Über die vielseitige Natur informiert das Naturpark-Besucherzentrum Schweizer Haus (Lindenstr. 33) mit Ausstellungen; dort erhält man auch Kartenmaterial zum Wander- und Radwegenetz.

Östlich von Buckow befindet sich das Naturschutzgebiet ➠ **Ruhlsdorfer Bruch** 6, das durch wertvolle Trocken- und Halbtrockenrasen gekennzeichnet ist. Bemerkenswert ist hier die Vielfalt an Orchideen, und auch Prachtnelke sowie Sumpfherzblatt zählen zur reichen Flora. Als charakteristische Brutvögel des Gebiets sind Bekassine, Braunkehlchen und Rohrammer vertreten. Beutelmeise, Teichrohrsänger und Wasserralle haben in den Weidenbeständen an Gewässern ihr Brutrevier, im Schilf nisten Haubentaucher, Stockenten und Blessrallen. Auch Kraniche, Fischadler und Tüpfelrallen rasten hier und suchen nach Nahrung.

Treppe für Fische, Paradies für Libellen In eine reizvolle Hügellandschaft eingebettet, bildet der 146 Hektar große und 40 Meter tiefe **Schermützelsee** 7 bei Buckow das Herz des Naturparks. Er wird vom Stobber durchflossen, der auf einer Länge von 13 Kilometern unter Naturschutz steht. Folgt man seinem Lauf durch das **Stobbertal** 8 nach Süden, breitet sich bald das **Rote Luch** 9 aus. Es besteht großflächig aus Niedermoor und nassen Wiesen, aber auch Niederungs- und Hangtrockenwälder sowie Trockenrasen bestimmen das Mosaik in diesem Lebensraum. Wertvoll für Tier- und Pflanzenwelt ist hier das Naturschutzgebiet »Tiergarten« mit seinem naturnahen Altholzbestand. Im Roten Luch, dem größten zusammenhängenden Niedermoorgebiet des Naturparks, befindet sich die Talwasserscheide Nordsee–Ostsee und das Quellgebiet des Stobber.

Inmitten einer anmutigen Hügellandschaft leuchten wie kleine Augen Kleiner und Großer **Tornowsee** 10. Auf einer Strecke von etwa 25 Kilometern im Naturpark verliert der Flusslauf 43 Meter an Höhe. Verschwunden sind die Mühlräder am Fluss, geblieben sind die Stauwehre. Da sie für die flussauf wandernden Fische unüberwindbar sind, wurden im Naturpark acht Stauwehre zu treppenförmigen Wasserkaskaden umgebaut. Auf diese Weise können die Tiere den Höhenunterschied etappenweise überwinden, und die Zahl der neu hinzugekommenen Fische steigt immer noch. Seltene Arten wie Döbel, Bitterling, Schlammpeitzger, Steinbeißer und Gründling leben hier. An den Ufern des Stobber finden Eisvogel, Gebirgsstelze und Fischadler Lebensraum. Von 75 in Deutschland lebenden Libellenarten konnten im Naturpark Märkische Schweiz 55 nachgewiesen werden. Am Stobber kommt auch die Gemeine Keiljungfer vor, eine Libellenart, die vielerorts vom Aussterben bedroht ist und das Logo des Naturparks ziert.

Der Poetensteig

Ein besonders schöner Wanderweg im Naturpark Märkische Schweiz ist der Poetensteig. Er beginnt nördlich von Buckow 5 am Sophienfließ und führt in die Mischwälder um den Dachsberg mit seinem schönen Aussichtspunkt sowie in die reizvolle Schlucht der Silberkehle.

Teich an Teich – ein Vogelparadies von Format Zur Schatzkammer des »Europäischen Vogelschutzgebiets Märkische Schweiz« gehört das 250 Hektar große Areal der ➡ **Altfriedländer Teiche** 11. Bis zu 40 000 Saat- und Blessgänsen geben sich hier im Oktober und im November ein Stelldichein, Schwarz- und Weißstörche finden auf den feuchten Wiesen reichlich Nahrung, und auch See- und Fischadler haben hier einen Lebensraum. Von Altfriedland führt ein ausgeschilderter Wanderweg in zehn Minuten zum Turm an den Fischteichen, von dem aus man die 200 Hektar große Teichlandschaft mit Brutkolonien von Flussseeschwalben und Lachmöwen beobachten kann. Ein weiterer Aussichtsturm steht an den **Karlsdorfer Teichen** 12 bei Karlsdorf, nordwestlich von Neuhardenberg. Hier sind verschiedene Entenarten, daneben Graugänse sowie Silber-, Grau- und Fischreiher, ferner Seeadler zu sehen. Da die Teiche im Oktober abgelassen werden, ist die Zeit von April bis Oktober zur Vogelbeobachtung am besten.

Etwas außerhalb des Naturparks liegt ➡ **Neuhardenberg** 13. Das Schloss, 1763 als Herrenhaus im Charakter eines spätbarocken Landschlösschens errichtet, gelangte 1814 in den Besitz des Staatskanzlers Karl August von Hardenberg und erhielt durch Karl Friedrich Schinkel eine klassizistische Fassade. Der barocke Schlosspark wurde 1821 nach Plänen von Joseph Peter Lenné unter Mitwirkung Fürst Pücklers in einen Landschaftspark verwandelt. Die Kirche von Neuhardenberg trägt wie das Schloss die Handschrift von Karl Friedrich Schinkel, der das nach einem Brand zerstörte Gotteshaus 1816/17 restaurierte.

Oben: Hochmoor Lindenberg im Allgäu
Mitte: Pilz im Hochmoor bei Grassau
Unten: Moorlandschaft in Niedersachsen

Lebensraum Moor

Refugium für seltene Arten und Spezialisten

Moore sind nasse Lebensräume – und sehr faszinierende. Quasi zwischen Land und Wasser bieten sie ein Refugium für hochspezialisierte Tiere und Pflanzen. Wechselfeuchte Torfmoose, fleischfressender Sonnentau, ausdauerndes Moor-Wollgras, aber auch seltene Libellen-, Spinnen- und Schmetterlingsarten haben sich den extremen Umweltbedingungen angepasst. Zudem speichern Moore weit mehr Kohlendioxid als Wälder und leisten so einen enormen Beitrag zum Klimaschutz.

Wasserüberschuss als Basis

Überall dort, wo ausreichend Wasser vorhanden ist, können Moore entstehen. Auf Wiesen und in Wäldern, an Küsten, auf Bergkämmen und in Tälern. Sie bilden sich aus Ablagerungen organischen Materials, also aus pflanzlichen Resten, die durch hohe Luftfeuchtigkeit und einen ständigen Wasserüberschuss aus Niederschlägen oder Mineralbodenwasser nicht abgebaut werden können. Die überschüssige Biomasse wird als Torf eingelagert. Dieser lässt die Oberfläche von Mooren in die Höhe wachsen – allerdings nur sehr, sehr langsam: etwa einen Millimeter pro Jahr. Gemäß ihrer Topografie unterscheidet man Hochmoore und Niedermoore.

Hochmoore: Nur für Spezialisten

Im Verlauf ihrer Entwicklung wuchsen Hochmoore über den Grundwasserstand der Niedermoore hinaus. Ohne Kontakt zu Grundwasser und Mineralboden werden sie ausschließlich von Regenwasser ernährt. Diese Nährstoffarmut bietet nur wenigen Spezialisten Raum zum Überleben. Einige von ihnen gelten sogar als eiszeitliche Relikte, die nur im Hochmoor existieren können.

Eine Anpassung an das karge Leben im Hochmoor haben beispielsweise fleischfressende Pflanzen gefunden: Sie fangen Insekten, verdauen sie und können so zusätzlich Stickstoff und Mineralsalze aufnehmen. Ebenso kennzeichnend für die Pflanzenwelt der Hochmoore sind Zwergsträucher wie Rosmarinheide, Glockenheide oder Moosbeere. Gemeinsam mit Pilzen bilden sie eine Pilzwurzel aus und können so die spärlichen Bodenmineralstoffe besser aufnehmen. Ein typisches Merkmal für das Hoch-

moor ist der Schwingrasen: eine dichte, auf dem Wasser schwingende Pflanzendecke, die sich aus Torfmoosen bildet.
Was die Tierwelt anbelangt, können sich in Hochmooren nur wenige Organismen entfalten. Weder gibt es Fische im sauren Wasser, noch Schnecken, Muscheln oder Krebse, die alle viel Kalzium benötigen. Nur Spezialisten schaffen es, unter den extremen Standortbedingungen zu existieren und sich fortzupflanzen. Zu ihnen zählen Moosjungfern und Heidelibellen, Moorbläulinge und Hochmoorperlmutterfalter, Moorfrosch und Mooreidechse sowie Birkhuhn, Knäkente und Kranich.

Artenreiche Niedermoore

Im Gegensatz zu Hochmooren bilden sich Niedermoore in Senken, Flussniederungen, verlandeten Seen und bei Quellaustritten aus. Sie wachsen meist nur geringfügig in die Höhe und werden bis an die Oberfläche von mehr oder weniger nährstoffreichem Grund-, Quell- oder Sickerwasser durchsetzt. Ihre Vegetation ist im Vergleich zum Hochmoor artenreich und entsprechend von weniger spezialisierten Lebewesen besiedelt. Die Flora besteht hauptsächlich aus Schilfgräsern, Binsen, Sauergräsern und Moosen.
Auch Niedermoore bilden Rückzugsgebiete für viele seltene und gefährdete Pflanzen und Tiere. Dazu zählen Rohrkolben, Schwertlilie, Sumpfblutauge, verschiedene Knabenkrautarten, Binsen, Seggen und Erlenbruchwälder. Bedeutende Vertreter aus dem Tierreich sind Weidenmeise, Schilfeule, Tüpfelsumpfhuhn und Schilfrohrsänger.

Renaturierung der Moore

Wie so oft in der Natur hat der Mensch ebenso bei Mooren in das fragile Ökosystem eingegriffen: Durch die Nutzung der Moore, ihre Trockenlegung und den Torfabbau, wurden viele der einzigartigen Biotope großflächig zerstört. Die Wiedervernässung trockengelegter Hochmoore ist ein erster, zentraler Schritt einer Renaturierung. Wichtig dabei ist die Vernässung mit mineralsalzarmem Wasser, also mit Regenwasser. Dazu müssen zunächst alte Entwässerungsgräben mit Hilfe von Dämmen verschlossen werden. Weiterhin gehören Gehölze beseitigt, denn sie nehmen den Mooren das Licht, tragen zur Verdunstung und damit zum Wasserverlust bei. Eine solche Wiedervernässung dauert in der Regel mehrere Jahre. Gleichzeitig lässt der steigende Wasserspiegel unerwünschte Vegetation absterben – und Hochmoorpflanzen können sich ausbreiten. Eine vollständige Hochmoorregeneration ist dann erreicht, wenn die vernässte Moorfläche erneut zu einem lebenden und torfbildenden, also wachsenden, Hochmoor geworden ist. Dauern kann dies oft Jahrhunderte.

Oben: Scheiden-Wollgras, auch Moor-Wollgras genannt
Mitte: Das renaturierte Ahlenmoor im Landkreis Cuxhaven
Unten: Rohrkolben wachsen in Niedermooren.

Naturpark Weserbergland

Das Weserbergland, durch das sich der Strom von Münden bis Minden zieht, ist kein kompaktes, in sich geschlossenes Gebirge wie etwa der Harz, sondern ein aus vielen kleineren Höhenzügen, Becken und Senken zusammengesetztes Landschaftsmosaik. Etwa zwei Dutzend Naturräume vereint der Fluss am Oberlauf in seinem Einzugsgebiet.

SERVICE

Anfahrt Auf der A 2 bis Bad Eilsen, dann auf der B 83 bis Bückeburg; nächstgelegene ICE-Bahnhöfe: Hannover, Minden

Lage In Niedersachsen beiderseits der Oberweser zwischen Bodenwerder und Rinteln sowie im Grenzsaum zwischen Mittelgebirgsraum und Norddeutscher Tiefebene

Größe 1160 km²

Höchste Erhebung Hohe Egge (441 m)

Gründung 1975

Information Naturpark Weserbergland, Süntelstr. 9, 31785 Hameln

Telefon 05151/903 93 07

Internet www.naturpark-weserbergland.de

TOP TIPP

1 **Bückeburg** Residenzstädtchen am Fuß des Wesergebirges

7 **Hohenstein** Norddeutschlands höchste Felswand und Deutschlands nördlichste Tropfsteinhöhle

8 **Hameln** Die Stadt des Rattenfängers und der Weserrenaissance

10 **Bad Pyrmont** Traditionsreiches Heilbad mit einer Dunsthöhle und berühmtem Kurpark

12 **Wasserbaum von Ockensen** Ein Baum aus Stein, der trotzdem wächst

Eine wahre Perle der Weserrenaissance: die Hämelschenburg in Emmerthal

Davon gehört zwar nur ein halbes Dutzend ganz oder teilweise zum Naturpark, sie sind aber neben dem Rinteln-Hamelner-Wesertal als durchgängiger Achse selbst in kleinere Bergländer wie Pyrmonter oder Calenberger Bergland gegliedert. So ändert sich ständig das Landschaftsbild des Naturparks Weserbergland, markante Schichtstufen und Schichtkämme wechseln mit weiten Flussauen und Niederungen.

Entdeckungen im Buchenland Von Natur aus und von den wenigen Felsen oder Flussauen abgesehen ist das Weserbergland ein Wald- bzw. Buchenland. Vielleicht steckt die Buche ja auch im Namen des Residenzstädtchens ➡ **Bückeburg** 1, das am Nordfuß des Wesergebirges liegt und aus einer Wasserburg als historischer Keimzelle hervorging. Fürst Ernst und seine Nachfolger ließen die Burg (ab dem 17. Jh.) zur Residenz mit Schlosskapelle und -park ausbauen. Schmuckstück des Schaumburger Lands ist die monumentale Stadtkirche, eine der bedeutendsten evangelischen Kirchenbauten vor Ende des Dreißigjährigen Kriegs. Europaweit einzigartig präsentiert das Hubschraubermuseum 46 Originalhelikopter.

Beim Bau der Bückeburger Stadtkirche wurde Sandstein aus den Brüchen von **Obernkirchen** 2 verwendet. Damit ge-

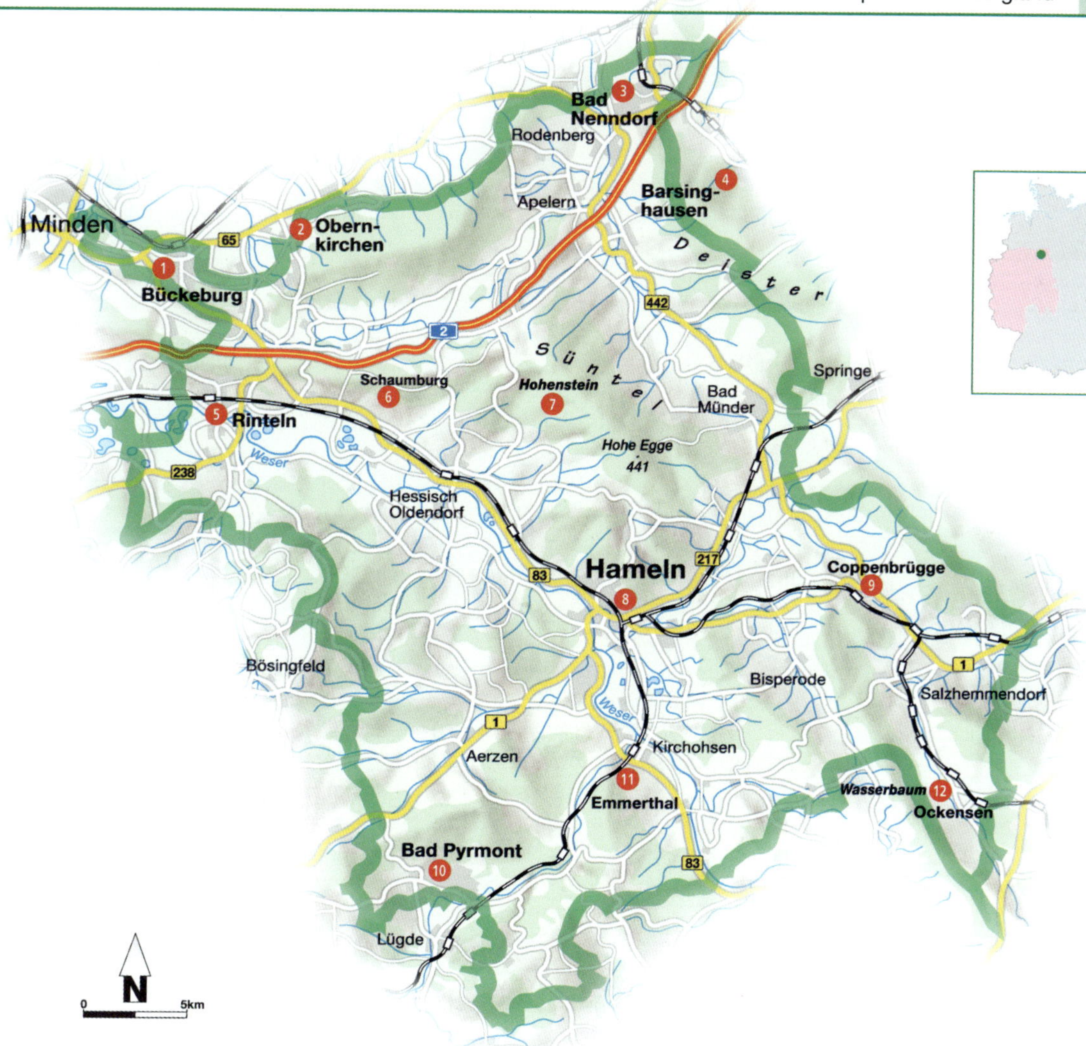

hört das Gotteshaus zu einem exklusiven Kreis von Bauwerken in aller Welt, deren Bild der weißliche bis goldgelbe, feinkörnige und feste Quarzsandstein seit dem 12. Jahrhundert prägt. Die Brüche befinden sich beiderseits der Straße, die vom Stadtteil Krainhagen auf dem Kamm der Bückeberge verläuft und an einem Wanderparkplatz endet. Heute tritt der Sandstein auf einem Bergkamm zutage; gebildet hat er sich vor rund 140 Millionen Jahren in einer flachen Senke, durch die Saurier stapften. Über die Geschichte des Sandsteinabbaus und der eingestellten Steinkohle-Förderung informiert das Berg- und Stadtmuseum (www.obernkirchen.de).

Durch seine Schwefelquellen, die zu den stärksten Europas zählen, ist **Bad Nenndorf** 3 seit Ende des 18. Jahrhunderts als Kurort bekannt. Aus diesem und dem folgenden Jahrhundert stammen der Kurpark mit der Süntelbuchenallee, das Schlösschen und der Brunnentempel. Im Umkreis der Kraterquelle direkt an der B 65 Richtung Stadthagen riecht es nicht nach Schwefel: Das sprudelnde Quellwasser enthält gelösten Kalk. Das Karbonat scheidet sich als Kalktuff aus und bildete im Lauf der Zeit einen Ringwall mit einer kraterartigen Vertiefung.

Stollen und Höhlen Das Wappen der alten Stadt **Barsinghausen** 4 zeigt einen

Süntelbuche

(Fagus sylvatica var. Suentelensis) Die markante Varietät der Rotbuche hat ihren Namen vom Süntel, wo sie z. B. auf dem Dachtelfeld oder am Hohenstein 7 wächst (s. auch www.suentelbuchen.de). Der volkstümliche Name »Schlangenbuche« beschreibt die skurrile Wuchsform mit verkrüppelten, verdrehten Stämmen und Ästen am anschaulichsten. Die Ursachen dieser Wuchsform sind umstritten. Unter den vielen Theorien könnte die von der Anpassung an einen zeitweiligen Wassermangel vielleicht zutreffend sein.

Hirsch, einen Mühlstein sowie Hammer und Schlägel. Die Symbole stehen für den wildreichen Deister, zu dessen Füßen der Ort liegt, für den hochwertigen Deistersandstein und den jahrhundertelang betriebenen Steinkohlenbergbau. Rund 100 Jahre war der Klosterstollen in Betrieb; heute dient er als Besucherbergwerk mit Bergbaumuseum. Mit der Grubenbahn und zu Fuß kann man die unterirdische Welt erkunden (www.klosterstollen.de). Der Deistersandstein wurde schon viel früher gebrochen, als die Kohle gefördert wurde. Aus Sandsteinquadern besteht auch die ehemalige, romanisch-gotische Klosterkirche (13. Jh.), eine der ältesten Hallenkirchen Niedersachsens. Wald- und wildreich ist der Deister bis heute geblieben – und ein Wanderparadies, z. B. für Touren am Deisterkammweg oder zum 1862 erbauten Nordmannsturm.

Auch die frühere Festungsstadt **Rinteln** 5 zeigt eine Fülle sehenswerter historischer Bauten, z. B. das ehemalige Rathaus und der einstige Münchhausen-Hof, Meisterwerke der Weserrenaissance. Dass sich diese Stilform im Wesergebiet zur Blüte entwickelte, liegt nicht zuletzt an den Vorkommen bester Werksteine beiderseits der Oberweser, etwa im Wesergebirge nördlich der Stadt. Dort befindet sich im Rintelner Stadtteil Steinbergen die Erlebniswelt Steinzeichen (www.steinzeichen.de), in der sich alles um das faszinierende Naturphänomen Stein dreht. Tonnen schwere Klötze aus Granit und Gneis, die die eiszeitlichen Gletscher aus Nordeuropa ins Weserbergland verfrachtet haben, sind im Findlingsgarten Möllenbeck bei Rinteln zu bewundern. Möllenbeck besitzt mit seinem Kloster auch eine der besterhaltenen mittelalterlichen Klosteranlagen Deutschlands.

Gegenüber, auf dem Nesselberg am Rand des Wesergebirges, thront seit über 800 Jahren die **Schaumburg** 6, Wahrzeichen des Schaumburger Lands. Heute als Restaurant genutzt, bietet sie einen herrlichen Ausblick auf das Wesertal. Über die B 83 und eine Kreisstraße sind Ort und fürstlicher Aussichtspunkt mit dem Auto bequem zu erreichen.

Die Anfahrt zum → **Hohenstein** 7 am südlichen Rand des Süntels endet von Hessisch Oldendorf her beim Wanderparkplatz Baxmannbaude an der Straße Segelhorst–Zersen. Von dort geht es bergan zu einem Brunnen, dann steil über einen Klippensteig auf die Kante der mit gut 40 Metern höchsten Felswand Norddeutschlands. Der Abblick von Hirschsprungwand oder Teufelskanzel ins sagenumwobene Blutbachtal ist fantastisch. Ausgerechnet an dieser sonnenüberfluteten Felswand findet man botanische Relikte aus dem Eiszeitalter. In den schroffen Klippen aus Korallenoolith, einem leicht löslichen Kalkstein, bilden sich Karsthöhlen, wie die 1992 entdeckte Schillat-Höhle bei Langenfeld (3 km nördl. von Zersen). In einem verglasten Aufzug fährt man 45 Meter hinab in eine Märchenwelt aus bizarren Tropfsteinen und funkelnden Kristallen (www.schillathoehle.de).

Der Hohenstein am südlichen Rand des Süntels zeigt markante Kalksteinklippen.

Weserrenaissance, ein Gas-See und ein Wasserbaum

Die Weser, in die der Rattenfänger von → **Hameln** 8 die Nagerkolonne führte, war für die Bürger der Stadt eine kräftig sprudelnde Geldquelle. Die vielen prächtigen Patrizierhäuser machen die Rattenfängerstadt auch zur Stadt der Weserrenaissance: z. B. Rat-

Mediterranes Ambiente im Kurpark von Bad Pyrmont

tenfängerhaus oder Rattenkrug, Dempter- und Leisthaus sowie das Hochzeitshaus (17. Jh.), an dessen Fassade sich die Figuren des Rattenfängerspiels bewegen.

Nach dem Ort, an dem die Kinder verschwanden, haben Forscher intensiv gefahndet. Eine Spur führt nach **Coppenbrügge** 9, wo die Kleinen von einem Erdrutsch an den Hängen des Ith verschlungen worden sein sollen – nichts Ungewöhnliches an den steilen Flanken des lang gestreckten Schichtkamms. Beim Anblick von Felsklippen wie Wackelstein, Mönchstein oder Zwillingen, fragt man sich ohnehin, warum sie nicht längst abgestürzt sind. Ein Rundwanderweg (19 km) erschließt vom Bahnhof Coppenbrügge die nördlichsten Ausläufer des Schichtkamms, führt durchs Naturschutzgebiet Saubrink-Oberberg zur Teufelsküche. Auf voller Länge (28 km) kann man auf dem Kammweg über den Grat wandern.

Vulkanische Erscheinungen sind im oberen Weserbergland recht häufig, im unteren dagegen sehr selten. Die sicherlich spektakulärste besitzt das traditionsreiche Heilbad ➡ **Bad Pyrmont** 10: eine Mofette, eine Gasquelle, in der Kohlendioxid trocken (nicht als Kohlensäure im Grundwasser gelöst) austritt. Das Gas, deutlich schwerer als Luft, füllt die kesselartige Vertiefung im ehemaligen Steinbruchgelände an der Bismarckstraße bis zu einer bestimmten Spiegelhöhe auf. Bei Führungen in der Dunsthöhle werden brennende Kerzen unter den Kohlendioxidspiegel getaucht – sie erlöschen, da der Sauerstoff fehlt. Der Pyrmonter Kurpark ist vor allem durch seinen Palmengarten berühmt. Zahlreiche exotische Gehölze vom Amberbaum bis zur Zaubernuss zieren auch den Ohrbergpark (45 ha) in **Emmerthal** 11. Der Park von 1817 lohnt besonders im Frühjahr, wenn die Sträucher blühen, einen Besuch. Zum zauberhaften Schloss Hämelschenburg, ebenfalls in Emmerthal, gehören ein Minnegarten, eine historische Wassermühle und ein Gestüt mit Trakehnern.

Der ➡ **Wasserbaum von Ockensen** 12 besteht mit seinen ca. fünf Metern Höhe nicht aus Holz, sondern aus Gestein; er besitzt keine Äste und Blätter und wächst trotzdem. An seiner Spitze sprudelt Wasser, was das einmalige Naturphänomen erklärt: Im Kern des Stamms steckt das hölzerne Überlaufrohr eines vor gut 100 Jahren anlegten Stauteichs. Aus dem kalkhaltigen Wasser scheiden sich nach und nach dünne Schichten von Kalksinter aus und lassen den Baum so in die Höhe wachsen. Der Vorgang der Ausscheidung wird durch angesiedelte Moose, die dem Gebilde die grünen Farbtöne verleihen, deutlich beschleunigt.

Naturpark Hohe Mark

Die waldreichen Hügel der Hohen Mark über der Lippeniederung bei Haltern am See sind Mittelpunkt und Namensgeber des Naturparks. Die zentrale Wasserader ist die Lippe, deren bedeutendster Zufluss, die Stever, kurz vor seiner Mündung zum Halterner See aufgestaut wurde. Über diesen Kernbereich hinaus umfasst der Naturpark die Wälder, Grünfluren und Dünen beiderseits der Lippe bis zu ihrer Mündung in den Niederrhein und zieht sich vom Diersfordter Forst bei Hamminkeln ostwärts bis zur Rauschenburg an der Lippe zwischen Olfen und Datteln. Stimberg im bewaldeten Hügelland der Haard bei Oer-Erkenschwick und Waldbeerenberg in der durch Trockentäler gegliederten Hohen Mark bilden die höchsten Erhebungen.

SERVICE

Anfahrt Auf der A 31 bis Ausfahrt Reken, dann nach Heiden; oder auf der A 3 bis Ausfahrt Rees, weiter über die B 67 bis Borken, von dort nach Heiden; nächstgelegene ICE-Bahnhöfe: Essen, Recklinghausen

Lage Im nordwestlichen Nordrhein-Westfalen am Übergang von Münsterland, Ruhrgebiet und Niederrhein

Größe 1040 km²

Höchste Erhebung Stimberg (154 m)

Gründung 1963

Information Naturpark Hohe Mark, Hagenwiese 40, 46348 Raesfeld

Telefon 02865/609 113

Internet www.hohemark-westmuensterland.de

TOP TIPP

1. **Düwelsteene** Megalithanlage aus eiszeitlichen Findlingen
2. **Merfelder Bruch** Heimat der berühmten Wildpferde
3. **Wildpark der Herzöge von Croy** Schöner Landschafts- und Wildpark
4. **Raesfeld** Wasserschloss mit Renaissance-Tiergarten

7. **Hullerner See** Naturparadies für geruhsame Wanderungen

17. **Üfter Mark** Spannendes »Naturerlebnisgebiet«

Typischer Anblick im Münsterland: das Wasserschloss Raesfeld

Die sagenumwobenen Teufelssteine In den Wäldern bei Heiden liegen die berühmten ➠ **Düwelsteene** (1), eine aus Findlingen errichtete Megalithanlage, die als Überreste eines Steinkammergrabs der Trichterbecherkultur (2200–1800 v. Chr.) gedeutet wird. In der Mitte der nordost-südwestwärts ausgerichteten Anlage (21 m lang, ca. 2 m breit) erhebt sich wie ein Totem eine Eiche. An Wochenenden sind die Düwelsteene ein beliebtes Ausflugsziel.

Wildpferde und -Hirsche in freier Wildbahn Die Wildpferdebahn im ➠ **Merfelder Bruch** (2) ist eine der ältesten (bereits 1316 erwähnt) und bedeutendsten in Europa und besteht dank der Herzöge von Croy heute noch. Mehr als 300 Wildlinge, die letzten Nachkommen der Wild-

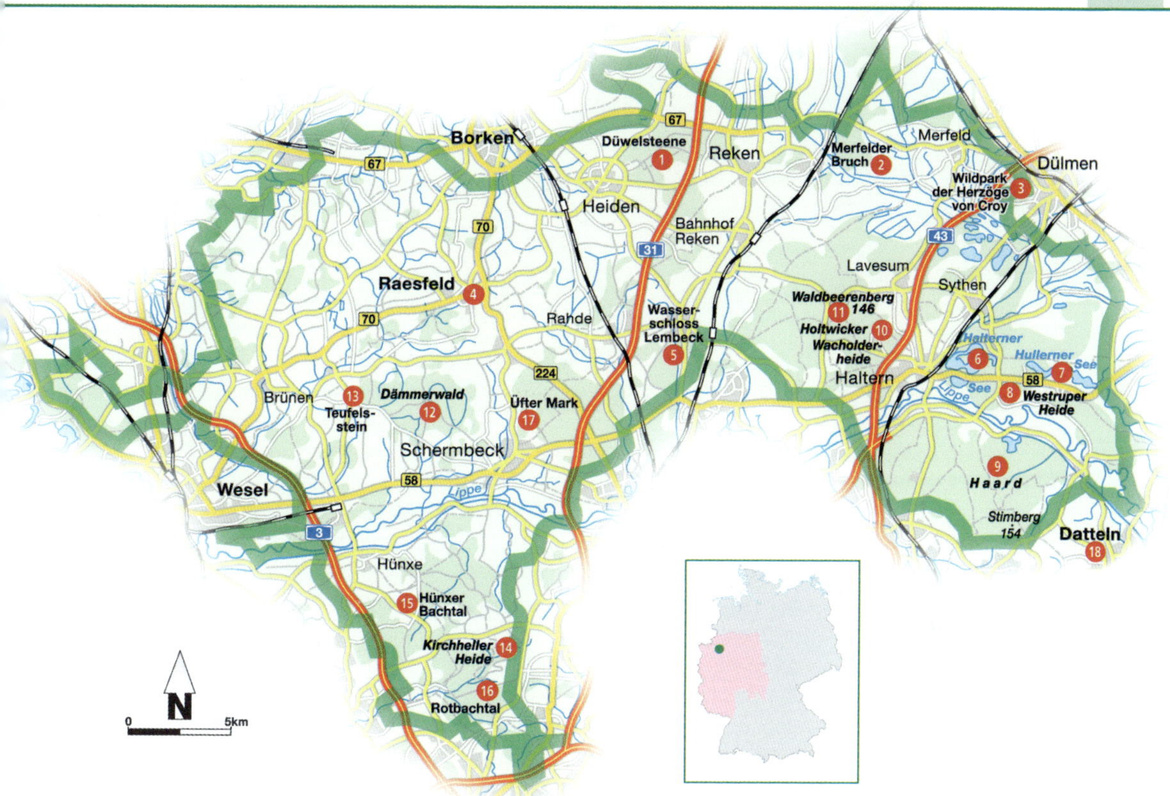

pferde Westfalens, leben in dem Naturschutzgebiet (350 ha) mit Grünflächen, Feuchtwiesen und urwaldähnlichen Schutzwäldern. Jährlich am letzten Maisamstag werden die einjährigen Hengste versteigert (www.wild pferde.de).

Der im englischen Stil angelegte, frei zugängliche ➠ **Wildpark der Herzöge von Croy** 3 vor den westlichen Toren Dülmens ist einer der größten (250 ha) und schönsten Landschaftsparks im Münsterland. Ihn prägt der Wechsel von Buchen-Eichen-Mischwäldern, Weide- und Wiesengründen, Feuchtbiotopen, Fichten- und Kiefernhainen. Damwild, Schafe und Heidschnucken leben hier völlig frei.

Pracht aus Renaissance und Barock

➠ **Raesfeld** (14.–17. Jh.) 4 eine der prachtvollsten Wasserschlossanlagen Westfalens. Heute residiert im Schloss die Akademie des Handwerks, und das Restaurant im historischen Rittersaal ist weithin bekannt. Ein Naturparadies ist der um 1650 angelegte Tiergarten mit Heide, Hochwald, Bächen, Quellen, einer alten Wassermühle, Rot- und Damwild; hier steht auch das Info- und Besucherzentrum Tiergarten Schloss Raesfeld.

Das **Wasserschloss Lembeck** 5 mit seinem Landschaftspark zählt zu den schönsten Barockanlagen Westfalens und ist ein beliebtes Ausflugsziel. Ab 1692 wurde die mehrflügelige Anlage als Nachfolgebau einer Turmhügelburg (13. Jh.) errichtet. Zu den Höhepunkten zählen der Festsaal sowie die prachtvollen Parkanlagen. Vor- und Hauptburg erstrecken sich auf Inseln in einem großflächigen Teich und sind umgeben von

Die sagenumwobenen Düwelsteene in der Nähe von Heiden

Die berühmten Wildpferde kann man im Merfelder Bruch bewundern.

Parkanlagen und Wäldern. Besonders farbenprächtig ist der Park zur Zeit der Rhododendronblüte.

Zu Fuß, per Rad oder mit dem Kajak Die westlich der Stadt Haltern gelegenen Halterner Seen zwischen den Wäldern der Hohen Mark, der Borkenberge und der Haard sind das abwechslungsreichste Wander- und Erholungsgebiet im Naturpark. Der **Halterner See** 6 entstand 1930 durch Aufstauung des Mühlenbachs und der Stever vor ihrer Mündung in die Lippe. Auf einer Fläche von ca. 300 Hektar werden heute rund 20 Mio. Kubikmeter Wasser gestaut: ein bedeutender Teil als Trinkwasserreservoir und kleinere Bereiche als Freizeit- und Wassersportareale, wie z. B. das Strandbad.

Der weiter steveraufwärts gelegene ➠ **Hullerner See** 7 am Fuß der Borkenberge ist ein Wanderparadies. 1991 gründeten hier Kormorane ihre erste Kolonie in Westfalen; jeden Herbst haben sie hier einen bedeutenden Rastplatz. Daneben lassen sich auch Haubentaucher, Graureiher, Gänse und Reiherenten beobachten. Benannt ist der Trinkwasserstausee nach dem 1313 erstmals erwähnten Dorf Hullern.

Direkt südöstlich des Halterner Sees erstreckt sich die **Westruper Heide** 8 mit ihren über 1000 bis zu fünf Meter hohen Wacholdern. Von August bis Anfang September verwandeln sich die Heideflächen, die durch Schafe von Verwaldung freigehalten werden, in ein violettes Blütenmeer. Bis ins späte 19. Jahrhundert waren die ausgedehnten Dünenfelder, die auf der Niederterrasse der Lippe vorkommen, noch überwiegend von Heide bedeckt – der bedeutendste Rest ist die Westruper Heide. Östlich davon verbirgt sich in Nadelforsten das kleine Naturschutzgebiet Wacholderdüne Sebbelheide (1,9 ha).

Unweit des Hullerner Sees erstreckt sich die bewaldete Hügelgruppe der **Haard** 9 mit dem Stimberg (154 m) als höchster Erhebung, mit seinen Quarzitbänken eine geologische Attraktion. 34 Rundwanderwege führen durch das nahezu unbesiedelte Waldrevier, in dem drei Feuerwachtürme einmalige Panoramen des Lippetals und bis zu den Baumbergen, dem »Olymp« des Münsterlands, bieten. Auch für Reiter und Walker ist die Haard ein Eldorado.

Von den »Hexenbuchen« zum Teufelsstein Die **Holtwicker Wacholderheide** 10 liegt am **Waldbeerenberg** (146 m) 11, der mit einem Funkturm besetzten zweithöchsten Erhebung des Naturparks. Ein Spaziergang durch dieses winzige, eindrucksvolle Naturschutzgebiet lässt sich mit einem Abstecher zu

Der Halterner Stausee, ein beliebtes Naherholungsziel der Region

den »Hexenbuchen« verbinden: stattliche Süntelbuchen, die einen Kreis von 50 Metern Durchmesser bilden, ca. 300 Jahre alt sind und Stammstärken von bis zu drei Metern erreichen.

Der **Dämmerwald** 12 zwischen dem Mühlendorf Schermbeck und der Klosteridylle von Marienthal an der Issel ist eines der größten erhalten gebliebenen Naturwaldgebiete auf den flachen niederrheinischen Sandplaten. Schon 1136 wird er als »Demmerwalt« erstmals urkundlich erwähnt. Die Bäume in den naturnah bewirtschafteten Eichen- und Buchenmischwäldern sind vielfach über 100 Jahre alt, an der »Dicken Buche« führt der Hauptwanderweg vorbei zum Rastplatz am Jakobsbrunnen. Zahlreiche Bachläufe schlängeln sich in unbegradigten Mäandern durch den Wald. Die höhlenreichen Althölzer und Totholzstämme bilden ideale Brutmöglichkeiten für Schwarzspechte, und auch Pirol, Nachtigall und Wespenbussard schwirren durch den Dämmerwald.

In den aussichtsreichen Wiesen- und Feldfluren vor dem Südwestrand des Dämmerwalds liegt bei Malberg der geologisch interessante Quarzitblock **Teufelsstein** 13, der auf ein Alter von 10 bis 25 Mio. Jahre geschätzt wird. Der Sage nach sind die zahlreichen Löcher und Rillen Krallenspuren des Teufels, die Wissenschaft deutet sie als Relikte verrotteter Baumwurzeln.

Das Waldgebiet **Kirchheller Heide** 14 auf den grundwassernahen, feuchten Sandplaten südlich der Lippe, seit dem Mittelalter entwaldet und weitflächig verheidet, wurde zu Beginn des 20. Jahrhunderts mit Nadelhölzern aufgeforstet und entwickelte sich in den 1990er-Jahren zu einem bedeutenden Naherholungsrevier am Nordrand des Ruhrgebiets. Heute verfolgt der Regionalverband Ruhr das Ziel, die Nadelforste in eine standortgerechte Laubwaldgesellschaft zurückzuentwickeln, so wie sie in den Bachtälern von Specht-, Schwarz- und Rotbach als Auenwaldsäume erhalten sind.

Die drei Bachtäler sowie das Naturschutzgebiet **Hünxer Bachtal** 15 und der renaturierte Gartroper Mühlenbach im angrenzenden Hünxerwald sind die Naturparadiese des Waldgebiets. Hauptausgangspunkt für Ausflüge ist das Freizeitzentrum Grafenmühle im **Rotbachtal** 16.

Naturerlebnisgebiet und größtes Wasserstraßenkreuz Europas Der dritte große Waldkomplex ist der ehemalige Forst »Gewerkschaft Augustus« nordöstlich von Schermbeck. Dort erwarb der Regionalverband Ruhr 2002 das Waldgebiet ➡ **Üfter Mark** (1500 ha) 17 von einem Industriekonzern mit dem Ziel, es in ein ökologisch orientiertes »Naturerlebnisgebiet« umzuwandeln. Kleine Moore, Feucht- und Nasswälder, Stillgewässer, Binnendünen und kleinflächige Wacholderheiden prägen neben alten Eichenwäldern und Kiefernforsten die Landschaft. Viele Pflanzen und Tiere haben hier ein Rückzugsgebiet gefunden: u. a. Torfmoose und Sonnentau, Moorfrösche, Ziegenmelker und Raubwürger sowie die äußerst seltene Bechsteinfledermaus und der Abendsegler. Naturerlebnisweg, Schulwaldforum, Rotwildbeobachtungskanzeln, Rad- und Reitwege sowie ein Infozentrum machen dieses (barrierefreie) Naturparadies erlebbar.

Die Stadt **Datteln** 18 am Ostrand des Naturparks liegt am größten Wasserstraßenknotenpunkt Europas. Hier münden Wesel-Datteln- und Datteln-Hamm- in den Dortmund-Ems-Kanal, etwas weiter südlich mündet in Waltrop-Henrichenburg der Rhein-Herne- in den Dortmund-Ems-Kanal. Während die Wasserwege die Stadt mit vielen Wirtschaftsgebieten in Europa verbinden, bilden die Leinpfade (Uferwege) längs der Kanäle attraktive Wander- und Radwanderwege. Für die Güterschifffahrt gesperrt ist die fischreiche Alte Fahrt, der die Radroute am Dortmund-Ems-Kanal vom Dattelner Hafen nach Olfen folgt – beim Aquädukt über die Lippe hat man einen fantastischen Blick auf die Lippeauen.

Naturwildpark Granat

Dieser liegt westlich von Haltern in den Wäldern der Hohen Mark im Nordwesthang des Waldbeerenbergs 11. Rund 500 Tiere erwarten kleine und große Besucher auf ca. 600 000 m^2: u. a. Mufflons, Murmeltiere, Rot- und Sikahirsche bewegen sich frei in dem hügeligen, waldreichen Gelände. In Volieren und Gehegen leben Pfaue, Strauße, Kängurus und Wildschweine (www.naturwildpark.de).

Naturpark Teutoburger Wald/Eggegebirge

SERVICE

Anfahrt A 2 bis Ausfahrt Bielefeld/Sennestadt, B 68 bis Bielefeld-Buschkamp, dort rechts Richtung Bielefeld bis zum Gasthof »Zum Eisernen Anton«; nächstgelegener ICE-Bahnhof: Bielefeld

Lage Im östlichen Nordrhein-Westfalen

Größe 2711 km²

Höchste Erhebung Velmerstot (468 m)

Gründung 1965

Information Naturpark Teutoburger Wald/Eggegebirge, Felix-Fechenbach-Str. 5, 32756 Detmold

Telefon 05231/62 79 44

Internet www.naturpark-teutoburgerwald.de

TOP TIPP

2 **Donoper Teich** Bachtal mit mehrhundertjährigen Eichen

3 **Grotenburg** Bergkegel mit Hermannsdenkmal

5 **Externsteine** Eines der großartigsten Natur- und Kulturdenkmäler in Deutschland

6 **Silberbachtal** Schluchttal mit altem Baumbestand

7 **Velmerstot** Panoramaberg mit grandiosen Ausblicken

10 **Kloster Hardehausen** Ehemaliges Zisterzienserkloster mit Wildpark

Fast schnurgerade zieht sich der schmale Egge-Waldkamm von den Kornkammern der Warburger Börde nordwärts zur Velmerstot. Dort zieht das Kammgebirge Lippischer bzw. Teutoburger Wald nach Nordwesten, wo der Naturpark bei der Sparrenburg am Bielefelder Osningpass endet. Die Bezeichnung »egge« bedeutet »Grat« und verweist auf die Landschaftsform: steil abfallende Bergkämme, die sich mit ihrer Drachenkammsilhouette markant aus fruchtbaren Hügelländern erheben. Während die fast siedlungsfreien Kämme herrliche Routen für Wanderer und Mountainbiker darstellen, zählt das besiedelte Vorland als »Heilgarten Ostwestfalens« zu den quellenreichsten Gegenden Deutschlands.

Von den Gipfeln der Velmerstot genießt man eine wunderbare Aussicht.

Prächtige Ausblicke, idyllische Teiche

Der Aussichtsturm »Eiserner Anton« auf dem **Ebberg** 1 liegt am Hermannsweg und bietet einen herrlichen Blick auf die unterschiedlichen Naturräume im Gebiet des südlichen Teutoburger Walds. Während die Sandböden überwiegend Nadelforste tragen, wachsen auf den Kalkböden prachtvolle Buchenwälder. Ausgangspunkt für die Wanderung (mit »H« markiert) ist der Gasthof »Zum Eisernen Anton« an der Osningstraße von Bielefeld-Buschkamp nach -Sieker.

Namensgeber eines der größten und schönsten Naturschutzgebiete des Teutoburger Walds ist der ➠ **Donoper Teich** 2 im Hiddeser Wald bei Detmold. Der ganz von Wald umgebene Teich wurde 1641 aus dem Hasselbach als Pferdetränke aufgestaut. Auf der Wasserfläche spiegeln sich die weit ausladenden Kronen 200-jähriger Eichen. Das Schutzgebiet umfasst auch das Hasselbachtal mit dem Krebsteich und die umgebenden Laubmischwälder sowie das Hangmoor Hiddeser Bent, in dem sich

die Quellbäche des Hasselbachs sammeln.
Durchs Naturschutzgebiet führt zwischen Donoper und Krebsteich der Hermannsweg zum Hermannsdenkmal auf der nahen Grotenburg. Diese kurze Etappe zählt zu den schönsten Naturerlebnissen am Hermannsweg: Durch das höher gelegene Hiddeser Bent führt ein Bohlensteg zu einer Aussichtsplattform. Vom Krebsteich führt der Hermannsweg ins quellenreiche Heidental, in dessen Laubwäldern Dutzende von Vogelarten brüten. Dann beginnt der kurze, steile Aufstieg zur ringumwallten ➠ **Grotenburg** 3, der mutmaßlichen Teutoburg (Volksburg), nach der das Waldgebirge im Quellgebiet von Ems und Lippe benannt ist. Tatsächlich befand sich auf dem Gipfel eine Ringwallanlage aus vorchristlicher Zeit. Von diesem »Großen Hünenring« sind nur Reste erhalten. Heute ist die Grotenburg ein vielbesuchter Ort. Die Aussichtsgalerie des Hermannsdenkmals bietet einen weiten Blick auf Lipper und Weserbergland. Folgt man dem Hermannsweg ca. eine Stunde Richtung Externsteine, gelangt man zur Adlerwarte **Berlebeck** 4, einer der größten Falknereien Europas mit über 80 Greifvögeln aus aller Welt.

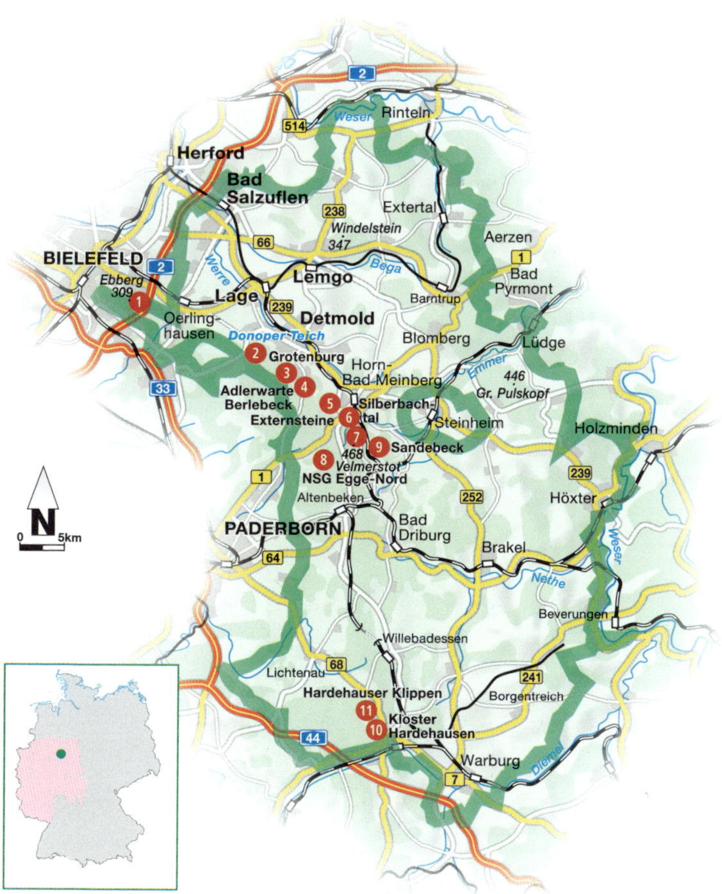

Auf Teufels Spuren – die Externsteine

Die ➠ **Externsteine** 5, der Legende nach vom Teufel errichtet, sind eines der großartigsten Natur- und Kulturdenkmäler Norddeutschlands. Aus zerklüftetem Sandstein bestehend, sind die Reste einer ursprünglich waagrecht liegenden Sandsteinschicht, die von Naturkräften senkrecht gestellt wurde. In Jahrmillionen wurde sie freigespült und durch Verwitterungsvorgänge in einzelne Felsen zerlegt. Vermutlich haben sie in megalithischer, keltischer und germanischer Zeit als Kultstätte gedient, waren einst ein bekanntes Heiligtum und zugleich astronomische Beobachtungsstation. Durch den Einbau von Kammern, Treppenaufgängen und Aussichtsplattformen sowie durch die Absprengung von Felspartien wurden fast alle Spuren aus vorchristlicher Zeit vernichtet. Um 1100 wandelte man die Externsteine nach dem Vorbild der heiligen Stätten von Jerusalem in ein christliches Monument um und meißelte in einen der Felsen das größte freiplastische Kreuzabnahmerelief der deutschen Romanik. Das mehrgipfelige Relief-Felsmassiv über dem aus der Wiembecke aufgestauten Teich ist der sehenswerteste der Externsteine. Über eine schmale Stufenanlage gelangt man auf den Hauptgipfel mit Aussichtsplattform. Der turmartige Fels Nr. 2 weist eine Vielzahl menschlicher Spuren auf, z. B. das Sazellum (»kleines Heiligtum«) mit einem Peil-Loch zur Beobachtung des mittsommerlichen Sonnenaufgangs.

Von der Schlucht zum Gipfel Durchs schluchtartige ➠ **Silberbachtal** 6 mit

Magischer Anziehungspunkt: die landschaftlich atemberaubenden Externsteine

mächtigen Felsen und Klippen führen Hermanns- und Eggeweg zur Velmerstot. In malerischen Kaskaden gischtet der Silberbach über Blockwerk in diesem kleinen, abgeschiedenen Waldparadies. Vom Mühlteich am Restaurant-Hotel »Silbermühle« führt der Weg ins Tal und windet sich steil bergauf zur ➠ **Velmerstot** 7. Gleich zwei Gipfel, Preußische (468 m) und Lippische Velmerstot (441 m), gewähren einen einmaligen Blick auf Teutoburger Wald und Lipper Bergland, auf Wesergebirge, Schwalenburg, Köterberg und Solling, den Desenberg und dahinter die Vulkankegel des hessischen Berglands. Auf der Preußischen Velmerstot kann man die Aussicht vom Eggeturm aus bewundern und auch gut das **Waldnaturschutzgebiet Egge-Nord** 8 überblicken, das die Buchenwälder des westlichen Eggevorlands zwischen Altenbeken, Bad Lippspringe und dem Übergang von Eggegebirge und Teutoburger Wald umfasst.

Ein Kuriosum findet sich am Ostfuß der Egge im idyllisch gelegenen Kirchdorf **Sandebeck** 9: Der als Naturschutzgebiet ausgewiesene Uhlenberg in der Nähe des Bahnhofs ist Deutschlands nördlichster und kleinster Vulkan, dem zahlreiche Mineralquellen ihre Existenz verdanken.

Reizvolle Schlucht im Silberbachtal

Wildpark und Felsenmeer Das Gebiet des ehemaligen ➠ **Klosters Hardehausen** ⑩ bei Scherfede, 1140 als erstes Zisterzienserkloster Westfalens gegründet, ist eine gepflegte Oase inmitten der Wälder und ein herrliches Ausflugsziel. Neben Schweinezucht, Wollproduktion und Weberei hatte der Hammer, in dem Eisen aus Waldeck verarbeitet wurde, große wirtschaftliche Bedeutung für das Kloster.

Wer dem Wanderweg in die Wälder hinauf folgt, erreicht eine imposante Naturattraktion: **Hardehauser Klippen** ⑪ und Felsenmeer heißt das Wald- und Felsgebiet oberhalb der Talweitung mit dem Kloster. Der Opferstein ist eine von schauerlichen Sagen umwobene Felskanzel im Hang. Aussichtsreicher ist die Nadel, ein Felsen und Grenzstein von 1715, mit Ausblick über das Diemeltal ins Waldecker Land.

Wie die alten Germanen

Das Archäologische Freilichtmuseum Oerlinghausen südöstlich des **Ebberges** ① lässt auf 1,5 ha Ur- und Frühgeschichte und das frühe Mittelalter lebendig werden. Unter den rekonstruierten Baugruppen und Versuchsgärten finden sich ein Sommerlager eiszeitlicher Rentierjäger, ein Mohnacker aus der Bronzezeit und eine frühmittelalterliche Hofanlage aus sächsisch-germanischer Zeit. An Aktionstagen wird Brot gebacken und Stoffe werden gefärbt. In speziellen Gehegen hält man rückgezüchtete Weideschweine und Ziegen. Vom Eingang des Freilichtmuseums leitet ein ausgeschilderter Waldweg zur Hünenkapelle im »Sachsenlager«.

Naturpark Schwalm-Nette

Die Flüsse Schwalm und Nette sind Namensgeberinnen des Naturparks in der Flussterrassenlandschaft des Niederrheinischen Tieflands an der Grenze zu den Niederlanden. Er ist Teil des internationalen Naturparks Maas-Schwalm-Nette, der 1976 als erster deutsch-niederländischer Naturpark gegründet wurde. Zahlreiche Wander-, Rad- und Naturerlebniswege erschließen ihn. Zu den Glanzpunkten auf deutscher Seite zählen die waldumrahmten Krickenbecker Seen mit ihrem Vogelreichtum und der Elmpter Schwalmbruch mit einer der letzten Wacholderheiden am Niederrhein.

SERVICE

Anfahrt A 40 bis Straelen/Herongen, B 221 Richtung Kaldenkirchen bis Leuth, dann auf der B 509 Richtung Hinsbeck und kurz vor Hinsbeck links zu den Krickenbecker Seen; nächstgelegene ICE-Bahnhöfe: Duisburg, Düsseldorf

Lage Im Niederrheinischen Tiefland im Grenzgebiet von Nordrhein-Westfalen und den Niederlanden

Größe 435 km^2

Höchste Erhebung Hoher Busch (86 m)

Gründung 1965

Information Naturpark Schwalm-Nette, Willy-Brandt-Ring 15, 41747 Viersen

Telefon 02162/81 70 94 08

Infohäuser In Brüggen, Wachtendonk und Wegberg

Internet www.naturparkschwalm-nette.de

TOP TIPP

1. **Krickenbecker Seen** Vier-Seen-Paradies mit Naturschutzstation, Aussichtsturm, Strandbad und Wasserschloss
4. **Elmpter Schwalmbruch** Wacholderheide mit Bohlenweg durchs Moor, Aussichtsturm und Rundwanderwegen
6. **Tüschenbroicher Weiher** Schloss, Festung und Mühlen an wildromantischem Gewässer

Die Krickenbecker Seen wurden vor Jahrhunderten von Menschenhand geschaffen.

Paradies für Pflanzen- und Vogelliebhaber Wie ein vierblättriges Kleeblatt liegen die **Krickenbecker Seen** (1) rund um das Wasserschloss Krickenbeck; sie sind Zentrum und Namensgeberinnen eines der ältesten (gegründet 1938) und größten Naturschutzgebiete in Nordrhein-Westfalen. Die das Ufer begleitenden Erlenbruch-, Sumpf- und Auenwälder, Hecken, Schilfgürtel und Wasserpflanzen haben das Areal (1170 ha) zu einem der wichtigsten Vogelrückzugsgebiete am Niederrhein werden lassen; hier hecken Rohrschwirl, Fischreiher und Blaukehlchen, in der kalten Jahreszeit fliegen Gänse- und Zwergsäger, Fischadler und Trauerseeschwalbe ein. Seltene Pflanzen wie Drachenwurz, Gagel und Sonnentau sind hier heimisch, Sumpfdotterblumen, Schwertlilien und Seerosen wachsen auf den Stillgewässern und längs des Alten Nordkanals.

Seit dem Tertiär sank das Tal der Nette ständig ab, an seinem Ostrand wurde der Viersener Horst pultartig herausgehoben, was zur Aufstauung der Nette und zur Bildung von Bruchwald- und Torfflächen mit einer Dicke von bis zu drei Metern führte. Die noch erhaltenen Erlenbruchwälder bilden den größten und am besten ausgebildeten Bestand in Nordrhein-Westfalen. Durch den Torfabbau (seit 1713) entstanden die bis zu drei Meter tiefen Krickenbecker Seen.

Die von Regenwasser gespeisten **Heidemoore** 2 liegen wie Inseln in den Kiefernforsten von Nettetal-Kaldenkirchen. Sie bieten ideale Lebensräume für Zwergtaucher, Krickenten und Wasserrallen, Libellen und Moorfrösche (Start für eine Erkundung am Parkplatz des Gasthofs »Haus Galgenvenn« an der Knorrstraße).

Das Naturschutzgebiet **Brachter Wald** 3 schließt sich ca. zwei Kilometer südlich auf dem Gelände des ehemaligen Munitionsdepots Brüggen-Bracht an. Das größte Naturschutzgebiet des Landkreises Viersen ist durch drei markierte Rund- und Radwege erschlossen (Start am Parkplatz Weißer Stein am gleichnamigen Gasthaus an der deutsch-niederländischen Grenze).

Beschauliche Moorwanderungen im Grenzland Im ➠ **Elmpter Schwalmbruch** (285 ha) 4 findet man die einzige Wacholderheide am linken Niederrhein. Wegen seiner landschaftlichen Schönheit wurde dieser Niederungsbereich im Schwalmtal zwischen Brüggen und dem niederländischen Swalmen in den 1990er-Jahren als erstes »Naturerlebnisgebiet« Nordrhein-Westfalens eingerichtet. Wanderwege mit Infotafeln leiten durch die Moorbirkenwälder und von Moorschnucken beweideten Heideflächen. Ein Bohlenweg führt mitten durch ein Moorgewässer, wo sich Erdkröten, Frösche und Libellen beobachten lassen (Start der Wanderungen am Parkplatz Venekoten bei Elmpten).

Gesunder Mischwald und eine üppige bodennahe Vegetation im Schwalmtal

Moorschnucken im Elmpter Schwalmbruch

Der mittelalterliche Burgort **Brüggen** 5 an der Schwalm ist bekannt durch seine Altstadtfeste, Jahrmärkte und Burgfestivals. Seine Entstehung verdankt er seiner Lage an einer Schwalmfurt, in der die Grafen von Kessel (13. Jh.) die Burg auf einer Kiesinsel errichten ließen. Palas und Bergfried zeugen heute noch von den einstigen, gewaltigen Ausmaßen der Festung, in der heute das Jagd- und Naturkundemuseum und eine Naturpark-Infostelle untergebracht sind.

Biologische Station

Die Biologische Station Krickenbecker Seen am Strandbad am Hinsbecker Bruch informiert über die Entstehung der Krickenbecker Seen 1 sowie über Fauna und Flora rund um die vier Gewässer. Ein Aussichtssteg mit Blick über das Hinsbecker Bruch mit einer Aussichtsplattform über dem Wasser gewährt einen wunderbaren Blick auf das Naturschutzgebiet. Die Biologische Station bietet auch Führungen an und ist Ausgangspunkt zahlreicher Wander- und Radwege (www.bsks.de).

Im Tal der Mühlen Der Oberlauf der Schwalm zwischen Tüschenbroicher Weihern und Brüggen ist mit seiner Mischung aus Naturschutzgebieten, Auenwäldern, Seen, Schlössern und Reetdachdörfern eine wahre Perle am Niederrhein. 25 Wassermühlen stehen im oberen Schwalmtal; einige von sind noch funktionsfähig und können besichtigt werden.

Die Schwalm entspringt in einer imposanten Landschaftskulisse an den ➠ **Tüschenbroicher Weihern** 6, einem beliebten Naherholungsgebiet direkt bei der Tüschenbroicher Mühle und Schloss Tüschenbroich (15.–18. Jh.). Vom Quellgebiet fließt die Schwalm an Bischofs- und Bockenmühle vorbei ins mittelalterliche Kloster- und Burgstädtchen Wegberg und schlängelt sich hinab zur Molzmühle, wo der Mühlenbach einmündet, an dem Busch-, Holt- und Schrofmühle liegen (Letztere ist für eine Besichtigung zugänglich).

Am Rand der Schwalmbruchwälder liegt wenig unterhalb das wunderschöne Dorf

Schwaam 7 mit seinen denkmalgeschützten, reetgedeckten Gehöften. Höhepunkt ist hier der alljährliche Feldgottesdienst (3.10.) mit Tier- und Kutschensegnung.
An der unter Denkmalschutz stehenden Stauanlage der Brempter Mühle weitet sich der **Hariksee** 8 (20 ha), gesäumt von Bruchwäldern, Mooren und Schwarzerlen mit einem zu jeder Jahreszeit lohnenden Rundwanderweg (ca. 3 km). Zwischen den Restaurants »Mühlrather Mühle« (1447) und »Insel-Schlösschen« verkehrt ein kleines Fahrgastschiff.

Wassermühle in Brüggen, im oberen Tal der Schwalm

Naturpark Solling-Vogler

Das glitzernde Band der Weser zu Füßen von Solling und Vogler ist die Leitlinie im Naturpark, in dem sich die höchsten Berge des Weserberglands erheben. Ob vom Weser-Radweg, der Deutschen Märchenstraße, der Straße der Weserrenaissance oder von einer Anlegestelle der Weserausflugsschiffe aus: Alle Wander- und Radwege sowie Straßen führen in die Wälder von Solling und Vogler. Zwischen den beiden waldreichen Buntsandstein-Bergländern liegen die aussichts- und felsenreichen Muschelkalkgebiete von Rühler Schweiz und Eversteiner Burgberg, der für seine Orchideenwiesen berühmt ist.

SERVICE

Anfahrt Auf der A 2 Hannover–Bielefeld bis Ausfahrt Bad Eilsen, weiter auf der B 83 über Hameln nach Bodenwerder; nächstgelegener ICE-Bahnhof: Göttingen

Lage Im Südosten Niedersachsens an der Grenze zu Nordrhein-Westfalen und zu Hessen

Größe 520 km²

Höchste Erhebung Große Blöße (528 m)

Gründung 1963

Information Zweckverband Naturpark Solling-Vogler, Lindenstr. 6, 37603 Holzminden-Neuhaus

Telefon 05536/13 13

Internet www.naturpark-solling-vogler.de

TOP TIPP

- **3 Ebersnacken** Wanderparadies mit Turm und herrlicher Aussicht
- **5 Burgberg** Wiesen mit seltenen Orchideenarten
- **6 Schloss Bevern** Prachtbau der Weserrenaissance
- **9 Mecklenbruch** Großes Hochmoor mit Wanderwegen und Lehrpfad
- **10 Hannoversche Klippen** Mächtige Felstürme im Dreiländereck sowie Durchbruchstal der Weser

Idyllischer Abschnitt des Wesertals in der Nähe von Rühle

Weserrenaissance und Flussmäander

Bodenwerder 1 ist ein Luftkurort und Jod-Sole-Bad an der Weser zu Füßen des waldbedeckten Voglers. Fachwerkhäuser prägen die Altstadt; im heutigen Rathaus (Herrenhaus von 1603) wurde 1720 der »Lügenbaron« Münchhausen geboren. Das Münchhausen-Museum ist in der Schulenburg auf dem Gelände des ehemaligen Gutshofs der Familie untergebracht. Sehenswert ist auch **Schloss Hehlen** 2 bei Bodenwerder. Alle zwei Jahre erstrahlt der Park beim Fest der »Schlossparkbeleuchtung« im Glanz von tausend Lichtern.

Der Vogler ist mit seinen tief eingeschnittenen Bachtälern, schmalen Bergrücken und klippenreichen Steilhängen hoch über der Weser ein Paradies für Wanderer. Der höchsten Erhebung, dem ➠ **Ebersnacken** 3 (460 m), streben alle Wanderwege zu. Vom Ebersnackenturm bietet sich ein grandioses Panorama über die Rühler Schweiz zum Solling und zum bewaldeten Hils, an den sich der Ith-Kamm anschließt. Jenseits davon zeigt sich bei klarer Sicht der Harz, während im Westen die Kämme von Teutoburger Wald und Eggegebirge liegen. Jenseits der Weser ist die Kuppe des Köterbergs zu sehen.

Ein großartiger Aussichtspunkt ist der Weinberg in der **Rühler Schweiz** 4 oberhalb des Fachwerkdorfs Rühle. Der Abschnitt zwischen Bodenwerder und Holzminden zu Füßen von Vogler und Eversteiner Burgberg ist der am wenigsten besiedelte, steilste und so gut wie nicht industrialisierte Teil des Oberwesertals. In weit ausholenden Mäandern gräbt sich der Fluss durch den Muschelkalk der Ottensteiner Hochfläche bzw. durch die Verwerfungszone von Muschelkalk und Buntsandstein (Vogler). In den Prallhängen am Eckberg zwischen Polle und Brevörde, am Kollberg bei Grave, am Tenterling bei der Steinmühle und an den Breitesteinklippen bei Rühle mussten Straßen in die Felswände gesprengt werden. Die Gleithänge hingegen bieten Raum für Landwirtschaft und kleinere Siedlungen. Wegen des verkehrsuntauglichen Geländes wurde auf dieser Mäanderstrecke keine einzige Stadt gegründet. Auf einem das Tal beherrschenden Bergkegel ließen die Grafen von Everstein die Burg Polle errichten, auf der heute die »Aschenputtelspiele« stattfinden.

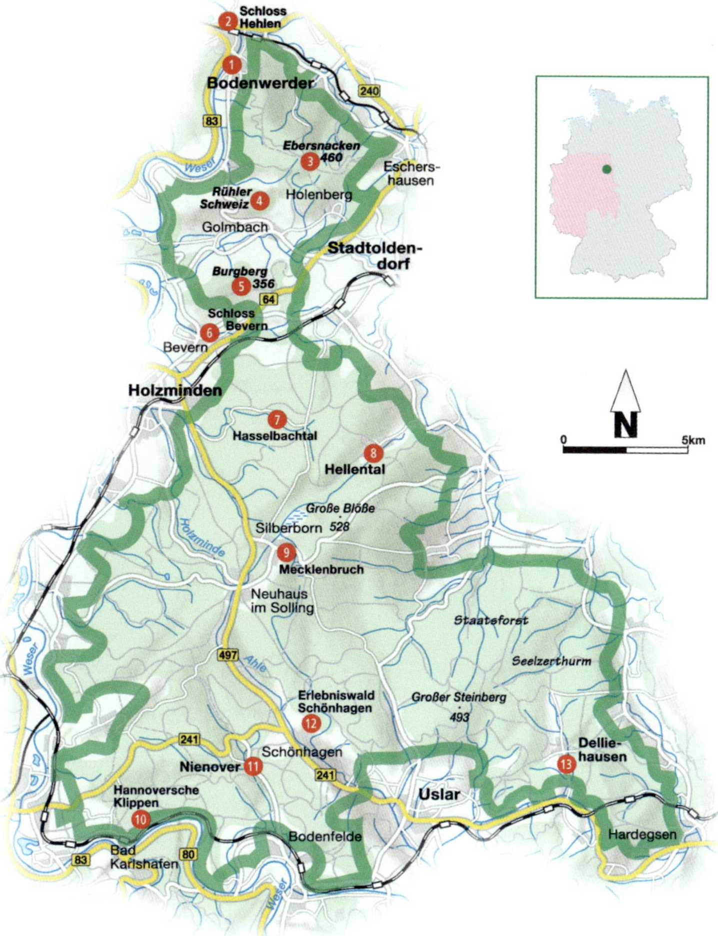

Außergewöhnliches Pflanzenparadies

Der zwischen Bever- und Forstbach aufragende ➠ **Burgberg** 5 mit den Ruinen der Höhenburg oberhalb des früheren Zisterzienserklosters Amelungsborn war im Mittelalter ein Machtzentrum an der oberen Weser: Von der Doppelburganlage auf seinen Gipfeln beherrschten die Grafen von Everstein das Gebiet von Holzminden bis Hameln. Die Burgen sind längst verschwunden, doch der aus Muschelkalk aufgebaute Berg mit seiner unverwechselbaren, von den drei Gipfelkegeln bastionsartig akzentuierten Silhouette zählt weiterhin zu den besten Aussichtspunkten des Weserberglands. Schafe und Rotes Höhenvieh weiden auf den Wiesen und Kalkmagerrasen. Das Naturschutzgebiet »Frauenschuhfläche«, ein Pflanzenparadies im nordostexponierten Steilhang des Eversteiner Burgbergs, erschließt ein Naturlehrpfad. Der Frauenschuh ist eine geschützte Orchidee, wurde jedoch von Sammlern nahezu ausgerottet. Außer verschiedenen Orchideenarten und Enziangewächsen haben auch seltene Pflanzen wie Wacholder oder Zittergras ein Rückzugsgebiet gefunden, da die Natur hier in einem mittelalterlichen Kultur-Natur-Zustand gehalten wird. Die damalige Brennholz-, Waldweide- und Streunutzung führte zur Verlichtung der Buchenwälder, ließ Offenlandinseln entstehen und bewirkte eine Verarmung der Böden: Auf die Lich-

Zu Füßen der Hannoverschen Klippen breitet sich das obere Wesertal aus.

tungen wanderten lichthungrige Pflanzen ein. Sie konnten sich trotz Waldweidenutzung halten, weil das Vieh sie verschmähte. Durch entsprechende Maßnahmen wird heute eine Wiederverwaldung verhindert.

Das sehenswerte ➠ **Schloss Bevern** 6 zählt zu den bedeutendsten Baudenkmälern der Weserrenaissance (16./17. Jh.).

Dramatische Berglandschaft im Dreiländereck Der dicht bewaldete Buntsandstein-Höhenzug des Solling (bis 50 km lange, bis 30 km breit) ist das größte und höchste Einzelgebirge im Weserbergland und wölbt sich rechts der Weser zwischen Uslar, Dassel und Holzminden. Die Große Blöße (528 m) markiert den höchsten Punkt. Aussichtstürme sind der Sollingturm auf dem Strutberg (444 m) bei Uslar und der Hochsollingturm am Moosberg (509 m) bei Neuhaus. Breite Waldrücken, liebliche Wiesentäler wie **Hasselbachtal** 7 und Hellental sowie im Wald versteckte Teiche prägen das Landschaftsbild. Das weite **Hellental** 8 ist das berühmteste und auch geologisch interessanteste Sollingtal. Die Helle, deren Quellbäche sich im Mecklenbruch sammeln, durchfließt hier nicht nur den typischen Buntsandstein, sondern auch Muschelkalk, schlängelt sich zwischen Auenwaldstreifen dahin, versickert in den Kalkbereichen in »Bachschwinden«, fließt unterirdisch durch den Karst und tritt in Wiesen wieder zu Tage. Viele Wanderwege erschließen das Hellental; der beste Ausgangspunkt ist Silberborn (B 497 Holzminden–Uslar, kurz vor Neuhaus nach Silberborn abbiegen).

Undurchlässige Böden auf dem niederschlagsreichen, plateauartigen Gelände im Hochsolling begünstigen die Bildung von Hochmooren und Bruchwäldern. Das größte Moor ist das durch einen Naturerlebnispfad erschlossene ➠ **Mecklenbruch** 9 in der Nähe des Wildparks Neuhaus (südöstlich davon das auch unter Naturschutz stehende Torfmoor). In die Birken-, Eichen- und Buchenwälder auf dem Plateau trieb man einst das Vieh und sammelte Laubheu als Streu und Futter. Die gewaltigen Eichen (Naturdenkmäler) am Dreiländereck erinnern an diese Zeit. Da der Wald auf den sauren Böden nur langsam wächst, kam es zum

Das größte Hochmoor des Weserberglands, der Mecklenbruch

Rückgang der Wälder, da der Brennholzbedarf der nahen Glashütten, Schmieden und der Porzellanmanufaktur in Fürstenberg enorm war. Ein Bohlensteg führt zu einem Aussichtsturm im Mecklenbruch; das Verkehrsamt Silberborn bietet geführte Wanderungen durchs Hochmoor an.

Dramatisch stürzt der Solling im Süden, am Weserdurchbruchstal, im Dreiländereck bei Bad Karlshafen in wandartigen, felsdurchsetzten Steilhängen zur Weser ab: Die ➠ **Hannoverschen Klippen** ⑩ sind eines der bedeutendsten Felsenensembles im Oberwesertal. Um rund 100 Meter überragen die sieben Buntsandsteintürme den Fluss, zwei von ihnen sind als Aussichtspunkte begehbar und bieten einmalige Panoramen. Der steile Aufstieg (ca. 15 Min.) beginnt am Bahnhof Bad Karlshafen und ist mit »x3« (Wildbahn) markiert.

Naturerlebnis für Groß und Klein Im Erholungsort **Nienover** ⑪ an der Deutschen Märchenstraße im Reiherbachtal oberhalb von Bodenfelde steht das bedeutendste Jagdschloss des Sollings auf einem Sporn des Schinkelbergs. In der Nähe gibt es einen 200-jährigen Eichenbestand: Seit 2000 ist das Wald-Offenland-Gebiet (170 ha) ein internationales Hutewald-Projekt, in dem Exmoor-Ponys und Heckrinder leben. Infozentrum, Schaugehege und Erlebnispfade laden hier ebenso zum Entdecken wie im benachbarten Erlebniswald **Schönhagen** ⑫, wo man den Wald mit allen Sinnen erforschen kann: in einer Erdhöhle, am Wassergraben, im Duftgarten und auf dem »Klimaturm«. Weiter südlich lockt die Familien-Erlebnislandschaft **Delliehausen** ⑬ bei Uslar.

Erlebnislandschaft Delliehausen

In Delliehausen ⑬ bei Uslar wird viel geboten: Naturerlebnisflächen wie Feuchtbiotope, Hochstaudenfluren oder Streuobstwiesen, ein Bergsee als Schutzgebiet für seltene Pflanzen und als Badesee mit Sandstrand und Wasserrutsche, die Naturparkanlage »Dümpelwiesen«, vielfältige Bachlandschaften sowie ein Abenteuerspielplatz in der reizvollen Wiesen- und Waldlandschaft. Lehrpfadstationen informieren über Geschichte, Geologie und Naturschutz. Alljährlich im Frühsommer wird der Meiler an der Köhlerhütte aufgebaut und während des Köhlerfests angezündet.

Naturpark Bergisches Land

Das Bergische Land ist nicht bergig und verdankt seinen Namen keinen schroffen Gipfeln, sondern seinen ehemaligen Landesherren, den Grafen von Berg. Sanft steigt die Mittelgebirgslandschaft wie eine schiefe Treppe vom Rhein gen Osten an. Doch dieser Anstieg hat Folgen: Die Niederschläge in dieser Gegend sind höher als in den meisten Regionen Deutschlands, denn das Bergische Land ist das erste Hindernis, auf das die feuchten atlantischen Westwinde treffen. Sie bescheren ihm seinen größten Schatz: Wasser. Das formte auch die Landschaft, zerschnitt 300 Mio. Jahre alte Ablagerungen des devonischen Meers in Kuppen und Täler, ließ üppige Laubwälder wachsen und trieb die Mühlen und Eisenhämmer in vor- und frühindustrieller Zeit an.

SERVICE

Anfahrt A 4 Köln–Kreuztal bis Engelskirchen; nächstgelegener ICE-Bahnhof: Köln, mit der Regionalbahn bis Engelskirchen-Ründeroth

Lage Zwischen Remscheid im Norden, Sauerland im Osten, Westerwald im Süden und Köln-Siegburger Bucht im Westen

Größe 2100 km²

Höchste Erhebung Unnenberg (506 m)

Gründung 1973

Information Naturpark Bergisches Land, Moltkestr. 34, 51643 Gummersbach

Telefon 02261/88 69 09

Internet www.naturparkbergischesland.de

TOP TIPP

- **2 Bergisches Freilichtmuseum** Museum für Ökologie und bäuerlich-handwerkliche Kunst
- **4 Schloss Homburg** Naturerlebnispfade rund um ein kulturgeschichtliches Museum
- **5 Nutscheid** Größtes zusammenhängendes Waldgebiet des Bergischen Landes
- **6 Wahner Heide** Faszinierende Dünen- und Heidelandschaft
- **9 Müngstener Brücke** Höchste Eisenbahnbrücke Deutschlands

Sanfte, grüne Hügellandschaft – der Naturpark von der Burgruine Windeck gesehen

Das Bergische Land ist Teil des Rheinischen Schiefergebirges und besteht zum großen Teil aus Grauwacke, Sandstein und Schiefer, den verfestigten Ablagerungen des Devonmeers. Durch den Gesteinsdruck bildeten sich Klüfte, in die heißes Wasser aus dem Inneren der Erde aufstieg und dort Mineralien ausschied. So entstanden Erz- und Quarzgänge, die z. T. schon im Mittelalter ausgebeutet wurden. Eine Zeitreise zu den Korallenriffen des einstigen tropischen Meers kann man in der **Aggertalhöhle** 1 bei Engelskirchen unternehmen. Ihr Gangsystem wurde vor langer Zeit von Grundwasser ausgespült, das seitlich in den Riffkalkzug eindrang. Da Tonschieferschichten über dem aus den Korallen entstandenen Kalk liegen, konnte von oben kaum Wasser in die Höhle gelangen, sodass nur kleine Tropfsteine wuchsen.

Auf dieser Grundlage können nur nährstoffarme Böden entstehen, die besonders in den höheren, regenreichen Lagen keine einträgliche Landwirtschaft zulassen. Gibt es im Niederbergischen noch fruchtbare Äcker, dominieren im höheren Bergland Wald und Regen über Viehweiden und Weiler. Einen Einblick in die harte Arbeit der Bauern gewinnt man im → **Bergischen Freilichtmuseum** 2 für Ökologie und bäuerlich-handwerkli-

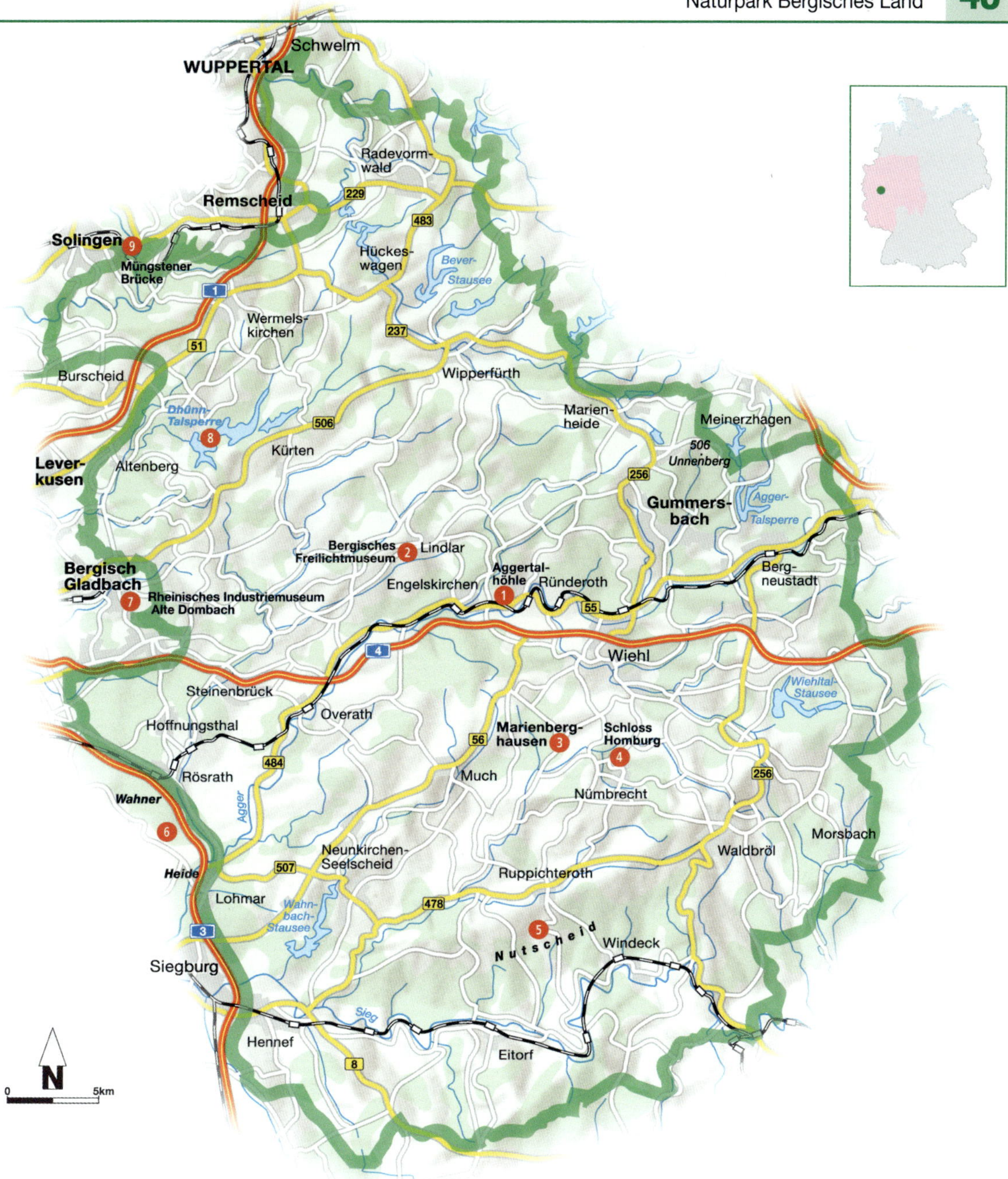

che Kunst in Lindlar (www.bergisches-freilichtmuseum.lvr.de).

Farbenfrohe Kirchen, prunkvolle Schlösser Über die A 4 gelangt man ins Homburger Ländchen. Rund um Schloss Homburg und die Kirchdörfer Nümbrecht und Marienberghausen prägen ursprüngliche Laubwälder, Wiesen, Weiden, Flüsse und Bäche das Landschaftsbild. Nümbrecht, ein malerisches Fachwerkdorf im Schatten einer 1000-jährigen Schlosskirche, zog immer wieder Künstler an. In **Marienberghausen** 3 kann man eine der »bonten Kerken« besichtigen: mit bunten Fresken, die den Analphabeten einst christliche Botschaften vor Augen führten.

Für den Bau von ➠ **Schloss Homburg** 4 holten sich die Grafen Sayn und Witt-

Viel entdecken können Kinder im Bergischen Freilichtmuseum in Lindlar.

genstein Anregungen aus Versailles. Heute beherbergen die Burgmauern ein kulturhistorisches Museum. Im ehemaligen Forsthaus in der Nähe bietet die Biologische Station Oberberg Infos und Materialien für Wanderungen auf verschiedenen Naturerlebnispfaden an. Familien können sich hier gegen eine Gebühr Rucksäcke mit Material zur spielerischen Erkundung des artenreichen Laubwalds und der Brölaue ausleihen.

Naturwunder im Ballungsraum Südlich von Nümbrecht befindet sich das größte zusammenhängende Waldgebiet im Bergischen Land: der ➠ **Nutscheid** 5. Auf dem Gebirgskamm verlief einst die Grenze zwischen dem Herzogtum Berg und der Herrschaft Homburg. Die Burg Windeck, heute nur noch eine Ruine, diente der Grenzverteidigung. Der größte Teil des Nutscheids wird von ausgedehnten Hochwäldern bedeckt. Spechte, Dachse, Hohltauben und Waldkäuze nutzen die baumhöhlenreichen ältesten Teile der Wälder. Auch die durch intensive Rodung entstandenen Niederwälder mit Birken und Erlen sind von großer ökologischer Bedeutung. Begünstigt durch die sonnige Lage über dem Siegtal, bieten sie zusammen mit Quellmooren und Heiden ein letztes Rückzugsgebiet für seltene Tierarten wie Haselhuhn oder Eichenzipfelfalter.

Über die B 478 gelangt man wieder in die dicht besiedelten Ballungsgebiete am Rand der rheinischen Bucht. Hier, am Stadtrand von Köln, hat sich ein Naturschutzgebiet ersten Rangs entwickelt: die ➠ **Wahner Heide** 6 mit vielen, während der letzten Eiszeit aus feinem Flugsand angehäuften Dünen. Ursprünglich war auch diese Landschaft bewaldet, doch schon seit dem 7. Jahrhundert nutzten die Menschen die Gegend zur Torf-, Ton- und Holzgewinnung, vor allem aber als Weideland. Schafe und Ziegen verhinderten das Nachwachsen der Wälder. Die Preußen richteten in der Bergischen Heide einen der ersten Truppenübungsplätze Deutschlands ein. Heute wird der größte Teil des Schießplatzes

In unmittelbarer Nähe der Großstadt Köln: die Wahner Heide

Industriedenkmal eindrucksvollen Ausmaßes: die Müngstener Brücke bei Solingen

vom Flughafen Köln-Bonn eingenommen. Trotzdem hat sich gerade auf den in der Vergangenheit intensiv genutzten Flächen eine einzigartige Vielfalt an Fauna und Flora angesiedelt: blühende Heiden neben Mooren und Bruchwäldern, eine offene Dünenlandschaft in Nachbarschaft zu Tümpeln und naturnahen Bächen. Ca. 700 gefährdete Tier- und Pflanzenarten leben in dem zweitgrößten Naturschutzgebiet Nordrhein-Westfalens (www.wahner-heide.net).

Heute wieder saubere Flüsse Durch den Königsforst geht es weiter nach Bergisch Gladbach zur Papiermühle im **Rheinischen Industriemuseum Alte Dombach** 7 (www.rim.lvr.de). Neben der Alten Dombach drängten sich einst entlang der Strunde 35 weitere mit Wasserkraft betriebene Mühlen. Heute sind die Flüsse wieder sauberer, aus giftigen Rinnsälen wurden lebendige Bäche, in denen sich Lachse und Forellen tummeln. Sauber muss auch das Wasser in den Talsperren sein, die die Großstädte am Rhein mit Trinkwasser versorgen. Die **Dhünn-Talsperre** 8 ist das drittgrößte Wasserreservoir Deutschlands. Ein 100 Meter breiter Wasserschutzstreifen umgibt den See.

Flussabwärts, zwischen Odenthal und Altenberg, verläuft die Dhünn, mit einem wilden Auenwald als Begleiter. Die Wasserqualität ist hervorragend, und anspruchsvolle Vogelarten wie Eisvogel, Wasseramsel oder Gebirgsstelze finden am Flussbett mit Sandbänken, Kolken und Steilufern einen geeigneten Lebensraum.

Die Verzahnung von Stadt und Land sowie die enge Verbindung zwischen Gewerbe und Natur ist charakteristisch für das Bergische Land. Seit 2006 gehören auch Stadtteile von Remscheid und Wuppertal zum Naturpark. Am verstädterten Nordrand findet sich das eindrucksvollste Denkmal der jüngeren Industriegeschichte, die ➠ **Müngstener Brücke** 9 bei Solingen. 5000 Tonnen Stahl wurden in der mit 107 Metern Höhe höchsten Eisenbahnbrücke Deutschlands verbaut. Unter der Brücke wurde der Brückenpark eröffnet, die Ufer- und Auenzone mit Rückzugsgebieten für die Tiere (u. a. Feuersalamander) neu gestaltet. Ein Rundwanderweg führt durchs wildromantische Tal der Wupper nach Schloss Burg (12. Jh.).

Bergische Natur- und Museumsroute

Der 280 km lange Wanderweg durch die Industrie- und Kulturgeschichte der Region führt von Wuppertal bis an die Sieg quer durchs Bergische Land und passiert u. a. Lindlar (bei 2), Engelskirchen (bei 1) und Nümbrecht (bei 4). Die Strecke ist in verschiedene Themenabschnitte gegliedert, wie Textil-, Frühindustrie, Alte Wege, Fuhrmannswesen, Erzbergbau, Wasserkraft, Schwerverkehr und Schmiedewesen (www.strassederarbeit.de).

Naturpark Ebbegebirge

Kern und Namensgeber des Naturparks ist das Ebbegebirge, ein von Hochmooren und Wäldern geschmückter Bergkamm, das in der Nordhelle die höchste Landmarke des märkischen Sauerlands bildet und herrliche Wanderungen ermöglicht. Südlich des Ebbekamms durchfließt die Lister das Listerbergland und eilt dem Biggesee zu, neben dem Möhnesee im Naturpark Arnsberger Wald das bedeutendste Wassersportzentrum des Sauerlands.

SERVICE

Anfahrt Auf der A 45 von Dortmund Richtung Frankfurt/M. bis Ausfahrt Lüdenscheid, weiter nach Werdohl und dort auf der B 236 nach Plettenberg; nächstgelegene ICE-Bahnhöfe: Dortmund, Hagen

Lage In Nordrhein-Westfalen im südwestlichen Sauerland zwischen den Naturparks Bergisches Land, Homert und Rothaargebirge

Größe 777 km²

Höchste Erhebung Nordhelle (663 m)

Gründung 1973

Information Naturpark Ebbegebirge, Westfälische Str. 75, 57462 Olpe

Telefon 02761/812 80

Internet www.naturpark-ebbegebirge.de

Der wunderschön gelegene Biggesee im Naturpark Ebbegebirge

TOP TIPP

1. **Bommecketal** Klammartiges Schluchttal mit Wasserfällen und Strudeltöpfen
2. **Nordhelle** Aussichtsreicher höchster Berg des Ebbegebirges
7. **Attahöhle** Eine der schönsten Tropfsteinhöhlen Deutschlands
10. **Hohe Bracht** Aussichtsbalkon des Bilsteiner Berglandes

Schluchtwälder und Panoramablicke Mit seinen Felsen, Wasserfällen und Schluchtwäldern ist das ➠ **Bommecketal** (1) bei Plettenberg-Böddinghausen das malerischste Tal im Naturpark Ebbegebirge. Es liegt im Plettenberger Bergland, der steilsten Region dieser Gegend. Das teils bewaldete, teils von Grünland bedeckte, durch die Täler von Else und Oese tief zerschnittene Bergland bildet den Nordostrand des Naturparks, von den Bergen Hohe Molmert (575 m) und Heiligenstuhl (584 m) stürzen die Hänge steil ins Tal der Lenne hinab, die sich in weiten Flussschlingen zwischen den Naturparks Homert und Ebbegebirge windet. In der klammartigen, kühlen Schlucht wurden über 2100 Tierarten, mehr als 400 Pflanzenarten und über 80 Flechten nachgewiesen, die sich auf dieses feuchtkühle Klima spezialisiert haben.

Wolfsbruch, Piwitt, Grundlose, Wilde Wiese: Die Moore des Ebbekamms rund um die ➠ **Nordhelle** (2) zählen zu den botanischen Kostbarkeiten dieses Naturparks. Die Nordhelle (663 m) ist der höchste Berg von Ebbegebirge und märkischem Sauerland: Über und rund um sie führt ein Naturlehrpfad, und über den Nordhang verläuft der panoramarreiche Ebbekammweg. Die Aussichtsgalerie des Robert-Kolb-Turms (1913) bietet bei klarer Sicht ein herrliches Panorama.

Das Rauschen der Bäche Zahllose Quellen entspringen am Ebbekamm, das **Blomberger Bachtal** (3) im Südhang ist das Quellental schlechthin: Vom Wanderparkplatz »Quellental« führt ein Weg durchs Tal hinauf zum Kamm. Viele der am Ebbekamm entspringenden Bäche werden am Fuß des Bergrückens oder in seinem Vorland aufgestaut, etwa im Osten die Oestertal-, im Westen die Fürwigge- und die Versetalsperre. Die reizvoll zwischen Waldbergen eingebettete **Fürwiggetalsperre** ④ (25 m hoch, 170 m lang; 1,6 Mio. m^3 Trinkwasser), die als imposantes technisches Denkmal unter Schutz steht, ist einer der schönsten »stillen« Stauseen des Sauerlands und wurde 1902–04 im Bachlauf der Fürwigge errichtet. Im Osten der Versetalsperre erhebt sich die von mächtigen Buchen und Eichen bedeckte Bergkuppe Gasmert (534 m) mit der Wacholder-Bergheide **Auf der Gasmert** ⑤. Am Wanderweg vor dem Naturschutzgebiet genießt man eine prächtige Fernsicht weit über das Ebbegebirge hinaus. Das Hangmoor **Die Grundlose** ⑥ am Rothenstein, der Westbastion des Ebbekamms, ist das Quellmoor der Lister. Aus einer Gesteinsverwerfung treten Quellwasser zutage, die die Hänge herabrieseln und sich dann zur Lister vereinigen. Vom Wanderweg fällt der Blick auf die nassen Pfeifengraswiesen, in denen Karpaten- und Moorbirken stehen; zur Mittsommerzeit lässt hier das Wollgras seinen Haarbusch auswachsen. Nur wenig weiter talwärts wird der Bach von der Listertalsperre aufgestaut.

In einer unterirdischen Zauberwelt Eine der größten (1,8 km Länge) und schönsten Tropfsteinhöhlen Deutschlands ist die ➠ **Attahöhle** ⑦ im devonischen Massenkalk bei Attendorn. Hier erlebt man eine faszinierende Welt von Stalaktiten, Stalagmiten und Sinterfahnen, unterirdischen Seen, Kaskaden und Grotten. Insgesamt ist das Höhlenlabyrinth 6670 Meter lang.

Das Biggetal mit dem **Biggesee** ⑧ ist ein beliebtes Wassersportparadies und von Attendorn oder Olpe zu erreichen. Auf der gegenüberliegenden Talseite thront **Burg Schnellenberg** ⑨, die größte und schönste Burganlage im Sauerland mit einem weithin bekannten Gourmetrestaurant.

Die geringe Siedlungsdichte und wenige Straßen sowie die Weitläufigkeit der Wälder und Wiesenflächen machen das Bilsteiner Bergland zu einer Wanderoase. Die Attendorner Senke trennt Ebbe- und Rothaargebirge, doch liegt das zum Rothaarblock gehörende und ins Südwestsauerland vorspringende Bilsteiner Bergland mit der Hohen Bracht und dem westlich vorgelagerten Fahlenscheid-Höhenrücken noch im Naturpark Ebbegebirge.

Hoch über Hundem- und Olpetal bei Bilstein steht die ➠ **Hohe Bracht** (584 m) ⑩ als höchste Erhebung des Bilsteiner Berglands. Ein barrierefreier Naturerlebnisweg (rund 1 km) unterhalb des Aussichtsturms informiert über erdgeschichtliche und kulturhistorische Besonderheiten der Region.

Von Bilstein Richtung Fahlenscheid/Welschen-Ennest gelangt man zum **Forsthaus Einsiedelei** ⑪. Daneben liegt ein Naturschutzgebiet mit einem fast 100 Jahre alten Moorbirkenbruchwald. Zwischen Torfmoosen und Schachtelhalmen fühlt sich das Herzblättrige Zweiblatt wohl. Am Gasthof Fahlenscheid beginnen mehrere ausgeschilderte Wanderwege, u. a. auch zur **Wacholderheide Kihlenberg** ⑫ in den Hängen über dem Rahrbachtal, die mit ca. 8000 Wacholderbüschen eine der größten des Rheinischen Schiefergebirges ist.

Wassersportparadies

Bigge- ⑧ und Listerstausee bilden zusammen das größte Wassersportrevier des Sauerlands und sind ein viel besuchtes Freizeitparadies. Die Listertalsperre wurde 1912 errichtet, der Listerstausee (1,6 km^2) war bis zur Fertigstellung der Biggetalsperre 1964 ein eigenständiger Stausee. Heute fungiert er als Vorbecken des buchtenreichen Biggestausees (8,95 km^2), auf dem von April–Sept. die Personenschiffe der Weißen Flotte verkehren.

Naturpark Homert

Die sanft gerundeten Kuppen und zerschluchteten Hänge, die Wälder, die Hochflächen und wilden Felsformationen des Naturparks Homert gehören zum Lennegebirge, das sich im südlichen Westfalen zwischen Ruhr und Lenne erhebt und den nordwestlichen Teil des Sauerlands bildet. Namengeber des Parks ist die höchste Erhebung, die bewaldete Homert; das Gebirge wurde nach der Lenne benannt, dem größten Nebenfluss der Ruhr. Während das Gelände nach Norden hin sanft zur Ruhr abfällt, bricht es im Süden und Westen mit Steilstufen ins windungsreiche Lennetal ab. Am Kohlberg entspringt die Hönne, die das großartigste Schluchttal Westfalens schuf.

SERVICE

Anfahrt Auf der A 46 bis Ausfahrt Hemer, weiter auf der B 7 bis Hemer, dort der Beschilderung »Felsenmeer« folgen; nächstgelegener ICE-Bahnhof: Hagen

Lage In Nordrhein-Westfalen im nordwestlichen Sauerland zwischen Ruhr- und Lennetal

Größe 550 km^2

Höchste Erhebung Homert (656 m)

Gründung 1965

Information Naturpark Homert, Am Rootharsteig 1, 59929 Brilon

Telefon 02961/94 32 23

Internet www.naturpark-homert.de

TOP TIPP

1 **Felsenmeer bei Hemer** Bizarre Felsblöcke zwischen hundertjährigen Buchen

3 **Hönnetal** Das imposanteste Schluchttal Westfalens

7 **Schomberg** Panoramaberg mit wundervollem Blick auf das »Land der 1000 Berge«

8 **Rübenkamp** Wacholderbergheide mit zahlreichen seltenen Pflanzen

Der sanft hügelige Schomberg bei Wildewiese ist der Panoramaberg des Naturparks.

Spielplatz der Riesen Im devonischen Massenkalk zwischen Iserlohn und Hönnetal liegt das **Felsenmeer bei Hemer** (13 ha) 1 als wild zerklüftetes Dolinengebiet aus hellen Kalkblöcken, Türmen und Rippen, dazwischen tiefe Schluchten und kellerartige Vertiefungen – überdacht von einem 100jährigen Buchenhochwald. Entstanden ist das Felsenmeer vor allem durch den Einsturz von Karsthöhlen, die wohl auch durch den Erzabbau mit verursacht wurden. Ein Rundwanderweg erschließt die imposante Felslandschaft, die seit 1968 als Naturschutzgebiet ausgewiesen, 1988 umzäunt und aus Schutzgründen mit Büschen bepflanzt wurde.

Die **Heinrichshöhle** 2 neben dem Felsenmeer ist eine imposante Tropfsteinschauhöhle, in der auch Knochen eiszeitlicher Tiere gefunden wurden.

In den »Grand Canyon Westfalens« Der canyonartige Abschnitt des **Hönnetals** 3 zwischen Uhuwänden und Reckenhöhle bei Binolen bildet das wil-

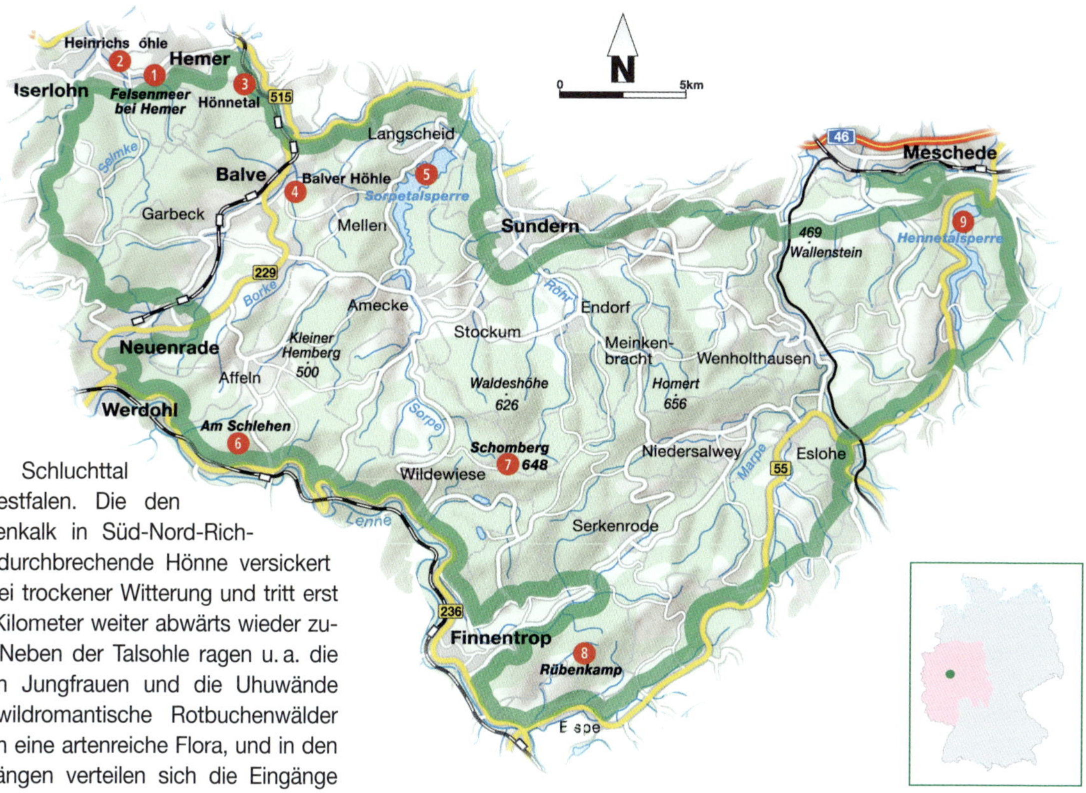

deste Schluchttal in Westfalen. Die den Massenkalk in Süd-Nord-Richtung durchbrechende Hönne versickert hier bei trockener Witterung und tritt erst zwei Kilometer weiter abwärts wieder zutage. Neben der Talsohle ragen u. a. die Sieben Jungfrauen und die Uhuwände auf, wildromantische Rotbuchenwälder bergen eine artenreiche Flora, und in den Steilhängen verteilen sich die Eingänge von ca. 50 Karsthöhlen, von denen mehrere frei begehbar sind. Im Rahmen einer Führung kann man die Reckenhöhle, eine Tropfsteinhöhle bei Binolen, erkunden. Funde aus den Höhlen sind im Prähistorischen Museum in Balve ausgestellt.

Ein wildromantischer Wanderpfad führt am Eingang der Burghöhle vorbei und schlängelt sich neben der Hönne flussaufwärts zum »Bachustritt« (Bachaustritt): Führt der Fluss Hochwasser, bildet sich hier eine kleine, künstliche Schnelle, bei Niedrigwasser durchfließt die Hönne ein unterirdisches Höhlensystem.

Die **Balver Höhle** ④ oberhalb des Schluchttalabschnitts der Hönne ist eines der bedeutendsten »natürlichen« Kulturzentren Mitteleuropas. Steinwerkzeuge, Knochengeräte und andere Funde belegen, dass schon Neandertaler vor 100 000 Jahren die Höhle nutzten und ihnen Cro-Magnon-Menschen und mittelsteinzeitliche Rentierjäger folgten. Während der letzten Eiszeit war sie die größte bewohnte Höhle Deutschlands. Dank ihrer hervorragenden Akustik wird die Balver Höhle heute u. a. für Konzerte genutzt (www.balver-hoehle.de).

Die **Sorpetalsperre** (7 km lang) ⑤ ist ein beliebtes Wassersportparadies und dient auch der Wasserversorgung an der unte-

Idyllische Landschaft beim Höhendorf Wildewiese

Märzenbecher *(Leucojum vernum)*

Der Märzenbecher, auch Frühlingsknotenblume und Großes Schneeglöckchen, blüht von Februar bis Anfang April. Die 10–30 cm hohe Zwiebelpflanze aus der Familie der Amaryllisgewächse hat sehr schmale, hellgrüne Blätter und weiße, grün bespitzte Blüten, die wie Glocken herabhängen (Bild) und so das Blüteninnere vor Schnee und Nässe schützen. Der Märzenbecher wächst wild in feuchten Laubwäldern, auf sumpfigen Wiesen und in Flusstälern. An natürlichen Standorten ist sein Vorkommen stark gefährdet, weshalb er unter Naturschutz steht.

ren Ruhr. Das östliche Ufer ist für den Verkehr gesperrt und bietet herrliche Wandermöglichkeiten.

Ein weißes Blütenmeer In den Buchenwäldern im Naturschutzgebiet **Am Schlehen** 6 wachsen ca. 300 000 Märzenbecher, davon blüht jedes Jahr rund ein Drittel. Vom Parkplatz bei Schloss Brüninghausen im Lennetal ist das Schutzgebiet auf einem Wanderweg leicht zu erreichen (während der Blüte wird das Gebiet bewacht).

Der sanft gerundete ➠ **Schomberg** (648 m) 7 beim Höhendorf Wildewiese an der Sorpequelle ist der Panoramaberg des Naturparks mit weitem Blick auf das »Land der 1000 Berge«. Das Bergdorf Wildewiese ist ein idealer Ausgangspunkt für Wanderungen und im Winter

das bedeutendste Skigebiet im Naturpark Homert.

Wacholder, Enzian und Winnetou Beim Karl-May-Festspielort Elspe erhebt sich der ➠ **Rübenkamp** (358 m) 8 mit der schönsten Wacholderheide des Naturparks, und auch die Kalkhalbtrockenrasen mit ihrem Blütenschmuck zählen zu den reizvollsten im Sauerland. Neben Hunderten von Wacholderbüschen wachsen hier eine Vielzahl seltener Pflanzen wie Sumpfherzblatt, Fransenenzian, Alpenziest, Großes Waldvögelein und Sonnenröschen oder Pilze wie der Braungrüne Zärtling sowie Rosen, Schwarz- und Weißdorn. Das Naturschutzgebiet »Melbecke und Rübenkamp« ist zugleich Teil des Schutzgebiets »Kalkbuchenwälder, Kalkhalbtrockenrasen und -felsen südlich Finnentrop«. Im Naturschutzgebiet wurden 1974 zwei vorgeschichtliche Grabhügel entdeckt. Ab dem Mittelalter diente der Rübenkamp als Schafweide. Heute führen zahlreiche Wanderwege durch das Naturschutzgebiet, das ursprünglich nur den Rübenkamp umfasste und später um das Melbecketal mit seinen Felsen erweitert wurde. Die steilen Klippen im Osten des Rübenkamps bilden die Felskulisse der Freilichtbühne von Elspe.

Ganz in der nordöstlichsten Ecke des Naturparks liegt die **Hennetalsperre** 9. Der Stausee (2 km^2) ist neben der Sorpetalsperre das zweite große Wassersportparadies des Naturparks; ein Rundweg (16 km) startet am Hennedamm. Am südlichsten Seeende lassen sich Graureiher, Eisvögel und Libellen beobachten.

Das Felsenmeer bei Hemer, eine der schönsten Attraktionen im Naturpark

Naturpark Arnsberger Wald

Der Naturpark umfasst neben dem Arnsberger auch den Warsteiner Wald und erstreckt sich am Nordrand des Sauerlands bis auf die Höhen des Haarstrangs zwischen Möhnetal und den Hellwegbörden. Von Neheim-Hüsten an der Mündung der Möhne steigen die von Wald- und Wiesenflächen gegliederten Höhen des Arnsberger Walds zwischen den beiden Flüssen an. Östlich von Warstein endet der Naturpark am Oberlauf der Möhne. Namengeberin von Park und Wald ist der Luftkurort Arnsberg an einer Ruhrschleife am Südfuß des Arnsberger Walds.

SERVICE

Anfahrt Auf der A 44 bis Ausfahrt Soest/Möhnesee, weiter auf der B 229 bis Möhnesee; nächstgelegener ICE-Bahnhof: Soest

Lage In Nordrhein-Westfalen am Nordrand des Sauerlands zwischen Möhne und Ruhr

Größe 482 km^2

Höchste Erhebung Namenlose Kuppe (581 m) zwischen Meschede und Warstein

Gründung 1961

Information Naturpark Arnsberger Wald, Hoher Weg 1–3, 59494 Soest

Telefon 02921/30-0

Infohaus Landschafts-Informations-Zentrum Möhnsee

Internet www.naturpark-arnsberger-wald.de

Vom Wasser aus lässt sich der schöne Möhnesee am besten erkunden.

TOP TIPP

1 **Möhnesee** Wassersportparadies und Vogelschutzgebiet

5 **Bilsteinhöhle** Eine der schönsten Tropfsteinhöhlen Westfalens

7 **Hohler Stein** Malerisches Felsensemble mit interessanter Höhle

10 **Eversberg** Fachwerkidyll über dem Ruhrtal mit altem Bergfried als Aussichtsturm

Highlights für Wassersportler und Höhlenfreunde Die Anfang des 20. Jahrhunderts als Bruchsteinmauer errichtete Möhnetalsperre staut u. a. Möhne, Heve und Kleine Schmalenau zwischen dem Nordrand des Sauerlands und dem Haarstrang aus Gründen des Hochwasserschutzes und der Energiegewinnung. Der → **Möhnesee** 1 wurde nach Ausweisung des Naturparks 1961 für den Fremdenverkehr erschlossen: Wander- und Radwege säumen den heute flächengrößten (rund 10,4 km^2) Stausee Nordrhein-Westfalens, das bei Wassersportlern beliebte »westfälische Meer«.

Der **Hevearm** 2 ist eines der größten Naturschutzgebiete Westfalens. An diesem international wichtigen Vogelrastplatz sind ganzjährig Lachmöwen und Blesshühner zu beobachten, im Winter rasten hier rund 20 000 Zugvögel, darunter Fischadler, Löffel- und Spießenten. Zu den Brutvögeln zählen Eisvogel, Haubentaucher, Höckerschwan und Seeadler. In den Uferzonen, am Hevesee und in den Bachtälern haben sich Eichenmisch-, Erlen- und Erlenbruchwälder, Ufergehölze sowie Uferhochstaudenfluren, Röhrichte und Verlandungszonen frei entwickelt. Auch die Erlenbruchwälder der **Möhneaue Völlinghausen** 3 am Zufluss der Möhne sind ein wichtiges Rückzugsgebiet für Wasservögel und Amphibien.

Hervorragend überblicken lässt sich der Möhnesee vom Bismarckturm auf dem **Haarstrang** 4, einem einst von Wie-

sen, Feldfluren und Gehölzen geprägten Höhenzug, der zu einem der größten Windkraftindustriegebiete Deutschlands wurde. Am Parkplatz am Bismarckturm beginnen auch mehrere lohnende Wanderwege auf den Haarstrang.

Am Rand des Warsteiner Massenkalkgebiets liegt eine der schönsten Tropfsteinhöhlen Westfalens: die ➠ **Bilsteinhöhle** 5. Die Felsen und naturnahen Laubwälder sowie die prachtvollen Ausblicke in der Umgebung machen die Höhle zu einem beliebten Wanderziel. Frei zugänglich ist der angrenzende Wildpark, in dem Dam-, Sika-, Schwarz- und Rotwild sowie Füchse, Waschbären und Luchse beobachtet werden können. Die Tropfsteinhöhle ist die einzige Schauhöhle eines weit verzweigten Höhlensystems (1887 wiederentdeckt). Archäologische Funde belegen, dass die Höhlen schon vor Jahrtausenden genutzt wurden (www.bilsteintal.de).

Reizvolle Felslandschaften Bei Warstein wird in gigantischen Steinbrüchen Kalk abgebaut. Besonders naturschöne Felsgebiete stehen unter Naturschutz,

Im Naturschutzgebiet des Möhnesee-Hevearms

Landschafts-Informations-Zentrum Liz

Das Landschafts-Informations-Zentrum Wasser und Wald Möhnesee (LIZ) in der historischen Günner Mühle in Möhnesee-Günne (bei 1) ist das Umweltbildungs- und Naturschutzzentrum des Naturparks Arnsberger Wald. Es betreut u. a. die Naturschutzgebiete Hevearm-Hevesee und Möhneaue Völlinghausen und bietet ganzjährig Exkursionen, Vorträge, Workshops und Aktionen an. Die Dauerausstellung (Bild) in der Günner Mühle stellt die Landschaftselemente Wasser und Wald als »Erlebnisräume« vor (www.liz.de).

darunter der Oberhagen zwischen Warstein und Suttrop, der Piusberg südöstlich von Warstein und der Hohle Stein bei Kallenhardt. Diese Naturschutzgebiete sind alle sehr klein, bieten jedoch einen großen Pflanzenreichtum und schöne Ausblicke. Stieleichen, Rotbuchen, Ebereschen, Weißdornbüsche und Heckenkirschen prägen den **Oberhagen** 6 sowie Lungenkraut, Buschwindröschen und Sternmiere. Auch der rosarot blühende Türkenbund wächst hier. Anfahrt von der Kirche in Suttrop Richtung Warstein, nach einer Linkskurve links in den Hahnenwall, dann rechts zum »Born«.

Der ➠ **Hohle Stein** 7 ist nach einer hallenartigen Höhle benannt, die seit 9000 v. Chr. genutzt wurde. Viele der Funde aus der Zeit um 250 v. Chr. (Bronzegegenstände, eiserne Nadeln, Topfscherben sowie das Skelett eines geschmückten Mannes) sind im Städtischen Heimatmuseum Lippstadt im Münsterland ausgestellt.

Höhenweg und Fachwerkpracht Der **Plackweg** 8 verläuft zwischen Ruhr-

Die »Halle der 60 Riesen« in der Bilsteinhöhle bei Warstein

und Hönnetal. Vom Parkplatz am Gasthaus »Stimm-Stamm« (an der B 55 Warstein–Meschede) folgt man dem Weg (»x1«) ostwärts zum Warsteiner Kopf mit einer Schutzhütte an der Wegeverzweigung »Ausspann«. Von hier kann man dem Rundwanderweg (»A8«) nach Eversberg hinunter und zurück zum »Stimm-Stamm« folgen (ca. 10 km, 2.30 Std.). Das **Hamorsbruch** 9 ist das größte Bruchwaldgebiet des Naturparks: Es liegt am Wanderweg »Plackweg« (nicht am historischen Plackweg) zwischen Hirschberg und »Stimm-Stamm« (von dort in ca. 15 Min.).

Auf einer Anhöhe über dem Ruhrtal am Südrand des Naturparks liegt die Burg- und Bergstadt ➡ **Eversberg** 10, einer der schönsten Fachwerkorte des Sauerlands. Wahrzeichen ist die Johanneskirche, eine gotische Hallenkirche. Namengeber des Orts ist der Eber – auch im Logo des Naturparks als Charaktertier der Wälder zwischen Ruhr- und Möhnetal zu finden. Von der Burg der Grafen von Arnsberg zeugt noch der als Aussichtsturm begehbare Bergfried mit wunderbarem Blick übers Ruhrtal zum Rothaargebirge sowie zum Arnsberger Wald.

Eversberg ist mit seinen Fachwerkhäusern und der Johanneskirche einer der schönsten Orte im Sauerland.

Naturpark Rothaargebirge

Das Rothaargebirge ist der größte und höchste Gebirgszug zwischen Rhein und Weser. An der westfälisch-hessischen Grenze gipfelt es im Langenberg und im Hegekopf, doch der Kahle Asten ist der »König des Sauerlands«. Während sich die höchsten Berge des Rothaargebirges im Naturpark Diemelsee erheben, umfasst der Naturpark Rothaargebirge die Hochflächen, Bergmassive und Kämme vom Quellgebiet der Ruhr bis zum Siegerländer Rothaarkamm mit den Quellen von Eder, Sieg und Lahn. Die wichtigsten Landschaftseinheiten in diesem großen und abwechslungsreichen Gebiet sind die Winterberger Hochfläche mit der Ruhrquelle, das Astenmassiv mit dem Kahlen Asten, der Rothaarkamm, die Hunau und die Saalhauser Berge.

SERVICE

Anfahrt A 44 bis Autobahnkreuz Werl, A 445/A 46 Richtung Arnsberg bis Autobahnende, B 7 und B 480 nach Winterberg und zum Kahlen Asten; nächstgelegener ICE-Bahnhof: Dortmund

Lage Im südöstlichen Nordrhein-Westfalen

Größe 1355 km²

Höchste Erhebung Kahler Asten (841 m)

Gründung 1963

Information Naturpark Rothaargebirge, Am Rothaarsteig 1, 59929 Brilon

Telefon 02961/94 32 23

Infozentrum Astenturm auf dem Kahlen Asten

Internet www.naturpark-rothaargebirge.de

TOP TIPP

1 **Kahler Asten** Panoramaberg mit schöner Bergheide

7 **Rothaarsteig** Naturnaher Höhenwanderweg mit vielen »Erlebnisstationen«

8 **Ginsberger Heide** Bergheide mit Burgruine und Aussichtsturm

10 **Schanze** Reizvolles Höhendorf am Rothaarsteig

11 **Latrop** Idyllisches Fachwerkdorf und Ausgangspunkt für lohnende Wanderungen

Weiter Ausblick über den Naturpark von der Panoramabrücke bei Winterberg

Die Bergheiden – Perlen inmitten der Wälder Der Waldreichtum des Rothaargebirges führte vermutlich zu seinem Namen: Wie Harz, Haardt oder Spessart leitet sich auch »Rothaar« von mittelhochdeutsch »hart« (bewaldetes, bäuerlich genutztes Bergland) ab. Der Zusatz »Rot« könnte auf den Rotbuchenwald verweisen, den das Gebirge vor 1000 Jahren trug. Die Bezeichnung »hardt« ist noch in vielen Bergnamen in Sauerland und Siegerland erhalten und verweist stets auf Waldberge. Wo das Waldkleid im Mittelalter gerodet wurde und Viehweiden entstanden, liegen heute Bergheiden: Die schönsten innerhalb des Naturparks sind die Astenheide auf dem Kahlen Asten, die Heinsberger Heide oberhalb des Schwarzbachtals und die Ginsberger Heide am Giller sowie die Wacholderheide »Auf dem Gebrannten« im oberen Rüsselsbachtal bei Bad Berleburg-Wemlighausen. Das Naturschutzzentrum »Biologische Station Hochsau-

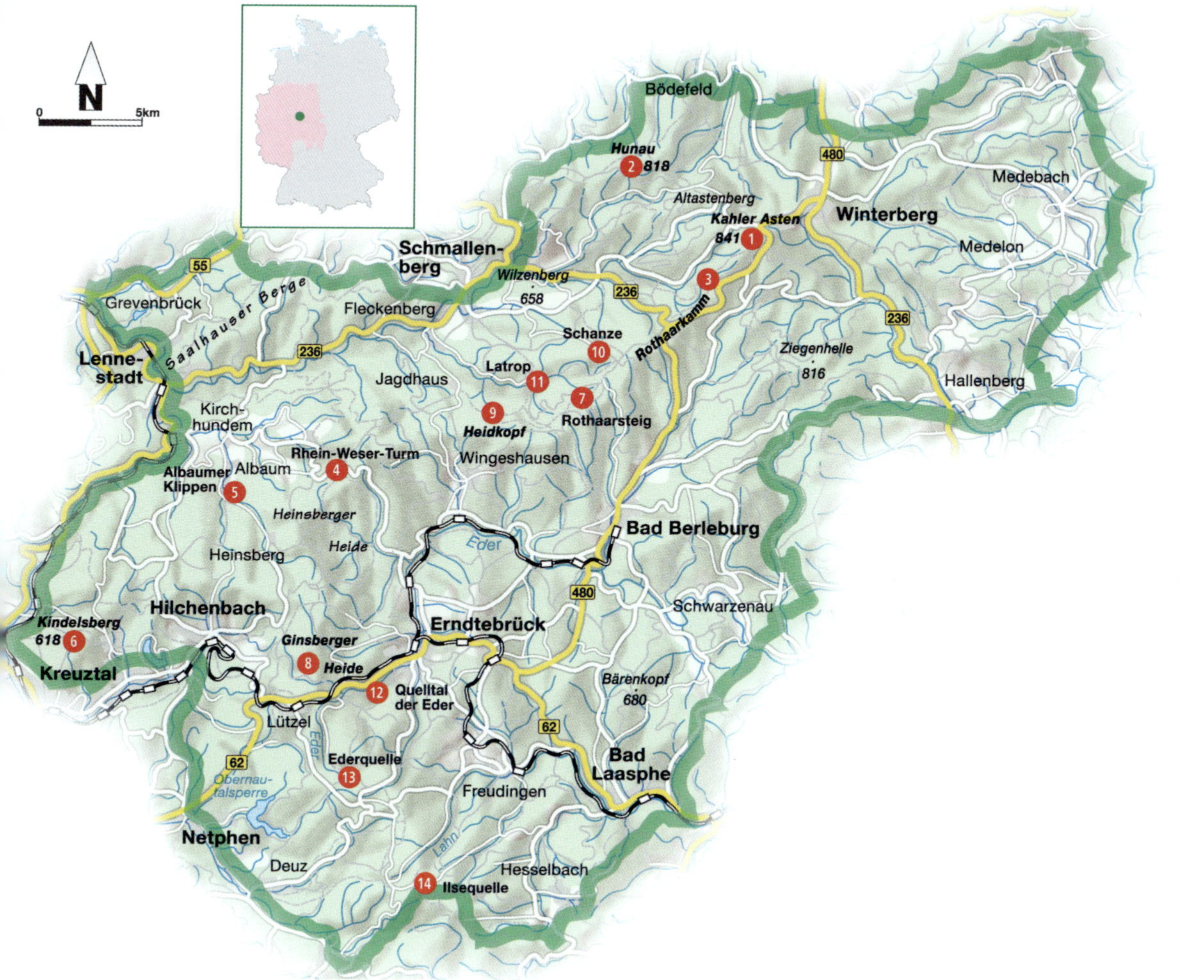

erlandkreis« in Bödefeld am Nordfuß der überwiegend noch von Buchenwäldern geschmückten Hunau dokumentiert als »Erlebnismuseum« die Entwicklung der Landschaft und ihre Veränderung durch den Menschen.

Der »König des Sauerlands« Der bekannteste Panorama- und Wintersportberg des Sauerlands ist der ➠ **Kahle Asten** 1. Auf seinem Gipfel erhebt sich der Astenturm mit Restaurant und höchstgelegener Wetterstation Nordrhein-Westfalens, daneben steht das Infozentrum des Naturparks. Von hier und dem Berghotel »Kahler Asten« am Rothaarsteig gehen Wanderwege in alle Himmelsrichtungen aus. Ein Naturlehrpfad führt durch die aussichtsreiche Bergheide am Gipfelplateau.

Ab dem Mittelalter trieben die Bergbauern ihr Vieh auf den damals mit Rotbuchen bewachsenen Astenberg. Der Verbiss der jungen Bäumchen stoppte die natürliche Waldverjüngung, der Asten wurde »kahl«. Seit 1965 steht die Astenheide, ein Pflanzenparadies, unter Naturschutz. Mindestens einmal jährlich wird die Hochheide von Heidschnucken beweidet und so die Heide offen gehalten. Von hier bieten sich wundervolle Panoramen auf die Bergwelt beidseits des tief eingeschnittenen Lennetals, ins Namenlosetal, zur bewaldeten Hunau, zum Langenberg (843 m) und zu den Bruchhauser Steinen am Istenberg. Am Rand der Astenheide entspringt die Lenne, die Hauptwasserader des Hochsauerlands und Namensgeberin des Bergs: »A-sten« bedeutet »Wasser-stein«.

Auf dem Kahlen Asten erlebt man das Sauerland von einer seiner schönsten Seiten.

Historische Grenzlinie Die **Hunau** 2 (818 m) ist ein vom Astenmassiv ausstrahlender Höhenzug und mit seinen Quellen, Tälern, Mooren und Buchenwäldern als Naturschutzgebiet ausgewiesen. Mehrere Wanderwege führen durch das Gebiet, etwa zu den Mooren Nasse Wiese und Raues Bruch sowie durchs Renautal. Ein guter Ausgangspunkt ist der Wanderparkplatz »Großes Bildchen« (an der Kreisstraße Winterberg–Altastenberg–Ober-, Mittel-/Niedersorpe).

Südwestlich des Asten erstreckt sich der **Rothaarkamm** 3, das Rückgrat des Rothaargebirges. Der ab den aussichtsreichen Winterberger Bergdörfern Langewiese und Hoheleye fast durchgehend bewaldete und weitgehend siedlungsfreie, beidseits steil abfallende Kamm gipfelt im Härdler (756 m) und bildet seit Beginn der geschichtlichen Überlieferung eine wichtige Grenze: Dialekt, Architektur, Kreisgrenzen, Schnadesteine (Grenzsteine) und Reste von Demarkationslinien wie das Kölsche Heck, katholische Gotteshäuser nördlich und evangelische südlich des Kamms zeugen bis heute davon. Die früher kurkölnisch-katholischen Gebiete liegen auf der Nordwestseite des Kamms und sind unter dem Namen »Sauerland« (»Söderland«: Südland Westfalens) bekannt. Zwischen Kahlem Asten und Hoheleye folgt der Rothaarsteig dem »Grenzweg«. An Festtagen ziehen farbenprächtige Prozessionen zu Orten wie dem Wilzenberg, dem »heiligen Berg des Sauerlands« zwischen den Tälern von Grafschaft und Lenne.

Eine hervorragende Übersicht über den Verlauf des Rothaarkamms und die beiden Gebiete vermittelt der **Rhein-Weser-Turm** 4 (1932) an der Passstraße von Kirchhundem nach Bad Berleburg, an der Wasserscheide von Rhein und Weser: vom bewaldeten Härdler, dem höchsten Berg des Rothaarkamms, über die Saalhauser Berge mit dem Hohen Lehnberg (667 m), die Kuhhelle (603 m) bei Lennestadt bis zur Hohen Bracht. Am Turm verlässt der Rothaarsteig den Kamm und führt ins Schwarzbachtal mit seinen unter Naturschutz stehenden Auen. Nach dem Gegenanstieg durch ein schönes Seitental erreicht er an der Heinsberger Heide wieder den Rothaarkamm, auf dem man bequem zum Turm zurückgelangt. Vom Kammweg kann man einen Abstecher zu den **Albaumer Klippen** 5 unternehmen (Markierung »weißes Rechteck«, 30 Min.): Die von Wäldern umgebene imposante Felsgruppe aus Keratophyr bietet einen prachtvollen Blick auf die Bilsteiner Berge und das Kloster Maria Königin.

Der **Kindelsberg** 6 (618 m) ist das Wahrzeichen des Siegerlands und ein beliebtes Ausflugsziel mit Aussichtsturm, Gaststätte und Waldlehrpfad.

Auf dem Rothaarsteig Von Brilon im Hochsauerland führt der ➡ **Rothaarsteig** 7 über die höchsten Höhen des Rothaargebirges und folgt nach Überschreiten des Kahlen Asten dem waldreichen Rothaarkamm nach Jagdhaus, weiter durchs Schwarzbachtal zu Heinsberger und Ginsberger Heide und zu den Quellen von Eder, Lahn, Sieg und Ilse und endet in Dillenburg (gesamt 154 km). Der bequeme Mittelgebirgs-Höhenweg hält sich meist von Siedlungen fern und orientiert sich an den Glanzpunkten von Rothaargebirge und Hohem Westerwald: an den höchsten Kämmen und aussichtsreichsten Gipfeln Nordrhein-Westfalens, an Felsen mit exzellentem Blick auf das »Land der 1000 Berge«, an Quellen, Naturschutzgebieten, Buchenwäldern und Bergheiden. Die Hochsauerlandvariante (ca. 14 km) führt durch eines der urtümlichsten Waldtäler des Naturparks. Insgesamt ist der Rothaarsteig ca. 220 Kilometer lang.

Das Gebiet der ➡ **Ginsberger Heide** 8 mit der Burgruine Ginsburg und dem Giller (653 m) bei Hilchenbach-Lützel zählt zu den landschaftlich schönsten am Rothaarsteig und ist ganzjährig ein viel besuchtes Ausflugsziel. Das Natur-

Eine Landschaft von anmutiger Schönheit – der Höhenzug der Hunau

Die Ginsburg in der Nähe der Ginsberger Heide

schutzgebiet »Giller« umfasst die Heidegebiete auf dem hier hochflächenartig weiten Rothaarkamm an der Wasserscheide zwischen Eder und Sieg: Der in der Ginsberger Heide entspringende Wehbach entwässert über die Eder in die Weser, die westlich gelegenen Quellen in den Rhein. Kleine Moore entstanden in flachen, wannenartigen Senken, die wegen des zu geringen Abflusses versumpften. Die Hochfläche wurde ab dem Mittelalter als Weide genutzt, der Verbiss junger Baumtriebe durch das Vieh verhinderte die Verwaldung, eine hochheideartige Vegetation entwickelte sich. Vom Aussichtsturm auf dem Giller sowie vom Burgfried hat man fantastische Ausblicke.

Der Waldskulpturenweg von Schmallenberg nach Bad Berleburg

Einsame Wälder, schmucke Dörfer

Zwischen Heidenstock und dem Höhenweiler Jagdhaus liegt am Rothaarkamm das größte zusammenhängende Naturwaldgebiet des Rothaargebirges. Am besten wandert man von Jagdhaus in wenigen Minuten auf den **Heidkopf** 9 mit herrlichem Blick auf die Wälder im Nordhang des Rothaarkamms und über das Latroper Grubental zum Höhendorf ➡ **Schanze** (720 m) 10, das am Ende einer von Schmallenberg-Grafschaft heraufführenden Stichstraße liegt und Namengeber des Waldgebiets ist. Die zwei Dutzend Häuser stehen direkt an Rothaarsteig, Europäischem Fernwanderweg 1 und dem Waldskulpturenweg von Schmallenberg nach Bad Berleburg.

Am unteren Eingang des Grubentals liegt das malerische Fachwerkdorf ➡ **Latrop** 11, das sich hervorragend als Ausgangspunkt zur Erkundung dieses Gebiets eignet und zu den schönsten Fachwerkdörfern im Naturpark zählt (2004 Auszeichnung als »Bundesgolddorf«). Die Latroper Mühle in der Dorfmitte wurde zum Waldarbeitermuseum umgebaut. Das Oberdorf wird von der Sankt-Josefs-Kapelle (1906) überragt und hat einen parkartigen Dorfgarten neben der Latrop (mit Infotafel). Von dort führt der Rothaarsteig unter alten Laubbäumen ins Grubental. An der Dicken Eiche vorbei führt der Weg im Laubwald aufwärts; oberhalb eines Fischteichs löst Schluchtwald die Wiesen ab. Am entlang Bach weiter zum Altarstein (auf einer Stegbrücke erreichbar) neben einem Weiher – ein traumhaft schöner Rastplatz in herrlicher Natur.

Quellenreiches Land Am südlichen Rothaarkamm entspringen die Quellen von Eder, Sieg und Lahn und verlassen das Gebirge in verschiedene Himmelsrichtungen: Die Eder strebt der Fulda zu, Sieg und Lahn suchen sich ihren Weg in den Rhein. Die am weitesten südlich gelegene Flussquelle ist die der Lahn: An der Eisenstraße beim Gasthof »Forsthaus Lahnquelle« in Netphen-Lahnhof befindet sich unter alten Eschen der um 1750 angelegte Quellteich (605 m). In ihm sammeln sich die sieben verschiedenen Quellarme des Flusses.

Das schöne **Quelltal der Eder** (12) oberhalb von Lützel zählt zu den am häufigsten durchwanderten Tälern des Rothaargebirges. An der Quelle beginnt auch der sehr beliebte Ederradweg. Die Talwanderung durch Birkenbruchwälder und bunte Blumenwiesen ist in beiden Richtungen gleich lohnend und eignet sich auch für Tagesausflügler. Ausgangspunkt ist der Bahnhof Lützel an der Rothaarbahn, wo man direkt in den Rothaarsteig einsteigt (Markierung weißes R auf Rot, 1 Std. zur Ederquelle; oder alternativ vom Wanderparkplatz »Ederquelle« an der Straße Lützel–Lahnhof in ca. 10 Min). Besonders beeindruckend ist der Moor- und Birkenbruchwald des Naturschutzgebiets Eicherwald. Die **Ederquelle** (630 m) (13) im Hang des Ederkopfs ist eine Sickerquelle auf moorigem Untergrund zwischen Wiesen und Wald. Seit der Renaturierung des Quellgebiets ab 1992 sind die Fichten u. a. durch Birken und Erlen ersetzt worden. Zahlreiche Infotafeln erläutern den Charakter des Niedermoors, dem die Quellwässer der Eder entsickern, und durch den z. T. ein Bohlensteg führt.

Die **Ilsequelle** (14) am Rothaarsteig ist heute wieder der berühmteste »heilige Born« des Rothaargebirges. Mit Kanistern und Flaschen pilgern viele vom Parkplatz zur Quelle am Jagdberg in der Hoffnung, das Wasser möge ihnen Heilung oder Linderung bringen. Zu Tausenden strömten im Mittelalter Gläubige zu der Quelle am Jagdberg und die Reformation konnte dieses »Therapiezentrum« nur vorübergehend als Ort finsteren heidnischen Aberglaubens in Bann stellen. Die Gelder, die viele Besucher an der Quelle zum Dank zurückließen, flossen auch in soziale Einrichtungen wie der Armenspeisung. Erst die Wirren des Dreißigjährigen Kriegs beendeten die Blütezeit des »heiligen Borns«. Am besten parkt man am Lahnhof an der Eisenstraße und folgt dem Rothaarsteig zur Ilsequelle (20 Min.); die Straße zum Lahnhof zweigt in Lützel von der B 62 ab.

Rothaarsteig-Hängebrücke

Unter den zahlreichen »Erlebnisstationen« am Rothaarsteig 7 ist die »Ökostation Wald« sicher die spannendste: Hauptattraktion ist eine 40 m lange, über einem schluchtartigen Seitental des Schladebachs schwingende Hängebrücke. Von ihr aus ist ein künstliches Spinnennetz sichtbar, an dem Tiere und Pflanzen auf Holztafeln dargestellt sind. Ausgangspunkt für die kurze Wanderung zur Hängebrücke ist der Waldparkplatz an der Rodung Kühhude am Ende der von Bad Berleburg auf den Rothaarkamm führenden Stichstraße. Dort stehen im Wald gigantische Skulpturen am Waldskulpturenweg von Bad Berleburg nach Schmallenberg. Die Wanderung zur Brücke und zurück dauert knapp 1 Std.

Erfolgreiche Renaturierung: Im Eder-Quellgebiet sind wieder urwüchsige Bruchwälder entstanden.

Naturpark Diemelsee

Wo sich im waldreichen westfälisch-hessischen Grenzgebiet die höchsten Berge des Rothaargebirges erheben, entspringt die in die Weser mündende Diemel. Am Fuß des Eisenbergs ist sie zum Diemelsee aufgestaut, der zugleich Namensgeber, Mittelpunkt und Wassersportparadies des zu zwei Dritteln in Hessen und zu einem Drittel in Nordrhein-Westfalen gelegenen Naturparks ist. Ein fast geschlossenes Waldkleid in den Hochlagen sowie aussichtsreiche Grünland- und Ackerfluren in den niedrigen Lagen prägen die durch zahlreiche Bachtäler reich gegliederte Landschaft.

SERVICE

Anfahrt Auf der A 44 Kassel–Dortmund bis Ausfahrt Marsberg-Zentrum, dann auf der B 7 bis Marsberg und nach Obermarsberg; nächstgelegener ICE-Bahnhof: Warburg

Lage Im nördlichen Rothaargebirge in Hessen und Nordrhein-Westfalen

Größe 334 km^2

Höchste Erhebung Langenberg (843 m)

Gründung 1965

Information Naturpark Diemelsee, Waldecker Straße 12, 34508 Willingen

Telefon 05632/40 11 64

Internet www.naturpark-diemelsee.de

TOP TIPP

1 **Obermarsberg** Sagenumwobene Bergstadt mit vielen historischen Zeugnissen

3 **Diemelsee** Beliebter Freizeit- und Wassersportsee des Rothaargebirges

6 **Osterkopf** Panoramahügel mit geschützter Bergheide

7 **Ettelsberg** Aussichtsberg mit hervorragenden Sportmöglichkeiten

Der Diemelsee ist das blaue Herz des Naturparks (Blick vom Eisenberg).

Sachsen-Heiligtum und Nibelungenschatz Auf dem von einem Höhlenlabyrinth durchzogenen »Eresberg« (Erzberg) zwischen Diemel- und Glindetal im äußersten Norden des Naturparks liegt die zauberhafte Bergstadt ➠ **Obermarsberg** 1 mit verwinkelten Gassen, Fachwerkhäusern und der Kapelle auf dem Kalvarienberg mit atemberaubendem Panoramablick. Einst soll am Eresberg die Irminsul, der sächsische Weltenbaum, gestanden haben.
Unterhalb der Umwallung des Eresbergs öffnet sich im Steilhang über dem Diemeltal einer der Eingänge der großen Drachenhöhle, die sich bis unter das historische Alte Rathaus der Bergstadt hinzieht. Zur Zeit der Stadtgründung (1220) wurde auf dem Eresberg Erz abgebaut. Nach dem »Erzberg« (lat. mons martis)

trägt die Stadt Marsberg bis heute ihren Namen. Das Besucherbergwerk Kilianstollen im Glindetal in Niedermarsberg erinnert an den dortigen Kupferabbau.

Naturparadiese und Freizeitträume Die historische bäuerliche Bewirtschaftung im Umkreis der Bergstadt lebt im Naturschutzgebiet **Glockengrund** 2 bei Udorf wieder auf: Rund 800 Wanderschafe sorgen durch Verbiss dafür, dass Bäume und Buschwerk sich in diesem vor 1000 Jahren gerodeten bäuerlichen Kulturland nicht wieder ausbreiten und der Glockengrund ein Lebensraum für Orchideenarten wie das Dreigezähnte Knabenkraut bleibt. Ein Rundwanderweg (2 km, Infotafeln) führt durch dieses Naturparadies, in dem über 40 bedrohte Pflanzenarten ein Rückzugsgebiet gefunden haben (Start am Parkplatz am südlichen Rand von Marsberg-Udorf).
An der Grenze von Hessen und Nordrhein-Westfalen, eingebettet zwischen Feldfluren und bewaldeten Bergen, liegt der ➠ **Diemelsee** 3, der größte (1,65 km^2) Stausee im Rothaargebirge. Er dient der Elektrizitätsgewinnung und der Wasserstandsregulierung von Weser und Mittellandkanal und ist der größte Wassersport- und Freizeitsee im Rothaargebirge. Die Felskanzel **Sankt Muffert** 4 am Eisenberg, über einen steilen Wanderweg zwischen Helming- und Heringhausen erreichbar, bietet einen traumhaften Blick auf See und Rothaargebirge. Der größte Teil der von Diemel, Itter und kleineren Bächen gespeisten Wasserfläche des Sees liegt auf dem Gebiet der hessischen Gemeinde Diemelsee. Die Staumauer (194 m lang, bis 42 m hoch) wurde 1912–24 am Rand des westfälischen Dorfs Helminghausen errichtet.
Um das interessante Magerrasen-Naturschutzgebiet **Grotenberg** 5 am Uplandsteig zu erreichen, fährt man auf der B 251 von Willingen nach Usseln und biegt dort nach Welleringhausen ab. Von dem kleinen Dorf mit alter Wehrkirche führt ein Wanderweg auf den Grotenberg (20 Min.) mit überragender Aussicht.

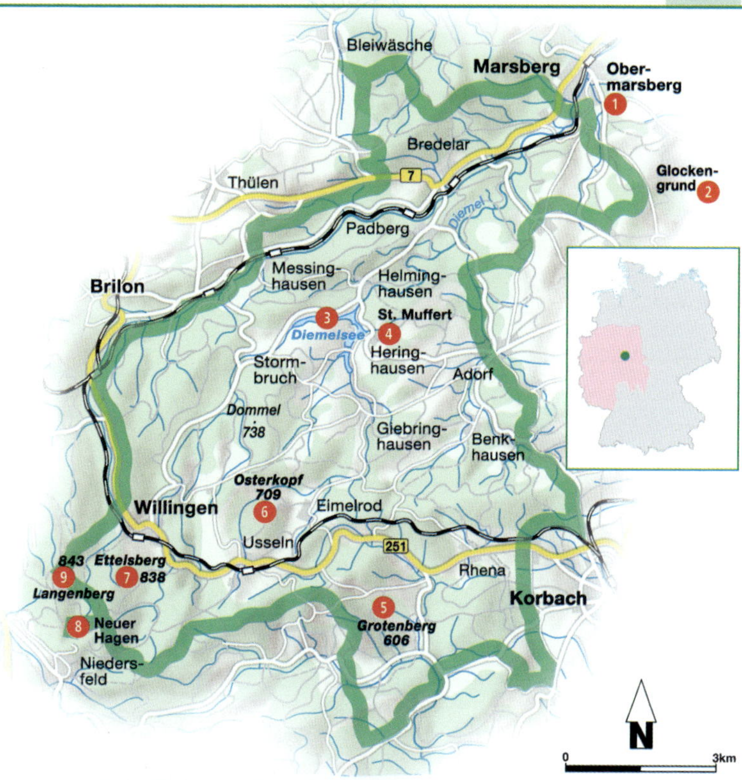

Unterwegs auf dem Uplandsteig

Idyllisches Städtchen: der Ortskern von Obermarsberg

Ebenfalls wieder von Schafen beweidet wird der ➠ **Osterkopf** (709 m) 6, Hausberg des Kurorts Usseln. Vom Bahnhof folgt man dem Wanderweg Richtung Eimelrod, zweigt oberhalb des Orts links ab zum aussichtsreichen Gipfel (20 Min.). Der Bergkegel trägt hier einen Hochheide-Borstgrasrasen (insgesamt 80 ha), der wegen seines außergewöhnlich großen Reichtums an Moosen und Flechten sowie der artenreichen Vogelwelt als Naturschutzgebiet ausgewiesen ist.

Klettern, Wandern, Mountainbiken Der beste Panorama- und Freizeitberg des Naturparks Diemelsee ist der ➠ **Ettelsberg** (838 m) 7, mit der Sesselbahn vom Kurort Willingen ein erstklassiger Ausgangspunkt für Wanderungen und Mountainbike-Touren. Ein Naturparadies ist die unter Naturschutz stehende Hochheide auf dem Gipfelplateau. Der Hochheideturm bietet mit seiner Plattform auf 875 Metern den höchsten Aussichtspunkt des Rothaargebirges.

Wild- und Freizeitpark am Ettelsberg

Dieser Park am Hang des Ettelsbergs 7 besteht aus Wildgehege, Märchenpark und Waldlehrpfad, der die heimische Flora und Fauna vor Augen führt. Dam- und Sikawild, Rothirsche, Mufflons, Steinböcke, Wildschweine, Braunbären, Hängebauchschweine, Affen, Papageien, Ziegen und viele andere einheimische und exotische Tiere sind im Wildgehege zu bewundern. Fast täglich gibt es eine Greifvogelvorführung mit Lehrvortrag. Die Zufahrt zum Wildpark ist in Willingen ausgeschildert (www.wildpark-willingen.de).

Von der Bergstation führt ein Wanderweg (ca. 30 Min.) zur Hoppeckequelle im Naturschutzgebiet **Neuer Hagen** 8, einer der größten Bergheiden Westfalens. Das Naturschutzgebiet (74 ha) liegt auf ca. 800 Metern Höhe auf einem Südausläufer des Langenbergmassivs und ist ein Biotopverbund, der neben den flachwelligen Heideflächen kleine Hangquellmoore, Kleinseggenriede und Quellen sowie auf trockenen Kuppen Borstgrasrasen umfasst. Auch hier werden die Heideflächen von Schafen beweidet.

Upland- und Rothaarsteig führen weiter zum **Langenberg** (843 m) 9, höchster Berg des Rothaargebirges. Fünf Minuten weiter gelangt man zur »Schönen Aussicht« mit Blick auf viele Hochsauerlandberge und -rücken. Durch schönen Wald geht es zur Raststelle »Richtplatz« und im Abstieg zurück nach Willingen (gesamt ca. 4 Std.).

Wanderschafe tragen zur Erhaltung des ökologischen Gleichgewichts bei.

Nationalpark Kellerwald-Edersee

SERVICE

Anfahrt Auf der A 44 Kassel–Dortmund bis Ausfahrt Diemelstadt und weiter auf der B 252 über Korbach bis zum Hagenstein bei Kirchlotheim. Mit der Bahn bis Bad Wildungen; vom Bahnhof mit dem Bus Richtung Hemfurth, Edersee/Bringhausen (Linie 521) oder Frankenau (Linie 559)

Lage In Nordhessen

Größe 57 km^2

Höchste Erhebung Traddelkopf (626 m)

Gründung 2004

Information Nationalparkamt Kellerwald-Edersee, Laustr. 8, 34537 Bad Wildungen

Telefon 05621/75 24 90

Infozentrum NationalparkZentrum Kellerwald in Vöhl-Herzhausen

Internet www.nationalpark-kellerwald-edersee.de

TOP TIPP

- 2 **Arensberg** Das »Tafelsilber« des Nationalparks – ein naturnaher Urwald
- 6 **Daudenberg** »Lexikon« der Waldgeschichte
- 7 **Bericher Holz** Tierbeobachtung in natürlicher Umgebung
- 9 **Rabenstein** Ungewöhnliches Quellbiotop mit Sinterquelle
- 13 **Quernst** Kulturhistorischer Höhepunkt des Nationalparks

Der Wechsel von tief eingeschnittenen Tälern und reich gegliederten Bergkuppen, ausgedehnten Mischwäldern, blumenreichen Wiesentälern und quirligen Bachläufen verleiht dem Kellerwald einen ganz eigenen Charakter. Nach Norden begrenzt der Ederstausee den Nationalpark, der von einem Zaun umfasst wird.

Der Ederstausee ist eine landschaftliche Bereicherung und die nördliche Grenze des Nationalparks.

Um die Jagdflur zu sichern und die Bauern vor Wildschaden zu schützen, wurde zwischen 1894 und 1904 ein Gehege eingezäunt, aus dem 100 Jahre später der 5724 Hektar große Nationalpark entstand. Wegen der felsigen und steilen Berghänge konnten die Wälder wirtschaftlich nicht mehr genutzt werden, und so bildete sich ein urwaldähnlicher Laubwald, den es in dieser Größe und Vielfalt kaum ein zweites Mal in Deutschland gibt.

Auf dem Urwaldsteig Rund um den Edersee, durch die Trockeneichenwälder des nördlichen Ufers und den Nationalpark Kellerwald-Edersee im Süden, führt seit 2005 der »Urwaldsteig« (68 km, 3 Tage), der in Etappen die ursprünglichsten Teile des Nationalparks berührt. Der wesentlich längere Kellerwaldsteig (11 Tage) streift die interessantesten Landschaften. Über beide Steige erreicht man die »Loreley des Edertals«, den **Hagenstein** 1, an dessen Steilhang sich eine eigenwillige Blockhalde herausgebildet hat. Sie entstand durch Verwitterung, Abspülung und Auswaschung, übrig blieben eigentümliche Anhäufungen von Steinblöcken. Das setzt ein Gestein voraus, das zu groben Blöcken verwittert, z. B. festen Sandstein, Granit oder Basalt. Buchen, vereinzelt auch Eichen, zeigen wegen der Trockenheit des sonnenverwöhnten Steilhangs verkrüppelte, buschartige Wuchsformen; urtümliche, märchenhafte Waldbilder entstehen. Eichen und Hainbuchen über einem üppigen Teppich von Perlgras besiedeln die wechseltrockenen Hangmulden. In dem besonders geschützten Gebiet des Hagensteins lebt der Steppengrashüpfer, ein Relikt der nacheiszeitlichen Wärmeperiode. An sonnigen Flecken blühen Großblütiger Fingerhut und Graslilie. Die Tonschieferfelsen am Oberhang sind von seltenen Kleinfarnen, Felsenmispelgebüsch, Schwalbenwurz und wilden Rosen bewachsen (Wanderung zum Hagenstein ca. 1 Std. vom Gasthof »Zum Elsebach« in Schmittlotheim).

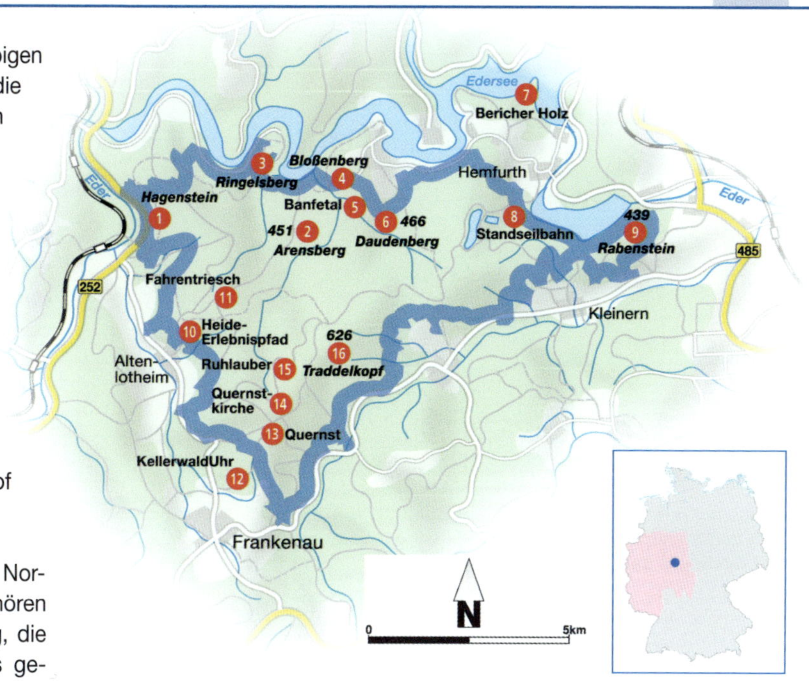

Weglose Wildnis Zur Kernzone im Norden des Nationalparks gehören ➠ **Arensberg** 2 und Ringelsberg, die durch den Talzug des Bärenbachs getrennt sind. Die Nordseite des Arensbergs, die Wooghölle, stürzt steil zum Edersee ab. Eine ins frühe 18. Jahrhundert zurückreichende forstliche Chronik bekundet, dass es hier aufgrund der Unwegsamkeit keine Waldnutzung gab. Begünstigt durch den lokalen Einfluss des nährstoffreichen Zechsteins hat sich ein Urwald ausgebildet mit anspruchsvollen Baumarten in allen Entwicklungsstufen, darunter Esche, Linde, Bergulme und -ahorn, sowie Unterwuchs, Jungwuchs, stehendes und liegendes Totholz und eine reiche Pilzflora. Über Felsen und abgesprengtem Gestein wuchern Moose und Farne. Selbst auf dem Plateau des Arensbergs erstaunt der Bewuchs mit über 200 Jahre alten kurzschäftigen Buchen, zu denen sich Eichen gesellen. Marder, Dachs und Rothirsch haben hier einen naturnahen Rückzugsraum.

Wie eine Halbinsel schiebt sich der **Ringelsberg** 3 in den Edersee; sein Westhang fällt steil ab und ist mit Bäumen bewachsen, deren Wurzeln zwischen losem Geröll und auf felsigem Grund Halt suchen. Fischadlern bietet diese ruhige Region eine Heimat, auch die seltenen, sehr scheuen Schwarzstörche brüten hier. Arens- und Ringelsberg gelten als störungsempfindliche Zone. Nur der »Ringelsberg-Wildnis-Erlebnis-Pfad«, ein Teilstück des Urwaldsteigs, führt durch das sensible Gebiet (günstiger Ausgangspunkt: Parkplatz an der alten Ederbrücke in Asel-Süd).

Vielfalt der Waldgesellschaft Der **Bloßenberg** 4 ist von Asel-Süd über den Ederufer-Weg gut zu erreichen (alternativ von Edertal-Bringhausen durchs »Eiserne Tor«). Auf seinen ausgedehnten Blockhalden wachsen uralte Krüppelwälder, mit Besenginster durchsetzt. Seine Kuppe besiedelt ein 200 Jahre alter Eichenwald. In die Stämme der mächtigen toten Eichen schlagen Spechte ihre Bruthöhlen; Waldfledermäuse leben in verlassenen Baumhöhlen.

Aus dem Gebiet des Kellerwalds sprudeln zahlreiche Bäche zur Edertalsperre. Im **Banfetal** 5, unterhalb des Bloßenbergs, wechseln Waldwiesen mit wasserliebenden Erlen und Weiden. Am Bachufer sammeln sich Totholz und angeschwemmtes Pflanzenmaterial. Nach starkem Regen verwandelt sich dieses »Genist« in kleine Flöße, auf denen Schnecken und Insekten vor den reißenden Fluten Rettung finden.

Ein kleiner Aussichtsturm markiert den Standort der ehemaligen Kirche auf dem Quernst.

Abhängig von Gestein, Wasserhaushalt und Lage des Berghangs in Bezug auf den Sonneneinfall haben sich rund um den ➠ **Daudenberg** 6 unterschiedlichste Waldtypen entwickelt. Nur selten ist ein solch totholzreicher Mischwald mit Hainbuchen, Mehlbeeren und Eichen anzutreffen wie hier in den trockenen bis wechseltrockenen Bereichen des Nordhangs. Mit weitreichenden Wurzeln suchen Eichen und Buchen sowie die hier standortfremden Kiefern nach spärlichen Nährstoffen im Boden. Den Nordwesthang des Daudenbergs mit einer feuchten, nährstoffreichen Rinne besiedeln Spitzahorn und Winterlinde. Darüber findet sich ein Eschen-Ulmen-Schatthangwald, der durch zwei Quellaustritte reichlich mit Wasser versorgt wird. Aber auch vor diesem Gebiet hat das Ulmensterben der letzten 20 Jahre nicht Halt gemacht. Auf dem Gipfel des Daudenbergs scheint der Boden üppiger, er trägt einen Edellaubholzwald mit Esche, Linde, Ulme und Eiche sowie Schlüsselblumen und Lerchensporn. Die Grauwacken-Blockhalde am Westhang besiedelt die für den Nationalpark typische, europaweit sehr seltene Pfingstnelke. Vom »Eisernen Tor« oberhalb von Bringhausen startet man den Rundweg um den Daudenberg (3 Std.). Man kann auch über den Daudenberg eine ausgedehnte Tour ins Banfetal oder die Durchquerung des Nationalparks in Richtung Frankenau anschließen.

Wie eine Halbinsel ragt das ➠ **Bericher Holz** 7 in den Edersee hinein. Wissenswertes über Wald und Geologie vermittelt das BuchenInfozentrum Fagutop direkt neben dem sehenswerten Wildpark.

Hinauf mit der Standseilbahn Auf die Höhen des Nationalparks, auf den Peterskopf mit schönem Rundblick, gelangt man bequem mit der **Standseilbahn** 8 bei Hemfurth (Talstation in einer der größten Kavernen Europas).

Durch das Kleinersche Tor bei Kleinern erreicht man den östlichsten Teil des Nationalparks, das Gebiet um den ➠ **Rabenstein** (439 m) 9. Den Gipfel nimmt ein kleiner Teich mit Seggensümpfen und vermoorten Randbereichen ein, die »Blaue Pitsche«, umgeben von alten Hutungsflächen und verwitterten Baumgestalten. In den flechten- und moosreichen Eichenwäldern an Süd- und Osthang lebt der seltene Mittelspecht. In Mehlen beginnt ein schöner Weg, der zunächst durch wechselhafte Kulturlandschaft auf die Ostseite des Rabensteins und in einer Runde um den Berg zurück führt.

Vergessenes Land im Hochwald Altenlotheim könnte man als das westliche Tor zum Nationalpark bezeichnen. Oberhalb erstreckt sich eine Wacholderheide und auf dem **Heide-Erlebnispfad** 10 lernt man, die Heide zu riechen, zu fühlen und zu sehen.

Weiter führt der Weg von Altenlotheim hinauf zum **Fahrentriesch** 11. Anfang des 14. Jahrhunderts rodeten hier die Bauern, siedelten und versuchten, dem Waldboden Getreide und Grünfutter abzuringen. Schon nach wenigen Jahren gab man die Siedlung wieder auf, da die Erträge zu gering und die Abgaben an den Fürsten zu hoch waren. Die Äcker verwilderten, und die Natur überwucherte die Siedlungsreste. Da das Fahrentriesch weiterhin als Weideland genutzt wurde, konnte der Wald dieses Gebiet nicht zurückerobern. Es entstand eine ausgedehnte Gras- und Heidefläche mit seltenen Pflanzen wie Arnika. Einst im Kellerwald sehr verbreitet, ist sie jetzt auf wenige Einzelvorkommen beschränkt, ebenso wie Wald-Läusekraut und Borstgras. Mächtige Hutebuchen am Heiderand und Einzelfichten verleihen der Landschaft ein fast nordisches Gepräge. Das Fahrentriesch ist am besten über Altenlotheim (2 km Wanderstrecke ab Parkplatz Sportplatz) oder Schmittlotheim (mit Elsebach-Waldlehrpfad ca. 5 km) zu erreichen.

Im schmucken Ferienpark bei Bad Frankenau befindet sich die Nationalparkinfo **KellerwaldUhr** 12, und in der Nähe beginnt der Waldhistorische Lehrpfad, der an 30 Stationen über Geschichte und Entstehung des Walds nach der letzten Eiszeit, über die Köhlerei und die Ruine der Quernstkirche sowie über Ackerbau und Jagd informiert. Entlang jahrhundertealter Grenzen führt der Pfad (ca. 4,5 km) zum Dreiherrenstein, wo einst die Territorien Hessen-Darmstadt, Hessen-Kassel und Waldeck aneinander stießen. Die Waldgeschichte der Region ist spannend und Grundlage für das, was bis heute erhalten blieb: ein intaktes großes Waldgebiet (Führungen ab KellerwaldUhr Frankenau auf Anfrage, Tel. 06455/75 95 41).

Kulturhistorischer Höhepunkt Auf der flachen, waldlosen Kuppenlage der ➠ **Quernst** 13 erhebt sich aus mannshohem Grasmeer ein an den Glockenturm einer Kirche erinnernder Aussichtspunkt. Früher stand hier ein Gotteshaus, die **Quernstkirche** 14 (vermutlich 8. Jh.). Heute sind noch die freigelegten Reste der ursprünglichen Friedhofsmauer zu erkennen. Die Quernst ist vom Feriendorf bei Frankenau über den südwestlichen Haupteingang des Nationalparks zu erreichen. Der Weg von der KellerwaldUhr zur Quernstkirche zählt zu den kürzeren, aber schönsten Wanderstrecken im Nationalpark.

Weiter führt der Weg zum **Ruhlauber** 15, einem zusammenhängenden Hallenwald. Wie schnell sich Unter- und Totholz im freien Nutzwald wandeln, wenn er sich selbst überlassen bleibt (seit 1989), sieht man hier. Schnell hat sich unter den mächtigen, 200-jährigen Buchen eine bis zu sechs Meter hohe zweite Baumschicht entwickelt. Die stehenden oder umgestürzten Stämme der toten Bäume sind einer der wichtigsten Lebensräume des Naturwalds, z. B. für Schwarz-, Grau- und Buntspechte, und im stehenden Eichentotholz leben neben Hirschkäfern über 350 Käferarten. Zunderschwämme besetzen es, Moose überziehen die umgestürzten Riesen. Der Buchenjungwuchs bietet Rehen, Hirschen und Wildschweinen Schutz. Am nördlichen Rand des Ruhlaubers gibt es eine alte Wolfsfalle (18. Jh.), die »Wolfsgrube«. Vom Feriendorf Frankenau aus (Infozentrum KellerwaldUhr) gibt es eine Wanderstrecke über Quernstkirche, Traddel- und Ahornkopf zum Ruhlauber (ca. 4 km). Der **Traddelkopf** (626 m) 16 ist der höchste Berg im Nationalpark. Hier wächst ein noch relativ strukturarmer Forst mit geringer Vegetation. Wenn der Sturm Altbuchen wirft, entstehen kleine Lichtungen, die der Verjüngung des Bestands eine Chance geben. Der Wald wird wieder lebendig, findet zu seiner urwüchsigen Gestalt zurück. Auf dem Gipfel des Traddelkopfs zerfallen seit Jahrzehnten die Stämme mächtiger Bergahorne, auf den Wiesen des Osthangs tummelt sich viel Wild. Die verbissenen Bäume wachsen in skurrilen Formen nach.

Auf der Heidefläche des Fahrentriesch wachsen Arnika, Wald-Läusekraut und Borstgras.

Die Gesteine

Geologisch betrachtet ist der Kellerwald ein Ausläufer des Rheinischen Schiefergebirges. Landschaftlich wird er jedoch als gesonderte Einheit zur Hessischen Senke gezählt, da die Flüsse Eder und Itter eine geografische Grenze bilden. Die zutage tretenden Gesteine stammen aus dem Devon und dem Karbon. Damals war das Gebiet noch von einem flachen Meer bedeckt. Typisch für den Nationalpark sind Blockhalden aus Tonschiefer und Grauwacke (im Bild eine Blockhalde am Urwaldsteig zwischen Ringelsberg 3 und Bloßenberg 4). Weitere wichtige Gesteinsarten sind die Kellerwald-Quarzite Kieselschiefer und Diabas und, als regionale Besonderheit, der dunkelrote Kellerwaldachat (ein Eisenkiesel).

Naturpark Kellerwald-Edersee

SERVICE

Anfahrt Von Kassel auf der A 49 bis Ausfahrt Wabern, dort auf der B 253 nach Bad Wildungen und auf der B 485 zur Edertalsperre; nächster ICE-Bahnhof: Kassel-Wilhelmshöhe. Bad Wildungen ist auch mit der Bahn zu erreichen.

Lage In Nordhessen, südwestlich von Kassel

Größe 406 km²

Höchste Erhebung Wüstegarten (675 m)

Gründung 2001

Information Naturpark Kellerwald-Edersee, Laustr. 8, 34537 Bad Wildungen

Telefon 05621/96 94 60

Internet www.naturpark-kellerwald-edersee.de

TOP TIPP

1 **Edertalsperre** Das Freizeitparadies des Kellerwaldes

5 **Halloh** Knorrige Buchen und Eichen schmücken die alte Waldweide

6 **Bilstein** Auf Wärme speicherndem Gestein gedeiht die Pfingstnelke

7 **Bad Wildungen** Historische Altstadt mit großem Kulturangebot

12 **Wüstegarten** Höchste Erhebung im Hohen Keller

»Buchonia«, Land der Buchen, wurden einst die waldreichen Gebiete Nordhessens genannt. Der Naturpark Kellerwald-Edersee, der den gleichnamigen Nationalpark umschließt, zählt mit seinen stattlichen Baumriesen zu den letzten großen Laubwaldgebieten Mitteleuropas. Das Waldgebiet zeichnet sich durch seinen überdurchschnittlich hohen Totholzanteil aus.

Hoch über dem Edersee thront Schloss Waldeck.

Der Kellerwald, im Norden durch Bad Wildungen und die Ederberge begrenzt, gehört geologisch noch zum Rheinischen Schiefergebirge und schiebt sich wie ein steinernes Bollwerk bis weit in die niederhessische Senke. Den südlichen Teil bildet der Hohe Keller, ein weitgehend unberührter Naturraum, in dem einst die Kohlemeiler rauchten, die Holzkohle zur Verarbeitung von Kupfer und Eisen lieferten. So entstand der Name »Köhlerwald« oder »Köllerwald«.

Rund um den Edersee Als 1908 die ➠ **Edertalsperre** 1 gebaut wurde, mussten die Bewohner des Dorfs Asel eine neue Bleibe finden. Aus eigener Kraft errichteten sie auf einem Bergrücken am Nordhang des Kellerwalds nördlich über dem Edersee **Asel-Süd** 2. Die Brücke über die Eder verschwand in den Fluten – aber immer, wenn der Edersee Niedrigwasser hat, taucht sie wieder auf und wird zum gern besuchten, wieder begehbaren Übergang. Sie wurde 1982/1989 restauriert und steht unter Denkmalschutz.

Das beliebte Naherholungsgebiet rund um den **Edersee** (27 km lang) 3 bietet zahlreiche Urlaubs- und Freizeitmöglichkeiten. Straßen in Ufernähe befinden sich fast um den gesamten See, an bewachten Stellen kann man baden und tauchen. Für Segler und Surfer bietet er ein anspruchsvolles Freizeitrevier, Tret- und Ruderboote werden ausgeliehen.

Stolz blickt **Schloss Waldeck** ④ über die Berge des Kellerwalds und den Edersee zu seinen Füßen, ein Wahrzeichen der Region und einst Stammsitz der Grafen von Waldeck. Heute beherbergt sie neben einem Museum auch ein Hotel.

Der ➠ **Halloh** ⑤ ist einer der schönsten und größten Buchen-Hutewälder des Kellerwalds, die für das weidende Vieh angelegt wurden; die lichten, hoch produktiven Eichen- und Buchenbestände lieferten reichlich Eicheln und Bucheckern. Westlich von Albertshausen gelegen, auf einer Hügelkuppe in der Feldflur, sind die skurril geformten Gestalten zu jeder Jahreszeit einen Besuch wert.

Der markante Bergrücken des ➠ **Bilsteins** ⑥ bei Bad Wildungen wird von vulkanischem Diabasgestein gebildet, er ragt mit schroffen Klippen nach Süden. Hier fühlen sich Pflanzen aus früheren wärmeren Klimazeiträumen wohl. Die sehr seltene Pfingstnelke zeigt am Bilstein eines ihrer größten Vorkommen in Hessen. Am Rand der unzugänglichen Klippen leitet wärmeliebendes Berberitzengebüsch zu urwüchsigen, artenreichen Traubeneichenwäldern und Perlgras-Buchenwäldern über. Auch zoologisch ist das Gebiet sehr reichhaltig, vor allem die bunte Vielfalt an Schmetterlingen fällt auf. An warmen Tagen sonnt sich die Glattnatter in den Felsen. Empfehlenswert ist eine Wanderung von Altwildungen Richtung »Schwedenschanze«.

➠ **Bad Wildungen** ⑦, mit prachtvollen Jugendstilbauten, heilenden Quellen und Europas größtem Kurpark, hält ein großes Gesundheits- und Kulturangebot bereit. Sehenswert sind Schloss und Stadtkirche. Die Umgebung der Kurstadt bietet auch viele Freizeitmöglichkeiten in der Natur, für Kinder etwa die Wasserlandschaft Spicke.

Dichter Urwald und imposante Wasserfälle Der Wanderpfad zum Naturschutzgebiet **Sonderbach und Talgraben** ⑧

Kaisermantel *(Argynnis paphia)*

Der Kaisermantel gilt als der Gaukler der Waldränder. Im Kellerwald ist der recht große Tagfalter (Flügelspannweite bis 70 mm) auf sonnigen Waldlichtungen von Juni bis August noch anzutreffen.
Der Kaisermantel zählt zur Familie der Perlmutterfalter. Die Flügeloberseiten der Männchen sind orangebraun gefärbt, bei den Weibchen manchmal auch olivbraun.

beginnt am Gasthof »Helenetal« in Bad Wildungen-Odershausen (mit Infotafel zum Gebiet). Sowohl der von Westen in den Sonderbach mündende »Talgraben« als auch der Sonderbach selbst haben sich tief in den weichen Tonschiefer eingeschnitten und bilden ein schmales Kerbtal. Derartige Reliefformen, die an

eine alpine Klamm erinnern, stellen in dieser Landschaft eine geologische Seltenheit dar. Durch die extreme Enge des Talsystems wird der Abfluss der nächtlichen Kaltluft stark verzögert, was ein kühl-feuchtes Lokalklima zur Folge hat. Hier wächst der sehr seltene Gelappte Schildfarn. Imposant sind die Wasserfälle unterhalb von Odershausen, die, eingebettet in üppig grüne, urtümliche Schluchtwälder, über mächtiges Schiefergestein herabstürzen. Vom Turm der verfallenen Ritterburg **Löwenstein** 9 bei Oberurff-Schiffelborn geht der Blick bei guter Fernsicht weit über Schwalmpforte und -aue. In der Nähe erkennt man den Quarzitrücken des Orthbergs. Diese eiszeitlichen Felsformationen, gesäumt von urigem Wald entlang dem felsigen Grat, sind die nördliche Fortsetzung des Hohen Kellerwalds. Zwischen ihnen verläuft das wildromantische mittlere Urfftal. Von der Ruine Löwenstein oberhalb von Oberurff-Schiffelborn führen mehrere Wanderwege auf den Orthberg und zu den bizarren Quarzitfelsen.

Schneewittchens Heimat Die von den Brüdern Grimm herausgegebene und bearbeitete Geschichte von Schneewittchen und den sieben Zwergen stammt aus dem Kellerwald und bezieht sich wohl auf die Zustände der Kinderarbeit in den Bergfreiheiter Kupferbergwerken und das Leben in den kleinen engen Bergmannshäusern.

Auf dem Halloh stehen die schönsten und größten Hutebuchen des Kellerwalds.

Der Bergfried der Ruine Löwenstein wacht über Oberurff-Schiffelborn.

Die besonderen geologischen Verhältnisse des Kellerwalds boten die Grundvoraussetzung für den Jahrhunderte währenden Bergbau in **Bergfreiheit** (10). Überall in der Landschaft sind noch deutlich die Spuren des Erzbergbaus zu erkennen. Auf Kalk, Diabas, Ton-, Kieselschiefer und Quarzit haben sich naturnahe Wälder mit einer ungewöhnlichen Artenvielfalt erhalten. Der Kulturhistorisch-ökologische Lehrpfad in Bergfreiheit führt durch den schönen Auwald an der Urff und vermittelt anschaulich ökologische und kulturhistorische Zusammenhänge. Auch der Besuch des Bergfreiheiter Kupferbergwerks lohnt sich (fast täglich Führungen), dessen Parkplatz auch ein guter Ausgangspunkt für Wanderungen ist. Beeindruckend sind die alten, aus historischer Niederwaldwirtschaft hervorgegangenen, felsigen Buchen-Eichenwälder an der **Großen Leuchte** (11).

In der Region Hoher Keller erhebt sich der höchste Berg (675 m) des Naturparks; von seinem Aussichtsturm bietet sich ein atemberaubender Blick über die umliegende Wald- und Kulturlandschaft. Am ➠ **Wüstegarten** (12) sind Reste eines bedeutenden keltischen Kultplatzes zu erkennen. Im Bereich des Gipfelgrats finden sich Felsformationen wie der Exheimer Stein und die Mausefalle sowie ausgedehnte, überwiegend offene Quarzit-Blockhalden. Erst vor wenigen Jahren wurde hier auf 500 Metern Höhe ein Komplex aus Übergangsmooren und hochmoorartigen Bereichen wiederentdeckt. Er stellt eines der letzten großen hessischen Wald-Hangmoore dar und trägt eine sehr eigentümliche Vegetation: Torfmoose, Wollgras- und Bergfarn-Fluren, Kleinseggenrasen und Erlen-Birken-Gebüsch. Man erwandert Hohen Keller und Wüstegarten am besten von einem der vielen Wanderparkplätze (Trittsicherheit, Orientierungsvermögen und ausreichende Verpflegung Voraussetzung!).

Pfingstnelke *(Dianthus gratianopolitanus)*

Von Mitte Mai bis Mitte Juni blüht die rosafarbene Pfingstnelke im Kellerwald, ihrem bedeutendsten Vorkommen in Hessen. Auf Schutthalden und an Felswänden trotzt die trittempfindliche Pflanze den Widrigkeiten ihres kargen Standorts und erfreut den Besucher mit leuchtenden Farben auf grauem Gestein. Die Pflanzen wachsen meist in Gruppen, es bilden sich kleine, lockere Polster. Wie alle Nelkenarten ist auch die seltene Pfingstnelke geschützt.

Naturpark Habichtswald

Stille Wiesentäler gehören zu den zahlreichen landschaftlichen Facetten des Parks wie auch sagenumwobene Felsklippen, dichte Buchenwälder, urige Baumveteranen und lichte Gebüsche mit wärmeliebenden Kräutern im Unterwuchs, hohe Bergrücken und sonnige Rasenhänge – Hessens nördlichste Weinberge sind nicht fern.

SERVICE

Anfahrt A 44 bis Ausfahrt Zierenberg, B 251 nach Dörnberg, dort links nach Zierenberg; nächstgelegener ICE-Bahnhof: Kassel-Wilhelmshöhe, von dort mit der Straßenbahn zum Park

Lage Westlich von Kassel im Norden des Hessischen Berglands

Größe 474 km²

Höchste Erhebung Hohes Gras (615 m)

Gründung 1962

Information Naturpark Habichtswald, Oberzwehrener Str. 103, 34132 Kassel

Telefon 0561/10 03 11 11

Infozentrum Naturparkzentrum Habichtswald auf dem Dörnberg

Internet www.naturpark-habichtswald.de

TOP TIPP

3 **Burghasunger Berg** Aussichtsreiche Basaltkuppe und Wuchsort seltener Pflanzen

4 **Dörnberg** Kalkmagerrasen mit reicher Blütenpracht

7 **Bergpark Wilhelmshöhe** Größter Bergpark Europas

10 **Altenburg** Keltische Ringwallanlage aus der Eisenzeit

12 **Megalithgrab Züschen I** Nordhessens bedeutendste prähistorische Grabanlage

Der Bergpark Wilhelmshöhe lädt zum Flanieren und Genießen ein.

Der eigentliche Habichtswald direkt oberhalb der nordhessischen Metropole Kassel bildet den Kern des Naturparks, hier sind 56 Baumarten heimisch, neben der Rotbuche auch exotische Gehölze wie die Flaumeiche oder die Manna-Esche. Neben Rehen, Wildschweinen, Hasen und Füchsen streifen zoologische Neubürger wie die Waschbären durch die Wälder. Im Habichtswald findet man auch nicht alltägliche Einrichtungen wie einen Blindenwanderweg oder einen Trimmpfad für behinderte Besucher.

Grimms Märchen, Fachwerk und imposante Felsen Das von den Spuren verlassener Dörfer, Burgruinen und den Klippen der Chattensteine umgebene Städtchen **Zierenberg** 1 an der Warme ist ein beliebtes Standquartier für Streifzüge durch den Naturpark, besitzt aber auch innerhalb seiner mittelalterlichen Stadtmauern viel Sehenswertes: z. B. Hessens ältestes erhaltenes spätgotisches Fachwerk-Rathaus (1450). Vom Turm der Stadtkirche blickt man auf die bewaldeten Gudenberge und den mit Trockenrasen bedeckten Dörnberg.

Zwei Türme beherrschen das Bild der historischen Fachwerkstadt **Wolfhagen** 2, jener der gotischen St.-Anna-Kirche und der Chattenturm, imposantes Überbleibsel der Stadtbefestigung mit weitem Blick über das Wolfhager Land. Das Alte Rat

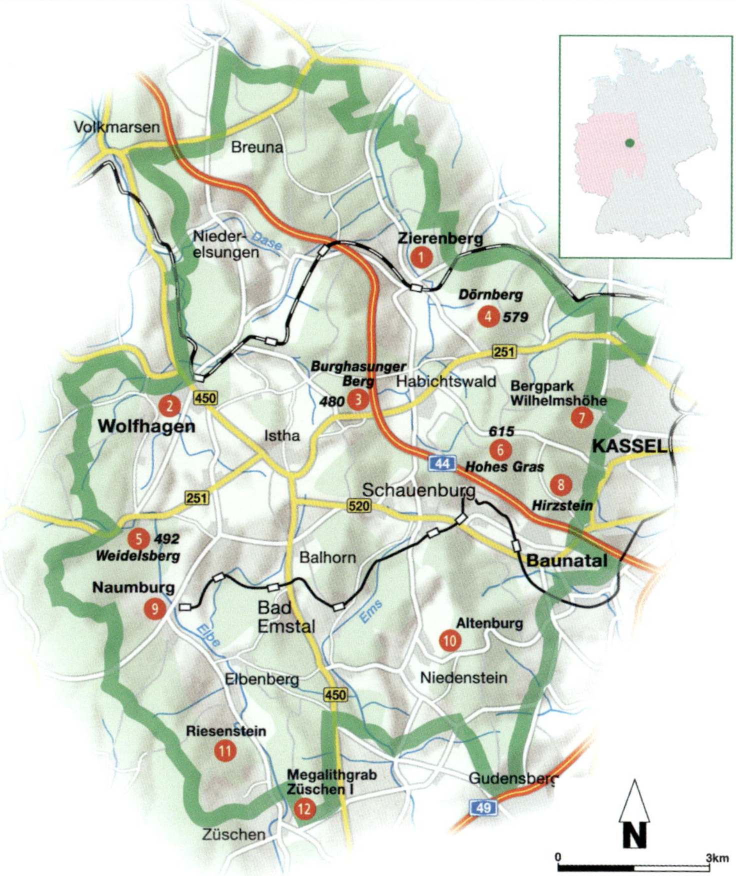

haus beherbergt zur Erinnerung an Ludwig Emil Grimm »Grimms Märchenkeller« mit seinen Bildern von Wolfhagen. Lohnende Ausflüge führen zum am »schönsten Wiesengrunde« der Erpe gelegenen malerischen Wasserschloss Elmarshausen und zu den Kalkmagerrasen des orchideenreichen Naturschutzgebiets Wünne.

Der ➠ **Burghasunger Berg** ❸ bei Zierenberg ist eine Basaltkuppe mit grandiosem Rundblick auf das Habichtswälder Bergland, ein Wuchsort seltener Pflanzen und durch eine vor- und frühgeschichtliche Höhensiedlung mit reichen Funden bekannt. Esels- und Klippenpfad führen von Burghasungen zu den Klippen aus Säulenbasalt. In den Klüften und Spalten verbergen sich u. a. Wildes Stiefmütterchen und Türkenbundlilie. Unscheinbarer, aber noch seltener sind die Moose und Farne, die sich an das blaugraue Gestein krallen, darunter der Rostrote Wimperfarn.
Die purpurroten bis weißen Blüten des Manns-Knabenkrauts, die im Mai die Magerrasen am ➠ **Dörnberg** ❹ beherrschen, sind bei einer Wanderung auf Alpen-, Jäger- oder Eco-Pfad Archäologie zu bewundern. Insgesamt kommen auf den teils offenen, teils verbuschten Rasenhängen des Dörnberggebiets über 200 Farn- und Blütenpflanzen vor, darunter viele bedrohte. Die üppige Flora erinnert an die des Mittelmeerraums, dazu passt der Gesang der Bergzikaden aus den Büschen. Sich selbst überlassen, würden, und die Flora würde drastisch verarmen. Um zu verhindern, dass die Magerrasen wieder zu Busch- oder Waldland werden, weiden hier Schafe und Ziegen als Naturschutzmaßnahme. Auf dem Hohen Dörnberg stehen Wallanlagen aus prähistorischer Zeit, und am Hohlestein, einer Basaltklippe wie die Wichtelkirche oder die Helfensteine, erhebte sich der Ringwall.

Wo Natur und Kultur ineinanderfließen

Auf dem Gipfel des Hohlesteins am Dörnberg befindet sich eine mysteriöse Vertiefung. Ob durch Verwitterung entstanden oder durch Menschenhand, weiß niemand sicher. Auf dem Gipfel des **Weidelsbergs** ❺ südlich von Wolfhagen-Ippinghausen scheint die größte Burgruine Nordhessens mit ihren quadratischen Wohntürmen und den fast vollständig erhaltenen Zwingmauern di-

Der Burghasunger Berg mit seiner reichen Flora

Typischer Anblick im Naturpark: Basaltkuppen wie der Maderstein bei Gudensberg

rekt aus dem Säulenbasalt herausgewachsen zu sein. Nach verschiedenen Funden war der Berg schon seit frühester Zeit besiedelt. Eine Burg krönt ihn wahrscheinlich seit dem 12. Jahrhundert. Von den Bergweiden und -wiesen auf dem **Hohen Gras** 6, dem höchsten Gipfel des Habichtswalds, ist seit den Aufforstungen (ab zweiter Hälfte des 19. Jh.) wenig geblieben. Hier und dort gibt es noch ein Fleckchen blumenreicher Goldhaferwiesen in den als Wander- und Wintersportgebiet beliebten Wäldern vor den Toren Kassels, z. B. unterhalb des Aussichtsturms, von dessen Plattform der Blick bei klarer Sicht bis zum Harz und zur Rhön reicht.

Das Parkgelände des ➠ **Bergparks Wilhelmshöhe** (240 ha) 7 ist nicht nur riesig groß und mit mehr als 500 Gehölzarten ungewöhnlich artenreich, sondern (seit Ende des 17. Jh.) auch sorgfältig in die Naturlandschaft am östlichen Steilhang des Habichtswalds eingebettet worden. Außer Schloss Wilhelmshöhe und dem Riesenschloss mit der Herkulesfigur als Wahrzeichen Kassels gibt es im Park neben den berühmten Wasserspielen auch die als Ruine errichtete Löwenburg, kleine Pyramiden und Tempel.

Der Parkplatz im Firnsbachtal nördlich von Elgershausen ist Ausgangspunkt für den Aufstieg zum **Hirzstein** 8. Mit Ringwällen und einem ehemaligen Basaltbruch haben Menschen ihre Spuren hinterlassen. Seit 1979 ist er, vor allem als Standort besonnter Steinschuttfluren mit Pfingstnelken, Blutstorchschnabel oder Salomonsiegel, geschützt. Auch einen der seltensten Vögel Deutschlands kann man über den Klippen kreisen sehen: den Wanderfalken, der hier einen seiner letzten Brutplätze in Nordhessen hat.

Denkmäler aus grauer Vorzeit Im malerischen **Naumburg** 9 am Flüsschen Elbe gibt es so sehenswerte Bauten wie die neugotisch ausgestattete katholische Pfarrkirche und die Weingartenkapelle. Die Endstation des »Hessencourriers« besitzt in ihrer Umgebung ausgezeichnete Wanderreviere, besonders in den Wäldern im historischen Grenzsaum zu Waldeck, etwa beiderseits der Elbe, wo der Teich in der Hengstwiese das wichtigste Wasservogelschutzgebiet in weitem Umkreis bildet. Ursprünglich als Nahrungsteich für Graureiher angelegt, heute lockt er heute die verschiedensten gefiederten Gäste an.

Lange Zeit galt die ➠ **Altenburg** 10 bei Niedenstein als Mattium, Hauptort der Chatten, der 15 n. Chr. bei einem Rachefeldzug des römischen Feldherrn Germanicus zerstört wurde. Doch da lag das von einem gewaltigen Ringwall umschlossene Oppidum der Keltenzeit wahrscheinlich schon jahrzehntelang in Trümmern. Zentnerweise wurden in der Anlage (15 ha) wertvolle Funde geborgen, darunter auch solche der viel älteren Michelsberger Kultur. An der Ostseite führt ein Pfad durch Wald zum Altenburgplateau hinauf.

Vor- und frühgeschichtliche Höhensiedlungen und ihre Kultplätze sind im Hessischen Bergland nicht selten. Im bizarren **Riesenstein** 11, der einen Ausläufer des nördlich von Heimarshausen gelegenen Heiligenbergs krönt, sehen manche einen Ort heidnischer Rituale, besitzt er doch eine »Opferschale« mit »Blutrinne«. Andere halten den pilzförmigen Sandsteinfelsen (von Heimarshausen auf dem Rundweg »H 5« erreichbar) für ein vorgeschichtliches Sonnenobservatorium. Wahrscheinlich floss durch die Rinne nur Regenwasser, das nachgewiesenermaßen im Zusammenspiel mit Mikroorganismen Schalen und Rinnen in Sandsteinschichten aushöhlen kann.

Habicht *(Accipiter gentilis)*

Ob er dem Habichtswald den Namen gegeben hat, ist ungewiss. Dichte Wälder, oft in der Nähe von offenem Gelände, sind jedoch die natürlichen Lebensräume des stattlichen Greifvogels, bei dem das Weibchen fast doppelt so groß wie das Männchen sein kann. Im Flugbild erkennt man ihn an den kurzen, runden Flügeln und dem langen Schwanz. Ein solcher Körperbau ermöglicht zwar keine hohen Fluggeschwindigkeiten, aber eine extreme Wendigkeit auf engstem Raum. So greift der Habicht urplötzlich aus dem Hinterhalt seine bevorzugten Beutetiere (überwiegend kleine und mittelgroße Vögel und Säuger) an, verfolgt sie schnell in niedrigem Flug zwischen Bäumen hindurch und packt sie mit den krallenbewehrten Füßen. Ihre Nester bauen die Greifvögel am liebsten in dichten Altholzbeständen.

Das ➠ **Megalithgrab Züschen I** (4./3. Jahrtausend v. Chr.) 12, nördlich der Straße Züschen–Lohne, weist z. B. ein »Seelenloch«, eine kreisrunde Öffnung im Türlochstein der Grabkammer, auf. Rätsel bei der Entzifferung geben auch die eingeritzten Muster auf, die Szenen aus dem Alltag zeigen, aber auch das Bildnis einer »Dolmengöttin«. Um das einzigartige Megalithgrab vor Witterung und rücksichtslosen Besuchern zu schützen, wurde es überdacht und vergittert. Das Regionalmuseum in Fritzlar informiert über die Vor- und Frühgeschichte der Region.

Die Ritzungen im Megalithgrab Züschen I geben bis heute Rätsel auf.

Naturpark Münden

Werra, Fula und Weser formten durch ihre Einkerbungen in ein von Basaltpfropfen durchsetztes Buntsandstein- und Muschelkalkschichten-Gewölbe die Landschaften des Naturparks. Im Dreieck zwischen den Tälern von unterster Fulda und Werra breiten sich die Hochflächen des Kaufunger Walds aus, zum rechten Ufer der Weser fällt der Bramwald steil ab, zum linken der großteils außerhalb des Parks gelegene Reinhardswald.

Im reizvollen Hann. Münden entsteht durch den Zusammenfluss von Werra und Fulda die Weser.

Ostwärts geht der Bramwald in die Dransfelder Hochflächen über mit artenreichen Kalk-Buchenwäldern und Trockenrasen. Von den tiefen Tälern der drei großen Flüsse ziehen sich Nebentäler in die benachbarten Gebirge und verbinden sie zu einem vielfältigen Naturraum.

Altes Gemäuer, verwunschene Wälder

Das **Kloster Bursfelde** (1) wurde (Ende 11. Jh.) an der traditionellen Hauptverkehrsachse des Weserberglands nahe der Nieme-Mündung in die Weser gegründet. Von der Anlage sind noch die romanische Basilika und der zum Gutshaus umgebaute Westflügel erhalten. Fresken der Spätgotik zieren das Innere, und im Turm an der Weserseite hängt eine Glocke aus dem Königsberger Dom. Gleich hinter dem Kloster beginnt die Einsamkeit des ➠ **Bramwalds** (2), eines der ursprünglichsten und größten geschlossenen Waldgebiete (85 km²) im Süden Niedersachsens. Dort steht auf dem Totenberg (408 m), der höchsten Erhebung des Gebirges, ein 150 Jahre alter Buchenbestand mit eingestreuten Fichten und Eichen als Naturwald unter

SERVICE

Anfahrt Auf der A 7 Hannover–Kassel bis Ausfahrt Hann. Münden, weiter auf der Landstraße am rechten Ufer der Weser Richtung Bodenfelde bis Kloster Bursfelde; nächstgelegene ICE-Bahnhöfe: Göttingen, Kassel-Wilhelmshöhe

Lage Im äußersten Süden Niedersachsens an der Grenze zu Hessen, zwischen Göttingen und Kassel

Größe 450 km²

Höchste Erhebung Haferberg (580 m)

Gründung 1959

Information Naturpark Münden e. V., Böttcherstr. 3, 34346 Hann. Münden

Telefon 05541/752 59

Internet www.naturpark-muenden.de

TOP TIPP

(2) **Bramwald**
Für Wanderer und Tiere attraktiver, naturnaher Wald

(7) **Bühren**
1000-jähriges Dorf am Bramwald mit Kulturpfad

(8) **Hoher Hagen**
Top-Aussichtsgipfel im Naturpark, mit Gaußturm und Geologie-Lehrpfad

(10) **Hann. Münden**
Schatzkästchen an drei Flüssen

(11) **Hühnerfeld**
Ökologisch wertvolles Moor- und Magerrasengebiet mit Island-Pferden

strengstem Schutz. Er soll sich zu einem Urwald entwickeln, was auch Wildkatze, Kolkraben und Hirschkäfern behagen wird; 2003 wechselte eine Wölfin durch die Wolfsschlucht. Eine Wanderung führt vom Wanderparkplatz an der Femeeiche im Niemetal durchs Steimketal zur Köhler-Liesel-Hütte und von dort rechts auf dem Kohlenweg zum Hauptkamm.

Die kurvenreiche Bramburgstraße führt an der Westflanke des Gebirges zur romantischen Ruine der **Bramburg** 3 (erstmals 1063 erwähnt) mit mächtigem Bergfried. Biegt man an der Ruine links (bergauf), gelangt man zu den Wällen der Hünenburg, einer sächsischen Grenzbefestigung (spätes 8. Jh.).

Das verträumte Fachwerkdorf **Hemeln** 4 am Fuß des Bramwalds ist wohl kaum jünger, und unter seinen Fachwerkbauten befinden sich einige der ältesten Bauernhausformen Niedersachsens, z. B. der reizende kleine Speicher in der Weserstraße. Die Fährstelle an der Weser zwischen dem niedersächsischen Hemeln und dem hessischen Veckerhagen ist bereits seit mehr als 650 Jahren belegt. Auch das jüngste, im Jahr 2000 in Betrieb genommene Gefährt kommt als umweltfreundliche Gierseilfähre ohne Motorkraft aus.

Bei Hemeln ist die Oberweser schon stattliche 70 Meter breit, die **Nieme** 5, der erste große Zufluss am rechten Ufer, noch recht schmal. Das Tal der Nieme, das unterhalb von Löwenhagen den Bramwald quert, ist (nach Renaturierung) mit seinen Bachmäandern, Auwaldresten und Feuchtwiesen das ökologisch wertvollste des Waldgebirges; u. a. Schwarzstorch, Eisvogel und Wasseramsel leben hier. Ein Wanderweg (»II«) erschließt das Niemetal bis nach Bursfelde.

Zwischen Werra, Weser und Leine

Landschaftlich abwechslungsreicher sind die Dransfelder Hochflächen, z. B. rund um Barterode. Hier bietet der Basaltsteinbruch auf der Grefenburg einen Einblick in den Schlot eines erloschenen

Am Zusammenfluss von Werra und Fulda in Hann. Münden steht der Weserstein.

Die Drei-Flüsse-Stadt Hann. Münden bezaubert durch ihre wunderschönen Fachwerkhäuser.

Vulkans oder die ehemalige Grube an der Ostseite des Ossenbergs in die Muschelkalkzeit; ein Ausläufer an der Nordwestseite trägt die Ringwallanlage der frühgeschichtlichen Hünenburg, und das gesamte Massiv von Ossenberg und **Fehrenberg** 6 bedecken artenreiche Eichenmischwälder, Mittelwaldreste, Kalkmagerrasen und Kalktuffquellen. Von den Parkplätzen an der Straße Barterode–Dransfeld sind sie auf Rundwanderwegen zu erreichen.

Das weit über 1000-jährige ➠ **Bühren** 7 liegt näher am Bramwald und schlägt eine Brücke zwischen beiden Natur- und Kulturräumen. Der Bührener Kulturpfad (2,5 km) vermittelt die lange Geschichte der Gemeinde mit kulturhistorischen Sehenswürdigkeiten wie der wehrhaften Kirche, den schönen Bauernhäusern und alten Mühlen, dem mittelalterlichen Harster Heerweg und den Bührener Kreuzsteinen. Auch gibt es interessante Infos über Gewässer, Wirtschaftsgeschichte und Geologie. Die Basaltpfropfen im Buntsandstein und Muschelkalk haben zwar nur einen winzigen Flächenanteil, formen aber meist die höchsten Höhen, wie z. B. den ➠ **Hohen Hagen** (480 m) 8. Der durch den Basaltabbau verunstaltete Kegel bildet eine natürliche Aussichtsplattform, von der man weit über das obere Weserbergland schaut. Der Mathematiker Carl F. Gauß nutzte ihn bei der Landvermessung des ehemaligen Königreichs Hannover als Fixpunkt. Seinen Namen trägt ein Turm mit Aussichtsterrasse (und Fahrstuhl). Auf dem Geologie- und Bergbaupfad kann man sich über den Bergaufbau informieren.

Die vielleicht reizvollste Landschaft des Naturparks ist das unterste Werratal und die Muschelkalkberge bei **Lippoldshausen** 9. Vier Wanderrouten (1.30–3 Std.) führen durchs Lippoldshäuser Feld und über die Lippoldshäuser Berge zur frühmittelalterlichen Lippoldsburg, zum geheimnisvollen Schalenstein, zur Ruine Brackenburg oder zum Obstsortengarten, in dem rund 60 ältere und neuere Obstsorten aus den umliegenden Streuobstwiesen bewahrt werden.

Hühnerfeld und Schatzkästlein Die Drei-Flüsse-Stadt ➠ **Hann. Münden** ⑩ ist das architektonische Schatzkästlein des Naturparks. Am Zusammenfluss von Fulda und Werra zählt sie zu den am schönsten gelegenen Städten der Welt – ein Blick vom Tillyschanzenturm beim Reinhardswald beweist dies. Naturfreunde erfreut der Forstbotanische Garten, die Drei-Flüsse-Rundfahrten sowie die oberhalb der Stadt gelegene Waldgaststätte »Rinderstall« mit Wildgehege, Ameisenlehrpfad und Waldmuseum.
Vom »Rinderstall« gelangt man auf der Kohlenstraße zum ➠ **Naturschutzgebiet Hühnerfeld** ⑪ (»Hünenfeld« = hochgelegenes Feld); hier leben Birkhühner, die offene Landschaften mit Mooren und Magerrasen bevorzugen. Im südlichsten Moor Niedersachsens wachsen viele bemerkenswerte Pflanzen, die früher auf den staunassen bis anmoorigen Böden des Kaufunger Walds weit verbreitet waren, z. B. Rosmarinheide, Arnika und Sonnentau. Seit vielen Jahren sind Island-Pferde und Rinder als »Landschaftspfleger« im Einsatz.
Nächste Stationen an der Kohlenstraße sind die Steinbergseen und die **Steinberge** (542 m) ⑫, wo einst Bodenschätze wie Braunkohle, Ton, Alaun und Basalt abgebaut wurden; heute sind die Basaltkuppen mit dem Naturfreundehaus und die Seen, die aufgelassene Braunkohlengruben füllen, beliebte Ausflugsziele.

Sababurg

Von Hemeln ④ per Fähre über die Weser, und schon ist man an dem mitten im Reinhardswald gelegenen »Dornröschenschloss« mit spätgotischem Palas und zwei mächtigen Rundtürmen. Nicht nur das märchenhafte Gemäuer lohnt einen Abstecher: Hier befindet sich auch der 1571 gegründete, wohl älteste Tierpark Europas. In ihm tummeln sich Wisente und Wildpferde, Wildkatzen und Wildschweine sowie viele andere Tierarten. Zur urigen Tierwelt passt der Urwald Sababurg mit seinen knorrigen Eichen (www.sababurg.de).

Auf dem Gipfel des Hohen Hagen hat der Basaltabbau deutliche Spuren hinterlassen.

Naturpark Meißner-Kaufunger Wald

Der Park vereint zwei gegensätzliche Naturräume: Im Kern ragt der Hohe Meißner als höchste Erhebung zwischen Rhön und Harz auf. Der bewaldete Bergrücken besteht aus dicken Basaltdecken, die über Braunkohle, Ton und Sand lagern. Der Kaufunger Wald ist dagegen ein typischer Vertreter der im Norden Hessens und im Süden Niedersachsens weit verbreiteten Buntsandsteingebirge: ausgedehnte Hochflächen auf einer vereinzelt von Basaltpfropfen durchbrochenen Sandsteinplatte und Wald, so weit das Auge reicht.

SERVICE

Anfahrt Auf der A 7 bis Kassel-Nord, weiter auf der Kreisstraße Richtung Nieste bis Herrenhaus Windhausen; nächstgelegene ICE-Bahnhöfe: Göttingen, Kassel-Wilhelmshöhe

Lage Im Nordosten des Hessischen Berglands, zwischen Fulda und Werra

Größe 930 km² (seit 2007)

Höchste Erhebung Kasseler Kuppe (754 m, Hoher Meißner)

Gründung 1962

Information Naturpark Meißner-Kaufunger Wald, Wolfteroder Str. 4a, 37297 Berkatal-Frankershausen

Telefon 05651/95 21 25

Internet www.naturpark-mkw.de

TOP TIPP

- **4 Bilstein** Höchster Berg des Kaufunger Waldes; vom Aussichtsturm grandioser Rundblick
- **6 Witzenhausen** Malerische Fachwerkstadt in den Obstgärten des unteren Werratals
- **7 Werleshäuser Pforte** Landschaftlicher Höhepunkt an der Werra, Zwei-Burgen-Blick
- **15 Kitzkammer-Höhle** Basalthöhle auf dem Hohen Meißner
- **17 Meißner-Plateau** Hessens artenreichste Bergwiesen

Am Frau-Holle-Teich auf dem Hohen Meißner erinnert eine Holzskulptur an die Märchen- und Sagengestalt.

Der Park umfasst auch noch weitere Naturräume wie die Söhre im Westen, ein bewaldetes Buntsandsteinbergland, das untere Werraland im Osten, wo der Fluss einige der schönsten Landschaftsbilder Hessens schuf, oder die Bilderbuch-Karstlandschaft direkt am östlichen Fuß von Meißner und Kaufunger Wald.

Von Affen, Pferden und Kirschen Das **Herrenhaus Windhausen** 1 in den Ausläufern des Kaufunger Walds hat einen ab 1781 im englischen Stil gestalteten Garten, u. a. mit einem in Deutschland einzigartigen Affendenkmal. Es erinnert an eine Horde von Affen, die einst im Garten in einer Menagerie lebten. Wilhelm Busch hat sie in seinem Werk »Fipps der Affe« literarisch verewigt.
Der um 1820 für die Schachtförderung der Braunkohlenzeche Freudenthal in **Kaufungen** 2 eingerichtete, 1973 rekonstruierte Rossgang ist ein in Westeuropa einmaliger Pferdegöpel, in dem bis 1884 jeweils zwei Pferde harte Arbeit leisten mussten. Heute gehört die Anlage zu einem Bergwerksmuseum. Über dem Ortsteil Oberkaufungen thront das mäch-

tige ehemalige Benedikterinnenstift (gegründet 1071) mit prächtigen Fachwerkbauten (17./18. Jh.) im Hof. Oft umgebaut, reicht die Klosterkirche bis in die ottonische Zeit zurück. Die Wandmalereien im Chor stammen aus der Spätgotik, ebenso wie der gewölbte Chor der Pfarrkirche von **Großalmerode** 3.

Nördlich des idyllischen Städtchens erstreckt sich der Kaufunger Wald mit seinen dichten Wäldern. Vom Aussichtsturms auf dem ➠ **Bilstein** (642 m) 4, dem höchsten Gipfel des Waldgebirges, hat man einen schönen Rundblick vom Harz bis zur Rhön, vom Sauerland bis zum Thüringer Wald. (Von Großalmerode auf der B 451 Richtung Wickenrode, ca. 600 m hinter dem Ortsausgang rechts auf die Kohlenstraße, auf dieser zum Parkplatz »Kohlenstraße« und von dort auf Rundwegen zum Turm.)

Direkt zu Füßen des Bilsteins liegt das Dorf **Roßbach** 5 – in einer geologisch, klimatisch und botanisch völlig anderen Welt. Auf dem Ameisenkopf, dem Kalkrain und den anderen Kuppen, die den Ort umgeben, treten kalkige Gesteine des Zechsteins zutage, und auf den flachgründigen, steinigen Böden findet man vor allem auf besonnten Hängen Kalkmagerrasen mit knorrigen Wacholdersträuchern und seltenen Kräutern. Mücken-Händelwurz, Fliegen-Ragwurz, Herbst-Wendelorchis – vieles, was in der Welt der Orchideen Rang und Namen hat, blüht hier, so auch das Dreizähnige Knabenkraut, das gar in Beständen von mehreren Zehntausend Exemplaren vorkommt. Feldwege erschließen das Blütenparadies.

Das Klima des Werratals rund um ➠ **Witzenhausen** 6 wirkt beinahe mediterran. Bis ins 19. Jahrhundert hinein wurde dort Weinbau betrieben, heute bestimmen Obstgärten das Landschaftsbild – im Frühjahr stehen rund 150 000 Kirschbäume in voller Blüte. Vom Witzenhäuser Fachwerkbau der Renaissance zeugen im Altstadtkern noch etliche prachtvolle Bürgerhäuser und Adelshöfe. In einem von der Universität Kassel betriebenen Gewächshaus leben tropische Nutzpflanzen wie Kaffee, Tee und Kakao (www.agrar.uni-kassel.de).

Das Tal der Werra besteht aus einem ständigen Wechsel von Talweitungen wie bei Witzenhausen und Talengen wie bei Werleshausen, wo der Fluss einen Riegel aus Buntsandstein und Muschelkalk durchbricht. Flankiert wird die ➠ **Werleshäuser Pforte** 7 von felsigen Steilhängen, auf denen ein Orchideen-Buchenwald verbreitet ist; hier gedeihen u. a. Rotes Waldvöglein und Grünliche Waldhyazinthe. Die Burgen Ludwigstein in Hessen und Hanstein in Thüringen stehen über der Talpforte – der berühmte Zwei-Burgen-Blick ist einer der Glanzstücke im Werraland.

Wo Kühe im Untergrund verschwinden

Am Bühlchen bei **Weißenbach** 8 ist die Natur noch in Ordnung: Der Sperber kreist über den Wacholdersträuchern, in den Gebüschen ist die Goldammer, im Buchenwald der Zilpzalp heimisch, an sonnigen Tagen gaukeln Falter von Blüte zu Blüte und Heuschrecken veranstalten Konzerte. Hier entdeckt man seltene, bedrohte Gewächse wie Fransen-Enzian oder Großes Windröschen. Zum

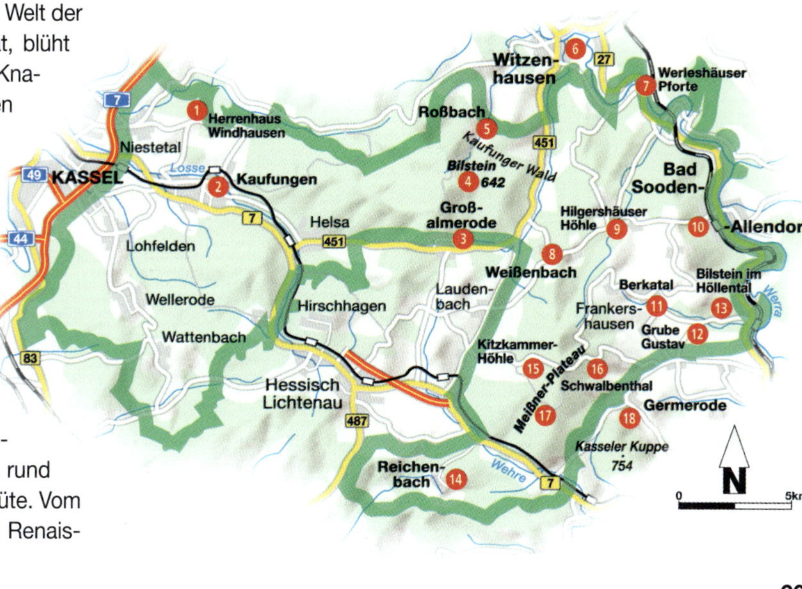

Das Gradierwerk in Bad Sooden-Allendorf

Naturschutzgebiet gelangt man von Weißenbach Richtung Bransrode zum Parkplatz »Bühlchen«; dort ist auch der Startpunkt für geführte Orchideenwanderungen. Die aus dem Dolomit des Zechsteins gelaugte **Hilgershäuser Höhle** (auch: Kammerbacher Höhle) 9 ist die älteste (1267) namentlich nachweisbare Grotte in Deutschland und besitzt den größten Höhlenraum Hessens (mehr als 1000 m² Grundfläche). Sie ist keine Schauhöhle, man kann vom Höhlenportal aus aber durchs Gitter gut hineinschauen (links der Straße Hilgershausen–Kammerbach).

Das Werrastädtchen **Bad Sooden-Allendorf** 10 lebt schon lange vom salzhaltigen Wasser – offenbar bestens, wie die schmucken Fachwerkhäuser in Allendorf zeigen. In Sooden am gegenüberliegenden Ufer dreht sich im Salzmuseum im Söder Tor alles ums »Weiße Gold«. Von der ehemaligen Saline (bis 1906 in Betrieb) haben sich ein Gradierwerk und der mit Dachziegeln verkleidete Bohrturm über der 1864 erschlossenen Solequelle 4 erhalten.

Wo im Untergrund Gesteine gelöst werden, entstehen Hohlräume, deren Decken einstürzen und an der Oberfläche tiefe Trichter und Schächte (Erdfälle) bilden können – zuweilen mit fatalen Folgen: 1958 stürzten in dem Zechsteinkarstgebiet in der Gemeinde **Berkatal** 11, der eindrucksvollsten Gipskarstlandschaft Hessens, zwei Kühe in ein 30 Meter tiefes Loch. 19 Höhlen sind in dem Gebiet bekannt, der Boden kann also jederzeit unter den Füßen nachgeben (woran man bei Exkursionen auf eigene Faust durch die von drei Wanderwegen erschlossene Landschaft unbedingt denken sollte!). Für Flora und Fauna sind die Lösungsvorgänge im Untergrund jedoch ein Segen, denn sie schaffen ein engräumiges Nebeneinander von Kesseln, Kuppen, Mulden und Felsen, in dem verschiedenste Arten Platz finden – auf den trockenen Kuppen u. a. Bienen-Ragwurz und Ameisenbläuling, auf den lichtüberfluteten Felsköpfen seltene Erdflechten, in den schattigen Einsturztrichtern Feuchtigkeit liebende Moose.

Die Gesteinskollektion vor dem Portal des Besucherbergwerks zeigt den abwechslungsreichen geologischen Aufbau des östlichen Vorlands des Hohen Meißners. Vor allem Kinder sind in der **Grube Gustav** 12 unweit von Abterode gern zu Gast, wo es eine spannenden Grubenfahrt gibt und ganzjährig 10 °C herrschen. Unter der Führung der Bergleute erhalten sie einen tiefen Einblick in die Entwicklung des Bergbaus im Höllental (seit dem 16. Jh.). Sicherlich wurde einst auch von Kinder mühselig in finsteren Kriechstollen der begehrte Kupferschiefer gefördert. Als die Lager erschöpft waren, baute man den hellen Schwerspat ab.

Auf dem sagenumwobenen **Bilstein im Höllental** 13 sind noch Mauerreste einer Burg zu erkennen. Dort soll sich einst der »letzte Bilsteiner«, Graf von Bilstein, mit der Pferdekutsche in den Talgrund der Berka am Fuß des steilen Diabasfelsens gestürzt haben. Heute ist der Ort eine Oase des Lebens für Arten, die Hitze, Trockenheit und felsiges Gelände vertragen; Schlingnatter, Uhu oder der sehr seltene Steife Lauch zählen dazu. Häufiger sind die Mauerpfefferarten, die sich perfekt angepasst haben, unscheinbarer, aber viel seltener die kleinen Farne in den Felsspalten. Das wildromantische Höllental hat seinen Namen von der Frau

Holle. Vom Parkplatz am Gasthaus »Frau Holle« führt der Rundweg I zum Bilstein hinauf.

Frau Holles Hausberg Ihre Spuren sind vielfältig, zahlreiche Orte im Naturpark werden mit Frau Holle in Verbindung gebracht, z. B. der Todstein, ein bizarrer Fels am östlichen Ortsrand von Abterode oder die Hollsteine beim Dörfchen Hollstein. Eine knappe halbe Stunde zu Fuß auf dem Wanderweg »X 8« ragen südöstlich von **Reichenbach** ⑭ die Großen Steine, Hessens größte Dolomitfelsen, aus dem Wald. Das kleine Dorf besitzt eine Reihe von Sehenswürdigkeiten: die romanische Kirche eines ehemaligen Nonnenklosters, im Norden das idyllische Weißbachtal mit Kostbarkeiten wie der Schachblume und dem Sumpfrohrsänger, im Nordwesten die Burgruine Reichenbach mit bestem Ausblick zum Hohen Meißner. Das Naturwaldreservat zu Füßen der Ruine ist im Frühjahr vom Duft des Bärlauchs erfüllt.
Aus der Ferne erinnert Frau Holles Hausberg, der Meißner, in seinen Umrissen an einen umgedrehten Backtrog, und auf der Westseite dieses aus Basaltdecken aufgebauten Trogs befindet sich hoch über dem Dörfchen Hausen in einer Basaltwand und von klassischem Säulenbasalt umrahmt das Portal der ➠ **Kitzkammer-Höhle** ⑮. Geologen erklären die Grotte als eine durch Rutschungen entstandene Klufthöhle; der Sage nach ist es der Kerker, in den Frau Holle faule Mädchen einsperrte. Zoologen leiten den Namen vom Steinkauz (»Etitz«) ab, der in Felsspalten nistet. Schon der leichte Anmarsch zur Kitzkammer (1,7 km) auf dem Rundweg 4 vom Parkplatz an der Viehhausstraße aus ist ein Erlebnis, besonders im Frühjahr, wenn im Buchenhochwald Waldmeister, Goldnessel und Maiglöckchen blühen.
Vom Gasthaus **Schwalbenthal** ⑯ aus kann man die landschaftlichen Höhepunkte an der steilen Ostflanke des Meißner-Plateaus auf einem Rundkurs (6 km) erkunden. Am Frau-Holle-Teich steht eine über drei Meter große Holzskulptur der Sagengestalt. Die durch den einstigen Braunkohletagebau verwüstete Kuppe der Kalbe öffnet den Blick auf das dunkle Basaltgestein und zwischen Wetterbuchen hindurch auf das bunte Felder-Wälder-Wiesen-Mosaik im Vorland des Meißners. Braunkohlenflöze neigen dazu, sich selbst zu entzünden. So schwelt seit Jahrhunderten unter der Ostflanke des »Weißen Bergs« ein unterirdischer Brand und verpestet die Luft mit stinkenden Schwefelgasen. An der »Stinksteinwand« kann man sie schnuppern, besonders bei ruhigen Hochdruckwetterlagen und in den Abendstunden.
Am Abend kühlen sich die Luftmassen über dem ➠ **Meißner-Plateau** ⑰ rasch ab, werden dadurch schwerer und strömen als Bergwind die Hänge hinunter. Die Abkühlung wird dadurch beschleunigt, dass ein beachtlicher Teil der Hochfläche unbewaldet ist und von Mooren und Wiesen eingenommen wird. Die Bergwiesen des Hohen Meißners zählen zu den artenreichsten und farbenprächtigsten Hessens: Hier blühen rosarote Prachtnelken auf der Hausener Hute, in den Wiesen am Viehhaus blaue Rundblättrige Glockenblumen, auf der Butterwiese weiße Wollgräser, auf der Struthwiese gelbe Trollblumen und im Weiberhemdmoor Purpur-Reitgras. Die Waldbestände auf dem Plateau sind größtenteils standortfremde Fichtenforste, an den Steilflanken, im größten Wald-Naturschutzgebiet Hessens, führen die Wanderwege durch naturnahe Wälder, in denen Sperlings- und Raufußkauz, Uhu und Wanderfalke nisten. Die dort lebenden eingebürgerten Mufflons richten durch den Verbiss seltener Pflanzenarten aber beträchtlichen Flurschaden an.
Im Wildpark **Germerode** ⑱ leben neben Rothirschen auch Wildschweine und etliche andere Tierarten. Der Park an der Straße Germerode–Rodebach ist zudem mit Abenteuerspielplatz, Dampfeisenbahn oder Waldwichtelhaus ein Hit bei Kindern.

Wanderfalke *(Falco peregrinus)*

Der Greifvogel ist eigentlich ein eher bodenständiger Falke, keinesfalls ein echter Zugvogel. Sofern er geeignete Nistplätze – Steilfelsen, Baumwipfel oder auch hohe Gebäude – findet, bleibt er im Land und ernährt sich hauptsächlich von anderen Vögeln. In Mitteleuropa war er selten geworden, in Hessen, nördlich der Mainlinie, galt er zu Beginn der 1970er-Jahre als ausgestorben. Dank beharrlicher Wiederansiedlungsversuche, u. a. an den Basaltfelsen des Meißners, sind die Brutpaare inzwischen wieder zahlreicher geworden.

Nationalpark Eifel

Der Wald-Nationalpark repräsentiert die charakteristische Landschaft der nördlichen Eifel, zu deren Lebensräumen neben den Laubmischwäldern bei Kermeter, Dedenborn und Hetzingen zahlreiche Quellgebiete und weite Offenlandflächen gehören. Zu den größten Buchenwäldern in der Eifel-Ardennen-Region zählt der Kermeter.

SERVICE

Anfahrt Auf der A 4 Köln–Aachen bis Ausfahrt Düren, weiter über die B 56 Richtung Zülpich, in Froitzheim rechts abbiegen nach Nideggen, dort weiter nach Schmidt. Die Bahn bedient die Stationen Gemünd und Heimbach.

Lage Der Nationalpark Eifel liegt zwischen Nideggen im Nordosten und der deutsch-belgischen Grenze im Südwesten, ca. 60 km südwestlich von Köln.

Größe 107 km²

Höchste Erhebung Forst Schleiden (628 m)

Gründung 2004

Information Nationalparkforstamt Eifel, Urftseestr. 34, 53937 Schleiden-Gemünd

Telefon 02444/951 00

Internet www.nationalpark-eifel.de

TOP TIPP

2 **Kermeter**
Schönster Buchenwald des Nationalparks

4 **Trappistenabtei Mariawald**
Nicht nur wegen des Klosterlikörs

7 **Urftstausee**
Wandern entlang der aufgestauten Urft

10 **Forum Vogelsang**
Besucherzentrum inmitten der Dreiborner Hochfläche

13 **Narzissenwiesen**
In der Osterzeit gelb blühende Wiesen

Der Nationalpark soll wieder ein Naturwald werden – Buche, Eiche und Ahorn verdrängen im Kermeter die Fichte.

Die Flüsse Rur und Urft haben hier steile Kerbtäler ausgewaschen. Schattige Schluchtwälder mit Esche und Ahorn wechseln mit wärmeliebenden Eichenwäldern an den Südhängen. Auch die Fichte fühlt sich unter den Klimabedingungen der Eifel wohl. Den Kern des Nationalparks Eifel, eines der jüngsten Nationalparks Deutschlands, bildet das bislang militärisch genutzte Gelände Vogelsang, wo sich Flora und Fauna relativ ungestört entfalten konnten.

Biber, Bäche, Eichenwälder Die Nordgebiete des Nationalparks erschließt eine Wanderung durch den **Hürtgenwald** 1 (16/10 km; Ausgangspunkt Parkplatz »Am Scheidbaum« in Schmidt, OT Scheidbaum), die durch die Täler von Kalden-, Schlie- und Odenbach führt. An ihren wärmebegünstigten Steilhängen wachsen Traubeneichen. In alten Bäumen hämmert der seltene Mittelspecht seine Höhlen. Auf der Wanderung durchs Rurtal und seine Seitentäler entdeckt man an jungen Bäumen oder im Weidengebüsch Nagespuren: Hier besorgt sich der Biber Baumaterial für seine Burgen in den Bächen. Der scheue, recht große Nager hat wieder an Terrain gewonnen; zu sehen bekommt man die nachtaktiven Tiere allerdings nur mit sehr viel Geduld.

Vom Parkplatz »Büdenbach« am Staudamm Schwammenauel wandert man (14,5/7,5 km) durch den schönsten Wald des Nationalparks, den ➠ **Kermeter** ②, einen Buchenwald, der schon seit Langem unter Naturschutz steht. An kühlen, schattigen Plätzen bilden die glatten Buchenstämme einen Hallenwald. An stärker sonnenbeschienenen Hängen wachsen Eichen, unter denen sich im Juni der gelb blühende Wachtelweizen ausbreitet. Ein Teil der Wanderung folgt dem Südufer des Rurstausees. Auf der Halbinsel Tönsberg lag vor 2000 Jahren eine römische Befestigung. Man kann die Wanderung auf etwa halbem Weg durch eine Rückfahrt mit dem Schiff abzukürzen. Wer den Fußmarsch nicht scheut, passiert den **Aussichtspunkt Hirschley** ③ mit wunderbarem Blick über die Seenlandschaft des Nationalparks.

Mitten im Nationalpark Eifel liegt die Abtei Mariawald.

An den Ufern glänzt schwarzes Schiefergestein Eine Rundwanderung durch die Mitte des Kermeters (Ausgangspunkt Parkplatz »Kloster Mariawald«, 14,5/7,5 km) führt an unterschiedlichsten Sehenswürdigkeiten vorbei. In der ➠ **Trappistenabtei Mariawald** (von 1480) ④ betreiben die Mönche nicht nur eine klostereigene Gaststätte, sondern stellen auch feinem Klosterlikör her.

Das **Wasserkraftwerk Heimbach** (1904) ⑤ am Staubecken Heimbach ist ein Jugendstiljuwel (Führungen Mo–Fr 14.30 Uhr, Sa, So 14 Uhr). Es beherbergt eine Sammlung historischer Elektrogeräte. Alljährlich im Juni ist die Anlage Schauplatz des Kammermusikfests »Spannungen«. **Burg Hengebach** (10. Jh.) ⑥ gilt als kulturelles Kleinod der Region und bildet heute die Kulisse für Konzerte und musikalische Workshops.

Der Urftsee ist eine von drei Talsperren im Nationalpark Eifel. Als braves Flüsschen gibt sich die Urft noch bei Gemünd, bald jedoch weitet sich das Tal, und sie wird zum mächtigen Stausee. In ihrem Verlauf fließt die Urft durch breite Sohlentäler, die die Ausbildung feuchter Talauen mit Wäldern oder Wiesen erlauben. An den Ufern glänzt schwarzes Schiefergestein – die Eifel gehört zum Mittelrheinischen Schiefergebirge. Ein Wanderweg (23,5 km, Ausgangspunkt Gemünd, Parkplatz Mariaplatz; zurück mit dem Bus ab Parkplatz Haftenbach) führt am nördlichen Ufer des ➠ **Urftstausees** ⑦ entlang. Im

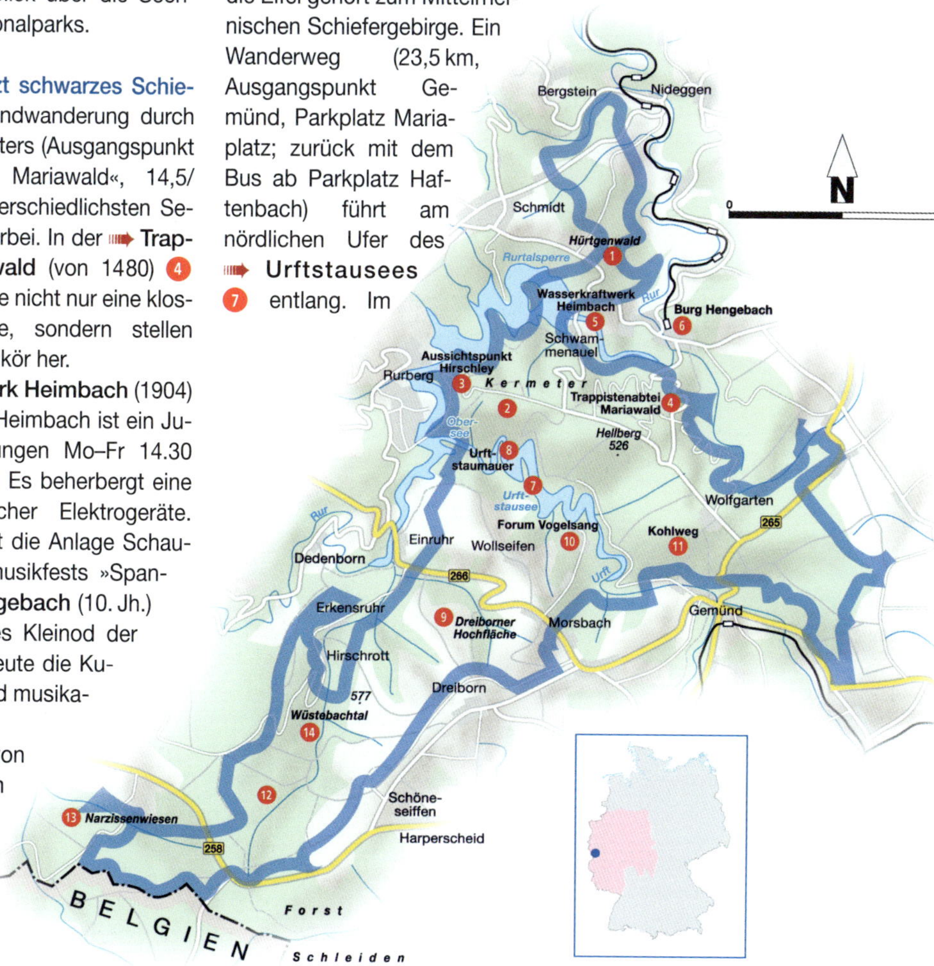

»Schöne Aussicht« nennt sich der Blick vom Eifelörtchen Schmidt über den Rurstausee auf den Nationalpark.

steil abfallenden Schiefergestein lebt die scheue Mauereidechse. Gegenüber erkennt man deutlich die ehemalige Ordensburg Vogelsang, das heutige Forum Vogelsang.

Ein Stück weiter gelangt man zur mächtigen **Urftstaumauer** (1905) 8 mit Freiluftcafé und schöner Aussicht auf den See. Die Staumauer lässt sich auch von westlicher Seite ab Einruhr, vom Parkplatz »Jägersweiler«, erwandern. Diese Tour kann man durch eine Fahrt mit den lautlosen Elektrobooten über den Obersee abkürzen.

Im Reich des Rothirschs Über Jahrzehnte wurde die **Dreiborner Hochfläche** 9, Kernstück des heutigen Nationalparks, als Truppenübungsplatz genutzt. Erst 2006 fielen die Schranken, und eine einzigartige Naturlandschaft (33 km^2) zeigte sich. Aus der Ferne las-

Feuchte Standorte wie das Püngelbacher Sief sind von Galeriewäldern aus Erlen und Weiden gesäumt.

sen sich imposante Rothirsche beobachten, und im Frühjahr leuchten die gelben Blüten des Ginsters, das »Eifelgold«. Die Wanderwege im freigegebenen Gelände sind durch Holzpfähle markiert, denn wegen noch verstreuter Munition im Gelände besteht ein strenges Wegegebot. Geführte Wanderungen des Nationalparkamts finden jeden Sonntag um 13 Uhr statt (Start an der Touristeninfo im Forum Vogelsang, dann am Neffgesbach entlang zur Wüstung Wollseifen; ca. 3 Std., 6,5 km).

Inmitten des Kerngebiets liegt der denkmalgeschützte Bereich der ehemaligen »NSOrdensburg« Vogelsang (ab 1934 errichtet). Seit 2006 stehen das Gelände des ➠ **Forum Vogelsang** (10) und die historischen Bauwerke auch für Besucher offen. Von Turm und Aussichtsterrasse am Adlerhof (mit Infothek) blickt man auf eine beeindruckende Landschaftskulisse mit Urftsee und Kermeter. Über den Hangrundgang (1,2 km, nicht barrierefrei!) erschließt sich die gesamte Anlage (weitere Infos unter www.vogelsang-ip.de).

Der Buchenwald des Kermeters wurde seit 600 Jahren zur Gewinnung von Holzkohle für die Eisenindustrie genutzt. Eine Wanderung auf dem historischen **Kohlweg** (11) führt von Gemünd zur Kohlweghütte. Vom Feuerwachturm bei Wolfgarten hat man einen weiten Blick über das sonnige Gemünder Tal mit seinen Eichenwäldern.

Ein Meer aus Narzissen Der **Püngelbach** (12) fließt durch ein für den Nationalpark typisches Kerbtal. Die Eifel ist noch immer in der Hebung begriffen, daher fließen die Bäche schnell bergab und reißen viel Gestein mit in die Tiefe. In den feuchten Talgründen, Siefe genannt, blühen im April wild wachsende Gelbe Narzissen, die nur hier die Lebensbedingungen finden, um als Wildpflanze überleben: ein relativ mildes Meeresklima mit reichlich Niederschlag und freie lichte Talwiesen an den Bachufern.

Das am Rand des Nationalparks liegende Perlbachtal lockt mit seinen ➠ **Narzissenwiesen** (13) viele Osterspaziergänger an (ab Parkplatz »Höfen«/B 258 zur Höfner Mühle). Die Magerwiesen in diesen Eifeltälern werden durch künstlich angelegte Dieschgräben zusätzlich mit Wasser versorgt. Als Wehre dienen schwere Schieferplatten, die das Wasser aufstauen und überlaufen lassen. Diese Magertriften sind Biotope für selten gewordene Pflanzen wie Mädesüß und Bärwurz.

Schieferstollen und Fledermäuse Im **Wüstebachtal** (14) stößt man auf eine Reihe historischer Schieferstollen (vom Parkplatz »Erkesruhr-Hirschrott« über Einruhr; 15/9,5 km). Der Schieferabbau hat im Monschauer Land Tradition. Heute dienen die alten Stollen, in denen sommers wie winters konstante Temperaturen zwischen 5 °C und 8 °C herrschen, den Fledermäusen als Winterquartier. Um Störungen zu vermeiden, wurden die Stollen vergittert. Im Nationalpark kommen u. a. auch vier waldbewohnende Fledermausarten vor: Großes Mausohr, Wasser-, Zwerg- und Kleine Bartfledermaus. Tagesüber leben sie meist in aufgegebenen Spechthöhlen; sie ernähren sich ausschließlich von Insekten. Der Nachwuchs, meist nur ein Junges, kommt im Mai zur Welt.

Gelbe Wildnarzisse

(Narcissus pseudonarcissus)
Die Gelbe Narzisse wird auch Osterglocke genannt, weil sie zuverlässig an Ostern blüht. Sie hat als Wildpflanze in der Eifelregion ihr östlichstes Vorkommen in Europa. Im Frühjahr, kurz nach der Schneeschmelze und bevor die Bäume ihre Blätter austreiben, finden sich am Waldboden die ersten blühenden Pflanzen. Die Lichteinstrahlung und Wärme direkt über dem Boden bedeuten für die Frühblüher besondere Wachstumsbedingungen. Die Zwiebelpflanzen vermehren sich vegetativ durch Brutzwiebeln, werden ca. 40 cm hoch, und ihre Blüten stehen einzeln auf einem Stängel. Sie bevorzugt sonnige bis halbschattige Standorte in nährstoffreicher, feuchter Erde. Die Pflanze ist hoch giftig, ihre Wirkstoffe sind stark hautreizend. Die Wildpflanze ist von der Kulturform sehr verschieden, vor allem sind ihre Blüten erheblich kleiner. Die Gelbe Narzisse ist in ihren Beständen sehr stark bedroht und entsprechend streng geschützt.

Wilde Osterglocken haben ihr östlichstes Vorkommen in der Eifel.

Naturpark Hohes Venn-Eifel

Geologisch gehört der Naturpark zum linksrheinischen Schiefergebirge, die Gesteinsformationen und die damit verknüpften Böden und Landschaftsformen gliedern ihn in sechs große Naturräume. Im äußersten Nordwesten liegt das von Hecken überzogene Vennvorland, in dem der Blaustein an der Erdoberfläche zutage tritt.

SERVICE

Anfahrt Auf der A 4 bis Düren, dann weiter auf Landstraßen entlang der Rur bis Nideggen; nächstgelegene ICE-Bahnhöfe: Aachen, Düren

Lage Entlang der deutsch-belgischen Grenze zwischen Aachen und Prüm

Größe 2700 km^2 gesamt
Belgien 700 km^2
NRW 1600 km^2
R-Pfalz 400 km^2

Höchste Erhebung Schwarzer Mann (697 m)

Gründung 1960

Information Verein Naturpark Nordeifel, Bahnhofstr. 16, 53947 Nettersheim

Telefon 02486/91 11 17

Internet
www.naturpark-hohesvenn-eifel.de

TOP TIPP

1 **Nideggen**
Bergstädtchen mit artenreicher Vogelwelt

2 **Lammersdorf**
Ausflug zu einem der typischen Venne des Hohen Venns

5 **Monschau**
»Perle der Eifel« mit reizvollem Stadtbild

8 **Mechernich**
Alte Bergbaumetropole und Quellgebiet der von den Römern angelegten Eifelwasserleitung

13 **Alendorf**
Blütenmeere der Alendorfer Kalktriften

Einsamkeit, Ruhe und Naturerlebnis pur verspricht eine Wanderung im Moorgebiet Hohes Venn bei Monschau.

Daran schließt sich das Hohe Venn mit seinen Mooren und Heiden an, geologisch ein Teil der Ardennen. Der Fluss, der das idyllische Ourtal im Südwesten schuf, besitzt ein grenzübergreifendes Einzugsgebiet. Die Rur im Norden, nach der die Rureifel benannt ist, entspringt in Belgien, fließt durch Deutschland und mündet in den Niederlanden. In der Hocheifel, von Nordrhein-Westfalen bis nach Rheinland-Pfalz, gibt es die höchsten Erhebungen des Naturparks sowie die ausgedehntesten geschlossenen Wälder. Die Kalkeifel im Osten verrät durch ihren Namen, dass dort neben Schiefer kalkiges Gestein die Naturlandschaft prägt.

Rote Felsen, grüne Torfmoose Schiefer aus dem Erdaltertum ist das vorherrschende Gestein des Rheinischen Schiefergebirges. Hier und dort lagern in Mulden über dem Grundgebirge aber auch jüngere Gesteinsschichten, wie in der Dürener Rureifel der Buntsandstein. Das altertümliche Bergstädtchen ➠ **Nideggen** 1 steht auf einem mächtigen Buntsandsteinfelsen hoch über der Rur mit einer der großartigsten Burgruinen des Rheinlands. Die steil abstürzenden roten Buntsandsteinfelsen über der Rur, die man auf dem Felsenrundgang Jungholz erkunden kann, sind das Revier von Turmfalke und Uhu, in der Talaue und im Fluss kommen Eisvogel, Gebirgsstelze und Wasseramsel vor, und auf dem benachbarten Stausee Obermaubach rasten und überwintern Vögel aus dem hohen Norden. Die Naturkundliche Ausstellung »Rur & Fels« in Nideggen-Brück zeigt die wichtigsten Lebensräume von Flussaue und Buntsandsteinfelsen mit Flora und Fauna; am Freigelände beginnt der Landschaftsentdeckungspfad Nideggen mit 28 Stationen (10 km).

Die Rur entspringt in 670 Metern Höhe im belgischen Anteil des Hohen Venns. Dort sind die ökologischen Faktoren für die Entstehung von Regenwassermooren ideal: hohe Niederschläge, kühle Temperaturen, Wasser stauende Böden und ein flaches Gelände, das den Abfluss verzögert. Unter solchen Bedingungen gedeihen die tiefgrünen Torfmoose der Gattung Sphagnum, die den Vennen den Namen gegeben haben (franz. »fagne«), bestens. Ursprünglich waren einmal rund 1000 Hektar des Hochplateaus vermoort, inzwischen ist die Fläche intakter Hochmoore vor allem durch künstliche Entwässerung auf ca. 100 Hektar geschrumpft. Der größte Anteil davon befindet sich auf belgischem Gebiet. Ganz auf deutschem Boden liegt das Wollerscheider Venn, das man von ➠ **Lammersdorf** 2 aus erkunden kann.

Wie Schwämme saugen sich die Hochmoore mit Wasser voll, speichern es und geben das Nass an Bäche und Flüsse ab, in denen es hinter 15 Staumauern und -dämmen gespeichert wird. Hinter dem 70 Meter hohen Damm der **Rurtalsperre** 3 (mit ca. 200 Mio. m^3 Stauraum der größte Stausee der Eifel und nach der Bleiloch-Talsperre an der Saale der zweitgrößte Deutschlands) dehnt sich ein vielarmiger See. Er dient dem Hochwasserschutz und der Energiegewinnung und gehört deshalb zu den Wassersportrevieren des Rheinlands.

Die Perle der Eifel und der Perlenbach

Im Osten grenzt die Rur- an die Kalkeifel, eine offene Landschaft mit wenigen von Wasserläufen durchflossenen Tälern, denn der steinige Kalkboden lässt den Regen rasch im Untergrund versickern. In eines dieser Täler schmiegt sich am Rotbach das Dörfchen **Eicks** 4 mit einem stattlichen Wasserschloss, das zu den schönsten Adelssitzen im Rheinland gehört.

Talaufwärts der Rurtalsperre strömt der Nebenfluss der Maas durch ➠ **Monschau** 5 (bis 1918 Montjoie). Die kleine Stadt am Rand des Hohen Venns wird zu Recht als »Perle der Eifel« bezeichnet. Mit dem Roten Haus, einer trutzigen Burg und zahlreichen schwarz-weißen Fachwerkhäusern mit regenblauen Schieferdächern sowie mit den von Buchenhecken umschlossenen Bauernhöfen fügt

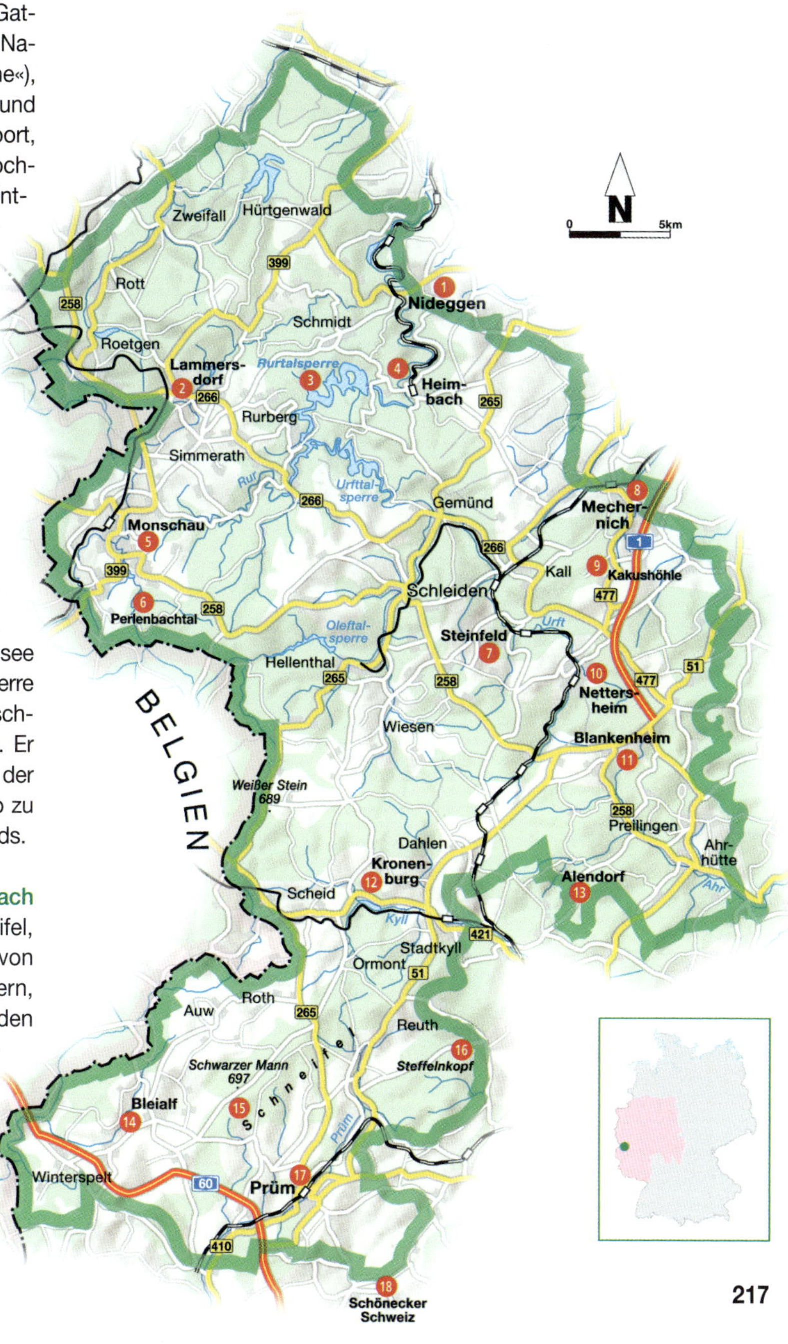

Uralte Steinformationen in der Kakushöhle bei Mechernich-Dreimühlen

sich der Ort harmonisch in die Eifellandschaft ein.
Das Prädikat »Perle der Eifel« könnte auch zoologisch verstanden werden. Bis vor ca. 200 Jahren gab es in den Bächen und Flüssen im belgisch-deutschen Grenzgebiet reiche Bestände von Perlmuscheln, Grundlage einer lukrativen Perlenfischerei. Raubbau und die Zerstörung der natürlichen Lebensräume haben sie vernichtet, auch im **Perlenbachtal** 6, durch das vom Gasthof Perlbacher Mühle bei Alzen eine schöne Wanderung führt. Die sonst sehr seltene wilde Narzisse kommt in dem idyllischen Wiesental in großer Zahl vor. Im Sommer blühen hier u. a. weiße Bärwurz, Berg-Platterbse, Heilziest und die leuchtend gelbe Arnika.
Eifelbasilika wird die Kirche der ehemaligen Prämonstratenserabtei (12. Jh.) in **Steinfeld** 7 genannt, ein karger romanischer Bau, der mit den beiden Rundtürmen und wenigen kleinen Fenstern eher einer Burg gleicht. Auch im Inneren herrscht strenge romanische Architektur vor, der jedoch die reiche spätgotische Gewölbemalerei und die prachtvolle barocke Orgel Glanz verleihen.

Fledermäuse und Fossilien Steinfeld liegt im Grenzsaum zwischen Rur- und Kalkeifel. Wo kalkiges Gestein zutage tritt, versickert das Wasser meist rasch im Untergrund und tritt in kräftig sprudelnden Karstquellen wieder aus. Drei solcher Quellgebiete bilden im Stadtgebiet von ➠ **Mechernich** 8 den Anfang der Eifelwasserleitung (um 80 n. Chr. von römischen Ingenieuren geplant), auch als Römerkanal bekannt, das größte antike Bauwerk nördlich der Alpen (100 km Länge). Auf dem Römerkanal-Wanderweg kann man die technische Meisterleistung kennenlernen. Die Römer schürften um Mechernich auch nach Erzen. Bis in die 1950er-Jahre hinein waren die Gruben im Mechernicher Bleiberg in Betrieb. Die Grube Günnersdorf ist heute als Besucherbergwerk und Bergbaumuseum eingerichtet.

Die **Kakushöhle** 9 (mit ca. 80 m Länge die größte bekannte der Karststeinhöhlen) durchzieht bei Mechernich-Dreimühlen einen frei stehenden Kalksinterfelsen. Im Eiszeitalter bot die Grotte Jägern und Sammlern Schutz; heute dient sie sieben Arten von Fledermäusen als Winterquartier, darunter Großem Mausohr und Teichfledermaus.
Der Grüne Pütz, die südlichste Brunnenstube der römischen Eifelwasserleitung, befindet sich nordwestlich von **Nettersheim** 10 im Urfttal, durch das u. a. ein Schmetterlingspfad führt. Vom Naturzentrum Eifel (Ausstellungen zu Archäologie und Geologie) führt auch ein Erlebnispfad zu einem Fossilienacker. Dort gesammelte Versteinerungen können im Fossillabor in der Alten Schmiede präpariert werden. Die Nettersheim-Tour »Archäologie entdecken« führt zu zahlreichen Fundstätten in der Umgebung, wie zum gallorömischen Tempelbezirk Görresburg.

Blütenmeere und Burgruinen Der Lauf der Ahr beginnt im Keller eines Fachwerkhauses (1726) in der alten Grafenstadt **Blankenheim** 11. Zur Wasserversorgung der oberhalb der Stadt gelegenen mittelalterlichen Burg musste ein ausgeklügeltes System entwickelt werden, zu dem der Tiergartentunnel gehört, eine Etappe auf dem Tiergartentunnel-Wanderweg (20 km) und ein in Europa einmaliges Denkmal alter Technik. Der Wanderweg führt auch durchs Natur-

schutzgebiet Haubachtal mit seiner nahezu unberührten Bachaue.
Einer der drei Quellbäche der Kyll beginnt seinen Lauf ebenfalls im Kellergeschoss eines Hauses. Dieser längste Fluss der Eifel ist unterhalb von **Kronenburg** (12) zu einem kleinen Freizeitsee aufgestaut, mit der Ruine von Hochburg (14.Jh. erneuert) und Vorburg darüber. Von Kronenburg gelangt man durchs Kylltal bis Jünkerath und ➡ **Alendorf** (13). Am südlichen Ortsrand mündet das Lampertstal ein. Es steht zusammen mit den angrenzenden Höhen und einigen benachbarten Hügeln (insgesamt fünf Gebiete) unter Naturschutz – besonders für die Alendorfer Kalktriften mit herrlichen Wacholderbeständen, üppiger Kräuterflora und seltener Tierwelt. Im Frühling verwandeln sich die Kalkmagerrasen, von genügsamen Schafen beweidet, in Blütenmeere aus gelber Schlüsselblume, violettem Knabenkraut und Küchenschelle. Später kommen seltene Orchideen wie Waldhyazinthe, Große Händelwurz und verschiedene Ragwurz-Arten hinzu. Für Wärme liebende Reptilien wie Schlingnatter oder Zauneidechse sind die Kalktriften ebenfalls ideale Lebensräume.

Schnee-Eifel und Schönecker Schweiz

Bleialf (14) blickt auf eine über 1000-jährige Erzförderung zurück. Erst in den 1950er-Jahren kam der Bergbau endgültig zum Erliegen; der Mühlenberger Stollen der Grube Neue Hoffnung ist heute als Besucherbergwerk mit Bergbaupfad eingerichtet (www.besucherbergwerk.bleialf.org). Der Ort am Alfbach schmückt sich mit einem der großartigsten Gotteshäuser der Eifel, dem Mariendom, einer spätgotischen Hallenkirche, mit einem in Europa einmaligen Gemäldezyklus.
Für die Verhüttung der Erze wurden die Wälder der Umgebung verheizt, und eine zentrale Rolle in der Energieversorgung spielten die Köhler, die Holzkohle produzierten. Vielleicht hat der Schwarze Mann (698 m), die höchste Erhebung der **Schneifel** (15), von ihnen seinen Namen. Über die Herkunft des Namens des großteils dicht bewaldeten Höhenzugs besteht kein Zweifel: Er kommt vom Schnee, der hier besonders reichlich fällt. Reizvoll ist eine Wanderung zum Gipfel (vom Parkplatz Mooshaus/B 265).
An der Entstehung von Bleierzlagerstätten sind Vulkane maßgeblich beteiligt, hauptsächlich jedoch unterseeische Vulkane. Die in den letzten 700 000 Jahren aktiven Feuerberge, die sich als 50 Kilometer lange Kette von Ormont bis Bad Bertrich durch die Eifel ziehen, waren dagegen kontinentale Vulkane. Mehr als 240 Eruptionszentren bilden diese Kette, darunter der **Steffelnkopf** (16) am Rand des Dörfchens Steffeln. Im Vulkangarten Steffelnkopf kann man tief ins Innenleben eines Vulkans schauen. Die Vulkane der Westeifel sind meist niedrige Schlackenkegel oder aber Maare, durch explosionsartig verdampfendes Grundwasser in die Erdkruste gesprengte Kessel, durch das wohl auch der Steffelnkopf entstanden ist.
Der tiefe Krater im Kalvarienberg von **Prüm** (17) hat keinen vulkanische Ursprung; er entstand als Folge einer verheerenden Explosion von Kriegsmunition, bei der die Stadt 1949 schwer zerstört wurde. Prüm war über jahrhundertelang u. a. Sitz einer begüterten Reichsabtei; in der St.-Salvator-Basilika (18. Jh.) befinden sich das Grab Kaiser Lothars sowie ein Reliquienschrein, der Teile der Sandalen Christi enthalten soll.
Die mit Kalkstein- und Dolomitschichten gefüllte Prümer Mulde ist ein Dorado der Fossiliensammler. Das Karbonatgestein spiegelt sich am schönsten in der wildromantischen **Schönecker Schweiz** (18) am Schalkenbachtal wider (am nördlichen Ortsrand von Schönecken vor der Nimsbrücke rechts auf den befestigten Talweg). Wuchtige Dolomitblöcke mit Klufthöhlen säumen den Weg, etwa an der Jungfernlay. Im Frühjahr sind die Klippen in den Kalkbuchenwäldern am besten zu erkennen. Dann blühen auch Hohler Lerchensporn, Waldbingelkraut, Schlüsselblume, Buschwindröschen und Aronstab sowie Seltenheiten wie Akelei und Seidelbast.

Letzte Mohikaner der Eiszeit

Moore, auch die des niederschlagsreichen Höhenrückens Hohes Venn, besitzen ein charakteristisches Geländeklima, das sie als Kälteinseln auszeichnet. Die offenen Moorlandschaften gleichen dem Lebensraum von arktischer Tundra und Waldtundra. So leben auf dem Hohen Venn z. B. die Nordische Wühlmaus und knapp zwei Dutzend Birkhühner, die als Spezies gegen Ende der jüngsten Eiszeit weiter verbreitet waren, sich jedoch in die für sie günstigsten Biotope zurückziehen mussten. Mancher Bewohner des Nordens entdeckt auch die Moorwälder des Vennplateaus als neuen Lebensraum, so z. B. der Raufußkauz (Bild), der seit den 1960er-Jahren in der Region nistet.

Naturpark Südeifel

Im Norden umfasst der Park die Islek, ein raues, fast unbewohntes Hochplateau. Die Mitte bildet das wesentlich mildere und trockenere Bitburger Gutland mit weiten Feldern und Wiesen. Von besonderem landschaftlichem Reiz ist der Süden des Naturparks, wo sich die Flüsse Sauer und Prüm tief in den Luxemburger Sandstein gegraben haben. Die Naturlandschaften des Parks setzen sich jenseits von Our und Sauer, den Grenzflüssen zu Luxemburg, fort, und so wurde 1963 der Deutsch-Luxemburgische Naturpark aus der Taufe gehoben mit dem Naturpark Südeifel als deutschem Anteil.

SERVICE

Anfahrt Auf der A 60 bis Ausfahrt Prüm und über die B 51 nach Prüm, von dort auf der B 410 bis Irrhausen; nächstgelegene Bahnhöfe: Bitburg, Gerolstein

Lage Im äußersten Westen von Rheinland-Pfalz, südlich des Naturparks Nordeifel und nördlich des Naturparks Saar-Hunsrück

Größe 440 km²

Höchste Erhebung Auf Holbert (543 m)

Gründung 1958

Information Naturpark Südeifel e. V., Auf Omesen 2, 54666 Irrel

Telefon 06525/792 06

Infozentrum In Ernzen

Internet www.naturpark-suedeifel.de

TOP TIPP

2 **Our-Schleife** Zauberhafte doppelte Flussschleife bei der Ruine Falkenstein

6 **Schloss Weilerbach** Rokoko-Schloss mit historischen Industrieanlagen

7 **Ferschweiler Plateau** Seit Jahrtausenden besiedelte Felshochfläche

9 **Irreler Wasserfälle** Tosende Flussschnellen mit haushohen Sandsteinblöcken

10 **Teufelsschlucht** Großartiger und auch etwas beklemmender Felseinschnitt

Besonderes Highlight im Naturpark Südeifel: die tosenden Irreler Wasserfälle

Ins Tal der Schmetterlinge Nahe beim Campingplatz von Irrhausen liegt das Erholungsgebiet **Irsental** 1, das ins Naturschutzgebiet »Ginsterheiden im Irsental« übergeht. Im »Tal der Schmetterlinge« wurden an die 500 Arten ausgemacht, dazu über 1000 Käferarten und rund 60 Vogelspezies. Hochebenen, Felsen, Hänge, Auen, Bäche und Weiher bilden ein Vegetationsmosaik mit vielfältiger Fauna. In Daleiden steht das »Haus Islek« (Tel. 06550/92 94 15), das eine interaktive Reise zu den Besonderheiten des Gebiets bietet.

Die ➠ **Our-Schleife** 2 erreicht man zu Fuß über Wanderwege vom Parkplatz in Keppeshausen. Keine Straße folgt hier dem tief eingeschnittenen, einsamen Flusslauf. Beeindruckend wirkt die doppelte Flussschlinge auch von oben, etwa beim Wanderparkplatz »Schutzhütte« am südwestlichen Ortsrand von Waldhof-Falkenstein. An der bewaldeten Bergflanke »klebt« die dreitürmige Ruine Falkenstein (12. Jh.).

Die **Muxerather Höhe** 3 (535 m) nahe dem höchsten Punkt der Straße Muxerath–Kreutzdorf ist völlig unspektakulär. Und doch lohnt sich ein Besuch: Nach allen Himmelsrichtungen schweift der Blick frei über die Landschaft, eine Hochfläche, die von über einem Dutzend Tälern durchbrochen wird. Das anmutig im schmalen Enztal gelegene Städtchen **Neuerburg** 4 bildet den Hauptort der Gegend. Über ihm thront eine Burgruine (12./13. Jh.).

Der Gaytalpark ist heute Geschichte Eine Pilgerstätte für Touristen sollte es werden, doch die Besucher blieben aus, und die Einrichtung entwickelte sich zum finanziellen Flop. Gut 15 Jahre nach seiner Eröffnung stellt der **Gaytalpark** 5 in Körperich-Obersgegen zum 1. Juli 2011 seinen Betrieb ein.

Wer aus dem Sauertal aufs Ferschweiler Plateau hinauffährt, entdeckt links zwischen den Bäumen ➠ **Schloss Weilerbach** 6, das eine abenteuerliche Entstehungsgeschichte hat: Um 1780 wurde hier eine große Produktionsanlage errichtet und dazu u. a. das Schloss. Bis zu 220 Arbeiter produzierten in den folgenden 150 Jahren Eisen, Stahl, Öfen und Dreschmaschinen. Ab 1987 wurde die Anlage restauriert und rekonstruiert. Im Rokoko-Schloss finden heute kulturelle Veranstaltungen statt, und in der ehemaligen Remise stehen ein Modell der Anlage sowie einige Produkte der Hütte.

Die Flüsse Sauer, Prüm und Enz säumen das ➠ **Ferschweiler Plateau** 7, dessen Ränder steil abfallen und so eine natürliche Festung bilden, die schon Steinzeitmenschen, Kelten und Römer nutzten. Wanderwege führen zu den Zeugnissen verschiedener Kulturen, wie z. B. zu den Menhiren Fraubillenkreuz und Druidenstein, zu Diana-Denkmal und Weihetempel am nördlichen Ortsrand von Ernzen. Die Schankweilerklause, eine Rokoko-Wallfahrtskapelle, entstand 1762. Der Felsenweiher in Ernzen (Mitte des 19. Jhs. angelegt) ist ein wildromatisches Felsbassin mit Grotten, Terrassen und kleinen Brücken.

»Unechte« Wasserfälle und eine Teufelsschlucht Von Prümzurlay windet sich ein Sträßchen hinauf zur teilrekonstruierten Ruine **Prümerburg** (12. Jh.) 8. Der Turm bietet einen schönen Blick übers Prümtal und zum Ferschweiler Plateau. Vom Waldparkplatz an der Straße Prümzurlay–Irrel erreicht man kurz die ➠ **Irreler Wasserfälle** 9. Tosend schießen die Wassermassen der Prüm zwischen haushohen Sandsteinfelsen hindurch. Während der letzten Eiszeit brachen die Brocken vom Rand des Ferschweiler Plateaus ab und stürzten in den Fluss, der auch bei Wildwasserkanuten beliebt ist.

Der Anblick der ➠ **Teufelsschlucht** 10 ist atemberaubend (von der Prümbrücke über die Irreler Wasserfälle ca. 2 km bergan). Die 28 Meter tiefe und an der schmalsten Stelle nur einen Meter »breite« Schlucht im »Luxemburger Sandstein« soll der Sage nach Teufelswerk sein. Geologen sehen das profaner: Der Frost sprengte während der letzten Eiszeit einen riesigen Block aus dem Rand der Hochfläche. Nahe dem oberen Ende der Schlucht, auf dem Ferschweiler Plateau, steht die Naturerkundungsstation Teufelsschlucht (www.teufelsschlucht.de) mit Landschaftsmuseum und umfangreichem Veranstaltungsprogramm.

Stechpalme *(Ilex aquifolium)*

Als Wappenpflanze des Naturparks dient dieses hübsche, wehrhafte Gewächs mit seinen charakteristischen roten Beeren. Die je nach Standort als Strauch oder als Baum wachsende Pflanze – hierzulande eines von nur wenigen Laubgewächsen, die auch im Winter grün bleiben – wurde wegen dieser Eigenschaft schon von den Kelten und Germanen verehrt.

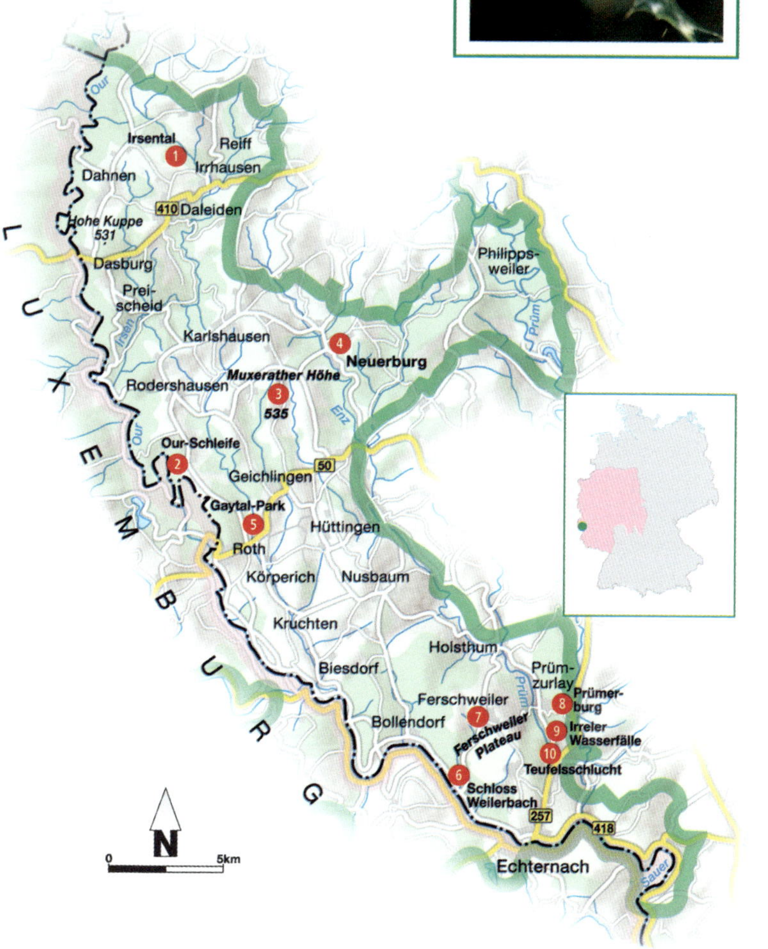

Natur- und Geopark Vulkaneifel

Über Millionen von Jahre haben sie tiefe Krater und breite Löcher in die Erde gesprengt und mit einer kaum fassbaren Wucht imposante Gebirge aufgewühlt: die Vulkane in der Eifel. Und sie haben wunderschöne Seenlandschaften geschaffen wie das Ulmener Maar, die mit ihrem tiefblauen Wasser auch als »die Augen der Eifel« bezeichnet werden.

SERVICE

Anfahrt A 48 bis Autobahnkreuz 1-Dreickeck Vulkaneifel, A1 in Richtung Daun/Gerolstein bis Ausfahrt 119-Daun, dann B257 Richtung Darscheid/Daun. Nächstgelegener ICE-Bahnhof: Koblenz

Lage Im Nordwesten in Rheinland-Pfalz; nächstgelegene größere Städte sind Trier und Koblenz.

Größe 980 km^2

Höchste Erhebung Ernstberg (699 m)

Gründung 2010

Information Natur- und Geopark Vulkaneifel GmbH, Mainzer Str. 25 54550 Daun, Tel. 06592/933-206

Internet www.geopark-vulkaneifel.de oder www.lvermgeo.rlp.de

Das Gemündener Maar bei Daun

Der Natur- und Geopark Vulkaneifel im Nordwesten von Rheinland-Pfalz fasziniert mit seinen Besonderheiten wie wasserspeienden Geysiren nicht nur Wissenschaftler. Die atemberaubenden »Eifelblicke« und die außergewöhnlichen Landschaften, die die glühendheiße Lava einst schuf, ziehen genauso unzählige Urlauber in ihren Bann.

Mitten im Natur- und Geopark Vulkaneifel liegt die Stadt **Daun** 1 am Fluss Lieser. Wenige Kilometer vom Stadtkern entfernt befinden sich die ➠ **Dauner Maare** 2, drei dicht nebeneinander liegende mit Wasser gefüllte Maare, die nur durch ihre Tuffwälle (Auswurfprodukte der Vulkane) voneinander getrennt sind. Schätzungen von Experten zufolge sind sie vor etwa 20 000 bis 30 000 Jahren entstanden – für Geologen ein »Wimpernschlag« in der Geschichte der Erde. In Daun können Urlauber im Eifel-Vulkanmuseum die Geschichte der feuerspeienden Berge nachverfolgen, an Mitmach-Stationen aktiv werden und Originalgesteine und -mineralien betrachten (1. März bis 15. November, Di–Fr 13–16.30 Uhr, Sa, So und feiertags 11–16.30 Uhr, Tel. 06592/ 98 53 53. In dem ersten Vulkanmuseum Deutschlands wird auch anschaulich erklärt, wie Maare entstehen: Treffen kaltes Wasser und heißes Magma im Schlot aufeinander, kommt es zu einer phreatomagmatischen Explosion. Durch die Wucht wird das Tuffmaterial aus dem Vulkan herausgeschleudert und legt sich oft als Wall um das Maar herum oder fällt wie eine Schicht in der ganzen Umgebung nieder. Füllen Niederschlag und Grundwasser das Maar, so entsteht ein Maarsee. Ist der Untergrund zu wasserdurchlässig, bildet sich ein Trockenmaar oder eine Moorlandschaft, die zeitweise, z. B. nach heftigem Schneefall, mit Wasser gefüllt sein kann.

TOP TIPP

2 **Danner Maare**
Drei mit Wasser gefüllte Maare und das Eifel-Vulkanmuseum

4 **Pulvermaar**
Tiefster Maarsee der Vulkaneifel

11 **Pelm**
Kasselburg mit Adler- und Wolfspark

12 **Birresborner Eishöhlen**
Winterquartier für Fledermäuse

Schwimmen im Vulkansee Einer der jüngsten Seen ist das Ulmener Maar. Es entwickelte sich vor rund 10 000 Jahren nach einem Vulkanausbruch nahe der Stadt **Ulmen** ③ im Landkreis Cochem-Zell. Viele Maare auf dem Areal des Naturparks sind jedoch deutlich älter und deshalb schon stark erodiert, sodass die vulkanischen Merkmale nicht mehr so deutlich zu erkennen sind. Die längste Stelle des Ulmener Maars von 510 m und eine Tiefe von 37 m zeugen davon, mit was für einer Wucht die Explosion einen großen Krater in die Landschaft gesprengt hat. Das ➠ **Pulvermaar bei Gillenfeld** ④ ist mit 72 m der tiefste Maarsee in der Vulkaneifel. In diesem fast kreisrunden Gewässer ist wie in einigen anderen das Schwimmen erlaubt. Im Naturpark Vulkaneifel gibt es insgesamt 75 Maare, wobei es sich beim Großteil um Trockenmaare handelt. Wo einst 350 große und kleine Vulkane wüteten, Lava und riesige Asche- und Rauchwolken ausstießen, begegnet einem nun eine dicht bewaldete Landschaft, durchzogen von Bächen mit klarem Bergwasser, idyllisch gelegenen Dörfern und viel unberührter Natur. Wer den höchsten Berg des Naturparks erklimmen möchte, muss nach **Hinterweiler** ⑤ reisen. Südöstlich des kleinen Orts befindet sich der Ernstberg (699 m). Seiner Höhe wegen eignet sich der höchste Vulkan der Westeifel im Winter hervorragend zum Skifahren.

Viele Wanderrouten – auch barrierefrei Ob mit dem Rad oder zu Fuß: Am besten lässt sich der Natur- und Geopark über die Vulkaneifel-Pfade erkunden. Eine 372 km lange Route führt die Urlauber zu allen Schätzen und Sehenswürdigkeiten der Region. Der Pfad ist aufgeteilt in 8 Rundwanderwege und 6 Streckenwanderungen, die in mehreren Etappen geplant werden sollten. Eine Übersicht der Wander-Angebote gibt es im Internet unter www.geopark-vulkaneifel.de unter dem Themenpunkt »Aktivitäten in der Landschaft«. Dort sind auch barrierefreie Routen aufgeführt.

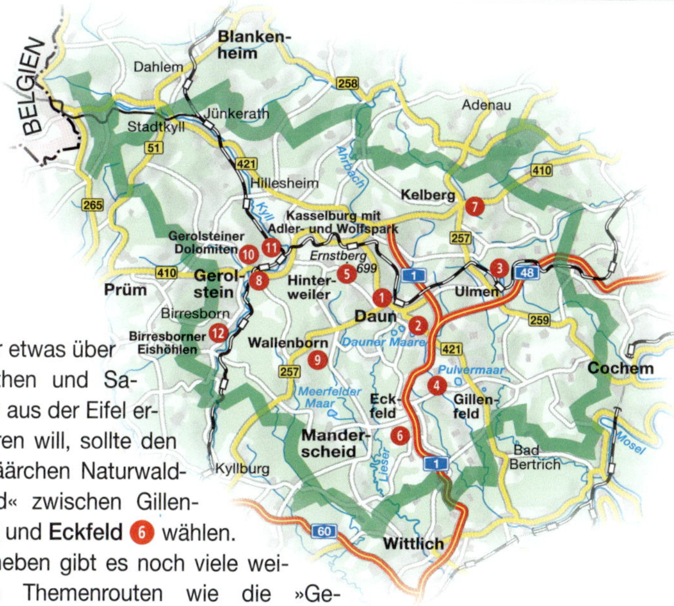

Wer etwas über Mythen und Sagen aus der Eifel erfahren will, sollte den »Määrchen Naturwaldpfad« zwischen Gillenfeld und **Eckfeld** ⑥ wählen. Daneben gibt es noch viele weitere Themenrouten wie die »Geschichtsstraße«, die verschiedene Routen von **Kelberg** ⑦ aus auf historisch bedeutenden Wegen anbietet.

Bei einem Ausflug in die Vulkaneifel sollte auf jeden Fall eine Fahrt nach **Gerolstein** ⑧ an der Kyll unternommen werden – dem Sitz eines der größten Mineralwasserhersteller Deutschlands. Im Besucherzentrum Gerolsteiner Brunnen werden Führungen angeboten. Wer sehen möchte, welche Wirkung Kohlenstoffdioxid in der Natur auf Wasser haben kann, sollte sich den Geysir in Wallenborn ⑨ anschauen. Mit Abständen von etwa 30 Minuten stößt die heiße Quelle fontänenartig Wasser in zwei bis drei Meter Höhe.

Traumhafte Ausblicke und das größte Wolfsrudel West-Europas Von Gerolstein aus kann man ideal zu einer Wanderung zu den Felsenplateaus Munterley und Hustley des Gerolsteiner Dolomiten starten, die beide traumhafte Ausblicke über das Kylltal ⑩ bieten. Im wenige Kilometer entfernten Ort ➠ **Pelm** ⑪ gibt es eine der ältesten Burgen der Eifel zu sehen: die Kasselburg. In und um die Ruine aus dem 12. Jahrhundert herum befindet sich ein Adler- und Wolfspark. Dort lebt das größte Wolfsrudel West-Europas (1. März bis 31. Oktober täglich 10 –18 Uhr, Tel. 06591/42 13).

Birresborner Eishöhlen

Etwa 1,5 km vom Ort ➠ **Birresborn** ⑫ im Kylltal entfernt befinden sich die Birresborner Eishöhlen. Sie sind künstlich bei dem Abbau von Mühlensteinen entstanden, weshalb sie auch als »Mühlensteinhöhlen« heißen. Die Höhlen stehen seit 1938 unter Denkmalschutz und sind ein Winterquartier für Fledermäuse. Im Winter werden mehrere geschlossen, damit die Tiere ungestört Winterruhe halten können. Die Temperatur liegt konstant zwischen -1°C und +4°C, sodass sich unzählige Eiszapfen an den Decken und Wänden der Höhlen bilden. Zum Teil überdauern sie dort sogar bis zum Sommeranfang. Die Höhle ist frei zugänglich, Besucher sollten eine Taschenlampe mitbringen. Infos: Tourist-Info Birresborn, 06591/949910.

Naturpark Rheinland

Kernstück des Naturparks vor den Toren Kölns und Bonns ist der Kottenforst, das historisch bedeutendste Waldgebiet im Rheinland. Der Höhenzug der Ville, der den Naturpark von Nord nach Süd durchzieht, bildet sein landschaftliches Rückgrat und umfasst im aufgelassenen Teil des rheinischen Braunkohlereviers einige der bemerkenswertesten Beispiele für Natur aus zweiter Hand.

SERVICE

Anfahrt A 61 bis Bedburg; nächstgelegene ICE-Bahnhöfe: Bonn, Köln

Lage Zwischen Rhein und Eifel, in der südlichen Spitze der Niederrheinischen Bucht

Größe 1045 km^2

Höchste Erhebung Hochkopf (376 m)

Gründung 1959 als Naturpark Kottenforst, 1965 als Erholungspark Ville, 1978 Zusammenschluss zum Naturpark Kottenforst-Ville; 2005 Namensänderung in Naturpark Rheinland

Information Naturpark Rheinland, Willy-Brandt-Platz 1, 50126 Bergheim

Telefon 02271/83 42 10, -11, -12

Infohaus In Rheinbach

Internet www.naturpark-rheinland.de

Vom Drachenfelser Ländchen, einem der eindrucksvollsten Vulkangebiete Deutschlands, blickt man auf den Rhein.

TOP TIPP

2 Tagebau Hambach
Deutschlands »größtes Loch«

4 Abtei Brauweiler
Meilenstein der deutschen Romanik

6 Hürth
Seenplatte mit künstlichen Bergen und Wäldern

7 Brühl
Zwei kostbare Rokokoschlösser

10 Drachenfelser Ländchen
Radtour zu den Ruinen erloschener Vulkane

Nach Osten wird die Ville zum Vorgebirge, das sich steil über die Rheinebene erhebt. Westwärts geht der Höhenzug ohne scharfe Grenzen in ertragreiches Ackerland mit zahlreichen Kulturdenkmälern über. Im Süden berührt der Park noch zwei weitere Naturräume: den sanften Anstieg zur Eifel mit ausgedehnten Buchen- und Eichenwäldern und die Vulkanberge des Drachenfelser Ländchens.

Deutschlands »größtes Loch« und ein Kleinod der Romanik Rund 1000 Meter sind die Schichten des Tertiärs im Untergrund der Niederrheinischen Bucht dick, etwa ein Zehntel davon enthält Braunkohlenflöze. Seit der Ausbeutung der Bodenschätze (19. Jh.) hat sich das Landschaftsbild im Norden des Naturparks tiefgreifend verändert. Östlich von **Bedburg** 1 erstreckt sich ein teilrekultiviertes Tagebaugelände. Vier Zehntel der Fläche des Städtchens an der Erft wurden »ausgekohlt«; der historische Stadtkern mit Renaissance-Wasserschloss und Schlosspark blieb erhalten. Zu Bedburg gehört auch das malerische Städtchen Alt-Kaster, die »Perle an der Erft«. Ein bewaldeter Berg zieht in der ebenen, fast unbewaldeten Jülicher Börde südwestlich von Bedburg die Blicke an: die Sophienhöhe (290 m), als Abraumhalde ein künstlicher Berg, der seit Ende der 1970er-Jahre mit dem ➡ **Tagebau Hambach** 2 geschaffen wurde. Die markante Höhe ist ein beliebtes Wandergebiet und die Grube der größte und zugleich tiefste Tagebau unseres Landes. Die Aussichtsplattform bei Elsdorf-Angelsdorf am Rand des gigantischen Tagebaus ist die letzte Station an der »Straße der Energie« (ca. 30 km). Sie beginnt am

Schloss Paffendorf ③, Infozentrum der rheinischen Braunkohlenindustrie mit großem Landschaftspark und einem Forstlehrgarten.
Die altehrwürdige ➡ **Abtei Brauweiler** (1048) ④ beherrscht weithin die Kölner Bucht. Die barocken Abteigebäude bilden zusammen mit den mittelalterlichen Bauten eine der schönsten Klosteranlagen des Rheinlands, und in der ehemaligen Benediktiner-Abteikirche verbirgt sich eine Schatzkammer sakraler Kunstwerke.

Keramik aus erster, Natur aus zweiter Hand

Die Aussichtsplattform am Buschbell nordwestlich von **Frechen** ⑤ gewährt einen Blick in eine 70 Meter tiefe Grube, aus der heller Quarzsand gefördert wird. Die Stadt am Vorgebirge ist auch mit Ton gesegnet, seit mehr als 500 Jahren Grundlage einer florierenden keramischen Industrie. Nach Verlagerung des Braunkohlebergbaus von der Ville westwärts in die Börden, blieben Abbaufolgelandschaften zurück. Inzwischen wurden die Gruben und Kippen rekultiviert, und es entstanden Berge, Wälder und künstliche Seen, z. B. rund um ➡ **Hürth** ⑥. Dort erstreckt sich der Otto-Maigler-See (gut 2 km lang), der eines der 40 stehenden Gewässer ist, die sich zur Ville-Seenplatte zusammenschließen. Die entlegeneren Seen sind wertvolle Biotope für Wasservögel. Der Heider Bergsee am westlichen Stadtrand von ➡ **Brühl** ⑦, neben der historischen Wasserleitung der Römer aus der Eifel nach Köln, ist auch ein Relikt des Bergbaus. Die Seen und Weiher in der barocken Gartenanlage von Schloss Augustusburg sind Teil eines grandiosen Gesamtkunstwerks, zu dem auch das Jagdschloss Falkenlust zählt. Beide Schlösser sind seit 1984 in der UNESCO-Liste der Welterbestätten verzeichnet.
Das Naturschutzgebiet Neffelsee und der gleichnamige Badesee verdanken ihre Entstehung dem ehemaligen Braunkohleabbau rund um **Zülpich** ⑧; der Kern des römischen Marktorts Tolbiacum steht noch auf Braunkohle. Zahlreiche Spuren wie die Römerwasserleitung oder die Thermen erinnern an die Römerzeit.
Das Haus der Natur bildet bei Bonn-Ippendorf den Auftakt zu einer Tour (ca. 12 km) durch den **Kottenforst** ⑨. Das Waldgebiet auf der Ville ist ein ehemaliges Revier der Parforce-Jagd.
Im Vergleich dazu wirkt das von den Jägern der Altsteinzeit im ➡ **Drachenfelser Ländchen** ⑩ praktizierte Waidwerk fast human; sie hatten es im Eiszeitalter vor rund 250 000 Jahren mit Mammuts und Wollnashörnern zu tun. Damals erbebte der Rodderberg unter seinen letzten Ausbrüchen; die vulkanische Aktivität begann vor ca. 800 000 Jahren. Vom Drachenfels am rechten Ufer des Stroms, auf den man vom Heinrichsblick am Kraterrand aus hinabschaut, blieb dagegen nur eine 25 Mio. Jahre alte Vulkanruine.

Naturpark Siebengebirge

Die bewaldeten Bergkegel der Vulkanlandschaft des Siebengebirges erheben sich am rechten Rheinufer an der Abbruchlinie vom Westerwald zur Niederrheinischen Bucht. Sieben der rund 40 Vulkankegel prägen die Silhouette des kleinteiligen Berggebiets (lat. »septem montes«, die sieben Berge).

SERVICE

Anfahrt Auf der A 3 bis Ausfahrt Siebengebirge, dann weiter Richtung Königswinter und in Ittenbach abzweigen nach Thomasberg, dort links Richtung Nieder- und Oberdollendorf; nächstgelegener ICE-Bahnhof: Bonn

Lage Im rechtsrheinischen Rheinland im westlichen Nordrhein-Westfalen

Größe 112 km²

Höchste Erhebung Großer Ölberg (460 m)

Gründung 1958

Information Forsthaus Lohrberg, Löwenburger Str. 2, 53639 Königswinter

Telefon 02223/90 94 94

Infohaus In Königswinter

Internet www.naturpark-siebengebirge.de

TOP TIPP

3 Großer Ölberg Hervorragender Aussichtsberg mit Wanderwegen und Ausflugsgaststätte

5 Drachenfels Mit der ältesten deutschen Zahnradbahn erreichbarer Panoramaberg über dem Rhein

Einen schönen Blick auf den Drachenfels (im Bild rechts) hat man von einem der Ausflugsschiffe auf dem Rhein.

Der Große Ölberg bei Bad Honnef ist die höchste Erhebung, der Drachenfels bei Königswinter einer der meistbesuchten Berge Deutschlands. Mit seinem Nordausläufer, dem Ennert, reicht das Siebengebirge bis auf das Gebiet der Stadt Bonn. Der spannendste Wanderweg durchs Siebengebirge ist der Rheinsteig.

Imposante Chorruine Die Ruine der Abteikirche des **Klosters Heisterbach** 1 zählt zu den bedeutendsten Baudenkmälern im Westen Deutschlands. 1918 erwarben die Cellitinnen das verwahrloste Anwesen und verwandelten es in ein Schmuckstück. 1986 wurde die Restaurierung der stimmungsvollen Ruine aus der Übergangsperiode von der Romanik zur Gotik abgeschlossen.

Die von den Heisterbacher Zisterziensern angelegte Weinbauanlage **Niederdollendorfer Heisterberg** 2 wurde 2002 nach mittelalterlichem Vorbild mit den Rebsorten Riesling, Früh- und Spätburgunder, Elbling und Malinger neu bepflanzt. Die fast vergessenen Sorten auf dem knapp 0,6 Hektar kleinen Weinberg werden an Holzpfählen erzogen. Ziel ist die langfristige und nachhaltige Bewirtschaftung des Weinbergs, wobei die kulturlandschaftlichen historischen und ökologischen Beson-

derheiten des Standorts berücksichtigt und die vielfältige Flora und Fauna in diesem »mittelalterlichen« Weinberg erhalten werden sollen.
Schöne Wanderwege (»R«, Rheinhöhenweg) führen von Kloster Heisterbach zum Nonnenstromberg und auf den ➠ **Großen Ölberg** 3 (Aufstieg ca. 45 Min.). Auf der Kuppe hat man von der Terrasse der Ausflugsgaststätte eine traumhafte Aussicht: Gegenüber erhebt sich der Drachenfels, weiter rechts die bewaldete Basaltkuppe des Petersbergs, links davon liegt Bad Godesberg mit der Godesburg.

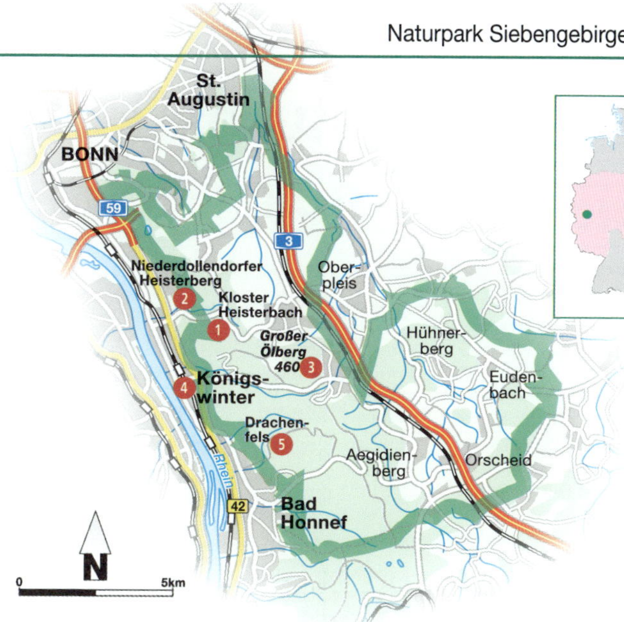

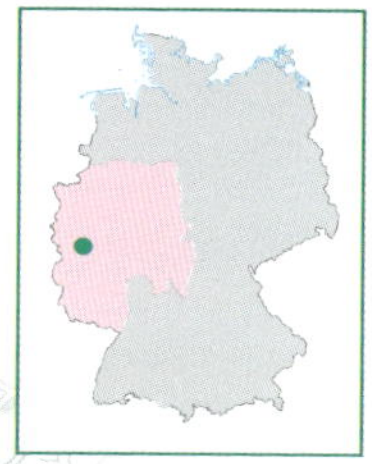

Der berühmteste der »sieben Berge«

Königswinter 4 am Fuß des Siebengebirges ist seit Eröffnung der Zahnradbahn (1883) auf den Drachenfels einer der meistbesuchten Orte im Rheintal. Der bewaldete Bergkegel des ➠ **Drachenfels** 5, der steil zum Rhein abbricht und eine Burgruine trägt, ist das Wahrzeichen von Königswinter und der berühmteste der »sieben Berge«. Die Gemälde in der Nibelungenhalle an der Mittelstation der Bahn stellen Szenen aus Richard Wagners »Der Ring des Nibelungen« dar. Direkt daneben befinden sich die Drachenhöhle mit Drachenskulptur und Reptilienzoo. Von den Aussichtsterrassen hat man ein umfassendes Panorama u. a. auf Bad Honnef und auf den Rodderberg (195 m), den jüngsten deutschen Vulkan, der durch den Rolandsbogen der 1475 zerstörten Burg Rolandseck bekannt ist. Von der Bergstation führt ein Weg zur Ruine der romanischen Hochburg auf dem Gipfel des Drachenfels. Bereits zur Römerzeit wurden am Drachenfels Trachytsteine zum Bau von Legionslagern gebrochen. 1829 verbot König Friedrich Wilhelm III. von Preußen den weiteren Abbau des inzwischen fast auseinanderbrechenden Berges. Um ihn und die Burgruine zu erhalten, wurden Betonklammern eingesetzt, die den Berg heute zusammenhalten.

Schloss Drachenburg

Schloss Drachenburg ist das »Neuschwanstein des Siebengebirges« und ein beeindruckendes Kultur-, Natur- und Gartenmuseum. Der Bonner Börsenmakler Stephan von Sarter ließ die pompöse Anlage 1882–84 in historisierenden Formen auf halber Drachenfels-Höhe 5 errichten und mit einem Landschaftspark umgeben. 1986 wurde die verfallende Burg unter Denkmalschutz gestellt, 1995 begann die Restaurierung. In der Vorburg befindet sich heute das Museum zur Geschichte des Naturschutzes in Deutschland.

Innenräume und Parkanlage sind zu besichtigen. Vom Nordturm und der Venusterrasse aus bietet sich ein einzigartiger Blick (www.schloss-drachenburg.de).

Naturpark Rhein-Westerwald

SERVICE

Anfahrt Auf der A 3 Frankfurt–Köln bis Ausfahrt Bad Honnef/Linz und nach Unkel oder auf der B 42 Koblenz–Königswinter bis Unkel; nächstgelegener ICE-Bahnhof: Montabaur

Lage Im Rheinischen Schiefergebirge, zwischen unterem Mittelrheintal im Westen und Oberem bzw. Hohem Westerwald im Osten

Größe 446 km^2

Höchste Erhebung Asberg (Linzer Höhe; 441 m)

Gründung 1962

Information Naturpark Rhein-Westerwald e. V., Dierdorfer Straße 62, 56564 Neuwied

Telefon 02631/956 60 36

Internet www.naturpark-rhein-westerwald.de

TOP TIPP

2 **Erpeler Ley** Aussichtsreicher Basaltfelsen am Rheinufer

3 **Linz am Rhein** Fachwerkbuntes Weinstädtchen zu Füßen des Rheinwesterwalds

4 **Neustadt (Wied)** Ideale für Touren durch das Wiedtal, vor allem zum Kloster Ehrenstein

8 **Fockenbachtal** Liebliches Westerwaldtal wie aus dem Bilderbuch

10 **Leutesdorf** Winzerort unterhalb von Felsen mit seltener Steppenheideflora

Der Naturpark berührt das untere Mittelrheintal, das sich zwischen Neuwied und Andernach zu einem breiten, vor allem mit Flusssedimenten und jungen vulkanischen Ablagerungen gefüllten Becken öffnet, und den Vorderwesterwald, ein welliges Hochland, das als Teil des Rheinischen Schiefergebirges aus gefalteten Schichten des Erdaltertums besteht und von einigen Vulkanruinen überragt wird.

Neugotisches Juwel in den Weinbergen: die »Ritterburg« Schloss Arenfels bei Bad Hönningen

Das Mittelrheintal hat ein warmes und trockenes Weinklima; im Rheinwesterwald, dem Übergang zwischen den Talhängen und dem von der Wied und ihren Zuflüssen entwässerten Hochland, wird das Klima kühler und feuchter. In kaum einer anderen Gegend Deutschlands gibt es so eine Waldvielfalt: von Eichen-Elsbeeren-Wäldern an den warmen Steilhängen des Rheintals bis zu Ahorn-Eschen-Wäldern in den kühlen und feuchten Schluchten des Hochlands.

Wo ist's am Rhein so schön? Der Weinort **Unkel** 1 erstreckt sich am Rheinufer vor den schroffen Steilhängen des Elsbergs und der aussichtsreichen Stuxhöhe, an deren Fuß ein kleiner Bach in der »Unkeler Schweiz« über eine Felsrippe im Bachbett herabstürzt. Der Name des Städtchens kommt wahrscheinlich vom lateinischen »uncus« (Bogen). An eben diesem Bogen der Rheinpromenade stehen einige der bedeutendsten Bauten Unkels, etwa das barocke Freiligrathhaus, in dem sowohl der Dichter Freiligrath (im 19. Jh.) als auch Altbundeskanzler Willy Brandt einmal wohnten. Wenige Kilometer südlich ragt die ➜ **Erpeler Ley** 2 bei Erpel fast 140 Meter über dem Rhein auf. Der wuchtige, teilweise in typische Säulen gegliederte Basaltklotz ist eine bis auf die Fundamente abgetragene Vulkanruine. Von dem im Eiszeitalter durch den Rhein eingeebneten Gipfelplateau blickt man weit hinaus bis Remagen mit seiner Brücke. Der Fels bietet auch viele natürliche Kostbarkeiten wie Goldaster, Zweiblättrigen Blaustern oder Blauen Lattich, der hier die Nordgrenze seines Verbreitungsareals erreicht.

Viel buntes Fachwerk hat der »Bunten Stadt am Rhein«, ➠ **Linz am Rhein** 3, ihren Beinamen verliehen. Sie schmiegt sich mit der 1927 wiedererrichteten Burg an den auf der Höhe von Kiesgruben zernagten Ockenfels. Vom Stadtkern mit gotischem Rathaus und der Pfarrkirche St. Martin (1214) geht es nordwärts in die engen Bachtäler des Rheinwesterwalds mit seinen besonders schönen Schluchtwäldern.

Das idyllische Rheinufer, hier bei Linz am Rhein

Mäander, Mühlen und Molche Zwei markante Basaltkuppen erheben sich oberhalb von ➠ **Neustadt (Wied)** 4: der Bertenauer Kopf, ein stummer Zeuge des Vulkanismus des mittleren Tertiärs, und der um etliche Millionen Jahre jüngere »Telegraphenhügel«, der durch seinen Namen an die ehemalige Station der optischen Telegrafenlinie Koblenz–Berlin erinnert.

Die Wied (140 km lang) schlängelt sich rund 200 Meter tiefer in ausgeprägten Talmäandern durch den Niederwesterwald – ein Paradies für Wasserwanderer

Fast ein kleiner Urwald: Das dicht bewachsene Wiedtal in üppigem Grün mit seinen vielen Mäandern

und z. T. auch noch für die Flora und Fauna der Talauen, wie in der Berschaue am östlichen Stadtrand von Neustadt. Weiter südostwärts gelangt man zum landschaftlichen und kulturellen Höhepunkt am Oberlauf der Wied: dem einzigartigen Ensemble von Ruine, Kloster und Kirche Ehrenstein mit wundervollen Glasgemälden, das seit dem Mittelalter auf einem wasserumflossenen Bergsporn steht.

Mit heilkräftigem Wasser aus der Tiefe und warmem Klima, unter dem am Schlossberg die Trauben für einen hervorragenden Rotwein reifen, wird **Bad Hönningen** 5 gleich zweifach von der Natur verwöhnt. Das ausnehmend milde Klima bekommt auch den seltenen Pflanzen gut, die an den Steilhängen in lichten Wäldern und in Felsfluren wachsen, vor allem den Orchideen am Kronenberg gegenüber von Schloss Arenfels. Im Ort lohnt das »Hohe Haus« mit dem Heimatmuseum einen Besuch sowie der rekonstruierte Römerturm an der Landstraße am Beginn des obergermanisch-rätischen Limes.

Der an der Wied gelegenen Luftkurort **Waldbreitbach** 6 und seine waldreiche Umgebung locken mit viel Sehenswertem, etwa dem Franziskanerinnenkloster St. Marienhaus, der Kreuzkapelle (1694) zwischen Waldbreitbach und Hausen und mit alten Mühlen wie der Ölmühle (1700) an der Wied.

Zur über 300 Jahre alten Neschermühle gelangt man von **Roßbach** 7 durchs Masbachtal wandernd (30 Min.). Wahrzeichen des idyllischen Luftkurorts im mittleren Wiedtal ist das »Roßbacher Häubchen«, eine steile Basaltkuppe, zu der der Nord-Süd-Fernwanderweg 2 hinaufführt. Oben schließt sich um einen aufgelassenen Steinbruch mit Klippen aus Säulenbasalt ein Lehrpfad über Geologie sowie regionale Flora und Fauna an.

Im Naturpark Rhein-Westerwald sind besonders schützenswerte Kernzonen ausgewiesen, z. B. das ➠ **Fockenbachtal** 8 bei Niederbreitbach. Das vom Fockenbach durchflossene Laubwaldgebiet mit seinen grauen Schieferfelsen prägen Rotbuchen-, Ahorn- und Eschenbestände. Der mit Teichen durchsetzte Talgrund wird von Feuchtwiesen, Röhricht und Ried eingenommen, wo der bedrohte Kammmolch lebt. Zum Tal gehört u. a. auch die Fockenbachsmühle. Lohnende Abstecher führen vom Tal zur Burgruine Neuerburg oder von der Fockenbachsmühle zum »Teufelstritt«.

Steppenheide und eiszeitliche Tundra

Seinen Namen hat der in zwei Teile gegliederte Weinort **Hammerstein am Rhein** 9 von der alten Reichsburg Hammerstein, einer der ältesten und bedeutendsten Burgen im Mittelrheintal. Unter den Rebsorten dominiert hier der Riesling, und so heißt der Weg, der zur Feste hinaufführt, auch »Rieslingwanderweg«. Unten im Strom liegt die Hammersteiner Werth, eine der wenigen Inseln im Mittelrhein. Zu Zeiten des Vogelzugs rasten dort gefiederte Gäste, für die das Rheintal eine wichtige Leitlinie ist.

Die Weinbaugemeinde ➠ **Leutesdorf** 10 zieht sich als schmaler Streifen unterhalb der Rebgärten entlang und ist auf der »Historischen Rheinstraße« und der Rheinpromenade vom trutzigen Zolltor bis zum Barockschloss Marienburg bequem zu erkunden. Zum Naturschutzgebiet Langenbergskopf gelangt man von der romanisch-gotischen Pfarrkirche St. Laurentius im Zentrum nordwärts. Er bietet neben der Aussicht eine Steppenheideflora mit u. a. Diptam, dem »Brennendem Busch«, der im Mai/Juni die Luft mit seinem Duft nach Vanille und Zitronen erfüllt.

Die Erdzeitenuhr in der Austraße des Neuwieder Stadtteils Segendorf zeigt auf anschauliche Weise, wie lang die Geschichte der Erde war und welch verschwindend kleinen Anteil die Epoche der Menschheitsgeschichte daran hat: im Vergleich mit der Länge eines Tages weniger als eine Minute. Das im ehemals fürstlichen Sommerschloss **Monrepos** 11 bei Segendorf eingerichtete »Museum für die Archäologie des Eiszeitalters« dokumentiert mit Funden aus dem

Das Mammut vor Schloss Monrepos bildet einen attraktiven Blickfang für das dortige Museum.

Neuwieder Becken die Entwicklung der Erde im Eiszeitalter und die Geschichte des Menschen in der Altsteinzeit von ca. 2,5 Mio. bis 7500 Jahren (www.museum-monrepos.de).

Ein Teil des Materials für den Bau des Schlosses Monrepos stammt von der Burg **Altwied** (12. Jh.) 12, einst Stammsitz der Grafschaft Wied. Die malerische Ruine steht auf einem von der Wied umflossenen Bergsporn. Die Urmitzer Werth, eine kleine Insel vor dem gleichnamigen Ort, ist einer der bei der Vogelwelt beliebten Rastplätze im Mittelrhein. In den durch Abbau von Bims und Kies geschaffenen Teichen oder im Sumpfgebiet Meerheck südlich **Heimbach-Weis** 13, wo der Heimbach im lockeren Bims versickert, können Zugvögel ausruhen. Am Oberlauf quert der Bach den Garten der ehemaligen romanischen Prämonstratenser-Abtei Rommersdorf.

Gefleckter Aronstab *(Arum maculatum)*

Die Pflanze kommt im Naturpark recht häufig vor, besonders in Buchenwäldern auf nährstoffreichen braunen Basalt- und Schieferböden. Das Gewächs, Mitglied einer besonders in den tropischen Regenwäldern verbreiteten Familie, zeigt den Erfindungsreichtum der Natur in puncto Fortpflanzung: Mit seinem gelblichgrünen Helm sowie dem charakteristischen Harngeruch lockt der Aronstab winzige Insekten an. Sie gleiten an der von Öltröpfchen besetzten Innenseite des Helms in eine gemütliche, warme Falle (das stärkereiche Gewächs produziert viel Wärme, die Temperatur innerhalb der Blüte kann um bis zu 25 °C über der draußen liegen). Anderntags, wenn sich die gefangenen Insekten gründlich mit Blütenstaub eingepudert haben, werden sie wieder in die Freiheit entlassen.

Naturpark Nassau

Der Naturpark gehört heute zu den beiden rheinland-pfälzischen Landkreisen Rhein-Lahn und Westerwald. Er reicht vom Canyon des Oberen Mittelrheintals über das Tal der unteren Lahn zu den von Engtälern zerschnittenen und von markanten Bergrücken überragten Hochflächen des Niederwesterwalds. Der Westerwald geht am Lahntal in den Taunus über und im Norden in die Montabaurer Höhe.

SERVICE

Anfahrt Auf der A 48 bzw. der A 3 und dann der A 48 nach Höhr-Grenzhausen; nächstgelegener ICE-Bahnhof: Montabaur

Lage Östlich des Mittelrheintals beiderseits der unteren Lahn im Montabaurer Westerwald und Taunus sowie zwischen Koblenz und Limburg

Größe 590 km²

Höchste Erhebung Montabaurer Höhe (546 m)

Gründung 1963

Information Zweckverband Naturpark Nassau, Bachgasse 4, 56377 Nassau

Telefon 02604/43 68

Internet www.naturparknassau.de

TOP TIPP

2 Montabaurer Höhe
Größtes und höchstes geschlossenes Waldgebiet im Park

4 Bad Ems
Traditionsreiches Heilbad, schon von den Römern besucht

8 Cramberger Lahnschlinge
Landschaftliches Kleinod mit dem Gabelstein als Aussichtspunkt

11 Lahnstein
Flora und Fauna in der Ruppertsklamm und malerische Stadt

12 Braubach
Weinstadt mit Marksburg

Aus der Vogelperspektive besonders beeindruckend: die herrliche Lahnschlinge bei Cramberg

Eine beachtliche Höhenspanne garantiert zusammen mit dem ständigen Wechsel der Gesteine eine bunt gemischte Fauna und Flora: auf den Hochflächen Buchenwälder mit Seidelbast und Schwarzspecht, an den Sonnhängen von Lahn- und Rheintal Eichenwälder und Trockenrasen mit Blutstorchschnabel und Zippammer, in den Bachtälern Schluchtwälder mit Hirschzunge und Eisvogel.

Über deine Höhen weht der Wind so kalt … Im äußersten Norden des Parks präsentiert sich der Westerwald noch am ehesten so, wie er in Sängerkreisen gern besungen wird. Dabei zeugen im Kannenbäckerland bei **Höhr-Grenzhausen** 1 Tonlager von warmem Klima; aus ihnen gewinnt man hier seit Langem den Rohstoff für Töpferwaren. Das Keramikmuseum Westerwald (www.keramikmuseum.de) informiert über das seit gut 3000 Jahren in dieser Gegend belegte Handwerk.

Quarzit, das Gestein, das den Kamm der ➠ **Montabaurer Höhe** 2 aufbaut setzt der Verwitterung hartnäckigen Widerstand entgegen. Der durchweg be-

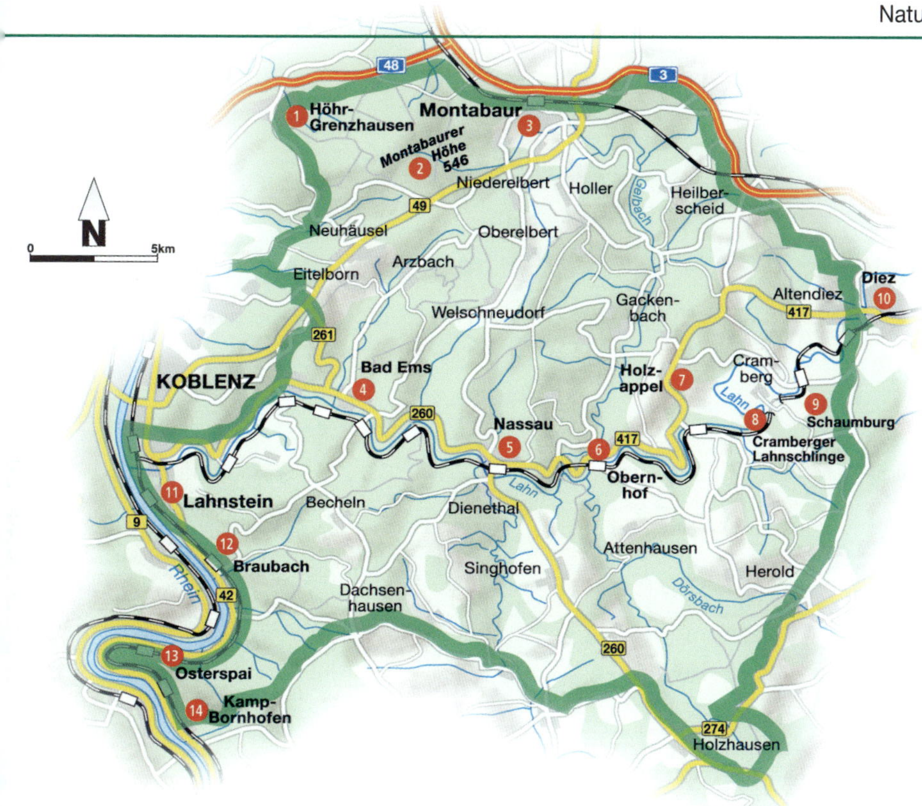

waldete Bergrücken ist für den Naturpark mit 546 Metern das »Dach der Welt«; vom Aussichtsturm Köppel bietet sich ein herrlicher Blick über Westerwald, Taunus, Eifel und Hunsrück (vom Parkplatz am südlichen Ortsrand von Elgendorf auf dem mit grünem Pfeil markierten Weg über die historische Wildbanngrenze, 1 Std.).

Die Stadt, nach der die Höhe benannt ist, trägt den Namen **Montabaur** 3 seit der Kreuzfahrerzeit – vom Mons Tabor im Heiligen Land. Unübersehbar ragt ihr Wahrzeichen, das zitronengelbe Schloss (16./17. Jh.), als Blickfang über der Stadt auf, die mit Pfarrkirche St. Peter eine der ältesten Kirchen des Westerwalds besitzt.

Perlen der Lahn Unter den Flüssen im Naturpark beherrscht der Rhein die Szene, aber auch die Lahn kann sich mit dem Goliath messen. Ihre engen, vielfach gewundenen Täler gehören zu den schönsten deutschen Landschaften, z. B. das Lahntal. ➠ **Bad Ems** 4, seit dem Mittelalter Heilbad, bot wahrscheinlich schon den im Limeskastell stationierten römischen Soldaten in den natürlichen Whirlpools der bis über 50 °C warmen Thermalquellen Erholung. Denkmäler aus der Römerzeit (Weltkulturerbe Limes) sind auf den Lahnhöhen häufig zu finden, aber auch Prachtstücke der Bäderarchitektur (19./20. Jh.) wie Kurhaus und -theater.

Das ehemalige Residenzstädtchen **Nassau** 5 bietet u. a. den im neugotischen

Das stattliche gelbe Schloss in Montabaur

Im Spiel von Licht und Schatten: die Flusslandschaft der Lahn bei Bergnassau

Stil errichteten Talhof der Herren vom Stein und die teilrekonstruierte Ruine der Burg Nassau mit mächtigem Hauptturm hoch über dem linken Ufer der Lahn.

Die Lahn, die sich wie kein anderer größerer, schiffbarer Fluss Deutschlands in engen Mäandern durch das Gebirge schlängelt, besitzt wenige Kilometer flussaufwärts an der Schleuse Hollerich ein Refugium mit einer der seltensten Schlangenarten Mitteleuropas: der Würfelnatter. Das ungiftige, nach den würfelförmigen Flecken auf dem Rücken benannte Reptil hält sich vorwiegend am und im Wasser auf, wie auch Eisvogel und Wasseramsel.

Mit den Rebgärten am Goetheberg bei **Obernhof** 6 reicht ein Ausläufer des mittelrheinischen Weinbaugebiets weit lahnaufwärts. Hier stehen mit dem stattlichen Schloss Langenau die einzige Wasserburg im Lahntal sowie am Berghang gegenüber die viertürmige Kirche St. Maria und Nikolaus des Klosters Arnstein (10. Jh.).

In diesem Abschnitt des Lahntals und seiner Nebentäler stößt man häufig auf Halden, Hütten und Zechen des einstigen Erzbergbaus. Das im Rathaus von **Holzappel** 7 eingerichtete Heimat- und Bergbaumuseum »Esterau« dokumentiert die Geschichte der Region und mit einem Lehrpfad auf dem Betriebsgelände der 1952 geschlossenen Grube Holzappel die Entwicklung der ehemals ertragreichen Förderung von Blei-, Silber- und Zinkerzen. Am nördlichen Ortsrand lädt der Herthasee, ebenfalls ein Überbleibsel des Erzbergbaus, zum Baden.

Der besondere Reiz tief eingekerbter Mäandertäler wie dem der unteren Lahn, besteht im ständigen Wechsel flacher Gleithänge, auf denen sich Siedlungen und Feldfluren ausbreiten, und schroffen, bewaldeten Prallhängen mit ihren Felsklippen. Einer der schönsten Talabschnitte ist die ➠ **Cramberger Lahnschlinge** 8, über der an der Südseite am felsigen, zerklüfteten Prallhang der Gabelstein aufragt (von Cramberg auf der Landstraße Richtung Wasenbach bis zur scharfen Linkskurve, von dort auf dem Lahnhöhenweg, schwarzes »L«, hinauf). Dieser Fels aus Schalstein, einem kalkhaltigen Tuff, ist mit Felsspaltengesellschaften und Staudenfluren bewachsen, während in den Schluchten am Hang in einem feucht-kühlen Klima üppige Eschen-Ahorn-Schluchtwälder gedeihen. Uhus und Wanderfalken kreisen über dem Tal.

Weiter geht es zum Weiler **Schaumburg** 9 mit gleichnamigem Schloss (19. Jh.), einem der eindrucksvollsten Beispiele der Neugotik. **Diez** 10, an der Grenze des Naturparks gelegen, hat im Kern sein ursprüngliches Bild bewahrt: mit vielen Fachwerkhäusern (16./17. Jh.), frühgotischer Stiftskirche, dem imposanten Grafenschloss und dem prachtvollen Barockschloss Oranienstein, einem der vier Mutterhäuser des niederländischen Königshauses.

Zu den »Feindlichen Brüdern« Das legendäre Wirtshaus an der Lahn steht in der Lahnstraße 8 in ➠ **Lahnstein** 11. Vom Parkplatz am Allerheiligenberg wandert man auf dem markierten Lahnhöhenweg (rechts der Lahn) in die Ruppertsklamm. Die Flora am Wegesrand wird geprägt von Eichen-Elsbeeren-Wäldern an den Sonnhängen bis zu Bergahorn-Eschen-Wäldern in der tief eingekerbten Klamm, wo zwischen Moosen und Farnen die silbrigen Schötchen der Mondviole hervorglänzen. Die Kapelle am Allerheiligenberg bietet einen schönen Ausblick auf Nieder- und Oberlahnstein.

Auf dem Weg nach ➠ **Braubach** 12 verläuft die B 42 direkt unterhalb der Schieferfelsformationen des Koppelsteins, der mit seinen wertvollen Trockenrasen zu den bedeutendsten Naturschutzgebieten im Mittelrheintal zählt. Hier wachsen seltene Orchideen wie Bocksriemenzunge und Helmknabenkraut; auf den Felsen sonnt sich die Smaragdeidechse. Architektonischer Höhepunkt in weitem Umkreis ist die Marksburg bei Braubach, die einzige unzerstörte Höhenburg am Mittelrhein.

Tief im deutschen Binnenland wirken Sturm- und Lachmöwen, Nilgänse und Mandarinenten exotisch, am rechten Ufer des Rheins, im Naturschutzgebiet »Auf der Schottel« stromabwärts von **Osterspai** 13, kann man sie als Gäste beobachten, ebenso Bekassinen, Seeschwalben und Kormorane.

Nur knapp 200 Meter Luftlinie trennen die »Feindlichen Brüder«, die Burgruinen Sterrenberg und Liebenstein auf zwei Felsspornen oberhalb von **Kamp-Bornhofen** 14. Die Sage berichtet, dass sich hier dereinst zwei verfeindete Brüder von ihren benachbarten Burgen aus erbittert bekriegt haben sollen. In der Franziskanerkloster- und Wallfahrtskirche (13. Jh.) in Bornhofen steht ein Gnadenbild der Muttergottes, zu dem seit Jahrhunderten Wallfahrer in Scharen strömen.

Geschenke der Urzeit

Der Naturpark Nassau liegt im Rheinischen Schiefergebirge. Tonschiefer und andere feste Gesteinsarten aus dem Erdaltertum treten zwar vielerorts an den Talhängen zutage, unter den Hochflächen lagern jedoch oft mehrere Zehnermeter dicke, nicht oder nur leicht verfestigte Tonschichten. Sie bildeten sich hauptsächlich in der ersten Hälfte der Tertiärzeit, als in unseren Breiten noch ein feucht-warmes tropisches Klima herrschte, durch tiefgründige chemische Verwitterung. Unter den damals entstandenen Tonmineralen überwiegt Kaolinit – der begehrte Rohstoff bildet die Grundlage der seit Generationen im Kannenbäckerland betriebenen Keramikherstellung. Einen guten Überblick über das Thema bietet das Keramikmuseum Westerwald in Höhr-Grenzhausen 1 (Bild).

Überraschender Fernblick am Lahnhöhenweg

Naturpark Taunus

Der Taunus oder »die Höhe« bietet von der Südseite einen imposanten Anblick: Zwischen der Rhein-Main-Tiefebene und dem Hauptkamm am Großen Feldberg klafft eine Höhenspanne von fast 800 Metern.

SERVICE

Anfahrt A 3 bis Limburg-Süd; nächstgelegene ICE-Bahnhöfe: Frankfurt/M., Limburg a.d. Lahn

Lage Im Rheinischen Schiefergebirge zwischen Lahntal, Wetterau, Rhein-Main-Tiefland und Naturpark Rhein-Taunus

Größe 1348 km²

Höchste Erhebung Großer Feldberg (880 m)

Gründung 1962

Information Hohemarkstraße 192, 61440 Oberursel, 06171/9 79 07-0

Infohaus Taunus-Informationszentrum in Oberursel

Telefon 06081/44 21 30

Internet
www.naturpark-hochtaunus.de

TOP TIPP

2 Weilburg
Ehemals glanzvolle Residenz über der Lahn

8 Saalburg
Einmaliges rekonstruiertes Römerkastell

9 Altkönig
Taunusgipfel mit keltischer Festung und urwaldartigen Bergwäldern

11 Kronberg
Einst beschauliches Burgenstädtchen, heute ein nobler Wohnort

12 Bad Homburg vor der Höhe
Traditionsreiches Weltbad.

Das rekonstruierte Römerkastell der Saalburg am Limes

Der eigentliche Hochtaunus nimmt vom gesamten Mittelgebirge nur etwa ein Achtel ein; noch kleiner ist der Anteil des Vortaunus im Süden mit ausgedehnten Obstgärten. Der dritte, von der Fläche her größte, der Hintertaunus, fällt mit welligen Hochflächen und eingekerbten Tälern sanft zur Lahn hin ab.

Sonnenhänge und ein Schiffstunnel In den Tälern des Hintertaunus spielt die Ausrichtung der Talhänge für die Flora und Fauna eine entscheidende Rolle. So tragen die Sonnenhänge der Wehrley von **Runkel** 1 am rechten Ufer der Lahn Trockenrasen und Gebüsche, während flussabwärts die Schattenhänge der Runkeler Laach von dichten Wäldern bedeckt sind. Das reizvolle Fachwerkstädtchen liegt genau am Scheitel der Flussschleife, wo seit 1448 eine steinerne Bogenbrücke die Lahn quert und die wehrhafte Burg Runkel (12. Jh.) steht.

Für die Flussschifffahrt sind die engen Schleifen ein Mäandertal lästige Hindernisse. Um sie zu umgehen, ließ der Landesherr ab 1844 in ➠ **Weilburg** 2 mit großem Aufwand den in Deutschland einzigartigen Schiffstunnel durch die Landzunge unter dem Weilburger Schloss graben. Hoch über dem Tunnel breitet sich auf dem von der Lahn umflossenen Felsrücken die einstige Residenz der Grafen von Nassau-Weilburg aus, die mit Renaissanceschloss, barocken Bürgerhäusern und Orangerie zu den schönsten Städten in Hessen gehört.

Tiefer in den Untergrund geht es in **Kubach** 3, wo die Kristallhöhle Kubach mit Kalkspatkristallen und Perltropfsteinen lockt. Die erst 1974 entdeckte Höhle besitzt die höchste Halle (30 m) aller deutschen Schauhöhlen (www.kubacherkristallhoehle.de). Über Tage tummeln sich u. a. Rothirsche, Wildschweine, Luchse und Fischotter im Tiergarten Weilburg-Hirschhausen.

Braunfels 4, ehemals Residenz und heute Luftkurort, besitzt mit dem Wildpark »Tiergarten« auch einen kleinen Zoo, dazu den interessanten »Herrengarten« mit exotischem Baumbestand sowie das »Dr. Kanngießersche Waldmuseum« mit geologischen und botanischen Sammlungen. Über allem thront auf der Spitze eines Basaltfelsens Schloss Braunfels.

Kastelle, Kelten, Klippen Aufrechtes Fingerkraut, Bittere Kreuzblume, Kleinblütiges Springkraut – diese seltenen Pflanzen wachsen rund um den Segelflugplatz Riedelbach. Noch seltener ist im Hintertaunus die Heide mit Wacholder, Besenheide und Ginster, ein Biotop, das einst im Gebirge weit verbreitet war. In der **Riedelbacher Heide** 5 blieb ein Stück der hauptsächlich durch Beweidung entstandenen Pflanzengemeinschaft erhalten. Heiden und die nahe verwandten Borstgrasrasen findet man in den Mittelgebirgen vor allem auf kieselsäure-, d. h. quarzreichem Gestein. Die **Eschbacher Klippen** 6 (am Ortsausgang von Eschbach Richtung Michelbach) bestehen aus Gangquarz, der eine Spalte (6 km lang) im Untergrund ausgefüllt hat. Am Fuß der bis zwölf Meter hohen bizarren Felsen gibt es noch kleine Heideflächen.

Auf dem **Großen Feldberg** (880 m) 7, dem höchsten von Taunus und gesamtem Rheinischen Schiefergebirge, ist das Quarz Hauptbestandteil des Quarzits. Der helle, kompakte Fels tritt in Blöcken und Klippen wie dem Brunhildisfelsen zutage. Diese Klippen bilden schönere Aussichtskanzeln als der klotzige Aussichtsturm und bieten einen traumhaften Blick. An der Nordflanke des Kleinen Feldbergs (825 m) verläuft der Limes; dort steht auch ein Römerkastell, deren Kette sich nordostwärts auf dem Bergkamm fortsetzt und zum Saalburg-Pass mit der einzigartigen ➠ **Saalburg** (um 83) 8 führt (www.saalburgmuseum.de).

Noch tiefer in die Einsamkeit des Hochtaunus taucht man am ➠ **Altkönig** (798 m) 9; der Aufstieg ist aus jeder Richtung nur per pedes zu bewältigen, am bequemsten von den Gasthäusern am »Fuchstanz« (30 Min.). Ein gewaltiger doppelter Ringwall (wahrscheinlich ab 450 v. Chr.) und urige Wälder locken Wanderer.

Hessen vom Feinsten Der Hochtaunus ist kaum besiedelt, der Vortaunus wird dagegen dicht von Städten gesäumt. Auf dem **Burghain Falkenstein** 10, einem Bergsporn aus Grünschiefer, lassen mildes Klima und ein nährstoffreicher Boden unter dem Kronendach eines dichten Laubmischwalds eine üppige Kräuterflora gedeihen. Auf dem höchsten Punkt steht die Burgruine, und gleich gegenüber krönt die ehemals bedeutendste und größte Wehrburg des Taunus als Wahrzeichen von Königstein einen bewaldeten Bergrücken.

Die Herren von ➠ **Kronberg** 11 hinterließen ihre gewaltige Burg und die Johanniskirche mit kunstvollen Grabdenkmälern. Am nördlichen Rand der noblen Stadt im Vortaunus steht Schloss Friedrichshof, Alterssitz Viktorias von Preußen (1840–1901), der Kaiserin Friedrich – heute Nobelhotel. Der weitläufige Viktoriapark wurde im Stil eines englischen Landschaftsparks angelegt. Botanische Besonderheiten der Umgebung sind die Esskastanienbäume (»Kesten«).

Auch die Heilbäder im Vorland der »Höhe« ziehen Gäste an, vor allem ➠ **Bad Homburg vor der Höhe** 12 mit Schloss, siamesischem Tempel, Brunnen mit heilkräftigem Mineralwasser und Kurpark.

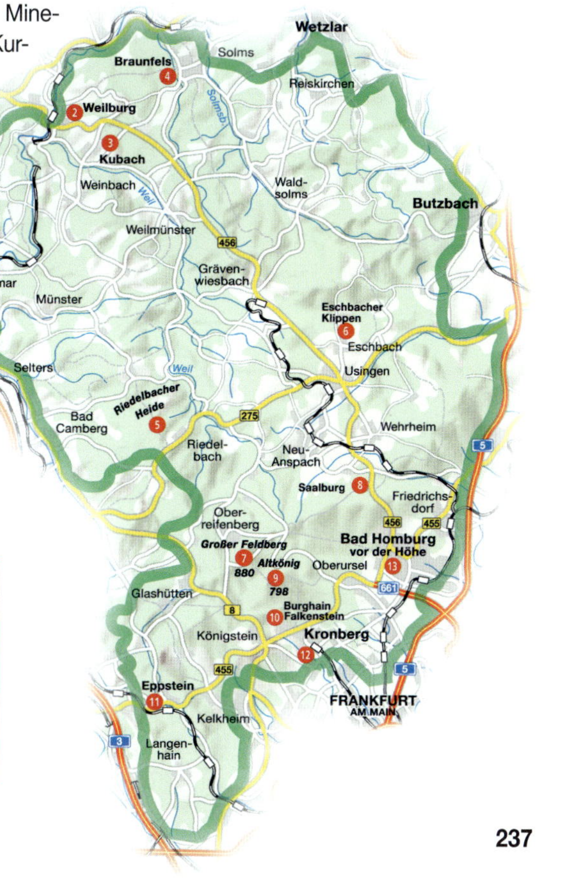

Naturpark Rhein-Taunus

Die Südgrenze des Naturparks verläuft auf der durch den Rhein geschaffenen, mit fruchtbarem Löss bedeckten Terrassentreppe. Näher an den Rhein und ins kleine Weinanbaugebiet Mittelrhein reicht der Park unterhalb von Rüdesheim am rechten Ufer des Stroms. Der größte Teil des Parks gehört zum Taunus, der Südwesten zum fast durchweg bewaldeten westlichen Hochtaunus (Rheingaugebirge).

SERVICE

Anfahrt Auf der A 3 bis Idstein, dann auf B 275 und B 54 über Taunusstein zur Burgruine Hohenstein; mit der Bahn nach Idstein; nächstgelegener ICE-Bahnhof: Frankfurt

Lage Zwischen Rhein, Hintertaunus und Naturpark Hochtaunus

Größe 810 km²

Höchste Erhebung Kalte Herberge (619 m)

Gründung 1968

Information Naturpark Rhein-Taunus, Veitenmühleg 5, 65510 Idstein

Telefon 06126/43 79

Internet www.naturpark-rhein-taunus.de

TOP TIPP

5 **Engweger Kopf** Mediterran anmutende Schieferhöhe über dem Rheintal

6 **Wispertal** Wildromantisches Engtal und schönstes Tal im Taunus

8 **Rheingauer Gebück** Relikte eines Verteidigungswalls aus Buchenhecken

10 **Kloster Eberbach** Idealtyp eines mittelalterlichen Zisterzienserklosters

12 **Neroberg** Einzigartiges technisches Denkmal der Nerobergbahn und mit Russischer Kirche

Der Torbogen der Mapper Schanze gehörte zur Verteidigungsanlage des Rheingauer Gebücks.

Er reicht vom Niederwald über dem Rheintal bis zum Wiesbadener Hochtaunus. Hinter der »Höhe« erstrecken sich über die Parkgrenzen bis zur Lahn die Hochflächen des Hintertaunus, ein geschlossenes Buchenland. Nur in der Idsteiner Senke bestimmen Ackerlandschaften das Bild, besonders im fruchtbaren Goldenen Grund.

Alte Festungen und sprudelnde Quellen Der Taunus ist ein altes Grenzgebirge; der Obergermanisch-Rätische Limes, der den Naturpark quert und zum Welterbe der UNESCO gehört, ist mit seinen Befestigungsanlagen der bedeutendste. Burgen und Burgruinen sind ebenso zahlreich, z. B. von Nollig bis zu Wallrabenstein im Wörsbachtal. Hoch über das Aartal reckt sich die wuchtige Burgruine **Hohenstein** (11./12. Jh.) 1 auf einem steilen Felsen. Im Sommer bildet der Innenhof eine stilvolle Kulisse für Burgfestspiele.

Per pedes in die Römerzeit (Wanderparkplatz an der Hühnerstraße/B 417 nordöstlich von Orlen): Der archäologische Rundwanderweg führt zu einem rekonstruierten Wachturm am Limes, zu Rundschanzen und Überresten des **Kohor-**

Blick von Assmannshausen auf die Weinhänge

tenkastells Zugmantel (ca. 223) 2, Stützpunkt einer teilberittenen Kohorte der Treverer mit Bad, Tempel, Amphitheater und Lagerdorf. **Idstein** 3 liegt unterhalb eines Felsrückens mit einer mittelalterlichen Burg und einem Renaissance-Schloss (17. Jh.). Das reich mit Schnitzwerk und Schmuckerkern verzierte Killingerhaus (1615) ist unter den zahlreichen Fachwerkhäusern und Adelshöfen der prachtvollste Blickfang, und auch die gotische Unionskirche lohnt einen Blick. Am Rand der Idsteiner Senke befinden sich die Quellen des »Selterswassers«.

Kohlensäurehaltiges Wasser sprudelt an vielen Stellen im Taunus. Am Brodelbrunnen von **Bad Schwalbach** 4 wurde schon vor 500 Jahren gekurt; heute hat sich das Städtchen zu einem der Luxusbäder Europas entwickelt und zeigt Perlen nobler Bäderarchitektur wie das im Stil der italienischen Spätrenaissance errichtete Kurhaus. Im sehenswerten Fachwerk ist das Rotenburger Schlösschen von 1602 erbaut.

Weinbau in »Rheinkultur« Wie es heißt, wurde dem stark eisenhaltigen Schwalbacher Wasser früher vor dem Versand Wein zugesetzt, um die Haltbarkeit zu verlängern … Von Lorchhausen kann man auf dem Rheingauer Rieslingpfad durch die Weinberge am ➠ **Engweger Kopf** 5 streifen. Die Schieferhöhe eröffnet einen atemberaubenden Ausblick aufs Mittelrheintal; im gleichnamigen Naturschutzgebiet mit Eichengebüsch, Trockenrasen, Weinbergsbrachen und Felsfluren gibt es so rare Pflanzen- und Tierarten wie Pechnelke und Mauer-Felsenblümchen, Schlingnatter, Steppengrashüpfer, »Spanischer Flagge« (ein Falter) und eine große Vielzahl verschiedener Spinnen.

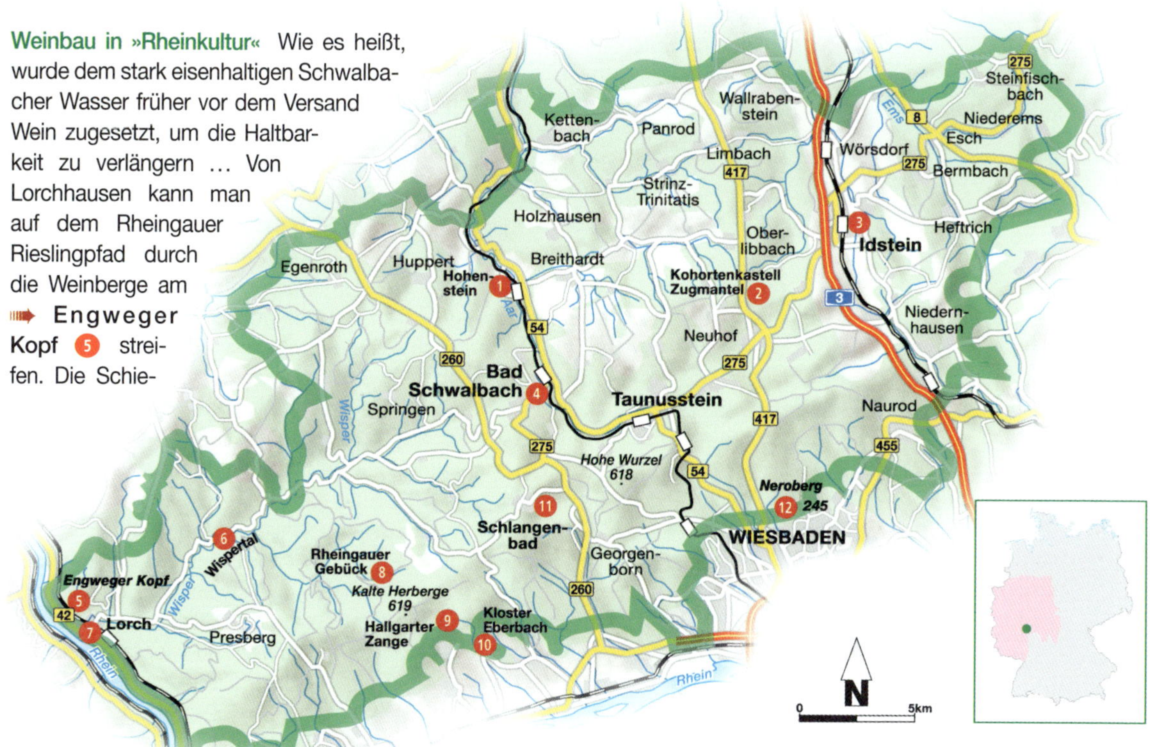

Nicht nur der Rhein prägt das Bild des Naturparks, auch Burgruinen wie die der Burg Hohenstein.

Im wildromantischen ➠ **Wispertal** 6 gibt es neben kühlen, schattigen Buchen-, Traubeneichen-Hainbuchen-, Bacherlen- und Schluchtwäldern auch offene Felsen und Blockhalden. Auch beherbergt das Tal zahlreiche seltene Tierarten wie Wasseramsel und Wildkatze, als Besonderheit auch Fledermäuse und im klaren Wasser der Wisper und ihrer Nebenbäche eine artenreiche Gewässerfauna mit Forellen und Lachsen. Beinahe das gesamte kurvenreiche Kerbtal kann man auf der Wisperstraße »erfahren« oder auf Dutzenden von Wegen, etwa rund um den aufgestauten Wispersee, erwandern. Anspruchsvollere Wanderwege zu den alten Mühlen und Burgen im Wispertal starten in **Lorch** 7. In Hessens westlichster Weinstadt mündet die Wisper in den Rhein, direkt unterhalb der pittoresken Burgruine Nollig. Den frühe Wohlstand (siehe Hilchenhaus, Zehnthof) verdankt Lorch nicht dem Weinanbau, sondern seiner Lage nahe der von den Schiffern gefürchteten Rheinenge des Binger Lochs. Hier musste die Fracht größerer Schiffe auf kleinere oder auf Wagen umgeladen werden – für die Stadt ein lukratives Geschäft.

Bollwerk aus Sträuchern und hessisches Taj Mahal Das ➠ **Rheingauer Gebück** 8, eine Verteidigungsanlage (fast 40 km Länge), die die Rheingauer rund 500 Jahre lang vor ihren Feinden schützte, bestand aus einer dicht verwachsenen Hain- und Rotbuchenhecke, deren Stämme und Triebe umgebogen (»gebückt«) und miteinander verflochten wurden und die durch mächtige Torbollwerke verstärkt war. Eines dieser Bollwerke samt neu angepflanztem Gebück ist an der Mapper Schanze erhalten (vom Parkplatz »Kreistanne« nahe der Hallgarter Zange über Rheinhöhen- und Gebückwanderweg). Von der **Hallgarter Zange** 9, einem felsigen Ausläufer der Kalten Herberge, des höchsten Bergs im Rheingau, schweift der Blick weit über Rheingau und Rhein hinweg bis nach Rheinhessen.

Vom Parkplatz am ➠ **Kloster Eberbach** 10 starten aussichtsreiche Wanderwege. Die Klosterschänke bietet u. a. mit den

Gutsweinen Wohltaten für den Leib. Die Seele genießt die von einer Mauer umschlossene Anlage des ehemaligen Zisterzienserklosters, eines der großartigsten Beispiele der deutschen Romanik, Hessens bedeutendstes architektonisches Gesamtkunstwerk und zugleich Idealtypus einer zisterziensischen Klosteranlage des Mittelalters.

Hinter den bewaldeten Bergrücken zwischen Eber- und Kiedricher Bach liegt das Naturschutzgebiet Weihersberg, in dem die Äskulapnatter lebt. Die von braun über oliv bis grauschwarz gefärbte *Elaphe longissima* kann eine Länge von bis zu zwei Metern erreichen, ist jedoch völlig ungiftig. Im Rheingautaunus ist auch das alte Heilkunstsymbol der Äskulapnatter noch häufig zu sehen, vor allem in der Umgebung von **Schlangenbad** (11), dem idyllischen Thermalbad am »Warmen Bach«. Der »Äskulappfad« im hinteren Kurpark informiert über das vom Aussterben bedrohte Reptil.

Die neun warmen Quellen in Schlangenbad weisen Temperaturen bis gut 30 °C auf. Wiesbaden, das Aquae Mattiacorum der Römer und heute hessische Landeshauptstadt, besitzt mehr als 25 Thermen mit bis zu 66 °C, wie den »Kochbrunnen«. Wasser wird hier auch für die Antriebskraft für die Nerobergbahn genutzt, die seit über 100 Jahren ihre Passagiere abgasfrei und umweltschonend auf den ➡ **Neroberg** (12), Wiesbadens Hausberg an der Grenze des Naturparks, befördert. Oben erwartet einen neben der grandiosen Aussicht als architektonischer Leckerbissen die Russische Kirche mit fünf vergoldeten Kuppeln, das »nassauische Taj Mahal« (19. Jh.) in russisch-byzantinischem Stil.

Taunus Wunderland

Zum beliebten »Abenteuerspielspaßpark« folgt man von Schlangenbad (11) den Schildern an der B 260. Die großzügig bemessene Anlage mit mehr als 30 Attraktionen für Klein (und Groß) bietet jede Menge Vergnügen: Drachen-Achterbahn, Westerneisenbahn, Geisterhöhle, Spukhaus, Rutschenparadies und Wildwasserbahn. Gemächlicher geht es im Wunderland-Zoo zu, wo sich Esel, Schafe und Ziegen gern füttern und streicheln lassen, oder im Märchenwald und beim Froschkonzert. Für die Kleinsten (unter 100 cm Körpergröße) ist der Besuch übrigens kostenlos (www.taunus-wunderland.de).

Im Kloster Eberbach gibt es eine historische Weinpresse zu sehen.

Naturpark Hoher Vogelsberg

Der Vogelsberg ist ein recht junges Vulkangebirge, das größte und geschlossenste Mitteleuropas. Unter dem Oberwald im Kern lagert ein dicker Schichtenstapel aus Basalt, Basanit, Tuff und anderen vulkanischen Gesteinen. Vor 15 bis 19 Millionen Jahren war die Region am nördlichen Ende des Oberrheingrabens ein Hexenkessel: Lavaströme wälzten sich durch eine flache Niederung mit Flüssen und Seen, Ascheregen gingen nieder, bei heftigen Eruptionen wurden Wälder auf weiten Flächen durch Glutlawinen und Druckwellen vernichtet.

SERVICE

Anfahrt A 5 bis Homberg (Ohm), weiter nach Mücke und B 276 nach Laubach; nächstgelegener ICE-Bahnhof: Fulda

Lage In der Mitte Hessens, nordöstlich von Frankfurt/M. und westlich von Fulda

Größe 883 km²

Höchste Erhebung Taufstein (773 m)

Gründung 1958

Information Zweckverband Naturpark Hoher Vogelsberg, Karl-Weber-Str. 2, 63679 Schotten

Telefon 06044/26 31

Infohaus Auf dem Hoherodskopf

Internet www.naturpark-hoher-vogelsberg.de

TOP TIPP

- **1 Laubach** Idyllisches Residenzstädtchen am Rande des Naturparks
- **6 Schotten** Kulturelles Zentrum des Hohen Vogelsbergs
- **9 Taufstein** Höchster Gipfel des Gebirges mit urwüchsigen Wäldern
- **11 Bilstein** Sagenumwobene Felsklippe
- **14 Mooser Teiche** Bedeutendes Vogelbrut und -rastgebiet

Der hessische Naturpark lockt mit urtümlichen Landschaften wie hier am Hasselbach bei Ilbeshausen.

Unter dem subtropischen Klima des jüngeren Tertiärs verwitterte das Gestein, Sturzfluten ebneten die Vulkane ein, im Eiszeitalter nagte der Frost an den letzten Klippen. So präsentiert sich der Hohe Vogelsberg heute überwiegend als ein Gebirge mit sanften Rundungen, bewaldeten Hochflächen und breiten Wiesengründen.

Prächtige Residenzen, winzige Gotteshäuser Durch den Hohen Vogelsberg verläuft die Hauptwasserscheide Deutschlands zwischen Rhein und Weser. Historische Grenzen zergliederten das Gebirge in eine Vielzahl kleinerer Territorien. Zu den schönsten Orten im Vorderen Vogelsberg gehört das Städtchen ➠ **Laubach** 1. Im trutzigen Schloss der Grafen zu Solms-Laubach beeindruckt die riesige Bibliothek, und Naturfreunde begeistert die pflanzliche Artenvielfalt im Schlosspark.
Die Gotteshäuser der Dorfbewohner sind klein, aber fein: winzige Fachwerkbauten

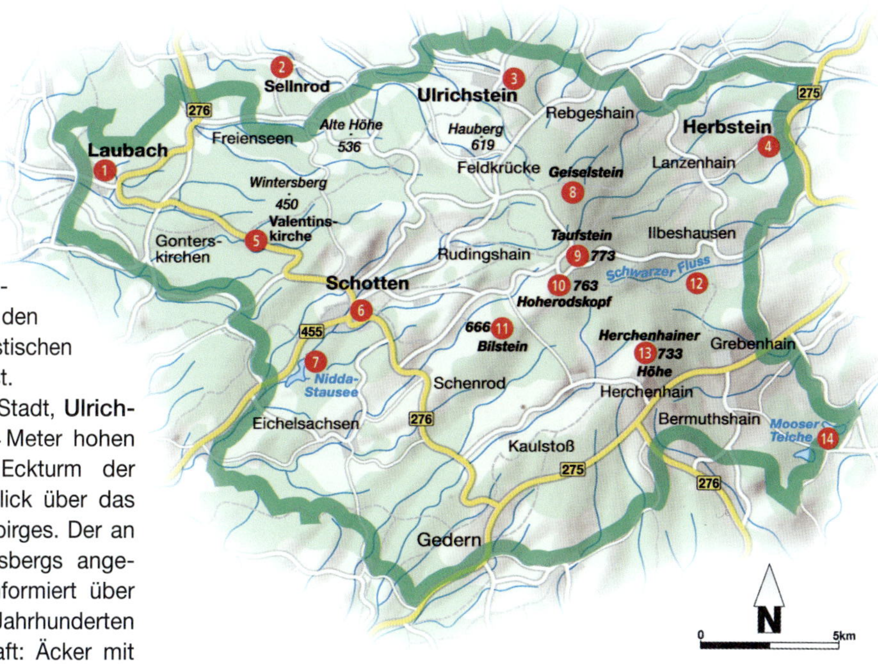

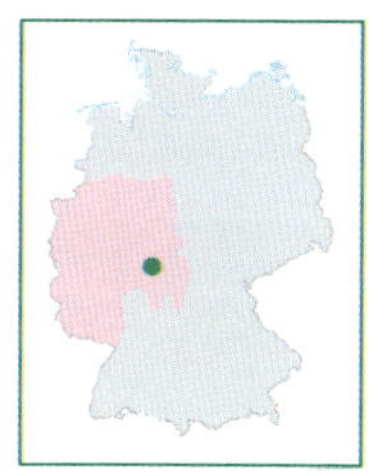

mit geschiefertem Dachreiter, meist von Holzschindeln verkleideten Seitenwänden und einer prachtvollen Schaufassade mit bunt bemalten Schnitzereien. **Sellnrod** 2 im Tal der Sausel besitzt ein besonders sehenswertes Beispiel dieser für den Vogelsberg charakteristischen ländlichen Kirchenbaukunst.

Hessens höchstgelegene Stadt, **Ulrichstein** 3, bietet vom 614 Meter hohen Schlossberg und dem Eckturm der Burgruine einen weiten Blick über das westliche Vorland des Gebirges. Der an den Hängen des Schlossbergs angelegte Vogelsberggarten informiert über die Pflanzenwelt einer in Jahrhunderten gestalteten Kulturlandschaft: Äcker mit Ackerunkräutern, Viehweiden, alte Obstbaumsorten, typische Hecken, Gärten u. v. m. Mehr Infos über Land- und Forstwirtschaft, Jagd und ländliche Kultur erhält man im Museum im Vorwerk an der Hauptstraße.

Katholischer Vorposten und ein verlassenes Dorf Ulrichstein ist ein Startpunkt am Rundwanderweg »Vulkanring Vogelsberg« (125 km lang, 6 Tagesetappen), der die landschaftlichen und kulturellen Höhepunkte rund um den Naturpark verbindet. Immer trifft man auf Spuren der Erd- und Territorialgeschichte, wie in **Herbstein** 4. Die »Stadt auf dem Berge« besitzt Hessens höchste, von Salzlagern im tiefen Untergrund gespeiste, gut 32 °C warme Heilquelle. Das Fastnachtsmuseum erzählt über die Herbsteiner »Foaselt«, und die katholische Stadtpfarrkirche St. Jacobus d. Ä. birgt sich eine reiche Ausstattung. Die mittelalterliche Stadtbefestigung umschließt noch einen Teil der malerischen Altstadt.

Das Dorf Ruthardshausen wurde im 16. Jahrhundert von seinen Bewohnern verlassen. Die spätgotische Ruine der **Valentinskirche** 5 im Laubacher Wald, dem einsamsten Teil des Gebirges (oberhalb der B 276 Laubach–Schotten), blieb als Einzige erhalten.

Auf eine über 1200-jährige Geschichte blickt ➠ **Schotten** 6 zurück, ein von schottischen Missionaren gegründeter Wallfahrts- und heute Luftkurort. Das Rathaus (1530), einer der prächtigsten Fachwerkbauten im Vogelsbergraum, und die nach dem Vorbild der Elisabethkirche in Marburg ab 1300 errichtete Liebfrauenkirche (14. Jh.) sind die bedeutendsten architektonischen Denkmäler. Die durch Schotten fließende Nidda ist wenige Kilometer unterhalb der Stadt zum **Nidda-Stausee** 7 aufgestaut, der in den Sommermonaten als Wassersportparadies beliebt ist.

Attraktive Hochfläche Auf dem im Tertiär durch fließendes Wasser und im Eiszeitalter durch Frost eingeebneten Oberwald-Plateau sind die meisten Sehenswürdigkeiten auf bequemen Spaziergängen zu erreichen, wie der **Geiselstein** 8. Der von seltenen Moosen, Farnen und Flechten bewachsene Fels enthält viel Magneteisenerz und lenkt deshalb die Kompassnadel deutlich ab. Im Norden des Geiselsteins erstreckt sich die Goldwiese, die im Sommer die

Das efeuumrankte Laubacher Schloss

Blüten der Arnika goldgelb färbt. Nach einem Waldstück mit urigen Altholzbeständen beginnt südwärts die Breungeshainer Heide, das einzige Hochmoor im Vogelsberg.

Vom Bismarckturm auf dem ➠ **Taufstein** (773 m) **9**, der höchsten Erhebung im Oberwald, hat man einen wunderbaren Fernblick. Am Fuß des Turms befindet sich der Bonifatiusborn, an der der Missionar die ersten Christen im Vogelsberg getauft haben soll. Wegen der urwaldartigen Blockhaldenwälder, die den Gipfel säumen, steht der Taufstein unter Naturschutz.

Über den Naturschutz in der Region informiert das Touristik- und Naturschutz-Informations-Zentrum auf dem **Hoherodskopf** **10**, dem zweithöchsten Vogelsberger Gipfel und meistbesuchten Touristenziel im Oberwald. An den Hängen der von einem markanten Sendeturm gekrönten Kuppe verläuft eine Sommerrodelbahn.

Geheimnisvoller Vogelsberg Der beste Aussichtspunkt des Vogelsbergs ist klar der ➠ **Bilstein** **11**, eine zerklüftete Basaltklippe am höchsten Punkt der Straße Breungeshain–Sichenhausen, um die sich viele Sagen ranken: Bei guter Sicht blickt man über die fruchtbare Wetterau bis zum Taunus und nach Frankfurt. Ge-

Die Altstadt von Schotten glänzt mit der reich verzierten gotischen Liebfrauenkirche.

Die reizvolle Teichlandschaft in der Nähe von Ober-Moos

heimnisumwittert ist auch der **Schwarze Fluss** 12, der am Ostrand des Oberwalds durch ein idyllisches, von bizarren Felsformationen gesäumtes Waldtal strömt und in Ilbeshausen-Hochwaldhausen die Wasserräder der schönen Teufelsmühle antreibt.

Himmlisch dagegen wirkt die frühsommerliche Blütenpracht auf der **Herchenhainer Höhe** 13 mit ihren Goldhaferwiesen, der farbenprächtigsten und artenreichsten Pflanzengemeinschaften in Deutschlands höheren Mittelgebirgen. Neben Gräsern wie Goldhafer, Wolligem Honig- oder Wiesenrispengras bestimmen im Frühsommer krautige Arten mit ihrem Blütenflor das Bild: rosafarbener Schlangenknöterich, blaue Bergflockenblume, gelbe Trollblume, weiße Margerite. Zahlreiche bunte Schmetterlinge flattern über den Wiesen. Im Hohen Vogelsberg sind die sonst durch Überdüngung und Übernutzung stark gefährdeten blütenreichen Goldhaferwiesen z. B. noch rund um Herchenhain, dem höchstgelegenen Dorf (657 m) des Vogelsbergs, zu bewundern.

Das Gebirge besitzt keinen natürlichen See, wohl aber zahlreiche Teiche. Rund um Ober-Moos liegen 15 kleine und große Wasserflächen verstreut. Die ➡ **Mooser Teiche** 14 bilden die »Vogelsberger Seenplatte«. Sie wurden seit dem Mittelalter vom Menschen vor allem zur Fischzucht angelegt und waren eine wichtige Einnahmequelle für Bevölkerung und Landesherren. Heute haben die Teiche noch eine große ökologische Bedeutung: als »Trittsteine« auf dem Vogelzug für u. a. Enten, Austernfischer und Säbelschnäbler sowie als Brutgebiete für Schwarzhals- und Zwergtaucher, Eisvogel und über 100 weitere Vogelarten.

Strom aus Windkraft

Der tief im Binnenland gelegene Vogelsberg gilt als Starkwindgebiet, das sich bestens zur Nutzung der Windkraft eignet. An über 150 Orten drehen sich die Rotoren der Windkraftanlagen, die die Energie der Luftströmungen in elektrische Energie umwandeln, z. B. am Parkplatz »Ulrichsteiner Kreuz«, an der Einmündung der L 3073 in die Ringstraße Hoher Vogelsberg. Messinstrumente am Fuß der grauen Giganten informieren über Windgeschwindigkeit, momentane Leistung und die im Lauf der Betriebszeit geleistete Arbeit. Obwohl sie dazu beitragen, den Ausstoß von Kohlendioxid zu vermindern, sind die Windräder als Gefahr für die Vogelwelt im Vogelsberg heftig umstritten.

Naturpark Lahn-Dill-Bergland

SERVICE

Anfahrt A5 Richtung Frankfurt, A 480 Richtung Marburg, L 3047 Richtung Bad Endbach. Nächste IC-Bahnhöfe: Marburg und Gießen

Lage Im westlichen Mittelhessen-zwischen Rothaargebirge, Westerwald, Taunus und Westhessischem Bergland

Größe 874 km^2

Höchste Erhebung Sackpfeife (674 m)

Gründung 2007

Information Naturpark Lahn-Dill-Bergland, Herborner Straße 1, 35080 Bad Endbach

Telefon 02776/801-15

Internet www.lahn-dill-bergland.de

TOP TIPP

1 **Eibach** Wacholderheiden am Kanzelstein

6 **Herborn** Malerische Fachwerkstadt

10 **Gladenbacher Bergland** Talsperre mit Lebens raum für viele seltene Vogelarten

11 **Wildpark Donsbach** Tiergehege mit Streichelzoo

Über die Hälfte des Naturparks Lahn-Dill-Bergland im westlichen Mittelhessen ist mit Wald bedeckt. Doch immer wieder geben die Bäume den Blick frei auf weitläufige Wiesen voller Blüten und Kräutergewächse. Tiefe Kerbtäler, hoch emporragende Reliefs und ein feingliedriges Netz aus Bächen kennzeichnen die Landschaft zwischen den namensgebenden Flüssen Lahn und Dill. Nahe der Stadt Biedenkopf erhebt sich die »Sackpfeife«, der höchste Berg (674 m) im Naturpark. Schlösser und Burgruinen erinnern an längst vergangene Tage, Bergwerke zeugen vom hohen Erzvorkommen in der Region.

Ausblickspunkt Schönscheid

Der Naturpark mitten in Hessen wurde erst 2007 gegründet. Dem Besucher bietet sich dort eine verträumte Mittelgebirgslandschaft zwischen den Städten Marburg, Siegen und Gießen. Die Höhenlagen bieten wahren Schätzen der Natur einen wichtigen Lebensraum: Seltene Pflanzen wie Fieberklee oder Wollgras und Wiesenfarne wie die Mond-raute oder die Natternzunge sind im Sommer auf den Wiesen zu finden. In den Wäldern der Höhenlagen sind vor allem Eichen, Buchen und Erlen vertreten. Doch auch Raritäten wie die Wacholderheiden bei ➡ **Eibach** 1, **Dautphe** 2 oder **Simmersbach** 3 sind zu entdecken.

Wanderungen in sechs Etappen **Dillenburg** 4 gilt als Knotenpunkt für Wanderwege: Der Ort ist Endpunkt des bekannten 154 km langen Rothaarsteigs über den Gebirgskamm des Rothaargebirges. In Dillenburg können Wanderer zu den unterschiedlichsten Routen aufbrechen. Wer den Naturpark erkunden will, sollte den Lahn-Dill-Bergland-Pfad wählen, eine etwa 90 km lange Route nach Marburg. Der Weg führt zu romantischen Schlössern wie dem Landgrafenschloss in **Marburg** 5, beeindruckenden Felsvorsprüngen, idyllischen Bergtälern und in luftige Höhen. Er ist in sechs Etappen aufgeteilt (www.lahn-dill-bergland.de). Ein weiterer

Startpunkt neben Dillenburg liegt in der malerischen Fachwerkstadt ➠ **Herborn** ❻. Man sollte unbedingt noch ein Blick in die »Dillenburger Unterwelt« werfen: die Kasematten unterhalb des Wilhelmsturms, eine der größten unterirdischen Verteidigungsanlagen West-Europas. Das Dillenburger Schloss wurde im Siebenjährigen Krieg zerstört, doch das darunter befindliche Mauerwerk aus dem 16. Jahrhundert blieb weitestgehend erhalten.
Weiter im Norden liegt nahe der Stadt **Biedenkopf** ❼ der Berg »Sackpfeife«, ein beliebtes Ausflugsziel zu jeder Jahreszeit mit Kaiser-Wilhelm-II.-Turm, Streichelzoo, Sommerrodelbahn und Indianerdorf. Im Winter verwandelt sich die Sackpfeife dann in ein Ski- und Rodelparadies.
Das Lahn-Dill-Gebiet zählt zum »Hessischen Synklinorium«, eine Art wannenförmige Einbuchtung. Sie entstand im Paläozoikum (Erdaltertum): Die Erdschichten warfen Falten und schoben sich übereinander, sodass Hebungen und Bruchlinien entstanden. Diese geologische Besonderheit ist der Grund für das hohe Vorkommen an Erzen und Mineralien in der Region. Eine der ertragreichsten Erzbergwerke im Lahn-Dill-Gebiet war die Grube Fortuna in Solms-Oberbiel bei **Wetzlar** ❽. Aufgrund von archäologischen Funden wird davon ausgegangen, dass sich bereits die Kelten die Bodenschätze zu Nutze machten. In den Bergamtsakten wird das Erzvorkommen bei Wetzlar 1847 zum ersten Mal schriftlich erwähnt. Nach einer langen, wechselhaften Geschichte wird das Bergwerk dann 1983 geschlossen. Als Besucherbergwerk öffnet es Ende der 1980er-Jahre erneut seine Pforten. Zusammen mit dem Feld- und Grubenbahnmuseum stellt es ein einzigartiges industriegeschichtliches Ensemble dar. Echte Bergleute führen die Besucher unter Tage herum und geben einen guten Einblick in die Geschichte und Faszination der Arbeit in vielen Metern Tiefe (Tel. 06443/82460).
Nahe der eher südlich gelegenen Gemeinde **Bischoffen** ❾ liegt die Aartalsperre im Niederweidbacher Becken, eine hügelige Talmulde im ➠ **Gladenbacher Bergland** ❿. Die Talsperre dient als Hochwasserschutz bei hohen Ständen der Flüsse Aar und Dill. Die Vorsperre steht unter Naturschutz und bietet mit künstlich geschaffenen Inseln einen Lebensraum für viele seltene Vogelarten. Der große Stausee ist seit 1992 als Badesee freigegeben und wird außerdem zum Angeln, Segeln und Surfen genutzt. Auf einem 7,5 km langen Rundweg um den See herum kann das ganze Gebiet erkundet werden. Von dort aus führt auch der Aartalseeradweg ohne besonders anstrengende Steigungen nach Herborn.

Wildpark Donsbach

Bergziegen, Damhirsche, Wildschweine und noch viel weitere Bewohner des Waldes – die können die Besucher im ➠ **Wildpark Donsbach** (bei ⓫) hautnah erleben. Der kleine Park ist eines der wenigen Tiergehege, das auch Formosa-Sikahirsche beherbergt. Die taiwanesische Unterart ist vom Aussterben bedroht. Für kleine Kinder ist vor allem der Streichelzoo mit Kaninchen, Meerschweinchen und Co. verlockend. Der Wildpark ist ganzjährig geöffnet: Im Sommerhalbjahr von 8 bis 18 Uhr, im Winterhalbjahr von 10 bis 16 Uhr (Tel. 02771/896-249).

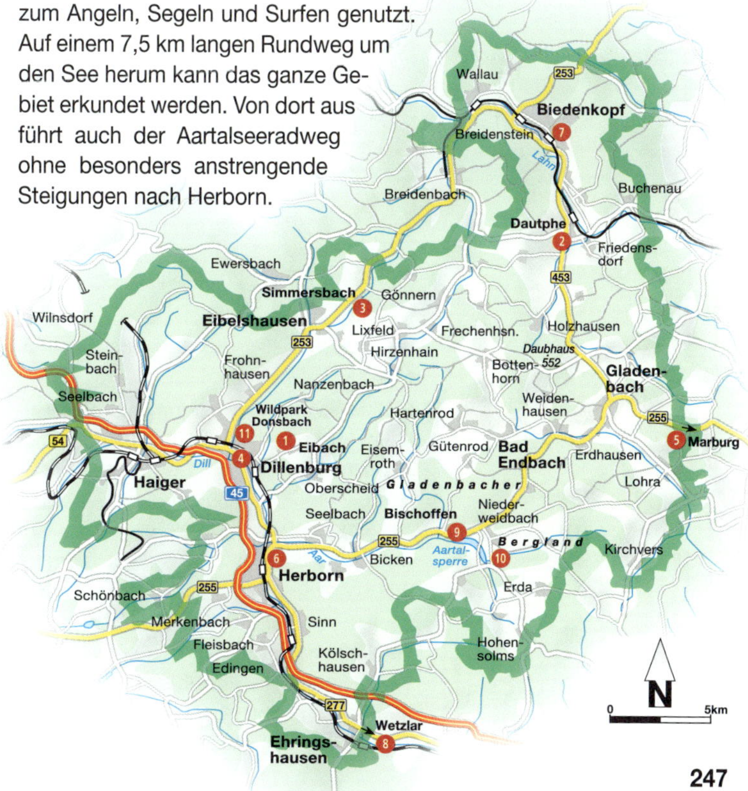

Naturpark Spessart

Das teils tief eingegrabene Tal des Mains umschließt das Naturparkgebiet im Osten, Süden und Westen. Weitläufige Laubwälder mit alten Buchen und Eichen sind das Markenzeichen des Spessarts, wenn auch Abholzungen für die Glas- und Soleindustrie im Norden des Waldgebiets durch Fichtenaufforstungen dominiert werden. Im Naturschutzgebiet Rohrberg wird die Waldidylle von eindrucksvollen Flusstälern durchbrochen mit geschäftigen Städtchen wie Lohr oder Klingenberg.

SERVICE

Anfahrt Auf der A 7 bis Bad Brückenau oder auf der A 66 bis Steinau an der Straße und weiter bis Burgsinn; nächstgelegene ICE-Bahnhöfe: Fulda, Frankfurt/M., Aschaffenburg, Würzburg

Lage Nordwestlich von Würzburg, im nördlichen Bayern

Größe 1710 km^2

Höchste Erhebung Geiersberg (585 m)

Gründung 1963

Information Naturpark Spessart e. V., Frankfurter Str. 4, 97737 Gemünden am Main

Telefon 09353/60 34 46

Infohaus In Gemünden am Main

Internet www.naturpark-spessart.de

TOP TIPP

1. **Burgsinn** Faszinierende Schachblumenwiesen
4. **Hafenlohrtal** Flora und Fauna eines intakten Spessarttals
5. **Mespelbrunn** Vom Weiherhaus zum Wasserschloss
8. **Klingenberg** Wilde Schlucht und hohe Ruine Clingenburg
10. **Lohr** Romantische Altstadt mit Kurmainzer Schloss und Spessartmuseum

Waldidyllen und Flusstäler wie das Hafenlohrtal prägen den Naturpark Spessart.

Blühende Wiesen und dunkle Stollen Im Frühjahr blühen die Schachblumen auf den Wiesen beim Markt ➠ **Burgsinn** (1), und bei Obersinn beginnt der ausgeschilderte »Erlebnispfad Schachblumenwiesen«. Die violett blühenden Liliengewächse kommen sonst in Deutschland nur noch im norddeutschen Flachland vor. Weitläufige, regelmäßig überschwemmte Wässerwiesen bieten im breiten Tal der Sinn diesen Pflanzen einen optimalen Lebensraum. Zwischen April und Mai kann man auf dem über 500 Hektar Sinngrund Millionen von Blüten bewundern. In Burgsinn locken Fronhofer Schlösschen, Neues Schloss (beide 17. Jh.) und die Wasserburg mit Bergfried (10. Jh.).

In Sommerkahl bei **Schöllkrippen** (2) kann man die »Grube Wilhelmine« (16. Jh.) besichtigen. Auf einem Rundweg, 23 Meter unter der Erde, wird die wechselhafte Geschichte der Grube erläutert. Eindrucksvoll sind auch die Verfärbungen an den Bruchwänden des Steinbruchs oberhalb der Grubeneingänge, wo Sekundärmineralien in allen Blau- und Grüntönen schimmern (www.bergwerk-im-spessart.de). Im Sommer erfrischt in Schöllkrippen das Naturerlebnisbad mit Schwimmteich und Wassergrotte.

Nach dem Luftkurort **Heigenbrücken** 3 wurde eine geologische Folge im Buntsandstein benannt. Vom Parkplatz am Ortsrand geht es zum Wildgehege mit einheimischem Schwarz-, Dam- und Rotwild. Ein Wasserlehrpfad informiert entlang dem Bach u. a. über Wasserwirtschaft, -nutzung und die Welt der Tiere im Wasser. Freunde des Spessartwalds folgen dem beschilderten Waldlehrpfad. Eine besondere Art der Wiesenbewirtschaftung ist im Tal südöstlich von Heigenbrücken noch gut erhalten bzw. rekonstruiert worden: die gewölbten Flächen der Rückenwiesen (ab Mitte 19. Jh.). Durch Gräben auf dem Scheitelpunkt wurde Bachwasser geleitet; so konnte man bis zu sieben Schnitte pro Jahr einfahren.

Burgsinn lockt mit einer Wasserburg.

Eines der wenigen, weitgehend intakten Spessarttäler, das ➠ **Hafenlohrtal** 4, erkundet man am besten auf einer

Wanderung von Lichtenau bei Weibersbrunn aus. Die Kombination von Wald, Wiese und Bach formt hier einen Lebensraum, der so mancher bedrohten Tier- und Pflanzenart eine Heimat bietet: z. B. ca. 400 Farn- und Blütenpflanzen, darunter Gelbe Schwertlilie und Fieberklee. Vor allem einige seltene Vogelarten sind mitunter zu sehen, z. B. Eisvogel, Bekassine, Waldschnepfe und Pirol.

Mespelbrunn – vom Weiherhaus zum Wasserschloss Zum ➠ **Wasserschloss Mespelbrunn** 5 führt ein schöner Weg vom Ort durch ein kleines Nebental der Elsava, mit großen Alleebäumen und allerlei Wasserflächen. 1419 noch ein unbefestigtes Weiherhaus, steht man heute vor einem prächtigen Wasserschloss mit lauschigem Innenhof und reich ausgestatteten Räumen (www.schloss-mespelbrunn.de).

Beim Wanderparkplatz **Rohrberg** 6 bei Rohrbrunn sind gleich drei Naturschutzgebiete ausgewiesen: Rohrberg, das Naturwaldreservat Eichhall sowie das Naturschutzgebiet Metzgergraben und Krone. In allen drei Gebieten greift die Waldwirtschaft seit Langem nicht mehr ein – abgestorbene Bäume verwittern, stürzen um und werden durch Pilze, Insekten und Mikroorganismen zersetzt. Damit bietet das Totholz eine Grundlage für junge Bäume.

Von den einst zahlreichen Eisenhämmern im Spessart ist nur noch der **Eisenhammer Hasloch** (1779) 7 übrig. Bei einer Vorführung erlebt man die beiden Hämmer in Aktion (www.eisenhammerhasloch.de).

Ihren Namen verdankt die Stadt ➠ **Klingenberg** 8 einer »Klinge«, einer wildromantischen Schlucht, die der Klingenbach in den steilen Talhang des Mains gegraben hat. Den Weg in die Klinge säumen bizarre Felsformationen, über Brücken geht es am Bach entlang und hinauf zur Ruine Clingenburg. Ein bekannt guter Spätburgunder und einer der feinsten Tone der Welt haben Klingenberg bekannt gemacht. Über Weinan- und Tonabbau erfährt man im örtlichen Weinbau- und Heimatmuseum mehr (www.klingenberg-main.de).

Wer von Urphar nach Kreuzwertheim fährt, hat die Mainschleife bei **Urphar** 9

Inneneinrichtung des prächtigen Wasserschlosses Mespelbrunn

Das Fachwerkambiente in der Altstadt von Lohr

schon umrundet. Vor Wertheim geht es nach rechts Richtung Kreuzwertheim über die Brücke und gleich danach wieder rechts in eine kleine Straße (nach ca. 1,5 km Wanderparkplatz). Ein mit »H« markierter Wanderweg führt die Mainschleife entlang und auf den »Himmelreich« genannten Bergsporn mit wunderbarem Blick auf den Main und seine Schleife. In Höhe der Ortschaft Bettingen, auf der anderen Mainseite gelegen, verlässt man den Weg und hält sich links Richtung Kreuzwertheim zum Ausgangspunkt zurück (gesamt 3 Std.).

Mensch und Wald – lebendige Vergangenheit Die sehenswerte Altstadt von ➡ **Lohr** (10) erkundet man am besten vom großen Parkplatz Altstadt-Ost am Mainufer aus. Der Bayersturm (13./14. Jh.), Hauptturm der Stadtbefestigung, bietet einen schönen Blick über Lohr und Umgebung. Am Schlossplatz steht das Kurmainzer Schloss mit dem Spessartmuseum, das mit Sammlungen zum Thema »Mensch und Wald« die Vergangenheit lebendig werden lässt.

Das Naturpark Spessart-Infozentrum in **Gemünden am Main** (11) im ehemaligen Huttenschloss informiert über den Naturpark Spessart. Die Ausstellung im Untergeschoss zeigt die Natur- und Lebensräume des Gebiets mit seinen Tierarten, wie dem Biber, der sich u. a. im Sinntal wieder angesiedelt hat.

Heigenbrückener Formation

Ein Rundweg der »Europäischen Kulturlandschaft Spessart« beginnt in Heigenbrücken (3). Der nach dem Ort benannte geologische Abschnitt im Buntsandstein ist oberhalb des Bahnhofs an einem Aufschluss zu sehen. Die Bezeichnung geht auf eine wissenschaftliche Arbeit aus dem 19. Jh. zurück, in der die Formation erstmals als die Heigenbrückener erwähnt ist. Der ca. 6 km lange Rundweg streift noch mehr historische Marksteine der Region. Sechs informative Tafeln erläutern u. a. die Themen Glasherstellung und Tunnelbau. Im Heigenbrückener Rathaus ist zu diesem Rundweg ein dreisprachiger Führer erhältlich.

Naturpark Hessischer Spessart

SERVICE

Anfahrt A 66 bis Schlüchtern-Nord oder -Süd; nächstgelegene ICE-Bahnhöfe: Fulda, Frankfurt/M.

Lage Im Norden begrenzt vom Kinzigtal, im Osten, Süden und Westen von der hessisch-bayerischen Landesgrenze

Größe 730 km²

Höchste Erhebung Hermannskoppe (567 m)

Gründung 1964

Information Zweckverband Naturpark Hessischer Spessart, Georg-Hartmann-Str. 5–7, 63637 Jossgrund-Burgjoß

Telefon 06059/90 67 83

Infohaus In Bad Orb/Wegscheide

Internet www.naturpark-hessischer-spessart.de

TOP TIPP

- **2 Landschaftspark Ramholz** Reizvoller englischer Landschaftspark
- **4 Teufelshöhle** Eine für den hessischen Spessart einzigartige Tropfsteinhöhle
- **5 Steinau an der Straße** Geburtsstadt der Brüder Grimm mit Museum und historischer Altstadt
- **7 Jossatal** Botanisch interessant mit Wandermöglichkeiten
- **9 Gelnhausen** Stadt mit Kaiserpfalz und alten Fachwerkhäusern

Der Park liegt im nördlichen Buntsandstein-Spessart, einem der größten zusammenhängenden Waldgebiete Deutschlands mit verhältnismäßig rauem Klima. Da kaum landwirtschaftliche Nutzung stattfindet, wurden die ursprünglichen Laubwälder wieder aufgeforstet; so gibt es heute auch Rotbuchenbestände und die Spessart-typischen Eichenwälder.

Die Teufelshöhle ist mit ihren langsam wachsenden Tropfsteinen eine Seltenheit.

Neben Heidekraut, Waldmeister und Besenginster zählt die Heidelbeere zur charakteristischen Vegetation. Fingerhut und Schachblume wachsen in den Auwiesen. In den Wäldern leben heimischem Wild sogar wieder Wildkatze und Biber sowie das scheue Schwarzwild. Häufig sieht und hört man den Specht, das Wappentier des Naturparks.

Englischer Park im Spessart Bis ins 8. Jahrhundert reichen die Wurzeln des Luftkurorts **Schlüchtern** 1 nordöstlich des Kinzigstausees. Um diese Zeit gründeten Benediktiner hier ein Kloster. Die karolingische Krypta gilt als einer der ältesten erhaltenen Sakralbauten Deutschlands. Der Waldpark Acisbrunnen mit der Acisquelle ist ein weitläufiges

Erholungsgebiet und bietet neben Wildgehege und Kneippbecken auch einen Naturerlebnispfad und Rundwanderwege. Das Bergwinkelmuseum im Lauterschen Schlösschen zeigt Interessantes zur Stadtgeschichte sowie eine Ausstellung zu den Märchen-Brüdern Grimm (www.schluechtern.de).

Abgelegen liegt in einem kleinen Tal Schloss Ramholz (von Schlüchtern über Vollmerz erreichbar) mit seinem reizvollen ➠ **Landschaftspark Ramholz** 2, einem englischen Landschaftsgarten. Prächtige Solitärbäume, Alleen, Obstwiesen und Weiher verleihen dem Park seinen eigenen Charakter.

Von Teufeln und Märchengestalten

Hoch über dem Tal der Schmalen Sinn thront die Burgruine **Schwarzenfels** (13. Jh.) 3, deren Bergfried heute als Aussichtsturm dient.

Als 1584 eine Kuh wie vom Erdboden verschluckt in der ➠ **Teufelshöhle** 4 verschwand, hielt man dies für ein Werk des Bösen: So kam die etwa 2,5 Mio. Jahre alte Höhle zu ihrem Namen. Im Unterschied zu anderen Höhlen erstreckt sich diese Grotte nicht im Weißen Jura, sondern im unteren Muschelkalk; hier wachsen Tropfsteine wesentlich langsamer! Zu den Attraktionen zählen u. a. der 16 Meter hohe »Dom« und die »Kapelle« mit schleierförmigen Tropfsteinen (Infos unter www.tropfsteinhoehle-steinau.de).

Viel ist in ➠ **Steinau an der Straße** 5 von den berühmtesten Söhnen, den Brüdern Grimm, ge-

Die Kaiserpfalz des Stauferkaisers Friedrich I. Barbarossa in Gelnhausen

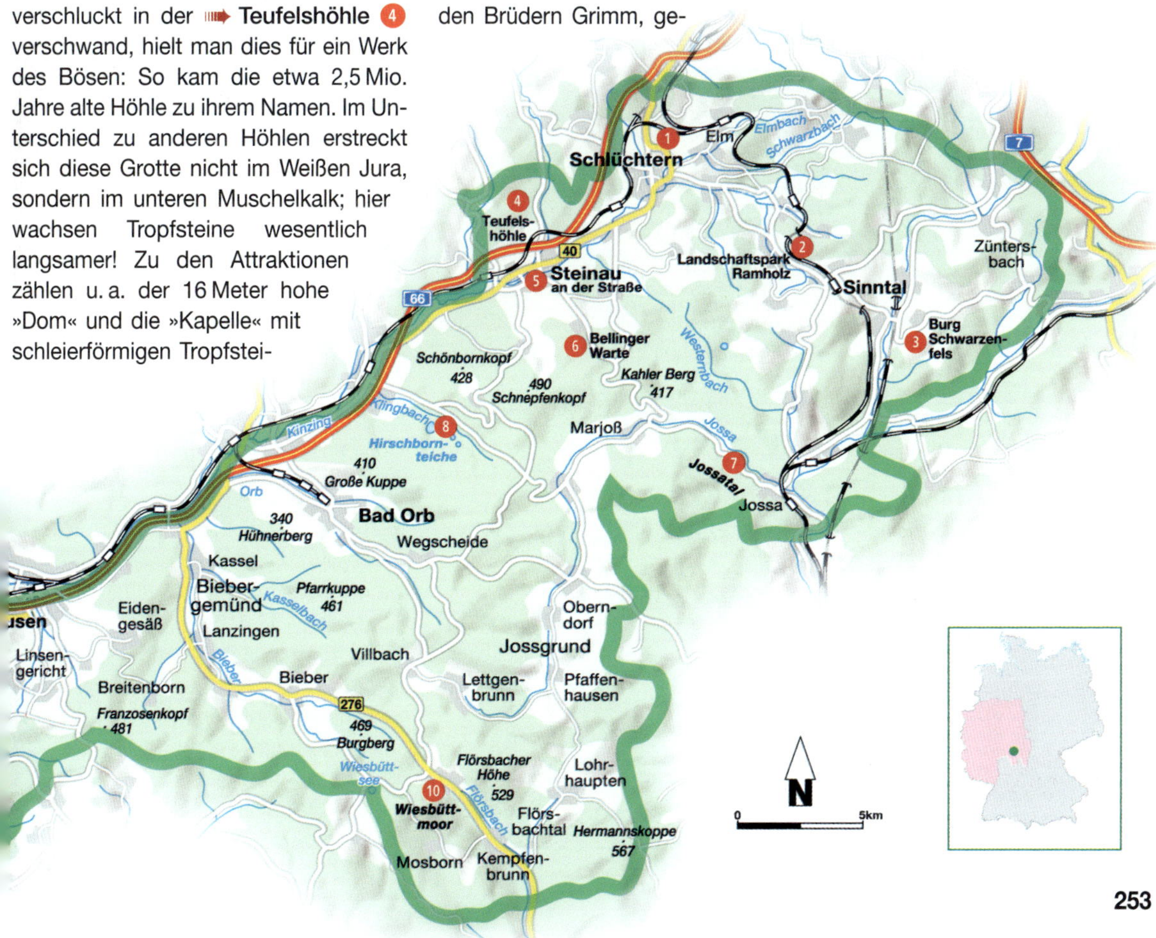

Majestätisch thront die Burgruine Schwarzenfels über dem Tal der Schmalen Sinn.

prägt. Am Marktplatz steht ein moderner Märchenbrunnen, und in der ehemaligen Burg informiert eine Ausstellung über Leben und Werk der »Märchenbrüder«. Einen Besuch lohnt auch das alte Amtshaus (1562), in dem die Brüder Grimm wohnten. Neben der Gedenkstätte gibt es hier u. a. ein Heimatmuseum.

Von der **Bellinger Warte** 6, einem mittelalterlichen Wehrturm, bietet sich eine der besten Aussichten über den nördlichen Spessart, ins Tal der Kinzig und zum Vogelsberg (von Steinau aus nach ca. 2 km rechts der Straße parken, von dort ca. 15 Min. Fußweg).

Im »Zauberwald« der Burg Brandenstein

In der Nähe von Schlüchtern 1 steht seit dem 13. Jh. eine Burg. Viele An-, Um- und Neubauten haben die heutige Form entstehen lassen. Nur staubige Geschichte? Nein, diese Burg lebt! Unter dem Motto »Von der Wäscheklammer bis zum Pflug«

kann man im Holzgerätemuseum mehr als 800 hölzerne Gerätschaften und Gegenstände aus alten Zeiten besichtigen. Der Burgvogt bietet neben allgemeinen Führungen auch spezielle Veranstaltungen für Kinder an, etwa das Hüten der Ziegenherde oder das Basteln im »Zauberwald«, das Keltern von Apfelsaft, das Suppekochen (Bild) oder das Backen im Lehmofen. Man sollte unbedingt auch die Burg einmal umrunden, denn schon beim Aufstieg vom nahen Parkplatz bietet sich ein herrlicher Blick über die bewaldeten Spessarthügel (www.burg-brandenstein.de).

Herrliche Täler mit seltener Flora und Fauna Eine Vielzahl Feuchtigkeit liebender Pflanzen und Tiere lässt sich bei einer Wanderung durchs herrliche ➠ **Jossatal** 7 entdecken. Hier leben verschiedene Krötenarten und Molche sowie Raritäten der Vogelwelt wie Bekassine und Wachtelkönig. Mittels eines ausgeklügelten Bewässerungssystems konnte man die Wässerwiesen (hoch ge-

Mit etwas Glück kann man bei einer Wanderung durchs reizvolle Jossatal seltene Vögel beobachten.

wölbt, mit Mulden am Scheitelpunkt) früher bis zu siebenmal im Jahr mähen. Durchs Tal führt ein Wanderweg (rotes Kreuz), der u. a. vom Parkplatz Müsbrücke ausgeschildert ist.

Bei Bad Soden mündet der Klingbach in die Kinzig. In seinem idyllischen Tal liegen die **Hirschbornteiche** 8. Ein Rundweg führt durch dieses Naturschutzgebiet (vom Parkplatz »Mühlwiese« an der Straße Salmünster–Mernes, Infotafel; 1 Std.).

Von der Kaiserpfalz zum Quellmoor

Seine Entstehung (Ende 12. Jh.) verdankt ➡ **Gelnhausen** 9 dem Stauferkaiser Friedrich I. Barbarossa, der auf einer Insel in der Kinzig eine Pfalz errichten ließ. Die Reste dieser Anlage kann man besichtigen (März–Oktober Di–So 10–17 Uhr, Nov.–23. Dez. Di–So 10–16 Uhr geöffnet, kleines Museum). Auch ein Besuch der Altstadt, mit prächtigen Fachwerkbauten oder dem Denkmal für J. P. Reis, dem Erfinder des Telefons, lohnt sich. Auf dem Weg hinunter Richtung Kinzig steht das Geburtshaus J. J. Chr. von Grimmelshausens (1622), dessen »Simplicissimus« vom grausamen Alltag des Dreißigjährigen Kriegs berichtet.

Eine Seltenheit im Spessart, dessen sandige Böden sonst das Wasser schnell versickern lassen, ist das **Wiesbüttmoor** 10 (seit 1953 unter Naturschutz), ein Quell- oder Hangmoor. Vom Parkplatz oberhalb des Wiesbüttsees erreicht man am Moor entlang einen Beobachtungssteg mit gutem Blick auf die Moorvegetation. Rundblättriger Sonnentau, Sumpfveilchen, Siebenstern und Weiße Waldhyazinthe gibt es zu entdecken.

Naturpark Hessische Rhön

Wie der Vogelsberg, mit dem sie durch den Hessischen Landrücken verbunden ist, erlebte die Rhön im Tertiär viele vulkanische Eruptionen. Basalt, Phonolith oder Trachyt nehmen jedoch in der Rhön nur einen kleinen Anteil der Erdoberfläche ein (Ausnahme Lange Rhön). Das Lavagestein tritt vor allem in den Buntsandstein- und Muschelkalkschichten inselartig zutage und formt die hohen Bergkegel der Kuppenrhön.

SERVICE

Anfahrt A 7 oder A 66 bis Fulda und B 27 und B 84 zum Stallberg; nächstgelegener ICE-Bahnhof: Fulda, von dort Regionalbahn nach Gersfeld

Lage Östlich von Fulda an der Grenze zu Bayern und Thüringen; ein großer Teil des Parks gehört seit 1991 zum Biosphärenreservat Rhön.

Größe 721 km²

Höchste Erhebung Wasserkuppe (950 m)

Gründung 1962

Information Naturpark Hessische Rhön, Wörthstr. 15, 36037 Fulda

Telefon 0661/600 63 86

Infozentrum In Gersfeld

Internet www.landkreis-fulda.de/naturpark-rhoen

TOP TIPP

1 **Stallberg** Florareicher Basaltkegel

7 **Milseburg** Sagenumwobenes Felsmassiv mit Ringwallanlage aus der Keltenzeit

11 **Wasserkuppe** Berg der Flieger und höchster Berg der Rhön

12 **Schafstein** Einzigartiges Blockmeer, eines der bedeutendsten geologischen Denkmäler Deutschlands

13 **Rotes Moor** Größtes Moor der hessischen Rhön mit seltensten Tier- und Pflanzenarten

Fast schon Volkssport im Naturpark Hessische Rhön: Paragliding am höchsten Berg, der Wasserkuppe

Hier gibt es die gegensätzlichsten Lebensräume und Pflanzengemeinschaften, von bodensauren Buchenwäldern über Kalkmagerrasen bis hin zu der Felsvegetation der Basaltklippen und Blockhalden. Seltene Tierarten wie Wachtelkönig, Alpenspitzmaus oder Birkhuhn fühlen sich hier wohl.

Kuppen, Steine und historische Zeugnisse Je weiter man vom Kern der Hohen Rhön nach Norden kommt, desto weiter rücken die Kuppen auseinander und erheben sich über ausgedehnte, flachwellige Hochflächen – so der bewaldete ➠ **Stallberg** (553 m) 1 nördlich der B 84 Hünfeld–Vacha. Die Vulkanruine enthält im Inneren noch einen Pfropfen aus hartem Basaltfels. Am Gipfel tritt das dunkle Lavagestein in zerklüfteten Klippen an die Oberfläche, die Hänge sind mit Blöcken aus frostverwittertem Basalt bedeckt. Hier gesellen sich zu den naturnahen Rotbuchen u. a. Ulmen, Linden und Elsbeeren, und eine reiche Flora mit Seidelbast, Bärlauch und Aronstab gedeiht unter ihnen. In der Eisenzeit wurde auf dem Gipfel ein Ringwall als Fluchtburg angelegt.

Die B 84 folgt in der nördlichen Kuppenrhön der uralten Heer- und Handelsstraße »Antsanvia« von Mainz nach Eisenach. Eine solche Straße brachte Wohlstand, aber auch Gefahren, wie der in Hessen einzigartige Wehrfriedhof von **Rasdorf** 2 zeigt. Seine hohen Mauern und Wehrtürme boten den Einwohnern in kriegerischen Zeiten Schutz. Das heute friedliche Dorf besitzt in der Stiftskirche eine der bedeutendsten Dorfkirchen der Rhön.

Die B 84 führt weiter ostwärts zur hessisch-thüringischen Grenze und zum von der US-Armee an der damaligen Zonengrenze errichteten Beobachtungsstützpunkt **Point Alpha** 3. Während des Kalten Kriegs war die nach der Wende zu einer Gedenkstätte umgestaltete Anlage mit Beobachtungsturm einer der heißesten Orte im Machtkampf zwischen NATO und Warschauer Pakt. Das Museumsareal umfasst neben dem ehemaligen Stützpunkt und dem »Haus auf der Grenze«, das als Infozentrum dient, ein Freigelände, in dem man die Grenzanlagen des Eisernen Vorhangs, aber auch die Natur entlang des Grünen Bands der einstigen innerdeutschen Grenze kennenlernen kann.

Das Dörfchen **Haselstein** 4 schmiegt sich an den gleichnamigen Felsen, einen Vulkanschlot aus dem »Klingstein« Phonolith, der durch Abtragung der weicheren Keuperschichten herausmodelliert wurde. Auf dem markanten Felsen (bereits Ende 8. Jh. als »Hasalahastein« erwähnt) stehen Reste einer Burg, die man vom Wanderparkplatz an der südwestlichen Flanke erreicht, vorbei an rosarot Sprossender Felsennelke oder weißer Astlosen Graslilie, die zur charakteristischen Flora der Phonolithfelsen in der Rhön zählen.

Verträumte Städtchen, markante Felsen Im sehenswerten Rhöner Museumsdorf in **Tann** 5 stehen drei Anwesen, die aus verschiedenen Orten umgesiedelt wurden. Im Rhöner Naturmuseum kann man z. B. den längst ausgerotteten Braunbären in einem Diorama bewundern oder die für das Gebirge charakteristische Feld- und Weidelandschaft oder einen Ausschnitt von »Buchonia«: den herbstlichen Buchenwald.

Die Marktgemeinde **Hilders** 6 erstreckt sich mit ihrer stattlichen Barockkirche zu Füßen des Buchschirmbergs. Knorrige alte Hutebuchen, Zeugen der früher betriebenen Waldweidewirtschaft, sind am Battenstein zu sehen, gleich neben der Wallfahrtskapelle St. Maria, wo ein Kreuzweg zum Gipfel der Basaltfelsengruppe hinaufführt. Die Kapelle mit dem

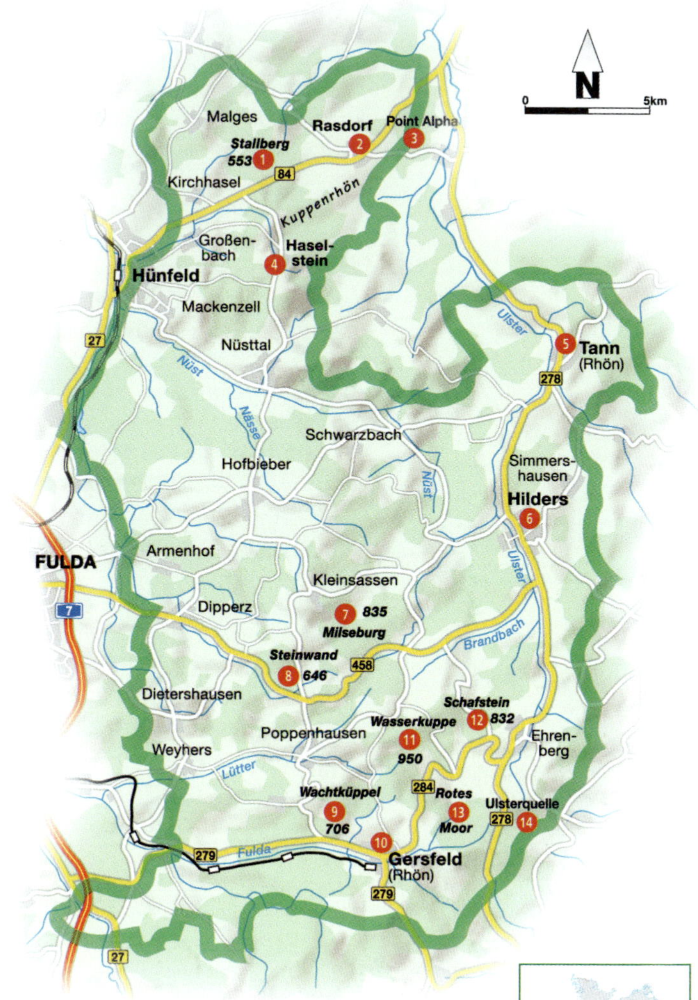

»Armenseelenhäuschen« ist vom Ortszentrum aus über die Tour »Der Hilderser« zu erreichen.
Ein archäologischer Wanderpfad erschließt die ➠ **Milseburg** 7, den höchsten Berg (835 m) der hessischen Kuppenrhön und mit den kantigen, sargdeckelförmigen Umrissen eine der sonderbarsten Berggestalten ganz Deutschlands. Kein anderer Berg der Rhön bietet auf engstem Raum so viel Sehenswertes wie das Phonolithmassiv: Reste eines keltischen Oppidums, großflächige Blockhalden, eine überaus reiche Flora mit allein mehr als 200 Moosarten und Kostbarkeiten wie Türkenbundlilie und Pfingstnelke und auf dem kahlen Gipfel die Gangolfskapelle mit atemberaubendem Ausblick.
Ebenfalls aus grauem Phonolith bestehen die bis zu 28 Meter hohen Felsen der **Steinwand** 8, die am Hochrhön-Ring beim gleichnamigen Gasthaus über die Baumwipfel ragen. Das frostige Klima des Eiszeitalters hat Klippen herauspräpariert und natürliche Kletterwände geschaffen.

Der Weiler **Wachtküppel** 9, ein Gersfelder Ortsteil, hat seinen Namen von der Basaltkuppe, die das flache Gelände überragt und einen hervorragenden Ausblick bietet, z. B. auf Hessens Höchsten. Hier, am Westrand, ist das breite, behäbige Massiv der Wasserkuppe in einzelne Berge wie den Pferdskopf und den Eubeberg gegliedert, die zwischen sich den Guckaikessel mit dem Guckaisee einschließen.
Gersfeld 10 gehört zu den ältesten und sehenswertesten Orten in der Hohen Rhön. Das Städtchen am Oberlauf der Fulda besitzt drei schmucke, in einen 1740 angelegten Park eingebettete Schlösser, ein altes FachwerkRathaus und die 1785 vollendete Pfarrkirche, eine der bedeutendsten protestantischen Barockkirchen Hessens.

Auf kürzestem Weg in die Eiszeit Gut 1100 Liter Wasser gehen im Jahresdurchschnitt auf der ➠ **Wasserkuppe** 11 als Regen und Schnee auf jeden Quadratmeter Erdboden nieder – sie macht ihrem Namen also alle Ehre. Das Wasser

Auf der Wasserkuppe zeugen Basaltaufschlüsse vom vulkanischen Ursprung der Rhön.

speist die Quellen von rund 30 Bächen und Flüssen, darunter der Fulda, die direkt unterhalb des Hochrhön-Rings an der Grenze zwischen wasserstauenden Basaltdecken und Tuffschichten entspringt. An mehr als 250 Tagen im Jahr verhüllen Wolken und Nebelschwaden den breit aufgewölbten Gipfel mit seinen sanft abfallenden Grashängen, die ihn zum »Berg der Flieger«, zur Wiege des Segelflugsports machen. Bei intensiver Sonneneinstrahlung erwärmen sich die Grashänge sehr stark und erzeugen die Thermik, die die Segelflieger benötigen. Das wohl größte Segelflugmuseum der Welt informiert hier oben über den Sport und das »Groenhoff-Haus« über die Natur- und Kulturgeschichte der gesamten Rhön.

Der ➡ **Schafstein** (832 m) ⑫, ein östlicher Ausläufer des Wasserkuppenmassivs oberhalb von Wüstensachsen, führt den Wanderer auf kürzestem Weg in die Eiszeit. Am Nordhang erstreckt sich ein wahres Meer der unter frostigem Klima entstandenen Blockhalden. Vielleicht hat ein Blockgletscher den frostverwitterten Fels vor über 10 000 Jahren talwärts verfrachtet; eine ungewöhnlich kalte Ecke ist das größte Blockmeer der Rhön jedenfalls bis heute geblieben.

Auf den höchsten Höhen des Gebirges ist es im Durchschnitt 5 °C kühler als im benachbarten Tiefland, und kühle Temperaturen vereint mit hohen Niederschlägen sind beste Bedingungen für die Entstehung von Mooren. Das ➡ **Rote Moor** ⑬, das man auf einem Bohlenpfad (1,3 km) erkunden kann, ist das ausgedehnteste und ursprünglichste Hochmoor im hessischen Anteil der Rhön. Von den größten Karpatenbirkenwäldern Mitteleuropas und von Feuchtwiesen und Sümpfen umgeben, wird die Moorlandschaft renaturiert, um den Lebensraum von Wachtelkönig, Bekassine und Birkhuhn zu erhalten. Jenseits des Ottiliensteins, der die Geländemulde mit dem Roten Moor im Osten begrenzt, liegt nahe der bayerischen Grenze (südlich von Wüstensachsen) ein ausgeprägter Quellkessel mit der **Ulsterquelle** ⑭. In dem nach Norden geöffneten kühlfeuchten Quellgebiet, dem Kesselrain, wächst eine Vielzahl unterschiedlicher Waldgesellschaften, und auch seltene Tier- und Pflanzenarten wie Alpen- und Wasserspitzmaus, Schwarzer Apollo oder Alpen-Milchlattich und Breitblättrige Glockenblume leben und gedeihen hier.

Tiefdunkle Tümpel prägen das Antlitz des Roten Moors nordöstlich von Gersfeld.

Rhöndistel *(Carlina acaulis)*

Die Pflanze ist das botanische Wahrzeichen der Rhön, das vor allem auf Muschelkalk- und Basaltböden häufiger vorkommt. Bekannt ist die an Trockenheit angepasste, mit einer bis 1 m langen Pfahlwurzel ausgestattete Pflanze auch als Silberdistel oder Große Eberwurz. Ätherische Öle, die dem Gewächs den aromatischen Duft verleihen, wirken antibakteriell und machten den Korbblütler mit den silbrig glänzenden Hüllblättern zu einer früher beliebten Heilpflanze, etwa bei der Behandlung von Schweinekrankheiten. Die Rhöndistel gilt auch als botanischer Wetterprophet: Bei hoher Luftfeuchtigkeit und bevorstehendem Regen krümmen sich die Hüllblätter der »Wetterdistel« ein; um diesen Reflex auszulösen, muss man sie nur 5- bis 10-mal anhauchen.

Biosphärenreservat Rhön

Drei Bundesländer berührt das Reservat und auch die drei großen Naturräume der Rhön: flachwellige Hochflächen, breite Täler und Senken des Rhönvorlands, das abwechslungsreiche Bergland der Kuppenrhön und die herben Hochplateaus der Hohen Rhön. Jeder dieser Naturräume hat seine eigene Erd- und Landschaftsgeschichte, seine charakteristischen Gesteine und Böden sowie sein spezielles Klima.

SERVICE

Anfahrt A 4 Bad Hersfeld–Eisenach, Ausfahrt Friedewald; nächster ICE-Bahnhof: Bad Hersfeld

Lage Im nördlichen Bayern, östlichen Hessen und südwestlichen Thüringen

Größe 1852 km^2

Höchste Erhebung Wasserkuppe (950 m)

Gründung 1991

Information Bayerische Verwaltungsstelle, 97656 Oberelsbach, Tel. 0931/380-1665; Hessische Verwaltungsstelle, 36129 Gersfeld, Tel. 06654/961 20; Thüringische Verwaltungsstelle, 36452 Zella/Rhön, Tel. 036964/86 83 30

Infohaus Groenhoff-Haus/Wasserkuppe

Internet www.biosphaerenreservat-rhoen.de

TOP TIPP

1 **Dreienberg** Naturschutzgebiet mit reicher Muschelkalkflora

7 **Ibengarten** Das wohl älteste Eibenvorkommen Deutschlands

10 **Gebaberg** Einmalige Wacholderheiden und Kalkmagerrasen

12 **Bad Kissingen** »Königliches Heilbad« am Rand der Bayerischen Rhön

13 **Hammelburg** Älteste Weinstadt Frankens

Imposanter Baumveteran: die 1000-jährige Linde von Schenklengsfeld

Die unterschiedlichen Standorte spiegeln sich in einer Vielfalt der Flora wider: Moore mit botanischen Relikten aus dem Eiszeitalter und Steppenheiden mit südlicher Flora, schattige, feuchte Schluchtwälder und sonnige Felsen. Hier öffnen sich zahlreiche ökologische Nischen für die verschiedensten Tierarten: Im gesamten Biosphärenreservat kommen ca. 20 000 vor, darunter seltenste wie Birkhuhn oder Sumpfspitzmaus.

Kegelspiel in XXL »Hessisches Kegelspiel« wird der nördlichste Ausläufer der Rhön genannt, wegen der majestätischen Bergkegel, die alle einen harten Kern aus Lavagestein besitzen. Der **Dreienberg** 1 bei Friedewald wird nur an einer einzigen Stelle von einem Vulkanschlot durchzogen, sonst besteht er aus hellgrauem Muschelkalk, der über den meist roten, tonigen Schichten des Röt lagert. An solchen Bergen kommt es häufiger zu

Rutschungen, wobei sich breite Zerrspalten öffnen, wie beim »Alten Keller« an der Südostecke, über dem einst die Dreienburg stand. Auf den abgerutschten Muschelkalkschollen breiten sich heute nach Renaturierung wieder artenreiche Kalkmagerrasen aus, weiter oben wachsen verschiedene Buchenwaldgesellschaften, u. a. der seltene Orchideenbuchenwald, in dem u. a. Rotes Waldvöglein und Fliegen-Ragwurz gedeihen.

Die Steinbrüche am Fuß des Dreienbergs beim Gut Weißenborn liefern den bekannten Friedewalder Sandstein, einen harten Quarzsandstein, der vor allem als Werkstein für Bildgrabdenkmäler diesen Teil der Rhöner Kulturlandschaft geprägt hat, wie man auf dem historischen christlichen Friedhof von **Schenklengsfeld** 2 sieht. Die Rhöner Gemeinde besitzt im Zentrum einen weiteren Schatz: die 1000-jährige Linde (Kronenumfang 30 m).

Die Ruine der Burg Hauneck bei **Oberstoppel** (13. Jh.) 3 steht heute noch auf dem höchsten Punkt des Stoppelsbergs und erlaubt vom Bergfried aus einen herrlichen Blick auf die nördliche Kuppenrhön mit dem »Hessischen Kegelspiel« (vom südlichen Ortsrand von Oberstoppel erreichbar). Die »Langen Steine« (auf ausgebautem Feldweg vom nördlichen Ortsrand von Unterstoppel westwärts zum Wald) sind Steinkolosse von über 13 Metern Länge und mehr als 100 Tonnen Gewicht.

Der **Soisberg** (630 m) 4 bei Wehrshausen gilt als »König« im Neunerfeld des »Kegelspiels«. Ebenmäßig geformt, ragt der bewaldete, längst erloschene und bis auf das Skelett abgetragene Vulkan über Buntsandsteinflächen und Muschelkalkrücken empor. Vom Aussichtsturm sind Hohe Rhön, Thüringer Wald und mitunter sogar der Habichtswald zu erkennen. Am Wegesrand blüht eine üppige Flora, besonders im zeitigen Frühjahr, wenn sich der nährstoffreiche Basalt mit einem Teppich aus u. a. Hohlem Lerchensporn überzieht.

Mansbach 5, am Fuß der von einem Ringwall geschützten frühgeschichtlichen Grasburg und nahe der hessisch-thüringischen Grenze, schmückt sich mit Schlösschen und Herrenhäusern des Landadels. Die Dorfkirche, hinter dicken, wehrhaften Mauern, ist im schönsten osthessischen Bauernbarock ausgestattet.

Erlebnisbergwerk Merkers

Mit dem Förderkorb fährt man in nur 90 Sek. rund 500 m hinab auf die zweite Sohle des ehemaligen Salzbergwerks von Merkers (nordöstlich von 5). Unten geht es auf offenen Lastwagen durch das finstere Stollenlabyrinth: zum hallenartigen »Großbunker«, in dem der größte unter Tage eingesetzte Schaufelradbagger der Welt steht, oder zum »Goldraum«, wo Ende des Zweiten Weltkriegs die Gold- und Devisenbestände der Deutschen Reichsbank gelagert waren. Höhe- oder besser Tiefpunkt der unterirdischen Erlebnistour ist jedoch die einzigartige »Kristallgrotte« in 800 m Tiefe: Bis zu 1 m große funkelnde Steinsalzkristalle (Bild) schmücken die Wände der erst 1980 entdeckten Höhle (www.erlebnisbergwerk.de).

Mittendrin im deutschen Garten Im thüringischen Anteil des Gebirges hat dieser Garten eine bunte Flora, besonders auf den Schichten des Muschelkalks, die dort größere Flächen einnehmen. Unter diesem lagert Buntsandstein und darunter Zechstein mit seinen Salzlagerstätten. Dem Salz verdankt die Rhön ihre wenigen Seen, denn das Steinsalz löst sich im Grundwasser, hinterlässt Hohlräume, die einstürzen und Erdfallseen schaffen. Auf diese Weise entstand die idyllische **Bernshäuser Kutte** 6, der größte See der Rhön. »Grüne Kutte« wird das stille, 45 Meter tiefe Gewässer wegen der grünen Wasserlinsendecke auch genannt. Man kann ihn auf teils recht steilem Rundweg erkunden (Baden aufgrund des empfindlichen ökologischen Gleichgewichts verboten).

Ob der ➠ **Ibengarten** 7 südlich des Dörfchens Glattbach am Rand des Feldatals einst angepflanzt wurde, weiß man nicht. Über 300 Eiben umfasst dieses Vorkommen des immergrünen Nadelbaums, mit einem Alter von bis zu 600 Jahren wohl die ältesten Deutschlands. Der Ibengarten geht auf der einen Seite nahtlos in Kalkmagerrasen mit Wacholder- und Orchideenbeständen, auf der anderen in einen Buchenwald über, wo Muffelwild heimisch ist.

Im schönsten Rhön-Barock präsentiert sich in **Zella** 8 die 1732 vollendete Propsteikirche Mariä Himmelfahrt auf einer Anhöhe über der Felda. Zur altehrwürdigen Anlage gehört auch ein malerischer Garten mit Mariengrotte.

Der **Ellenbogen** 9, höchster Berg (816 m) der Thüringischen Rhön, lässt sich bis zum flachen Gipfel bequem »erfahren«. Erwandern kann man die behäbige Höhe der Langen Rhön am besten auf dem Wald-Naturlehrpfad, der bei der Berggaststätte »Eisenacher Haus« (4,5 km, Infotafeln).

Der ➠ **Gebaberg** (751 m) 10 mit dem im Süden oberhalb von Helmershausen vorgelagerten Neidhardskopf bietet eine vollkommen andere Welt. Fast die gesamten Hänge werden von Wacholderheiden und Kalkmagerrasen eingenommen, die in Art und Ausdehnung in Deutschland einmalig sind. Die durch

Blühende Wiesen – wie hier nördlich von Hammelburg – und sanfte Hügel gehören zum Bild des Biosphärenreservats.

Das Kurhaus von Bad Kissingen: Hier fühlten sich schon Könige wohl.

jahrhundertelange Nutzung als Schafweide entstandenen Biotope beherbergen seltenste Pflanzen wie Einknollige Honigorchis und Ohnhorn; hier leben auch seltene Randring-Perlmutterfalter und die Berghexe, ein Augenfalter. Der Rhönkulturgarten auf dem einst als Militärgelände genutzten Gebaplateau informiert über Natur und Kultur in der Rhön.

Traditionsreiche Heilbäder **Bad Neustadt an der Saale** 11 ist untrennbar mit dem Salz in der Tiefe verbunden: durch den Namen des Flusses, an dem es liegt, und durch die mächtige Salzburg (12. Jh.), von der aus der umliegende Salzgau verwaltet wurde. Den historischen Kern der Stadt betritt man durchs Hohntor, Teil der nahezu unversehrt erhaltenen Wehranlage. Hinter ihm drängen sich um den Markt mit der Quellnymphe »Marktbärbel« schmucke Adelshöfe und Patrizierhäuser. Die Karmelitenkirche ist ein architektonisches Juwel Frankens.

➡ **Bad Kissingen** 12, ein weiteres Glied in der Kette der Heilbäder am Rand der Bayerischen Rhön, war einst ein »königliches Bad« des europäischen Hochadels. Das zeigen auch die vielen prachtvollen Bauten wie Regenten-, Schmuck- und Luitpoldbau sowie die Arkaden und das Rendezvous-Gärtlein. Aus jüngerer Zeit stammen Rosengarten und Gradierwerk in seiner heutigen Gestalt.

➡ **Hammelburg** 13 verdankt seinen Ruf dem herben, trockenen Wein, der seit 1200 Jahren aus den Trauben der Rebgärten auf den »hitzigen« Muschelkalkböden an den Ufern der Fränkischen Saale bereitet wird. Die Altstadt-Runde informiert über die Bedeutung des Weins für die Stadt und führt zugleich zu ihren sehenswertesten Bauwerken. Hoch über der Weinstadt thront Schloss Saaleck.

Naturpark Bayerische Rhön

SERVICE

Anfahrt A 7 bis Ausfahrt Bad Brückenau-Wildflecken, über Bischofsheim auf die Hochrhönstraße Richtung Fladungen; nächster ICE-Bahnhof: Fulda

Lage Nördlich von Würzburg im Dreiländereck Bayern/Hessen/Thüringen

Größe 1250 km²

Höchste Erhebung Kreuzberg (928 m)

Gründung 1967

Information Naturpark und Biosphärenreservat Bayerische Rhön e. V., Oberwaldbehrunger Str. 4, 97656 Oberelsbach

Infohaus In Oberelsbach und in Wildflecken-Oberbach

Telefon 09774/91 02 50

Internet www.naturpark-rhoen.de

TOP TIPP

1 **Schwarzes Moor** Größtes und ökologisch wertvollstes Hochmoor der Rhön

4 **Gangolfsberg** Kuppe mit einzigartigem Säulenbasaltvorkommen

5 **Ostheim vor der Rhön** Altertümliches Städtchen mit Deutschlands größter Kirchenburg

8 **Kreuzberg** »Heiliger Berg der Franken« und Wallfahrtsort

11 **Bad Brückenau** Traditionsreiches Heilbad am Fuß der Hohen Rhön

Der Naturpark erstreckt sich vom Schwarzen Moor zu den Schwarzen Bergen. Dieser Teil der Rhön umfasst ausgedehnte, mit Wäldern bedeckte, durch Täler zerschnittene Hochflächen auf den Schichten des Buntsandsteins oder den von fruchtbarem Lösslehm verkleideten Muschelkalkplateaus.

Die Pfarrkirche St. Michael in Ostheim vor der Rhön – eine wahre Kirchenburg

Zum Kern des Gebirges hin wird die Landschaft schroffer und zeigt die hohen Bergkuppen und -rücken der eigentlichen Hohen Rhön mit ihren Rasenflächen und Blockfeldern. Hier bilden die Lavadecken meist geschlossene Flächen, eiszeitlicher Frost prägte das Landschaftsbild: sanft geglättete Bergflanken, zerklüftete Felsklippen. Die Hohe Rhön ist großteils eine Eiszeitlandschaft, was sich deutlich in Flora und Fauna zeigt.

Strangmoor und Prismenwand Ein interessanter Lehrpfad (2 km, barrierefrei) führt vom Rastplatz »Schwarzes Moor« durch das größte und ökologisch wertvollste Hochmoor der Rhön, das **Schwarze Moor** (60 ha) (1), das sich in rund 800 Metern Höhe als Strangmoor auf einer Hochfläche ausbreitet. Besonders im Herbst wird durch die unterschiedliche Laubfärbung der Bäume und Sträucher die Vielfalt der Lebensräume eines Hochmoors sichtbar. Dunkle, von weißen Wollgräsern gesäumte Mooraugen wechseln mit Inseln aus strahlend gelb verfärbten Karpatenbirken oder tiefroten Beerensträuchern. Seltene Tiere wie Birkhuhn oder Bekassine leben in dieser Wildnis.

Die Streuobstwiesen im Tal der Streu bei **Fladungen** (2) präsentieren sich im Frühjahr im schönsten Gewand. Sein altertümliches Bild hat sich das fränkische Städtchen im Kern bis heute bewahrt: mit wundervollem Schnitzwerk geschmückte Fachwerkhäuser, mittelalterliche Stadtbefestigungen oder die St. Gangolfskapelle mit Kreuzigungsgruppe und Bildstock als typischen Elementen der Rhöner Kulturlandschaft.

Vom Parkplatz »Schornhecke« führt ein Aufstieg (15 Min., Markierung roter Tropfen) durch die Matten zum **Heidelstein** (926 m) 3 bei Wüstensachsen, dem höchsten Punkt der Langen Rhön, den ein Sendemast um gut 200 Meter überragt. Grandios ist der Ausblick auf den Quellkessel der Ulster im Norden und noch mehr auf die kargen Borstgrasrasen der Langen Rhön im Süden. Von einer dunkelgrauen Basaltklippe (mit Ehrenmal des Rhönklubs) sind im Eiszeitalter mehrere Gesteinsblöcke auf dem gefrorenen Untergrund als Kette von Wanderblöcken den Hang hinabgewandert.

Das »Haus der Langen Rhön«, Infozentrum des Reservats, steht in der hübschen Marktgemeinde Oberelsbach. Ein Lehrpfad (2,5 km) führt zum nahe gelegenen ➠ **Gangolfsberg** 4 mit artenreicher Vegetation und Sehenswürdigkeiten wie Prismenwand (mit perfekt geformten Basaltsäulen) und Teufelskeller, eine der wenigen Höhlen in der Rhön.

Das Schwarze Moor empfängt Besucher mit blühenden Feuchtwiesen.

Kirchenburg und »Heiliger Berg« Als Grenzgebirge war die Rhön oft Kriegsschauplatz. Daran erinnern die vielen Burgen der weltlichen Herrscher, aber auch die Wehrkirchen wie die stark befestigte Pfarrkirche St. Michael (17. Jh.) in ➠ **Ostheim vor der Rhön** 5, die größte und besterhaltene Kirchenburg Deutschlands. Auch ein Bummel durch den historischen Stadtkern lohnt sich.

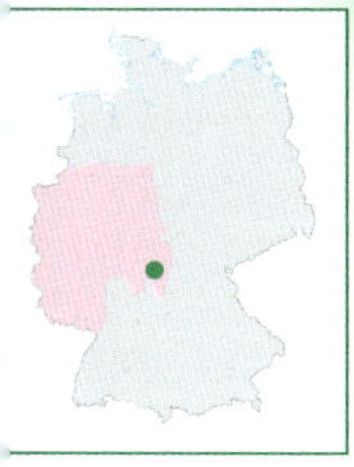

Der südliche Teil der Langen Rhön wird durch den **Naturkundlichen Wanderpfad Bauersberg** 6 erschlossen (10 km; Start am Parkplatz rechts der Straße Bischofsheim–Fladungen in der Nähe von Rothsee und einem aufgelassenen Bergwerksstollen). Besonders eindrucksvoll ist der Kontrast zwischen den herben, sturmgepeitschten Weiden und den Schluchtwäldern im wildromantischen Schwarzbachtal.

Unter den Bio- und Geotopen der Bayerischen Rhön ist der **Frickenhäuser See** 7 eine absolute Ausnahme: Er gilt als der einzige natürliche See Nordbayerns. Das annähernd kreisrunde Gewässer (Durchmesser gut 100 m, 30 m tief) entstand durch Auslaugung der Salzschichten im tiefen Untergrund und ist eine beliebte Freizeitstätte.

Der ➠ **Kreuzberg** (928 m) 8, »Heiliger Berg der Franken«, bietet das ganze Jahr über Autotouristen, Mountainbikern und Wanderern etwas. Letztere können über die Kniebreche von Sandberg hinaufsteigen und oben auf einem der Rundwanderwege zu den Basaltblockhalden, zur Kreuzigungsgruppe und den Aussichtspunkten des Gipfels wandern. In der Klosterschänke trifft man sich beim süffigen, dunklen Bier und traditionellem Käsebrot.

»Weißes Gold«, Schwarze Berge Stein- und Kalisalze zählen zu den wenigen Bodenschätzen der Rhön. Der Salzforst bei **Burgwallbach** 9 war jahrhundertelang ein wildreiches Jagdrevier des Hochadels und eine ergiebige Quelle von Brennholz, das die Salinen in großen Mengen verschlangen. Inzwischen hat sich das nur von wenigen Rodungsinseln unterbrochene Waldgebiet zwischen Hoher Rhön und Fränkischer Saale von den Umweltschäden der Vergangenheit erholt. Der Naturlehrpfad Salzforst (Start

Wanderer im Schwarzen Moor: Ein Bohlenpfad erschließt das ökologisch wertvollste Moor der Rhön.

Beeindruckende Säulenbasalt-Formationen am Gangolfsberg

am Wanderparkplatz an der Straße Burgwallbach–Windshausen) gibt mit Infotafeln einen umfassenden Einblick in Natur und Geschichte der Region.

Am **Volkersberg** 10 oberhalb der A 7 steht ein sehenswertes Ensemble sakraler Bauten um das 1658 anstelle einer Einsiedelei (1113) gegründete Franziskanerkloster mit wundervollem Blick auf die Kuppen der Hohen Rhön. Der Ort Volkers gehört zum Bayerischen Staatsbad ➡ **Bad Brückenau** 11, das seinen Ruf als mondänes Heilbad dem durch die Salzlager im Untergrund salzhaltigen und durch den Rhönvulkanismus kohlensäurereichen Wasser verdankt.

Die **Schwarzen Berge** 12 bei Riedenberg, wo im Nachbarort Oberbach das Infozentrum »Haus der Schwarzen Berge« steht, tragen als natürliches Waldkleid buchengrüne Laubmischwälder und bringen durch die Basaltblockhalden dunkle Farbtöne ins Landschaftsbild.

Eine Wanderung vom Berghaus Rhön zur Kissinger Hütte (gesamt 4 Std.), vorbei an vom Steinbruchbetrieb geschaffenen »Basaltseen« und über aussichtsreiche Kämme, ist der beste Einstieg in die Welt der Schwarzen Berge.

Strangmoore

Das größte Hochmoor der Rhön, das Schwarze Moor 1, ist ein Strangmoor, wahrscheinlich das einzige Mitteleuropas. Diese Moore gliedern sich in höhere, lang gestreckte Torfstränge und schlammige, mit Wasser gefüllte Vertiefungen, die sich zwischen den Strängen befinden. Strangmoore kommen fast ausschließlich am südlichen Rand der Arktis über Dauerfrostboden vor, der das Wasser staut und die durchnässten Torfschollen ins Rutschen geraten lässt. In der Langen Rhön erfüllen wohl wasserstauende Tone unter dem Torf diese Aufgabe.

Naturpark Soonwald-Nahe

Mitten im Naturparkgebiet liegt der Soonwald, nach dem Pfälzer Wald das größte Waldgebiet im Westen Deutschlands. Die Bergrücken des Soonwalds schützen die südlich gelegenen sonnigen Weinberghänge des Nahetals. Von den Hochflächen des Hunsrücks im Nordosten bis zu den Kurstädten Bad Kreuznach, Bad Münster am Stein und Bad Sobernheim durchstreift man die unterschiedlichsten ökologischen Lebensräume. Farbenfrohe Waldwiesen wechseln mit Wacholderheiden und Trockenrasen. Naturnahe Bachläufe speisen Moore mit mannigfaltiger Flora, und in den Weinbergbrachen an den Talhängen lassen sich seltene Orchideen entdecken.

SERVICE

Anfahrt Auf der A 62 und der B 41 über Idar-Oberstein und Kirn nach Schneppenbach und Bundenbach; nächstgelegener ICE-Bahnhof: Bingen

Lage In Rheinland-Pfalz, umrahmt von Nahe, Rhein und Mosel

Größe 736 km^2

Höchste Erhebung Simmernkopf (653 m)

Gründung 2005

Information Naturpark Soonwald-Nahe, Salinenstr. 47, 55543 Bad Kreuznach

Telefon 0671/803 16 45

Internet www.soonwald-nahe.de

TOP TIPP

1 **Hahnenbachtal** Sehenswertes Tal mit Burgruine, keltischer Siedlungsanlage und Schaubergwerk

2 **Schloss Wartenstein** Schönes Schloss mit natur- und kulturgeschichtlichen Museen

4 **Schloss Simmern** Hunsrück-Museum mit vielen Informationen zur Natur- und Kulturgeschichte der Region

Ein wunderschöner Panoramablick auf den Naturpark bietet sich vom Rotenfels bei Ebernburg an der Nahe.

Steine, Burgen, Schlösser Mehrere reizvolle Ausflugsziele liegen im ➜ **Hahnenbachtal** 1 zwischen Schneppen- und Bundenbach, z. B. die weitläufige Ruine der Schmidtburg (926) bei Schneppenbach. Man erreicht sie vom Ortsrand von Schneppenbach (Parkplatz) auf ausgeschilderten Weg.

Bei Bundenbach, liegt die Altburg, eine keltisch-treverische Höhensiedlung (von 170–50 v. Chr. bewohnt). Die kleinen, lehmverputzten Wohnhäuser und die knorrigen Palisadenzäune sind auch für Kinder ein Erlebnis (www.keltendorf-bundenbach.de). Einblicke in die Geschichte des Schieferbergbaus im Hunsrück vermittelt das Schaubergwerk Herrenberg, ebenfalls bei Bundenbach (April–Okt., täglich 10–13 und 14–17 Uhr).

➜ **Schloss Wartenstein** (14. Jh.) 2, das umringt von dichten Wäldern auf einem Hügel thront, erreicht man am besten von Oberhausen oder Hennweiler (ca. 30 Min.). Ausstellungen informieren über Natur und Bewirtschaftung des Lützelsoons, z. B. über den für die Ge-

Völlig von den Socken

Natur mal barfuß erkunden? Auf dem Barfußpfad in Bad Sobernheim (südwestl. von 5) lässt sich das erleben. Das kribbelt, kratzt, schmeichelt und streichelt, je nachdem, was einem da unter die Füße kommt auf dem fast 4 km langen Weg zur Nahefurt. Über den Fluss hangelt man sich dann an Halteseilen entlang über die Hängebrücke, mit 40 m die längste Deutschlands. Auch das Lehmstampfbecken (Bild) bietet ganz neue Erfahrungen. Die Füße kann man anschließend in der Fußwaschanlage reinigen. Geöffnet Mai–Okt. täglich 9–20 Uhr.

gend typischen Niederwald und die Gewinnung von Lohrinde, früher zur Lederherstellung benötigt. Mit längst ausgestorbenen Tieren beschäftigt sich die Ausstellung im Gewölbekeller. Großillustrationen, Fossilien und Gesteine ermöglichen eine Reise durch die Erdgeschichte des Hunsrücks (www.schloss-wartenstein.de).

Das schroffe Profil der **Oberhauser Felsen** 3 entstand durch Erosion, die über Jahrmillionen das weiche Mantelgestein abtrug. Übrig blieben die markanten Zacken des Quarzitgesteins. Von den Oberhauser Felsen bietet sich ein herrlicher Talblick. Ein ausgeschilderter Weg führt vom Parkplatz am Sportplatz in Oberhausen kurz durch den Wald hinauf zu den »Dolomiten«.

Räuber und rote Felsen Eine Attraktion an der Nordwestgrenze des Naturparks ist das umfassend ausgestattete Hunsrück-Museum im ➡ **Schloss Simmern** 4, das in seiner Filmabteilung die Entstehung der Fernsehserie »Heimat« dokumentiert. Weitere Abteilungen widmen sich dem Leben der Hunsrückbewohner, aber auch dem Druckereiwesen in der Region sowie der Natur und Landschaft.

Als über einen Kilometer langes Felsmassiv ragt der **Rotenfels** 5 bei Bad Münster am Stein-Ebernburg steil am Hang des Nahetals auf. Er besteht aus rötlichem Rhyolith, einem Porphyr-Gestein mit feinkörnig kristalliner Struktur. Vom markantesten Aussichtspunkt, der Bastei, reicht der Blick über den südlichen Teil des Naturparks bis zum Nordpfälzer Bergland. Am Rotenfels bieten sich zahlreiche Wandermöglichkeiten; in Traisen ist die Zufahrt ausgeschildert.

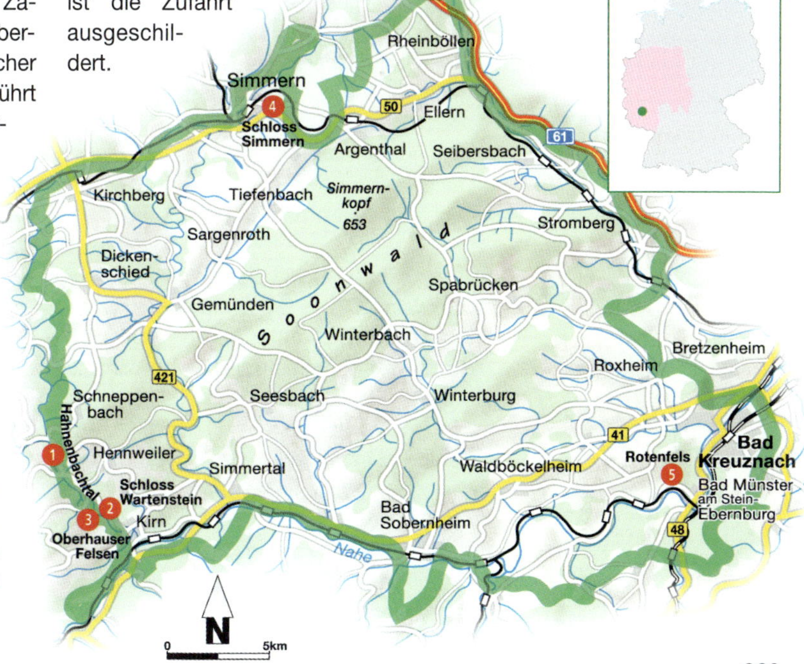

Naturpark Saar-Hunsrück

Der Naturpark zwischen Mosel, Nahe und Saar zählt zu den größten in unserem Land: von Rheinland-Pfalz bis ins nördliche Saarland und an die Grenze zu Frankreich. Ein kleiner Teil gehört zum Naturraum Saar-Nahe-Bergland, ein größerer wird vom Saargau mit dem Saartal, der größte vom Hunsrück eingenommen. Das Schichtstufenland an der Saar ist Weinkeller und Kornkammer, mit sanft gewellten, offenen Hochflächen, die alle von bewaldeten Steilstufen und schroffen Talhängen unterbrochen werden.

SERVICE

Anfahrt Auf der A 8 bis Merzig und weiter auf der B 51 entlang der Saar bis Saarburg; nächstgelegener ICE-Bahnhof: Trier

Lage Im Saarland und in Rheinland-Pfalz, im Städteviereck Trier–Idar-Oberstein–Neunkirchen–Saarlouis

Größe 2055 km^2

Höchste Erhebung Erbeskopf (816 m)

Gründung 1980

Information Naturpark Saar-Hunsrück e. V., Trierer Str. 51, 54411 Hermeskeil

Telefon 06503/921 40

Internet www.naturpark.org

TOP TIPP

3 Perl
Relikte aus der Römerzeit, u. a. die schönsten Bodenmosaiken nördlich der Alpen

4 Orscholz
Von der Cloef Ausblick auf die Saarschleife

11 Hermeskeil
Vielfältige Museen zu Luftfahrt und zur Natur

13 Nonnweiler
Keltischer Ringwall, eine der eindrucksvollsten frühgeschichtlichen Befestigungsanlagen Europas

17 Mörschied
Aufstieg zum Wildenburger Rücken, dem landschaftlichen Highlight

Das ungewöhnliche Oktogon der Marienkirche in Mettlach

Der lang gestreckte, fast geschlossen bewaldete Hunsrück, Teil des Rheinischen Schiefergebirges, hat mehrere markante Rücken auf hartem Gestein, den Schwarzwälder und den Osburger Hochwald sowie den Idarwald, die von Feld- und Wiesenfluren über weicherem Schiefergestein unterbrochen werden.

Der Saargau – Höhen und Tiefen einer Landschaft Die Burg, die der romantischen Wein- und Glockengießerstadt **Saarburg** 1 den Namen verliehen hat, thront hoch über dem Fluss. Unten reihen sich in Saarburgs »Klein-Venedig« malerische Fischer- und Schifferhäuser auf. Der Leukbach zeigt ein einzigartiges Naturschauspiel: einen Wasserfall, der vor allem bei Hochwasser mit gewaltigem Schwall etwa 20 Metern tief über Tonschieferfelsen herabstürzt. Der Bach wurde einst künstlich abgelenkt, um u. a. die Mühlräder im Tal anzutreiben. In der ehemals kurfürstlichen Mühle (1657) befindet sich das städtische Museum »Amüseum«.

Bei **Kastel-Staadt** 2 erhebt sich der schroffe Kasteler Felsen (200 m) aus Buntsandstein über dem linken Ufer der Saar. Den Kelten und Römern diente er als natürliche Festung, Einsiedler hausten wohl schon seit Urzeiten in den eingegrabenen Grotten; um 1600 wurde eine Kapelle mit Klausnerwohnung erbaut. Auf einem archäologischen Lehrpfad kann man die wechselvolle Geschichte von Kastel-Staadt, auf dem Felsenweg den Klausfels erleben.

Die Moselgemeinde ➔ **Perl** 3 besitzt zwei herausragende Höhepunkte römischer Baukunst: die Villa Borg, eine originalgetreu rekonstruierte »Villa Rustica« mit Funden aus römischer und keltischer Zeit, und herrliche Mosaiken in Perl-Nennig mit Abbildungen, die zu den bedeutendsten und besterhaltenen Dokumenten römischer Kunst nördlich der Alpen zählen.

So verschlungen wie antike Ornamente verläuft der Lauf der unteren Saar. Etwa auf halber Strecke zwischen Merzig und Mettlach strömt der Fluss zunächst nach Nordwesten, macht dann bei ➠ **Orscholz** 4 abrupt kehrt und wendet sich gen Südosten. Genau im Scheitel der Flussbiegung ragt die Cloef 130 Meter über den Talgrund auf. Die »Klippe« mit einmaligem Flusspanorama (vom Ort bequem zu erreichen) besteht aus Taunusquarzit, das den Fluss vor Millionen von Jahren zu dieser und anderen Schleifen zwang. Es bildete einen Riegel, der das Gefälle verringerte und hinter dem sich der Fluss in weiten Mäandern durch die Ebene schlängelte. Als Hunsrück und Saargau langsam gehoben wurden, behielt die Saar ihren gewundenen Lauf bei, schnitt sich in den Untergrund ein und war schließlich in den Talmäandern gefangen.

Hundeartige, Höhlen und Heiligtümer

Die Saarschleife oberhalb von **Mettlach** 5 wurde als »Nationales Geotop« ausgezeichnet. Der günstigen Lage an der Wasserstraße verdankt der uralte Ort die Keramikindustrie, die seit mehr als 200 Jahren das Wirtschaftsleben beherrscht und sich in der »Erlebniswelt Keravision bei Villeroy & Boch« und im Keramikmuseum vorstellt. Beide Sammlungen befinden auf dem Gelände der ehemaligen Benediktinerabtei mit ihrem Altem Turm (im Kern um 1000). Auch die ehemalige Stiftskirche St. Peter ist ein imposanter Bau der Romanik und das Stadthaus einer der bedeutendsten Bauten der Spätrenaissance im Saarland.

Größte Attraktion von **Merzig** 6 ist der außerhalb bei Besseringen gelegene Wolfspark, dem die Stadt den Beinamen »Stadt der Wölfe« verdankt. Der Park, bei Tageslicht frei zugänglich, wurde vom Tier- und Verhaltensforscher Werner Freund vor mehr als 30 Jahren geschaffen. Als ranghöchster (Alpha-)Wolf lebt der Forscher in den Rudeln mit Wölfen aus der Arktis, Sibirien, Kanada, Indien und Europa zusammen (www.wolfspark-werner freund.de).

Im Wolfspark in Merzig kann man den Verhaltensforscher Werner Freund bei der Arbeit mit seinen Tieren beobachten.

An der saarländisch-lothringischen Grenze liegt **Niedaltdorf** 7, geologisch dem Lothringer Stufenland zugehörig. Die Schichtenfolge enthält dort auch den Muschelkalk mit leicht löslichem Kalkstein. In dieser Formation hat sich die 1880 entdeckte Niedaltdorfer Tropfsteinhöhle gebildet. Sie besteht aus zwei Gängen, die beide durch zwei künstliche Stollen zu einem Rundgang verbunden sind. Die Höhle ist eine bemerkenswerte Ausnahme unter den deutschen Höhlen: Zum einen betritt man sie durch den Keller eines Hauses, zum anderen ist sie im Unterschied zu den sekundären Karsthöhlen nicht durch Lösung und Auswaschung des Kalksteins, sondern als primäre Höhle durch die Ausscheidung von Kalksinter entlang einem Bach geformt worden.

Der Ihner Bach, der diese seltene Höhle schuf, fließt durch eine

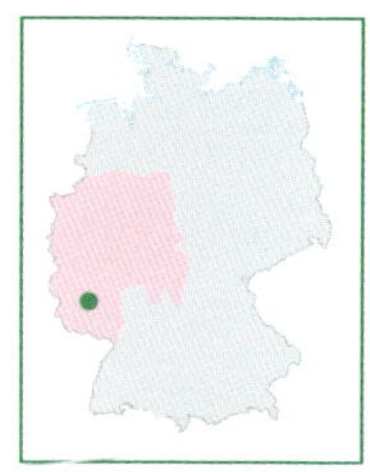

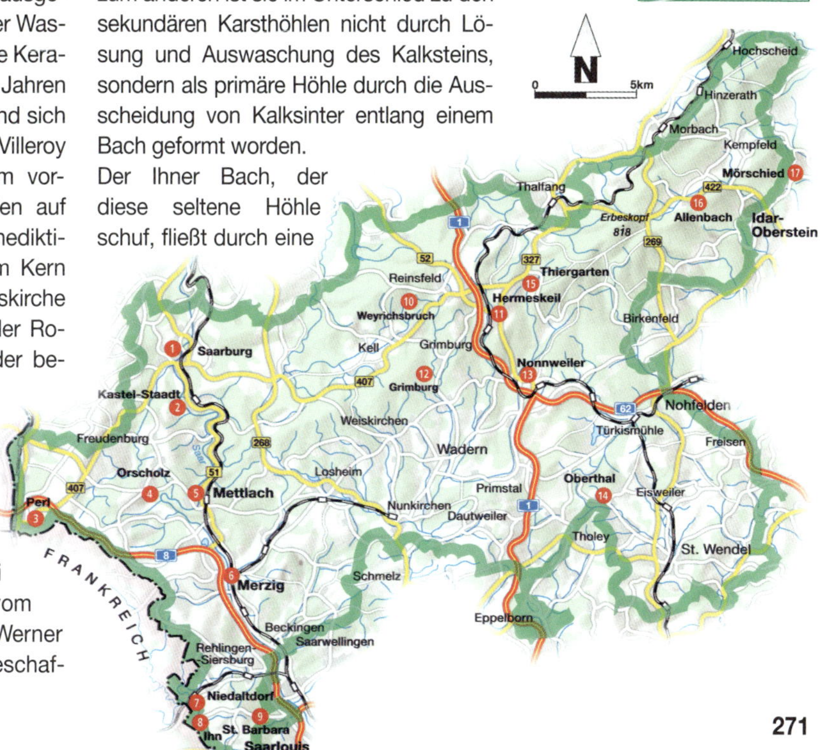

Die Saarschleife bei Orscholz gehört zu den landschaftlich reizvollsten Teilen des Parks.

typische Karstlandschaft mit kaum oberirdischen Fließgewässern abseits der Haupttäler, dafür jedoch mit einzelnen Karstquellen. In einer solchen Landschaft wird die Bedeutung des Wassers als Lebensquell offenkundig, werden Quellen zu heiligen Stätten, wie am Sudelfels am Fuß des Hirnbergs bei **Ihn** 8, wo in einem Tempelbezirk (1.–4. Jh.) die gallorömische Quell- und Heilgöttin Sirona verehrt wurde. Seit über 100 Jahren werden in dem Grabungsgelände Funde freigelegt und Gebäudereste konserviert und rekonstruiert, etwa eine Landvilla der Römerzeit.

Wie alle Kolonisatoren wollten auch die Römer möglichst schnell reich werden. Ein gewisser Emilianus versuchte es (ca. 3. Jh.) an den Hängen des Hansenbergs oberhalb von **St. Barbara** 9, Ortsteil von Wallerfangen, mit der Ausbeutung der Bodenschätze Germaniens. Er ließ am Mundloch des oberen Emilianusstollens (von der Hauptstraße auf einem Fußweg kurz zu erreichen) die Inschrift »Incepta Officina Emiliani Nonis Mart(is)« ins Gestein meißeln. Sie besagt, dass das Bergwerk des Emilianus in den Nonen des März eröffnet wurde. An keinem anderen Ort des Römischen Reichs ist eine derartige Okkupationsinschrift erhalten geblieben. Aus dem Stollenmundloch wurden keine edlen Erze ans Tageslicht befördert, sondern Azurit, ein azurblaues Kupfermineral zur Herstellung von Farben.

Zu Deutschlands Hitzepol Der Naturpark ist eine der heißesten Gegenden, wenn nicht gar der Hitzepol Deutschlands. In den Höhenlagen des Hunsrücks, im Osburger Hochwald, stößt man dennoch auf Spuren der Eiszeit. Der **Weyrichsbruch** 10 bei Reinsfeld, ein Quellmoor am Südhang des Rösterkopfs (von Reinsfeld Richtung Holzerath bis zum Parkplatz am höchsten Punkt der Landstraße und auf ausgeschildertem Wald-, dann Bohlenweg durchs Moor), beherbergt neben Wollgräsern, Moosbeerenzwerg-Sträuchern und Sonnentau bis zu 140 Jahre alte Moorbirkenbestände und den seltenen Siebenstern. Das Moor im Quellgebiet der Ruwer ist Überbleibsel eines Moorkranzes, der (bis ins 18. Jh.) die Höhen des Osburger Hochwalds mit ihren hohen Niederschlägen und nährstoffarmen Quarzitböden umschloss. Durch die gezielte Entwässerung wurden die ökologisch wertvollen Feuchtgebiete größtenteils zerstört.

Das Erlebnismuseum »Mensch und Landschaft« (im Naturpark-Infozentrum) in ➜ **Hermeskeil** 11 bietet mit Ausstellungen, Lehrpfad und Freiluftklassenzimmer einen Streifzug durch Entstehung und Geschichte der Natur- und Kulturlandschaft des Hunsrücks. In der Flugausstellung an der Hunsrückhöhenstraße gibt u. a. es mehr als 100 Flugzeuge zu sehen. Bodenständige Exponate präsentiert das Dampflokmuseum im ehemaligen Bahnbetriebswerk Hermeskeil, und im Feuerwehrmuseum am Bahnhof steht der Kampf gegen das Feuer im Mittelpunkt.

Die **Grimburg** 12 (von der Landstraße südlich des gleichnamigen Orts über den Grimburger Hof auf steilem Pfad zu erreichen), in der im 16./17. Jahrhundert grausame Hexenprozesse stattfanden, wurde 1683 durch französische Truppen eingeäschert. Seit den 1980er-Jahren wird die trutzige Veste wieder aufgebaut, und heute kann man vom Bergfried ein weites Panorama genießen.

In ➜ **Nonnweiler** 13 schaut man mit dem Planetenwanderweg und der Sternwarte Peterberg in den Weltraum. Die Historische Nagelschmiede in Sitzerath und das imposante Ensemble der ehemaligen Eisenhütte Mariahütte sind Denkmäler des frühen Industriezeitalters. Aus der Eisenzeit stammt der gewaltige keltische Ringwall (20 ha) oberhalb der L 147 nördlich des Ortsteils Otzenhausen. Bis in die Zeit um 500 v. Chr. reicht die Geschichte des keltischen Oppidums an den Hängen des Dollbergs über der heutigen Talsperre Nonnweiler zurück; geblieben ist eine der eindrucksvollsten frühgeschichtlichen Befestigungsanlagen Europas.

Ein anderer Ringwall befindet sich im Pfaffenwald bei **Oberthal** 14. Eine ausgesprochene Rarität ist das Feuchtgebiet Oberthaler Bruch in der Senke zwischen Pfaffen- und Leißwald (Parkplatz am Ende der Scheuersbergstraße, dann über einen Waldlehrpfad). Allein gut 80 Schmetterlings- und fast 50 Vogelarten sind in der Sumpf-, Wiesen-, Weiher- und Waldlandschaft heimisch, dazu die Arnika in großen Beständen und etliche Orchideen, insgesamt weit mehr als 200 Pflanzenarten. Eine geologische Besonderheit der Region ist der Rötel, ein eisenhaltiger roter Ton, der u. a. im Leißwald vorkommt und früher als Rohstoff von Farben diente.

Wilde Narzissen, schroffe Rosseln

Wilde Pflanzen werden häufig in nicht geschützten Gebieten erbarmungslos mit Stumpf und Stiel ausgemerzt, wie die Wilden Narzissen auf den Wiesen bei **Thiergarten** 15. Das mehrere Hektar große, im Frühjahr gold-gelbe Blütenmeer ist daher seit den 1970er-Jahren erheblich geschrumpft, doch auch die Restbestände sind noch sehenswert. An Wege- und Grabenrändern, Böschungen und in Gebüschen haben sich um Thiergarten herum etliche Tausend Wilde Narzissen gehalten. Große Bestände gibt es auch noch im Ruwertal zwischen Mandem und Zerf.

Den höchsten Berg des Hunsrücks, von Rheinland-Pfalz und des gesamten linksrheinischen Schiefergebirges, den Erbeskopf (816 m), erreicht man am schnellsten von **Allenbach** 16 auf der B 422 Richtung Thalfang (hinter der Kreuzung mit der B 269 auf der Landstraße bis zum Parkplatz »Hängende Birke«, von dort Wanderweg bzw. Straße zum Kopf). Er bietet mit seinen Radarkuppeln und Militärbaracken nicht gerade einen erhebenden Anblick, doch von der obersten Plattform des Aussichtsturms schweift der Blick bei guter Sicht bis weit in die Eifel, ins Saar-Nahe-Bergland und bei besten Verhältnissen sogar bis zum Odenwald.

Viele Wege führen hinauf zum Wildenburger Kopf (664 m) mit seinen Quarzitfelsen und ausgedehnten Rosseln (Blockmeeren). Der wohl schönste Aufstieg beginnt in der Kempfelder Straße in ➡ **Mörschied** 17, führt dann meist über die mit »M 1« und »H« markierten Wege und streckenweise auch über Kletterpfade. Erster Höhepunkt ist die Mörschieder Burr, ein Felsenchaos und Naturschutzgebiet. Ebenfalls unter Naturschutz steht der eigentliche Wildenburger Rücken, der nach Südwesten hin in die Klippen und Felsmeere des Sandkopfs ausläuft. Der schmale, leicht zu verteidigende Felskamm trug in den letzten Jahrtausenden eine keltische Fliehburg (teilrekonstruiert), ein römisches Heiligtum, eine spätrömische Festung und eine mittelalterliche Burg. Den geschichtsträchtigen Ort krönt ein Aussichtsturm mit grandiosem Panorama.

Wildfreigehege Wildenburg

Der Park bei Kempfeld könnte nicht »wilder« gelegen sein: mitten in einem wildreichen Wald, an wildzerklüfteten Felsen und zu Füßen der urigen Wildenburg (bei 17). Für Kinder gibt es Streichelzoo und Abenteuerspielplatz, spannender ist jedoch die Wanderung auf dem 3 km langen Rundweg zu den Gehegen der Hirsche, Mufflons, Luchse, Wildschweine, Wildkatzen und zu vielen anderen Wildtieren (www.hunsrueckverein.de).

Früher ein gut zu verteidigender Felsenkamm, heute für Wanderer und Kletterer interessant: die Mörschieder Burr

Biosphärenreservat Bliesgau

Sanfte Hügel, Streuobstwiesen, unberührte Buchenwälder im Norden und Wiesenlandschaften im Süden – das zeichnet das Biosphärenreservat Bliesgau im Südosten des Saarlands aus. Der Fluss Blies schaffte im kleinsten Bundesland Deutschlands eine vielseitige Auenlandschaft, die eine Heimat für unzählige seltene Tiere und Pflanzen bietet. Der Norden des Bliesgaus ist mit seiner Nähe zu Saarbrücken und Homburg im Vergleich zu anderen Biosphärenreservaten eher städtisch geprägt. Im Gegensatz dazu steht der ländliche Süden mit idyllischen Ortschaften wie Gersheim und Mandelbachtal.

SERVICE

Anfahrt Auf der A8 bis Ausfahrt Einöd, dann weiter über die B 423 in Richtung Blieskastel fahren; oder auf der A6 bis Ausfahrt Rohrbach, dann weiter auf der L 119 Richtung Blieskastel/Kirkel fahren. Nächstgelegener ICE-Bahnhof: Saarbrücken

Lage Im Südosten des Saarlands an der Grenze zu Frankreich und Rheinland-Pfalz

Größe 360 km^2

Höchste Erhebung Betzentaler Berg (402 m)

Gründung 2009

Information Biosphärenzweckverband Bliesgau, Geschäftsstelle: Paradeplatz 4, 66440 Blieskastel, Tel. 0 68 42/960 09-0

Internet www.biosphaere-bliesgau.eu

Hahnenfußblüte in der strukturreichen Landschaft des Bliesgau

TOP TIPP

4 Kirkel
Mit sieben Kilometer langem Rundweg vorbei an imposanten Buntsandsteinfelsen

5 Gersheim
Malerische Orchideenwiesen

6 Mandelbachtal
Rad- und Wanderweg »Natura Trail Mandelbachtal«

Barockstadt **Blieskastel** 1 liegt im Zentrum des jüngsten Biosphärenreservats Deutschlands. Der Ort ist eine Station der Barockstraße SaarPfalz – und das nicht ohne Grund: Das Zeitalter des Barocks prägte viele Bauten im historischen Stadtkern wie das Blieskasteler Rathaus, den Herkulesbrunnen oder die »Schlosskirche«. Vom Adelssitz selbst ist nur die Orangerie »Langer Bau« erhalten. Mehr als 130 Einzeldenkmäler und rund 65 unter Ensembleschutz stehende Gebäude gibt es in dem Ort zu sehen.

Gollenstein Das Wahrzeichen der Stadt ist allerdings deutlich älter: der Gollenstein auf einem Höhenrücken nordwestlich von Blieskastel. Der knapp sieben Meter hohe Sandstein steht dort schon seit 4000 Jahren und gilt als der größte Menhir Mitteleuropas.
Die höchste Erhebung des Bliesgaus ist der Betzentaler Berg (402 m) südlich der Stadt **St. Ingbert** 2. Nahe der im Saarpfalz-Kreis gelegenen Stadt treffen Wanderer auf dem Berg »Großer Stiefel« (397 m) auf einen sonderbar geformten Buntsandsteinfelsen: den »Stiefel«. Wie der Name schon verrät, verliehen Wind und Wetter dem tonnenschweren Fels eine eigenartige Form, die sehr an einen Schuh erinnert. Der »Stiefel« ist dicht von

Bäumen umgeben, sodass er nur aus der Nähe zu bestaunen ist. Es führen viele verschiedene Wanderwege zu dem sonderbaren Stein. Am besten kann man das Auto auf dem Waldparkplatz **Sengscheid** 3 nahe der A 6 abstellen.

Wer noch mehr über Felsen und ihre Herkunft erfahren möchte, sollte unbedingt nach ➠ **Kirkel** 4 fahren – zu einer Wanderung auf dem Kirkeler Felsenpfad. Der sieben Kilometer lange Rundweg führt vorbei an Buntsandsteinfelsen, die mit imposanter Größe und außergewöhnlichen Formen und Färbungen beeindrucken. Viele Bergsteiger nutzen das Gelände zum Trainieren. In einem Lehrpfad können die Besucher Wissenswertes über die Geologie der Saarpfalz erfahren. Weitere Informationen gibt es beim Verkehrs- und Kulturamt Kirkel (Tel. 06841/ 80 98-2 oder -0).

Die Muschelkalklandschaften im Süden des Reservats stellen einen besonderen Lebensraum für Pflanzen dar. Wanderer stoßen bei ➠ **Gersheim** 5 auf malerische Orchideenwiesen. Knapp die Hälfte der rund 60 in Deutschland vorkommenden Arten kommt dort vor. Sie stehen vor allem im Mai und Juni in voller Blüte. Informationen zu Führungen gibt es beim Kulturamt Gersheim (Tel. 06843/801-302 oder unter kulturamt@gersheim.de).

Das ➠ **Mandelbachtal** 6 im Herzen des Bliesgaus ist gut geeignet als Ausgangspunkt für Ausflüge – ob zu Fuß, mit dem Rad oder zu Wasser. Im Sommer 2010 eröffneten die NaturFreunde Sektion Straßenbahn Saarbrücken den 20 Kilometer langen Rad- und Wanderweg »Natura Trail Mandelbachtal«. Nach dem Motto »Naturerfahrung und Erholung« kann das von der Europäischen Union als »Natura 2000« ausgewiesene Schutzgebiet erkundet werden. Infos dazu gibt es im Internet unter www.strassenbahn-saarbruecken.naturfreunde-saarland.de. Außerdem bietet die Kreisvolkshochschule Saarpfalz-Kreis vom Haus der Dorfgeschichte in Bliesmengen-Bolchen aus Kanufahrten entlang der Blies an, um das Reservat vom Wasser aus betrachten zu können. Die Fahrten finden sonntags von Mai bis September statt und sind für Anfänger genauso geeignet wie für Familien mit Kindern (Anmeldung unter Tel. 06842/92 43-10).

Der seltene Steinkauz ist in den Streuobstwiesen des Bliesgau zu finden.

Römermuseum Schwarzenacker 7

Auf den Spuren der alten Römer wandeln – das geht im Römermuseum Schwarzenacker, einem Stadtteil von Homburg. In dem archäologischen Freilichtmuseum werden Reste einer römischen Siedlung gezeigt. Arbeiter stießen Anfang des 18. Jahrhunderts beim Bau des heutigen Edelhauses in Schwarzenacker auf Überreste eines römischen Schwitzbades. Es folgten viele Ausgrabungen, bei denen beeindruckende Funde gemacht wurden. Heute können im Museum 2000 Jahre alte Gebäude, Außenanlagen, Kanäle und Straßen besichtigt werden. In dem barocken Edelhaus sind kleinere Fundstücke zu sehen. Das Museum ist von April–Oktober täglich von 9–17 Uhr und im November, Februar und März täglich von 10–16 Uhr geöffnet. Gästeführungen sind immer sonntags um 15 Uhr, Tel. 06848/73 07 77.

Naturpark und Biosphärenreservat Pfälzerwald

SERVICE

Anfahrt Auf der A 63 von Mainz Richtung Kaiserslautern bis Ausfahrt Winnweiler und über Alsenbrück-Langmeil nach Sippersfeld; nächster Bahnhof: Langmeil an der Alsenztalbahn (Kaiserslautern–Bingen).

Lage Im Süden von Rheinland-Pfalz an der Grenze zum französischen Naturpark Nordvogesen

Größe 1780 km²

Höchste Erhebung Kalmit (673 m)

Gründung 1959, als Biosphärenreservat 1992

Information Naturpark Pfälzerwald, Franz-Hartmann-Str. 9, 67466 Lambrecht

Telefon 06325/955 20

Internet www.pfaelzerwald.de

TOP TIPP

9 **Karlstalschlucht**
Wildromantische Schlucht

11 **Kalmit**
Höchster Berg des Pfälzerwaldes mit Ausblick und Felsenmeer

19 **Teufelstisch**
Bekanntester Felsen der Pfalz und Naturdenkmal

20 **Altschlossfelsen**
Ensemble aus Felstürmen mit spektakulären Verwitterungsformen

Der Naturpark Pfälzerwald ist der nördliche Teil des UNESCO-Biosphärenreservats Nordvogesen-Pfälzerwald; beide Naturräume gehen nahtlos ineinander über und bilden eine der ursprünglichsten Kultur- und Naturlandschaften Mitteleuropas. 1998 wurden sie als erstes grenzüberschreitendes Biosphärenreservat in Europa von der UNESCO anerkannt. Der Pfälzerwald ist eines der größten geschlossenen Waldgebiete Deutschlands, immer wieder durchbrochen von Buntsandsteinfelsen mit traumhaften Ausblicken auf das Felsen-, Burgen- und Waldreich zwischen Vogesen, Weinstraße, Westrich und Donnersberg.

Der bekannteste Felsen der Pfalz: der Teufelstisch

Versteckte Wasser im nördlichen Pfälzerwald Der Stumpfwald im äußersten Norden des Parks ist eine von wenigen Kuppen durchbrochene, vollständig von Wald bedeckte Buntsandsteintafel. In einigen der Täler wurden Teiche aufgestaut, die (nach dem gleichnamigen Ort) **Sippersfelder Weiher** 1, ein beliebtes Naherholungsgebiet. Die idyllische Teichlandschaft ist durch Wanderwege erschlossen, einige Teiche wie Retzberg- und Pfrimmweiher im Quellgebiet der Pfrimm stehen unter Naturschutz, andere, wie der Eiswoog, werden als Badeteiche genutzt. Der Retzbergweiher ist bekannt für seine Schwimm- und Wasserpflanzen. Geschützte Amphibien laichen hier, und über dem Wasser tanzen Libellen.

Noch weiter in den tiefen Wäldern liegt zwischen **Battenberg** 2 und Bad Dürkheim der **Ungeheuersee** 3 mit seinen Schwingrasen und der Hütte des Pfälzerwald-Vereins. Zu diesem Ausflugsziel im abgeschiedenen Krumbachtal führen aus allen Himmelsrichtungen Wanderwege. Straßen gibt es hier keine, deshalb erfreuen sich See und Hütte großer Beliebtheit bei allen, die die Ruhe genießen wollen. Torfmoose, Verlandungszonen, Sumpfgräser und Binsen prägen die Vegetation in und an dem nährstoffarmen Gewässer, an dem auch seltene Libellenarten leben.

Faustkeilfunde belegen, dass auf dem plateauartig breiten Bergsporn zwischen Eckbach- und Krumbachtal schon in der Altsteinzeit Menschen lebten. Die Burg Battenberg (13. Jh.) ist als kolossale Ruine erhalten. Interessant sind auch die »Blitzröhren« im Fels bei der Burg, röhrenförmige Gebilde, die nicht, wie angenommen durch Verhärtung bei Blitzschlag entstanden, sondern durch Verwitterung, da der Sandstein hier mit Brauneisen und Ockererden angereichert und daher härter als der umgebende Sandstein ist.

Aussichtsreiche Höhenziele, stimmungsvolle Täler Die **Heidenmauer** 4, eine frühkeltische Ringwallanlage auf dem Kästenberg, erhebt sich links der Isenach oberhalb von Bad Dürkheim und bietet einen wundervollen Blick über die Oberrheinebene zum Odenwald. Dem von knorrigen Kiefern, mächtigen Eichen und alten Kastanien überragten Steinwall (2 km lang, bis 11 m hoch, bis 6 m breit) folgt ein Naturlehrpfad durch den Wald (Start am Pfalzmuseum für Naturkunde an der Herzogmühle). Im Süden läuft die Heidenmauer gleichschenklig spitz zu, im Norden ist sie mondsichelförmig gerundet. Die Nord-Süd-Achse ist genau, die West-Ost-Achse annähernd exakt nach den Himmelsrichtungen ausgerichtet. Anders als keltische Viereckschanzen weist die Heidenmauer ein Nordtor auf; wenig nördlich davon liegt der Teufelsstein: ein vier Meter hoher Buntsandsteinblock mit Näpfchen, Schalen und Rillen, die vom Teufel stammen sollen. Wissenschaftler rätseln, ob Schale und Rinne auf dem Felsen eine Opferschale mit Blut-Abflussrinne darstellen und in der keltischen Hallstatt- bzw. La-Tène-Zeit in den Felsen eingetieft wurden oder ob sie durch natürliche Verwitterung entstanden.

Ein anderes lohnendes Ziel bei Bad Dürkheim ist der ebenfalls nur zu Fuß erreichbare **Drachenfels** 5 mit Drachenhöhle und Durchblickkammer, das wuchtige, in Felswänden abstürzende Gipfelplateau des Hohen Bergs mit hervorragendem Ausblick auf das Kuppenmeer des Pfälzerwalds. Der Sage nach soll Fafnir hier in Drachengestalt den Goldhort der Nibelungen gehütet haben. Von der Waldbauern-Gaststätte »Saupferch« aus führt ein steiler Pfad im Wald hinauf (45 Min.). Vom Westfels kann man über das breite, von uralten Eichten, Buchen und

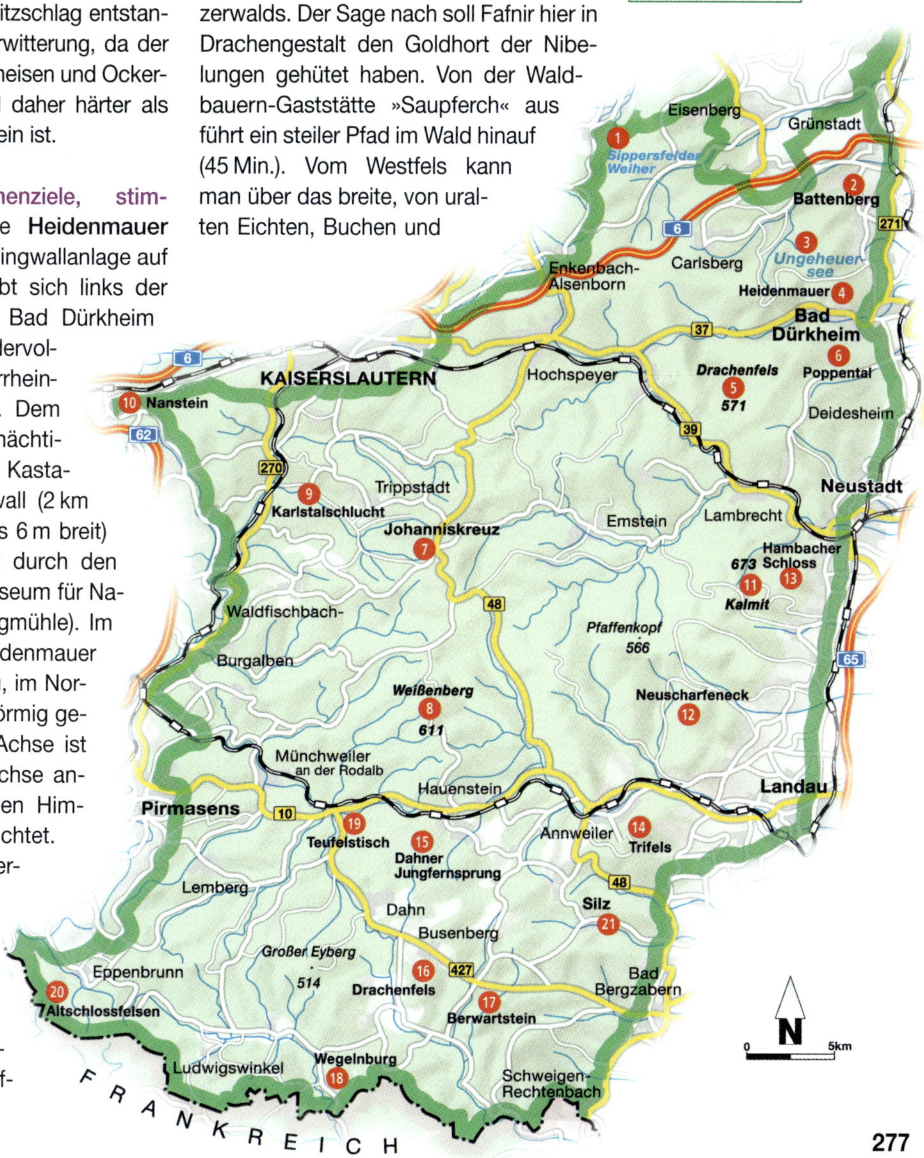

Ort der Legenden: In einer Höhle im Drachenfels soll der Goldschatz der Nibelungen verborgen gewesen sein.

Kiefern geschmückte Felsplateau (Naturschutzgebiet) wandern. Auch auf dem Südfelsen mit zahlreichen Schalen, Näpfchen und Rinnen öffnet sich eine wunderbare Aussicht auf die Umgebung.

Während Heidenmauer und Drachenfels aussichtsreiche Höhenziele sind, zählt das **Poppental** 6 bei Wachenheim an der Weinstraße zu den stimmungsvollsten Tälern des Pfälzerwaldes. Ein sanft ansteigender Pfad führt, dem Bach im Tal folgend, zur Steinernen Kelter, die als Naturdenkmal unter Schutz steht und ebenfalls als alter Opferstein gedeutet wird. Eine auffällige Erscheinung bei der Keltenquelle, die man wenig später erreicht, ist ihr zeitweises Aussetzen: Ein Rumpeln im Berginneren kündigt das Aussetzen an, die Quelle hört auf zu fließen, wenig später ist das Wasser wieder da. Hier beginnt der schönste Abschnitt des Poppentals: Man kann nach Herzenslust endlos im Rauschen der Wälder wandern.

Weiter westlich prägen lang gestreckte Höhenrücken, tief eingeschnittene Täler und weite Hochflächen die Landschaft um das **Johanniskreuz** 7, das »Herz des Pfälzerwalds« mit seinen uralten Eichen. Dort steht im Quellgebiet der Lauter die »Weltachs'«, ein Felsen, der den Mittelpunkt der Pfalz bezeichnet. Neben Burgruinen gibt es als lohnenden Panoramapunkt u. a. den Luitpoldsturm auf dem **Weißenberg** 8.

Die ➠ **Karlstalschlucht** 9 bei Trippstadt ist eines der urwüchsigsten Schluchttäler des Pfälzerwalds. Das Naturschutzgebiet wartet mit von zahlreichen Pflanzen überwucherten, wildromantischen Buntsandsteinfelsen auf. Man erreicht die Schlucht vom Parkplatz rechts an der Straße Trippstadt–Oberhammer.

Im Nordwesten gewährt die mächtige Sickingen-Burgruine **Nanstein** (12. Jh.) 10, die zu den vielen Burgen Kaiser Barbarossas zählte, hoch über Landstuhl einen hervorragenden Ausblick. Im Sommer finden hier Freichlichtspiele statt.

Zu den höchsten Höhen des Pfälzerwalds Auf den vom Menschen genutzten Waldreichtum des Pfälzerwalds verweist der ursprüngliche Name »Haardt«. Die Haardt-Wälder wurden in vergangenen Jahrhunderten als Waldweiden genutzt: das Holz als Brenn- und Baumaterial, Nadeln und Laub als Einstreu in den Ställen sowie als Viehfutter. Darüber hinaus lieferten die Kastanienwälder in den unteren Lagen des Ostabbruchs der pfälzischen Haardt seit römischer Zeit dem Weinbau Stangen für den Kammertbau. Als 1843 der Naturraum Pfälzerwald festgelegt wurde, blieb die Bezeichnung »Haardt« für den östlichen Teil des Pfälzerwalds nördlich des Queichtals erhalten.

Dort erhebt sich hoch über der Deutschen Weinstraße die ➠ **Kalmit** (673 m) 11, höchster Berg des Pfälzerwalds (von lat. »calvus mons«, kahler Berg). Die einstige »Kahlheit« ist inzwischen dichter Bewaldung gewichen, doch von der Terrasse vor dem Kalmithaus bietet sich eine wunderbare Aussicht über die Rheinebene.

Von der Totenkopfstraße aus ist die Kalmit auf mehreren Wanderwegen zu erreichen, von denen einer durch das Felsenmeer auf dem Hüttenberg, einem steil nach Osten abfallenden Kammausläufer der Kalmit, führt: ein von naturnahen Laubwäldern überdachtes Ensemble aus Einzelfelsen, das u. a. durch Frostsprengung entstand, durch die ein hier anstehendes, etwa 750 Meter langes Buntsandstein-Felsenriff zerlegt wurde. Die abgesprengten Felstrümmer gerieten in Bewegung und rutschten die Hänge hinab.

Das Gebiet nördlich der Queich lockt mit einer Vielzahl spannender Ausflugsziele und Wandermöglichkeiten: z. B. die

Pfalzmuseum für Naturkunde

Das Pfalzmuseum für Naturkunde (Pollichia-Museum, Bild) mit dem Info- und Forschungszentrum Naturpark Pfälzerwald ist in der ehemaligen Herzogmühle (1736) im Bad Dürkheimer Ortsteil Grethen untergebracht (in der Nähe von 4 und 5). Ein Besuch im Museum vertieft in vielerlei Hinsicht das Verständnis für das Waldgebirge: Wann wurden die letzten Adler geschossen, wie sahen sie aus, wie erkennt man Versteinerungen und welche Typen gibt es, welche Pilze wachsen hier, wie heißen sie? Geologie, Zoologie, Botanik, Paläontologie, Landeskunde, Naturforschung, Naturschutz – das Museum bietet eine Fülle von Infos, auch zu Heidenmauer 4 und Kriemhildenstuhl (www.pfalzmuseum.de).

Ruine **Neuscharfeneck** 12 und der Orensfelsen mit fantastischem Blick übers Queichtal, der wunderschöne Aufstieg vom Weindorf St. Martin über den Ottilienberg und durchs Felsenmeer zur Kalmit, die Waldwanderung zum berühmten Hambacher Schloss und auf die Hohe Loog.

Das weithin sichtbare **Hambacher Schloss** 13 auf dem ringumwallten Kästenberg, einem aus der Haardtkette ins Rebland vorspringenden Kegel oberhalb von Diedesfeld, ist eine der bekanntesten Symbolstätten für die Entstehung der deutschen Demokratie. Das »Hambacher Fest« im Jahr 1832 war die größte politische Protestkundgebung für ein freies, republikanisches Deutschland vor der Revolution von 1848. 1965–1969 und 1979–1982 wurde das Hambacher Schloss restauriert und zur musealen Gedenkstätte des Hambacher Fests und zum Ort für politische und kulturelle Veranstaltungen umgebaut.

Wasgau und die Fürsten der Felsen

Südlich der Queich liegt eine der bizarrsten Buntsandstein-Landschaften Deutschlands: der ohne naturräumliche Grenze mit den Nordvogesen verbundene Wasgau (Wasgenwald) mit dem Dahner Felsenland. Hier befinden sich neben Teufelstisch und Altschlossfelsen die bekanntesten Felsen der Pfalz, darunter der **Trifels** 14 mit der »Burgendreifaltigkeit« hoch über dem Queichtal, der **Dahner Jungfernsprung** 15 über dem Wieslautertal, der **Drachenfels** 16 bei Busenberg mit seiner gewaltigen Felsenburganlage, die Mittelalterburg **Berwartstein** 17 und die **Wegelnburg** 18, die höchstgelegene Burg der Pfalz – allesamt Traumziele des Wasgaus.

Der berühmteste Fels der Pfalz ist der ➠ **Teufelstisch** 19 bei Hinterweidenthal. Geradezu wie im Lehrbuch zeigt dieser sagenumwobene Tischfelsen die Verwitterungsvorgänge im Buntsandstein: Die Schicht des »Tischs« aus massivem, verkieseltem, fest verbundenem Sandstein widersteht der Erosion erfolgreicher als die darunterliegende Schicht aus weicherem Sandstein, der zu einem Sockel geschrumpft ist und eines Tages ganz verschwunden sein wird.

Bei Eppenstein kann das großartige Felsenriff der ➠ **Altschlossfelsen** 20 bestaunt werden, das längste (1,5 km) Buntsandsteinriff der Pfalz und eines der beeindruckendsten Naturwunder im Biosphärenreservat Nordvogesen-Pfälzerwald. Das Ensemble in der Ostflanke des Brechenbergs zeigt spektakulär fast alle Verwitterungsformen im rotem Buntsandstein des Wasgaus: Türme, Überhänge, Höhlen, Quergänge, Kamine und Kugelsteinbildungen. Hinzu kommen feinste Farbschattierungen und luftwurzelige Bäume – zu jeder Jahreszeit bieten sich hier unvergessliche Farbschauspiele und Naturerlebnisse. Die Altschlossfelsen liegen am Wanderweg vom pfälzischen Luftkurort Eppenbrunn ins lothringische Kirchdorf Roppeviller; der grenzüberschreitende Wanderweg wurde nach Altbundeskanzler Helmut Kohl benannt, der diese herrliche Wanderung oft unternahm.

Der Erholungsort **Silz** 21 liegt im Wasgauer Klingbachtal und ist über die B 48 Bad Bergzabern–Annweiler am Trifels zu erreichen (in Klingenmünster abzweigen). Südlich von Silz befindet sich der sehenwerte Wild- und Wanderpark Südliche Weinstraße (www.wildpark-silz.de).

Das Hambacher Schloss gilt als eine Wiege der Demokratie in Deutschland.

Oben: Fichtensteinpilz und Fliegenpilz
Mitte: Buchenwälder zählen zu den am meisten bedrohten Lebensräumen Europas.
Unten: Blauer Waldlaufkäfer

Lebensraum Wälder

Buntes Leben auf jeder Ebene

Ein Wald ist eine Pflanzenformation, die »im Wesentlichen aus Bäumen aufgebaut ist und eine so große Fläche bedeckt, dass sich darauf ein charakteristisches Waldklima entwickeln kann«. Soweit die trockene Definition. Doch was sich an buntem, vielfältigem Leben in einem Wald verbirgt, ist alles andere als langweilig. Etwa ein Drittel der Landmasse Deutschlands ist mit Wäldern bedeckt. Diese beheimaten rund zwei Drittel aller Tier- und Pflanzenarten und sind somit die artenreichsten Lebensräume unseres Landes.

Luftfilter und Wasserspeicher

Neben Ozeanen und Mooren haben Wälder den größten Einfluss auf das globale Klima. Sie speichern riesige Mengen Kohlenstoffdioxid, das den Treibhauseffekt auf der Erde voranzutreiben droht. Und wohin entschwindet dieses Gas? Ganz einfach, die grünen Pflanzen entziehen es der Luft, betreiben Fotosynthese und setzen dafür Sauerstoff frei. Diesen wiederum benötigen fast alle Lebe-wesen zum Leben, außerdem wird aus ihm die schützende Ozonschicht aufgebaut.

Ferner binden Wälder Schadstoffe, filtern Giftstoffe wie auch Radioaktivität aus der Luft. Sie dienen als Wasserspeicher und bewahren uns vor Bodenerosion und Überschwemmungen. Zudem schaffen sie Schutzzonen für viele Tiere und Pflanzen, die ihre Lebensräume außerhalb des Walds verloren haben.

Biologische Vielfalt – in Gefahr

Die Langlebigkeit der Bäume und der vertikale Aufbau des Walds sorgen für vielfältige Lebensbedingungen: Boden-, Kraut-, Strauch- und Baumschichten schaffen unterschiedlichste Voraussetzungen für Flora und Fauna. Und die Wechselwirkungen zwischen Tieren, Pflanzen, Pilzen, Mikroorganismen, dem Waldboden, der Luft und sogar dem Totholz bilden eine reiche Zahl ökologischer Kreisläufe.

In Anbetracht dieser biologischen Vielfalt und der Bedeutung der Wälder für das globale Klima ist die fortschreitende Zerstörung dieses Lebensraums umso gravierender. Zwar sind in Deutschland rund 30 Prozent der Fläche von Wald bedeckt, doch davon sind etwa 70 Prozent angepflanzte Nadelbäume. Völlig naturbelassene Waldökosysteme gibt es bei uns so gut wie nicht mehr. Vor dem Hintergrund, dass unser Land einst fast vollständig bewaldet war, sollten diese Tatsachen ein wenig nachdenklich stimmen.

Naturerbe Buchenwald

Ein wichtiger Schritt zur Erhaltung des deutschen Walds war sicher der UNESCO-Beschluss vom 25. Juni 2011: Damals entscheid das Welterbekomitee, die „Alten Buchenwälder Deutschlands" als Erweiterung der Welterbestätte »Buchenurwälder der Karpaten« in die Welterbeliste aufzunehmen.

Dabei handelt es sich um ausgewählte Waldflächen in fünf deutschen Schutzgebieten: den Nationalpark Jasmund und den Serrahner Buchenwald im Müritz-Nationalpark, beide in Mecklenburg-Vorpommern, den Grumsin im UNESCO-Biosphärenreservat Schorfheide-Chorin in Brandenburg, den Nationalpark Hainich in Thüringen sowie den Nationalpark Kellerwald-Edersee in Hessen.

Damit erkannte die UNESCO den universellen Wert und das einzigartige Ökosystem der Buchenwälder Deutschlands an – und sicherte so ihr weiteres Fortbestehen. Denn Buchenwälder zählen im weltweiten Vergleich zu den am meisten bedrohten Lebensräumen unseres Kontinents.

Erholung und Tourismus

Doch nicht nur für die Artenvielfalt und unser Klima leisten Wälder einen wichtigen Beitrag. Sie haben genauso eine soziale Funktion, dienen den Menschen als Erholungsgebiet und nähren den Wirtschaftsfaktor Tourismus.

Der Mensch hält sich gerne im Wald auf: Er empfindet dies als gesund und erholsam. Besucher schätzen die saubere Luft und die angenehme Kühle des Walds, seine Gerüche werden als angenehm empfunden, es gibt kaum stressverursachende Geräusche. Alle diese Faktoren wirken sich positiv auf Körper und Geist aus, bieten Ablenkung und Inspiration – und haben sogar eine soziale und gesellige Komponente, beim gemeinsamen Waldausflug zum Spazieren, Pilze sammeln oder Sport treiben: sei es Wandern, Nordic Walken, Joggen, Mountainbiken, Langlaufen und vieles mehr.

Insbesondere der Schwarzwald erlangte für seinen Waldtourismus weltweite Bekanntheit. So waren die Anfang des 20. Jahrhunderts angelegten Fernwanderwege Vorbild für zahlreiche weitere. Viele Natur- und Nationalparks haben seither nachgezogen – jedoch stets im Einklang mit der Natur und der gebotenen Nachhaltigkeit im Blick.

Oben: Baumpilzbefall
Mitte: Den Buntspecht findet man sowohl in Laub- als auch Nadelwäldern.
Unten: Wald-Frauenfarn

Naturpark Elm-Lappwald

Gemächlich schwingen sich aus der Norddeutschen Tiefebene die ersten Erhebungen auf, hügelig und sanft, sie heißen Asse und Dorm, Elm und Lappwald. Es sind keine Gebirge, sie bilden aber erdgeschichtlich, kulturell und naturkundlich eine außerordentlich bedeutsame Region. Zwischen den bewaldeten Bergrücken des Lappwalds und des Elms stößt man auf steinalte Burgen, romanische Dorfkirchen und den ehrwürdigen Kaiserdom zu Königslutter.

SERVICE

Anfahrt Auf der A 2 Hannover–Berlin, Ausfahrt Helmstedt-Zentrum, über die B 244 nach Schöningen; Bahnhöfe in Helmstedt und Königslutter

Lage Südöstliches Niedersachsen an der Grenze zu Sachsen-Anhalt

Größe 470 km^2

Höchste Erhebung Eilumer Horn (323 m)

Gründung 1977

Information Naturpark Elm-Lappwald, Bahnhofstraße 11, 38300 Wolfenbüttel

Telefon 05331/844 63

Infohaus GeoPark-Informationszentrum, An der Stadtkirche 1, 38154 Königslutter

Internet www.elm-lappwald.de

TOP TIPP

1 **Schöningen** Speerfunde als älteste Zeugnisse menschlicher Kultur

5 **Königslutter** Kaiserdom, eine romanische Basilika als Grabstätte für Kaiser Lothar III.

7 **Lübbensteine** Ein deutsches Stonehenge

12 **Reitlingstal** Wanderung durch das schönste Bachtal im Elm

Mystik pur umgibt die Lübbensteine, vorgeschichtliche Megalithgräber auf dem St. Annenberg bei Helmstedt.

Urzeitfunde Weiter zurück in die Vergangenheit weisen die zahlreichen Steisetzungen und Grabhügel, unter denen Ruhestätten von Fürsten aus vorgeschichtlicher Zeit vermutet werden. Die Hügelgräber liegen in Sichtweite zueinander auf Anhöhen, oft von einer Linde bekrönt, oder sie erheben sich mitten im Dorf wie der 4000 Jahre alte Tumulus von Evessen. Die Lübbensteine vor den Toren der Stadt Helmstedt erinnern gar an ein kleines Stonehenge. Auf wie viele Jahrtausende dieses Land zurückblicken kann, beweisen auch die Speerfunde von → **Schöningen** 1. In einem Braunkohlentagebau wurde 1994 ein altsteinzeitlicher Jagdplatz freigelegt: acht etwa 300 000 Jahre alte Wurfspeere aus Holz inmitten von Skeletten wilder Pferde; die Speere sind eines der ältesten Zeugnisse menschlicher Kultur.

Der Dorm – Geheimnisse der Erdgeschichte **Groß Steinum** 2 am Dorm macht seinem Namen alle Ehre, mächtige Knollenquarzitblöcke prägen das Ortsbild. Wippstein und Bockshornklippe heißen zwei markante, sagenumwobene Felsformationen am Rande des alten Dorfkerns, die Kirche steht weithin sichtbar auf felsigem Untergrund. Drei Großsteingräber aus der jüngeren Steinzeit um 3500 v. Chr. sind in Dorfnähe archäologisch erschlossen worden. Diese monumentalen Gräber aus großen Gesteinsblöcken waren die gemeinsamen Bestattungsplätze einer urzeitlichen Sippe. Der Lehrpfad Baustelle Großsteingrab zeigt in sechs Stationen den Bau eines riesigen Steingrabes von der Auswahl der Steine bis zur äußeren Gestaltung des Monuments.

Nördlich von Groß Steinum startet eine Geo-Route (geologischer Pfad) in den **Dorm** 3. Zu sehen sind symmetrische Strukturen, die durch den Aufstieg von Zechsteinsalzen im Perm entstanden, die Schichten der Trias sind quer gestellt. Der Parkplatz an der Bockshornklippe ist Ausgangspunkt für Autofahrer; eine Bushaltestelle befindet sich in Groß Steinum. Die etwa 6,6 km lange Rundwanderung weist zwei Steigungen auf und dauert rund drei Stunden.

In Rieseberg führt vom Parkplatz am Sportplatz eine 4,6 km lange Geo-Route zum 156 m hohen Rieseberg im Südwesten. Aufgrund des Muschelkalkbodens gedeihen prächtiger Laubmischwald sowie zahlreiche Kalk- und Wärme liebende Pflanzen, darunter mehrere Orchideenarten.

Im **Rieseberger Moor** 4 finden Grauweiden, Birken und Erlen beste Lebensbedingungen. In einer großen Bodensenke (1 x 1 km) südöstlich von Rieseberg hat sich in Jahrtausenden eine 1 bis 2 m starke Torfschicht gebildet. Wirtschaftlich genutzt wurde das Moor seit 1744 für den Torfstich und später zur Gewinnung von Moorsole. Seit 1955 steht es unter Naturschutz und kann nur auf zwei schmalen Knüppeldämmen durchquert werden. Der Zugang zum Moor ist nicht ausgeschildert und etwas schwer zu finden.

Uralte Linden umgeben den ehrwürdigen romanischen Kaiserdom von Königslutter.

Ehrfurcht gebietende Kaiserbasilika

Weithin sichtbar erhebt sich der Kaiserdom von ➠ **Königslutter** 5 am nördlichen Rand des Elms. In der Basilika ruhen der deutsche Kaiser Lothar III. von Süpplingenburg (1075 bis 1137), seine Gemahlin und seine Familie. Die Grablege ist ein Kleinod romanischer Baukunst. Besondere Bedeutung erlangt die Stiftskirche St. Peter und Paul, wie der Kaiserdom auch heißt, durch seinen reichen künstlerischen Schmuck: Das rätselhafte Jagdfries an der Außenwand der Hauptapsis zeigt zwei Hasen, die einen liegenden Jäger fesseln, das romanische Hauptportal an

Till-Eulenspiegel-Museum

Welches Kind möchte nicht auch so pfiffig und frech wie Till Eulenspiegel sein? Nachhilfeunterricht gibt es in Schöppenstedt. Auf der Tills-Tauf-Tour wandert man vom Museum in Schöppenstedt 16 (www.eulenspiegel-museum.de) nach Kneitlingen 14 und Ampleben 15.
Kinder basteln an ihrem Geburtstag Eulenspiegelmasken und bemalen T-Shirts mit bunten Farben. Leseratten schauen in die vielen Bücher über den Schelm, das älteste wurde bereits 1510 in Straßburg gedruckt.

Speerfunde von Schöningen

Sie werden auf das Ende einer Warmzeit vor 400 000 Jahren datiert und zählen zu den ältesten archäologischen Zeugnissen in Europa: bei Schöningen 1 gefundene Jagdspeere, mit denen man in der Altsteinzeit Wildpferde zur Strecke brachte. An Ort und Stelle wurde die Beute zerlegt. Dieser Fund widerlegt die Lehrmeinung einiger Paläoanthropologen, der frühe Mensch sei im Wesentlichen ein Aasesser gewesen. Die Herstellung der Jagdwaffen setzt ein komplexes Denken voraus. Die bis zu 2,50 m langen und 5 cm starken Speere funktionierten wie die heutigen Wettkampfspeere und sahen auch fast genauso aus; sie waren schlank und flogen weit. Im modernen »paläon«, dem Forschungs- und Erlebniszentrum Schöniger Speere, entstand am Fundort der Speere eine spannende Erlebnisausstellung. Ein interaktives Besucher-Labor lädt außerdem zum Mitmachen und Experimentieren ein.

der Nordseite wird von zwei grimmigen Löwen bewacht, zehn kunstvoll gestaltete Säulen akzentuieren den wunderbaren Kreuzgang an der Südfront des Doms. Die dreischiffige Pfeilerbasilika folgte zunächst dem Bauschema der Hirsauer Schule, nach dem Tod des Kaisers 1137 wurde das Bauwerk nach vereinfachten Plänen vollendet. Diese Bauweise wirkte als Vorbild für viele Sakralbauten im südlichen Niedersachsen und in den angrenzenden Gebieten an Elbe und Saale. Die historische Bedeutung Lothars III. mag heute in Vergessenheit geraten sein, doch im 15. Jahrhundert begaben sich die Menschen an St. Peter und Paul (29. Juni) zur Wallfahrt nach Königslutter.

Wie der Beiname vermuten lässt, stammte Kaiser Lothar III. aus **Süpplingenburg** 6. Seine einstige Stammburg existiert heute nicht mehr, erhalten blieb nur die zur Burg gehörende romanische St. Johanniskirche, ein schlichter, aber anmutiger dreischiffiger Bau.

Vom St. Annenberg westlich von Helmstedt hat man einen weiten Blick über das Landschaftsbecken zwischen Elm und Lappwald. Die ➠ **Lübbensteine** 7 sind zwei Großsteingräber, die im 4. Jahrtausend v. Chr. von bäuerlichen Siedlern der Jungsteinzeit (Trichterbecherkultur) errichtet worden sind. Die Anlage besteht aus einer rechteckigen Grabkammer mit einem Zugang und einer Steinumfassung, die ursprünglich den Erdhügel über der Kammer begrenzt hat. Aufgrund alter Aufzeichnungen nimmt man an, dass einst vier Gräber auf dem Hügel weithin sichtbar das Landschaftsbild bestimmten. Die Lübbensteine sind direkt von der B1 aus erreichbar, etwa 300 m vor dem westlichen Ortsrand Helmstedts.

Die ehemalige Universitäts- und Hansestadt **Helmstedt** 8 wartet mit eindrucksvollen Bauwerken aus Romanik und Renaissance auf; hervorzuheben sind die sogenannten Professorenhäuser aus der frühen Neuzeit.

Der angrenzende **Lappwald** 9 ist ein 20 km langer und bis zu 5 km breiter bewaldeter Höhenzug. Er dehnt sich sich von Helmstedt nach Norden aus. Idyllisch ist das Brunnental bei Bad Helmstedt. Der Lappwald war über viele Jahrhunderte ein Grenzforst zwischen braunschweigischem und preußischem Staatsgebiet. Den lebhaften Grenzschmuggel suchte man seinerzeit von den Wachtürmen aus zu unterbinden. Von diesen sind die 1. und 2. Walbecker Warte erhalten geblieben.

Vom Tetzelstein über den buchenbestandenen Elm Über 25 km lang und bis zu 8 km breit erstreckt sich der bewaldete Bergzug **Elm** 10 von Königslutter in südöstlicher Richtung bis Schöningen. Seine maximale Höhe von 323 m erreicht er am Eilumer Horn unweit vom Kuxberg. Den weitgehend siedlungsfreien Bergrücken bedeckt der größte Buchen-Hochwald Norddeutschlands. Geologisch baut sich der Elm hauptsächlich aus fossilienreichem Muschelkalkgestein auf, seit dem Mittelalter ein begehrter Baustoff. In Nord-Süd-Richtung überquert die Elm-Hochstraße den schmalen Höhenzug. Beliebter Rastplatz und Treffpunkt für Wanderer ist der **Tetzelstein** 11. Hier beginnen viele schöne Spazierwege durch den Elm, von denen man sich nach der Rückkehr in der beliebten Ausflugsgaststätte erholen kann. Laut Sage liegt unter dem nicht sonderlich großen Stein der berühmt-berüchtigte Ablassprediger Johann Tetzel (1465 bis

1519) begraben, der hier auf dem Elm unter mysteriösen Umständen zu Tode gekommen sein soll. In der Tat war Tetzel wegen seiner finanziellen Machenschaften nicht sonderlich wohlgelitten, gestorben ist er aber eines natürlichen Todes – und zwar in Leipzig.

Am Tetzelstein zweigt auch die Straße in das liebliche ➠ **Reitlingstal** 12 ab, ein weitgehend naturbelassener Lebensraum für Wildpflanzen und Singvögel rund um die Teiche des Reitlinger Weidhofs. Ein bequemer und interessanter Rundwanderweg beginnt an der Gaststätte Reitling; er folgt dann einem uralten Schmugglerpfad ins Quellgebiet der Wabe. Zurück geht es durch die Teufelsküche, hier verschwindet der kleine Bach Mönchespring in einem von Bärlauch gesäumten Erdtrichter, einer Doline. Vom 4,5 km langen Rundweg zweigen an drei ausgeschilderten Stellen Pirschgänge ab, für die robustes Schuhwerk und Kleidung erforderlich sind.

Kulissen wie für einen Ritterfilm – die Burgen im Elm Im Mittelalter standen zahlreiche Ritterburgen auf dem Elm, so die Höhenburg Warberg, die Elmsburg und Burg Langeleben, eine Wasserburg des Deutschritterordens im Reitlingstal. Leider sind nur noch Mauerreste erhalten. Unzerstört blieb jedoch die Kommende in **Lucklum** 13, westlich des Elms. Seit etwa 1213 war der Deutsche Ritterorden in diesem Gebiet ansässig. Ihm gehörten hier mehrere Burgen, in Lucklum errichtete er seinen Ordenskonvent, die Kommende. Das ausgedehnte Gelände ist von einer noch heute erhaltenen Steinmauer umgeben. Kirche, Herrenhaus und Wirtschaftsgebäude begrenzen den quadratischen Innenhof. Den Zugang zum spielfilmreifen Ensemble bildet eine vierreihige Lindenallee mit prächtigen, über 200 Jahre alten Bäumen.

Ebenfalls aus der Zeit der Ritterorden stammen zwei romanische Dorfkirchen. St. Nikolaus in **Kneitlingen** 14, ein fast quadratischer Saalbau mit halbrunder Apsis, wurde 1141 von den Tempelrittern gegründet. In Kneitlingen soll Till Eulenspiegel auf die Welt gekommen sein, im Nachbarort **Ampleben** 15 wurde er getauft. Allerdings nicht in der prächtigen spätromanischen Kirche aus dem 13. Jahrhundert, sondern in der Schlosskapelle seines Taufpaten Till von Ütze, eines berüchtigten Raubritters. Genaueres über den einfallsreichen Narren und seine Späße erfährt man im Eulenspiegelmuseum in **Schöppenstedt** 16.

Das liebliche Reitlingstal inmitten der Wälder des Elms verlockt nicht nur im Frühjahr zu langen Spaziergängen.

Naturpark Hoher Fläming

Vor 150 000 Jahren bewegten mächtige Eiszeitgletscher Sand, Lehm, Kies und Gestein und türmten den Hohen Fläming als Teil einer 700 km langen Endmoränenkette von Schleswig-Holstein bis Polen auf. Die eiszeitliche Herkunft verraten zahlreiche Findlinge und Schmelzwasserrinnen, die sogenannten Rummeln. Doch prägen den Hohen Fläming nicht alleine seine interessanten geologischen Strukturen.

SERVICE

Anfahrt Auf der A 9 Berlin–München bis zur Ausfahrt Klein Marzehns, dann der Ausschilderung zum Naturparkzentrum Rabenstein folgen; Bahnhöfe in Belzig und Wiesenburg, von dort Bustransfer zum Naturparkzentrum nach Voranmeldung

Lage Zwischen Elbe, Dahme und Baruther Urstromtal im Bundesland Brandenburg

Größe 827 km²

Höchste Erhebung Hagelberg (200 m)

Gründung 1997

Information Naturpark Hoher Fläming, Brennereiweg 45, 14823 Rabenstein/OT Raben

Telefon 033848/600 01

Internet www.flaeming.net

TOP TIPP

1 Burg Rabenstein Naturerlebnispfad von der Burg zum Naturparkzentrum Raben

4 Brautrummel Für den Fläming typisches eiszeitliches Trockental

6 Wiesenburg Natur und Kultur im englischen Landschaftsgarten

11 Belziger Landschaftswiesen Brutgebiet der Großtrappe, eines der größten Wildvögel Europas

Der englische Landschaftspark des Schlosses Wiesenburg verspricht erholsame Spaziergänge unter alten Bäumen.

Vier stolze Burgen, die das schöne Land mit seinen sanften Hügeln, grünen Wäldern und weiten Wiesen überragen, sind nicht zu übersehen. Kleine Dörfer sammeln sich um alte romanische Kirchen, die im Mittelalter aus reichlich vorhandenen Feldsteinen errichtet wurden. Im 12. Jahrhundert holte Brandenburgs Markgraf Albrecht der Bär die Flamen in das Gebiet. Die vielen Mühlen zeugen von den Lebensgewohnheiten der neuen Siedler, ihnen verdankt der Fläming seinen Namen. Neben forstwirtschaftlich genutzten Kiefernforsten gibt es naturnahe Buchen-Eichen-Mischwälder, in denen der Mittelspecht, das Wappentier des Naturparks, nicht zu überhören ist. Obgleich der Hohe Fläming nicht sehr wasserreich ist, entspringen in einer Höhe von 80 bis 100 m zahlreiche Quellen. In klaren Bächen leben Bachforelle, Bachneunauge und sogar der sehr seltene Edelkrebs. Die Belziger Landschaftswiesen am Fuß des Flämings sind Lebensraum der Großtrappen und ein idealer Rastplatz für ziehende Enten und Gänse.

Burgen und Täler Den unwegsamen Fläming überquerten in alten Zeiten nur wenige Straßen. Eine führte von Brandenburg an der Havel südwärts nach Wittenberg an der Elbe. Von der ➠ **Burg Rabenstein** 1, um 1190 errichtet, überwachten die Belziger Herren diese wichtige Route. Der Name leitet sich von Rauer Stein ab. Die alte Wehranlage erlebte im Lauf der Jahrhunderte viele Veränderungen, geblieben ist der runde Bergfried mit seinem schönen Ausblick auf die naturnahen Wälder des umliegenden Naturschutzgebiets. Eine Gaststätte im Innenhof und eine kleine Bäckerei, die frisches Vollkorngebäck anbietet, laden zur Rast ein. Die Burg ist von der Abfahrt Klein Marzehns der Autobahn A 9 ausgeschildert und rasch zu erreichen.

In der Alten Brennerei im Dorf **Raben** 2 zu Füßen des Rabensteins ist das Naturparkzentrum untergebracht. Angeboten werden ausführliche Informationen zum Naturpark sowie zahlreiche Führungen und Veranstaltungen. Im Mittelpunkt des Dorfes steht die alte, im 13. Jahrhundert erbaute Feldsteinkirche mit schmückenden Bauernmalereien.

Nordwestlich von Raben liegt das **Planetal** 3. Ebenso wie die Trockentäler des Flämings, die Rummeln, entstand diese Schmelzwasserrinne in der Eiszeit. Jedoch schäumt die Plane das ganze Jahr über recht ungestüm zu Tal, mehr noch: Auf weiten Strecken treten an den steilen Talrändern kleine Quellen zutage, die auch während trockener Perioden nicht versiegen. In dem feuchten Quellgebiet haben sich bis zu 1 m starke Hangmoore ausgebildet. Das Wasser der Plane ist ungewöhnlich sauber und bietet nicht nur Bachforelle und Bachneunauge besten Lebensraum. Ein Wanderweg führt am Flüsschen Plane entlang nach Rädigke.

Riesenstein & Co.: beeindruckende Findlinge Etwa 1 km nördlich von Gubo in Richtung Belzig (Parkplatz) kann ein 12 m tiefes Tal, der ➠ **Brautrummel** 4, durchwandert werden. Seinen Namen verdankt das Tal einer Sage, die erzählt, dass vor langer Zeit eine junge

Die Burg Eisenhardt in Belzig ist Start und Ziel des beliebten Burgenlaufs.

Braut im abfließenden Wasser eines niedergegangenen Wolkenbruchs ertrunken sei. Am Ende des Brautrummels liegt etwas abseits auf offenem Feld der Riesenstein, oder richtiger gesagt: Er verbirgt sich. Denn von dem gewaltigen roten Granitblock, den die Gletscher von Skandinavien bis hierher trugen, sind über der Erde nur 70 cm zu sehen.

Bad Belzig 5, das urbane Zentrum des Flämings, blickt auf eine über tausendjährige Geschichte zurück. Ein schlimmes Kapitel der Stadtgeschichte war der Dreißigjährige Krieg, als die kleine Stadt, wie viele andere Orte des Flämings auch, fast vollständig verwüstet wurde. Nur vierzig Menschen überlebten. Auch die mächtige Burg Eisenhardt wurde 1636 von den Schweden zerstört. Erst 50 Jahre später konnte man mit dem Wiederaufbau begin-

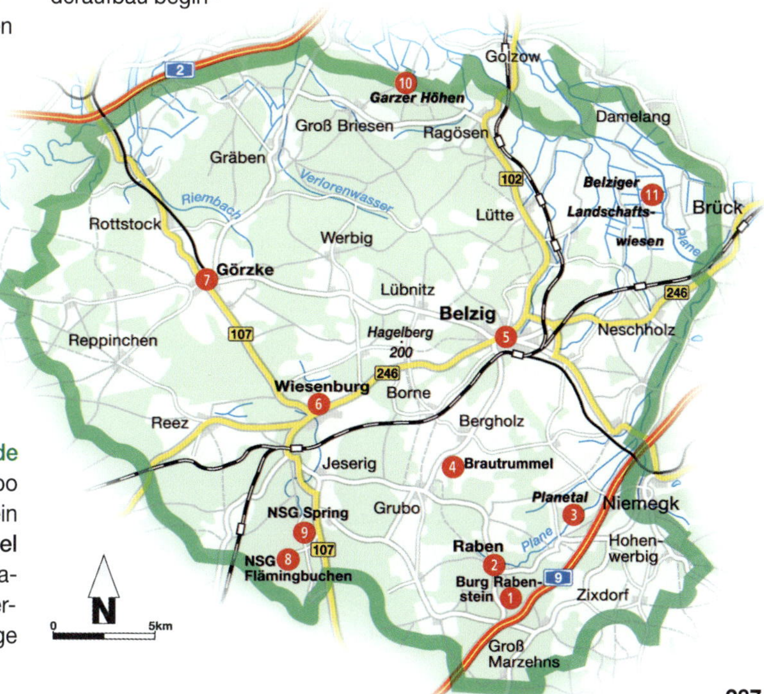

nen. Seit 2009 ist Bad Belzig staatlich anerkanntes Thermal-Soleheilbad mit umfangreichen Kurangeboten.

Im benachbarten ➠ **Wiesenburg** 6 etablierte sich die Zerbster Herrschaft. Im 13. Jahrhundert wechselte Wiesenburg in den Besitz des Erzbistums Magdeburg. Die mittelalterliche Burg wurde im Schmalkaldischen Krieg von 1546–47 niedergebrannt und noch im selben (16.) Jahrhundert wiederaufgebaut. Nach dem Dreißigjährigen Krieg verfiel das Schloss, der Wiederaufbau dauerte bis in das 18. Jahrhundert hinein. Der 48 m hohe Turm bestimmt noch heute das Stadtbild Wiesenburgs, und der weitläufige englische Landschaftsgarten führt in eine romantische Welt mit Grotten und Wasserspielen. Naturliebhaber entdecken seltene Nadelgehölze aus China und Japan. Besonders reizvoll ist die Blütezeit (April und Mai) der zahllosen Rhododendren, die noch aus der Gründungszeit des Parks stammen.

In **Görzke** 7 siedelten sich im 7. Jahrhundert slawische Stämme in den durch die Völkerwanderung weitgehend verlassenen Gebieten an. Mit dem Slawenaufstand im Jahr 983 begannen 150 Jahre kriegerische Auseinandersetzungen zwischen Slawen und Deutschen. Ein slawischer Burgwall aus dieser Zeit kann in der Nähe der Görzker Kirche ausgemacht werden. Die Kirche mit ihrem schönen romanischen Portal versteckt sich unter uralten Linden. Darüber hinaus ist Görzke für seine traditionsreiche Töpferei und den Töpfermarkt zu Ostern bekannt.

Buchen und Bäche Von der Ortschaft Medewitz kommend führt ein Wanderweg in das Naturschutzgebiet **Flämingbuchen** 8 mit 200 Jahre alten Bäumen, den ältesten Beständen der Flämingbuche. Rotbuchenwälder bilden im Fläming eine Ausnahme; auf den sandigen Böden Brandenburgs wachsen meist Kiefern- oder Eichenmischwälder. Die Voraussetzung für das Gedeihen der hier als Flämingbuche bezeichneten Rotbuche ist der Regen, der an den Hängen des Flämings niedergeht. Die Baumart benötigt mindestens 550 mm Niederschlag pro

Die sanften Höhen des Flämings zieren betagte Windmühlen, Zeugen der früheren Besiedlung durch die Flamen

Jahr und eine ausreichende Bodenfruchtbarkeit. Fast die Hälfte des Naturparks ist heute bewaldet. Das war nicht immer so: Um 1800 waren die Wälder durch jahrhundertelangen Raubbau beinahe verschwunden. Weite Landstriche verheideten, Wanderdünen bedrohten ganze Ortschaften.

Im Naturschutzgebiet **Spring** 9 kann man ein schönes Beispiel eines Schwindbachs verfolgen: Schon nach wenigen Kilometern verläuft das Wasser buchstäblich im Sand. Das Springer Fließ beginnt als Seegraben bei Wiesenburg und fließt in das Rummelsystem bei dem kleinen Ort Spring, wo es schließlich in den wasserdurchlässigen Bodenschichten versickert.

Der Fläming gehört neben der Schwäbischen Alb zu den wasserärmsten Gebieten Deutschlands, nach Stillgewässern sucht man meist vergebens. Lediglich ein lockeres Netz kleiner Bäche, die Flämingfließe, ziert den Naturpark – diese Bäche haben es jedoch in sich. Gefährdete und schützenswerte Tiere wie Bachforelle, Wasseramsel, Bachneunauge und Edelkrebs tummeln sich im sauberen Wasser. Der Schwarzstorch lebt verborgen in den großen feuchten Laubwäldern mit altem Baumbestand. Doch schon kleine Störungen führen zum Verlassen des Nestes und dem Verlust der Brut. Seine Nahrung findet er in fischreichen Gewässern und auf feuchten Wiesen.

Das Urstromtal Im Norden des Flämings fallen die **Garzer Höhen** 10 steil zum Baruther Urstromtal ab. Von dem Ort Klein Briesen, das nur aus einer Handvoll Häusern und einem Hotel besteht, führt ein Wanderweg zu einem Aussichtsturm am Rande der Geländekante. Über den Wipfeln der Kiefern- und Birkenwälder wirken die 60 m Höhenunterschied zur sonst so flachen Landschaft besonders eindrucksvoll.

Weit geht der Blick in die Niederung der ➠ **Belziger Landschaftswiesen** 11, dem EU-Vogelschutzgebiet. Sie entstanden nach dem Abklingen der letzten Eiszeit, als die Schmelzwässer der Gletscher Richtung Nordsee gespült wurden. Zurück blieb ein flaches, mit Bruchwäldern bestandenes Moor. Die dichten Sumpfwälder wurden gerodet und ein engmaschiges Netz flacher Gräben entstand. Die 76 km² große feuchte Niederung, häufig in Nebel von großer Ausdauer gehüllt, gehört zum mächtigen Baruther Urstromtal und ist ein ideales Brutgebiet für die Großtrappe, einen der größten Vögel Europas. Der Märkische Strauß teilt sie sich mit 110 anderen Vogelarten, die ebenfalls in den Belziger Landschaftswiesen brüten, sowie mit Tausenden von durchziehenden oder überwinternden Vögeln.

Großtrappe *(Otis tarda)*

Die Großtrappe ist der schwerste flugfähige Vogel der Erde. Für die auffällige Bodenbalz im Frühjahr verwandeln sich die Männchen in bizarre, weiße Federbälle. Großtrappen sind bis zu 17 kg schwer und 1 m groß; sie sind gute Läufer, können aber auch weite Strecken fliegen. Ursprünglich bewohnte die Großtrappe die offenen Steppen Osteuropas, wanderte aber um 1800 auch in die feuchten Niederungen Brandenburgs ein. Durch die Intensivierung der Landnutzung nahmen die Bestände seit dem Zweiten Weltkrieg drastisch ab. Im Naturpark wurden 2001 nur noch 48 Großtrappen gezählt – immer noch das größte Vorkommen in Deutschland. Großtrappen leben gesellig, häufig aber nach Geschlechtern getrennt. Die Küken sind Nestflüchter und nur in den ersten Lebenstagen auf die Mutter angewiesen. Die ebenso seltsamen wie seltenen Vögel werden bis zu 25 Jahre alt.

Rummeln

Die typischen geologischen Formationen des Flämings entstanden als Schmelzwasserrinnen am Ende der letzten Eiszeit. Die bis zu 15 m tiefen und oft mehrere Kilometer langen Trockentäler führen nur nach starken Wolkenbrüchen oder während der Schneeschmelze Wasser. Durch die Abholzung der Wälder im Mittelalter konnten Wind und Wasser die Rummeln immer tiefer einkerben; nur eine Wiederaufforstung verhinderte die weitere Ausdehnung der Rummeln. Bekannt sind vor allem der Brautrummel 4 (Bild) und der Neuendorfer Rummel.

Naturpark Fläming/Sachsen-Anhalt

SERVICE

Anfahrt Auf der A 9 Berlin–Leipzig bis zur Ausfahrt Coswig, weiter über die B 187 nach Wittenberg; Wittenberg, Coswig und Roßlau sind auch mit der Bahn zu erreichen, von dort Regionalverbindungen in den Naturpark

Lage Zwischen dem Hohen Fläming und der Elbe in Sachsen-Anhalt

Größe 824 km²

Höchste Erhebung Michelsberg (184 m)

Gründung 2005

Information Naturpark Fläming
Rotdornstraße 12
06862 Jeber-Bergfrieden

Telefon 034907/307 45

Internet www.naturpark-flaeming.de

TOP TIPP

1. **Lutherstadt Wittenberg** Zentrum der Reformation mit Schmetterlingspark und Tiergehege
2. **Skulpturenpark Bülzig** Kunstprojekt »Gastmahl der Engel« inmitten von Wiesen
5. **Jeber-Bergfrieden** Naturlehrpfad Flämingwald mit neuem Naturlehrpfadhaus

Über wohlbestellten Feldern, saftigen Wiesen und dichten Wäldern wölbt sich blauer Himmel, von weißen Wolken durchsetzt. Ein paar wenige Dörfer scharen sich um betagte, aus Feldsteinen errichtete Kirchen. Natur- und Kulturlandschaften stehen gleichberechtigt nebeneinander. Elf Landschaftsschutzgebiete wurden zu einem der jüngsten Naturparks zusammengefasst.

Nektar für Schmetterlinge und Kinderseelen bietet die Tropenlandschaft im Schmetterlingspark in Wittenberg.

Der erst 2005 gegründete Naturpark Fläming/Sachsen-Anhalt schließt sich im Westen an den Naturpark Hoher Fläming an und umfasst die Regionen des West- und des Vorflämings bis zum östlichen Elbufer.

Ein Apfelbäumchen pflanzen – Naturbegeisterung heute An den südlichen Ausläufern des Flämings liegt die ➠ **Lutherstadt Wittenberg** 1, die Wiege der Reformation. Hier schlug Luther am 31. Oktober des Jahres 1517 seine berühmten Thesen an die Tür der Schlosskirche. Noch heute werden diese und noch weit mehr das Haus, in dem Luther mit Frau und Kindern lebte, von zahlreichen Besuchern gewürdigt. Weitere bedeutende Sehenswürdigkeiten sind das Melanchthonhaus, das Cranachhaus und die Stadtkirche. Martin Luther sagte einst: »Wenn morgen der Jüngste Tag wäre, würde ich heute noch ein Apfelbäumchen pflanzen.« In diesem Sinne kommen naturbegeisterte Familien in der Lutherstadt voll auf ihre Kosten. Westlich des Stadtzentrums liegt der Schmetterlingspark Wittenberg (Ausschilderung folgen). In der rund 1000 m² großen Tropenlandschaft flattern die schönsten exotischen und heimischen Schmetterlinge frei umher. Durch ein Tiergehege führt der 3 km lange Naturlehrpfad des Stadtwaldes Wittenberg. 80 Arten heimischer Wildtiere wie Mufflons, Wildschweine und Damwild werden hier betreut. Bei Kindern sind die Streicheltiere sehr beliebt. Das Elbe-Elster-Aquarium im Tierpark Wittenberg im westlichen Stadtzentrum zeigt bekannte Arten wie Flussbarsch, Plötze, Zander, Hecht und Aal, aber auch weniger bekannte Fischarten wie Blei, Ukelei, Güster, Kaulbarsch, Döbel und Rapfen.

Von Wittenberg sind es nur wenige Kilometer in nordöstlicher Richtung zum ➠ **Skulpturenpark Bülzig** ②, einem Landschafts- und Kunsterlebnis der besonderen Art. Inspiriert vom Thema Gastmahl der Engel arbeiteten im Sommer 1993 junge Bildhauer, Metallplastiker und Grafiker im Rahmen eines Künstlersymposiums in Bülzig. Die aus Stein, Metall und Holz gefertigten Skulpturen wurden auf renaturiertem Wiesenland aufgestellt. Den nicht ausgeschilderten Skulpturenpark erreicht man nördlich vom Bahnhof Bülzig nach 500 m auf einem Feldweg.

Im Mittelpunkt des Städtchens **Zahna** ③ stehen das markante, 1897/98 erbaute Rathaus und die romanische Kirche St. Marien, der größte und älteste romanische Sakralbau im Fläming. In einem alten flämischen Bauernhof aus dem Jahr 1730 am Ostende der Stadt ist das Bauernmuseum Zahna untergebracht. Neben einer umfangreichen Traktorensammlung sind hier auch eine Schmiede und verschiedene Ackergeräte zu sehen, Einblick in das alltägliche Leben einer Bauernfamilie vermittelt eine Wohnung von 1920.

Ein Wasserschloss, das einst einen berühmten Gast beherbergte Im Jahr 1806 nächtigte Napoleon in **Schloss Kropstädt** ④. Das Wasserschloss, heute Restaurant und Hotel, liegt in einem herrlichen, 10 ha großen Landschaftspark, an den sich nördlich die Kropstädter Heide anschließt. Seit den Tagen des Imperators muss die Heide jedoch zugewuchert sein, nur an wenigen Stellen im dichten Wald ist sie noch zu erahnen.

Ein Naturlehrpfad in ➠ **Jeber-Bergfrieden** ⑤ führt durch einen typischen Flämingwald mit Eichen und Kiefern. Das neue Naturlehrpfadhaus mit dem grünen Klassenzimmer unter freiem Himmel unterrichtet über Naturschutz, Forstwirtschaft und Jagd.

Das Flüsschen Rossel strömt von den Hängen des Flämings zur Elbe und treibt seit über 400 Jahren den **Kupferhammer Thiessen** ⑥ an. Das technische Denkmal im grünen Rosseltal wurde 1983 renoviert und kann besichtigt werden. Wo die Rossel in die Elbe mündet, entstand schon im 12. Jahrhundert die **Wasserburg Rosslau** ⑦. Die denkmalgeschützte Burg wird nach und nach restauriert und dient zwischenzeitlich als überaus stilechte Kulisse für fröhliche Mittelalterspektakel und Märkte.

Am Ortsausgang von **Coswig** ⑧ Richtung Möllendorf beginnt der 7 km lange Bismarcksteig. Er führt am Wörpener Bach entlang durch eine typische Fläminglandschaft. Ein 1,8 km langer Abschnitt wurde als Waldlehrpfad angelegt. Auf dem 142 m hohen Hubertsberg lugt der Bismarckturm aus dem Wald.

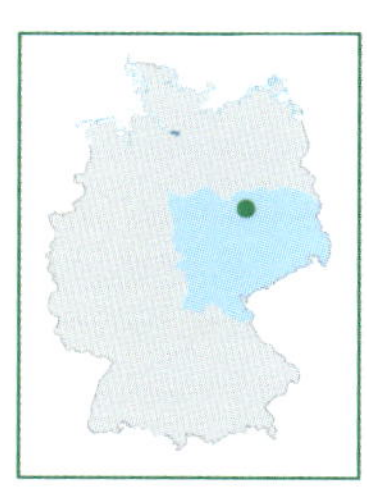

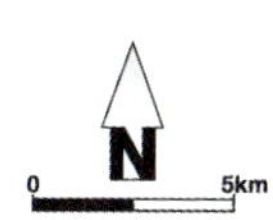

Naturpark Nuthe-Nieplitz

Südwestlich von Berlin treffen bei Jütchendorf zwei kleine Flüsschen aufeinander: Nuthe und Nieplitz. Sie haben auf ihrem Lauf eine Kette flacher Seen durchströmt und zahlreiche überflutete Wiesen zurückgelassen. In den vergangenen Jahrhunderten waren die Niederungen an Nuthe und Nieplitz häufig von heftigen Überschwemmungen heimgesucht worden.

SERVICE

Anfahrt Auf der A 10 (südlicher Berliner Ring) bis Ausfahrt Michendorf, weiter auf der Landstraße über Freesdorf und Stücken nach Blankensee; die Bahn (RE 3) fährt von Berlin nach Beelitz und Treuenbrietzen.

Lage Südwestlich von Berlin im Bundesland Brandenburg

Größe 623 km²

Höchste Erhebung Planitzhöhe (105 m)

Gründung 1999

Information Naturpark Nuthe-Nieplitz, Beelitzer Straße 24, 14947 Nuthe Urstromtal/OT Dobbrikow

Telefon 033732/506 10

Infohaus NaturParkZentrum am Wildgehege Glauer Tal, Glauer Tal 1 14959 Trebbin/OT Blankensee

Internet www.naturpark-nuthe-nieplitz.de

TOP TIPP

2 **Stangenhagen** Nach 1991 neu entstandener See mit reicher Vogelwelt

5 **Glauer Tal** Frei lebendes Dam-, Rot- und Muffelwild in einem eingezäunten Areal

6 **Wanderdüne Jüterbog** 9 ha große Binnendüne auf ehemaligem Militärgelände

Zwischen den Flussläufen von Nuthe und Nieplitz breitet sich eine feuchte Wiesen- und Auenlandschaft aus.

Doch schon im 18. Jahrhundert wurden die Flüsse begradigt und reguliert. Das brachte bessere Ernten, andererseits verringerten die sinkenden Wasserstände den Fischreichtum. Diese systematische Entwässerung wurde nach 1991 aufgegeben. In kurzer Zeit stieg der Wasserspiegel deutlich an, weite Wiesengebiete sind heute ganzjährig überflutet, bei Stangenhagen bildeten sich Flachwasserseen. Die wieder entstandene Auenlandschaft wurde alsbald von Störchen und Gänsen, Kranichen und Seeadlern, Fröschen und Kröten in Besitz genommen. Einen Gegensatz zu der Feuchtwiesenlandschaft bildet die 9 ha große Flugsanddüne im südlichen Zipfel des Naturparks auf dem Gelände eines ehemaligen Truppenübungsplatzes.

Neue und alte Gewässer Am Ufer des größten Sees im Naturpark liegt der gleichnamige Ort **Blankensee** 1, vom Wasser durch einen bis zu 300 m breiten Schilfgürtel getrennt. Auch ohne Fernglas lassen sich von einem langen Bohlensteg aus unzählige Wasservögel beobachten. Der anmutig Park des Schlosses Blankensee wurde vom preußischen Gartenbaumeister Peter Josef Lenné angelegt. Der letzte Schlossherr, der Dramatiker Hermann Sudermann, schmückte ihn nachträglich mit Kunstschätzen, die er auf seinen Reisen gesammelt hatte. Ursprünglich gehörte das Gut der Familie von Thümen, einem Adelsgeschlecht, das 500 Jahre lang die Region beherrschte. In der Nähe des Parktors steht ein historisches Bauernhaus von 1649. Das typisch märkische Mittelflurhaus beherbergt ein ausgesprochen informatives Bauernmuseum.

➠ **Stangenhagen** 2 könnte man als Herzstück des Naturparks bezeichnen

Nach 1991 entstand hier der etwa 200 ha große Schwanensee – an einer Stelle, an der sich bereits vor 15 000 Jahren ein größerer See ausgebreitet hatte, der aber mehr und mehr vermoorte und schließlich trockengelegt wurde. Nachdem 1991 der Betrieb des Schöpfwerks in Stangenhagen eingestellt wurde, entstand der neue See, von Rohrkolben, Großseggen und Weidenbüschen gesäumt. Es wird sich, wenn auch nur langsam, hier wieder ein Moor bilden. Die faszinierende Welt der Wasservögel lässt sich am besten von einem eigens dafür errichteten Turm aus beobachten.

Die im Oberlauf malerische Nieplitz durchfließt **Treuenbrietzen** 3. Ursprünglich hieß die kleine Stadt einfach Brietzen, durch ihre Treue zu den Wittelsbachern erhielt sie den Namenszusatz Treuen. Treuenbrietzen setzte seinem Frauenzimmer Sabinchen, das in der bekannten Moritat einem treulosen Schuhmacher erliegt, ein Denkmal. So ist die Sabinchenstadt nicht einfach nur ein schönes Städtchen mit mittelalterlichem Grundriss und erhaltener Stadtbefestigung.

3 km östlich von Treuenbrietzen erstreckt sich der **Zarth** 4, eine abwechslungsreiche Gegend mit Wäldern, Wiesen, Sümpfen und offenen Wassern, die vielen seltenen Vögeln besten Lebensraum bietet. Die Landschaft an Nuthe und Nieplitz ist keineswegs nur flach. Die letzte Eiszeit hat zwischen Blankensee und Glau eine Endmoräne hinterlassen, die Glauer Berge, die teilweise in das Wildschutzprojekt ➠ **Glauer Tal** 5 einbezogen wurden. Auf einer Fläche von 160 ha hält das hier frei lebende Dam-, Rot- und Muffelwild durch Verbiss und Tritt die Freiflächen zwischen den Wäldern offen. Die Tiere werden nicht gefüttert und legen daher ihre Scheu gegenüber dem Menschen nicht ab. So kann man sie von einem 5 km langen Wanderweg unter natürlichen Bedingungen beobachten. Besonders eindrucksvoll ist die Brunft der Rothirsche Ende September. Angeboten werden neben naturkundlichen Führungen auch Kremserfahrten. Der Zugang zu dem eingezäunten Wildgehege liegt an der Straße von Blankensee nach Glau.

Neuer Lebensraum entsteht Flugsanddünen sind im deutschen Binnenland äußerst selten, die ➠ **Wanderdüne Jüterbog** 6 ist 9 ha groß. 160 Jahre lang wurde das Gelände westlich der Stadt militärisch genutzt. Mahlende Panzerketten und Flächenbrände zerstörten einerseits die Landschaft, andererseits konnten sich auf den entstandenen freien Flächen die Dünenlandschaften ausweiten und Tiere und Pflanzen ansiedeln, die sonst keine geeigneten Lebensbedingungen mehr finden. Dieser schützenswerte Lebensraum kann nur durch menschliche Eingriffe erhalten werden. In Zukunft sollen die Wander-, Rad- und Reitwege auch die Randbereichezugänglich machen.

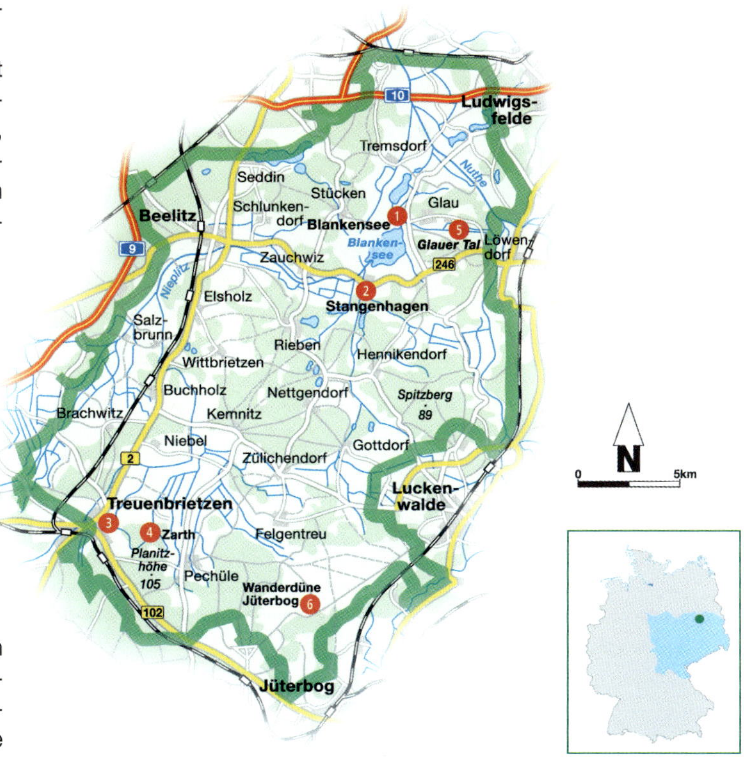

Naturpark Dahme-Heideseen

SERVICE

Anfahrt Auf der A 13 Berlin–Dresden bis zur Ausfahrt Teupitz; ab Bahnhof Königs Wusterhausen mit Bus 724 zum Naturschutzzentrum Prieros

Lage Der Naturpark liegt rund 30 km südöstlich von Berlin in Brandenburg

Größe 590 km²

Höchste Erhebung Blocksberge (110 m)

Gründung 1998

Information Naturpark Dahme-Heideseen, Arnold-Breithor-Straße 8 15754 Heidesee

Telefon 033768/96 90

Infohaus Besucherzentrum Burg Storkow, Schloßstraße 6, 15859 Storkow, Telefon 033678/442 838

Internet www.mugv.brandenburg.de

TOP TIPP

1 **Teupitz** Idyllischer Ausgangspunkt für große und kleine Dampferfahrten

4 **Prieros** Mittelpunkt des Naturparks mit Besucherzentrum, Museum und Biotopgarten

7 **Fischerei Köllnitz** Fischereimuseum, Fischrestaurant und Dokumentationszentrum der Heinz-Sielmann-Stiftung

Der große Schriftsteller Theodor Fontane war nicht der Erste, der zu Fuß und mit dem Schiff durch die Mark Brandenburg wanderte, doch seine Schilderungen haben immer noch Bestand. Im vierten Teil seiner Reisebeschreibung bemerkt er: »Das Land Beeskow-Storkow ist ein wenig bekannter Winkel, der nichtsdestoweniger seine Schönheit und Geschichte hat.«

Abendkühle senkt sich nach einem warmen Herbsttag über den Schafer See bei Teurow.

Eine Wertung, die viele Großstadt-Berliner zu Beginn des 20. Jahrhunderts begeistert aufgriffen. Die Wanderung »raus in't Jrüne« begann, zunächst nur an Wochenenden. Später errichteten Berliner ihre Wochenendhäuser entlang dem Flüsschen Dahme, richtige Siedlungen entstanden allmählich. Am Drang ins Grüne hat sich bis heute nichts geändert. Die Dahme durchfließt eine ganze Kette von Seen, ideal für Wassersportfreunde aller Couleur und natürlich für Badefreudige, die im Sommer gerne an die Heideseen strömen. Heide war früher eine häufige Flurbezeichnung und kennzeichnete nicht etwa eine idyllische Heidelandschaft, sondern sandige und wenig ertragreiche Gebiete.

Auf den Spuren Fontanes Theodor Fontane unternahm auch eine Dampferfahrt auf der Dahme, einem Nebenfluss der Spree, von Köpenick nach ➠ **Teupitz** 1. Der malerische Ort mit einem Schloss auf einer Halbinsel, idyllisch im See gelegen, ist Ausgangspunkt einer Schifffahrt auf Fontanes Spuren. Am Anlegesteg Bohrs Brücke in Teupitz kann man zwischen verschiedenen Routen wählen: die einfache Rundfahrt über den Teupitzer See, die klassische Tour über vier Seen, eine Sieben-Seen-Fahrt mit Passage der Zugbrücke bei Groß Köris sowie die Große Rundfahrt, die zehn Seen durchquert und fünf Stunden dauert.

Mit Stolz zeigt man in **Groß Köris** 2 die 1855 erstmals erwähnte Zugbrücke. Das technische Baudenkmal regelt noch heute die Durchfahrt für größere Schiffe zwischen dem Klein Köriser und dem Teupitzer See. Zum Backofenfest in Groß Köris wird jedes Jahr im Sommer der große Backofen zum Brot- und Kuchenbacken angeheizt. Im benachbarten **Klein Köris**

3 sollte man sich die Ausgrabungen eines Germanendorfsanschauen.

Heimatkunde und blühende Gärten Inmitten von Gewässern und uralten Wäldern mit den selten gewordenen Traubeneichen liegt das märkische Runddorf ➠ **Prieros** 4. Die Dubrow-Forste dienten schon den preußischen Königen als Jagdrevier, die den Wert dieser Eichenwälder erkannt hatten. Prieros beherbergt heute in seiner alten Dorfschule das Besucherzentrum der Naturparkverwaltung. Bäuerliche Lebensweise und altes Handwerk vermittelt das Heimatmuseum in einem über 250 Jahre alten schilfgedeckten Fachwerkhaus. Früher blühte in der Region die Ton- und Ziegelindustrie; der nach historischem Vorbild errichtete Freibrandofen in Prieros erinnert noch daran und wird auch heute gern zum Schürbrand angefacht. Hobbygärtner erfreuen sich an dem 1995 eröffneten Biogarten, der naturnahen Gartenbau praktisch veranschaulicht. Sehenswert sind auch der Gewürz- und Heilkräutergarten sowie der sich anschließende Botanische Garten. Von Prieros führt ein Wanderweg über den Streganzer Berg – mit 94 m Höhe immerhin die zweithöchste Erhebung des Naturparks – nach **Streganz** 5, einer Gründung westslawischer Wenden. Ihre Rundlingsdörfer legten sie meist am Rande von Gewässern an. In Orten wie Streganz oder **Pätz** 6 ist die ursprüngliche Anlage der Dörfer mit ihren baumbestandenen Dorfangern noch gut zu erkennen.

Auf eine noch längere Tradition kann die ➠ **Fischerei Köllnitz** 7 bei Groß Schauen zurückblicken. Sie wurde bereits 1209 in einer Urkunde von Kaiser Otto IV. genannt. Der Fischfang war für die Bewohner rings um die Groß Schauener Seenkette immer von größter Bedeutung. Noch heute tuckern flache Kähne hinaus zu den Reusen. Fangfrischer Fisch wird in den Köllnitzer Fischerstuben serviert. Das Fischereimuseum zeigt Gerätschaften aus vielen Jahrhunderten und informiert über die Geschichte des Fischfangs. Mit Rastplatz, Restaurant, Museum und Landhotel zählt die Fischerei Köllnitz zu den beliebtesten Ausflugszielen im Naturpark Dahme-Heideseen. Sie liegt an der B 246 nahe Storkow. Zur Seenkette gehören der Schaplowsee, der Groß Schauener See, Großer Wochowsee, Großer Selchower See, Schweriner See und Bugker See. Ihre Ufer sind durch breite Schilfgürtel, Röhricht und ausgedehnte Verlandungszonen oft nicht zugänglich. Dort fühlen sich nicht nur Wasservögel wohl, auch der Fischotter hat hier seine Heimat, ebenso wie seltene Insekten und viele geschützte Pflanzen. Um diesen wertvollen Naturraum zu erhalten, erwarb der berühmte Naturfilmer Heinz Sielmann im Jahr 2002 die gesamte Seefläche. Auf dem Gelände des Fischerhofs Köllnitz informiert ein Dokumentationszentrum über die Aktivitäten seiner Stiftung.

Germanendorf Klein Köris

Vor den Slawen siedelten Germanen im Dahmegebiet, die jedoch mit der Völkerwanderung wieder abzogen. Zurück blieb eine Siedlung bei Klein Köris 3, die 1976 entdeckt wurde. Nach jahrzehntelangen archäologischen Aufgrabungen wird das Dorf nun von einem Verein am Fundort als Freilichtmuseum wieder aufgebaut. Wie lebten die Dorfbewohner vor über 1500 Jahren? Auf diese und andere Fragen bietet das Freilichtmuseum Antworten. An jedem ersten Sonntag im Monat werden Führungen angeboten. Das Museum befindet sich am östlichen Ortsrand von Klein Köris .

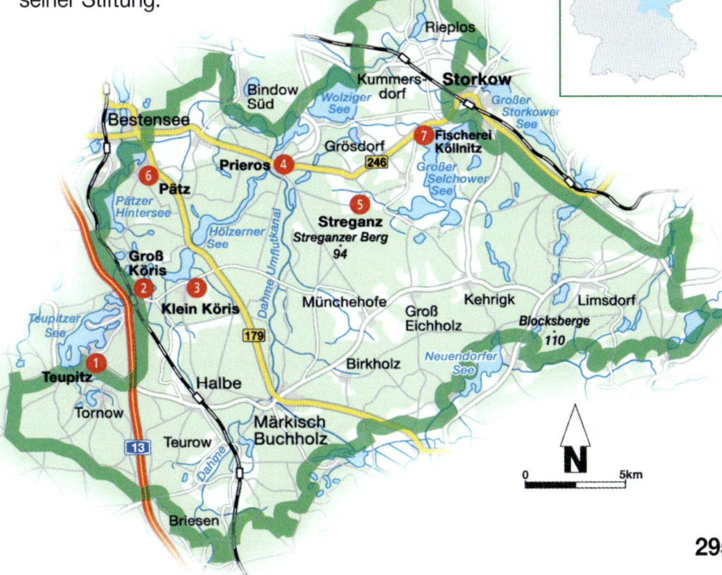

Biosphärenreservat Spreewald

SERVICE

Anfahrt Auf der A 13 Berlin–Dresden bis zur Ausfahrt Duben und weiter auf der B 87 nach Lübben; die Städte Lübbenau und Lübben sind auch mit der Bahn zu erreichen

Lage Im südlichen Brandenburg, rund 100 km südöstlich von Berlin

Größe 475 km²

Höchste Erhebung Wehlaberg (144 m)

Gründung 1991

Information Biosphärenreservat Spreewald, Schulstraße 9, 03222 Lübbenau/Spreewald

Telefon 03542/892 10

Internet www.lugv.brandenburg.de

Spreewald – die Sorben nennen ihn Blota, was Sumpf bedeutet. Seit dem Mittelalter leben sie auf den wenigen hochwasserfreien Stellen des Spreewalds, erst im 18. Jahrhundert wurden auch die Niederungen besiedelt. Die Spree bildet in dieser flachen Landschaft ein Delta, ähnlich der Mündung großer Ströme am Meer.

Die klassische Kahnpartie durch verzweigte Flussreviere bildet den romantischen Höhepunkt jeder Spreewaldreise.

TOP TIPP

- **2 Lübbenau/Lubnjow** Historische Altstadt mit Schloss und großem Kahnhafen
- **3 Lehde** Ein bäuerliches Klein-Venedig
- **6 Burg/Borkowy** Ursprüngliche Streusiedlung mit zahlreichen alten Blockhäusern
- **9 Schlepzig/Slopisca** Drei Naturlehrpfade erschließen Fauna und Flora des Unterspreewalds

Das natürliche Binnendelta mit den verzweigten Flussarmen und den Zuläufen hat eine Gesamtlänge von beachtlichen 1550 km. Von fast jedem erreichbaren Ort starten Kähne zu Fahrten durch die geheimnisvollen, von Schwarzerlen beschatteten und mit Blutweiderich und Schwanenblumen gesäumten Wasserkanäle. Wie ein venezianischer Gondoliere stakt der Bootsführer durch das Labyrinth der Flüsschen. Die bei den Besuchern beliebten Kahnpartien sind längst zu einem festen Bestandteil der spreeländischen Wirtschaft geworden. Bis zu 4 Millionen Touristen besuchen jedes Jahr das Biosphärenreservat. Das Gewässernetz des Spreewalds ist nicht als reines Naturschutzgebiet ausgewiesen, sondern wird nach wie vor für den Anbau von Kürbissen, Zwiebeln, Meerrettich und vor allem der begehrten Spreewaldgurken genutzt. Wie erfolgreich Naturschutz, Landwirtschaft und Tourismus zusammenarbeiten können, beweist die Spree selbst. Ihr Wasser fließt aus dem Spreewald in besserer Qualität heraus als es ihn erreicht hat.

Geliebter Oberspreewald An der Stelle wo die Spreeniederung aufgrund der natürlichen Talverengung schon von alters her am günstigsten zu durchqueren war liegt **Lübben/Lubin** 1. Sehenswert ist die teilweise erhaltene Stadtbefestigung sowie das Schloss mit Stadt- und Regionalmuseum. Von Lübben aus kann man

Kahnfahrten sowohl in den Unter- als auch in den Oberspreewald unternehmen, zahlreiche Rad- und Wanderwege haben ebenfalls hier ihren Ausgangspunkt.

Der Dreh- und Angelpunkt im Biosphärenreservat ist das Städtchen ➠ **Lübbenau/Lubnjow** 2. In der historischen Altstadt präsentiert das Haus für Mensch und Natur eine Ausstellung zur Entstehung der Kulturlandschaft des Spreewalds. Das Spreewaldmuseum im Gerichtsgebäude zeigt typische Trachten und informiert über die Geschichte der Region. Von der Altstadt zu den Kahnhäfen sind es nur wenige Schritte.

Die bekannteste der vielen Ablegestellen für die Spreewaldgondeln ist der Große Hafen in der Dammstraße. Fünfzig und mehr Kähne warten hier auf Kundschaft.

Die Holländermühle in Straupitz ist die einzige sich noch drehende Dreifachmühle in ganz Europa.

Das stille Spreewalddorf ➠ **Lehde** 3, das Klein-Venedig des Spreewalds, bietet Romantik pur. Die Holzhäuser des kleinen Dorfes erheben sich auf Inselchen, die durch zahlreiche Kanäle voneinander getrennt sind und die man nur über Holzbrücken erreicht. Parkplätze sind rar in Lehde, und so nähern sich die meisten Besucher entweder per Kahn oder zu Fuß dieser Inselidylle. Der beliebte, nur 2 km lange Wanderweg beginnt am Lübbenauer Kahnhafen und führt zuerst zum Lübbenauer Schloss, das als Restaurant und Hotel dient. Die Orangerie wird für kulturelle Veranstaltungen genutzt. Vor der klassizistischen Schlossanlage steht das ältestes Haus der Stadt, ein zweistöckiger Fachwerkbau. In Lehde erwartet den Spaziergänger außer zahlreichen Gasthäusern auch ein Gurken- und Bauernmuseum, ein Aquarium mit

Sorbische Trachten und natürlich die Spreewaldgurken gehören zum traditionellen Trachtenfest des Amtes Burg.

Die Spreewaldgurke

Die feuchten, humusreichen Böden und das Klima im Spreewald tragen zum guten Wachstum der Gurken bei. Der eigentliche Grund ihres delikaten Geschmacks ist jedoch in der besonderen Art ihrer Verarbeitung zu finden. Früher dauerte die Gärung in großen Fässern mehrere Wochen. Heute werden die Gurken unter Zugabe von Natronlauge auf 70 °C erhitzt und gelangen sofort in den Handel. Die Zusammensetzung der Zutaten – wie Basilikum, Zitronenmelisse, Wein-, Kirsch- oder Nussblätter – bleibt ein wohlgehütetes Geheimnis. Spreewaldgurken sind seit März 1999 ein EU-weit geschütztes Markenzeichen. Und sie dienen als Namengeberin für den Gurken-Radweg, eine erlebnisreiche Rundtour durch den gesamten Spreewald, zu finden.

heimischen Fischen und das sehenswerte Freilandmuseum mit der Sammlung sorbischer Volkskultur.

In Lehde beginnt ein rund 6 km langer Wanderpfad zum östlich gelegenen Spreewalddorf Leipe.

Der Weg führt am **Hochwald** 4 vorbei, dem Rest des ursprünglichen Erlenwaldes, der einst fast den ganzen Oberspreewald überzog. Ein kleiner Teil wurde zur Schutzzone erklärt. Hier kann sich der Wald noch natürlich entwickeln: Alte und kranke Bäume sterben ab und werden für viele Pilze, Pflanzen und Tiere zu neuem Lebensraum. Traubenkirsche, Faulbaum, Johannis- und Brombeere sowie Brennnesseln machen den Wald undurchdringlich. Eine naturnahe Bewirtschaftung des Hochwaldes ist hier angestrebt: Kahlschläge werden vermieden, Totholz verbleibt im Wald, auf die Brut- und Aufzuchtzeiten bedrohter Vogelarten wird Rücksicht genommen.

Das geschlossene Waldgebiet kann nur über Kanäle und Fließe erreicht werden. Tagestouren werden zum Beispiel ab dem Großen Fährhafen in Lübbenau angeboten.

Inseln im Delta – per Rad, Boot oder zu Fuß unterwegs Der kleine Ort **Leipe** 5 liegt auf einer Grundmoräneninsel und konnte bis zum Jahr 1936 nur mit dem Kahn erreicht werden. Erst dann wurde der Fußweg von Lehde zu dem 1315 gegründeten Dorf angelegt. Heute ist Leipe – inmitten der typischen kleinräumigen Spreewaldlandschaft aus Wiesen, Weiden, Feldern und Wald gelegen – ein beliebtes Etappenziel für Paddler, Wanderer und Radler.

In der Umgebung von ➠ **Burg/Borkowy** 6 stehen heute noch über 1000 Häuser und Ställe in Blockbauweise, der traditionellen Bauform des Spreewaldes. Verwendet wurde meist Erlenholz, das man im moorigen Wasser lagerte und es so gegen Wurmfraß und Fäulnis widerstandsfähig machte. Daher rührt auch die typische dunkle Färbung der Holzhäuser. Burg ist keine geschlossene Ortschaft, sondern eine Streusiedlung mit Burg-Dorf sowie den Ortsteilen Kaupen und Kolonie. Die alten Blockhäuser stehen verstreut auf satten Wiesen, zwischen üppigen Gemüsefeldern und Obsthainen.

Hochwasser war in Burg wie im gesamten Spreewald Segen und Fluch zugleich. Das gefürchtete Sommerhochwasser konnte die gesamte Ernte vernichten. Bis zum Bau des Nordumfluters war die Spree unberechenbar. Allein in den Jahren 1891 bis 1933 wurden 124 Überflutungen gezählt, davon 46 im Sommer. Die ständig feuchten Wiesen konnten oft erst im Herbst gemäht werden, das Heu wurde den Winter über auf pyramidenartigen Heuschobern gelagert. Diese charakteristischen Heuschober, noch heute auf den Wiesen zu sehen, lassen das Regenwasser an der Oberfläche abtropfen, das Innere des Schobers bleibt trocken.

Etwas außerhalb des Dorfes Burg liegt an der Straße nach Straupitz der Schlossberghof, ein Informationszentrum des Biosphärenreservats. Über die Natur im Spreewald informiert auf anschauliche Weise die behindertengerechte Natur-Erlebnis-Uhr inmitten einer alten Streuobstwiese. Stunde für Stunde lässt sich die Spreewaldnatur schmecken und riechen, fühlen und hören. In dem sehenswerten

Freilandmuseum Lehde

Das Museum im idyllischen Spreewalddorf Lehde 3 zeigt original sorbische Einrichtungen und Traditionen aus dem 19. Jahrhundert. In drei Gehöften wird gezeigt, welche sozial und regional unterschiedlichen Lebensweisen im Spreewaldgebiet anzutreffen waren. Im Hof Lehde steht das große Familienbett im einzigen Raum – Schlafstatt für drei Generationen. Eine Hofanlage aus Burg zeigt ein komfortables Doppelstubenhaus mit großer Scheune und Kahnschuppen. Das Fachwerkhaus aus dem Randgebiet des Spreewalds beherbergt heute eine Galerie sowie eine Blaudruck- und Töpferwerkstatt. Am schönsten ist ein Museumsbesuch zu Feiertagen und Festen. Männer und Frauen zeigen Traditionshandwerk, Kinder in reich verzierter Tracht (Bild) singen sorbische Lieder und tanzen nach altem Brauch.

Arznei- und Kräutergarten 7 gedeihen über 400 verschiedene Heilpflanzen: Baldrian, Schöllkraut, Kamille, beliebte Küchenkräuter wie Salbei, Rosmarin, Melisse, Minze, Oregano und Thymian bis hin zu Lein, der früher im Spreewald zur Herstellung des Leinöls angebaut wurde. Kartoffeln mit Leinöl, das typische Ge-

Die charakteristische Blockbauweise wie hier im idyllischen Lehde findet sich noch in vielen Dörfern des Spreewalds.

Schwanenblume *(Butomus umbellatus)*

Die Sumpfpflanze ist selten, aber nicht gefährdet. Inmitten ihrer grasartigen, bis 150 cm langen Blätter erhebt sich der doldige, rosa-weiß gefärbte Blütenstand auf hohem Stiel. Die Wärme liebende Schwanenblume wächst in Auengewässern, sie verträgt gut stark wechselnde Wasserstände. Der schwanenhalsartig geformte Fruchtknoten gab der Pflanze ihren schönen Namen.

richt des Spreewaldes, werden heute noch serviert, beispielsweise in der Gaststube der Holländerwindmühle **Straupitz/Tsupc** (8), wenige Kilometer nördlich von Burg. Die Straupitzer Mühle ist die letzte ihrer Art. Die Windenergie wird hier dreifach zum Mahlen, Sägen und als Ölmühle verwendet. Das Leinöl kommt also ganz frisch auf den Tisch. Die denkmalwürdige Dreifachmühle war lange Zeit einsturzgefährdet und konnte nach aufwendiger Restaurierung 2003 wieder eröffnet werden.

Unterspreewald – Stille und ungestörtes Naturerlebnis Anders als im Oberspreewald finden sich im Unterspreewald noch große Waldgebiete. Zentrum ist das Storchendorf → **Schlepzig/Slopisca** (9).

»Unter Wasser unterwegs« heißt eine spannende Ausstellung des Biosphärenreservats Spreewald in der alten Mühle am Hafen. Man taucht förmlich in die Lebenswelt eines Spreewaldfließes ein: ein großer Hecht schwebt durch den Raum, Wasserflöhe sind in 150-facher Vergrößerung zu sehen.

Auf Naturlehrpfaden kann man in Schlepzig Natur live erleben. Ein 6 km langer Rundweg durch das **Naturschutzgebiet Buchenhain** (10) beginnt an der Zerniasfließbrücke, nur einen knappen Kilometer in Richtung Kriegbusch. Der Pfad führt über den Archendamm, den ältesten Deich des Spreewalds – er stammt noch aus dem 14. Jahrhundert. Die kleinen Tümpel zu seiner Seite sind wertvolle Biotope. Ohne diesen angelegten Pfad wäre der feuchte Erlenbruch nicht zu betreten. Einige Abschnitte stehen das ganze Jahr unter Wasser. Mooskissen bedecken die ständig nassen Wurzelstöcke der Schwarzerlen. Auf dem 8 km langen Ornithologischen Lehrpfad, der von Schlepzig zu zwölf Fischteichen und einem alten Hutewald führt, lassen sich See- und Fischadler, Kormoran, Milan sowie Weiß- und Schwarzstorch beobachten. Vor allem Weißstörche brüten in Schlepzig in großer Zahl. Die 5 km lange Wanderung durch die Kulturlandschaft Pauck wird so-

Vom Leben im Spreewald in vergangenen Zeiten erzählt das Gurkenmuseum.

mit zur Entdeckungstour im Lebensraum des Weißstorchs. Die Naturwacht bietet Führungen an, auf denen man viel über den eleganten Vogel erfahren kann.

Der **Kriegbusch** 11, südlich von Schlepzig, wurde wegen der zahlreich auf Bäumen nistenden Weißstörche bereits 1938 unter Naturschutz gestellt. Auch Kraniche, der seltene Schwarzstorch und das noch viele seltenere Blaukehlchen brüten hier.

Nach Norden wird der Spreewald von einem Endmoränenbogen aus der Eiszeit begrenzt. Die **Krausnicker Berge** 12 bilden mit dem 144 m hohen Wehlaberg die höchste Erhebung des Biosphärenreservats. Zahlreiche gekennzeichnete Wanderwege erschließen diese reizvolle Region.

Ganz im Norden des Biosphärenreservats liegt der **Neuendorfer See** 13. Zusammen mit dem Köthener See und dem etwas weiter entfernten Schwielochsee bietet er beste Möglichkeiten zum Baden, Rudern, Segeln, Surfen und Angeln. Am Köthener See erwartet eine beliebte Jugendherberge junge Naturfreunde. Die vier Campingplätze am Neuendorfer See eignen sich für einen Urlaub in schönster Umgebung. Vom Schwielochsee fährt ein Fahrgastschiff die Spree abwärts bis nach Beeskow.

Die kleinen Inseln mit den dunklen Blockwohnhäusern sind durch Brücken miteinander verbunden.

Spreewald-Kahnfahrt

Kahnfahrten beginnen in Schlepzig 9, Lübben 1, Lübbenau 2 und Burg 6. Auf 250 km Fließgewässer sind die Touristenkähne unterwegs. Meist geht es recht fröhlich zu, gerne wird ein Piccolo oder ein Bierchen serviert. Der Gondoliere erzählt Geschichten aus dem Spreewald und weist auf seltene Tiere und Pflanzen hin. Zwischen Lübbenau und Lehde 3 findet zeitweise ein regelrechter Linienverkehr per Boot statt, an den Haltestationen hängen Fahrpläne aus. Mit einem gemieteten Paddelboot kommt man dem Lebensgefühl der Spreewälder wohl näher. Noch heute staken die Einheimischen auf ihren flachen Gondeln durch die Fließe.

Naturpark Schlaubetal

Einsamkeit und Stille umgibt den Wanderer im Schlaubetal, durch das Laub der Bäume bricht karg das Licht. Nur spärlich ist dieses Naturparkgebiet besiedelt – ein paar Dörfer, eine mittelalterliche Kleinstadt, kaum ein Fünftel der Fläche wird landwirtschaftlich genutzt. Die urtümliche Landschaft des Schlaubetals bildete sich vor rund 90 000 Jahren in der Weichsel-Eiszeit, und fast hat es den Anschein, als hätte die Zeit dieses Tal einfach vergessen.

SERVICE

Anfahrt Auf der A 12 Berlin–Frankfurt/Oder bis zur Ausfahrt Müllrose; mit der Bahn über Frankfurt/Oder nach Müllrose (Fahrradverleih)

Lage In der Region Oder-Neiße im Osten des Bundeslandes Brandenburg, südwestlich von Frankfurt/Oder

Größe 227 km²

Höchste Erhebung Bei Reicherskreuz (127 m)

Gründung 1995

Information Naturpark Schlaubetal, Naturschutzstation Wirchensee, 15898 Treppeln

Telefon 033673/422

Infohaus Schlaubetalinformation, Kietz 5, 15299 Müllrose

Internet www.lugv.brandenburg.de

TOP TIPP

(2) Bremsdorfer Mühle Ausflugsgaststätte und Jugendherberge

(3) Tal der Schlaube Naturerlebnis pur

(6) Kloster Neuzelle Barockkloster mit eigener Brauerei und Lustgarten

(9) Findlingspark Henzendorf Kunst der Steine

(11) Reicherskreuzer Heide Eines der größten und schönsten Heidegebiete in Deutschland

Urwüchsig und abgeschieden: Das Tal der Schlaube, hier bei Bremsdorf, ist eine Schatzkammer für Pflanzen und Tiere.

Durch das Abtauen des Eispanzers entstanden Schmelzwasserrinnen, die heute die Flussbetten von Schlaube, Oelse, Dorche und Demnitz bilden und die eine außerordentlich vielseitige Landschaft mit Tälern, Wäldern, Mooren, Seen und Heiden mit Binnendünen hinterließen. Über 1000 Pflanzen-, 720 Großschmetterlings- und 200 Brutvogelarten leben hier – allein 13 dieser Tier- und Pflanzenarten kommen im ganzen Bundesland Brandenburg nur hier vor. Eine alte Sage der Gegend erzählt von einer Schlangenkönigin, die einen Bauernjungen mit einem großen Goldstück beschenkte. Doch der Reichtum des Schlaubetals lässt sich nicht in Gold aufwiegen. Einheimische und Besucher schätzen die Schönheit und Ursprünglichkeit dieser abgelegenen Landschaft, in der sich Mensch und Natur noch begegnen können.

Abwechslungsreiche Seenlandschaft Für den von Norden kommenden Besucher ist das um 1260 gegründete Städtchen **Müllrose** (1) das Tor zum Schlaubetal. Der historische Stadtkern mit der barocken Pfarrkirche von 1746, vor allem aber die schönen Seen der Umgebung locken zahlreiche Erholungsuchende in den staatlich anerkannten Kurort. Der Große Müllroser See mit Insel, Promenade, Strandbad, Bootsverleih, Campingplatz und Naturlehrpfad bietet viel Abwechslung.

Unermüdlich bewegen die Wasser der Schlaube noch immer das Mühlrad der

Bremsdorfer Mühle (2); doch gemahlen wird hier schon lange nicht mehr. Die alten Mühlen im Schlaube-, Oelse- und Dorchetal sind bemerkenswerte Zeugnisse der Kulturgeschichte. Viele der Mühlen wurden bereits im Mittelalter errichtet. Wer damals kein Korn mahlen konnte, musste als Bauer auf den wenig ertragreichen, sandigen Böden ein hartes Leben fristen. Heute sind die Mühlen zum Teil denkmalgeschützt und gern besuchte Ausflugsziele im Naturpark.

Die freundliche Wirtsfamilie der Bremsdorfer Mühle hält für müde Wanderer immer eine gute Mahlzeit, Getränke und Kaffee mit selbst gebackenen Kuchen bereit. Besonders beliebt sind die Lachsforellen direkt aus der Räucherkammer nebenan. Man kann sie gleich in der gemütlichen Wirtsstube verzehren oder auch mit nach Hause nehmen.

Mitten im Schlaubetal, neben der Bremsdorfer Mühle, bietet die modernste Jugendherberge Brandenburgs für Kinder- und Jugendgruppen, aber auch für Familienurlaube ein vielseitiges Programm – Auf den Spuren der Natur – vom Graslöwenabenteuer für die kleinen Umweltschützer über das Bogenschießen bis zum Bau von Nistkästen (Informationen unter www.jh-bremsdorfer-muehle.de).

Zauberhafte Welt der Schlaube Die Reicherskreuzer Heide und das wunderbar stille **Tal der Schlaube** (3) bilden das Herz des Naturparks. Die zauberhafte Welt des Schlaubetals sollte zu Fuß oder mit dem Fahrrad entdeckt werden. Nur an wenigen Stellen kreuzen Straßen den Flusslauf. Der eindrucksvollste Talabschnitt zwischen Treppelsee und Wirchensee lässt sich am besten von der Bremsdorfer Mühle aus erwandern (Parkplätze an der B 246 Eisenhüttenstadt–Beeskow). Die Schlaube entspringt mehreren Quellen südlich des Wirchensees, durchfließt diesen See sowie den Großen Treppelsee, Hammersee, Langen See, Großen Müllroser See und mündet schließlich bei Brieskow in die Oder. Auch einige unverbaute Seitenbäche strömen

Das Rad der Bremsdorfer Mühle dreht sich unermüdlich bis heute.

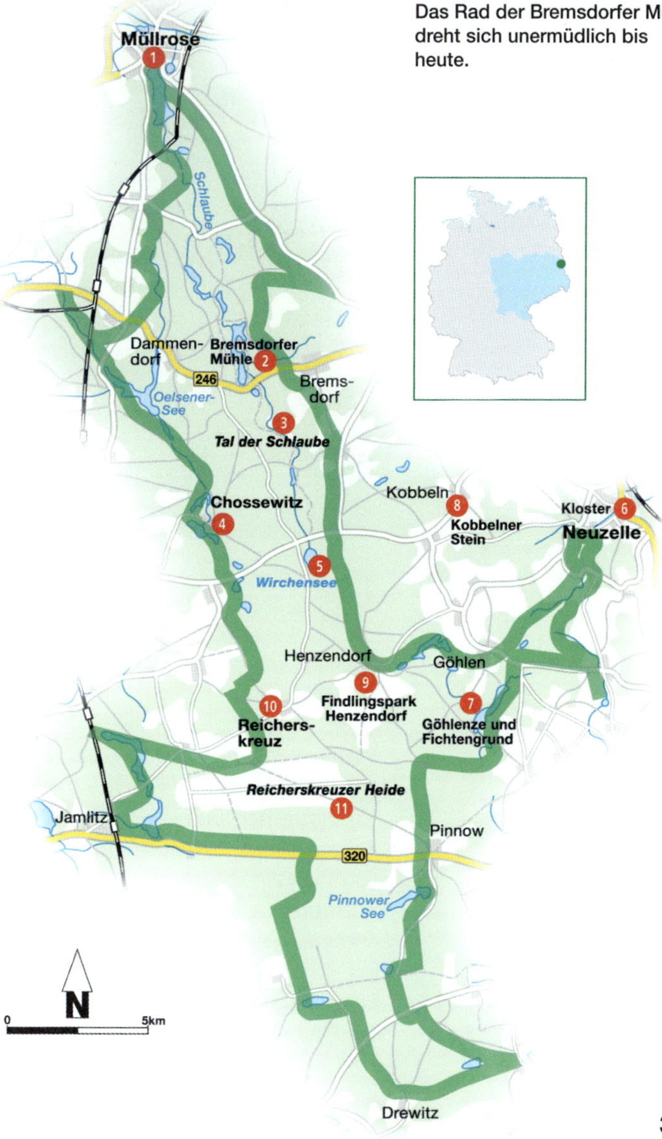

Die Barockkirche des Neuzeller Zisterzienserklosters

der Schlaube zu: Klautzkefließ, Kesselfließ, Boberschenk und weiter nördlich das Planfließ. Bis zu 30 m tiefe Senken verleihen dem Schlaubetal einen eigentümlich abgeschiedenen Charakter. Erlenbrüche, Buchen und Hainbuchen säumen den Oberlauf, im Naturschutzgebiet Teufelssee bei Schernsdorf wachsen natürliche Mischwälder mit Kiefern und Traubeneichen. Weiter nördlich wird die Schlaube zu einem Wiesenbach, der hier zahlreiche Moore speist. Nur wenig abseits des Flusslaufs liegt am Belenzsee ein einzigartiges Braunmoosmoor mit Binsen- und Seggenrieden.

Am Chossewitzer See liegt das Angerdorf **Chossewitz** 4 mit seiner Fachwerkkirche aus dem 18. Jahrhundert. Von hier führt ein herrlicher Wanderweg entlang der Oelse zu weiteren Seen. Zwar dreht sich das Wasserrad der Klingemühle schon lange nicht mehr, doch der Natur ist man direkt auf der Spur.

Die Schlaube entspringt in den Wirchenwiesen oberhalb des **Wirchensees** 5. Am waldumkränzten Ufer des fischreichen, etwa 36 ha großen und stellenweise 16 m tiefen Gewässers entstand 1990 eine Naturschutzstation des Landesumweltamtes, die heute die Verwaltung des Naturparks Schlaubetal beherbergt. Eine Ausstellung und der 4 km lange Wanderlehrpfad am See vermitteln Wissenswertes über Natur und Landschaft, Pflanzen und Tiere. Naturparkverwaltung und Naturwacht bieten ein umfangreiches Programm mit Exkursionen, Seminaren, Vorträgen und Führungen an.

Kunst, Natur, Erholung und faszinierende Findlinge Die Geschichte der Region ist eng mit dem ➠ **Kloster Neuzelle** 6 am östlichen Rand des Naturparks verbunden. Nicht weit von der Oder entfernt errichteten 1268 Zisterziensermönche auf einem Bergsporn ein Kloster; Stifter war Heinrich der Erlauchte, Markgraf von Meißen. Von hier besiedelten die Mönche den Landstrich. Mittelpunkt der vollständig erhaltenen Anlage ist die reich ausgestattete Klosterkirche. Die ursprünglich gotische Hallenkirche wurde im 17. und im 18. Jahrhundert zu einer Barockkirche umgebaut. Zum Kloster gehören zahlreiche weitere Gebäude, darunter die Klosterbrauerei sowie eine repräsentative Gartenanlage, ebenfalls aus der Zeit des Barock. Den Herrschaftlichen Lustgarten des Abts trennt eine hohe Mauer vom Konventgarten der einfachen Mönche, doch beide

Klosterbrauerei Neuzelle

Ein Zisterzienserkloster ohne eigenes Brauhaus ist fast undenkbar. In Neuzelle gibt es die Brauerei aus dem 16. Jahrhundert auch heute noch, unmittelbar an der Zufahrt zum Kloster Neuzelle 6 gelegen.

Das nach handwerklicher Tradition gebraute Bier verkostet man am besten gleich vor Ort, entweder direkt im historischen Braugebäude oder in einer der gemütlichen Gaststätten im Umkreis des Klosters. Im Bild ein handgemaltes Wirtshausschild.

sind mit Terrassen, Treppen, einem Spiegelbassin sowie der Orangerie kunstvoll gestaltet und wurden 2004 nach aufwendiger Rekonstruktion wieder eröffnet. Südlich von Henzendorf (ca. 4 km Fußweg) liegen im Naturschutzgebiet **Göhlenze und Fichtengrund** 7 mehrere Klarwasserseen mit bemerkenswerter Wasserqualität. Hier hat die Niederlausitzer Tieflandfichte ihr nördlichstes Vorkommen. Fichten bevorzugen Feuchtigkeit und Kälte und sind von Natur aus nur in größeren Höhen anzutreffen. Hier scheinen sie sich wohlzufühlen und erreichen Stammdurchmesser bis zu 1 m.

Im letzten Abendlicht erstrahlt das Backsteingemäuer der alten Brauerei des Klosters Neuzelle.

Findlinge aus dem nahen Braunkohletagebau wurden von Künstlerhänden in wahre Kunstwerke verwandelt.

Steine, gleich welcher Größe, muss man im Naturpark Schlaubetal nicht lange suchen. Der größte Findling, der **Kobbelner Stein** 8, mit einem Umfang von fast 19 m, wiegt geschätzte 300 t. Er wurde durch die Eiszeitgletscher von der Ostseeinsel Bornholm an seinen heutigen Platz verfrachtet. Andere Findlinge wie der Teufelsstein am Weg von Kieselwitz nach Treppeln, die Riesensteine und der Nischenstein stehen ihm nicht viel nach.

Stumme Zeugen der Vergangenheit Besonders viele Findlinge wurden im Braunkohlentagebau Nochten im Süden Brandenburgs zutage gefördert. Außergewöhnliche Exemplare sind im ➠ **Findlingspark Henzendorf** 9 am Rand der Reicherskreuzer Heide zu besichtigen. Aus den bearbeiteten Steinen sprechen vergessene Kulturen – hethitische Kriegerstatuen, indianische Standbilder, Reliefdarstellungen mystischer Wesen wie Einhorn und Drachen, aber auch nackte Frauenkörper und geheimnisvolle keltische und germanische Schriftzüge sind zu entdecken. Von Henzendorf führt ein befahrbarer Feldweg zu dem etwa 1,5 km entfernten Findlingspark. Am Parkplatz erläutern Schautafeln die Bedeutung der Steine.

Die Fahrt auf den einsamen Straßen zum Dorf **Reicherskreuz** 10 im südlichen Teil des Naturparks Schlaubetal lohnt sich nicht allein wegen der blühenden Heide. Die meisten Häuser des abgelegenen Dorfes aus dem 15. Jahrhundert sind aus Feldsteinen errichtet worden. Die Äcker von den lästigen Steinen zu befreien war

Jugendherberge Bremsdorf

Mitten im Schlaubetal, gleich neben der Bremsdorfer Mühle 4, bietet die moderne Jugendherberge für Kinder und Jugendliche ein vielseitiges Programm an: Auf der Spur der Natur. Die Jugendherberge ist graslöwenzertifiziert und am Ende einer Klassenfahrt erhält jeder Teilnehmer am Lagerfeuer den Graslöwen-Clubausweis (www.jh-bremsdorfer-muehle.de).

und ist für die Bauern eine Plage. Doch sie machten aus der Not eine Tugend und verwendeten die Feldsteine als billiges Baumaterial für den Bau ihrer Häuser. Viele der schönen Gemäuer wurden inzwischen wieder ansprechend restauriert.

Sie will erst einmal entdeckt werden, die ➡ **Reicherskreuzer Heide** 11. Versteckt liegt sie im Dreieck der Dörfer Reicherskreuz, Henzendorf und Pinnow. Die Sandflächen wurden jahrzehntelang als Schießplatz und Panzerübungsgelände genutzt. Auf der trockenen, nährstoffarmen Heide duftet im Mai der Ginster, und im Spätsommer und Herbst leuchtet intensiv das Heidekraut. Im Naturschutzgebiet leben Ziegenmelker, Wiedehopf, Brachpieper, Smaragdeidechse und andere seltene Tierarten. Von Henzendorf führt ein 4 km langer Wanderweg am Findlingspark vorbei zu einem Aussichtsturm im Herzen der Heide, die von 400 Heidschnucken und durch Entbuschen offengehalten wird. Mit einer Größe von 30 km^2 umfasst sie mehr Fläche als die Lüneburger Heide. Ein Wanderlehrpfad weist auf die Heidelandschaften mit ihrer Tierwelt und deren Lebensbedingungen hin.

Hochmoor-Perlmutterfalter *(Boloria aquilonaris)*

Das Wappentier des Parks ist stark gefährdet und steht auf der Roten Liste 2 in Deutschland. Der Schmetterling zeichnet sich durch helle Flecken auf den Flügelunterseiten aus, die perlmutterfarben schimmern. Die Flügelspannweite misst zwischen 3,5 und 4,5 cm. Die Falter sind auf blumenreiche Flächen wie Feucht- und Nasswiesen und extensiv genutztes Grünland im Umfeld der Hochmoore angewiesen. Ihre Nahrung finden sie unter anderem in Herbst-Löwenzahn, Rotklee, Arnika, Stiefmütterchen und Veilchen. Diese Art ist ein Relikt aus der Eiszeit. Im Schlaubetal können über 720 nachgewiesene Großschmetterlingsarten beobachtet werden.

Die Reicherskreuzer Heide im Herbst, eines der schönsten und größten Heidegebiete in Deutschland

Naturpark Harz

Der Harz ist das nördlichste der deutschen Mittelgebirge. Das 95 km lange und 35 km breite Gebirgsmassiv steigt im Norden und im Westen steil aus dem flachen Harzvorland empor. Die Höhen sind dicht bewaldet, nur der Gipfel seines höchsten Berges, des sagenumwobenen Brocken, liegt über der Baumgrenze. Nach Süden und Osten fällt der Gebirgsstock flacher zur Goldenen Aue ab. Die Nord-West-Region wurde bereits 1960 zum Naturpark erklärt, ein Status, den die Süd-Ost-Region 2003 erhielt.

SERVICE

Anfahrt A 7 Hannover–Kassel bis zur Ausfahrt Rhüden, B 82 nach Goslar; Bahnverbindungen nach Goslar, Wernigerode, Quedlinburg u. a., Harzquerbahn von Wernigerode nach Nordhausen

Lage In Niedersachsen und Sachsen-Anhalt

Größe 2460 km²

Höchste Erhebung Brocken (1142 m)

Gründung 1960 bzw. 2003

Information Naturpark Harz, Hohe Straße 6, 06484 Quedlinburg

Telefon 03946/964 10

Internet www.harzregion.de

TOP TIPP

- 2 **Kaiserpfalz Goslar** Größter romanischer Palast Deutschlands
- 5 **Kästeklippe** Wandergebiet mit reizvollen Granitfelsen
- 11 **Wernigerode** Großartiges Fachwerk-Ensemble
- 15 **Teufelsmauer** Erdgeschichtliches Monument, ökologische Nische
- 16 **Quedlinburg** Weltkulturerbe-Städtchen aus dem Mittelalter
- 17 **Rosstrappe und Hexentanzplatz** Aussichtspunkt, Schauplatz der Walpurgisnacht

Die Morgensonne bringt den gewaltigen Felswall der Teufelsmauer eindrucksvoll zur Geltung.

Rau und mild: Ober- und Unterharz Der niedersächsische Teil umfasst den rauen Oberharz mit viel Regen und Wind, der im Winter aber ausgezeichnete Wintersportmöglichkeiten bietet. Seit je prägt der Bergbau diese Gebirgslandschaft, auch wenn man den zahlreichen künstlichen Seen, Teichen und Wasserläufen ihre Entstehung längst nicht mehr ansieht. Der sachsen-anhaltinische Teil liegt im wesentlich milderen und trockeneren Ostharz, auch Unterharz genannt. An den Rändern erheben sich mittelalterliche Städte; Burgen, Kirchen und Klöster wachen über die Täler und erzählen von einer tausendjährigen Siedlungsgeschichte. In der für Mitteleuropa einzigartigen Karstlandschaft des Südharzes gibt es sagenhafte Höhlen, nahezu unberührte Naturlandschaften, tief eingeschnittene Täler mit wilden Flussläufen, ausgedehnte Wälder, kaum genutzte Hochflächen und wahrhaft teuflische Felsgebilde. Streuobstwiesen und Trockenrasenflächen begünstigen die Artenvielfalt. Zwischen den beiden Teilen des Naturparks erhebt sich die als Nationalpark ausgewiesene Region um den Brocken.

Silberner Glanz – die Kaiserstadt Goslar Die größte Stadt des Harzes, **Goslar** 1, liegt am Nordwestrand des Gebirges im Tal der Gose. Ihre Gründung verdankt die alte Kaiserstadt den ungewöhnlich reichhaltigen Silberfunden am nahen Rammelsberg. Kaiser Heinrich II. verlegte nach der ersten Jahrtausendwende seine Pfalz hierher. Im 13. Jahrhundert wurde Goslar Mitglied der Hanse, doch im 16. Jahrhundert verlor es die Nutzungsrechte am Sil-

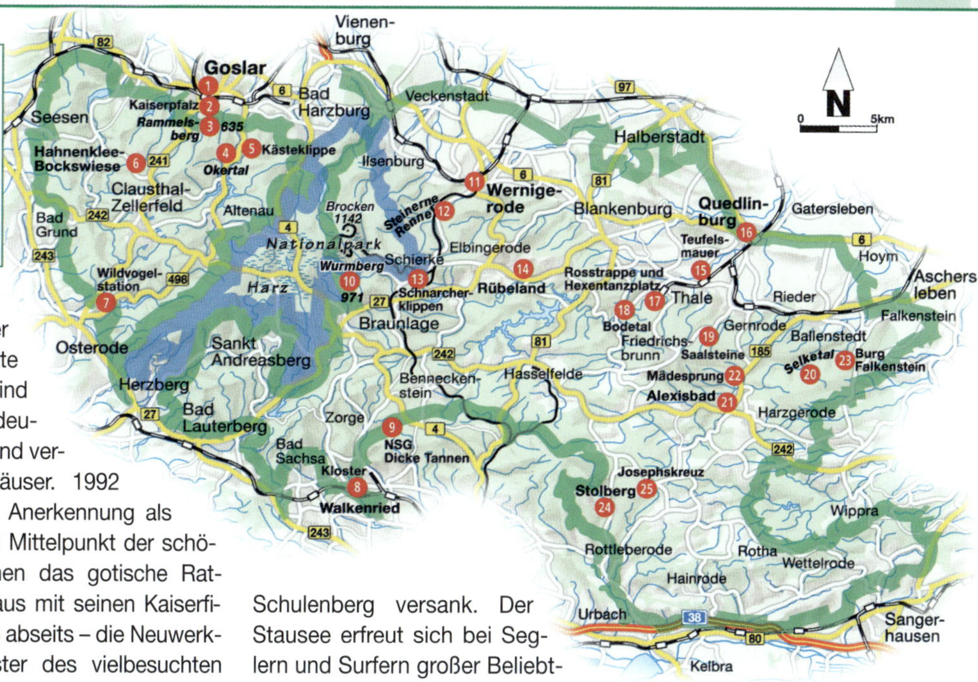

berbergbau, und ein allmählicher Niedergang setzte ein. Geblieben sind zahlreiche bedeutende Bauwerke und verzierte Fachwerkhäuser. 1992 erhielt Goslar die Anerkennung als Weltkulturerbe. Im Mittelpunkt der schönen Altstadt stehen das gotische Rathaus, das Gildehaus mit seinen Kaiserfiguren und – etwas abseits – die Neuwerkkirche. Das Pflaster des vielbesuchten Marktplatzes allerdings verglich der Dichter Heinrich Heine einst mit holprigen Versen. Ein wenig außerhalb der alten Stadtmauer liegt die ➠ **Kaiserpfalz** 2. Die Reiterstandbilder der Kaiser Barbarossa (12. Jahrhundert) und Wilhelm I. (19. Jahrhundert) haben vor dem prächtigen Gebäude Posten bezogen. Der heutige Bau ist eine Rekonstruktion aus dem 19. Jahrhundert. Am Hausberg Goslars, dem 635 m hohen **Rammelsberg** 3, wurde schon im 3. Jahrhundert n. Chr. Erz abgebaut. Das Bergwerk zählt zu den ältesten der Welt und kann auf über tausend Jahre ununterbrochene Förderung zurückblicken. Seine Silbervorkommen trugen im Mittelalter wesentlich zu Aufstieg und Macht Goslars bei. Die Silbergrube mit dem historischen Röderstollen und den gewaltigen Wasserrädern kann seit 1989 besichtigt werden. Das stillgelegte Bergwerk zählt ebenfalls mit zum UNESCO-Weltkulturerbe.

Beten und Arbeiten, Bergwerke und Wasserkraft Südlich von Goslar öffnet sich das **Okertal** 4. Zwischen felsigen Wänden sprudelt der Fluss durch ein reizvolles Tal bis zur Okertalsperre, bei deren Flutung im Jahr 1956 das Dorf Schulenberg versank. Der Stausee erfreut sich bei Seglern und Surfern großer Beliebtheit, Kanuten hingegen stechen ihre Paddel lieber in die wildschäumenden Wasser der Oker.

Vom Parkplatz Romkerhalle an der B 498 führen mehrere schöne Wanderwege und ein geologischer Lehrpfad zu den Felsen über dem Tal. Die bekannteste Felsformation gruppiert sich um die ➠ **Kästeklippe** 5. Neben dem künstlich angelegten 60 m hohen Romkerhaller-Wasserfall führt der Weg recht steil bergan. Von der Feigenbaumklippe fällt der Blick westwärts ins Okertal, ostwärts auf das Nationalparkgebiet Harz. Wenige Schritte weiter trifft man auf die Mausefalle, einen Felsbrocken, der nur durch eine dünne Steinplatte vor dem Absturz

Goslars Altstadt und die Kaiserpfalz erhielten von der UNESCO das Prädikat Weltkulturerbe verliehen.

Oberharzer Wasserregal

Das technische Wunderwerk, das als Kulturdenkmal in großen Teilen funktionsfähig gehalten wird und geschützt ist, umfasst über 120 Teiche, 500 km Wassergräben und 30 km unterirdische Wasserläufe. Auf Teile dieser gewaltigen Anlage stößt man immer wieder bei Wanderungen durch den Oberharz, vor allem im Gebiet der alten Bergbaustädte Clausthal-Zellerfeld, Hahnenklee 6 und Sankt Andreasberg. Der Bergbau hat im Harz eine sehr lange Geschichte. Bereits in der Frühzeit der Erde entstanden infolge gewaltiger tektonischer Bewegungen im Bergstock klaffende Spalten. Der beginnende Bergbau folgte diesen oft nur wenige Meter mächtigen Erzgängen. Später baute man Schächte, um an das Erz zu gelangen. Als Energie für die Förderung verwendete man seit dem frühen 16. Jahrhundert Wasserkraft. Mittels großer Wasserräder wurden Erz oder Abraum ans Tageslicht gebracht. Eines dieser Wasserräder ist im Waldkurpark Clausthal-Zellerfeld (Bild) zu sehen.

bewahrt wird. An der Hexenküche kann man die Geologie der Harzer Klippen bestens studieren: Wind und Wetter legen den zerklüfteten Okergranit frei und runden seine Kanten. Wird der anfallende Verwitterungsgrus weggespült, entstehen bizarre Klippen aus scheinbar lose aufeinandergetürmten Felsblöcken. Den spektakulärsten Ausblick genießt man von der Kästeklippe, an der die gemütliche Berghütte Kästehaus zu einer Verschnaufpause einlädt. Von April bis Oktober kann man die Kästeklippe bequem mit dem Bus von Bad Harzburg aus erreichen. Mittwochs verkehren auch Pferdekutschen.

Der zusammengewachsene Ort **Hahnenklee-Bockswiese** 6 ist ein beliebter Wintersportort. Sein Wahrzeichen, eine Stabkirche nach dem norwegischen Vorbild in Borgund, hat das heilklimatische Kurbad über die Grenzen des Harzes hinaus bekannt gemacht. Eine Holzkirche schien den Gläubigen in Hahnenklee am besten zur Oberharzer Landschaft zu passen. Stilelemente wie die Drachenköpfe an den Giebeln oder die Mitgardschlangen am Dachfirst verweisen auf Wikingerschiffe. Vermutlich leitet sich auch die Bezeichnung Kirchenschiff davon ab. Nach nur zehn Monaten Bauzeit wurde die Kirche am 28. Juni 1908 eingeweiht.

Die **Waldvogelstation** 7 bei Osterode ermöglicht es Besuchern, heimische Vögel einmal ganz aus der Nähe zu betrachten. Der kleine, liebevoll betreute Tierpark befindet sich in einem Wald an der B 492 von Osterode zum Sösestausee. Attraktion des Geheges ist ein zahmer Waldkauz, der dem Besitzer auf die Hand fliegt.

Das **Kloster Walkenried** 8 besteht im Wesentlichen aus wenigen, allerdings überaus eindrucksvollen Ruinen. Den Grundriss der gotischen Klosterkirche kann man nur noch anhand der Steinplatten, die sich ins Gras schmiegen, nachvollziehen. Erhalten geblieben sind hingegen der Kreuzgang und das Dormitorium. In dem wiederaufgebauten Schlafsaal der Mönche befindet sich ein Museum zur Geschichte der 1120 als dritte Zisterzienserabtei in Deutschland gegründeten Klosteranlage. Der erste Bau wurde im romanischen Stil errichtet, aber nur 80 Jahre nach der Gründung waren die Mönche in der Lage, den bereits fertigen Bau durch einen – noch größeren – gotischen Neubau zu ersetzen. Während der Bauernkriege des 16. Jahrhunderts erlitt die Abtei schwere Schäden. 800 Bauern besetzten und plünderten das Kloster, der Dachreiter wurde abgerissen und dadurch der Verfall der Klosterkirche eingeleitet. Im 17.

Von dem Aussichtspunkt auf der gerne besuchten Feigenbaumklippe kann der Lauf der Oker gut verfolgt werden.

und 18. Jahrhundert wurde sie gar als Steinbruch genutzt.

2010 wurde Kloster Walkenried zusammen mit der Oberharzer Wasserwirtschaft zum Weltkulturerbe ernannt. Einzigartig ist der doppelte, gotische Kreuzgang, der für Konzerte und andere Veranstaltungen genutzt wird. Klosterführungen im Kerzenschein mit einem anschließenden Harzer Kniesteressen, spannend und einmalig, können telefonisch (05525/20 98 79) bestellt werden.

Das Naturschutzgebiet **Dicke Tannen** 9 erstreckt sich über die steilen Hänge des Wolfbachtals südlich von Hohegeiß. Vom Waldhotel Dicke Tannen führt ein ausgeschilderter Weg ins Naturschutzgebiet, das seinen Namen wahrlich zu Recht trägt. Bis zu 4,7 m Stammumfang weisen die etwa 50 m hohen Bäume auf. Hinzu gesellen sich Eschen, Bergahorn und Buchen. So also sieht ein natürlicher Fichtenwald aus! Bei den etwa 60 unter Naturschutz stehenden Bäumen handelt es sich um Rottannen *(Picea abis)*, landläufig Fichten genannt. Dass die Baumriesen ein Alter von über 300 Jahren erreichen konnten, verdanken sie der Wildheit und Unzugänglichkeit des Wolfbachtales.

Der **Wurmberg** 10, südlich des Brockens gelegen, ist mit seinen 971 m der zweithöchste Berg des Harzes und der höchste Berg in Niedersachsen. Gekrönt wird er von der weithin sichtbaren Wurmbergschanze, einem Austragungsort internationaler Skisprung-Wettbewerbe. Mit der 2,8 km langen Luftseilbahn gelangt man bequem zum Gipfel. Von der Mittelstation kann man flott auf der bereits 1908 eröffneten, 150 m langen Rodelbahn zurück zur Talstation rutschen. Die Wurmbergseilbahn ist in Braunlage zentral gelegen und auch ohne Fahrzeug gut erreichbar.

Bunte Stadt, schwindelnde Höhen, märchenhafte Höhlen Der Heimatdichter Hermann Löns nannte ➠ **Wernigerode** 11 einst die Bunte Stadt am Harz – ein Urteil, das mit Blick auf die farbenfrohen

Die Stabkirche in Hahnenklee-Bockswiese, eine Attraktion in Mitteleuropa, wurde nach norwegischem Vorbild erbaut.

Häuser in den verwinkelten Straßen einleuchtet. Sie scharen sich um das berühmte Rathaus. In den angenehmen Cafés am Marktplatz ist gut verweilen. Hier beginnt die Breite Straße mit den bedeutendsten Fachwerkhäusern der Stadt, z. B. dem 1538 erbauten Café Wien oder dem Krummelschen Haus von 1674, dessen Holzschnitzereien an der Fassade alle Erdteile und Urelemente sinnbildlich darstellt.

Wie eine Krone thront das Wernigeroder Schloss über der Altstadt. 1120 als kaiserliche Burg errichtet, wurde es 1862–83 im neugotischen Stil wieder aufgebaut und bietet nicht nur wundervolle Ausblicke auf den Harz, sondern auch Einblicke in die Wohnkultur des Hochadels im 19. Jahrhundert. Der Bauherr Graf Otto zu Stolberg-Wernigerode war der Vizekanzler Bismarcks.

Mit der Harzquerbahn gelangt der Wanderer von Wernigerode zur nahen **Steinernen Renne** 12, einem tief ausgewaschenen, steil abfallenden Bachtal. Der Weg führt an tosenden Wasserfällen vorbei zur Rennklippe oder dem 548 m hohen Ottofels. Das Waldgasthaus/Hotel Steinerne Renne ist ganzjährig täglich von 10–18 Uhr geöffnet.

Eine ganz ungewöhnliche Struktur weisen die **Schnarcherklippen** 13 bei Schierke auf. Wenn der Südostwind durch die Spalten im Gestein fährt, kann man ein Schnauben vernehmen – die Klippen scheinen zu schnarchen. Die beiden 26 m hohen Granittürme sind ein gutes Beispiel für die harztypische Wollsackverwitterung: Felsen verwittern zu aufeinandergestapelten, gerundeten Blöcken mit tiefen Spalten – eine beliebte Herausforderung für Kletterkünstler.

Moosbeere

(Oxycoccus palustris)

Unter den Zwergsträuchern, die im Harz vorkommen, ist keine Art so unscheinbar wie die Moosbeere. Ihre dünnen, kriechenden Stängel erreichen eine Länge von 80 cm. Die wintergrünen Laubblätter sind ledrig derb und eiförmig mit glattem Blattrand, auf der Oberseite dunkelgrün, die Unterseite bläulich bereift. Die Blüten (Bild) erscheinen zwischen Juni und August, nur der geschulte Blick findet sie auf Anhieb. Die 1 cm großen, gelb bis rot gesprenkelten Beeren jedoch entdeckt der Wanderer leicht. Die Blätter der Moosbeere sind so hart und unappetitlich, dass sie von den meisten Pflanzenfressern verschmäht werden und der Pflanze daher mehrere Jahre erhalten bleiben. Die wachsige Blattunterseite und die eingerollten Ränder der herzförmigen Blätter schützen gegen Wasserverluste im Winter. Die Moosbeere ist potenziell gefährdet; ihre Früchte sollten nicht gepflückt werden.

Der winterliche Harz in der Umgebung des Wurmbergs mit seiner markanten Sprungschanze zieht Sportbegeisterte an.

Die Baumannshöhle in **Rübeland** (14), 1536 vom Steiger Baumann auf der Suche nach Erz entdeckt, zählt zu den schönsten Tropfsteinhöhlen Deutschlands. In der Schauhöhle kann man nicht nur märchenhafte Tropfsteingebilde bewundern, sondern auch den 64 m langen und 55 m breiten Goethesaal, in dessen Mitte sich ein funkelnder See befindet. Dank ihrer unglaublichen Akustik wird die Höhle gern für Konzerte genutzt. Doch die Baumannshöhle blieb nicht die einzige Entdeckung im Rübeland: 1866 stieß man bei Straßenbauarbeiten auf die noch größere Hermannshöhle. Hier faszinieren die Kristallkammer und der Olmensee mit seinen Bewohnern, den Grottenolmen. Die sprichwörtlich gewordene Lurchart stammt aus den kroatischen Karsthöhlen und wurde vor Jahrzehnten in der Rübeländer Höhle ausgesetzt.

Teufel und Kaiser Das neben dem Brocken sicherlich beeindruckendste erdgeschichtliche Monument des Harzes sind die Felsen der ➠ **Teufelsmauer** (15) zwischen Thale und Weddersleben. Von einem Parkplatz bei Neinstedt führt ein Rundweg zu den schönsten Partien der Teufelsmauer: Königsstein, Mittelstein und Papenstein.

Von der Teufelsmauer ist ➠ **Quedlinburg** (16) mit seinem auf felsiger Höhe gelegenen Schloss und den spitzen Türmen der Stiftskirche zu erkennen. Die Fachwerkstadt zählt zu den beliebtesten Reisezielen Deutschlands, sie wurde als Weltkulturerbestätte ausgezeichnet. Ein Spaziergang durch die Gässchen der historischen Altstadt, vorbei an restaurierten Fachwerkhäusern, alten Kirchmauern und über den erstaunlich großzügigen Markt mit dem beeindruckenden Renaissance-Rathaus und der Klosterkirche St. Wiperti ist ein wahres Vergnügen. Beim Schloss befinden sich das Geburtshaus des Odendichters Friedrich Gottlieb Klopstock sowie eine Galerie mit Grafiken des Bauhauslehrers Lyonel Feininger. Der wahre Schatz Quedlinburgs jedoch ruht in der Stiftskirche hoch auf dem Schlossberg: mehrere Reliquienschreine, zwei kostbar ausgestattete Evangeliare, ein Codex aus der Zeit Karls des Großen. Der Schatz war am Ende des Zweiten Weltkriegs als Beutekunst in den USA verschwunden und fand erst 1993 an seinen Ursprungsort zurück. Heinrich I., der erste deutsche König, stiftete 922 an dieser Stelle eine Pfalzkapelle. Damit begann der Aufstieg der kleinen Stadt, die ihre frühmittelalterliche Würde durch die Jahrhunderte hindurch bewahren konnte. Alljährlich zu Pfingsten gedenkt man mit dem Kaiserfrühling der Quedlinburger Geschichte: Eine Reichstagsszene, der Einzug der Fürsten und eine kaiserliche Tafel werden nachgespielt.

Wo die Hexen noch immer tanzen Oberhalb von Thale liegen sich die Rosstrappe und der ➠ **Hexentanzplatz** (17) gegenüber, durch das fast senkrecht eingeschnittene Tal der Bode getrennt. Das hört sich nach alten Sagen und faustischen Nächten an, und so ist es auch. Doch bedarf es nicht eines kühnen Rittes auf dem Besenstiel, um einen Blick in das **Bodetal** (18) zu werfen. Beide Aussichtspunkte sind bequem mit der Seilbahn oder auf gepflegten, wenn auch steilen Wanderwegen von Thale aus zu erreichen. Auf der Rosstrappe ist im Felsen der Hufabdruck eines sagenhaften Pferdes zu bewundern. Der Ritter Bodo konnte sich seinen Verfolgern nur durch den Riesensprung seines Pferdes über das Tal entziehen, so die Sage. Fröhlicheres ist über den Hexentanzplatz zu berichten: In der Nacht zum 1. Mai wird

Rathaus in Wernigerode

Wer in der Region Heiratspläne hegt, denkt gerne an Wernigerode (11): Dessen Rathaus gilt als höchst beliebte Kulisse für das Brautfoto. Seine berühmte Silhouette wird von zwei vorgesetzten Erkern gebildet, die sich zu spitzen Türmchen verjüngen. Erbaut als Spelhus (Spielhaus), wird es 1277 erstmals erwähnt. Bis zum Ausgang des Mittelalters nutzte man den Bau als herrschaftliches Gemeindehaus. In der ersten Hälfte des 15. Jahrhunderts folgte der Abriss. Ein zweistöckiges Gebäude aus Bruchsteinmauerwerk wurde auf dem verbliebenen Kreuzgratgewölbe errichtet. Zwischen 1494 und 1498 erhielt dieses unter der Leitung von Andreas Sprengel ein Fachwerkgeschoss. Das Rathaus ist mit 33 fein gearbeiteten Holzfiguren (Bild) verziert. Den Augen der Jungfrauen, Jünglinge und Heiligen entgeht nichts, was auf dem Markt passiert.

die Walpurgisnacht nach alter Tradition zelebriert, ein Spektakel der ganz großen Art. An den übrigen Tagen ist der Auftrieb kaum geringer: Die schöne Aussicht, zahlreiche Gaststätten und Verkaufsbuden, der Tierpark und eine Sommerrodelbahn locken Besucher aus nah und fern. Der Abstieg ins tiefe Tal bringt wieder Stille, nur unterbrochen von Vogelgezwitscher und dem Rauschen der Bode im Bodekessel.

Will man den Spuren der Hexen folgen, so führt der Hexenstieg, ein etwa 100 km langer markierter Wanderweg, quer durch den Harz. Er beginnt in Thale und begleitet den Lauf der Bode bis Königshütte; über Drei Annen Hohne und Schierke geht es hinauf zum Brocken. Der Abstieg erfolgt über den Goetheweg nach Torfhaus, weiter verläuft der Hexenstieg über Altenau und Buntenbock bis zum Endpunkt Osterode. Eine kleine Hexe auf ihrem Besen fliegt als Wegzeichen voran.

Die Grenze zwischen dem Herzogtum Anhalt und dem Königreich Preußen markieren die **Saalsteine** (19). Der Preußische Saalstein befindet sich auf der linken Seite des Kalten Tales zwischen Friedrichsbrunn und Bad Suderode. Er ist eine imposante Klippe aus Granit mit Blockschutthalde, ebenso wie der gegenüberliegende Anhaltinische Saalstein.

Friedrichsbrunn ist Ausgangs- und Endpunkt für eine Rundwanderung entlang des 8,5 km langen Köhlerhüttenwegs (Kennzeichen Köhlerhütte), vorbei an Zeugnissen des Köhlerhandwerks, der Forstwirtschaft und des Altbergbaus mit Pingen und Schachtlöchern.

Geliebter Südharz Kenner schätzen das naturnahe **Selketal** (20) als eines der schönsten und ruhigsten Täler im Harz. Bereits um 1820 wurde der Kur- und Badeort **Alexisbad** (21) gegründet, von keinem Geringeren als dem großen preußischen Architekten Karl Friedrich Schinkel konzipiert. Das Selketal ist reich an Wiesengründen, zwischen **Mägdesprung** (22) und Alexisbad engt es sich ein. Auch hier wurde in zahlreichen Bergwerken Erz gefördert und in Hammerschmieden am Fluss verarbeitet. Von Mägdesprung führt eine Stichstraße zum Gasthaus Selkemühle, ein idealer Ausgangspunkt für eine Wanderung durch das Selketal zur 7 km entfernten stattlichen **Burg Falkenstein** (23). Die Burg, hoch auf einem Bergsporn gelegen, wurde nie erstürmt. Die dreiflügelige Anlage mit sieben Toren, Zwinger und drei Halsgräben entstand zwischen 1115 und 1120 und zählt zu den wehrhaftesten Burgen des Harzes. Auf ihr lebte zeitweise Eike von Repgow, der das mündlich überlieferte Gewohnheitsrecht seiner Zeit im berühmten Sachsenspiegel zusammengefasst und auf Papier gebracht hat. Die mittelalterliche Stadt **Stolberg** (24) schmiegt sich in vier enge Täler des Südharzes. Schmale Straßen, ein mächtiges Schloss, alte Fachwerkhäuser und die Erinnerung an den Reformator Thomas Müntzer, der hier 1489 geboren wurde, locken Gäste. Das Schloss war ursprünglich eine mittelalterliche Burg, wurde aber in der Zeit der Renaissance zur Residenz umgebaut.

Auf dem Markt von Stolberg steht das Denkmal des größten Sohnes der Stadt: Thomas Müntzer war nicht nur Prediger; als Anführer der aufständischen Bauern versuchte er, seine Reden in die Tat umzusetzen. Auch Martin Luther predigte 1525 in der Martinikirche, ausgerechnet in der Geburtsstadt seines ärgsten Kontrahenten. Neben der Kirche steht das Rathaus von Stolberg, das 1452 errichtet wurde; die höheren Stockwerke dieses kuriosen Bauwerks sind nur über Außentreppen zu erreichen.

5 km östlich der Stadt liegt der Große Auerberg, von dem 38 m hohen **Josephskreuz** (25) gekrönt, das 1896 nach einem Entwurf von Karl Friedrich Schinkel gefertigt wurde. Im Juni 1880 wurde das hölzerne Bauwerk durch einen Blitzeinschlag bei einem Gewitter zerstört, ab 1989 saniert und am 28. August 1990 wiedereröffnet.

Eine der meist besuchten Schönheiten des Harzes: die Steinerne Renne mit wilden Wasserfällen, einem Haltepunkt der Harzquerbahn und dem Gasthaus

Nationalpark Harz

Das nördlichste Mittelgebirge in Deutschland, der Harz, unterscheidet sich spürbar von anderen Mittelgebirgen. Das Klima kann rau, fast nordisch genannt werden. Der Brocken ist für seine hohen Windgeschwindigkeiten bekannt, es regnet viel, und Nebel umhüllen die Bergspitze. Dennoch zählt der Nationalpark Harz, der 2006 durch die Zusammenlegung der Nationalparks Harz und Hochharz entstand, zu den beliebtesten und meistbesuchten Parks in Deutschland.

SERVICE

Anfahrt Auf der A 395 Braunschweig–Bad Harzburg bis nach Bad Harzburg, dann auf der B 4 bis Torfhaus, von dort Aufstieg zum Brocken; Bahnverbindungen nach Wernigerode, von dort mit Harzquerbahn und Brockenbahn zum Brocken

Lage In Niedersachsen und Sachsen-Anhalt zwischen Bad Harzburg im Norden und Herzberg im Süden

Größe 247 km^2

Höchste Erhebung Brocken (1142 m)

Gründung 1990 und 1994, vereinigt 2006

Information Nationalpark Harz, Lindenallee 35, 38855 Wernigerode

Telefon 03943/550 20

Infohäuser U. a. Brockenhaus, Besucherzentrum Torfhaus

Internet www.nationalpark-harz.de

TOP TIPP

1. **Brocken** Sibirisches Klima, bei Sonne Fernsicht
2. **Brockenbahn** Nostalgische Alternative
3. **Brockengarten** Seltene Hochgebirgspflanzen
6. **Ilsetal** Auf den Spuren Heinrich Heines durch das romantische Bachtal
16. **Hohneklippen** Imposante Felsformationen aus der Urzeit des Nationalparks

So sanftmütig sieht er nicht allzu oft aus – der Brocken mit seinem sehr rauen und fast schon alpinen Klima.

Wenn die Sonne scheint, und das geschieht öfter als man denkt, offenbart sich zu allen Jahreszeiten eine wunderbare Landschaft, die zwei der bedeutendsten Dichter Deutschlands – Johann Wolfgang von Goethe und Heinrich Heine – zu enthusiastischen Reisebeschreibungen veranlasst hat. Der Harz zeigt sich ausgesprochen vielgestaltig: Steile Bergzüge, Hochebenen, schmale Täler und Hochmoore geben der Landschaft ihren außergewöhnlichen Charakter. Die Vegetation wechselt mehrfach auf engem Raum. Je nach Höhenlage durchwandert der Besucher große Buchenwälder oder naturnahe Bergfichtenwälder. Die Klippen genannten Felsen gelten als die Edelsteine des Harzes. Die eigentümlichen Granitgebilde setzen Akzente und verweisen auf einen früheren Harzvulkanismus. Die schönsten der bizarren Felsen findet man im Gebiet von Schierke und Drei Annen Hohne.

Hier stößt der Wald an seine Grenze Der markante Höhepunkt des Nationalparks und die einzige Erhebung im deutschen Mittelgebirgsraum mit einer natürlichen Waldgrenze ist der ➠ **Brocken** 1. Auf einer Höhe von 1142 m herrschen sibirische oder isländische Wetterbedingungen. Eine Jahresdurchschnittstemperatur von 2,9 °C und über 1600 mm Niederschlag sowie die ständigen starken Winde (1984 wurden 264 km/h gemessen) verhindern das Entstehen eines geschlossenen Waldes auf dem Plateau. Lediglich eine subalpine Zwergstrauchheide, Heidel- und Preiselbeeren sowie die Brockenanemone und das Habichtskraut haben Überlebenschancen. Das Vorkommen dieser sehr lichtbedürftigen Arten ist auch ein Indiz für die Waldfreiheit des Brockenplateaus in den letzten 10 000 Jahren seit der Eiszeit. Doch kurz unterhalb des Gipfels nehmen widerstandsfähige Fichten den Kampf mit den Elementen auf. Der Bergfichtenwald des Brockens ist einzigartig. Die bis weit über 300 Jahre alten Baumgestalten sind nur wenige Meter hoch und von Wind und Wetter gezeichnet.

Trotz der 200 Nebeltage im Jahr ist die Besteigung des Brockens auf den Spuren von Johann Wolfgang von Goethe oder Heinrich Heine der Höhepunkt einer Harzreise. Schneller und bequemer geht es mit der ➠ **Brockenbahn** ②, die auf einer Länge von 19 km von Drei Annen Hohne über Schierke bis zum Brockengipfel dampfend und fauchend 588 Höhenmeter überwindet. Seit 1991 rollen wieder Dampflokomotiven im Ausflugsverkehr zum Gipfel. Nicht zuletzt die weite Sicht nach allen Himmelsrichtungen lockt die Besucher:

An guten Tagen kann man in der Ferne die Städte Magdeburg und Halle oder die Gipfel des Großen Inselsbergs im Thüringer Wald und des Kahlen Asten im Sauerland erkennen. Bereits 1736 entstand auf dem Gipfel eine Zuflucht für müde Wanderer – mit dem schönen Namen Wolkenhäuschen. Es folgten um 1800 das erste Wirtshaus, 1895 die erste Wetterstation Deutschlands und 1938 der erste Fernsehturm. Während des Kalten Krieges kamen zahlreiche militärische Anlagen hinzu. Mit der Gründung des Nationalparks Hochharz wurde die bebaute Fläche reduziert und das Nationalpark-Brockenhaus eingerichtet, das 365 Tage im Jahr von 9.30–17 Uhr geöffnet hat. Der bereits 1890 angelegte ➠ **Brockengarten** ③ beherbergt über 1600 Pflanzen aus vielen Hochgebirgsregionen der Welt. Der botanische Garten ist während

Auerhuhn *(Tetrao urogallus)*

Das Wappentier des Nationalparks gehört zur Familie der Fasanenartigen (Phasianidae) und zur Ordnung der Hühnervögel (Galliformes). Das Auerhuhn gilt als sehr scheu und stellt große Anforderungen an seine Umgebung. In Europa ist er nur noch selten und ausschließlich in alten, unberührten Bergwaldregionen anzutreffen.
Die für die Höhenlage typischen natürlichen Fichtenwälder und die in den tieferen Lagen anzutreffenden Buchenwälder werden im Übergangsbereich zu natürlichen Bergmischwäldern. Wo diese nicht durch reine Fichtenanpflanzungen ersetzt wurden, findet das Auerhuhn seinen Lebensraum. Die farbenprächtig gefiederten Hähne erreichen Spannweiten von 90 cm und wiegen bis zu 5 kg. Inzwischen ist die vom Aussterben bedrohte Art wieder Brutvogel im Harz. Bereits seit den 1970er-Jahren wird der Bestand im Nationalpark durch das Gehege in dem abseits gelegenen Walddorf Lonau gefördert.

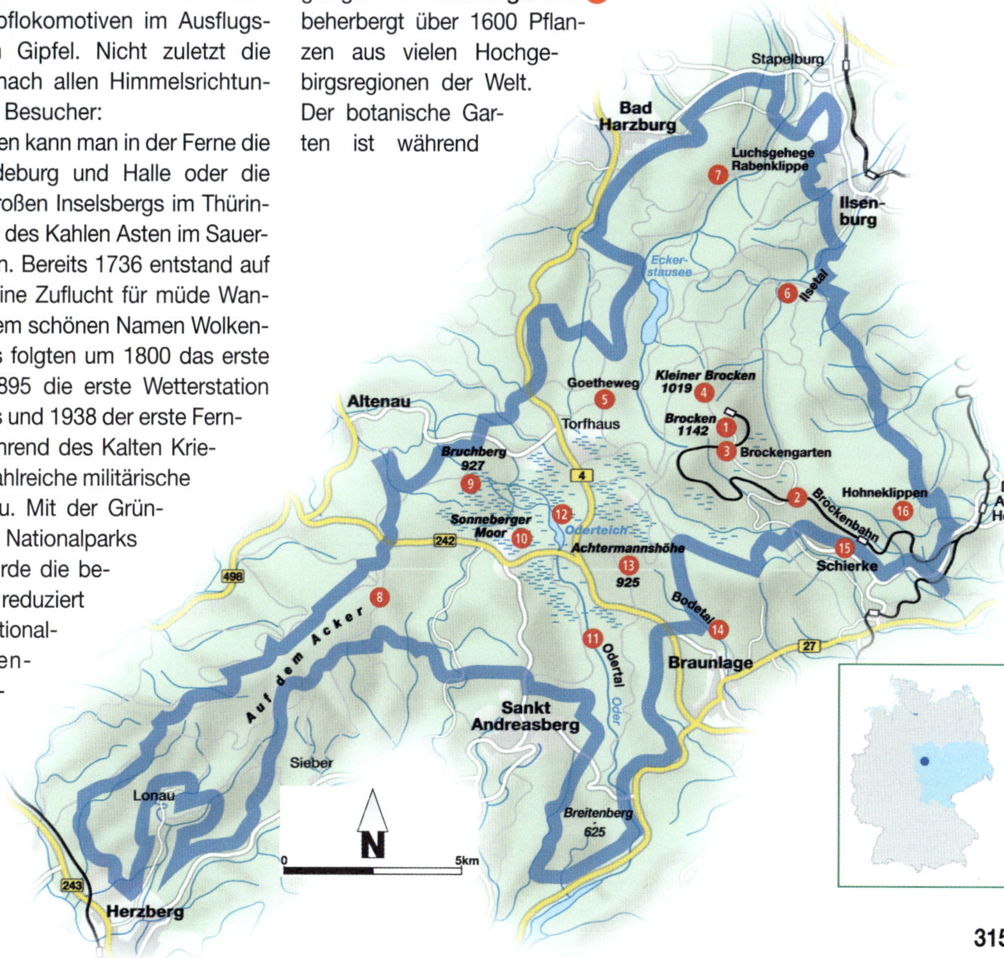

Über den Goethe-Wanderweg zum Brocken – interessant und spannend sind hier Wandertage für Schulklassen.

der Saison der Öffentlichkeit zugänglich, dient aber vor allem Forschungszwecken. Die Namen der nahen Granitklippen, Teufelskanzel und Hexenaltar, erinnern an die sagenumwobene Walpurgisnacht, der Goethe in seinem Faust ein literarisches Denkmal gesetzt hat. Wer genauer hinschaut, entdeckt auf dem Granit bunte Flechten, Landkartenflechten genannt, die trotz des für sie günstigen Klimas nur sehr langsam wachsen und ausgesprochen empfindlich sind.

Der Hirtenstieg führt vom Großen Brocken zu dem 1019 m hohen **Kleinen Brocken** ④ – eine kurze Reise durch alle Vegetationsstufen von der Zwergstrauchheide über verkrüppelte Gipfelfichten bis hin zum natürlichen Bergfichtenwald. Auch Hochgebirgsraritäten wie den Alpenflachbärlapp, die Alpenspitzmaus oder die Ringdrossel entdeckt der aufmerksame Beobachter.

Goethe oder Heine – Wege zum Brocken Der klassische Aufstieg auf den Brocken folgt den Spuren Goethes und trägt auch seinen Namen: **Goetheweg** ⑤. Vom Parkplatz Torfhaus an der B 4 zwischen Braunlage und Bad Harzburg bis zum Gipfel müssen 350 Höhenmeter überwunden werden. Goethes jüngerer Kollege Heinrich Heine wählte einen anderen Weg: »Es ist unbeschreibbar, mit welcher Fröhlichkeit, Naivität und Anmut die Ilse sich hinunterstürzt über die abenteuerlich gebildeten Felsstücke, die sich in ihrem Lauf finden, sodass das Wasser hier wild empor zischt und schäumend überläuft . . . Ja, die Sage ist wahr, die Ilse ist eine Prinzessin, die lachend und blühend den Berg hinabläuft.« Schöner kann man es nicht sagen; und als ob sich diese Worte ins kollektive Gedächtnis eingegraben hätten, wandern viele Naturfreunde von Ilsenburg durch das schöne ➡ **Ilsetal** ⑥ zum Brocken hinauf.

Die Ilse zählt aufgrund ihres starken Gefälles zu den typischen Harzer Gebirgsbächen. Ihr Wasser strömt reichlich, doch der Abfluss unterliegt starken Schwankungen. Die Hälfte der jährlichen Wassermenge fließt an nur 60 Tagen im Jahr ab. Die Ilse ist recht kalt, im Durchschnitt 5 °C, kann aber an heißen Sommertagen auch 15 bis 17 °C erreichen. Aufgrund der hohen Fließgeschwindigkeit und der starken Durchwirbelung ist das Wasser der Gebirgsbäche sehr sauerstoffhaltig.

Der Aufstieg beginnt am Nationalparkhaus in Ilsenburg (Parkplatz und Wohnmobilstellplatz), das Flüsschen gibt die Richtung vor. Der Weg nimmt seinen Anfang unter Schatten spendenden Buchen, vorbei am Ilsestein. Dann wird der Pfad steiler, von Fichten, Erlen, Eschen

Harzer Schmalspurbahnen

Die Streckenlänge der eigentlichen Brockenbahn ② beträgt nur 19 km. 1898 erfolgte die feierliche Grundsteinlegung am Brockenbahnhof, dem mit 1125 m höchstgelegenen Schmalspurbahnhof Deutschlands. Nur wenige Monate später, im März 1899, wurde die Strecke eingeweiht. Schon bald fuhren die Touristen in großer Zahl auf den höchsten Gipfel des Harzes. Der Schienenstrang der Brockenbahn liegt ganz auf dem Gebiet des Nationalparks Harz. Die Bahn fährt vom kleinen Harzort Drei Annen Hohne über Schierke ⑮ bis zum Gipfel des Brockens ①. Man kann aber auch von allen anderen Bahnhöfen der Selketalbahn und der Harzquerbahn bis auf den Brockengipfel fahren.

Auch die Reize des Selketals erfährt man am idealsten und bequemsten mit der Eisenbahn. Die älteste der Harz-Schmalspurbahnen rollt bereits seit 1887 durch das Selketal, in Stiege wird der höchste Punkt der Strecke erreicht. Mit der Harzer Schmalspurbahn gelangt man von Wernigerode in rund 2,5 Stunden in das thüringische Nordhausen. Die 60 km lange Fahrt führt durch die schönsten Teile des Nationalparks Harz.

und Birken gesäumt. Es beginnt der reizvollste Abschnitt des Ilsetals. Die Ilse springt dem Wanderer in zahlreichen kleinen Wasserfällen munter entgegen, weiter bergauf entzieht sie sich plötzlich den Blicken. Das Wasser sucht versteckt seinen Weg zwischen großen, rundgeschliffenen Granitbrocken, es gurgelt und rauscht eine seltsame Melodie. Auf etwa 900 m Höhe entdeckt man eine moorige Senke, das Brockenbett – hier nimmt das Bächlein seinen Lauf. Bis zum Gipfel ist es nun nicht mehr weit.

Das schon von Heinrich Heine gepriesene Ilsetal verzaubert bis heute die Wanderer mit Felsen und Wasserfällen.

Rückkehr eines stillen Jägers Zu den Aufgaben, die sich der Nationalpark gesetzt hat, gehört auch die Wiedereinbürgerung des Luchses. Früher war die große, hochbeinige Wildkatze in ganz Europa anzutreffen, doch bereits 1818 wurde im Harz der letzte Luchs zur Strecke gebracht. In Tschechien und Frankreich konnte das Tier in Teilen seines ehemaligen Siedlungsgebietes wieder heimisch werden. Auch im Bayerischen und im Pfälzer Wald setzt die Raubkatze ihre Fährte. Im **Luchsgehege Rabenklippe** 7 bei Bad Harzburg (vom Parkplatz an der B 4 eine 5-km-Wanderung) gewöhnen sich die Tiere an die umliegende Landschaft, bevor sie in die Freiheit entlassen werden. Drei bis fünf Luchse gelangen so jedes Jahr in die freie Wildbahn. Mit etwas Glück kann man die sehr scheuen Tiere in dem natürlichen Tiergehege beobachten. Ein ausgewachsener Luchs erreicht eine Schulterhöhe von 60 bis 75 cm und wiegt mit 18 bis 20 kg so viel wie ein Reh. Typisch sind seine Pinselohren, die antennenartig in die Höhe ragen; sprichwörtlich ist die Sehfähigkeit des Luchses. Luchse sind Einzelgänger und beanspruchen ein mit 5 bis 150 km^2 sehr großes Jagdgebiet. Neben Mäusen, Füchsen und Hasen erbeuten sie auch Rehe.

Auf dem Acker 8 wird der lange, bis 860 m hohe Bergzug zwischen Sieber- und Sösetal genannt. Die Kammlage ist moorig. Den alten Höhenweg hat man gesperrt, doch unterhalb des Hochmoors führt ein 13,5 km langer Rundwanderweg vom Parkplatz Stieglitzecke bis zum Gasthaus Hanskühnenburg auf dem Acker – eine Wanderung mit grandiosen Aus- und tiefen Einblicken in Ökologie und Umwelt. Noch vor wenigen Jahrzehnten dominierten auf dem Acker geschlossene Bergfichtenwälder, die dem sauren Regen zum Opfer fielen. An ihre Stelle traten ein niedriger Buschwald und Sauergras.

Das Gipfelmoor des **Bruchbergs** 9 ist das letzte seiner Art in Mitteleuropa. Aus der mit Heide- und Beerensträuchern bewachsenen, teilweise 4 m starken Moosschicht quillt dunkles Wasser. Manche Torfmoosarten können das 20- bis 25-fache ihres Trockengewichtes an Wasser speichern. In Trockenperioden verdunsten die Pflanzen das gespeicherte Wasser und wechseln dabei die Farbe: Sie

Aus dem Sonneberger Moor leuchten im Frühsommer die kugeligen Fruchtstände des Wollgrases.

werden blass. Man spricht daher auch von Bleich- oder Weißmoosen. In der Gipfellage des Bruchberges (927 m) durchbrechen Felsklippen aus Quarzit die Torfschicht. Der Wolfswarte genannte Stein verdankt seinen Namen den Wölfen, die einst im Harz ebenso zahlreich anzutreffen waren wie Bären und Luchse. Vom Parkplatz Steile Wand an der Straße Torfhaus–Altenau führt ein Wanderweg zu Wolfswarte und Bruchberg.

Nur etwas für Spezialisten Vor etwa 4000 Jahren entstand das **Sonneberger Moor** ⑩; seither ist die Torfschicht an einigen Stellen auf mehr als 5 m angewachsen. Die extremen Lebensbedingungen der Oberharzer Moore bieten nur angepassten Pflanzen- und Tierarten eine Lebenschance. Umgekehrt sind diese Arten dann aber an diesen Lebensraum gebunden. Das macht den Erhalt der Moore für diese Arten so bedeutsam. Typisch sind die kugeligen, weißen Fruchtstände des Wollgrases, die uns im Frühsommer in vielen Hochmooren des Harzes entgegenleuchten. Eine weitere Charakterpflanze der Hochmoore ist der Rundblättrige Sonnentau; die fleischfressende Pflanze hat sich speziell an die extremen Lebensbedingungen in den Mooren angepasst. Eine Heimat bietet das Moor auch der seltenen Alpen-Smaragdlibelle. Aus Gründen der Sicherheit und des Naturschutzes gibt es keine Wege durch das Sonneberger Moor; so wurde es bislang kaum durch menschliche Nutzung beeinträchtigt. Entlang dem Moor führt ein Bohlensteg vom Parkplatz des Ortes Sonneberg bis zum Oderteich, der einen guten Eindruck von der Ursprünglichkeit dieser Naturlandschaft vermittelt.

Nirgends im Harz hat die Eiszeit so deutliche Spuren hinterlassen wie im **Odertal** ⑪. Eine Wanderung führt vom Parkplatz an der Oderteichstaumauer (Straße Torfhaus–Sonneberg) durch einen Grund mit Moränenwellen und Schmelzwasserrinnen, die hier zurückblieben. In dem eiszeitlichen Tal wurde bereits 1714–21 der erste Stausee Deutschlands, der **Oderteich** ⑫, angelegt. Den 18 m hohen Damm errichteten die Harzer Bergknappen mit Schaufel und Kiepe noch in schwerster Handarbeit.

Wild und schön: Eine Wanderung über die Hohneklippen mit Brockenblick ist zu allen Jahreszeiten ein Erlebnis.

Die Wasser der Großen Bode fallen am Oberen Wasserfall mehrere Meter tosend in die Tiefe.

Zauberlandschaften und ein urzeitliches Ensemble Die **Achtermannshöhe** 13 ist einer von vielen Ausläufern des Brockens und mit 925 m bei Weitem nicht der höchste. Vom Parkplatz Königskrug an der B 4 lässt sich der Anstieg leicht bewältigen. Nach kurzer Wanderung durch dichten Fichtenwald erhebt sich aus dem Forst ein steiler Fels- und Geröllkegel. Das Hornfels genannte Gestein verwittert im Gegensatz zu Granit nur sehr langsam und bewahrt die eigentümliche Gipfellandschaft vor der Abtragung durch Wind und Wetter.

Das Bodetal ist eines der ältesten Naturschutzgebiete in Deutschland, im Jahre 1937 wurde es bereits unter Schutz gestellt. Die Warme und Kalte Bode entspringen nur einen Kilometer voneinander entfernt am Fuße des Brockens. Im **Bodetal** 14 bei Braunlage stürzt sich die Warme Bode in Kaskaden zu Tal. Die Quellflüsse vereinen sich bei Königshütte und strömen als Bode zwischen Treseburg und Thale durch eine imposante Schlucht zwischen Hexentanzplatz und Rosstrappe. Hier erinnert die Landschaft an einen Canyon in Südfrankreich.

Südlich des Brockens liegt der beliebte Luftkurort **Schierke** 15, Station der Brockenbahn und Ausgangspunkt schöner Wanderungen, die zu der eigentümlichsten Landschaft im Nationalpark, den ➡ **Hohneklippen** 16, führen. Bleiche Baumgerippe strecken ihre dürren Äste dem Himmel entgegen, graue Granitfelsen aufgetürmt zu merkwürdigen Gebilden – eine Landschaft in Deutschland, die an nordamerikanische Nationalparke erinnert. Granitklippen gibt es überall im Harz, aber nirgends bilden sie eine so beeindruckende Formation wie am Hohnekopf. Seltene Moose und Flechten überziehen das Gestein, Farne, Draht-Schmiele und Wald-Reitgras fassen in den Felsspalten Fuß. Der Wanderfalke schätzt diese hoch aufragenden Felsen, die ihm freien An- und Abflug ermöglichen. Der stark gefährdete Greifvogel ist im Harz wieder heimisch. Die Wanderung durch die Urzeit des Nationalparks kann man vom Nationalparkhaus bzw. Bahnhof der Harzquer- und Brockenbahn Drei Annen Hohne in Angriff nehmen. Nach einer halben Stunde erreicht man den Trudenstein, ein malerisches Gebilde, das der Maler Caspar David Friedrich als Vordergrund für sein Gemälde Watzmann verwendete. Nach einem steilen Anstieg auf 900 m Höhe gelangt man zu den Felsformationen Hohnekopf, Bärenklippe und Leistenklippe. Einer Sage nach waren die schroffen Felsen der Hohneklippen drei schöne Jungfrauen, die hier als Strafe für ihren Hochmut versteinert wurden.

Geologie des Harzes

Wo sich einst ein urzeitliches Meer ausbreitete, faltete sich im Karbon, vor 200 Millionen Jahren, der Urharz auf; das aufsteigende Magma erreichte jedoch nicht die Oberfläche, sondern kühlte in 2000 m Tiefe langsam ab. Die Harzscholle stieg weiter auf, zugleich aber wurde durch Erosion immer mehr von der Oberfläche abgetragen. So entstanden die für den Harz so typischen Klippen, die als Reste eines frühen Harzvulkanismus zutage traten. Durch physikalische und chemische Prozesse erodiert das harte Granitgestein der Klippen allmählich zu Gesteinsblöcken mit abgerundeten Kanten, die an Matratzen, Kissen oder Wollsäcke erinnern (Bild) – daher der Name Wollsackverwitterung. Letzlich zerfallen die Klippen zu den für den Brocken typischen Blockfeldern.

Naturpark Unteres Saaletal

Ein letztes Mal vor ihrer Mündung in die Elbe durchbricht die Saale einen Gebirgsrücken, die sogenannte Halle-Hettstedter-Gebirgsbrücke, einen östlichen Ausläufer des Harzes. Der landschaftliche Reiz des unteren Saaletales hat mit den abwechslungsreichen geologischen Verhältnissen zu tun: Das Nebeneinander unterschiedlicher Gesteine und eine kontrastreiche Geländeformung beeinflussen Fauna und Flora.

SERVICE

Anfahrt A 14 Halle–Magdeburg bis zur Ausfahrt 13 Löbejün, von dort auf der Landstraße über Domnitz nach Rothenburg; nächstgelegene Bahnhöfe in Halle und Magdeburg

Lage Nördlich von Halle im Bundesland Sachsen-Anhalt

Größe 410 km^2

Höchste Erhebung Neehäuser Hügel (200 m)

Gründung 2005

Information Naturpark Unteres Saaletal
Bahnhofstr. 1a
06406 Bernburg

Telefon 03471/6 40 48 35

Internet www.unteres-saaletal.de

So schön kann der Blick von der alten Burg Wettin auf die Saale sein, wenn Morgentau die Flusslandschaft versilbert.

Noch vor dem Saaledurchbruch, zwischen Döblitz und Mücheln, erstreckt sich eine fremdartig anmutende Porphyrlandschaft. In den Lössboden der ebenen Hochfläche haben Abflüsse zur Saal tiefe Erosionstäler gegraben. Hier tritt der tiefer liegende Porphyr zutage, ein Ergussgestein vulkanischen Ursprungs. Bei Brachwitz schwingt sich die Hallesche Porphyr-Hügellandschaft gar zu den Brachwitzer Alpen auf. In Rothenburg dann rücken die schroffen Hänge bis zum Flussufer heran.

Artenreiche Flusslandschaft Seinen Namen trägt **Rothenburg** 1 nicht von ungefähr: Rot ist der Karbonsandstein der Umgebung, aus rotem Porphyr erbauten die Rothenburger ihre Kirche. Über der Stadt liegen die Reste der Sputinesburg, von der sich nur die Ringwälle erhalten haben. Das weithin sichtbare Schifffahrtssignal wurde um 1820 auf dem Burgberg errichtet. Eine Wanderung flussabwärts führt zum Naturschutzgebiet **Teufelsgrund und Saalehänge** 2, das über 50 Vogelarten Brutplätze bietet. Über die westlichen Saalehänge erstreckt sich das Naturschutzgebiet Zickeritzer Busch mit seinem urtümlichen Baumbestand von Eschen, Eichen und Hainbuchen. Das Renaissanceschloss **Friedeburg** 3 vom Ende des 16. Jahrhunderts liegt hoch über der schönen Flusslandschaft. Trotz der baulichen Veränderungen im 19. Jahrhundert blieb es ein ansehnlicher Bau. Der Dichter Friedrich Gottlieb Klopstock (1724 bis 1803) verbrachte seine Kindheit auf dem Gut Friedeburg. Nicht weit flussaufwärts trifft man

TOP TIPP

6 Wettin
Altes Städtchen mit großer Tradition

7 Mücheln
Templerkapelle als einzigartiges Zeugnis frühgotischer Baukunst

9 Porphyrlandschaft Gimritz
Weltenferne Naturlandschaft ohne Pfad und Wegweiser

auf die Weiße Wand am Dorfrand von **Dobis** 4. Auf dem steilen, hellen Hang sind außergewöhnliche Schichten von weißem Zechsteinkalk und rotem Gestein, dem Rotliegenden, zu erkennen. Nicht immer fließt die Saale ruhig dahin, seit je tritt sie regelmäßig über die Ufer. Die Vogelwelt schätzt diese feuchte Auenlandschaft. Graureiher und andere geschützte Vogelarten sind bei **Kloschwitz** 5 zu beobachten.

Templerkapelle

Hinter den Feldsteinmauern eines ehemaligen Gutshofes in Mücheln 7 verbirgt sich die Kapelle Unserer Lieben Frauen der einst hier ansässigen Kommende des mittelalterlichen Templerordens. Errichtet wurde das turmlose Gotteshaus im späten 13. Jahrhundert. Ein polygonaler Chor (Bild) schließt die einschiffige Saalkirche nach Nordosten ab. Durch sieben Spitzbogenfenster dringt Licht in den den rippengewölbten Kirchenraum. Ein schönes Beispiel frühgotischer Baukunst. Die Kirche wird für Ausstellungen und Konzerte genutzt.

Tödlicher Atem Ein berühmtes Adelsgeschlecht stammt aus dem verwinkelten Städtchen ➠ **Wettin** 6, doch die Anwesenheit der Wettiner an ihrem Ursprungsort endete schon im hohen Mittelalter. Die hoch über der Saale thronende Stammburg von Sachsens legendärer, weit verzweigter Herrscherdynastie schützte den Saaleübergang, der noch heute von einer emsig wechselnden Fähre bedient wird. Steil und schmal sind die Straßen, die zum prunkvollen Renaissance-Rathaus von 1660 führen. Ein beliebter Spazierweg führt durch das Schweizerling-Wäldchen zum 21 m hohen Bismarckturm. Flussaufwärts liegt das Dorf ➠ **Mücheln** 7 mit seiner sehenswerten Templerkapelle.
Eines der ältesten Dörfer auf den Hochflächen östlich der Saale ist das schon im 4. Jahrhundert gegründete **Neutz** 8. Der romanische Kirchenbau aus dem frühen 14. Jahrhundert versteckt sich unter efeuumrankten Bäumen, von verwitterten Grabsteinen umringt. Mit der Kirche verbindet sich eine schaurige Sage: Beim Bau stieß man auf einen Basilisken, ein drachenartiges Fabeltier, das mit seinem giftigen Atem mehrere Menschen tötete. Erst mittels eines Spiegels, in den sich das Ungeheuer wütend verbiss, konnte man es besiegen. Seine Eier jedoch hatte der Basilisk in einer Steinplatte mit 15 Vertiefungen, dem noch heute zu sehenden Neutzer Näpfchenstein, abgelegt.
Zwischen Gimritz und Döblitz liegt die ➠ **Porphyrlandschaft Gimritz** 9. Steinbrüche, Halden und zugewachsene Gruben zeugen von 500 Jahren Bergbau. Porphyre sind vulkanisches Magmagestein. Wer die einsamen Erosionstäler Scharmgrund, Teichgrund, Lauchengrund und Pfaffenmagd durchstreift, findet auf den Trockenwiesen vom Aussterben bedrohte Pflanzen und Tiere, die sonst nur in Steppengebieten vorkommen. Das Gebiet zählt zu den niederschlagsärmsten in Deutschland.

Naturpark Kyffhäuser

Auf engstem Raum finden unterschiedlichste Biotope zueinander, Refugien für Tiere und Pflanzen. Ein solch faszinierendes kleines Gebirge ist der Kyffhäuser. Das unterschiedliche Grundgestein bedingt die Vielfalt eigentümlicher Lebensräume. Starke Reliefgliederungen, geringe Niederschläge und geologische Besonderheiten ließen eine bemerkenswerte und artenreiche Flora und Fauna entstehen.

SERVICE

Anfahrt Über die A 38 Göttingen–Halle (teilweise über die parallel verlaufende B 80) bis zur Ausfahrt Roßla oder Berga-Kelbra; mit der Bahn erreicht man Bad Frankenhausen.

Lage Im Bundesland Thüringen, südlich des Harzes zwischen Göttingen und Halle a. d. Saale

Größe 305 km^2

Höchste Erhebung Kulpenberg (474 m)

Gründung 2008

Information Naturpark Kyffhäuser, Barbarossastraße 39a, 06567 Rottleben

Telefon 034671/51 40

Internet www.naturpark-kyffhaeuser.de

Wie eine Pickelhaube krönt das Denkmal für die Kaiser Wilhelm I. und Friedrich I. Barbarossa das Kyffhäusergebirge.

TOP TIPP

3 Kyffhäuser-Denkmal Monumentales Denkmal für zwei Kaiser mit atemberaubendem Ausblick

5 Barbarossahöhle Einzigartige Gipssteinhöhle mit dem Grab Kaiser Barbarossas

6 Panorama-Museum Gigantisches Rundbild zur Bauernschlacht von 1525 bei Bad Frankenhausen

Auf den Gipsen des Zechsteins am Südhang des Kyffhäusergebirges finden sich Magerrasen und Heide. Bergsteinkraut und Edelgamander bewachsen die Felsheiden der rund hundert Meter hohen Hänge. Das aus den Zechsteinschichten gelöste Salz tritt in Salzquellen an die Oberfläche; an diesen Binnensalzwassern gedeihen Strandaster und Queller.

Ein Paradies für Vögel An der nördlichen Naturparkgrenze wird die Helme durch die **Talsperre Kelbra** 1 zu einem 600 ha großen See angestaut. Er bietet nicht nur Erholungsmöglichkeiten, auch viele Wasser-, Rast- und Brutvögel werden von dem Gewässer magisch angezogen.

Noch vor 40 Jahren floss die Helme im Sommer gemächlich durch ihre Auen. Doch zur Schneeschmelze drängten die Wassermassen aus dem Harz talwärts Richtung Osten und überfluteten Dörfer, Felder und Weideland. Zum Schutz vor Überschwemmungen wurde 1962–66 ein etwa 4 km langer und bis zu 7,5 m hoher Damm errichtet; ein Stausee entstand. Bei Hochwasser kann sich die Fläche der Talsperre Kelbra mehr als verdoppeln und rund 1400 ha Land bedecken, die Dörfer bleiben seitdem von Überschwemmun

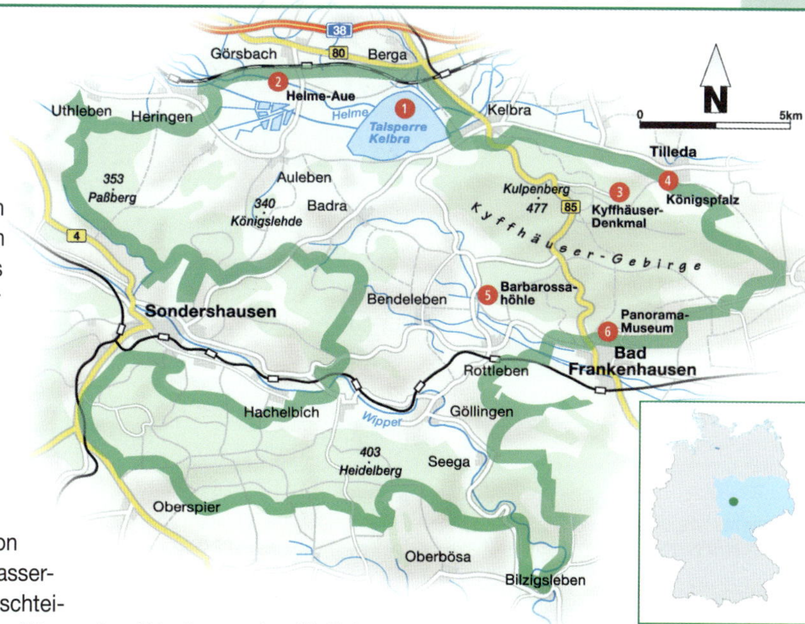

gen verschont; für Kraniche und andere Zugvögel ist hier der bedeutendste Binnenrastplatz in Deutschland entstanden.

Schon viele aufmerksame Besucher der **Helme-Aue** ② haben sich gewundert: Plötzlich stehen sie vor Pflanzen, die ihnen aus dem Urlaub an der Ost- oder Nordsee bekannt sind: der Queller, der Strandwegerich, die Strandaster und die Strandgrasnelke. Tatsächlich quillt hier aus den Tiefen der Erde salzhaltiges Wasser und schafft diese einmaligen Lebensräume im Binnenland. Die seltene Kombination von Binnensalzstellen, den offenen Wasserflächen des Stausees und der Fischteiche, den Röhrichten und feuchten Wiesen macht die Helme-Aue zu einer besonders wertvollen Naturlandschaft.

Der Berg der Kaiser In den Ruinen der alten Reichsburg auf dem Kyffhäuser errichtete man zum Gedenken an den Hohenzollernkaiser Wilhelm I. das ➡ **Kyffhäuser-Denkmal** ③. Das am 18. Juni 1896 eingeweihte Monument erhebt sich über drei Terrassen und wird von dem 81 m hohen Turm gekrönt. Das Reiterstandbild Wilhelms I. sowie die Steinfigur Friedrichs I. Barbarossa sollten an deutsche Größe erinnern. Der grandiose Rundblick über die Goldene Aue, vom Harz bis zum Thüringer Wald, lohnt die Mühen des Aufstiegs über 232 Stufen. Die wechselvolle Geschichte der Reichsburg Kyffhausen von ihren Anfängen bis zum Verfall im 15. Jahrhundert dokumentiert das Burgmuseum.

Die **Königspfalz Tilleda** ④ am Fuß des Kyffhäusers diente seit dem 10. Jahrhundert den deutschen Königen als zeitweilige Residenz. Von den historischen Befestigungswällen und den Gebäuden sind nur Reste erhalten geblieben, aber eine Reihe nachempfundener Holzhäuser mit Strohdach sowie eine kleine Ausstellung vermitteln ein anschauliches Bild des Lebens im frühen Mittelalter.

Am Westhang des Kyffhäusers verbirgt sich die ➡ **Barbarossahöhle** ⑤. Im Verlauf von Jahrtausenden verwandelten die Wasser des Gebirgsinneren den seltenen, hier vorkommenden Anhydritstein zu Gips. Entdeckt wurde die Höhle 1865 bei der Suche nach Kupferschiefer. Sie ist rund 700 m lang, unter teils kuppelartig hohen, teils weitgespannten Gewölben breiten sich kristallklare Seen aus. Bekannt wurde sie vor allem durch die Barbarossasage: An einem steinernen Tisch sitzt Stauferkaiser Friedrich I. Barbarossa (1152 bis 1190) und wartet auf die deutsche Einheit; sein Bart ist inzwischen durch den Steintisch gewachsen. Eine Führung durch die einzige touristisch erschlossene Gipshöhle Deutschlands dauert eine knappe Stunde.

Das ➡ **Panorama-Museum** ⑥, oberhalb des Kurortes Bad Frankenhausen gelegen, zeigt ein einmaliges Monumentalgemälde mit über 3000 Figuren zum Thema Frühbürgerliche Revolution in Deutschland. Auf einer 123 x 14 m großen Leinwand stellt der Leipziger Maler Werner Tübke die Bauernschlacht bei Frankenhausen am 15. Mai 1525 dar. Das Denkmal, das Panorama-Museum und die Barbarossahöhle bieten eine preisgünstige Kombikarte an.

Geologisch-botanischer Weg

Fotoapparat und ein botanisches Bestimmungsbuch einpacken! Start für den 6 bzw. 10 km langen ausgeschilderten Rundweg am Nordrand von Bad Frankenhausen gegenüber dem Stadtpark an der B 85. Zur Naturparkstation geht es durch Orchideenwälder, vorüber an sonnigen Hängen, zu Steinbrüchen mit Gipskarst, zurück entlang der Kleinen Wipper. Der Abstecher zur geologisch sehr interessanten Barbarossahöhle ⑤ lohnt sich (große Runde etwa 2,5 Stunden). Im Frühjahr kann man hier das selten Frühlings-Adonisröschen (*Adonis vernalis,* Bild) entdecken, das Wärme, Licht und kalkigen Boden bevorzugt – und genau diese Bedingungen bietet das Kyffhäusergebirge.

Naturpark Eichsfeld-Hainich-Werratal

SERVICE

Anfahrt A 7 bis Dreieck Drammetal und A 98 Richtung Halle bis Ausfahrt Friedland, B 27 und Landstraße nach Bornhagen zur Ruine Hanstein; mit der Bahn nach Heiligenstadt, von dort mit Bussen in die Naturparkregion

Lage In Westthüringen zwischen Heiligenstadt und Eisenach

Größe 870 km²

Höchste Erhebung Goburg (544 m)

Gründung 2012

Information Naturpark Eichsfeld-Hainich-Werratal, Dorfstraße 40, 37318 Fürstenhagen

Telefon 036083/46 63

Infohäuser Naturpark- und Touristinformation Treffurt

Internet www.naturpark-ehw.de

TOP TIPP

2 **Teufelskanzel** Großartiger Ausblick über das Werratal

12 **Mühlhausen** Die Stadt des Reformators Thomas Müntzer

15 **Treffurt** Romantische Altstadt zwischen Burg Normannstein und dem Hausberg Heldrastein

20 **Creuzburg** Orchideenwanderung auf den Wisch über dem Werratal

22 **Wacholderheide** Weitläufiges Heidegebiet in der Nähe von Craula

Formen einer Landschaft, wie sie unterschiedlicher nicht sein können, zu einem großen Naturpark vereint. Es gibt Interessantes und Vielfältiges zu entdecken: Das Eichsfeld im Norden ist ein großflächiges Muschelkalkplateau mit tief eingeschnittenen Tälern; an steilen Abbruchkanten tritt deutlich das poröse, weiße Kalkgestein hervor und hebt sich vom satten Grün der Auen weiten Felder und bewaldeten Hügel ab.

Einst auf blankem Fels errichtet, thront die Burg Hanstein, eine der größten Burgruinen Mitteldeutschlands, über dem verträumten Dorf Rimberg.

Das größte zusammenhängende Waldgebiet Mitteldeutschlands, der Hainich, schließt sich im Südosten an. Natürlicher und zum Teil ursprünglicher Buchen- und Laubmischwald, aber auch eine der wenigen großen Wacholderheiden Deutschlands in einer dünn besiedelten Region sind etwas Besonderes für Liebhaber und Kenner der Natur. Ein Teil des Hainichs ist sogar Nationalpark. Teil Drei des Naturparks, die völlig andere Landschaft des Werratals, liegt im Südwesten. Der Fluss windet sich zwischen steilen Felswänden aus Kalkstein und naturnahen Auenlandschaften der Weser entgegen, gesäumt von schönen Burgen und Schlössern – so romantisch, als ob die Werra der Saale den Rang ablaufen wollte.

Eine Vielzahl baulicher Sehenswürdigkeiten mit spannenden Geschichten dazu gibt es in den Ortschaften zu entdecken

omantische Burgen und Kirchen, gut erhaltene alte Stadtkerne und aufschlussreiche Museen.

ür Kenner eine echte Alternative Die **Ruine Hanstein** 1 bei Bornhagen, auf iner Buntsandsteinkuppe oberhalb der Verra gelegen, gilt als eine der schönsten Burgruinen Mitteldeutschlands. Die Burg wurde im 11. Jahrhundert auf einer lteren Anlage erbaut, doch bereits 1070 n den Kämpfen zwischen König Heinrich V. (1056 bis 1106) und Otto von Northeim zerstört und anschließend wieder ufgebaut. Der Hanstein überstand einige Belagerungen und wurde auch im Bauernkrieg nicht zerstört; dennoch gab nan die Veste um 1550 auf. Trotz verchiedener Sicherungsmaßnahmen im 7. und im 19. Jahrhundert verfiel die Burg. Heute finden im Palas der Ruine egelmäßig Ausstellungen und Konzerte tatt. Einen weiteren Höhepunkt bildet as alljährliche Mittelalterfest im August. n schönen Tagen genießen die Besucher vom 24 m hohen Nordturm den

Blick von der Teufelskanzel auf die Werraschleife bei Lindewerra

Rundblick über das Eichsfeld bis zum Hohen Meißner und zum Brocken. Parkplätze gibt es in Bornhagen; von hier ist es nur ein kurzer Spaziergang zur Burg hinauf.

Eine einfache Wanderung führt von der Ruine Hanstein zur 2,5 km entfernten, 452 m hohen ➠ **Teufelskanzel** 2. Der Sage nach hat der Teufel versucht, den Sandsteinfelsen vom Brocken zum Hohen Meißner zu bringen, musste ihn aber hier absetzen. 350 m unterhalb der Teufelskanzel zieht die Werra eine Hufeisenschleife. An ihrem rechten Ufer liegt das 250-Seelen-Dorf Lindewerra, in dem sich das selten gewordene Stockmacher-Handwerk noch immer hält. Der Abstieg von der Teufelskanzel in das Werratal lohnt sich.

Die Seele des Eichsfelds Große Kirchen prägen das Stadtbild von **Heiligenstadt** 3. Hier wurde 1460 der berühmte

Eine technische Meisterleistung des ausgehenden 19. Jahrhunderts: die Eisenbahnbrücke in Lengenfeld unterm Stein

Holzschnitzer Tilman Riemenschneider geboren, der Poet Heinrich Heine empfing in der katholischen Stadt die Taufe, und der Erzähler und Lyriker Theoder Storm wirkte acht Jahre lang als Kreisrichter. Besonders sehenswert sind die Martinskirche und die Marienkirche; das Literaturmuseum widmet sich dem Werk Storms.

Die Naturparkverwaltung ist im ehemaligen Bahnhofsgebäude von **Fürstenhagen** 4 untergebracht, Informationen zum Naturpark sind im alten Wasserturm zu finden. Ein Naturlehrpfad führt zu den **Dieteröder Klippen** 5, mit 520 m einer der höchsten Punkte im oberen Eichsfeld. Der 8,2 km lange Rundwanderweg macht mit den unterschiedlichen Lebensräumen des Naturparks vertraut und bietet weite Ausblicke über das Eichsfeld. Großflächige Muschelkalkplateaus mit tiefen Taleinschnitten bestimmen das Landschaftsbild. An der steilen Abbruchkante erkennt man deutlich das helle Kalkgestein. Ab dem Parkplatz an der Dieteröder Höhe führt ein barrierefreier Wanderpfad für Rollstuhlfahrer und Eltern mit Kinderwagen hinauf zu den Dieteröder Klippen.

Der dicht bewaldete Höhenzug **Gober** 6 mit der höchsten Erhebung des Eichsfeldes, der Goburg (543 m), zählt zu den schönsten Wandergebieten. Ein Stück unberührter Natur mit artenreicher Flora, darunter seltene Enziane, Tausendgüldenkraut und Orchideen.

Wundervolle Fernblicke von der Hochfläche und von den Steilhängen in das Eichsfeld und das Werratal lohnen den Aufstieg, der am besten in Volkerode beginnt. Als Ausgangspunkt bietet sich das ca. 1,5 km von Volkerode entfernte Gasthaus Hühnermühle an.

Für Eisenbahn- und Brückenfreunde

Über dem Ort **Lengenfeld unterm Stein** 7 schwebt in 23 m Höhe ein Eisenbahnviadukt, das einen 253 m langen Bogen beschreibt und eine Besonderheit, eine sogenannte Fischbauchträgerbrücke aufweist. Nach dem Deutsch-Französischen Krieg im 19. Jahrhundert planten die Preußen eine strategische Heerstraße per Schiene zwischen Berlin und Bebra. Daraus wurde nichts, die Steigungen im Eichsfeld waren zu groß, und die Strecke diente ausschließlich zivilen Zwecken. 1994 legte man die gut frequentierte Nahverkehrsstrecke still. An schönen Wochenenden jedoch kann man die Brücke mit einer Draisine befahren: Vom Lengenfelder Bahnhof muss ein 3 km langes Stück entweder aus eigener Kraft oder mit einer Elektro-Draisine bewältigt werden (Anmeldungen unter Tel. 036027/7 88 66).

Ganz natürlichen Ursprungs ist der schluchtartige Einschnitt, durch den der eher unscheinbare Bach Lutter seinen Weg nimmt. Während der Schnee

Eingebettet in Buchenwald und Wiesenhügel liegt ein Fachwerk-Juwel: das Kloster Zella aus dem 17. Jahrhundert.

schmelze oder auch nach starken Regengüssen verwandelt sich der ansonsten friedliche Bach in ein reißendes Wildwasser, das bei Großbartloff über den **Lutterwasserfall** 8 10 m in die Tiefe stürzt. Der Wasserfall, der durch Kalksinterablagerungen weiter wächst, liegt etwas versteckt am Ortsausgang von Großbartloff, etwa 250 m von der Straße entfernt.

Wallfahrtsstätten gibt es im frommen Eichsfeld – einer weitgehend katholischen Enklave im protestanischen Umfeld – zwar nicht wenige, doch der 444 m hohe, von stattlichen Bäumen bestandene **Hülfensberg** 9 wird gerne als das Altötting des Eichsfeldes angesehen. Wallfahrten zum Berg der heiligen Hülfe finden nicht nur an besonderen kirchlichen Feiertagen statt; im Sommer wird an jedem Mittwochnachmittag auf dem Berg auch die Messe gelesen. Die Prozessionen hingegen beginnen frühmorgens in Geismar.

Die Geschichte des Ortes reicht bis in die Zeit der Germanen zurück. In der jahrhundertealten gotischen Wallfahrts- und Klosterkirche erfährt das romanische Hülfenskreuz besondere Verehrung. Das rekonstruierte Kreuz, im Jahre 1991 aufgestellt, gilt als Zeichen der Glaubenstreue und der Heimatverbundenheit aller Eichsfelder. Es ist das älteste und bedeutendste sakrale Kunstwerk der Region.

Das ehemalige **Kloster Zella** 10 betritt man von der schattigen Waldseite her durch ein hohes barockes Tor. Um die kleine romanische Kirche gruppieren sich Wohn- und Wirtschaftsräume aus dem 17. Jahrhundert, überwiegend in Fachwerk ausgeführt – in seiner Geschlossenheit ein beeindruckendes Ensemble. Zella wurde als Doppelkloster für Männer und Frauen um 1100 gegründet. Die Benediktinerinnenabtei existierte noch bis 1810. In den letzten Jahren fügte man behutsam einige moderne Bauteile in das architektonische Juwel ein, denn das Kloster beherbergt heute ein Alten- und Pflegeheim.

Heimat, Kirche, Haus und Hof – das sind die nicht alltäglichen Themen des 6 km langen **Kultur- und Landschaftspfads Faulungen** 11. Schritt für Schritt wird man mit 50 kleinen Hinweisschildern und 5 großen Infotafeln in die Geschichte des Dorfes eingeführt und erfährt, wie und warum diese Eichsfelder Kulturlandschaft entstanden ist. Die Rundwanderung beginnt mit einem besinnlichen Aufenthalt in der Mariengrotte.

Vogelschutzwarte Seebach

Zwischen Mühlhausen 12 und Bad Langensalza 23 (B 247) ist die älteste Staatliche Vogelschutzwarte in Deutschland in einer Wasserburg aus dem 12. Jahrhundert (Bild) untergebracht, die 1911 bis 1914 zur Vogelstation umgebaut wurde. Der 2 ha große Park mit Vogelvolieren und Schautafeln direkt an der Burg lädt zu einem interessanten Rundgang ein. Den in der Nähe liegenden See nutzen Zugvögel zur Rast. Besonders viele Besucher kommen im Sommer, um die angebotenen Führungen und Veranstaltungen zu erleben. Es gibt auch Workshops zum Erlebbaren Vogelschutz. Am 1. April 2008 beging die Vogelschutzwarte in Seebach ihr 100-jähriges Jubiläum.

Der große Reformator In der Thomas-Müntzer-Stadt ➠ **Mühlhausen** 12 erinnert alles an den Reformator, der hier 1524/25 lebte, predigte und schließlich als Anführer der Bauernkriege hingerichtet wurde. Eine Gedenkstätte in der St. Marienkirche, die zweitgrößte Hallenkirche Thüringens, ruft die Geschichte der Reformationszeit ins Gedächtnis; die Kornmarktkirche beherbergt das Bauernkriegsmuseum.

In der gotischen Pfarrkirche Divi Blasii spielte einst Johann Sebastian Bach die Orgel, hier entstand seine berühmte Toccata und Fuge in D-moll. Mühlhausen ist eine lebhafte und historisch interessante Stadt – 400 Fachwerkhäuser stehen unter Denkmalschutz, auf der weitgehend erhaltenen Stadtmauer kann man spazieren gehen und von den Wachtürmen über die Dächer der Stadt sehen. Der vor den Toren Mühlhausens gelegene Stadtwald gehört zum Naturpark und ist ein beliebtes Erholungs- und Wandergebiet. Zu Fuß führt der Weg von Mühlhausen am Schwanenteich und

Die Burg Normannstein oberhalb von Treffurt bewachte im Mittelalter gleich drei wichtige Furten durch die Werra.

dem Popperoder Brunnenhaus vorbei, mit dem Auto fährt man auf der B 249 in Richtung Eschwege, bis linkerhand der Parkplatz Stadtwald ausgewiesen ist.

Der **geografische Mittelpunkt Deutschlands** 13 liegt südlich von Mühlhausen. Zwar gibt es zur Festlegung des Mittelpunkts unterschiedliche Berechnungsmethoden und entsprechend beanspruchen mehrere Orte den Ehrentitel für sich, aber die 1991 in Niederdorla gepflanzte Mittelpunktslinde steht immerhin auf historischem Boden. Schon im 6. Jahrhundert v. Chr. befand sich hier eine Kultstätte. Ein rechteckiger Opferaltar aus Kalk und eine Stele aus Stein stammen aus dieser Zeit. 500 Jahre später legten die Hermeduren um den Heiligen See ein Rundheiligtum mit Opferplatz an. Selbst in christlichen Zeiten wurden zur Besänftigung der alten Götter hier Menschen im Moor ertränkt. Das Museum Opfermoor zeigt die Fundstücke; auf einem Freigelände wurde eine germanische Siedlung nachgebaut.

Wo die Furten sich treffen Unterhalb des mystischen Berges **Heldrastein** 14 führten gleich drei treffliche Furten durch die Werra. An dieser Stelle entstand das Städtchen ➠ **Treffurt** 15. Die dreifache Passage wurde seit dem 11. Jahrhundert durch die Burg Normannstein, auf der wiederum Vertreter dreier Lehnsherren (Thüringen, Hessen, Mainz) residierten, bewacht und gesichert. Erhalten geblieben sind neben dem Bergfried zwei Wohntürme. Nicht weniger romantisch zeigt sich Treffurts historische Altstadt. Die Gassen mit vielen Fachwerkhäusern haben noch ihr uraltes Kalksteinpflaster, das Rathaus gehört zu den schönsten Fachwerk-Rathäusern der Renaissance. Vom Hausberg, dem 503 m hohen Heldrastein, genießt man einen weiten Blick ins Tal der Werra, die hier mal in weiten, mal in engen Bögen fließt, vorbei an hohen Klippen oder durch feuchte Auen.

Reizvoll ist eine Wanderung oder Radtour am Ufer der Werra vom Treffurter Ortsteil Falken nach **Probsteizella** 16. In dem idyllischen Tal hat der Mönch Martin, Gefolgsmann des heiligen Bonifatius, schon im Jahr 777 eine Einsiedelei gegründet. Dieses Probsteizella existierte bis in die Reformationszeit und wurde dann als Forsthaus genutzt. Heute steht hier ein Gasthof, der auch Boote für eine Kanutour auf der Werra anbietet. Der Gasthof ist von Frankenroda bei Mihla auch mit dem Auto zu erreichen.

Die Werraschleife zwischen Frankenroda und Falken überragen die **Falkener Klippen** 17. Steil ragen die Muschelkalkfelsen bis zu 60 m empor. Besonders eindrucksvoll ist die Sicht auf diese Felskulisse vom Lehrpfad Werraaue, der am linken Flussufer verläuft.

Die Stelle, an der das Flüsschen Lauter in die Werra mündet, wird häufig überflutet. Im Mittelalter jedoch bot das Überschwemmungsgebiet einen sicheren Standort. Im 13. Jahrhundert entstand in **Mihla** 18 eine Wasserburg, Reste der Wassergräben wurden 1993 freigelegt. 1536 baute man die alte Wasserburg zum wohnlichen Schloss im Renaissancestil um. Aufgrund des verwendeten Kalksteins setzte sich die Bezeichnung Graues Schloss durch. Seit 1971 wird hier Thüringer Gastlichkeit geboten, später kamen Hotelzimmer hinzu.

Vom Ortsteil Lauterbach führt eine ausgewiesene Straße zum Parkplatz **Harsberg** 19, der auch als Ausgangspunkt fü

Wanderungen in den Nationalpark Hainich genutzt wird. Ein Wiesenhang in unmittelbarer Nähe blüht im Sommer violett auf: Das Mannsknabenkraut (Orchis mascula), auch Stattliches Knabenkraut genannt, gehört zu den häufiger vorkommenden einheimischen Orchideenarten, ist aber selten geworden und darf natürlich nicht gepflückt oder ausgegraben werden. Auch Raritäten wie der Deutsche Enzian und der Gefranste Enzian sind zu entdecken.

Die Festung → **Creuzburg** (20) entstand 508 zur Sicherung der Ostgrenze des Frankenreichs. Im Zuge der Christianisierung durch Bonifatius wurde auf dem Kreuzberg ein Benediktinerkloster gegründet. Ludwig II. von Thüringen baute das Kloster zur Burg um, dem bevorzugten Aufenthaltsort der Landgräfin Elisabeth. Sie ist eine der berühmtesten Frauen des Mittelalters und wurde wegen ihrer Fürsorge um Kranke und Arme heilig gesprochen. Von der romanischen Burg sind nur noch die Ringmauer, das Turmhaus, Teile des Palas und der Burgbrunnen erhalten.

Den Werraübergang an der Creuzburg sicherte 1223 der Thüringer Landgraf Ludwig IV.: Er ließ aus Natursteinen eine Brücke mit sieben Bögen errichten, die über Jahrhunderte hinweg Handel und Verkehr zwischen Ost und West erleichterte. Nach dem Zweiten Weltkrieg wurde die älteste Natursteinbrücke Ostdeutschlands in ihrer alten Form wieder aufgebaut, ebenso die 1499 errichtete Brückenkapelle, die dem hl. Liborius geweiht ist.

Von der Brücke fällt der Blick flussabwärts auf die **Ebenauer Köpfe** (21), eine markante Gruppe der für das Werratal typischen Muschelkalkfelsen. Zusammen mit den Höhen Wisch (siehe Wandertipp oben) und Wallstieg umgeben sie Creuzburg wie eine Kulisse.

Naturparadies Wacholderheide Während viele Vogelarten in der kalten Jahreszeit nach Süden ziehen, bevölkern Schwärme von Wacholderdrosseln von Oktober bis März die → **Wacholderheide** (22) bei Craula. Auf der Suche nach Beeren und Früchten schwärmen sie umher und verachten auch die Kleintiere des Bodens nicht. Die ausgedehnte Wacholderheide ist zu jeder Jahreszeitein besonders schöner Teil des Naturparks. Wacholderheiden sind selten geworden und in diesem Ausmaß in Deutschland kaum noch vorhanden. Man erreicht die Wacholderheide über die Bundesstraße B 84 Bad Langensalza–Eisenach, von der in Behringen die Straße nach Craula abzweigt. Vom Nationalpark-Parkplatz Craulaer Kreuz erkennt man bereits die grünblau schimmernden Wacholderbüsche.

Das Kurstädtchen **Bad Langensalza** (23) wartet nicht nur mit altem Fachwerk, schönen Portalen und dem lieblichen Friederiken-Schlösschen auf. Zum Kurpark gesellen sich mehrere Themengärten; der Rosengarten und der Japanische Garten sind die interessantesten. Die Blumen- und Rosenzucht war in Langensalza immer von Bedeutung, so sind im Rosengarten neben Raritäten aus aller Welt auch eigene Züchtungen zu bestaunen. Gärten und Parkplätze sind ausgeschildert.

Die Wacholderweide bei Craula, ein besonders schöner Teil des Naturparks, ist zu jeder Jahreszeit eine Augenweide.

Naturpark Dübener Heide

Wer durch einsame Kiefernforste wandert und über die weit geschwungener Höhen blickt, kann sich kaum vorstellen, dass nur wenige Autominuten entfernt in großen Tagebauen Braunkohle gefördert wird. Der Naturpark spiegel nicht das Bild blühender Heidelandschaften wider, wie man es von der Lüneburger Heide kennt. Eher könnte die Dübener Heide als eine Waldheide mi einsamen Sümpfen bezeichnet werden.

SERVICE

Anfahrt Auf der A 9 Berlin–Leipzig bis zur Ausfahrt Dessau-Ost, weiter auf der Landstraße über Oranienbaum und Radis nach Kemberg; mit der Bahn gelangt man nach Bad Düben sowie nach Bad Schmiedefeld

Lage Im Nordwesten Sachsens und im Südosten Sachsen-Anhalts zwischen Wittenberg, Eilenburg und Torgau

Größe 750 km²

Höchste Erhebung Hohe Gieck (193 m)

Gründung 1992

Information Naturpark Dübener Heide, Neuhofstr. 3a, 04849 Bad Düben

Telefon 034243/729 93

Infohaus Tourismusverband Dübener Heide, Markt 1 06901 Kemberg, Telefon 034921/203 91

Internet www.naturpark-duebener-heide.com

TOP TIPP

- **3 Wasserschloss Reinharz** Barockschloss in verwunschenem Park
- **11 Rotes Ufer** Beeindruckendes Steilufer im Flusstal der Mulde bei Düben
- **12 Authausen** Hier stehen zwei alte, gut erhaltene Bockwindmühlen
- **14 Presseler Heidewald** Einzigartiger Heidewald mit Erlenbrüchen

Ein prächtiges Farbenspiel – das Rote Ufer bei Bad Düben und die gemächlich fließende Mulde, in der sich das Blau des Himmels spiegelt

Im Mittelalter verstand man unter Heide unbebautes, wildbewachsenes Land; viele unfruchtbare und karge Landstriche in Mitteldeutschland tragen diese Bezeichnung. So geht die Dübener Heide fließend in die Dahlener Heide, die Noitzscher Heide und die Torgauer Heide über. Erst seit dem letzten Jahrhundert nennt man das Gebiet Dübener Heide. Sie entstand vor etwa 250 000 Jahren in der Saaleeiszeit und wurde erstmals von Hermunduren besiedelt. Ab dem 7. Jahrhundert ließen sich Slawen in der Region nieder. Im Mittelalter kam die Dübener Heide zu Kursachsen, heute gehören zwei Drittel zu Sachsen-Anhalt, ein Drittel zum Freistaat Sachsen. Die ursprüngliche Vegetation mit Traubeneichen und Hainbuchen oder Birken und Kiefern wich einen fast reinen Kiefernbestand. In den noch vorhandenen Feuchtgebieten wie de Presseler Heide oder dem Wildenhaine Bruch gedeihen Erlen und Eschen.

Städte, Schlösser und Gärten Den beschaulichen Marktplatz des mittelalterlichen Städtchens **Kemberg** 1 beherrschen das dreigiebelige Renaissance Rathaus, die alte Brauerei und de mächtige Turm der Pfarrkirche Unser Lieben Frauen. Stattliche Bürgerhäuse aus dem 17. und 18. Jahrhundert geselle sich hinzu, eingerahmt von einer erhaltenen Stadtmauer aus dem 15. Jahrhun

lert. Der wahre Schatz des Städtchens, ein Flügelaltar von Lucas Cranach d. J. in ler Pfarrkirche, fiel 1994 einem Schwelbrand zum Opfer.

Etwas außerhalb des Naturparks bei **Altjeßnitz** 2 liegt Deutschlands ältester barocker Irrgarten. Er befindet sich inmitten eines landschaftlich gestalteten Gutsparks mit altem Baumbestand. Das in Größe und Form einzigartige Labyrinth erstreckt sich über 2600 m². Bei einem Gang durch die grünen Heckenschluchten lässt sich leicht nachempfinden, welchen Zauber die Landschaftsgärten auf unsere Vorfahren ausübten. Der in der ersten Hälfte des 18. Jahrhunderts angelegte Park und der Irrgarten wurden 2004 aufwendig saniert; erwähnenswert ist auch die im Park gelegene, im romanischen Stil erbaute kleine Kirche, die von mächtigen alten Bäumen umrahmt wird.

In einem Waldgebiet westlich Bad Schmiedebergs liegt das von 1690–1701 errichtete ➡ **Wasserschloss Reinharz** 3. Auffallend ist sein 68 m hoher Turm, der dem früheren Besitzer des Schlosses zum Ausprobieren selbst angefertigter astronomischer Instrumente diente. Nach 1850 entstand der um das Schloss angelegte Landschaftspark; er integriert einzelne barocke Elemente, darunter einen Laubengang aus Hainbuchen, der sich längst zu einer Allee ausgewachsen hat. So schlummert das in die Jahre gekommene Wasserschloss verborgen in der Dübener Heide.

Ein Kurort zum Wohlfühlen Geschätzt und gern besucht wird das Moor- und Mineralbad **Bad Schmiedeberg** 4. Das Bild der Stadt wird von Wohnhäusern des 16. bis 18. Jahrhunderts geprägt; Stadtkirche und Rathaus stammen aus dem Barock, sind aber älteren Ursprungs. Schmiedeberg ist bereits seit 1878 anerkannter Kurort, sein Kurhaus wurde um 1900 im Stil der Neorenaissance errichtet. Ein modernes Freizeitbad, die Schwimmoase Basso, ergänzt das Angebot des Kurbades. Als Ausflugsziel lockt der Wurzberg die Kurgäste vor die Tore der Stadt. Mit 182 m ist er eine der höchsten Erhebungen der Dübe-

Weithin sichtbar ist der 70 Meter hohe Turm des barocken Wasserschlosses zu Reinharz.

Verborgenes Paradies: Kein Wegweiser führt zum unberührten, urwüchsigen Presseler Heidewald und dem angrenzendem Wildenhainer Bruch.

ner Heide – rechnet man den Aussichtsturm hinzu, sicherlich die höchste. Die Gaststätte zu Füßen des Turms trägt den Namen Schöne Aussicht ganz zu Recht.

Am Ufer der Elbe liegt das Eisenmoorbad **Pretzsch** 5. Wer mit der Fähre übersetzt, hat einen schönen Blick auf das imposante Renaissanceschloss von 1574, das sich glanzvoll aus dem satten Grün der Elbaue erhebt. Den Schlosspark, vom Baumeister des Dresdner Zwingers Daniel Pöppelmann gestaltet, zieren die typischen barocken Elemente eines Landschaftsgartens. Heute ist im Schloss eine Schule mit Internat für hilfsbedürftige Jugendliche untergebracht. Weitere Sehenswürdigkeiten sind ein Rathaus aus dem 18. Jahrhundert und eine spätgotische Hallenkirche.

Im Spätherbst heißt es alljährlich rund um die Dübener Heide: Abfischen! Dann haben die Fischer an den **Lausiger Teichen** 6 südlich von Pretzsch Hochsaison. Die Netze werden ausgelegt und mit viel Kraft und Geschick ans Ufer gezogen. Gefüllt sind sie vor allem mit Karpfen, aber auch Welse, Hechte, Schleien und Zander verfangen sich im Maschenwerk. Keinesfalls fehlen darf nach jeder Fischernte natürlich der Verkauf und das Verkosten von schmackhaftem Frisch- und Räucherfisch vor Ort – ein Erlebnis!

Historische Streitgespräche Zu Lebzei- ten Martin Luthers bewegte man sic meist auf Schusters Rappen durch di Lande. Also marschierte auch der Refor- mator durch die Heide bei Düben, als e 1519 nach Leipzig zu seinem Kontrahen ten Doktor Johann Eck eilte. An einen markanten Findling in der Heide, den heutigen **Lutherstein** 7, traf Luther sein Studenten und soll mit ihnen manch an geregtes Gespräch geführt haben. Diese Stein befindet sich an der heutigen Bun desstraße 2, nördlich der Ortschaft **Tor- nau** 8. In unmittelbarer Nähe des Luther- steins kann im Ortsteil Eisenhammer ein Köhlerei besichtigt werden. Einst ware Köhlereien in der Dübener Heide kein Seltenheit; überlebt hat nur diese. Die An lage trägt zwar durchaus neuzeitlich Züge, doch der angenehme Geruc schwelenden Holzes erinnert an romanti sche Lagerfeuer und gemütliche Grill abende. Hier kann man Holzkohle direk vom Erzeuger erwerben. Der Inhaber de Köhlerei betreibt auch einen kleinen Wild park, sehr zur Freude der Kinder.

Beim Spaziergang zu einer nur wenig Hundert Meter entfernten Beobach tungsstelle entdeckt man an den Bäu men die typischen Nagespuren der Bi ber. In den Abendstunden können von ei nem Holzturm herab die sehr scheuer nachtaktiven Tiere beobachtet werder

Der Biber ist das Wahrzeichen der Region und des Naturparks Dübener Heide. Sehr sanft wölben sich die Hügel der Moränenlandschaft um Gniest – dass man die Gegend als **Gniester Schweiz** 9 bezeichnet, scheint fast ein wenig übertrieben. Dennoch: Weiße Birkenwälder, Teiche, Seen, Wiesen und Felder, verstreut liegende gemütliche Heidedörfer und Windmühlen verlocken zu Wanderungen; Ausgangspunkt ist die Waldgaststätte am Ochsenkopf, an der B 2 nach Radis.

Bad Düben 10 liegt nicht nur in schöner Landschaft, es ist auch kulturell und historisch interessant. Die über 1000 Jahre alte Burg mit dem Landschaftsmuseum gilt als Wahrzeichen der Stadt. 1533 wurde auf der Burg der legendäre Rechtsstreit zwischen Hans Kohlhaas aus Cölln und dem Junker Günther von Zaschnitz verhandelt, ein Prozess, der fast zehn Jahre ganz Sachsen in Unruhe versetzte und die historische Vorlage für die berühmte Novelle Michael Kohlhaas des Heinrich von Kleist war. 1669 fand in Düben einer der letzten Hexenprozesse statt, und 1813 diente die Stadt Napoleon als Hauptquartier, bevor er in die Völkerschlacht bei Leipzig zog. Seit 1953 ist in der restaurierten Burg das Landschaftsmuseum untergebracht: Es zeigt Spannendes aus der tausendjährigen Geschichte Dübens und dokumentiert ihre Entwicklung von einer Ackerbürgerstadt zur Kurstadt.

Stadt und Burg Bad Düben stehen unmittelbar an der Mulde, einst Flussübergang einer alten Handelsstraße – eine ausgesprochen günstige Lage. Die Auenlandschaft der Mulde ist weitgehend unverbaut, der Fluss kann sich in dem weiten Tal frei entfalten. In den Flachwasserzonen sind Schilf, Rohrkolben und Schwertlilien zu sehen, auf lang gestreckten Kiesbänken brüten Flussregenpfeifer und Flussläufer. An einigen Stellen haben sich steile Prallhänge ausgebildet. Beeindruckend ist das 15 m hohe ➠ **Rote Ufer** 11 im Gebiet des Dübener Stadtteils Alaunwerk. Die rote Farbe kommt vom Färb- und Gerbstoff Alaun, der hier abgebaut wurde.

In der flachen Landschaft der Heide standen früher viele Windmühlen. Die freien Flächen im Norden Sachsens waren und sind ideal für die Gewinnung von Windenergie. Die Bockwindmühle, auch Deutsche Windmühle genannt, ist der älteste Windmühlentyp in Europa. Der gesamte hölzerne Mühlenkasten wird mittels eines Auslegerbaums so gedreht, dass die Mühlenflügel in den Wind stehen. In ➠ **Authausen** 12 sind zwei dieser urigen Konstruktionen erhalten. Die Mühle Fiehn wurde 1846–48 von der Familie Martin erbaut und war bis 1963 in Betrieb, als ein Sturm ihre Flügel zerstörte. Noch älter ist die Mühle Ludwig, die bereits 1713 errichtet und bis 1985 betrieben wurde, in den letzten Jahren allerdings mit Hilfe eines Elektromotors. In der Fiehn-Mühle erläutert eine Ausstellung den Weg vom Getreidesamen bis zum Brot; die Ludwig-Mühle wird nach Abschluss der Restaurierungsarbeiten wieder Korn mahlen und einen Einblick in das traditionsreiche, schwere Müllerhandwerk vermitteln.

Das Herz der Heide Das abgeschiedene Dorf **Pressel** 13 scheint außer dem Gustav-Kögel-Wanderweg und einem herrlichen Badesee nur wenige Attraktionen zu bieten – und in der Tat will das so nahe gelegene Juwel der Heide entdeckt werden. Kein Schild weist den Weg zum einsamen ➠ **Presseler Heidewald** 14. Eher zufällig stößt man beim Wandern oder Pilzesammeln in der Nähe der winzigen Siedlung Torfhaus auf die Reste einer ursprünglichen Heidelandschaft. Aber auch sie wird mehr und mehr von Birken und Kiefern erobert, es entsteht ein wilder Heidewald. 169 Vogelarten wurden in diesem Gebiet gezählt, von denen 114 hier brüten, darunter 10 Kranichpaare.

Der angrenzende **Wildenhainer Bruch** 15 zwischen Torfhaus und Wildenhain, ein Feuchtgebiet mit Pappeln und Erlen, mit Moorfröschen und Tausenden von Erdkröten. Aus der Luft erkennt man noch die Becken, die beim Torfstich angelegt wurden. Das Gebiet darf nicht betreten werden.

Gustav-Kögel-Weg

Gustav Kögel (1860 bis 1947) aus Pressel 13 umwanderte 1894 bis 1896 als Erster den Erdball. Von der Dübener Heide aus ging er nach Nordamerika, wo er 1894 eine Wette annahm, die Welt in zwei Jahren zu umwandern. Als Preisgeld winkten 10 000 Dollar. Zu den Stationen seiner Reise zählten u. a. San Francisco, New York, London, Lissabon, Madrid, Monaco, Mailand, München, Berlin, Wien, Istanbul, Baku, Mumbai (Bombay), Singapur, Shanghai, Tokio und wieder San Francisco.

Der Fremdenverkehrsverband Dübener Heide hat dieser großartigen Leistung ein Denkmal gesetzt: Rund um Pressel vollzieht ein Wanderweg die Weltreise nach. Er beginnt in der Nähe von Gustav Kögels Geburtshaus, ein Gedenkstein und eine Informationstafel markieren Anfang und Ende. 15 Findlinge auf dem 6 km langen Rundgang tragen die Namen der wichtigsten Stationen auf seinem Weg rund um die Erde.

Naturpark Niederlausitzer Heidelandschaft

SERVICE

Anfahrt Auf der A 13 Berlin–Dresden bis zur Ausfahrt Bronkow und weiter über Finsterwalde nach Doberlug-Kirchhain; mit der Bahn zu erreichen sind u. a. Doberlug-Kirchhain, Bad Liebenwerda, Elsterwerda und Hohenleipisch

Lage Im südlichen Brandenburg, nördlich der Schwarzen Elster

Größe 484 km^2

Höchste Erhebung Güterbank (153 m)

Gründung 1996

Information Naturpark Niederlausitzer Heidelandschaft und Naturparkhaus, Markt 20, 04924 Bad Liebenwerda

Telefon 035341/61 50

Internet www.naturpark-nlh.de

Die Heide gehört fest zum deutschen Landschaftsbild. Und gerade die Niederlausitzer Heide entspricht unserer Idealvorstellung einer Heidelandschaft. Dabei kennzeichnet das Wort Heide (vom gotischen haithi = Feld) einen Rechtsbegriff, nämlich die von allen Dorfbewohnern genutzten mageren Weiden und Wälder.

Die weite Callunaheide bei Hohenleipisch im Zentrum des Naturparks ist zur Blütezeit eine wahre Pracht.

TOP TIPP

1 Doberlug-Kirchhain Barocke Stadt mit bedeutender Klosterkirche der Zisterzienser

4 Hohenleipisch Ausgedehnte Callunaheide zum Wandern und Radfahren

6 Döllingen Interessanter Schau- und Lehrgarten für Obstfreunde

Der alte Begriff Heide ist also nur begrenzt mit einer Ende August violett aufleuchtenden Heidelandschaft identisch. Diese meist großflächig von Zwergsträuchern wie Erica oder Calluna besiedelten Flächen entstehen durch menschliche Nutzung wie Rodung, Beweidung oder in modernerer Zeit durch militärische Übungen. Wird die menschliche Nutzung aufgegeben, verbuscht die Heide; bald wachsen dann auch wieder Bäume, und die Heide wird zum Heidewald. Pflegemaßnahmen wie der Einsatz von Schafen, aber auch das regelmäßige Entbuschen verhindern ein Zuwachsen der Heideflächen. Der Naturpark wurde auch viele Jahre lang nachhaltig durch den Braunkohlentagebau geprägt, besonders im Nordteil entstanden große steppenartige Bergbaufolgelandschaften.

Vielseitige Altmoränenlandschaft Die Gründung des Zisterzienserklosters ➡ **Doberlug-Kirchhain** 1 im 12. Jahrhundert spielte eine entscheidende Rolle bei der deutschen Kolonisierung der vormals slawischen Region. Auch stammen viele andere Kirchen im nördlichen Teil des Naturparks aus der Zeit der Zisterzienser. Das barock geprägte Doberlug entstand erst 450 Jahre später. In dieser

Zeit erhielt auch die zur Schlosskapelle umgewandelte Klosterkirche ihre barocke Ausstattung.

Am **Rothsteiner Felsen** ❷ durchbricht das Grundgestein die eiszeitlichen Ablagerungen – eine geologische Besonderheit, die gefeiert werden will. Jeweils am 2. Wochenende im Juli eines Jahres findet vier Tage lang eines der größten Volksfeste der Umgebung, das Rothsteiner Felsenfest, statt.

Nach Süden setzt das Urstromtal der Schwarzen Elster dem Naturpark seine natürliche Grenze. Wo die Kleine Elster in die Schwarze Elster mündet, hat sich eine ausgedehnte Niederung mit Bruchwald, Wiesen und Mooren gebildet. Wegen der verschlungenen Altarme und Auwälder wird das Gebiet auch **Kleiner Spreewald** ❸ genannt. Selbst Kahnpartien wie im richtigen Spreewald werden hier angeboten. Eine Wanderung führt von der Elsterbrücke bei Wahrenbrück zum linken Flussdamm und zu einem 2 km langen Wanderweg durch den Kleinen Spreewald, die Markierung: blauer Schrägbalken auf weißem Grund.

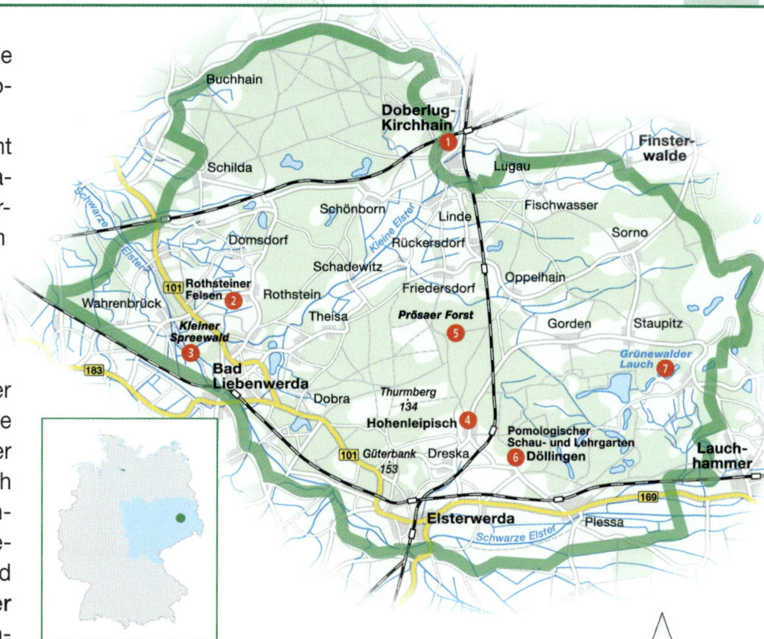

men. Von Hohenleipisch fahren an Sonn- und Feiertagen Kremserkutschen zum Forsthaus Prösa.

➠ **Pomologischer Schau- und Lehrgarten Döllingen** ❻ klingt sehr wissenschaftlich, man kann aber auch schlicht Streuobstwiesen-Lehrpfad sagen. Pomologie ist die Obstkunde. Die wilden Vorfahren unserer Äpfel, Birnen und Pflaumen stammen aus Mittelasien, die Kirsche gar aus Japan. Schon zur Zeit der alten Römer wurden sie in Deutschland eingeführt. Aber erst Anfang des 19. Jahrhunderts begann man mit der systematischen Kultivierung und Züchtung verschiedener Obstsorten. Der Obstgürtel zwischen Döllingen und Hohenleipisch ist das größte Streuobstanbaugebiet in Brandenburg. Heute begeistert der liebevoll gestaltete Schaugarten besonders Gartenfreunde und Feinschmecker.

Wo einst schwarzes Gold gefördert wurde, befindet sich seit 1977 das Naherholungsgebiet **Grünewalder Lauch** ❼ mit Zeltplätzen und einer Feriensiedlung in waldreicher und ruhiger Umgebung. Ein großer See mit sandigen Stränden lädt zum Baden und zum Wassersport ein, geführte Wanderungen und Radtouren werden angeboten.

Wege in die Heide Die eigentliche Heidelandschaft liegt zwischen ➠ **Hohenleipisch** ❹ und Friedersdorf und kann über einen schmale, waldgesäumte Straße zwischen den beiden Orten erreicht werden. Reizvoller ist jedoch der parallel verlaufende Sandweg, eine lange Birkenallee für Wanderer und Radfahrer, der unmittelbar an der Heide entlangführt. Den Boden bedeckt weitflächig eine Callunaheide, auch Besenheide genannt, die vereinzelt nicht nur rotviolett, sondern auch weiß blüht. Mit etwas Glück begegnet man einem Schäfer, der hier seine Heidschnucken hütet. Der Bereich des ehemaligen Truppenübungsplatzes darf allerdings nicht betreten werden, da in dem Gebiet vereinzelt noch Munition gefunden wird. Auf dem Militärgelände blieb einer der größten zusammenhängenden Traubeneichenwälder Deutschlands erhalten, der **Prösaer Forst** ❺, mit bis zu 300 Jahre alten Bäu-

Elster-Radwanderweg

Mit einer schwarzen Elster markiert, begleitet der Weg den ruhig dahinfließenden gleichnamigen Fluss durch den Naturpark. Die Schwarze Elster entspringt am Nordrand des Sybillensteins bei Elstra und mündet nach 190 km in die Elbe. Den Radler erwartet eine abwechslungsreiche, einfach zu fahrende Tour durch verschiedenste Landschaftsräume und typische Städte wie Elsterwerda und Bad Liebenwerda und den Kleinen Spreewald ❸ bei Wahrenbrück. Als Zwischenstation beliebt ist die Elstermühle bei Plessa (Bild) mit ihrem 6 m großen Wasserrad und einer rustikalen Schenke.

Naturpark Niederlausitzer Landrücken

SERVICE

Anfahrt Auf der A 13 Berlin–Dresden bis zur Ausfahrt Bathow/Calau, von dort in Richtung Luckau und weiter nach Langengrassau, oder auf der B 102 Jüterbog–Luckau nach Langengrassau; Bahnverbindungen nach Luckau und Calau-Plieskendorf

Lage Im südlichen Brandenburg

Größe 586 km^2

Höchste Erhebung Kesselberg (161 m)

Gründung 1997 erweitert

Information Naturpark Niederlausitzer Landrücken, Alte Luckauer Straße 1, 15926 Luckau

Telefon 035324/30 50

Infohäuser Heinz-Sielmann-Naturparkzentrum Wanninche, Höllberghof Heideblick/OT Langengrassau

Internet www.mugv.brandenburg.de

TOP TIPP

- **2 Luckau** Altes Städtchen mit viel Charme
- **3 Kranichbeobachtungsturm** Idealer Platz für Vogelfreunde im Herbst
- **4 Wanninchen** Heinz-Sielmann-Naturparkzentrum zur Renaturierung des Braunkohlentagebaus
- **5 Fürstlich Drehna** Wasserschloss inmitten eines anmutigen Landschaftsparks

Auf dem Niederlausitzer Landrücken scheint sich eine besorgniserregende Erblast nun doch zum Guten zu wenden – es wird viel getan, die Konturen der künftigen Landschaften werden erkennbar. Teilbereiche des durch Kohlenabbau seit 1865 stark geschädigten und entstellten Gebietes werden bereits wieder von der Land- und Forstwirtschaft genutzt, mehr und mehr nehmen auch geflutete Tagebaue ihre zukünftige Form an.

Silbergräser auf dünenartigen Sandflächen an den Seeufern bereiten den Boden für bunt blühende Sandheiden.

Hier entstehen Erholungsbereiche an weiten Seen, aber auch Rückzugsräume für die Pflanzen- und Tierwelt. Biologen erkannten sehr früh, dass diese nährstoffarmen, großflächigen und störungsfreien Gebiete ein enormes Potenzial für die Natur haben, und bemühten sich, ihre Vorstellungen in den Sanierungsprozess einzubringen. Inzwischen sind hier wieder Arten vertreten, die andernorts längst verschwunden sind. Etwa ein Viertel des deutschen Bestandes an Schwarzkopfmöwen, einer europaweit gefährdeten Art, brüten hier. Der Grundwasserspiegel steigt ständig und verwandelt die trockenen Bergbaukippen in eine Landschaft mit Seen, Tümpeln und Sümpfen.

Gestern, heute, morgen Über zwei Jahrhunderte in die Vergangenheit versetzt uns der **Höllberghof** 1 bei Langengrassau. Ein für das Ende des 18. Jahrhunderts typisches Ensemble aus Dreiseitenhof, mit Scheune und Backhaus wurde am Rand der Höllberge nachgebaut. Im Kossätenhaus (Kleinbauernhaus) sind das Informationsbüro und die Höllbergschänke untergebracht. Von April bis Oktober, Donnerstag bis Sonntag ab 11 Uhr, verwöhnt die Schänke ihre Gäste mit regionalen und hofeigenen Spezialitäten.

Auf Vergangenes stößt man auch in **Luckau** 2. Den historischen Stadtkern umschließt die mittelalterliche Mauer. Sie hütet die barocken Bürgerhäuser am Markt, die Nikolaikirche und die Georgenkapelle mit ihrem herrlichen Netzgewölbe am achteckigen Hausmannsturm. Hier stört keinerlei Hektik den kleinen Rundgang durch das alte Städtchen.

Auch der **Kranichbeobachtungsturm** 3 im Naturschutzgebiet Borcheltsbusch zwischen Goßmar und Freesdorf ist in friedvolle Stille getaucht – außer zur jährlichen Herbstrast der Vögel. Dann sollen vom 15 m hohen Turm innerhalb einer Stunde bis zu 50 000 Stare, 20 000 nordische Gänse und 2000 Kiebitze zu sehen sein. Die Lieblinge der Vogelfreunde sind jedoch Tausende Kraniche, die hier auf den weiten Feldflächen rasten. Etwa vierzig Paare bleiben im Raum Luckau und brüten.

Die Natur erholt sich Wo einst das Dorf **Wanninchen** 4 der Braunkohlenförderung weichen musste, steht heute das Heinz-Sielmann-Naturparkzentrum. Über 3000 ha des Abbaugebietes inmitten des Naturparks erwarb die Stiftung, um eine ungestörte Entwicklung für Fauna und Flora zu sichern. Eine unglaubliche Dynamik hat inzwischen eingesetzt, und mit Spannung kann man von verschiedenen Fuß- und Radwanderwegen aus erleben, wie sich neues Leben in dieser geschundenen Natur entwickelt. Im Findlingspark, gleich hinter dem Infozentrum gelegen, erhebt sich ein Beobachtungsturm. Er ermöglicht einen weiten Blick über den Schlabendorfer See. Auch hier soll in Zukunft die Natur zu ihrem Recht kommen. Ein Teil des Schlabendorfer Sees bleibt jedoch der Erholung vorbehalten. Der Stöbritzer See, der Stiebsdorfer See (Angeln erlaubt), der Lichtenauer See und der Drehnaer See sind ebenfalls für die Natur reserviert. Am Drehnaer See entstehen allerdings auch Freizeitanlagen mit einer Motocross-Strecke – ein Spektakel, das in Fürstlich Drehna schon seit 40 Jahren Tradition hat.

Der Drehnaer See bei **Fürstlich Drehna** 5 mit seinem idyllischen Wasserschloss (1480) in einem herrlichen Lenné-Landschaftspark wird Besuchern zugänglich gemacht. Durch den umliegenden Tagebau von den benachbarten Dörfern abgeschnitten, verlor das Schloss an Bedeutung und erlebt heute sein Comeback. Der barocke Gasthof Zum Hirsch hat sich zu einem beliebten Fest- und Veranstaltungsort entwickelt, die Brauerei braut nach alten Rezepturen und deutschem Reinheitsgebot das Heimatbier Schlossbräu. Das Besucherzentrum des Naturparks ist im Gärtnereihaus untergebracht.

Eine schmackhafte Spezialität Ein Ausflug führt zu den **Plinsdörfern** 6 Gosda, Zwietow und Weißag südlich von Calau. Der Name verweist auf Buchweizenplinsen, die in dieser armen Gegend früher in vielen Familien täglich auf den Tisch kamen. Waren die Plinsen einst ein Arme-Leute-Essen, werden sie heute als schmackhafte Spezialität in zahlreichen Gaststätten angeboten. Von den Plinsdörfern aus lässt sich die reizvolle **Calauer Schweiz** 7 auf markierten Wanderwegen erkunden. Das Naturschutzgebiet beeindruckt durch sein bewegtes Gelände, das sich am Kesselberg bis zu 161 m erhebt. Die schönen Wälder mit alten Kiefern und Traubeneichen zeichnen sich durch Pilzreichtum aus.

Naturerlebnispfad Wanninchen–Höllberghof

Der Weg verbindet auf 16 km Länge sieben schöne Naturlandschaften im Naturpark. Ausgangspunkt ist das Informationszentrum Wanninchen 4. Zur ersten Rast lädt der Görlsdorfer Park mit seinem Gutshaus ein, und in Luckau-Freesdorf gilt es, eine slawische Burgwallanlage aus dem 6./7. Jahrhundert zu erkunden. Nach einem Rundblick vom Kranichbeobachtungsturm 3 gelangt man zum Gehren-Großmarer-Mühlenfließ, einem Naturschutzprojekt zum Erhalt der Mühlentradition. Vom Aussichtspunkt Voßkieten überblickt man die Waltersdorfer Flur mit ihren Obstbäumen, Hecken und Kleingewässern. Im Heidegarten sind auf engstem Raum die typischen Pflanzen der Niederlausitzer Moore und Heiden zu sehen. Mit einer Stärkung im Kossätenhaus wird der Wanderer am Ziel der Wanderung, dem Höllberghof 1, belohnt.

Biosphärenreservat Oberlausitzer Heide- und Teichlandschaft

SERVICE

Anfahrt Auf der A 4 Dresden–Görlitz bis zur Ausfahrt Bautzen-Ost und weiter nach Uhyst; mit der Bahn sind Uhyst, Mücka und Niesky zu erreichen

Lage In Ostsachsen, nördlich der Stadt Bautzen

Größe 301 km^2

Höchste Erhebung Dauban (176 m)

Gründung 1994

Information Biosphärenreservat Oberlausitzer Heide- und Teichlandschaft, Dorfstraße 29, 02694 Guttau

Telefon 035932/36 50

Infohäuser U. a. Naturschutzstation Friedersdorf, Biosphärenreservat OLHT, Förderverein für die Natur der OLHT, Haus der tausend Teiche

Internet www.biosphaerenreservat-oberlausitz.de

TOP TIPP

3 **Milkeler Heide** Schöne unberührte Heidelandschaft

8 **Wartha/Stróza** Biosphärenreservatszentrum mit Naturerlebnispfad durch die Guttauer Teichlandschaft

9 **Guttau/Hucina** Liebevoll eingerichtetes Informationszentrum zur Sächsischen Teichwirtschaft

11 **Bautzen/Budišyn** Zentrum sorbischer Kultur mit einer sehenswerten historischen Altstadt

Teiche prägen die flache Kulturlandschaft, nur in der Ferne schimmern blau die Höhen des Zittauer Gebirges und des Oberlausitzer Berglandes. Unter sommerlichem Himmel reift das Korn, durchbrochen werden die goldgelben Felder und grünen Wälder immer wieder von Seen und Weihern.

Stille Gewässer wie der Altdubinteich zwischen Guttau und Wartha beherrschen das Landschaftsbild.

Diese Heide- und Teichlandschaft entstand durch menschliche Nutzung. Bereits für das Jahr 1248 ist die Anlage eines Fischteiches urkundlich nachgewiesen. 343 Teiche zählt man allein im Biosphärenreservat, über 1000 sind es im gesamten Gebiet. Es bildet damit die größte Teichlandschaft Deutschlands. Die Kleine Spree und die Spree fließen durch das Biosphärenreservat, speisen einen Teil der Teiche mit ihrem Wasser und ermöglichen Flussbarsch, Barbe, Hecht, Aal und dem vom Aussterben bedrohten Steinbeißer zu wandern. Es waren Slawen, die als Erste das Land kultivierten. Noch heute wird in der Oberlausitz neben Deutsch eine slawische Sprache gesprochen: das Sorbische. Alle Orts- und Straßenschilder sind zweisprachig, viel Wert wird auf die Pflege der sorbischen Tradition gelegt.

Braunkohlenabbau und Binnenfischerei

Am Rande eines gewaltigen Braunkohlentagebaus, der seit 1997 geflutet wird, liegt die Gemeinde **Uhyst/Delny Wujezd** 1. 2007 soll der Bärwalder See 1300 ha umfassen und mit dem geplanten Gesundheitspark und einer Erlebnisbahn, mit Campingplätzen, Wohn- und Ferienhaussiedlungen sowie einem Landschaftskunstprojekt ein Anziehungspunkt für Besucher werden. Südlich des Ortes liegen die Drehnaer Teiche, eine typische Anlage der Oberlausitzer Teichlandschaft. In der Gemeinde **Königswartha/Rakecy** 2 gibt es über 80 Karpfenteiche mit reicher Vogel-, Tier- und Pflanzenwelt. Das 1350 als königliche Warte zwischen Bautzen und Hoyerswerda gegründete Städtchen blickt auf eine Besiedlung schon während der Bronzezeit zurück. Östlich des Ortes hat man ein prähistorisches Gräberfeld entdeckt. Aus dem Jahr 1780 stammt das im klassizistischen Stil erbaute Schloss, das heute die einzige ostdeutsche Berufsschule für Binnenfischerei beherbergt. In der Oberlausitz ist Fischerei noch immer ein traditionelles Gewerbe. Im Herbst werden die Karpfenteiche abgefischt, eine harte Arbeit. Auch Seeadler, die dann über dem Biosphärenreservat ihre Kreise ziehen, wissen sich ihren Anteil zu sichern. Königswartha feiert das Abfischen jedes Jahr mit einem großen Volksfest, bei dem Räucherfisch und Fischsuppe zu den kulinarischen Höhepunkten gehören.

Zwischen Heide und Schlosspark Die ➠ **Milkeler Heide** 3 liegt östlich von Königswartha, ein weitgehend unbesiedeltes Gebiet. Während die Gewässer überall gegenwärtig sind, scheint sich die Heide hinter den Kiefernwäldern zu verstecken. Ein schöner Spazierweg führt von Halbendorf in die Heide. Am Ortsausgang Richtung Klix biegt man rechts in eine Wohnstraße ab, 200 m sind es bis zu einem mit Linden bestandenen Rondell. Ein sandiger, etwa 1 km langer Weg führt dann am Waldrand entlang bis zur Heide. Besonders beeindruckend ist dieser Spaziergang im August und September, wenn das tiefe Violett der Heideblüte das

Wie in alten Zeiten: In Guttau und den umliegenden Dörfern bauen Störche auf Schornsteinen ihre Nester.

Weiß der Birken noch intensiver aufleuchten lässt.

In die Heidelandschaft übergehend wurde der Schlosspark von **Milkel/Minakal** 4 angelegt, ganz im Sinne des berühmten Gartenarchitekten und Schriftstellers Fürst Pückler-Muskau (1785 bis 1871). Mit seinem schönen Altbaumbestand ist der Park ein Kleinod in der Heide- und Teichlandschaft. Und das dazugehörende Schloss – seine beiden Rundtürme erinnern an die Moritzburg bei Dresden – kann als eines der schönsten in der Oberlausitz gelten. Es entstand um 1720 an der Stelle einer Wasserburg

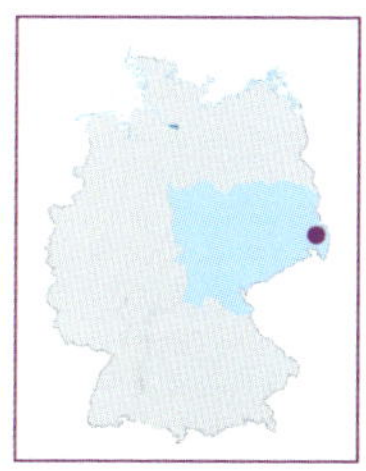

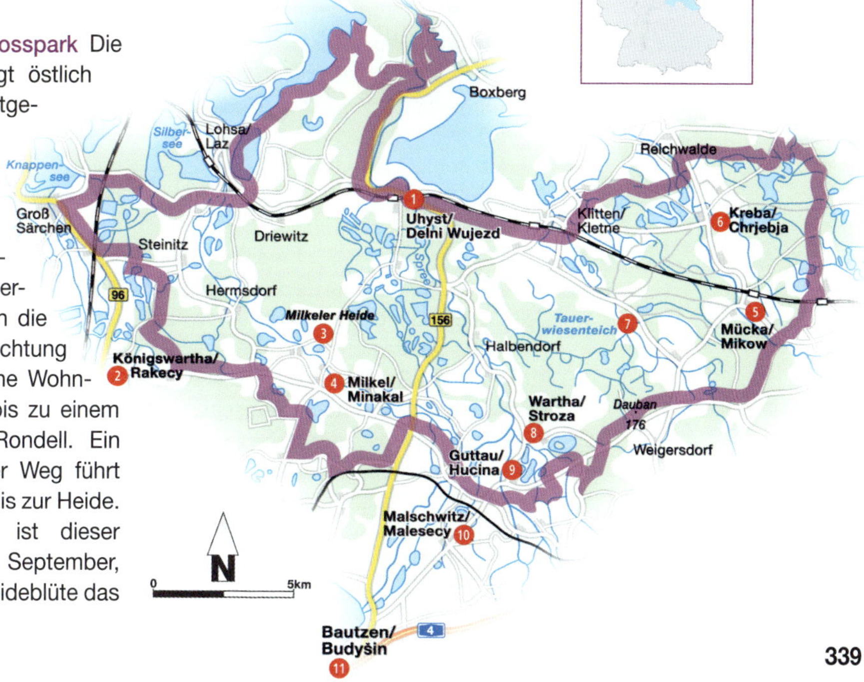

Wunderschöne Herrensitze und Schlösser, wie hier in Milkel, stehen im Mittelpunkt mancher Oberlausitzer Dörfer.

aus dem 12. Jahrhundert. Seit 1998 befindet sich das Schloss in Privatbesitz, der Park bleibt aber weiterhin für die Öffentlichkeit zugänglich.
Zwischen den Ortschaften **Mücka/Mikow** 5 und **Kreba/Chrjebja** 6 wurde ein Naturerlebnispfad zur Landschaftsgeschichte der Oberlausitz angelegt. Zu entdecken sind auf dem insgesamt 8,5 km langen Rundwanderweg u. a. eine verschwundene Flussschlinge, die Überreste eines Mammuts und die natürliche Klimaanlage eines Erlenbruchwaldes. An der Station Zeitreise in Mücka werden auf einer Strecke von 400 m die letzten 160 000 Jahre anschaulich zusammengefasst. Der Erlebnispfad kann auch in kürzeren Teilabschnitten erkundet werden, die gut mit Kinderwagen oder von Rollstuhlfahrern genutzt werden können.

Faszinierende Wasserwelten Eine gute Gelegenheit zur Vogelbeobachtung bietet der **Tauerwiesenteich** 7. Von einem Turm sind die Brutplätze von Seeschwalben auf einer kleinen Insel zu entdecken. Der Turm ist von dem hübschen Dorf Förstgen in Richtung Tauer zu erreichen. Nach etwa 1 km zweigt nach links ein Waldweg ab. Die Abzweigung ist an drei Birken zu erkennen, ausgeschildert ist die Beobachtungsstelle nicht.

Ein sehr informativer Naturerlebnispfad zur Teichwirtschaft ist in ➠ **Wartha/Stróza** 8 zu erkunden. Ausgangspunkt ist der Parkplatz des Biosphärenreservatzentrums. Der insgesamt 8,3 km lange Weg führt durch die Guttauer Teichlandschaft. Der besonders interessante Bereich für Naturbeobachtungen kann auch von Rollstuhlfahrern erreicht werden (Streckenlänge 2,6 km, ca. 2 Stunden). Welcher Naturliebhaber wäre hier nicht begeistert, am frühen Abend von einem Holzsteg tief im Röhricht den Schilfrohrsängern zu lauschen und im dichten Schilf Frösche zu entdecken? Beobachtungstürme ermöglichen Einblicke in diese verzauberte Wasserwelt mit Seerosen, Wasserhahnenfuß und Tausendblatt, mit Haubentauchern und Fischreihern, die nach ihrer Abendmahlzeit spähen. Weitere thematische Bereiche des Lehrpfades informieren über die Teichwirtschaft (auch von Guttau aus zu erkunden) und die dafür umgestaltete Landschaft. Dieser Teil des Naturlehrpfades erläutert, wie ein benachbarter Braunkohlentagebau rekultiviert wurde, und sich heute unter dem Namen Olbasee großer Beliebtheit als Freizeitanlage erfreut. Ein Klassenzimmer im sorbisch-deutschen Schulmuseum in Wartha/Stróza, nach historischen Vorlagen in Form, Farbe und Gestaltung als Klassenraum vom Ende des 19. Jahrhunderts rekonstruiert, dürfte die Neugier von Schülern und Lehrern wecken.
Eine Erkundung der Guttauer Teiche wäre nicht vollständig ohne den Besuch des Informationszentrums Sächsische Teichwirtschaft in ➠ **Guttau/Hucina** 9. 1999 öffnete das Fischereimuseum in der Nähe von Herrenhaus und Kirche in der Dorfmitte seine Pforten. Den Schlüssel zur Ausstellung erhält man in der Verkaufsstelle des Ortes, hinter der Kirche. Die kleine Mühe lohnt sich, da die Ausstellung nicht nur liebevoll gestaltet ist, sondern auch ausgesprochen informativ über die Teiche, Zucht und Abfischen, das Verarbeiten der Karpfen, aber auch über Geschichte und Leben der Oberlausitzer Fischer berichtet. Die Guttauer Tei-

che werden vom Löbbauer Wasser und vom Alten Fließ durchströmt, der Wasserzufluss zu den unterschiedlich großen und tiefen Aufzuchtteichen kann reguliert werden. Am Zulauf befinden sich die Wärmeteiche, die das Wasser für die kleinen, mit Gras und Wasserpflanzen bewachsenen Laichteiche vorwärmen. Zur Aufzucht der Karpfen sind die Teiche etwa 1 m tief, für die Überwinterung der Setzfische müssen sie allerdings eine Tiefe von 3 m besitzen. Auch der Naturschutz ist hier ein Thema: Um die Wanderung verschiedener Fischarten zu ermöglichen, hat man zahlreiche Wasserwehre durch raue Rampen ersetzt oder Fischtreppen angelegt. Führungen sind auf Anfrage möglich (Telefon: 035932/311 83).

Von der Lausitzer Natur zur sorbischen Kultur Die Teiche in der Oberlausitz sind eine Kulturlandschaft, also von Menschenhand geschaffen. Doch wird diese Wasserwelt von zahlreichen, auch selten gewordenen Tieren gerne angenommen. Fischotter und Eisvogel leben hier, an kleinen Fließgewässern brütet sogar die seltene Gebirgsstelze, eine enge Verwandte der bekannten Bachstelze. Durch die leuchtend gelbe Brust ist die Gebirgsstelze aber leicht von jener zu unterscheiden. Und in fast jedem Ortsteil der 14-Dörfer-Gemeinde **Malschwitz/Malesecy** (10) am südlichen Rand des Biosphärenreservats brütet jedes Jahr ein Weißstorchenpaar. Das Wahrzeichen der Gemeinde jedoch ist die über 800 Jahre alte Rieseneiche an den Niederguriger Teichen. Sie beeindruckt mit einem Stammdurchmesser von 9,50 m. An der B 156 Bautzen–Uhyst liegt vor der Brücke Niedergurig rechts ein kleiner Parkplatz, von dort sind es nur 300 m bis zu dem Naturdenkmal.

Auch ➠ **Bautzen/Budyšin** (11), das sorbische Zentrum der Oberlausitz, ist eng mit dem Biosphärenreservat verbunden. Ein markanter Blickfang der 1000-jährigen Stadt sind die vielen Türme, die hoch über das Tal der Spree aufragen. Der schönste Turm ist die Alte Wasserkunst von 1558. Er versorgte die Stadt mit Wasser, denn der mächtige Granitfelsen, auf dem die Altstadt erbaut wurde, machte das Graben eines Brunnens unmöglich. Durch ein ausgeklügeltes System wurde Wasser aus der Spree durch hölzerne Rohrleitungen bis in einen Brunnen in der Nähe des Rathauses und des Domes gepumpt. Nach dem Überlaufprinzip in etliche tiefer gelegene Brunnen und Zisternen konnte das Wasser dann in der Stadt verteilt werden. Diese technische Glanzleistung zeigt, dass man schon früh in der Oberlausitz die Bedeutung des Wassers erkannte und nutzte. Erst 1965 wurde die Alte Wasserkunst stillgelegt und 1982 bis 1984 restauriert; heute kann sie als technisches Museum besichtigt werden. Der schöne Ausblick auf die liebevoll sanierte Altstadt mit ihren verwinkelten Gassen, dem Hauptmarkt mit dem barocken Rathaus und den schönen Patrizierhäusern sowie die 1000-jährige Ortenburg lockt auf die Zinnen des Turmes.

Im Sommer präsentiert sich im Schlosshof der Bautzener Theatersommer mit einem bunten Sommerprogramm. Das Deutsch-Sorbische Volkstheater Bautzen ist Deutschlands einziges bikulturelles Stadttheater. Unbedingt anschauen sollte man sich das Sorbische Museum, das anschaulich über das Leben und die Kultur der Sorben berichtet. Es befindet sich seit 2003 im alten Salzhaus am südlichen Zugang zur Altstadt.

Eine Ausstellung über die Fischerei ist im Informationszentrum Sächsische Teichwirtschaft in Guttau zu sehen.

Badeseen

So viel Wasser wie in der Oberlausitz verlockt natürlich zum Baden. Doch eignen sich die Teiche nur bedingt für einen Sprung ins kühle Nass. Zum Glück gibt es aber mehrere Baggerseen mit sauberem Wasser und herrlichen Sandstränden. Beliebt ist der Olbasee (Bild) bei Wartha (8), der sich auch zum Segeln und Surfen eignet. Auch in einer ehemaligen Kaolingrube bei Großdubrau lockt die Blaue Adria mit ihrem Sandstrand.

Naturpark Saale-Unstrut-Triasland

SERVICE

Anfahrt A 2 Berlin–Leipzig bis Ausfahrt Naumburg, B 180 nach Naumburg und B 180 und B 176 oder entlang der Unstrut nach Memleben; von Naumburg ist sowohl das Saaletal flussaufwärts als auch das Unstruttal mit der Bahn zu erreichen.

Lage In Sachsen-Anhalt südlich von Halle/Saale

Größe 1037 km²

Höchste Erhebung Seligenbornsberg (356 m)

Gründung 1991

Information Naturpark Saale-Unstrut-Triasland, Unter der Altenburg 1, 06642 Nebra

Telefon 034461/220 86

Internet www.naturpark-saale-unstrut.de

TOP TIPP

1 **Memleben** Erhaltene romanische Krypta der Klosterkirche

4 **Himmelsscheibe von Nebra** Wanderung zum Fundort und zum Besucherzentrum »Arche Nebra«

5 **Forst Bibra** Naturschutzgebiet mit seltenen Laubgehölzen und Orchideen

9 **Naumburger Dom** Berühmte Stifterfiguren

12 **Rudelsburg und Saaleck** Malerische Burgruinen hoch über der Saale

Eine bemerkenswerte Landschaft. Die Ausläufer der Mittelgebirge schwingen allmählich aus, und zwei geschichtsträchtige Flüsse treffen zusammen: die Saale, über Jahrhunderte Grenze zwischen Germanen und Slawen, und die Unstrut, einst wichtige Marschroute für Völkerschaften und Heere sowie Schauplatz zahlreicher Schlachten.

Hoch über dem grünen Saaletal künden die stolzen Burgruinen Saaleck und Rudelsburg von vergangenen Zeiten.

Die Landschaft an Saale und Unstrut präsentiert sich ausgesprochen vielfältig: Da gibt es naturnahe Wälder neben Weinbergen und Streuobstwiesen, Feuchtgebiete in Flusstälern und trockene Lebensräume an den Berghängen. Hier gedeiht eine erstaunliche Vielfalt von einheimischen Orchideen und anderen Wärme und Trockenheit liebenden Pflanzen. Auch die Fledermäuse fühlen sich hier wohl. An vielen Stellen dominiert eine über Jahrhunderte entstandene Kulturlandschaft, besonders der Weinbau prägt weithin das Bild. In der sehr geschichtsreichen, aber vorwiegend ländlichen Region finden sich wertvolle Baudenkmäler von internationalem Rang wie der Naumburger Dom, die Krypta des Klosters Memleben, die Doppelkapelle Neuenburg und die Klosterkirche Schulpforta.

Frühe Kaiser und Astronomen Die sogenannten ersten Kaiser regierten das Land von der uralten ➠ **Kaiserpfalz Memleben** 1 aus. Die Kaiserpfalz selbst existiert nicht mehr, doch das Außergewöhnliche des Ortes vermittelt noch immer die nahe Ruine der Klosterkirche, die mit 82 m Länge der Ausdehnung des Magdeburger Doms entspricht. Seit dem 17. Jahrhundert verfallen die Gebäude. Brennende Kerzen verleihen der erhaltenen dreischiffigen Hallenkrypta eine mystische Atmosphäre.

Die 192 km lange Unstrut, ein Nebenfluss der Saale, fließt ab Memleben durch ein enger werdendes Tal. Noch säumen nicht Weinberge, sondern ein langes rotes Band aus Buntsandstein die Ufer. Bei Wangen hat der Fluss in einem weiten Bogen den **Steilhang Steinklöbe** 2 aus dem Gelände modelliert. Auf einem Uferweg von Wangen her ist der Hang gut sichtbar. Einige der hier wachsenden wärmeliebenden Pflanzen sind für diese Breiten eine echte Seltenheit. Im Frühling blühen Adonisröschen, im Sommer heimische Orchideen, selbst der stark duftende Diptam ist auf großen Flächen verbreitet.

Flussabwärts bei Nebra setzt sich das bunte Felsband in den **Vitzenburger Hängen** 3 fort. Auch hier tritt nach Süden der Wärme speichernde Buntsandstein hervor. Auch hier wachsen Pflanzen, die in diesen nördlichen Breiten eher selten vorkommen.

Im Ziegelrodaer Forst, nur 7 km vom Sitz der Naturparkverwaltung Saale-Unstrut-Triasland entfernt, fand man 1999 die ➠ **Himmelsscheibe von Nebra** 4 – eine archäologische Weltsensation, zeigt sie doch die älteste konkrete Himmelsdarstellung der Menschheitsgeschichte.

Die romanische Krypta der ehemaligen Klosterkirche in Memleben gehörte zur Kaiserpfalz Ottos I.

Der Weg dieses Schatzes vom privaten Finder in die Hände der Öffentlichkeit wurde zu einem spannenden Krimi, der durch die Medien ging. Erst im Februar 2002 gelang es, den Fund in Basel sicherzustellen. Die 32 cm große Bronzescheibe ist rund 3600 Jahre alt und diente nach jüngsten Erkenntnissen der Bestimmung von Sonnen- und Mondjahr. Offenbar besaß der Mensch bereits in der Bronzezeit weitreichende astronomische Kenntnisse. Die Scheibe wurde in einer kreisförmigen Wallanlage mit 200 m Durchmesser gefunden. Diese Anlage gilt als das älteste vorgeschichtliche Observatorium und steht in einer Reihe mit der Steinkreisanlage von Stonehenge. Die Arche Nebra, das neuerbaute multimediale Besucherzentrum nahe dem Fundort, trägt ihrer großen kulturgeschichtlichen Bedeutung Rechnung (Arche Nebra, Telefon 034461/255 20, www.himmelsscheibe-erleben.de). Die originale Himmelsscheibe von Nebra ist jedoch im Landesmuseum für Vorgeschichte in Halle an der Saale ausgestellt.

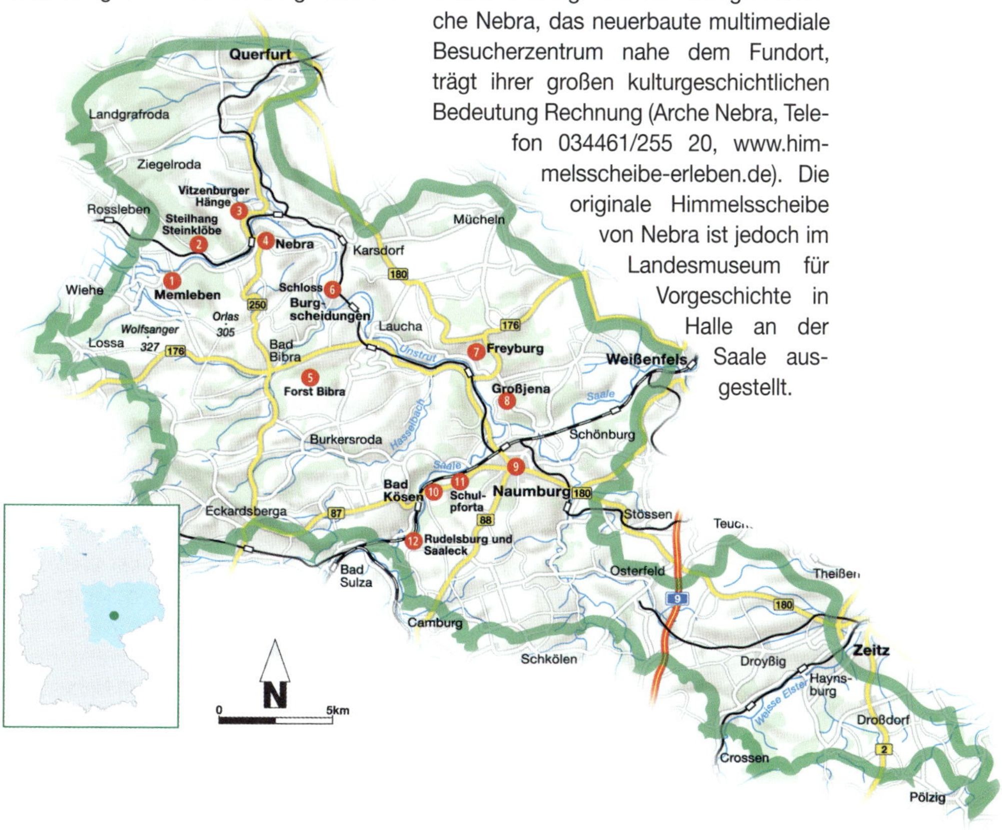

Glockenmuseum Laucha

In der alten Glockengießerwerkstatt des Meisters Ulrich und seiner Nachkommen wurden seit 1732 über 5000 Bronzeglocken aus der Grube gehoben, so auch das Geläut des nahen Naumburger Doms. Als man 200 Jahre später das Glockenmuseum Laucha (im Bild die Glockengrube) eröffnete, musste man eigentlich nur aufräumen, die Glockengrube freischaufeln und Anschauungsmaterial zusammenstellen. Das Museum liegt in Laucha an der B 176 (zwischen Bad Bibra 5 und Freyburg 7).

Das Naturschutzgebiet ➡ **Forst Bibra** 5 liegt in der reizvollen Landschaft am Höhenzug der Finne mit ihren Muschelkalkhängen zwischen Bad Bibra und Krawinkel. Hier wachsen Laubmischwälder, in denen die seltene Elsbeere mit ihrem sehr harten Holz noch häufig vertreten ist. Sie liebt wie die einheimischen Orchideen die Wärme und einen kalkhaltigen Boden. Je nach Blütezeit können bei einer geführten Wanderung 18 verschiedene Orchideenarten, zum Beispiel der Frauenschuh oder die Fliegen-Ragwurz entdeckt werden. Orchideen-Exkursionen werden von Mitte Mai bis Mitte Juni in den Regionen um Bad Bibra und Balgstädt bei Freyburg durchgeführt (www.saaleunstrut.com, Telefon 034461/220 86).

Prachtbauten vor herrlicher Landschaftskulisse **Schloss Burgscheidungen** 6 wurde auf den Grundfesten einer mittelalterlichen Burg errichtet und mehrfach umgebaut. Mit seinem italienischen Park ist es ein beeindruckendes Ensemble aufeinander abgestimmter Architektur des Barock. Den großen Balkon des Schlosses mit Blick in das Unstruttal tragen grinsende Steinhäupter. Terrassenförmig geht der Park allmählich in die natürliche Landschaft des Unstruttals über, geschmückt mit Skulpturen sowie einer künstlichen Grotte. Flussabwärts verengt sich das Tal der Unstrut, die Hänge rücken näher an das Ufer heran, auf schmalen Terrassen wächst Wein.

Das Zentrum des Weinanbaus an Saale und Unstrut ist **Freyburg** 7. Im Keller des kleinen Freyburger Doms lagert ein 120 000-Liter-Weinfass. Der ostdeutsche Champagner, Sekt der Rotkäppchen-Kellerei, gilt als Wahrzeichen der Stadt. Weniger bekannt ist Freyburg als Heimat des Turnvaters Friedrich Ludwig Jahn; in seinem ehemaligen Wohnhaus wurde ein Museum zu seinem Gedenken eingerichtet. Hoch über dem Winzerstädtchen Freyburg erhebt sich die mächtige Neuenburg mit dem weithin sichtbaren Bergfried Dicker Wilhelm. Sie ist die größere Schwester der Wartburg, wurde zwischen 1080 und 1090 errichtet und 100 Jahre später erweitert. Architektonische Kleinode sind die spätromanische

Doppelkapelle, der Fürstensaal und das Museum im Bergfried, in dem auch Dokumente zum Weinbau ausgestellt sind.

Bei **Großjena** 8 mündet die Unstrut in die Saale. Wie eine Krone ruht über den Weinbergen das Haus des Bildhauers und Malers Max Klinger (1857 bis 1920), dessen Atelier besichtigt werden kann. Ein 200 m langes Bandrelief am Fuß des Felsens, das Steinerne Bilderbuch von 1722, illustriert die Geschichte des Weinbaus im Unstruttal.

Südlich der Unstrutmündung liegt die durch ihren Dom berühmt gewordene Stadt ➠ **Naumburg** 9. Die spätromanische viertürmige Basilika des Naumburger Doms wurde 1213 begonnen und 1242 fertiggestellt. Weltberühmt sind die lebensgroßen, in Kalkstein gehauenen zwölf Stifterfiguren im Westchor. Der Dom erhebt sich im Nordwesten der Innenstadt, außerhalb des Stadtrings.

Schon 1630 entdeckte man bei **Bad Kösen** 10 Solequellen – es dauerte jedoch noch etwa 100 Jahre, bis diese für Kurzwecke genutzt wurden. Das 320 m lange und 20 m hohe Gradierwerk und andere Soleförderungsanlagen bilden als Ensemble ein einzigartiges technisches Denkmal. Das Gradierwerk diente ursprünglich der Erhöhung der Solekonzentration und wird heute von den Kurgästen zur Freiluftinhalation genutzt. Aus dem 11. Jahrhundert stammt das Romanische Haus, einer der ältesten Wohnbauten Mitteldeutschlands. Die angrenzende Kunsthalle zeigt die umfangreiche Puppensammlung von Käthe Kruse, die von 1912–50 in Bad Kösen lebte.

In der Klosterschule **Schulpforta** 11 bei Bad Kösen haben deutsche Geistesgrößen wie Johann Gottlieb Fichte, Friedrich Gottlieb Klopstock und Friedrich Nietzsche ihre Lateinlektionen gelernt. Besonders sehenswert ist die gotische Kirche des ehemaligen Zisterzienserklosters.

»An der Saale hellem Strande stehen Burgen stolz und kühn« – der Verfasser dieser Zeilen, Franz Kugler, wird dabei an die Ruinen der Burgen ➠ **Rudelsburg und Saaleck** 12 gedacht haben. Die Rudelsburg, erstmals 1172 erwähnt, wurde zum Schutz des Saaletals und der hier verlaufenden alten Handelswege errichtet. Erhalten geblieben sind von der Anlage nur die beiden Bergfriede. Der Burghof des Restaurants auf der Rudelsburg lädt zu einer Rast ein (täglich 10–17 Uhr, im Winter Mo und Di Ruhetag).

Nur wenige Wanderschritte entfernt erhebt sich die ebenfalls aus dem 12. Jahrhundert stammende Burg Saaleck. Bis zur Reformation wechselte sie viele Male den Besitzer, dann begann der Verfall. Die Rundtürme erheben sich jedoch noch immer stolz und kühn über der ruhig dahinfließenden Saale.

Saale-Unstrut-Wein

Schon vor 1000 Jahren schätzten die deutschen Kaiser den Wein vor ihren Pfalzen. Das Weinbaugebiet Saale-Unstrut liegt am 51. Grad nördlicher Breite, für Weinbauern fast schon am Polarkreis. Doch die Natur beschert der Region eine ausgewogene Mischung von Sonne und Kühle, die Jahresdurchschnittstemperatur liegt bei 9,1 °C – bei 1600 Sonnenstunden pro Jahr. Mit nur rund 500 mm Niederschlag jährlich zählt die Weinbauregion zu den niederschlagsärmsten Gebieten in Deutschland. Der Untergrund, meist Muschelkalk, trägt ebenfalls zum Gelingen des Weines bei. Dem Kloster Memleben wurden im Jahr 998 sieben Orte mit Land und Weinbergen geschenkt. In der Folge waren es vor allem die Mönche des Zisterzienserklosters Sancta Maria Schulpforta, gegründet 1137, die den Weinbau an der Saale weiterentwickelten. Heute erblühen die Rebstöcke an Saale und Unstrut auf etwa 600 ha Anbaufläche.

Linke Seite: Von Schloss Burgscheidungen genießt man die Aussicht auf den italienischen Schlosspark und das weite Unstruttal.

Wie eine Krone über den Weinbergen: das Haus des Künstlers Max Klinger bei Großjena

Nationalpark Hainich

Sie wird die Mutter des Waldes genannt: silbrig grau der glatte Stamm, spitzgeformte, dunkelgrüne Blätter, eine igelige Hülle um den dreieckigen Samen – die Rotbuche. Das Rot im Namen bezieht sich auf die leicht rötliche Färbung des Holzes, im Unterschied zur Weiß- oder Hainbuche, die einer anderen Familie angehört.

SERVICE

Anfahrt A 4 bis Ausfahrt Eisenach-Ost, B 84 bis Reichenbach, von dort über Craula zum Baumkronenpfad; mit der Bahn nach Bad Langensalza und mit Wanderbussen

Lage Im Westen Thüringens zwischen Eisenach, Bad Langensalza , Mühlhausen und Eschwege

Größe 75 km²

Höchste Erhebung Alter Berg (494 m)

Gründung 1997

Information Nationalpark Hainich, Bei der Marktkirche 9, 99947 Bad Langensalza

Telefon 03603/390 70

Infohäuser U. a. Nationalparkzentrum Thiemsburg, Lauterbach

Internet
www.nationalpark-hainich.de

Wunderbare Aussichten: Der Baumkronenpfad wurde rasch zur Attraktion Nummer eins im Nationalpark Hainich.

TOP TIPP

1. **Baumkronenpfad**
Ein Ausflug in die geheimnisvolle Welt der Baumwipfel
3. **Brunstal**
Barrierefreier Lehrpfad, der mit den Geheimnissen des Buchenwaldes vertraut macht
4. **Hünenteiche**
Gelber Blütensaum von Wasserschwertlilien im Frühsommer
6. **Betteleiche**
(Fast) alle Wanderwege führen zu diesem markanten Baum

Die Buche wird von zahlreichen Frühjahrsblühern wie Märzenbecher und Buschwindröschen, Haselwurz und Seidelbast begleitet. Im April breitet sich ein Teppich von Bärlauch unter den unbelaubten, mächtigen Kronen aus, der würzige Duft von Knoblauch liegt in der Luft. Seit etwa 4000 Jahren gibt die Buche in Deutschland den Ton an, zeitweise waren zwei Drittel des Landes von ihr bedeckt. Der größte zusammenhängende Rotbuchenwald in Mitteleuropa liegt auf dem Höhenzug des Hainich im Westen Thüringens, der 1997 als Nationalpark ausgewiesen wurde. Anders als in vielen anderen Waldgebieten Mitteleuropas sind im Hainich die Waldbestände trotz jahrhundertelanger Nutzung relativ naturnah geblieben. Eingeschlagen wurden nur einzelne, ausgewachsene Buchen, sodass junger Wald nachwachsen konnte. Dieser sogenannte Plenterwald umfasst Buchen aller Alterstufen, aber auch zahlreiche andere Laubbaumarten wie Esche, Ahorn, Linde und die seltene Elsbeere.

Zartgrüner Schleier über dem Kronenmeer Im Sommer des Jahres 2005 wurde der ➠ **Baumkronenpfad** 1 im Nationalpark Hainich eröffnet. Sehr schnell wurde er die Attraktion für Freunde der Natur. Aufgrund der starken Anziehungskraft des Baumkronenpfades folgte 2008 die Eröffnung des Nationalparkzentrums an der Thiemsburg in unmittelbarer Nähe zum Baumkronenturm. Hier gibt es die Eintrittskarten für den Baumkronenpfad zu kaufen, Besonderheiten des Nationalparks erläutern Ranger, eine Ausstellung lädt ein, hilft, die Geheimnisse des umliegenden Waldes zu entdecken, und eine große Wanderkarte vermittelt die vielfältigen Wandermöglichkeiten in die Umgebung. Die Strecken der Pfade hoch in den

Wipfeln der Bäume wurden erweitert – von zwei Schleifen zu 238 bzw. 308 Meter Länge ist der Urwald nun aus der Vogelperspektive zu betrachten. Das ist einmalig in Deutschland. Der 44 m hohe Baumturm macht einen bisher unbekannten Lebensraum zugänglich und ermöglicht ungeahnte Erlebnisse zu allen Jahreszeiten – wenn Raureif die Wipfel verzaubert oder wenn der Frühling einen zartgrünen Schleier über die Kronen der Bäume legt. Besonders aber wird der Herbst mit seinen glühenden Farben zu einem unvergesslichen Erlebnis. An mehreren Ruhezonen geben Tafeln Auskunft über die verschiedenen Lebensräume und ihre Bewohner. Am Ende mündet der Pfad auf einer Höhe von 24 m wieder in den Baumturm. Hier hat man die oberste Kronenschicht erreicht und befindet sich auf Augenhöhe mit den Wipfel mächtiger alter Rotbuchen. Der Baumkronenpfad befindet sich im südöstlichen Teil des Nationalparks, etwa 10 km westlich der Stadt Bad Langensalza in Richtung Craula. Das Nationalparkzentrum und der Baumkronenpfad sind ganzjährig geöffnet: April–Oktober, 10–19 Uhr; November–März, 10–16 Uhr, außer am 24. und 31.12. Ein großer, bewachter Parkplatz befindet sich gleich nebenan.

Nach einem Rundgang in luftiger Höhe sieht man den Wald mit anderen Augen. In unmittelbarer Nähe zum Baumkronenpfad steht eine Traubeneiche mit einem Umfang von stolzen 5,45 m und einem Durchmesser von 1,75 m. Sie ist der mächtigste und auch einer der ältesten Bäume des Nationalparks. Schon vor 500 Jahren, als Kolumbus nach Amerika segelte, war diese Eiche ein stattlicher Baum.

Vom Parkplatz Thiemsburg führen unterschiedlich lange Wanderwege in den wild wachsenden Wald der Umgebung. Neben dem 3,5 km langen Eichbergweg und dem 10 km langen Steinbergweg empfiehlt sich ein Rundgang auf dem gut ausgebauten, 3,6 km langen **Naturpfad Thiemsburg** 2. In anderthalb Stunden lernt man den Bereich rund um den Baumkronenpfad näher kennen. Holztäfelchen mit einem geschnitzten Eichenblatt weisen den Weg. Zudem sind am Parkplatz Faltblätter mit einer Wegbeschreibung erhältlich. Sie liegen von einem massiven Holzdeckel geschützt in einem ausgehöhlten Baumstumpf.

Der Buchenwald in der Kernzone Weberstedter Holz ist eine Besonderheit, die Besucher als solche kaum wahrnehmen.

Mit allen Sinnen den Wald entdecken Eines der schönsten Täler im Hainich ist das ➠ **Brunstal** 3 mit einem Erlebnispfad, geeignet für behinderte Menschen sowie Eltern mit Kinderwagen; die Erläute-

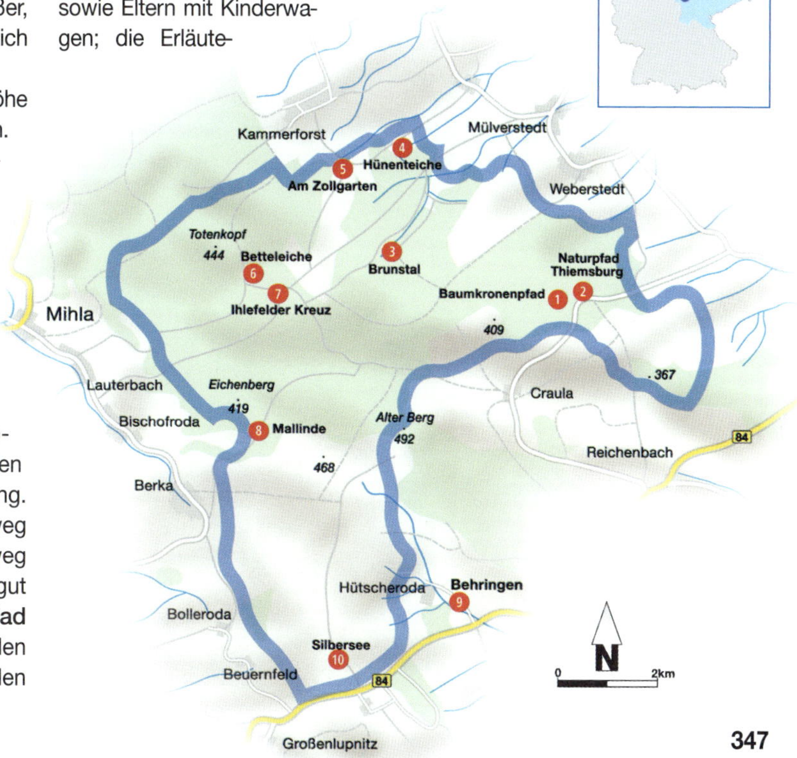

Mit den ersten wärmenden Sonnenstrahlen erblühen auf dem dunklen Waldboden die weißen Märzenbecher.

rungen sind auch in Blindenschrift dargestellt. Der Pfad ist vom Parkplatz Fuchsfarm bei Mülverstedt durchgängig barrierefrei ausgebaut. In der Wildkatzenhöhle werden dem Besucher diese scheuen Waldbewohner nähergebracht, eine freiliegende Baumwurzel, die Stämme verschiedener Bäume, ihr Holz und die Rinde lassen sich ertasten und nach dem Geruch unterscheiden. Oder man geht auf Spurensuche und lernt die Fährten von Wildtieren wie Dachs, Wildschwein und Reh kennen. Im Frühjahr breitet sich unter den Buchen in der vom Schmelzwasser noch feuchten Senke ein weißer Teppich aus: Hier blühen ungewöhnlich viele Märzenbecher. Gleichzeitig erwachen Buschwindröschen und Bärlauch aus dem Winterschlaf; Leberblümchen, Lerchensporn und Schlüsselblumen setzen bunte Farbakzente. Der Weg durch das Brunstal hat eine Länge von 3 km, für die man mindestens zwei Stunden einplanen sollte. Nur für gute Läufer geeignet ist der weiterführende Rundwanderweg Saugraben (10,5 km), der durch die ursprünglichsten Partien des Buchenwalds führt. Umgestürzte Baumriesen erinnern an Urwald – Zunderschwamm, Brandkrustenpilz, Buchenstreckfuß und Buchen-Schleimrübling dienen sie als Nährboden. Hat eine gefallene Buche ein Loch in das Blätterdach gerissen, streben bald unzählige junge Buchenschösslinge dem Licht entgegen, der Wald erneuert sich von selbst.

Ein dritter Pfad führt ebenfalls vom Parkplatz Fuchsfarm zu den ➡ **Hünenteichen** 4, deren Ufersäume im Sommer von gelben Wasserschwertlilien geschmückt sind. Auch für Amphibien sind die Teiche ein idealer Aufenthaltsort. Im flachen Wasser kann man Berg- und Teichmolche sowie Gras-, Laub- und Wasserfrösche beobachten. Als ganzjährig wasserführendes Stillgewässer sind die Hünenteiche eine Ausnahmeerscheinung im Hainich, wo selbst Bäche aufgrund der Bodenbeschaffenheit, poröser Muschelkalk, nur während der Schnee-

Gelbe Wasserschwertlilien säumen die Ufer der Hünenteiche, eine bemerkenswerte Besonderheit im wasserarmen Hainich.

schmelze oder nach Regengüssen Wasser führen. Die Hünenteiche sind nicht natürlich entstanden; vermutlich waren sie ursprünglich die Fischteiche der längst aufgegebenen Siedlung Gräverode. Bis zum Dreißigjährigen Krieg gab es im Hainich zahlreiche Dörfer. Mit einiger Fantasie kann man in der Nähe der Hünenteiche die Reste der alten Wallanlage Hünenburg erkennen.
Die südlichen und nördlichen Waldsäume des Hainichs gehen in weite Freiflächen über. Sie entstanden durch militärische Nutzung und wurden jahrzehntelang durch Schafbeweidung offengehalten. Das ehemalige Übungsgelände ist sorgsam von Munition geräumt und dient nun als Kinderstube für einen künftigen natürlichen Buchenwald.
Am Zollgarten 5 lässt sich verfolgen – wenn auch in Zeitlupe –, wie nach und nach ein Wald entsteht: Zuerst wurden die Freiflächen von Gräsern und Sträuchern besiedelt; inzwischen haben sich neben den Büschen und Hecken junge Bäume einen Platz sichern können, hier ein Obstbaum, dort in einer feuchten Senke eine junge Esche, an den Waldrändern die ersten Buchenschösslinge. Es wird jedoch noch ein halbes Menschenleben dauern, bis man hier durch einen natürlich gewachsenen Buchenwald wandern kann.

Sagenhafte Artenvielfalt Von der geräumigen Beobachtungskanzel der Freifläche Zollgarten genießt man den Blick weit über das Thüringer Becken, vom Gesang der Feldlerche und Goldammer begleitet. Im dornigen Gesträuch entdecken Vogelfreunde den Neuntöter; auch sein seltener Verwandter, der Raubwürger, wird im Hainich noch relativ oft angetroffen. Vom Blütenreichtum auf den Freiflächen profitieren Stieglitz und Bluthänfling. Im Winter sind die Wiesen den umherziehenden Vogelschwärmen eine willkommene Nahrungsquelle. An warmen Standorten hat sich Halbtrockenrasen gebildet, hier wachsen Echte Primel, Silberdistel, Thymian, Fransenenzian und Tausendgüldenkraut; der Große Eisvogel und der Große Schillerfalter gaukeln über das Blütenmeer. Weitere interessante Freiflächen sind von den Parkplätzen Weberstedt (Erlebnispfad Weberstedt 4,5 km), Thiemsburg (Steinbergweg 10,5 km) und Kindel nördlich von Eisenach (Nachtigallenweg 2,5 km) zu erreichen. Unüberschaubar ist die Vielfalt der Käfer. Für holzbewohnende Käferarten, zu denen über 400 der 1860 im Nationalpark nachgewiesenen Arten gehören, ist der Hainich ein wahres Dorado. Schon ausgestorben geglaubte Käfer und viele auf der Roten Listen registrierte Arten belegen eindrucksvoll die Bedeutung von Totholz.

Ausgerechnet eine Eiche Das Wahrzeichen des Buchenwald-Nationalparks ist eine Eiche. → **Betteleiche** 6 wird der skurril geformte Baum genannt, der nahe der historischen Rodungsinsel Ihlefeld auf der Hochfläche des Hainichs steht . Von 1443–1525 bestand hier eine Außenstelle des St. Katharinenklosters in Eisenach. Um milde Gaben der Reisenden bittend, brachten die Bettelmönche an der Eiche einen Kasten an – daher der Name. Auf den Grundmauern des Klosters wurde später ein Forsthaus errichtet, eine kleine Siedlung entstand. 50 m von der Betteleiche entfernt bietet eine Hütte Schutz und an Wochenenden von April bis Oktober auch eine einfache Verköstigung.

Bärlauch *(Allium ursinum)*

Im Volksmund wird die mit Zwiebel, Schnittlauch und Knoblauch verwandte Pflanze auch Rams, Wilder Knoblauch, Waldknoblauch, Hexenzwiebel oder Latschenknofel genannt. Mit einer Höhe von etwa 20 bis 50 cm und den vielen weißen, sternförmigen Blüten ist der Bärlauch kaum zu übersehen, noch weniger zu überriechen. Für Bären war diese Pflanze eine erste Nahrung nach dem Winterschlaf, davon leitet sich wohl der Name ab. Ein typischer Frühjahrsgeophyt (Bodenblüher), endet sein Wachstumszyklus nach dem Abblühen, und die Pflanze zieht sich allmählich wieder in die Erde zurück. Seit einigen Jahren erlebt der Bärlauch eine Renaissance; genutzt werden vorwiegend die frischen Blätter, als Gewürz oder Gemüse in der Frühjahrsküche, denn durch Erhitzen verliert der Bärlauch viele Geschmacksstoffe und büßt seinen hohen Vitamin-C-Gehalt ein.

Käferexkursion

Schier unüberschaubar ist die Vielfalt der Käfer im Hainich, sie sind das Aufräumkommando des Waldes. Unter ihnen findet man zahlreiche holzbewohnende Arten, die besonders wichtig für die Zersetzung der alten, umgestürzten Bäume und somit für die Erneuerung des Waldes sind. Für über 400 der bisher rund 1860 im Nationalpark Hainich nachgewiesenen Arten sind die totholzreichen Bestände ein wahres Paradies. Der Nationalpark bietet zahlreiche geführte Wanderungen an, die bereits ab Februar beginnen: eine Wildnistour mit der Nationalparkwacht, Brainwalk im Urwald, die Natur im Winterkleid, eine Nachtwanderung, Spechte – Baumeister des Waldes oder eine Käferexkursion, bei der die Insekten mit dem Schlagschirm (Bild) gesammelt und danach bestimmt werden.

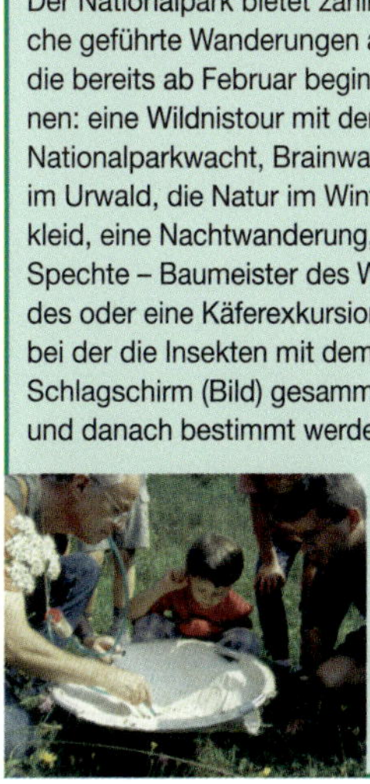

Eine Pause einlegen und Naturfreunde treffen bei den netten Hüttenwirten in der gemütlichen Hainich-Baude am Craulaer Kreuz

An der eigentümlich gewachsenen Betteleiche treffen sich mehrere Wanderwege.

Der Hainich war keineswegs immer ein abgelegenes Waldgebiet. Schon aus der Zeit der fränkischen Könige vom 6. bis zum 10. Jahrhundert sind acht Fluchtburgen bekannt, Wallanlagen mit sichernden Dornenhecken umgeben. Auch im weiteren Verlauf des Mittelalters gab es zahlreiche Siedlungen, die dann aber im Zuge einer Klimaverschlechterung oder von Ereignissen wie dem Dreißigjährigen Krieg wieder verlassen wurden. Als Zeugen der Besiedlung sind einige Steinkreuze geblieben. Das am besten erhaltene steht in einem Waldstück, etwa 1 km östlich der Betteleiche. Das **Ihlefelder Kreuz** 7 ist 1,80 m hoch und wurde um 1400–1450 errichtet. Das Relief auf der Vorderseite zeigt eine Jagdszene mit einem Bären. Den Bären gibt es hier schon lange nicht mehr, auch Luchs und Biber wurden früh ausgerottet. Den Wolf hingegen jagte man im Hainich bis ins 19. Jahrhundert. Heute trifft man häufig auf Damwild und Wildschweine, auch auf eine kleine Population von zugewandertem Rotwild. Neben den für Laubwälder typischen Bewohnern wie Dachs, Fuchs und Steinmarder, Eichhörnchen und Siebenschläfer findet man in den totholzreichen Gebieten dreizehn Fledermausarten sowie die scheue Wildkatze.

Oberhalb der Nationalparkgemeinde Berka vor dem Hainich befindet sich der schon im 13. Jahrhundert urkundlich erwähnte Gerichtsplatz **Mallinde** 8. Nach altem germanischem Brauch wurden im Mittelalter Gerichtsversammlungen unter freiem Himmel unter einer Linde abgehalten. Von der Mallinde führt der Erlebnispfad Silberborn zur Silberbornlinde – ein eindrucksvoller, uralter Baum, in seiner Mitte schon völlig ausgehöhlt. Unterhalb des steilen Hanges lag einst die

Die Fernsicht genießen an dem ehemaligen Gerichtsplatz Mallinde oberhalb des Ortes Berka vor dem Hainich

Siedlung Sulzrieden, salziges Moor. Das Trinkwasser lieferte die oberhalb liegende Quelle Silberborn. Archäologische Ausgrabungen deuten darauf hin, dass es sich um eine der wenigen slawischen Siedlungen in Westthüringen handelt, 1197–1299 urkundlich als Berca minor bestätigt. Im 16. Jahrhundert wird Sulzrieden in Lehnbriefen aber schon als wüst, d. h. aufgegeben, beschrieben. Von Sulzrieden lässt sich eine Wanderung durch das Lange Tal und rund um den Burgberg unternehmen. Nicht nur die grazile Herbstzeitlose, auch Seidelbast, Märzenbecher, Leberblümchen und Anemonen sind eine Augenweide.

Den alten Eilbotenweg von Hütscheroda nach **Behringen** 9 säumen Skulpturen, die sich mit dem Thema Natur auseinandersetzen. Sie entstanden auf den seit 1997 jährlich abgehaltenen Bildhauersymposien im abgelegenen Dorf Hütscheroda. Der 6,5 km lange Skulpturenpfad beginnt im Schlosspark Behringen (an der B 84 gelegen), nahe der Nationalparkinformation Hainich, und führt bis nach Hütscheroda.

In der Ferne grüßt die Wartburg Zum kleinen **Silbersee** 10 im südlichen Hainich führt der Nachtigallenweg. Fünf Nachtigallen-Brutpaare der Königin der Nacht werden gezählt, die in dichtem, dornentragendem Gebüsch guten Lebensraum vorfinden. Ihr Schlagen erfüllt die warmen Sommernächte. Der Silbersee ist das größte Gewässer im Nationalpark und ein Vogelparadies. Neben Enten, Bless- und Teichhuhn baut auch die Beutelmeise ihre kunstvollen Nester am Ufer, Zugvögel machen hier Zwischenstation auf ihrer langen Reise. In den kleinen Tümpeln rund um den See tummeln sich die seltene Gelbbauchunke und der Laubfrosch. Frei reicht der Blick hinüber zu den blauen Bergketten des nahen Thüringer Waldes mit dem Inselsberg und zu der Silhouette der Wartburg.

Europäische Wildkatze *(Felis silvestris silvestris)*

In den deutschen Mittelgebirgen leben schätzungsweise wieder 2000 Wildkatzen, nachdem sie bis Mitte des 20. Jahrhunderts als Raubtiere gejagt und vielerorts ausgerottet wurden. Wildkatzen bevorzugen alte Laubwälder mit ausgedehnten Waldrandzonen und maximal 20 cm Schneehöhe. Sie benötigen große, zusammenhängende Gebiete, um stabile Populationen aufbauen zu können. Ihr Erscheinungsbild ist viel massiger und korpulenter als das einer Hauskatze. Ausgewachsen messen sie vom Kopf bis zum Schwanzende bis zu 120 cm und wiegen bis 8 kg. Der Schwanz ist dick und relativ kurz, weist an der Spitze oft eine typische Dreier-Ringelung auf und endet stumpf. Die Augen liegen weit auseinander. Die Vorderpfote hat fünf Zehen (aber nur vier erscheinen im Abdruck), die Hinterpfote vier. Ihre Spuren zeigen keinen Krallenabdruck. Wildkatzen ernähren sich von Kleinsäugetieren, vor allem von Mäusen. Im Wurf befinden sich zwei bis vier, selten sechs Junge, die zwischen März und September zur Welt kommen. Wildkatzen werden 7 bis 10, in menschlicher Obhut bis über 15 Jahre alt.

Naturpark Thüringer Wald

Die Thüringer lieben ihren Thüringer Wald als Urlaubsregion und als Wintersportgebiet – und unzählige Gäste lieben ihn auch. Sie genießen die Natur, die Stille, die zahlreichen Möglichkeiten, zu wandern und Kultur zu schnuppern. Der Name Thüringer Wald bezeichnet den etwa 120 km langen Gebirgszug, der sich von Nordwest nach Südost erstreckt und in das Thüringer Schiefergebirge, die Obere-Saale-Region und den Frankenwald übergeht – in erhabene Wälder des Naturparks eingebettet liegt das Biosphärenreservat Vessertal.

SERVICE

Anfahrt A 4 bis Ausfahrt Eisenach-West, die Anfahrt zur Wartburg ist ausgeschildert; Eisenach ist auch mit der Bahn zu erreichen.

Lage Im Süden Thüringens

Größe 2082 km^2

Höchste Erhebung Großer Beerberg (982 m)

Gründung 2001

Information Naturpark Thüringer Wald, Dorfstraße 16, 98749 Friedrichshöhe

Telefon 036704/709 90

Infohäuser U. a. Altenstein, Bad Blankenburg, Eisfeld, Friedrichshöhe, Spechtsbrunn, Tabarz, Vesser

Internet www.naturpark-thueringer-wald.de

TOP TIPP

1. **Wartburg** Kunst, Kultur und Geschichte auf dem Höhepunkt
2. **Drachenschlucht** Romantische Klamm unterhalb der Wartburg
5. **Großer Inselsberg** Imposantester Berg des Thüringer Waldes
7. **Lauchagrund** Ausgedehnte Wanderungen in abgelegenem Tal
14. **Kickelhahn** Auf Goethes Spuren über den Gipfeln
15. **Kloster Paulinzella** Sinnbild Thüringer Romantik

Stolze Schönheit – die viel besuchte und oft besungene Wartburg, seit 1999 Teil des UNESCO-Weltkulturerbes

Die Scholle des Gebirges misst an der breitesten Stelle nur 20 km, bei Eisenach erreicht sie eine Höhe von etwa 500 m, berührt am Großen Beerberg (982 m) fast die 1000-m-Marke und senkt sich im weiteren Verlauf wieder auf 800 m und darunter. Den Kamm des Gebirges krönt der Rennsteig, der auch die Wasserscheide bildet. Hier weht immer ein kühles Lüftchen, hier trifft man immer auf Wanderfreunde und auf die gemütlichen, bewirtschafteten Bauden, die Berghütten mit der sprichwörtlichen Thüringer Gastlichkeit.

Das Tor zum Thüringer Wald Man kann sich dem Thüringer Wald auf unterschiedlichste Weise nähern. Eine spektakuläre Aussicht bietet sich von den Türmen der → **Wartburg** (1), seit 1999 Teil des Weltkulturerbes, die weithin sichtbar über dem Städtchen Eisenach thront. Mit Bus oder Auto gelangt man zum Parkplatz direkt unterhalb der Burg. Von dort führt ein viertelstündiger, steiler Treppenanstieg hinauf. Traditioneller überwindet man die Höhe auf den Rücken der Esel, die am Parkplatz auf Reiter warten. Durch eine dreitorige Halle gelangt man in die enge Vorburg. Fachwerkbauten und die alte Ringmauer mit aufgesetzten Wehrgängen aus dem 14. und 15. Jahrhundert ragen steil in den Himmel. Der mittlere Gebäudekomplex aus Neuer Kemenate, Torhalle und Dirnitz (beheizbarer Saal) entstand in den 50er- und 60er-Jahren des 19. Jahrhunderts im historisierenden Stil und trennt Vor- und Hofburg. Etwa gleichaltrig ist der Berg-

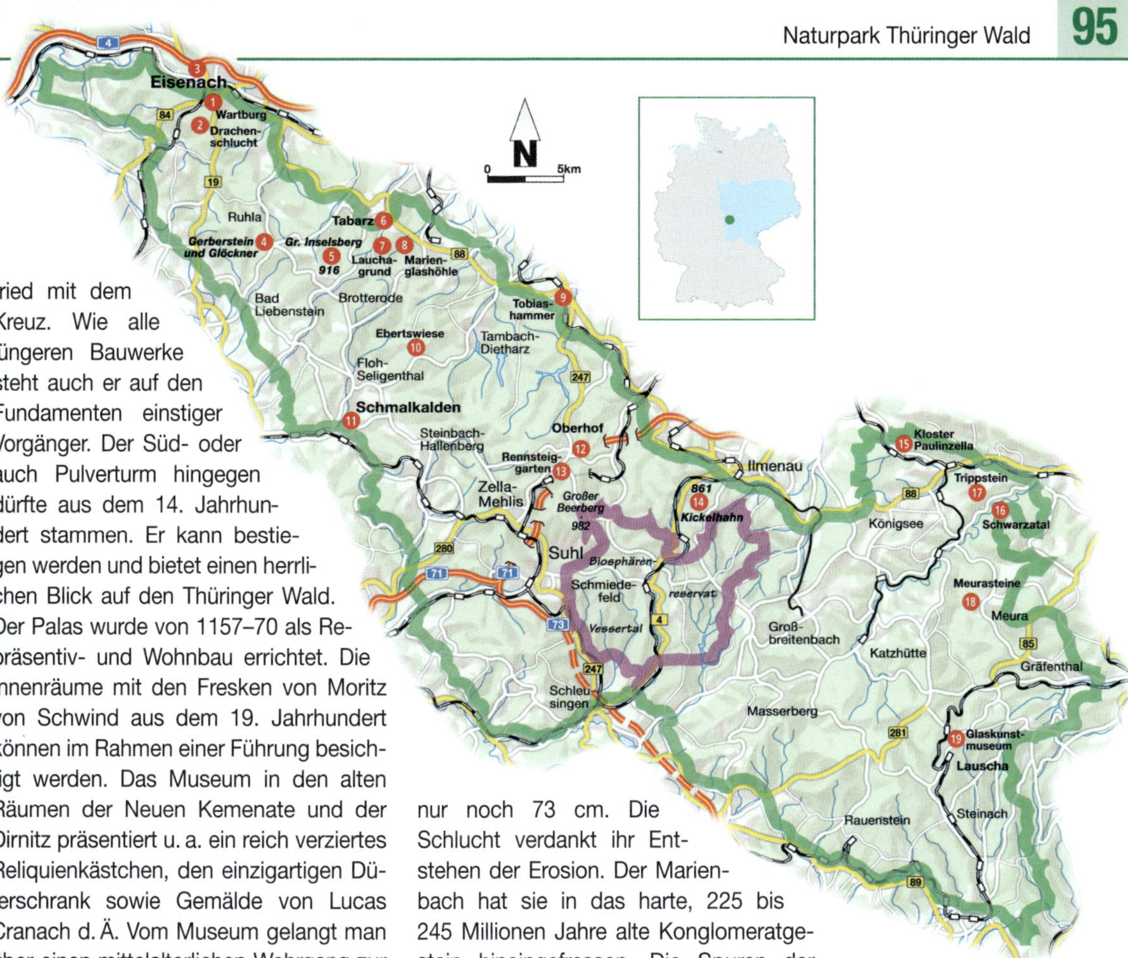

fried mit dem Kreuz. Wie alle jüngeren Bauwerke steht auch er auf den Fundamenten einstiger Vorgänger. Der Süd- oder auch Pulverturm hingegen dürfte aus dem 14. Jahrhundert stammen. Er kann bestiegen werden und bietet einen herrlichen Blick auf den Thüringer Wald. Der Palas wurde von 1157–70 als Repräsentiv- und Wohnbau errichtet. Die Innenräume mit den Fresken von Moritz von Schwind aus dem 19. Jahrhundert können im Rahmen einer Führung besichtigt werden. Das Museum in den alten Räumen der Neuen Kemenate und der Dirnitz präsentiert u. a. ein reich verziertes Reliquienkästchen, den einzigartigen Dürerschrank sowie Gemälde von Lucas Cranach d. Ä. Vom Museum gelangt man über einen mittelalterlichen Wehrgang zur Vogtei. Und endlich – da ist sie, die berühmte Lutherstube mit dem legendären Tintenfleck an der frisch getünchten Wand. Hier, so berichtet die Legende, soll sich der Reformator mit dem Wurf seines Tintenfasses gegen eine nächtliche Teufelserscheinung mutig verteidigt haben.

Auf Drachensuche zwischen hohen Felswänden Die ➠ **Drachenschlucht** ② südlich der Wartburg beginnt hinter dem Ortsausgangsschild an der B 19 am Waldparkplatz Sophienaue. Das anfänglich offene Kerbtal verengt sich zu einer von 10 m hohen Felswänden gesäumten Schlucht. Seit 1832 kann man sie auf einem Bohlenweg über dem brausenden Bach durchwandern. Auch wenn hier keine Drachen lauern, fällt es nicht schwer, sich den Ort als Schauplatz für ein Ritterabenteuer vorzustellen. An der schmalsten Stelle misst der Durchgang nur noch 73 cm. Die Schlucht verdankt ihr Entstehen der Erosion. Der Marienbach hat sie in das harte, 225 bis 245 Millionen Jahre alte Konglomeratgestein hineingefressen. Die Spuren der Wasserkraft sind an den Auskolkungen und Strudelnischen in der Klamm gut zu erkennen. Wer Glück hat, bekommt doch noch einen kleinen Drachen zu Gesicht: Der selten gewordene Feuersalamander hält sich gern zwischen den feuchten und schattigen Felsen auf. Von der Gaststätte Hohe Sonne am Rennsteig (über die B 19 zu erreichen) führt ebenfalls ein Wanderweg zur Drachenschlucht.

Man sollte **Eisenach** ③ nicht verlassen, ohne einen Blick in die Stadt zu werfen. Martin Luther und Johann Sebastian Bach gingen hier zur Schule, wenn auch in verschiedenen Jahrhunderten. Von besonderem Interesse sind das Bach- und das Luther-Haus, die Einblicke in Leben und Werk der beiden vermitteln.

Über allen Gipfeln ist Ruh' Unterhalb von **Gerberstein** (729 m) und **Glöckner** (619 m) ④ türmen sich Blockmeere aus

Die anmutige und selten gewordene Arnika wurde zum Symbol des Nationalparks Thüringer Wald.

Geschichte der Wartburg

Der Legende nach wurde die Wartburg 1 1067 von Graf Ludwig dem Springer gegründet. Wachsende Macht und Einfluss ermöglichten um 1155 den Bau eines Palas (Bild), des Hauptgebäudes der Burg. Er gilt als der besterhaltene romanische Profanbau nördlich der Alpen. Der Palas war im Jahr 1206 Schauplatz jenes legendären Sängerstreites, den Richard Wagner zum Thema seiner Oper Tannhäuser machte. Zu dieser Zeit lebte die Landgräfin Elisabeth am Hof. Sie führte ein Leben in Hingabe an die Armen und Kranken und wurde nur vier Jahre nach ihrem frühen Tod heilig gesprochen. Der geächtete und gebannte Reformator Martin Luther verbarg sich 1521 als Junker Jörg auf der Wartburg und übersetzte hier in einem kleinen Stübchen das Neue Testament ins Deutsche. Goethe regte den Wiederaufbau (1838–1890) der seit ungefähr 1600 verfallenden Gemäuer an.

mannshohen Granitfelsen auf, mit Buchen, Ebereschen und Ahorn bewachsen. Die Spitze des Gerbersteins überragt die Baumkronen und ermöglicht bei guter Sicht den Blick bis zur Rhön. Beide Gipfel erreicht man vom Parkplatz Glasbachwiese, wo die Straßen von Ruhla, Bad Liebenstein und Brotterode aufeinandertreffen. Ab hier folgt man dem Rennsteig ostwärts und erreicht nach 600 m den Gerberstein; westwärts zum Glöckner sind es etwa 900 m.

Der Rennsteig zieht sich wie ein roter Faden durch den Thüringer Wald. Er führt über den ➠ **Großen Inselsberg** 5, den prominentesten, wenn auch nicht höchsten der Thüringer Berge. Diesen Titel kann der Große Beerberg mit 982 m für sich in Anspruch nehmen. Der Große Inselsberg mit 916 m bietet bei klarem Wetter einen fantastischen Blick bis zur Wasserkuppe in der Rhön und nach Norden über das Thüringer Becken hinweg bis zum Brocken im Nationalpark Harz. Seine kahle Kuppe mit den Sendeanlagen ist unschwer aus allen Himmelsrichtungen zu erkennen. Der Rennsteig verläuft unmittelbar über die Kuppe des Inselsbergs, ursprünglich lag hier die Grenze des Herzogtums Sachsen-Coburg und Gotha zu Preußen. Im 19. Jahrhundert, zu Beginn der Rennsteigwanderbewegung, entstanden daher auf beiden Seiten der Grenze Gasthöfe, wovon Besucher und Wanderer noch heute profitieren. An der Landstraße zwischen Tabarz und Brotterode zweigt eine ausgeschilderte Straße zum Inselsberg ab. Möglich ist auch die Anfahrt mit dem Inselsbergexpress von Tabarz und vom Parkplatz Grenzwiese aus (Oldtimerbus und Ausflugsbahn). Alle gastronomischen Einrichtungen auf dem Inselsberg haben täglich geöffnet; unterhalb der Kuppe am Parkplatz Grenzwiese gibt es eine weitere Gaststätte sowie eine Sommerrodelbahn.

Der kleine Ort **Tabarz** 6 am Fuß des Thüringer Waldes ist in Thüringen von jeher ein beliebter Ferienort. Einer der Gründe liegt wohl in der bequemen Zugänglichkeit: Von Gotha gelangt man mit der Straßenbahn, der Thüringer Waldbahn, direkt hierher. Bei Tabarz öffnet sich eine Gebirgslandschaft, die selbst vielen Thüringern unbekannt geblieben ist. Von der Endstation der Thüringer Waldbahn wandert man Richtung ➠ **Lauchagrund** 7, mit dem Auto fährt man bis zum Schweizer Haus, wo es Parkmöglichkeiten gibt. Anfangs steigt der Weg durch den Lauchagrund

Der steile Anstieg auf den Aschenbergstein wird mit einem grandiosen Ausblick über den Lauchagrund bis hin zum Inselsberg belohnt.

nur sanft an; zwischen den Tannen werden hohe Porphyrfelsen sichtbar. Links zweigt ein Weg zum Roten Turm, einer Felsnadel, ab; der jetzt steile Pfad führt zwischen Schluchten und über Felskuppen in eine fantastische Gebirgswelt. Schon nach einem Kilometer Anstieg erreicht man den Gipfel des Aschenbergsteins. Der Ausblick von der 60 m hohen Felswand in das Tal und auf den Inselsberg ist überwältigend. Auch Freunde des Klettersports kommen an den Felstürmen des Lauchagrunds auf ihre Kosten. Wanderer können die Höhen über Treppen erklimmen. Weitere Wege führen zu einer Höhle, dem Backofenloch, und zum Felsentor des Torsteins.

Von 1778–1903 wurde in der sehenswerten **Marienglashöhle** 8 Gips abgebaut und zu Stuckgips weiterverarbeitet. Schon seit 150 Jahren begeistern sich Besucher für die unterirdische Schatzkammer, den Höhlensee und die Kristallgrotte. Der Abbau war 1848 gestoppt worden, um die Pracht der ungewöhnlich langen und transparenten Gipskristalle zu erhalten. Der Name der Höhle geht auf den alten Brauch zurück, Marienbilder mit durchschimmernden Gipsplättchen zu belegen. Die Höhle liegt an der B 88, zwischen Friedrichroda und Tabarz. Es gibt einen Parkplatz und eine Haltestelle der Thüringer Waldbahn.

Der **Tobiashammer** 9 in Ohrdruf zeigt ein Stück früher Industriegeschichte. Im Thüringer Wald setzte man zu Beginn der Industrialisierung auf die reichlich vorhandene Wasserkraft. Vier riesige Wasserräder bewegen das Hammerwerk noch heute. Dampfmaschinen brachten den Fortschritt; mit 305 t Gewicht und einer Leistung von 12 000 PS ist die Dampfmaschine des Tobiashammers eine der größten in Europa. Das technische Denkmal steht an der B 247 in Richtung Oberhof/Suhl.

Ein Meer aus Stein und Blüten Die schönste Bergwiese des Thüringer Waldes konnte früher nur auf einem Knüppeldamm betreten werden, denn die **Ebertswiese** 10, 24 ha groß und seit 1936 unter Schutz gestellt, ist sumpfig. Sie weist in 900 m Höhe eine sehr abwechslungsreiche Vegetation auf; hier wächst auch das nur in Quellmooren zu findende Breitblättrige Knabenkraut. Benannt wurde die Wiese nach dem ersten Abt des Klosters Georgenthal, Eberhardt, der im Mittelalter die Waldrodung veranlasst hat. Die Ebertswiese entwässert sich in den Bach Spitter, der den 20 m hohen Spitterfall bildet – den höchsten natürlichen Wasserfall im Thüringer Wald. Nach heftigen Regengüssen stürzt das Wasser in drei Kaskaden die Felsen aus Diabasgestein hinab. Ausgangspunkt einer Wanderung zur Ebertswiese und zum Spitterfall (3 km) ist der Berggasthof Nesselhof an der Landstraße von Tambach-Dietharz nach Floh-Seligenthal.

Der Ort **Schmalkalden** 11 ist manchem vielleicht aus dem Geschichtsunterricht in Erinnerung geblieben: Der Schmalkaldische Bund war der Zusammenschluss der protestantischen Fürsten gegen den habsburgischen Kaiser Karl V. im Jahre 1531, der mit einer Niederlage im Schmalkaldischen Krieg 1546/47 endete. Seit dieser Zeit scheint sich das Stadtbild wenig verändert zu haben, die gesamte Altstadt steht heute unter Denkmalschutz. Der schöne Altmarkt mit dem spätgotischen Rathaus und der Stadtkirche St. Georg bildet ein kraftvolles Ensemble. Über das Schicksal der Stadt

Gut sind die Wanderwege ausgeschildert, wie hier am einzigen Aussichtsturm des Rennsteigs, der Rennsteigwarte bei Masserberg.

Fahrzeugmuseum Suhl

Motorräder, Fahrräder und auch Autos entstanden 150 Jahre lang südlich von Oberhof 12 im Thüringer Wald. In den neuen Ausstellungsräumen in Zentrum von Suhl werden 170 Ausstellungsstücke gezeigt und die Geschichte der Traditionsfirma Simson seit ihrer Gründung 1851 nacherzählt. Die auf dem Bild zu sehenden Geländesport-Motorräder waren in internationalen Wettkämpfen äußerst erfolgreich.

Fachwerk, wohin das Auge blickt: In Schmalkaldens denkmalgeschützter Altstadt scheint die Zeit stillzustehen.

wacht das weithin sichtbare Renaissanceschloss Wilhelmsburg.

Schon im Mittelalter wurde in der Nähe Schmalkaldens Eisenerz abgebaut. 2 km östlich der Stadt liegt im Ortsteil Asbach in den Asbacher Bergen das Schaubergwerk Finsterwalde. Auf 350 m Stollen kann sich der Besucher über die Geologie der Grube und die harte Arbeit unter Tage informieren.

Die Kammlagen des Thüringer Waldes sind im Winter schneesicher und locken zahlreiche Wintersportfreunde nach **Oberhof** ⓬. Das weltweit bekannte Wintersportzentrum bietet schwindelerregende Skisprungschanzen, ein großartiges Biathlonstadion, eine Rennrodelbahn und das architektonisch reizvolle Panorama-Hotel. Die klimatischen Bedingungen in 860 m Höhe mit einer Jahresdurchschnittstemperatur von 4,2 °C sind ideal für Gebirgsflora aller Art und aus aller Welt. Ihnen widmet sich der **Rennsteiggarten** ⓭. Auf dem 7 ha großen Gelände erblühen im Sommer Pflanzen aus den Gebirgen Europas, Asiens, Nord- und Südamerikas, Neuseelands, daneben gibt es einen Thüringer Naturschutzgarten, einen Rhododendrongarten und ein künstlich angelegtes Hochmoor. Im Informationshaus erfährt man alles Wissenswerte über die 4000 Pflanzenarten und den Thüringer Wald. Der Rennsteiggarten liegt etwas außerhalb von Oberhof in Richtung Zella-Mehlis, Parkplätze sind vorhanden.

Goethewanderweg

Auf dem Kickelhahn ⓮ steht man über der Welt, die mit ihrem Treiben und ihren Aufregungen ferner nicht sein könnte. Das empfand Johann Wolfgang von Goethe, der hier eines der schönsten Gedichte der deutschen Literatur, Wanderers Nachtlied, verfasst haben soll. Auch in Stützerbach kommt man an Goethe nicht vorbei, dort weilte er gleich 17-mal. Der Wanderweg beginnt in Ilmenau an der Goethe-Gedenkstätte und führt über Manebach, Jagdhaus Gabelbach, Kickelhahn und Hirtenwiese zum Stützerbacher Goethe-Museum im Gundelachschen Haus (Bild).

Poetische Höhepunkte Der Gipfel der Poesie im Thüringer Wald ist und bleibt der berühmte ➠ **Kickelhahn** ⓮ bei Ilmenau. Die Berghütte, in der Johann Wolfgang von Goethe sein »Wanderers Nachtlied« am 6. September 1780 in die Bretter geritzt haben soll, steht noch bzw. nach einem Brand 1870 wieder. Vom nahen Aussichtsturm, den die Weimarer Großherzogin Maria Pawlowna 1855 errichten ließ, kann man heute wie damals die Ruhe und Gelassenheit der Höhen über alle Wipfel hinweg genießen. Den Kickelhahn erreicht man von Ilmenau aus über die Landstraße Richtung Neustadt am Rennsteig. Am Waldparkplatz (nach 3 km) beim Forsthaus Gabelbach beginnt der steile Wanderweg zum Gipfel. Er ist 1,5 km lang und führt vorbei am Forsthaus mit dem Goethe-Museum. Das Berggasthaus Kickelhahn ist täglich von 10 bis 18 Uhr geöffnet und hält einen Imbiss, preiswert und gut, bereit.

Unbedingt einen Besuch wert ist die Ruine des ➠ **Klosters Paulinzella** ⓯. Die romanische Säulenbasilika liegt rund 20 km östlich von Ilmenau und wurde nach dem Vorbild von Hirsau im Schwarzwald (Hirsauer Schule) errichtet. Im Jahr 1124 erfolgte die Weihe. Nach der Reformation wurde das Kloster vorerst aufgegeben und verfiel. Paulinzella gehörte den Grafen von Schwarzburg-Rudolstadt. Diese ließen auf dem Klostergelände im 16. Jahrhundert ein Jagdschloss errichten. Heute befindet sich im Schloss ein Museum zur Kloster-, Forst- und Jagdgeschichte des Ortes. Nach Paulinzella führt die Landstraße zwischen Rottenbach (B 88) und Stadtilm. Kloster und Jagdschloss liegen unübersehbar im Mittelpunkt des Dorfes. Parkmöglichkeiten sind vor dem Schloss vorhanden.

Das **Schwarzatal** 16 zwischen Schwarzburg und Blankenburg wurde vom Verband Naturfreunde Deutschlands zur Flusslandschaft des Jahres 2006/07 gekürt. Die Schwarza, der 50 km lange, weitgehend unbegradigte Nebenfluss der Saale, ist der ideale Lebensraum für die Westgroppe, den Fisch des Jahres 2006. Ausgiebig kennenlernen kann man das Kerbtal mit seinen steilen Schieferhängen auf dem 38 km langen Heinrich-Cotta-Naturlehrpfad. Von Schwarzburg führt ein Wanderweg durch herrlichen Mischwald auf den 504 m hohen, bekannten Aussichtspunkt **Trippstein** 17. Von hier hat man einen herrlichen Blick hinunter zur Schwarza und auf das sehenswerte, aber nur noch in Teilen erhaltene Schloss Schwarzburg, das sich stolz über dem Flusstal erhebt.

Versteckt im Wald liegen die **Meurasteine** 18, von seltenen Flechten, Moosen und Farnen bewachsen. Sie zählen zu den geologisch ältesten (eine halbe Milliarde Jahre) Felsformationen Thüringens. Ein 700 m langer Wanderweg ab dem Ort Meura führt zu dem geologischen Naturdenkmal.

In zahlreichen Glaswerkstätten des Ortes Lauscha kann man noch immer Glasbläsern über die Schulter schauen. Das **Glaskunstmuseum Lauscha** 19 stellt Thüringer Glas vom späten Mittelalter bis in die Gegenwart vor – von den frühen Anfängen des Waldglases über typisch bürgerliche und höfische Prunkgefäße, Spielzeuge, Glasperlen sowie Kunsthandwerk und technisches Glas bis hin zur heutigen modernen Glaskunst. Hier wurde schließlich nicht nur die Weihnachtskugel erfunden.

Das Goethehäuschen mit seinem Ausblick auf den Thüringer Wald versetzt in poetische Stimmung.

Biosphärenreservat Vessertal

SERVICE

Anfahrt Auf der A 4 Bad Hersfeld–Dresden bis zur Ausfahrt Gotha, auf der B 247 nach Oberhof und weiter Richtung Schmiedefeld bis zur Schmücke; Schmiedefeld ist auch mit der Bahn zu erreichen.

Lage Im Herzen des Thüringer Waldes, zwischen Ilmenau und Suhl

Größe 170 km²

Höchste Erhebung Großer Beerberg (983 m)

Gründung 1979, erweitert 1990

Information Biosphärenreservat Vessertal-Thüringer Wald, Waldstraße 1, 98711 Schmiedefeld am Rennsteig

Telefon 036782/66 60

Internet www.biosphaerenreservat-vessertal.de

TOP TIPP

1 Schmücke
Wanderungen zu den Gipfelmooren am Großen Beerberg und am Schneekopf

4 Schmiedefeld
Urlauberzentrum im Biosphärenreservat Vessertal

6 Vesser
Idyllischer Ausgangspunkt für Wanderungen im Vessertal, besonders geeignet für erholsame Aufenthalte

Im Herzen des Thüringer Waldes, unterhalb des Großen Beerberges, liegt das liebliche Vessertal, das dem Biosphärenreservat den Namen gibt. Der Große Beerberg ist die höchste Erhebung des Thüringer Waldes. Von seinem 983 m hohen Gipfel bis in die tiefen Täler wachsen Fichten dicht an dicht.

Anmutig schlängelt sich die Vesser durch die stimmungsvolle Landschaft des Biosphärenreservats.

Nur an wenigen Stellen weitet sich der Forst und lässt Raum für Wiesen und Dörfer, deren Häuser mit schwarzem Schiefer ummantelt sind, Moore und Bachläufe gestalten diese harmonische Mittelgebirgslandschaft. Schon 1939 wurde das Gebiet mit den Gipfelmooren des Beerbergs und des benachbarten Schneekopfs sowie das Vessertal unter Schutz gestellt. Weitere Gebiete kamen im Laufe der 1960er-Jahre hinzu: Seiffartsburg, Erbskopf, Reifberg, Marktal und Morast, Harzgrund und der Oberlauf der Gabeltäler. Bis 1979 wurden so neun Naturschutzgebiete mit einer Gesamtfläche von 17 000 ha von der UNESCO ausgezeichnet und als Biosphärenreservat anerkannt.

Die ersten Sommerfrischler Am wald- und wiesenreichen Gebiet der → **Schmücke** 1 kreuzen sich die Straße von Oberhof oder Schmiedefeld sowie von Gehlberg und Goldlauter kommend mit dem Rennsteig. Vom Parkplatz sind die Gipfel des Großen Beerbergs und des Schneekopfs gut zu erwandern. Ihre hochliegenden Moore werden von Regenwasser gespeist, sie bestehen aus baumlosen Moorflächen mit Wasserlöchern. Das Schneekopfmoor trocknet allmählich aus und wandelt sich langsam zur Heide um.
Drei weitere kleine Schutzregionen sind im östlichen Teil des Reservats die abgelegenen Kern- und Pflegezonen **Oberlauf der Gabeltäler** 2 sowie **Marktal**

und Morast (3). Mehrere Quellbäche winden sich durch Wiesen mit hohem Pfeifengras, mit Blutweiderich und Pestwurz, im Unterlauf fließen sie radial zusammen. Der Morast oberhalb des Marktals ist ein etwa 1 m starkes Hochmoor im Anfangsstadium. Diese interessanten Naturschutzgebiete erreicht man vom Parkplatz Dreiherrenstein an der Straße Ilmeau–Neustadt.

Der beliebte Urlaubsort → **Schmiedefeld** (4) am Rennsteig liegt auf einer Höhe zwischen 680 und 944 m. Er kann auf eine 600-jährige Geschichte zurückblicken. Bereits vor 100 Jahren trafen die ersten Sommerfrischler mit der eben gebauten Eisenbahn hier ein. Aber auch für Wintersportler ist Schmiedefeld ein lohnendes Ziel, ebenso wie für die Teilnehmer des Rennsteiglaufs, eines alljährlichen Crosslaufs über die doppelte Marathondistanz. Der Infogarten des Biosphärenreservats Vessertal in Schmiedefeld ist von Anfang Mai bis Ende September geöffnet.

Die Kernzone des Biosphärenreservats, das **Vessertal** (5), ist vollständig geschützt, also von jeglicher Bewirtschaftung ausgenommen. Die Vesser entspringt am Großen Eisenberg, fließt schnell hinab durch steil abfallende, grashohe Wiesen, windet sich durch naturnahen Buchenhallen- und Bergmischwald in ein sanftes Tal. Die Bachufer werden von üppiger Vegetation beschattet und sind sommerkühl. Im unteren Bachabschnitt strömt das Wasser ruhiger, Bachforellen tummeln sich, Libellen und Schmetterlinge flattern von Blüte zu Blüte. Hier ist Stille hörbar.

Das anheimelnde Dorf → **Vesser** (6) bietet sich als Ausgangspunkt für Wanderungen und Touren durch das Biosphärenreservat an. Die schiefergedeckte Fachwerkkirche bildet den Dorfmittelpunkt, einladende Wirtshäuser locken die Gäste mit bester Verpflegung und Unterkunft. In der Kirche von Vesser regt eine Ausstellung an, das Gebiet einmal mit anderen Augen zu entdecken. Dazu gibt es Tipps zum eigenen Erleben der Landschaft. Die Kirche ist täglich von 10–16 Uhr geöffnet.

Auf den Spuren des Bergbaus Eine Wanderung auf dem **Bergbaupfad** (7) entlang dem oberen Vessertal vermittelt Spannendes. Aufgrund der geologischen Eigenschaften des Gebietes lohnte sich im Vessertal der Abbau von Erzen. Bereits im Jahr 1406 wird ein Eisenhammer an der Vesser bei Breitenbach erwähnt. Bis ins 19. Jahrhundert gewannen die Crux genannten Gruben an Bedeutung. Die Gelbe Crux baute Schwefelkies ab, die Rote Crux Roteisenstein, in der Schwarzen Crux gewann man Magneteisenstein. Hier befindet sich heute eine beliebte Ausflugsgaststätte, die mit dem Auto auch von der Landstraße Suhl–Schmiedefeld erreicht werden kann.

Am Ende des Vessertals, am Ortseingang von **Breitenbach** (8), steht die ehemalige Sensenhammermühle, heute ein Forsthaus. Breitenbach war in früheren Zeiten ein sogenannter Waldort. Noch bis in das 20. Jahrhundert hinein lebten die Bewohner des schon 1144 erwähnten Dorfes hauptsächlich von Waldarbeit, Köhlerei, Landwirtschaft und Weberei.

Grau glänzt das Schieferdach auf der kleinen Fachwerkkirche in Vesser.

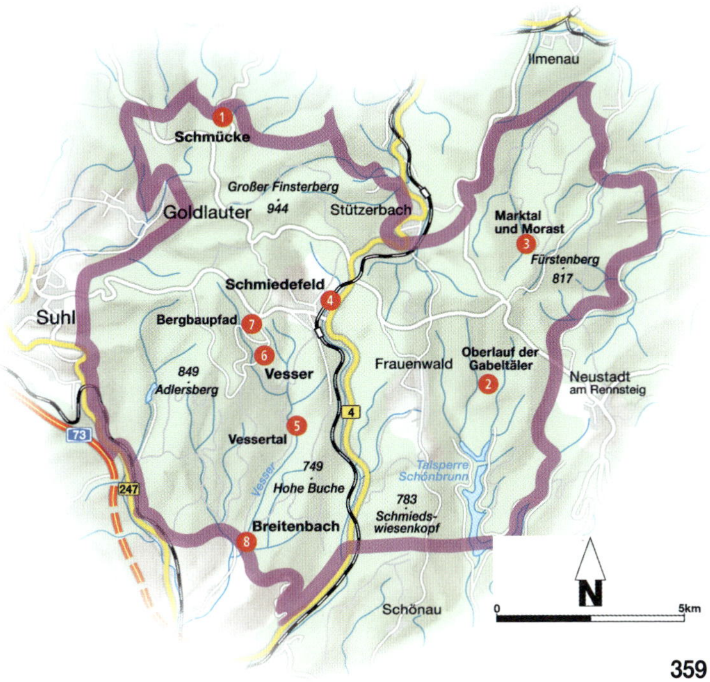

Naturpark Thüringer Schiefergebirge/Obere Saale

Reizvolle gegensätzliche Landschaftsbilder in fünf sehr unterschiedlichen Naturräumen treffen in einem kleinen Gebiet aufeinander – die Besonderheit dieses Naturparks. Tief eingeschnitten sind die Täler der Schwarza-Sormitz-Region, weit die Hochflächen des zentral gelegenen Oberlandes, an norwegische Fjorde erinnern die Stauseen des oberen Saaletales.

Die Feengrotten – Wunderland, Märchenland, Traumland – sind immer wieder ein Erlebnis im Erdinneren bei Saalfeld.

SERVICE

Anfahrt Auf der A 4 Bad Hersfeld–Dresden bis zur Ausfahrt Weimar und weiter über die B 88 nach Saalfeld; Saalfeld und zahlreiche weitere Orte im Naturpark sind auch mit der Bahn zu erreichen.

Lage In Ostthüringen im Stauseengebiet der Saale

Größe 828 km²

Höchste Erhebung Wetzstein (793 m)

Gründung 1990

Information Naturpark Thüringer Schiefergebirge/Obere Saale
Wurzbacher Straße 16
07338 Leutenberg

Telefon 036734/230 90

Infohäuser Thüringer Schieferpark Lehesten

TOP TIPP

1. **Feengrotten** Vier märchenhafte Grotten tief in der Erde
4. **Plothener Teiche** Idyllisches Vogelparadies im »Land der 1000 Teiche«
7. **Schieferbergwerk Lehesten** Einst der größte Schiefertagebau Europas
8. **Schloss Burgk** Mittelalterliche Burganlage hoch über einer Saaleschleife
9. **Bleilochtalsperre** Freizeitparadies in vielfältiger Naturlandschaft

Das hohe Thüringer Schiefergebirge ist ausgesprochen waldreich. Etwas ganz Besonderes aber sind die Himmelsteiche bei Plothen. Während der nordwestliche Teil des Thüringer Waldes ein Horstgebirge aus sehr altem Gestein ist, tritt im Südosten Schiefer zutage, der dem Naturpark nicht nur den Namen gegeben hat, sondern auch seit Jahrhunderten als hochwertiger Dach- und Wandschiefer abgebaut wird. Dadurch entstand eine charakteristische Landschaft, geprägt von kleinen Ortschaften mit blaugrauen Schieferdächern und -fassaden sowie von berghohen Schieferhalden, bewachsen mit Moosen, Flechten und Kräutern. Diese in Deutschland einzigartige Region des Schieferbergbaus lernt man bei einer Wanderung auf dem neu angelegten Schieferlehrpfad bei Probstzella näher kennen.

Ins Innere der Erde Ein Höhepunkt des Schiefergebirges liegt unter Tage. Die Saalfelder ➠ **Feengrotten** (1) zählen zu den farbenreichsten Höhlen der ganzen Welt. Zugleich sind sie ein eindrucksvolles Zeugnis einstigen Bergbaus. Seit der Eröffnung für das Publikum 1914 zogen die Feengrotten mehr als 17 Millionen Besucher aus aller Welt in ihren Bann. Der Abbau des Schiefers begann im Gebiet der heutigen Feengrotten um 1530. Durch Auslaugung des grauschwarzen Gesteins gewann man Alaun zum Gerben von Leder sowie grünes Vitriol zur Unkrautbekämpfung und blaues Vitriol zur Holzkonservierung. Mit Beginn der

Industrialisierung der Wirtschaft kam der Abbau um 1850 zum Erliegen.

Als der Stollen des fast vergessenen Bergwerkes um 1910 wiederentdeckt wurde, offenbarte sich den Betrachtern eine unterirdische Wunderwelt. Das mineralhaltige Tropf- und Quellwasser hatte in weniger als 300 Jahren ein faszinierendes Labyrinth in prächtigsten Formen und Farben geschaffen. Auch heute unterliegen die Grotten einem ständigen natürlichen Wandel. Im Märchendom der Feengrotten darf man sogar den Bund fürs Leben schließen (Anfragen unter www.feengrotten.de). Die Höhlen erreicht man von Saalfeld auf der B 281 in Richtung Neuhaus. Im Ortsteil Garnsdorf links der Ausschilderung folgen. Kostenlose Parkplätze sind in genügender Anzahl vorhanden (Mai–Okt. täglich 9.30–17.00 Uhr, Nov.–April täglich 10.30–15.30 Uhr, Jan. nur Sa und So).

Wie in einem Buch kann man am **Obernitzer Bohlen** 2 die Erdgeschichte Thüringens studieren. Die 700 m lange und bis zu 120 m hohe Steilwand liegt südlich von Saalfeld, unmittelbar an der B 85. Das unter Naturschutz stehende Geotop wird in Geologielehrbüchern als Beispiel für variszische Diskordanz angeführt – so bezeichnen Fachleute die gefalteten Steinschichten der Bohlenwand. Der Aufstieg zur Bohlenwand beginnt im Saalfelder Ortsteil Köditz (durch die Unterführung des Bahndamms) und endet in Obernitz an der B 85.

Bei vielen beliebt: Thüringer Wasserparadiese Die liebevolle Titulierung Thüringer Meer für die fast 80 km lange, fünfmal gestaute Saalekaskade, das größte zusammenhängende Stauseegebiet Deutschlands, ist angemessen. Der 27 km lange **Hohenwarte-Stausee** 3, mit malerischen Buchten in steil abfallende bewaldete Hänge gebettet, erfreut sich bei Seglern und anderen Wassersportlern großer Beliebtheit. Auch für Wanderer stellt er eine reizvolle Herausforderung dar, denn der immerhin 75 km lange Stausee-Rundwanderweg beginnt an der Hohenwarte-Sperrmauer und überwindet Höhenunterschiede bis zu 300 m.

Die ➠ **Plothener Teiche** 4 im Osten des Naturparks sind nicht nur für die Vogelwelt ein Paradies. Das beschauliche Idyll rund um die 600 Teiche wurde im Mittelalter von Mönchen zur Fischzucht angelegt. Da sie nicht von Quellwasser, sondern nur durch Niederschläge gespeist werden, tragen sie auch den schönen Namen Himmelsteiche. Ein 7,8 km langer Naturlehrpfad mit Beobachtungsturm lädt dazu ein, die Bewohner der Teichlandschaft näher kennenzulernen: Wasserralle, Rotschenkel und Kampfläufer oder die Plattbauchlibelle, Haubentaucher und Schwäne. Das sich jährlich Anfang Oktober wiederholende Naturschauspiel der ins Schilf einfallenden Stare hat als Starenwunder einen gewissen Bekanntheitsgrad erlangt. Die Jugendherberge in der Nähe von Plothen bietet geführte Wanderungen an. Zwischen Plothen und Debra wurden an mehreren Stellen Parkplätze angelegt. Von dort kann man die Teichlandschaft zu Fuß erkunden. Östlich von Neuenbeuthen, gegenüber der Ziemestalbrücke, finden sich in der Weisbacher Flur auf der Schlosskuppe die Überreste einer Burg,

Die Steinerne Rose aus Diabasgestein: einzigartiges Naturdenkmal in Europa

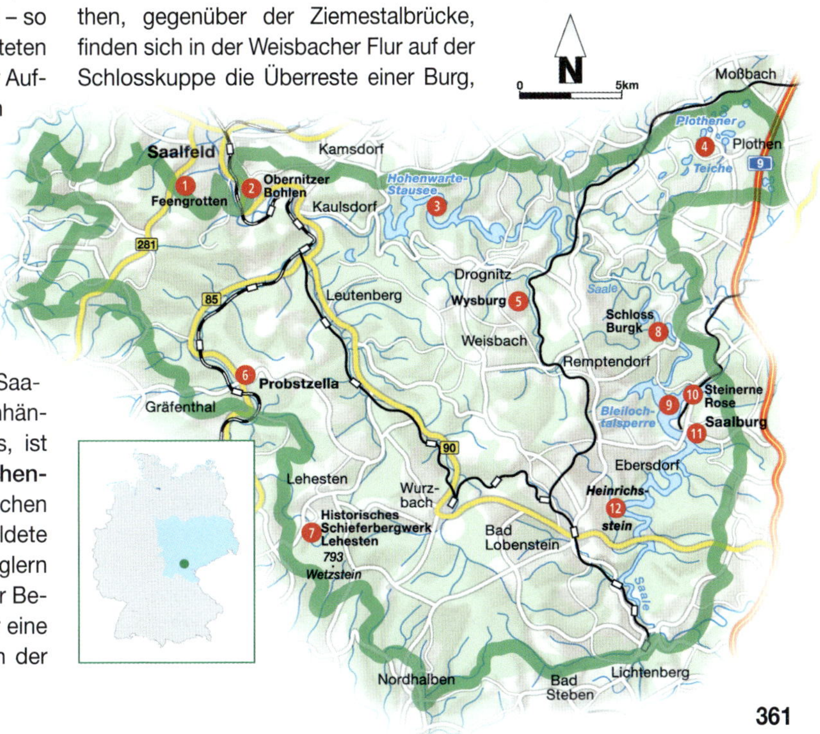

Orgelkonzerte, Ausstellungen, Burgspiele oder Hochzeitsfeste – Schloss Burgk hat viel zu bieten.

vermutlich aus dem Mittelalter. Der Volksmund nennt sie Hohewaldsburg oder **Wysburg** 5. Eine spannende Sage rankt sich um diese Ritterburg: Sie berichtet von einem verloren gegangenen goldenen Kegelspiel, das heute noch Schatzsucher anlockt – doch bis jetzt waren alle Mühen umsonst, das Gold bleibt verschollen. Die Wysburg liegt etwa 1,5 km von dem kleinen Ort Weisbach entfernt.

Schiefer – das blaue Gold Alle Dächer, selbst Fassaden und Kirchtürme spiegeln das Licht blaugrau wider – das Charakteristikum einer Gegend, die von kleinen Dörfern zwischen Schieferhalden geprägt ist. Das blaue Gold wird seit Jahrhunderten im Schieferbergbaugebiet zwischen Probstzella, Lehesten und Ludwigsstadt abgebaut. Noch heute sind im Raum von Lehesten und Unterloquitz mehrere Gruben in Betrieb.

Vom Marktplatz in **Probstzella** 6 führt ein Schieferlehrpfad über die Schieferstadt Lehesten bis zum Schiefermuseum in Ludwigsstadt. Auf der 30 km langen Strecke geben 30 Informationstafeln Auskunft über den Schieferbergbau und versäumen auch nicht, auf Naturbesonderheiten hinzuweisen. Kürzer ist der Schiefer-Rundwanderweg (zwei Stunden) bei Probstzella, der ebenfalls am Marktplatz beginnt.

Ein besonderes Erlebnis ist der Besuch des **Historischen Schieferbergwerks Lehesten** 7. Als gigantischer Krater präsentiert sich der einst größte Schiefertagebau Europas. Er ist das Resultat jahrhundertelanger Schürfarbeiten an ursprünglich mehreren Stellen, die im Laufe der Zeit zusammenwuchsen. Die Teiche und trockenen Hänge des 1999 stillgelegten Steinbruchs stehen unter Naturschutz; hier haben sich seltene Tierarten angesiedelt. Sehenswert sind auch die noch vorhandenen Bergbauanlagen. Die historische Göpelschachtanlage sowie die Spalt- und Zuschneideanlagen können im Rahmen von Führungen besichtigt werden. Die Schieferstadt Lehesten liegt an der Landstraße zwischen Wurzbach und dem bayerischen Ludwigsstadt, rund 20 km südlich von Saalfeld. In Lehesten gibt es mehrere Schieferbrüche, deshalb den Schildern zum Schieferpark und zum historischen Schieferbergbau folgen. Parkmöglichkeiten sind vor Ort vorhanden. Öffnungszeiten: Die oberirdischen Bergbauanlagen können im Sommerhalbjahr im Rahmen einer vorher angemeldeten Führung besichtigt werden. Weitere Auskünfte unter Telefon: 036653/2 62 70.

Das blaue Band der oberen Saale Über einer sehr engen Saalebiegung thront auf einem schmalen Felsgrat eine der schönsten Burgen Thüringens: ➠ **Schloss Burgk** 8. Die imposante, fast 600 Jahre alte Burganlage kann nur über eine Zugbrücke erreicht werden. Die ganze Pracht dieser vergangenen Jahrhunderte entfaltet sich in den Wohnräumen und in der reich geschmückten Kapelle mit einer Orgel des berühmten sächsischen Orgelbaumeisters Gottfried Silbermann. Der beeindruckendste Platz auf Schloss Burgk ist jedoch der kleine Park auf dem Felssporn hinter der Burganlage. Schroff fallen dort die Felsen zur Saale ab. Ein Pavillon zeugt von der Musikbegeisterung der Fürsten von Reuß, die Schloss Burgk als Sommerresidenz und für die Jagd nutzten. Noch heute wird hier gern und oft musiziert. Schloss Burgk ist weiträumig ausgeschildert, Parkplätze gibt es im Ort.

Der erste von insgesamt fünf Saalestauseen, die ➠ **Bleilochtalsperre** 9, ist zugleich der schönste und mit einer Fläche von 9,2 km^2 auch die größte Talsperre in Deutschland. Vor der Aufstauung baute man in Bleilöchern Blei ab. Bei Gräfenwarth versteckt sich in der Nähe des Stausees eine geologische Kostbarkeit: eine **Steinerne Rose** 10. Sie besteht aus einer Diabasformation, die im Mittleren Devon, also vor ca. 400 Millionen Jahren, als Ganggestein (die aus der Tiefe aufsteigen) entstanden ist. Die Steinerne Rose befindet sich ca. 700 m nördlich von Kloster, einem Ortsteil der Stadt Saalburg-Ebersdorf im Saale-Orla-Kreis.

Die mächtige Staumauer bei **Saalburg** 11 erreicht eine Höhe von 60 m. Auf 28 km staut sich die Saale flussaufwärts – eine bei Wassersportlern beliebte Strecke. In Saalburg legen Motorschiffe zu Linien- und Rundfahrten ab. Auf Wanderungen entlang den bewaldeten Talhängen offenbaren sich überraschende Ausblicke auf die imposanten Schleifen, Drehungen und Windungen des Stausees.

Einen Panoramablick vom **Heinrichsstein** 12 südlich von Ebersdorf sollte man sich nicht entgehen lassen. Der Weg ist zwar nicht ausgeschildert, die etwa 3 km lange Wanderung von Ebersdorf lohnt sich aber nicht nur wegen des Saaleblicks. Das trockene warme Klima und die teilweise offenen Felsen schaffen hier Lebensbedingungen für wärmeliebende Tier- und Pflanzenarten. An den Ufern des Stausees gibt es einige botanische Raritäten zu entdecken, darunter die Astlose Graslilie, die Türkenbundlilie oder den Gelben Eisenhut.

Wildnistraining

Die Jugendherberge Am Hausteich in der Plothener Teichlandschaft 4 widmet sich besonders der Natur- und Umwelterziehung. So können hier Jugendliche, die bisher wenig Möglichkeiten hatten, die Natur richtig kennenzulernen, durch ein spannendes Wildnistraining Verständnis für die Umwelt sowie Naturverbundenheit entwickeln. Exkursionen in die Plothener Teichlandschaft (Bild) und ausgedehnte Wanderungen mit stimmungsvollen Abenden am Lagerfeuer gehören zum Programm. Man lernt auch, mit dem Drillbogen Feuer zu machen und Stockbrot zu rösten, es gibt ein Wildnisspiel, eine Zeitreise durch die Erdgeschichte und Wildnis-Workshops zu den Themen Schutz, Feuer, Wasser und Nahrung. Die Wildnisschule wird als eintägiger Schnupperkurs und als drei- oder fünftägiges Programm angeboten, wobei man in der Jugendherberge übernachtet. Anfragen unter: www.djh-thueringen.de oder telefonisch 036648/223 29.

Naturpark Fichtelgebirge

»Der Granit lässt mich nicht los«, befand Dichterfürst Goethe, als er 1785 zum ersten Mal das Fichtelgebirge besuchte. Granit-Felstürme, Blockmeere und das Luisenburg-Labyrinth sind die Wahrzeichen des mächtigen Gebirgszuges in Oberfranken. Selten gewordene Pflanzen wie Arnika, Bärwurz und Knabenkraut gedeihen prächtig, aber auch große, weiß leuchtende Margeritenwiesen schmücken die Landschaft.

SERVICE

Anfahrt A 9 bis Ausfahrt Gefrees, auf der Landstraße weiter in Richtung Selb, hinter Weißenstadt links zum Großen Waldstein; nächstgelegener ICE-Bahnhof in Nürnberg

Lage Im Nordosten Bayerns an der Grenze zu Tschechien

Größe 1020 km^2

Höchste Erhebung Schneeberg (1051 m)

Gründung 1971

Information Naturpark Fichtelgebirge, Jean-Paul-Straße 9, 95632 Wunsiedel

Telefon 09232/80 423

Infohäuser In Warmensteinach, Wunsiedel und Mehlmeisel

Internet www.naturpark-fichtelgebirge.org

TOP TIPP

1 **Großer Waldstein** Der interessanteste Gipfel des Naturparks mit Saalequelle, Felsenmeer und Burgruine

9 **Fichtelseemoor** Reizvolles, artenreiches Hochmoor mit beliebtem Badesee

13 **Fichtelgebirgsmuseum** Die Schatzkammer des Fichtelgebirges

14 **Felsenlabyrinth Luisenburg** Gigantischer Steingarten

18 **Häuselloh** Sehenswerter Schausteinbruch, alte Köhlerei und Moorgebiet

Wälder und Fluren, auf den Höhen Städtchen wie Hohenberg an der Eger sind charakteristisch für das Fichtelgebirge.

Mit etwas Glück lässt sich sogar ein Auerhahn beobachten, der sich bevorzugt mit den Blaubeeren des Waldes stärkt. Nach Osten flacht das Fichtelgebirge sanft ab. Die Flüsse Eger und Röslau durchströmen romantische Täler; ihre Ufer sind von binsenreichen Nasswiesen und Mädesüßfluren gesäumt. Solche naturnahen Talräume sind eine wahre Schatzkammer; sie bieten Lebensraum für Eisvogel, Biber und Fischotter. Im schnell fließenden, kühlen Wasser lebt die sehr seltene Flussperlmuschel. So viel Natur – trotzdem kommt die Kultur keineswegs zu kurz. Schöne Stadtsilhouetten, wie beispielsweise die von Thierstein und von Hohenberg, schmücken die Hügel, eine vielfältige Kulturlandschaft mit Hohlwegen, Felsenkellern, Hutungsresten und Steinmauern ziert das Gebirge. Die Menschen spüren die starken Kräfte der Erde, sie fühlen sich vom Fichtelgebirge magisch angezogen.

Alte Felsen und historische Mauern Zu Recht trägt der Waldstein den Zusatz »Groß«. Auch wenn die höchsten Berge des Fichtelgebirges die 1000-m-Marke übertreffen, zählt der **Große Waldstein** 1 mit einer Höhe von 877 m zu den schönsten und meistbesuchten Gipfeln in Oberfranken. Bietet er doch mit einer von mächtigen Steinquadern übersäten Bergkuppe, der Ruine Rotes Schloss, der nahen Saalequelle und dem schönen Ausblick alles, was das Fichtelgebirge ausmacht. Die historischen Zeugnisse des Großen Waldsteins reichen zurück bis in die Jungsteinzeit, besiedelt war er etwa seit dem 8. Jahrhundert. Das Rote

Schloss wurde während der Bauernkriege 800 Jahre später vom Schwäbischen Bund zerstört. Dass das unterhalb des Gipfels liegende Waldsteinhaus auch mit dem eigenen Fahrzeug angesteuert werden kann, dürfte die Beliebtheit des Berges nur fördern. Die kurze Wanderung zur Saalequelle (2,5 km) führt durch einen reizvollen, farnreichen Bergahorn-Buchen-Wald.

Ein Gebirge wird geboren Am Großen Waldstein und am 3,5 km nördlicher liegenden **Kleinen Waldstein** (2) (829 m) lässt sich die Entstehungsgeschichte des Fichtelgebirges studieren. In vier Schüben stiegen die markanten Granite in dieser Region an die Erdoberfläche. Auffallend sind die Schüssel oder auch Opferkessel genannten Aushöhlungen, die durch natürliche Erosion entstanden. Die größte dieser Schüsseln krönte einst den Aussichtsfelsen auf dem Großen Waldstein. In Erwartung eines Besuchs des bayerischen Königs Max II. im Jahr 1851 meißelte man jedoch kurzerhand ihre Ränder ab und installierte eine überdachte Aussichtskanzel. Besser überstanden hat diesen königlichen Besuch der sogenannte Teufelstisch, ein imposanter Granitklotz, auf dem der Sage nach Kobolde mit eisernen Karten spielen.

Südlich vom Großen Waldstein erhebt sich der **Rudolfstein** (3) bis auf eine Höhe von 866 m, eines der beliebtesten Wanderziele im Fichtelgebirge. Auch dieser Berg ist mit Granitfelsen gepflastert, auch hier wachte einst eine Höhenburg, das Alte Schloss. Vom Wanderparkplatz in der Ortschaft Meierhof führt ein etwa 2 km langer Weg zum Gipfel (Anstieg 200 m). Zurück geht es vorbei an hoch aufragenden Granittürmen, »Drei Brüder« genannt, (ca. 3,5 km; Alternative: Wanderparkplatz bei Schönlind).

Der **Geologische Lehrpfad Leupoldsdorf** (4) beginnt einen Ort weiter an der Vordorfer Mühle (Wanderparkplatz) und führt zum Leupoldsdorfer Hammer und durch das Röslautal zurück. Besucht werden der Steinbruch Fuchsbau und ein ehemaliges Zinnbergbaugebiet. Über Geologie und die einst bedeutende bergbauliche Nutzung wird an 28 Stationen des Weges berichtet. Der bequeme Rundwanderweg eignet sich auch für Familien mit Kindern.

Wer mehr Gipfel im Fichtelgebirge erobern möchte, kann sich im Dorf Röslau einen Überblick verschaffen. Unmittelbar am Ortsausgang erhebt sich 605 m hoch

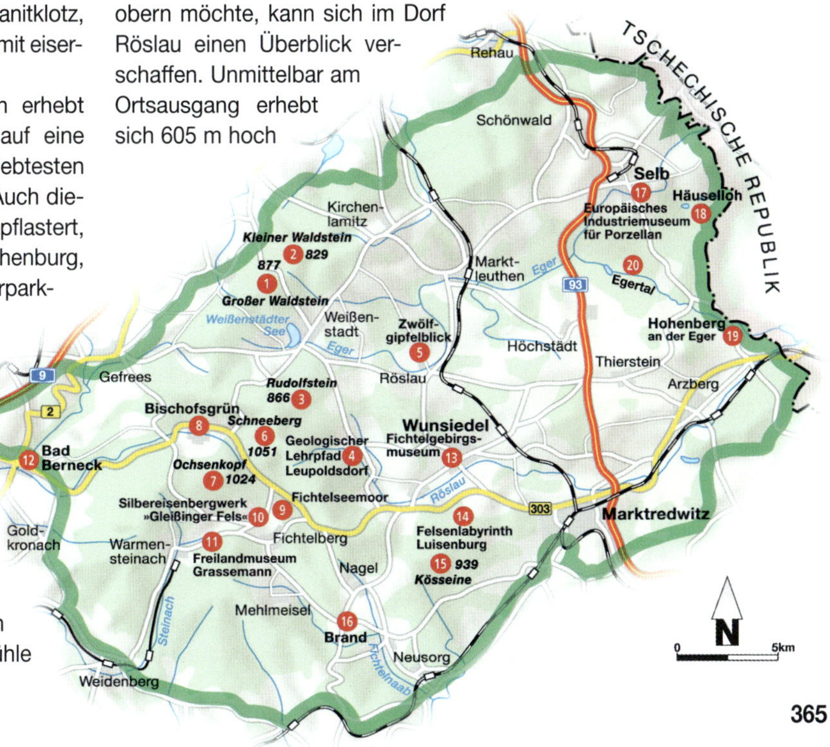

Felsformationen

Als »Blockmeere«, »Matratzenlager«, »Felsenlabyrinthe« und »Wollsäcke« werden die verschiedenen Felsformationen des Fichtelgebirges bezeichnet. Blockmeere heißen die unregelmäßig an Hängen abgestürzten Felsblöcke. Ein sehr schönes Beispiel findet sich am Haberstein bei Bischofsgrün (8). Felsenformationen aus Granit treten in Schichten auf, wie gestapelte Matratzen. Probeliegen kann man beispielsweise auf dem Gipfel des Großen Waldsteins (1), wo auch der eindrucksvolle Teufelstisch (Bild) zu finden ist. Felsenlabyrinthe sind kreuz und quer liegende mächtige Felsen, wie in Luisenburg (14) bei Wunsiedel, das größte und imposanteste in Europa. Hier sind auch Wollsäcke zu finden, gewaltige, mit Moosen und Flechten bewachsene Granitblöcke.

Noch sind solche blühenden Margeritenwiesen zu finden, beispielsweise im Natur-Kurpark von Bischofsgrün.

ein Hügel, von dem bei guter Sicht der Blick auf die wichtigsten Berge des Gebirges fällt und der daher **Zwölfgipfelblick** 5 getauft wurde.

Die Krone des höchsten Berges gebührt dem **Schneeberg** 6 mit 1051 m, leicht zu erkennen an seinem massiven Turm. Das einstige Militärgelände wird derzeit renaturiert, der Aussichtsturm Backöfele ist wieder frei zugänglich.

Auf der Beliebtheitsskala ganz oben steht der **Ochsenkopf** 7. Bequem und wettergeschützt schwebt die ganze Familie mit der Seilbahn von Bischofsgrün-Fleckl auf den 1024 m hohen Gipfel, zu Goethefelsen und Sendeturm. Nervenkitzel für Jung und Alt garantieren die zehn Steilkurven der 1000 m langen Sommerrodelbahn bei Bischofsgrün (ab Zwischenstation Seilbahn). Im Winter hingegen lockt der Ochsenkopf Ski- und Snowboard-Fahrer auf die Abfahrtsstrecken Nord (ca. 2300 m) bzw. Süd (ca. 1900 m). Langläufer finden ein Netz von markierten und gut präparierten Loipen vor.

Im heilklimatischen Kurort **Bischofsgrün** 8 lohnt sich ein Spaziergang durch den Natur-Kurpark, dem die Stadtwerbung gar geheimnisvolle spirituelle Kräfte zuschreibt. Im Park wurden mehrere ergometrisch vermessene Kurwege verschiedener Schwierigkeitsgrade angelegt. Im Juni erwärmen die blühenden Wildkräuterwiesen des Natur-Kurparks die Seelen der Naturfreunde. Die inzwischen vielerorts selten gewordenen Margeriten wachsen im unteren Teil der Kurparkanlage noch in großer Anzahl.

Ruhe und Entspannung bietet der Kurpark von Bad Berneck mit der schönen Neuen Kolonnade von 1889.

Mit Bergmannshelm und Grubenlampe

Als idealer Ausgangspunkt für die Erkundung des Fichtelgebirges dient seit über 1000 Jahren der Luftkurort Fichtelberg. Hier verläuft die Europäische Wasserscheide mit den Quellflüssen des Mains und der Naab. Die Naab fließt nach Süden Richtung Donau, der Main nach Westen zum Rhein. Der Sage nach hatten beide Flüsse einst einen gemeinsamen Ursprung in einem wasserreichen Hochmoor. Das ➠ **Fichtelseemoor** 9 ist auf einer Fläche von 139 ha geschützt, ohne jede forstwirtschaftliche Nutzung und Pflege. Mit dieser Maßnahme gelang es, Zwergsträucher, Kräuter, Gräser und Torfmoose sowie den Bestand der Sumpfföhre (Spirke) wirkungsvoll zu schützen. Den südlichen Teil bildet der künstliche, rund 10 ha große Fichtelsee, der gerne als Naturfreibad genutzt wird. Einen Blick in das Innere des Fichtelgebirges gestattet der Besuch des Silbereisenbergwerks **»Gleißinger Fels«** 10. Mit Grubenlampe und Bergmannshelm geht es durch schulterenge Stollen in die Tiefe. Wo sich der Stollen weitet, sind silberglänzende Schichten und 20 Millionen Jahre alte Gesteinszeichnungen zu sehen. Das Besucherbergwerk liegt im Fichtelberger

»Drei Brüder« – so nennt man den Goethefelsen, die Tränengrotte und die Hardenberggrotte im Felsenlabyrinth Luisenburg auch.

Ortsteil Neuhaus, in Richtung Oberwarmensteinach.

In Oberwarmensteinach berichtet das **Freilandmuseum Grassemann** (11) über das harte Leben der Bergbauern im Fichtelgebirge. Das Schwärzer-Haus wurde 1698 als schindelgedeckter Blockbau errichtet und blieb samt Inventar bis heute erhalten. Wegen des rauen Klimas war der Ertrag der Landwirtschaft gering, die Bewohner von Grassemann mussten sich zusätzlich als Berg- und Waldarbeiter verdingen. Zum Museum gehört eine Naturpark-Information (Telefon 09277/61 05).

Am Westhang des Ochsenkopfs liegt der Kurort **Bad Berneck** (12), in dem der Kurpark mit seinen schönen Kolonnaden zu einem Besuch einlädt. Im Dendrologischen Garten, nach seinem Gründer auch »Rothers Park« genannt, wachsen zahlreiche exotische und heimische Baumarten. Führungen werden angeboten.

Zwischen Natur und Kunst Im ehemaligen Spital des Städtchens Wunsiedel ist das ➠ **Fichtelgebirgsmuseum** (13) untergebracht. Seit 1908 sammelt man in dieser Schatzkammer die Zeugnisse einer traditionsreichen Landschaft. Auf insgesamt vier Stockwerken werden die Themen Handwerk, Wohnkultur, Regional- und Naturgeschichte behandelt. Besonders beeindruckend ist die Mineraliensammlung mit fluoreszierenden Steinen. Dieser Effekt tritt nicht nur bei radioaktiven Uranmineralien auf, sondern findet sich auch bei den Gesteinen Calcit, Apatit, Scheelit und Willemit. Ein kleiner Raum widmet sich dem berühmtesten Sohn der Stadt, dem Dichter Jean Paul. Nur wenige Häuser entfernt wurde er 1763 als Johann Paul Friedrich Richter geboren, ein Zeitgenosse Goethes. Jean Paul wuchs in ärmlichen Verhältnissen auf und hinterließ zahlreiche, seinerzeit viel gelesene Romane, die gerne in einem altfränkischen Milieu spielen. Seine eigenwillige, oft humoristische Erzählkunst ragt jedoch weit über die volkstümliche Literatur mit Lokalkolorit hinaus. Er starb 1825 erblindet in Bayreuth.

Sein Kollege Johann Wolfgang von Goethe begeisterte sich für das ➠ **Felsenla-**

Schwefelgelb färben Flechten das felsige Ufer der schnell dahinfließenden Eger.

Waldhaus Mehlmeisel

Mehr als ein Waldmuseum: Hier sind junge Umweltdetektive unterwegs; sie sehen, riechen, hören und fühlen Wald und Wasser, Bäume und Blumen, kleine und große Tiere. Eine interaktive Ausstellung informiert über das Ökosystem Wald. In den Freigehegen lassen sich Rothirsche und Wildschweine beobachten und auch gerne füttern (Bild). Das interessante Waldhaus (Ausschilderung) liegt etwa 2,5 km oberhalb des Ortes Mehlmeisel südlich vom Fichtelseemoor 9.

byrinth Luisenburg 14 bei Wunsiedel, dessen »ohne alle Richtung und Ordnung übereinander gestürzte Felsen mir einen Anblick gaben, dessengleichen mir auf allen meinen Wanderungen nicht wieder vorgekommen«. Schrieb's und fügte eine wissenschaftliche Erkenntnis des Entstehungsmechanismus hinzu: »Der aus großen Tiefen nach oben drängende Granit hatte das Deckgebirge angehoben; durch Verwitterung verschwand dasselbe im Laufe von Jahrmillionen, während der harte Granit stehen blieb.« Erst 1790 machte man den wilden Nordostteil des Kösseine-Massivs begehbar und nannte ihn nach der preußischen Königin Luise; Felsen und Grotten erhielten die Namen von Königen und Dichtern. Eine Kletterpartie durch das Labyrinth dauert eine Stunde. Die erste Freilichtbühne Deutschlands, zusammen mit dem Felsengarten eröffnet, bietet ein buntes Sommerprogramm. Sportlich Interessierte können rund um die Luisenburg die Stöcke schwingen. Acht Routen unterschiedlicher Schwierigkeit sowie Einsteigerkurse und Nachtläufe organisiert das Nordic-Walking-Zentrum Luisenburg.

Durch das Felsenlabyrinth gelangt man auch zur **Kösseine** 15. Kürzer ist der Weg vom Wanderparkplatz Fahrenbach (zwischen Nagel und Tröstau). Den 939 m hohen Gipfel schmückt ein Aussichtsturm und das ganzjährig bewirtschaftete Kösseinehaus des Fichtelgebirgsvereins. Übernachtungen sind möglich. Südlich der Kösseine steht in **Brand** 16 das Geburtshaus Max Regers (1873–1916). Hier schrieb er 1898–1901 einen Teil seiner Kompositionen – Musik, die als schwierig für Hörer und Interpreten gilt. Die bekanntesten Werke, die Mozartvariationen und Klarinetten-Quintette, entstanden in seinen letzten Lebensjahren. Das Max-Reger-Gedächtniszimmer kann nur nach Vereinbarung besichtigt werden.

Vom rohen Stein zum Porzellan Das Städtchen Selb, nahe der tschechischen Grenze, ist bekannt für seine herausragenden Porzellane. Im **Europäischen Industriemuseum für Porzellan** 17 kann man sich auf eine Zeitreise durch die Geschichte der Porzellanherstellung begeben. Das Museum ist in einer alten Porzellanfabrik von 1866 eingerichtet, etwas außerhalb von Selb (Richtung Schönfeld).

Nicht weniger traditionsreich sind die Techniken der Stein- und Holzkohlegewinnung, die man in ➡ **Häuselloh** 18, einem südöstlich gelegenen Stadtteil Selbs, kennenlernen kann. Der Schausteinbruch Häuselloh zeigt die Kunst des Steinbrechens und der anschließenden Bearbeitung. Bis 1976 wurde hier ein Granit gewonnen, aus dem wegen seiner

Ungewohnt ist so eine Exkursion durchs Moor, aber spannend und lehrreich.

Feinkörnigkeit und Eisenarmut die Kollergänge (Mahlwerke) für die Porzellanindustrie hergestellt wurden.
Eng verbunden mit dem Schausteinbruch ist das alljährliche Meilerfest der nahen Köhlerei Häuselloh. Im waldreichen Fichtelgebirge war Holzkohle ein natürlicher und effektiver Energielieferant. Diese wurde in Meilern – schwelende, mit Erde abgedeckte Holzhaufen – gewonnen. An die 100 Meilerplätze sind hier bekannt. Der Meiler der Köhlerei Häuselloh wird jedes Jahr im Mai aufgebaut und im Juni angezündet.
Zum Programm gehört eine 2,5-stündige Exkursion ins nahe Häusellohmoor. 150 Jahre lang wurde hier Torf abgebaut, zunächst als Brennstoff, später auch als Heiltorf. Seit 1991 wird das 66,5 ha große Naturschutzgebiet renaturiert und bietet vielen Tier- und Pflanzenarten (50 davon auf der Roten Liste) Lebensraum. Vom schmatzenden Untergrund trennen den Naturfreund lediglich einige dünne Planken. Über den Spirken (Sumpfföhren) schweben seltene Alpenprachtlibellen. Bei diesen Übergangsmooren tritt nicht die typische Oberflächenwölbung auf, da stets eine Verbindung zum Grundwasser bestand. Häuselloh ist von der Stadtumfahrung Selb ausgeschildert. Vom Wanderparkplatz sind es 1,3 km zum Meilerplatz, zum Moor weitere 300 m (nicht ausgeschildert).
Weiter südlich liegt das verträumte Städtchen **Hohenberg an der Eger** 19. Die berühmteste Selber Porzellanfabrik hat hier ihren Ursprung. Carl Magnus Hutschenreuther gründete 1822 die erste Porzellanmanufaktur, nachdem er jahrelang mit der Herstellung des »Weißen Goldes« experimentiert hatte. Das Deutsche Porzellanmuseum Hohenberg dokumentiert 200 Jahre Porzellankultur.

Durch das romantische Egerland In der alten staufischen Burg Hohenberg aus dem Jahr 1222 ist neben einer Jugendherberge und einem Schullandheim eine Ökologische Bildungsstätte eingerichtet worden. Diese unternimmt grenzüberschreitende Exkursionen in das **Egertal** 20. Die gefundenen Objekte werden im hauseigenen Labor untersucht (Information unter www.oekoburg.de).
Die Eger entspringt am Nordwesthang des Schneeberges in 752 m Höhe und fließt 291 km ostwärts zur Elbe. Der Name ist keltischen Ursprungs und bedeutet so viel wie schnell, flink. Zwischen Schwarzenhammer und Hohenberg liegt der landschaftlich reizvollste Abschnitt des Tales. Von der Quelle bis zur tschechischen Grenze begleitet den abwechslungsreichen Flusslauf ein bequemer Weg. Eine kurze Wanderung zu den romantischsten Plätzen ist im Kasten »Das Egertal« beschrieben.

Hohenberg an der Eger schätzt man nicht nur als Ausgangspunkt für schöne Wanderungen in das herrliche Egerland.

Das Egertal

Ausgangspunkt für einfache Wanderungen in zwei verschiedene Richtungen durch das Egertal 20 ist der Wanderparkplatz Wellerthal bei Silberbach. Flussaufwärts begleitet ein schattiger Weg den Wasserlauf bis zur Siedlung Blumenthal: eine Handvoll Häuser, dazu die fischreichen Mühlenteiche (Bild) und ungewöhnliche Stille. Hier kann man seine Angelleidenschaft befriedigen. Dann weitet sich das Tal, und alsbald ist der kleine Stausee Leupoldshammer erreicht. Unterhalb des Kraftwerks überquert ein Holzbrückchen die Eger, und auf der gegenüberliegenden Seite des Flusslaufs gelangt man zum Ausgangspunkt zurück (4 km, einfach zu gehen). Flussabwärts erreicht man rasch den Granitfelsen Hirschsprung, von Schwefelflechten gelb gefärbt. Erlen und Weiden säumen das Ufer, hell hebt sich im Frühjahr blühender Pestwurz gegen das dunkle Wasser ab. Weitere 2 km sind es am Egerstau vorbei bis zur Königsmühle. Derselbe Weg führt wieder zurück.

Naturpark Steinwald

Mächtige Granitfelsen überragen die dicht mit Nadelhölzern, Rotbuchen und Ebereschen bewaldeten Hänge und Bergrücken. Sie gaben dem Steinwald, einem wahren Märchenwald, den Namen. Farne und Moose, auch der Siebenstern blühen im Verborgenen. In den Baumwipfeln verstecken sich Spechte, Habichte und Waldkäuze. Auerwild und Schwarzstörche gibt es in geringer Zahl.

SERVICE

Anfahrt Auf der A 93 Hof–Regensburg bis zur Ausfahrt Falkenburg, dann nach Erbendorf und von dort weiter nach Pfaben; mit der Bahn nach Wiesau

Lage Im nördlichen Bayern zwischen Fichtelgebirge und Oberpfälzer Wald

Größe 246 km^2

Höchste Erhebung Platte (946 m)

Gründung 1970

Information Naturpark Steinwald
Rathausplatz 1
95689 Fuchsmühl

Telefon 09634/92 09 12

Internet
www.naturpark-steinwald.de

Wo die Felsen nicht nur beeindruckende Namen, sondern auch Gesichter tragen: die Tannenzapfenfelsen im Steinwald

TOP TIPP

2 Tannenzapfenfelsen Die imposanteste der zahllosen bizarren Felsformationen

5 Oberpfälzer Turm Wanderung zum schönsten Ausblick der Oberpfalz

9 Pfarrkirche Waldeck Mit Fresken im Stil der bayerischen Malerbrüder Asam

Das kleine Gebirgsmassiv zieht sich als Ausläufer des Fichtelgebirges von Südwesten nach Nordosten. Sein tiefster Punkt liegt mit 483 m an der Fichtelnaab, seine höchste Erhebung bildet die Platte, die mit 946 m zugleich höchster Punkt der nördlichen Oberpfalz ist. Der kleinste der bayerischen Naturparks erfreut sich aufgrund seiner Abgeschiedenheit und Urwüchsigkeit besonderer Beliebtheit.

Märchenwald zwischen bizarren Felstürmen Das Walddorf **Pfaben** 1 hat sich dank seiner Wanderwege und Loipen in reizvoller Landschaft einen Namen gemacht. Mehrere schöne Rundwanderwege führen von hier durch den Steinwald. Die ➡ **Tannenzapfenfelsen** 2, die imposanteste der Felsformationen, sind nur wenige hundert Meter vom Parkplatz entfernt. Ein blaues Rechteck auf weißem Grund kennzeichnet den Weg, der als Waldlehrpfad weiter bergan bis zum Oberen Saubadfelsen führt. Handgemalte Schilder berichten von der Entstehung dieser Wald- und Steinlandschaft, über Tier- und Pflanzenwelt. Der Pfad ist nicht immer leicht zu finden, denn der Fichtenwald bleibt sich hier selbst überlassen.

Vom **Oberen Saubadfelsen** 3, der über eine steile Treppe erklommen werden kann, hat man einen weiten Blick auf die sich im Abendlicht rötenden Felsen des Steinwaldes: in der Ferne die Kuppen des Fichtelgebirges, näher die Vulkankegel von Armesberg und Rauhem Kulm. Wem das nicht genügt, der wird weiterwandern zu den Huberfelsen, den Räuberfelsen oder zum Durchbrochenen Felsen.

Unweit des Oberen Saubads liegt das Waldhaus mit **Rotwildgehege** 4. Das 4 ha große Gehege besteht schon seit 1970; zum Rudel gehören hell getupfte Jungtiere, die im Frühjahr zur Welt gekommen sind. In der Brunftzeit, ab Mitte September, ist das laute Röhren der Hirsche schon von weitem zu vernehmen.

Am Waldhaus zweigt der Weg zur Platte ab. Von Pfaben bis zum Aussichtspunkt ➡ **Oberpfälzer Turm** 5, hoch oben auf der Platte, sind es 8 km (Ausschilderung »Oberpfälzer Turm«). Der alte Turm, Wahrzeichen der Oberpfalz, wurde wegen Baufälligkeit im Jahr 2000 durch einen 33 m höheren Neubau ersetzt. Der Ausblick gilt als der schönste der Oberpfalz. Vom Oberpfälzer Turm ist es etwa eine halbe Wegstunde bis zur **Ruine Weißenstein** 6, die sich rascher vom Parkplatz an der Straße Friedenfels–Poppenreuth erreichen lässt. Von der 1279 erstmals erwähnten Burg waren bis zum Jahr 1995 kaum mehr als der auf einer hohen Felsenklippe errichtete Bergfried sowie zwei einsturzgefährdete Mauerreste erkennbar. Nach umfangreichen Restaurierungsarbeiten bietet sie heute eine romantische Kulisse für Konzerte, Theateraufführungen und andere Kulturereignisse.

Pfarrkirche Waldeck

Der äußere Anblick der 1731 geweihten Kirche St. Johannes Nepomuk in Waldeck 9 lässt kaum erahnen, welche barocke Pracht sich im Kircheninneren entfaltet. Als 1794 der Marktflecken Waldeck samt Kirche niederbrannte, wurde das Dorf um St. Johannes Nepomuk, damals nur eine nahe gelegene Wallfahrtskapelle, wieder aufgebaut. Die Kapelle war von ansehnlicher Größe. Ihre prächtigen Fresken von Otto Gebhard erinnern an die Werke des berühmten Rokokomeisters Cosmas Damian Asam, bei dem Gebhard als junger Mann gearbeitet hatte. Das Deckenfresko (Bild) berichtet vom Märtyrertod des 1729 heilig gesprochenen Johannes Nepomuk (1350-1393), der in Prag von der Brücke in die Moldau gestoßen wurde und noch heute als Brückenheiliger verehrt wird.

Quellen und Weiher – ein wasserreiches Land Der Steinwald ist reich an Quellen. Das Wasser sprudelt aus Felsspalten und hat eine gute Qualität. Hier findet man eine der eisenreichsten Quellen in ganz Europa: Das König-Otto-Bad bei **Wiesau** 7 war bis in das letzte Jahrhundert hinein ein Kurbad und wird noch heute als Mineralwasserbrunnen genutzt. Röhricht und Schilf säumen die naturnahe **Weiherlandschaft** 8 um Muckenthal und entlang der Bahnlinie Reuth–Wiesau. Viele dieser wertvollen Naturräume entstanden als Fischteiche bereits im Mittelalter. Im Süden und Osten ist der Steinwald von den Basaltkuppen des Kemnather Landes und des Nördlichen Steinwaldes umgeben, deren markanteste Erhebungen der Parkstein bei Weiden und der Rauhe Kulm bei Kemnath sind. Der 641 m hohe Schlossberg bei ➡ **Waldeck** 9 und der 731 m hohe **Armesberg** 10 sind begehrte Ausflugsziele im Naturpark Steinwald.

Naturpark Erzgebirge/Vogtland

Das Erzgebirge hat das ganze Jahr Saison – ob nun die Schmelzwasser zu Tal rauschen, der Sommer mit bunten Waldwiesen lockt, im Herbst die knallroten Vogelbeeren aufleuchten oder wirbelnde Schneeflocken die alles beherrschende, stimmungsvolle Zeit der Erzgebirgler Weihnacht ankündigen. Traurige Bekanntheit erlangte das Erzgebirge durch seine vom sauren Regen zerstörten Wälder und Berghänge.

SERVICE

Anfahrt Keine direkte Autobahnverbindung zum Naturpark; über die A 72 Hof–Chemnitz, Abfahrt Plauen Süd, und die B 92 nach Bad Elster; viele Ortschaften im Naturpark lassen sich auch mit der Bahn erreichen.

Lage Im südlichen Sachsen entlang der sächsisch-böhmischen Grenze

Größe 1495 km^2

Höchste Erhebung Großer Fichtelberg (1214 m)

Gründung 1990

Information Naturpark Erzgebirge/Vogtland, Schloßplatz 8, 09487 Schlettau

Telefon 03733/62 21 06

Internet www.naturpark-erzgebirge-vogtland.de

TOP TIPP

5 **Schneckenstein** Einzigartiger Edelsteinfelsen

6 **Morgenröthe** Neues Raumfahrtmuseum im Geburtsort des ersten deutschen Kosmonauten

14 **Großer Fichtelberg** Die Spitze des Erzgebirges – in jeder Hinsicht

22 **Hirtstein** Erstaunliches aus der Urgeschichte des Gebirges

25 **Seiffen** Ewige Weihnacht im berühmten Spielzeugdorf

Schöne Aussichten auf den Fichtelberg und den Stausee Cranzahl genießt man vom 896 m hohen Bärenstein.

Aber die Natur stellt ihre Selbstbehauptungskräfte eindrucksvoll unter Beweis: Allerorten hat ein junger, naturnaher Bergwald die alten Monokulturen ersetzt, in den urtümlichen Quell- und Hochmooren finden selbst Relikte aus der Eiszeit eine Zuflucht, und die Bergwiesen betören durch ihre bunte Blumenpracht.

Von Norden, von der sächsischen Seite her, steigt das Erzgebirge nur langsam an. Oftmals teilt sich der Eindruck einer Hochfläche mit, obgleich der Gebirgszug von eingeschnittenen Tälern zerteilt wird und die Berge eine beträchtliche Höhe erreichen. Nach Süden, nach Tschechien, fällt das 130 km lange und bis zu 40 km breite Gebirge steiler ab. Die Trennlinie zwischen Erzgebirge und Vogtland markiert mit einem Höhenunterschied bis zu 200 m die Schönecker Landstufe.

Der aufmerksame Naturfreund entdeckt auf seinen Wanderungen durch das Erzgebirge und das Vogtland allenthalben glitzerndes Gestein. Der Name verrät es: Der Reichtum des Erzgebirges liegt tief in der Erde und wurde durch den im späten Mittelalter beginnenden Bergbau ans Tageslicht befördert: Silber, Blei, Zinn und

Eisen. Als das Gebirge zwischen Sachsen und Böhmen noch von einem zusammenhängenden, fast undurchdringlichen Wald bedeckt war, nannte man es Miriquidi, dunkler Wald. Besiedelt wurde das Gebiet ab dem 12. Jahrhundert. Harzer Bergleute brachten die Kunst des Bergbaus in diese Region, der im 15. Jahrhundert seinen Höhepunkt erreichte. Seit dem 17. Jahrhundert ging die Förderung der Bodenschätze zurück, erlebte aber durch den Uranabbau im 20. Jahrhundert eine Renaissance.

Klingendes Vogtland **Bad Elster** ①, ein altes Moorheilbad, liegt im Tal der Weißen Elster im Dreiländereck zwischen Tschechien, Bayern und Sachsen. Bis zu 650 m steigen die umliegenden Berge an, von idyllischen Wäldern bedeckt. Die Weiße Elster wird von zahlreichen kleinen Bächen gespeist, so entsteht zu allen Jahreszeiten ein mildes Reizklima. Der weitläufige Kurpark mit seinen Quellen und Bademöglichkeiten zählt zu den schönsten in Deutschland. 46 km ausgeschilderte Wanderwege verlocken zu ausgedehnten Spaziergängen.
Die höchste Erhebung des kleinen Elstergebirges auf der deutschen Seite ist der 759 m hohe **Kapellenberg** ②, der – geologisch betrachtet – zum viel weiter entfernten Fichtelgebirge gehört. Vom Aussichtsturm (bis 31.10. Di–So und Feiertage von 10– 17 Uhr) oberhalb Schön-

In Seiffen weiß man, wo es langgeht: Tradition bleibt gefragt.

bergs, der anhand alter Baupläne 1993 neu errichtet wurde, reicht der Blick weit bis in das Vogtland hinein.
Markneukirchen ③, stolz das sächsische Cremona genannt, erlangte wie die oberitalienische Stadt seinen Weltruf durch den Geigenbau. Bereits im Jahr 1677 gründeten zwölf Geigenbauer aus dem benachbarten Böhmen die erste Geigenmacherinnung Deutschlands. Seither singt und klingt es über die Berge im Vogtländischen Musikwinkel. Das Musikinstrumentenmuseum im Paulusschlössel zeigt über 3000 Instrumente aus aller Welt. Aus dem Innenhof des spätbarocken Bürgerhauses klingen an Sonntagen die wunderbarsten Konzerte durch die Sommerabende.
Es muss nicht immer die große Oper sein, im traditionsbewussten Vogtland und im Erzgebirge ist immer noch die Volksmusik gefragt. In **Klingenthal** ④ hat man sich auf den Bau von Akkordeon, Harmonika, Concertina und Bandoneon spezialisiert. In der Schaumanufaktur Akkordeonbau darf man den Instrumentenmachern bei der Arbeit

Hochmoorgelbling *(Colias palaeno)*

Der Falter ist durch das Verschwinden natürlicher Hochmoore sehr gefährdet. Seine Raupe lebt ausschließlich an der Rauschbeere, die nur in Hochmooren oder ähnlichen Biotopen vorkommt. Er fliegt von Juni bis August. Die Grundfarbe von Ober- und Unterseite des Männchens ist zitronengelb, die Oberseite des Weibchens weiß.

über die Schulter schauen. Führungen werden Montag bis Freitag angeboten. Besonderes Ansehen genießt jährlich der Internationale Akkordeonwettbewerb im Mai. Seit 2010 musizieren hier auch Bandoneongruppen. Ein Preisträger in Klingenthal gewesen zu sein, war für viele meisterhafte Akkordeonisten der Anfang ihrer Karriere.

Sehr beliebt: Canyoning im Blauenthaler Wasserfall

Schätze der Erde und Schätze der Sterne

Nördlich von Klingenthal erhebt sich der 883 m hohe ➠ **Schneckenstein** 5. Mit dem Besucherbergwerk Grube Tannenberg, dem sehenswerten Mineralienzentrum und seinem kleinen Skilift wäre es wohl nicht mehr als ein beliebtes lokales Ausflugsziel.

Die Natur lieferte jedoch eine Attraktion, den 23,7 m hohen Topasfelsen, einzigartig in Europa. Einen weiteren Stein dieser Art gibt es nur noch auf der anderen Seite der Erde: den Mount Bischoff in Tasmanien. Wie der Name vermuten lässt, wurden im Topasfelsen Edelsteine gefunden. Seit 1724 brach man die gelben Halbedelsteine aus dem Felsen, zuerst unerlaubt, dann im Auftrag des sächsischen Kurfürsten. Die größten Topase waren beachtlich: 10 cm lang und 5 cm breit, zu besichtigen im Grünen Gewölbe in Dresden. Die englische Königskrone zieren 485 Topase vom Schneckenstein. Der Abbau der Zeche Königskrone war so ertragreich, dass der Felsen bis 1800 um zwei Drittel geschrumpft war. Seit 1937 steht er nun unter Naturschutz und kann gegen einen geringen Obolus besichtigt und bestiegen werden. Der Fels liegt nur wenige hundert Meter vom Parkplatz der Siedlung Schneckenstein entfernt im Wald.

Im Falle des abseits gelegenen, verträumten Ortes ➠ **Morgenröthe** 6 liegt das Besondere nicht in der Erde, sondern im Himmel. Kenner wissen es: Morgenröthe ist der Geburtsort des Kosmonauten Sigmund Jähn, der am 26. August 1978 mit der Raumkapsel Sojus 31 in den Weltraum flog und sieben Tage auf der sowjetischen Orbitalstation Saljut 6 verbrachte. Später promovierte der erste Deutsche im All im Fach Physik. Die **Deutsche Raumfahrtausstellung** 7 in Morgenröthe-Rautenkranz zeigt deutsche Raumfahrtprojekte, naturgetreue

Das Städtchen Sosa mit Kirche und Fachwerkhäusern kuschelt sich in eine heitere Erzgebirgslandschaft.

Modelle, originale Raumanzüge und einzigartige Bilddokumente der ESA und NASA auf Videos (www.deutsche-raumfahrtausstellung.de, täglich 10–17 Uhr geöffnet).

Fallende Wasser und Raritäten in Wald und Flur Das Erzgebirge ist reich an Fließgewässern. Stehende Gewässer hingegen sind selten, die meisten größeren Seen wurden von Menschenhand geschaffen. Auch der Wasserfall in **Blauenthal** (8) ist keine Laune der Natur. Nach dem Ersten Weltkrieg wurde oberhalb der Felswand ein Wassergraben für eine Papierfabrik angelegt. An Feiertagen und am Sonntag standen die Maschinen still, das umgeleitete Wasser stürzte über eine Felswand zu Tal. Seither besteht dieses schöne Ausflugsziel (von Blauenthal ein kurzes Stück in Richtung Zimmersachermühle). Die neue Trendsportart heißt Canyoning: Man seilt sich inmitten des strömenden Wassers ab, sogar im Winter ersteigen verwegene Kletterfreunde den bizarr gefrorenen Wasserfall. Wer es weniger aufregend mag, wandert nach kurzem Aufstieg den beschriebenen Wassergraben entlang; der Abstieg ins Tal führt an mehreren romantischen Fischteichen vorbei.

Einen schönen Blick auf den **Stausee Sosa** (9) und den Auersberg, den zweithöchsten Gipfel des Erzgebirges, hat man von der Freilichtbühne Sosa oder von der Staumauer aus, die in den Jahren 1949–52 errichtet wurde (ab Parkplatz Sosa-Stausee).

Der Gipfel des 1018 m hohen **Auersbergs** (10) lässt sich bequem mit dem Auto ansteuern. Unterhalb von Aussichtsturm und Berghotel erfreut im Sommer ein Botanischer Berggarten die Pflanzenliebhaber, im Winter schnallt man sich die Bretter unter, zu einer Talfahrt (Lifte sind vorhanden) oder zum Skiwandern.

Eine der schönsten Wanderungen am Auersberg führt in das **Steinbachtal** (11). Der Rundwanderweg ist als Naturlehrpfad angelegt und beginnt in Steinbach (Parkmöglichkeit), westlich von Johanngeorgenstadt. Schon nach 2 km erreicht man die Teufelssteine; die 30 m hohen Granitfelsen rücken dicht an das Bachbett heran. Niederschläge und Frost furchen Klüfte und Spalten in den groben Stein und verleihen ihm markante Formen. Südlich von Steinbach erreicht man nach 2 km Weg den **Kleinen Kranichsee** (12), ein intaktes Hochmoor auf über 930 m Höhe. Ein Holzsteg führt zu einem kleinen Aussichtsturm, der einen Blick in das Moor erlaubt: Wollgräser, krumm gewachsene Moorkiefern, Krussel genannt, auf federndem Torf. Der äußerst seltene Hochmoor-

Feuerlilie *(Lilium bulbiferum)*

Die Wildlilie ist besonders im Erzgebirge und in den Alpen zu Hause. Als Blumenmotiv spielt sie in der Kunst der flämisch-niederländischen Malerei eine Rolle, in den Kräuterbüchern des 16. Jahrhunderts findet man sie als »goldt gilg«. Die Feuerlilie ist als Gartenpflanze sehr beliebt, die Wildpflanze ist jedoch in Deutschland vom Aussterben bedroht.

Nur zu Forschungszwecken darf das Hochmoor Kleiner Kranichsee mit seinen seltenen Insekten und Moorpflanzen betreten werden.

Gelbling, ein Relikt aus der Eiszeit, und auch die Smaragdlibelle und die Hochmoor-Mosaikjungfer fühlen sich hier wohl. Ungewöhnlich sind die Schlenken in der bis 9 m starken Torfschicht. Diese mehrere Meter langen Wassergräben entstehen durch die Bewegung der Moorschichten zueinander, sie verändern sich und wandern. Das Kleine Kranichmoor kann auch von der nahen Gaststätte Henneberg (Anfahrt über Johanngeorgenstadt, Ortsteil Jugel) erreicht werden. Der freundliche Wirt ist zugleich Naturschutzwart und erläutert gern das Einzigartige des Moors und seiner Bewohner; er gibt gerne über botanische Raritäten aus Wald und Flur Auskunft.

Fichtelberg – die Natur erholt sich **Johanngeorgenstadt** 13 gilt als Ursprungsort des Schwibbogens, der erzgebirgische Weihnachtsbräuche mit bergmännischem Gedankengut vereint. Zu Weihnachten erstrahlt dieser typische Lichterbogen in allen Fenstern, in Vorgärten, auf Balkonen und Märkten im tief verschneiten Erzgebirge und vermittelt ein Gefühl von Wärme und Geborgenheit. Ein Besuch des Schaubergwerks Glöckl (in unmittelbarer Nähe des Grenzübergangs) lohnt sich.

Der ➠ **Große Fichtelberg** 14 ist nicht nur der höchste Berg Sachsens, sondern auch das beliebteste Ausflugsziel im Erzgebirge. Die schöne Anfahrt und die weite Aussicht locken im Sommer Tausende auf den Gipfel, im Winter auf die Abfahrtspisten oder auf die Loipen im glitzernden Pulverschnee. Wer es noch kühner mag, fliegt wie Jens Weißflog über den Schanzentisch.

In den 1970er- und 1980er-Jahren wurde der Fichtelberg vom Baumsterben heimgesucht. Nur vereinzelt trotzten ein paar verkrüppelte Nadelbäume den Industrieabgasen. Auf dem Fichtelberg erlebt man, wie rasch sich die Natur erholt: Junger Bergwald wächst nach, in wenigen Jahrzehnten wird wieder ein dichter Hochwald den Gipfel umkränzen. Einen Einblick in den Naturzustand des Erzgebirges gibt das **Naturschutzgebiet Zechengrund** 15 südwestlich von Oberwiesental. In dem idyllischen Kerbtal dominieren Bergwiesen, Quellfluren und Waldflächen mit Fichten und Ebereschen, zwei typische Baumarten für das hohe Fichtelgebirge. Auf einem 2,4 km langen Weg informieren 17 Schautafeln über Wissenswertes zu Natur und Naturschutz. Ausgangspunkt ist der Parkplatz Hotel Am Fichtelberg an der B 95.

Der bekannte Kurort **Oberwiesenthal** 16 liegt zu Füßen des Fichtelberges. Eine Fahrt auf den 1215 m hohen Fichtelberg mit der Seilschwebebahn ist zu jeder Jahreszeit ein Erlebnis. Berühmt sind die Sprungschanzen für internationale Wettkämpfe. Bergtypische Freizeitattraktionen wie der Hochseilgarten für Kletterfreunde und ihren Nachwuchs sind beliebt, eine Skiarena und Skischule, Abfahrten vom Fichtelberg, gut präparierte Loipen sowie eine Schwimmhalle lassen keine Langeweile aufkommen.

Den schönsten Blick auf den Fichtelberg und die weitläufige Gebirgslandschaft mit dem Cranzahler Stausee hat man vom etwa 10 km nördlich gelegenen **Bärenstein** 17. Der fast 900 m hohe Tafelberg ist jedoch auch aus biologischer Sicht interessant. Bedingt durch die klimatischen und geologischen Verhältnisse weist die hier häufige Eberesche ungewöhnliche Wuchsformen auf. Farne, Goldnesseln und Alpenmilchlattich, Kreuzottern und Waldeidechsen finden ihre Lebensräume, Turmfalken und Raufußkäuze beherrschen die Lüfte (Anfahrt zum Gipfel mit Gaststätte und Parkplatz über Bärenstein).

Das Städtchen **Annaberg-Buchholz** 18 gilt als kulturelles und wirtschaftliches Zentrum des Erzgebirges. In seiner Glanzzeit war Annaberg größer und reicher als Leipzig. Wie wohlhabend das Erzgebirge während der Hochphase des Bergbaus, des Bergkgeschreys war, zeigt die von 1499–1525 errichtete St.-Annen-Kirche. Äußerlich schlicht, ja abweisend, offenbart sich der spätgotische Bau im Inneren grandios – mit herrlichem Rippengewölbe und prächtiger Ausstattung. Das reiche Annaberg-Buchholz war die Heimat des großen Rechenmeisters Adam Ries (1492 bis 1559), ihm wurde in der Johannisgasse 23 ein Museum gewidmet. Interessant ist, dass Adam Ries seine Bücher nicht, wie es damals üblich war, in lateinischer Sprache verfasste, sondern in deutscher.

Der Köhlerweg

Zwei Rundwanderwege bei Sosa bilden den sogenannten Köhlerweg. Auf beiden Routen sind alte Meilerstätten des historischen Köhlerhandwerks zu entdecken. Mit dem Bergbau entstanden im Erzgebirge viele Hammerwerke. Die zum Schmelzen der Metalle erforderliche Holzkohle stellten die Köhler der Umgebung her. Wer sich dafür interessiert, kann eine Wanderung auf dem Köhlerweg in Sosa machen. Ein Rundkurs über 12 km führt vorbei an der Köhlerei Gläser, dem Freilichtmuseum »Klug Köhlerei« und an unzähligen alten Köhlerstellen der Vergangenheit. Faszinierend sind dabei die Ausblicke auf Sosa, die man von vielen Aussichtspunkten genießen kann.In einer der verschiedenen Gaststätten des Ortes kann man eine Verschnaufpause einlegen.

Das älteste Museum der Stadt ging aus einer 1436 errichteten Getreidemühle hervor, dem **Frohnauer Hammer** 19. Bis 1904 diente die Anlage als Münze und Hammerschmiede – eines der wenigen original erhaltenen Hammerwerke, drei Schwanzhammer und die Blasebalganlage sind bis heute funktionstüchtig (Ortsteil Frohnau, Sehmatalstraße 3, täglich 9–12 und 13–16 Uhr).

Der Schneckenstein ist der einzige Topasfelsen Europas: Im 17. Jahrhundert wurden 2/3 des Felsens bei der Gewinnung des Minerals Topas abgebaut.

Mit einem Palmwedel vergleichen Geologen die ungewöhnliche Basaltformation auf dem Hirtstein.

Butterfässer, Orgelpfeifen, Palmwedel

Ins Erzgebirge haben es die Annaberger nicht weit. Der Hausberg, Erosionsrest eines ehemaligen Lavastroms, liegt unmittelbar östlich der Kreisstadt. Der **Pöhlberg** (20) besteht wie seine Nachbarn Bärenstein und Scheibenberg überwiegend aus Basalt. Seine imposanten Basaltsäulen wurden vom Volksmund Butterfässer getauft. Auf dem 831 m hohen Pöhlberg befinden sich eine Ausflugsgaststätte und ein Aussichtsturm. Im Annaberger Stadtwald, zu seinen Füßen, wurde ein Wildtiergehege angelegt.

Am **Scheibenberg** (21), nahe der gleichnamigen Stadt, ragen die Basaltpfeiler wie Orgelpfeifen in die Höhe. Sie tragen auch diesen Namen. Der ehemalige Steinbruch liegt in umittelbarer Nähe zur Skisprungschanze. Der moderne 22,4 m hohe Aussichtsturm auf dem Scheibenberg ist mit seinem achteckigen Grundriss den Basaltsäulen nachempfunden.

Am südöstlich gelegenen ➠ **Hirtstein** (22) weist der Basaltaufbruch eine Fächerform auf. Das Geotop erhielt den passenden Namen Palmwedel, andere Stellen erscheinen wie eine Riesentreppe. Diese Zeugnisse des Vulkanismus im Erzgebirge befinden sich gleich an der Gaststätte mit Parkplatz auf dem von bunten Wiesen geschmückten Hirtsteingipfel.

Hohe Berge und tiefe Täler, da lässt sich vortrefflich wandern, so etwa in **Königswalde** (23) im schönen Pöhlatal. Ein Kulturlandschaftspfad führt auf verschiedenen, 5 bis 12 km langen Themenrouten über alte Steinbrücken, vorbei an klappernden Mühlen und betagten Bauernhöfen. Ausgangspunkt ist der Parkplatz Brettmühle im Pöhlatal. Vom stilvollen Bahnhof in Jöhlstadt dampft eine alte Museumsbahn durch das reizvolle Presnitztal bis nach Steinbach. Die **Presnitztalbahn** (24) verkehrt nur an Wochenenden und Feiertagen (Fahrplan: www.pressnitztalbahn.de).

An zwölf Monaten im Jahr ist ➠ **Seiffen** (25) für die Weihnachtstage gerüstet. Nussknacker, Räuchermännchen, Lichterpyramiden und Kerzen tragende Engel dekorieren das Städtchen zu jeder Jahreszeit. In weit über 100 Schauwerkstätten und privaten Handwerksbetrieben

So idyllisch wie im Erzgebirgischen Freilichtmuseum in Seiffen sah es früher überall im Erzgebirge aus.

unter spitzgiebeligen Dächern schnurren Drechselbänke, wirbeln Hölzspäne, werden Spielzeuge und Weihnachtsfiguren gefertigt, bemalt, verpackt und in alle Welt gesandt. Stolz nennt sich Seiffen das Spielzeugdorf im Erzgebirge.

Das Drechseln hatte in der holzreichen Erz-Region schon immer große Bedeutung, eine Schule widmet sich der Ausbildung des Nachwuchses für dieses traditionsreiche Handwerk. Einen Überblick über die Spielzeugproduktion gibt das Spielzeugmuseum in der Hauptstraße 73. Aber auch andere Traditionen wie die Bergknappschaft spielen in Seiffen eine wichtige Rolle.

Im **Erzgebirgischen Freilichtmuseum** 26 (Hauptstraße 203) sind historische Häuser, Schuppen und Scheunen zu begehen, sogar eine alte Trafostation von 1903; in den Bauerngärten blühen Lupinen, Stockrosen und Schwertlilien. Einem Reifendreher darf man bei der Arbeit zuschauen, seine Drechselbank wird von einer Wasserkraftanlage von 1760 angetrieben. Im Teich wartet angeflößtes Holz auf seine Verarbeitung. Am schönsten ist es hier jedoch immer zur Weihnachtszeit, wenn der tief verschneite Ort mit seiner achteckigen Kirche im hellen Lichterglanz des erzgebirgischen Weihnachtsschmucks erstrahlt.

Und wieder Musik – silberne Orgelklänge Der Name Silbermann hat in Sachsen einen ganz besonderen Klang, Silbermannorgeln gelten als die Meisterwerke des barocken Orgelbaus. Klanglich war Silbermann durch die französische Klassik beeinflusst. Von 46 Orgeln aus der Silbermann-Werkstatt in Freiberg sind noch 31 erhalten. Für den Wiederaufbau der Dresdner Frauenkirche wurde die originale Silbermannorgel aufwendig rekonstruiert. In der Heimatstadt des berühmten Orgelbauers Gottfried Silbermanns (1683 bis 1752), in **Frauenstein** 27, informiert eine museale Gedenkstätte die Musikliebhaber und -kenner über Leben und Werk der hochbegabten und weltweit berühmten Handwerkerfamilie.

Das Spielzeugmuseum Seiffen

Im Zeitalter von Gameboy und Internet dürften manche Sprösslinge wohl die Nase rümpfen über die erzgebirgische Schnitzkunst. Doch ein Besuch in dem modern gestalteten Spielzeugmuseum offenbart eine wahre Wunderwelt. Der Innenraum erstreckt sich über drei Etagen, in seiner Mitte steht eine 6,30 m hohe Pyramide. Auf nahezu 1000 m^2 sind über 5000 Holzspielzeuge, Figuren, erleuchtete Puppenhäuser und Ritterburgen oder Guckkästen mit ganzen Spielzeuglandschaften zu bestaunen. Die originalgetreu eingerichteten Stuben mit dem Wohn- und Arbeitsmilieu der Jahrhundertwende erzählen von der harten Arbeit an der Drechselbank (Bild), aber auch von Brauchtum und Volkskunst. Seiffen 25 liegt im Osterzgebirge, Anfahrt über Freiberg oder Frauenstein.

Naturpark Zittauer Gebirge

Sachsens jüngster Naturpark »Zittauer Gebirge«, der gleichzeitig der hundertste ausgewiesene Naturpark Deutschlands ist, liegt in der Oberlausitz westlich der Stadt Zittau. Das Zittauer Gebirge ist eines der kleinsten deutschen Mittelgebirge, und es geht oft noch beschaulich zu im Dreiländereck. Seine herrliche Naturlandschaft wird geprägt von bizarren Sandsteinfelsen und zahlreichen Granitbergen sowie Kuppen vulkanischen Ursprungs.

SERVICE

Anfahrt Auf der A 4 Dresden–Görlitz bis Abfahrt Bautzen-Ost, dann B 6 in Richtung Löbau und B 178 nach Zittau. Mit der Bahn über Dresden, Görlitz nach Zittau. Vom Bahnhof Verbindungen mit Bus oder Zittauer Schmalspurbahn in die Gemeinden des Naturparks.

Lage In Sachsen, im Dreiländereck Deutschland, Tschechien und Polen

Größe 133 km²

Gründung 2008

Höchste Erhebung Lausche (793 m)

Information Naturpark Zittauer Gebirge, Landkreis Görlitz, Neustadt 47, 02763 Zittau

Telefon 03583/79 67-27 27

Infohaus Naturparkhaus Niederkretscham

Internet
www.naturpark-zittauer-gebirge.de

TOP TIPP

- ❷ **Zittauer Schmalspurbahn** Ausstellung und nostalgische Bahnfahrten
- ❸ **Oybin** Berg mit Klosteranlage aus dem 14. Jahrhundert
- ❹ **Lausche-Hochmoor** Einzigartige Moorlandschaft mit Lehrpfad
- ❻ **Naturparkhaus »Niederkretscham«** Informationszentrum des Naturparks

Blick auf die Gondelfahrt in Jonsdorf

Zusammen mit dem auf tschechischer Seite angrenzenden Lausitzer Gebirge sowie dem Jeschkengebirge bildet es eine traditionsreiche Kultur- und Naturlandschaft mit malerischen Tälern und idyllischen Ortschaften. In unterschiedlichen Lebensräumen wie dem Lausche-Hochmoor, dem Mandautal oder dem Eichgrabener Feuchtgebiet finden hier unzählige Tier- und Pflanzenarten ideale Lebensbedingungen. Fischotter, Großes Mausohr und der Falter Kaisermantel sind hier ebenso zu Hause wie Arnika und das zu den Orchideen gehörende Breitblättrige Knabenkraut.

Die Stadt **Zittau** ❶ ist Namensgeberin des Gebirges und damit auch des Naturparks. Sie schaut auf eine über 750-jährige Tradition zurück und besitzt einen fast komplett erhaltenen historischen Stadtkern, in dem sich Gebäude aus Gotik, Renaissance, Barock und Klassizismus um weite Plätze gruppieren und durch verwinkelte Gassen ziehen. Sehenswert und weithin bekannt sind das Große und das Kleine Fastentuch, die im Museum »Kirche zum Heiligen Kreuz« bzw. im Museum Franziskanerkloster ausgestellt sind. Vom 60 m hohen Aussichtsturm der Schinkel-Kirche St. Johannis im Herzen der Stadt hat man einen fantastischen Blick über die Stadt und die Umgebung.

Ein besonderes Erlebnis ist eine Fahrt mit der ➠ **Zittauer Schmalspurbahn** ❷. Bereits 1890 wurde die Bahnlinie eröffnet, die Zittau mit den Orten Jonsdorf und Oybin im Zittauer Gebirge verband. Es entwickelte sich ein reger Ausflugsverkehr, der 1913 den Ausbau einer zweigleisigen Strecke nötig machte. 1976 wurde die Strecke stillgelegt, aber bereits 1995 begann man mit umfangreichen Arbeiten zur Rekonstruktion des gesamten Streckennetzes. Heute verkehrt die Zittauer Schmalspurbahn mehrmals täglich ab und nach Zittau, teilweise mit historischen Dieseltriebwagen und im Mai bis Oktober an Wochenenden als Dampfzug. Im Bahnhof Oybin berichtet zudem eine interessante Ausstellung aus der Geschichte der Schmalspurbahn (www.zoje.de).

Das weithin sichtbare Wahrzeichen von ➡ **Oybin** 3**,** das sich auch Perle des Zittauer Gebirges nennt, ist der gleichnamige Berg mit der wehrhaften Klosteranlage aus dem 14. Jahrhundert. Schon während der Zeit der Romantik war der Ort beliebt, u. a. ließen sich von den bizarren Felslandschaften rund um den Ort Maler wie Caspar David Friedrich und Carl Gustav Carus inspirieren. In der als »Hochzeitskirchlein« bekannten Bergkirche am Fuß des Oybin finden im Sommer Konzerte bei Kerzenschein statt.

Das ➡ **Lausche-Hochmoor** 4 befindet sich am Fuß der Lausche, teils auf deutschem und teils auf tschechischem Gebiet. Der grenzüberschreitende Lehrpfad führt auf 1 km Länge um das Moor herum, zweisprachige Info-Tafeln erklären die einzigartige Moorlandschaft.

Sehenswert sind auch die **Mühlsteinbrüche beim Ort Jonsdorf** 5. Auf einer ausgeschilderten 3-stündigen Wanderung geht es vorbei am Bärloch, dem ältesten Steinbruch, am Weiß-Felsen-Bruch sowie am Schwarzen Loch, an dem eine Schauwerkstatt eingerichtet ist. Anfangs- und Endpunkt ist der Parkplatz bei der Ausflugsgaststätte Gondelfahrt in Jonsdorf.

Einen guten Einblick in die Natur und die Schutzfunktion des Naturparks gewinnt man in der Ausstellung im ➡ **Naturparkhaus »Niederkretscham« in Waltersdorf** (6, in dem auch das Informationszentrum untergebracht ist (Mo, Di, Do, Fr 10–17 Uhr, Sa, So 14–17 Uhr geöffnet, Mi geschlossen). Auf einer interaktiven Entdeckungstour erfahren die Besucher viel Wissenswertes über Naturparks.

Der Oybin mit der Klosteranlage

Die Gemeinde Großschönau mit dem Ortsteil Waltersdorf wird von einer architektonischen Besonderheit geprägt, den Umgebindehäusern. Die Häuser wurden besonders im 17. Jahrhundert aus Holz, Lehm, Stroh und Steinen erbaut und sind bis heute weitgehend original erhalten. Der **Umgebinde-Denkmalpfad in Waltersdorf** 7 erläutert mit Infotafeln die Hintergründe und Details solcher für die Region typischen Häuser.

Freizeit-Oase Olbersdorfer See

Nach dem Ende des Braunkohletagebaus 1991 wurde das ehemalige Abbaugebiet geflutet, und so entstand der 60 ha große Olbersdorfer See 8. Das beliebte Naherholungsgebiet vor den Toren Zittaus bietet neben einem herrlichen Badestrand mit Spielplatz auch Möglichkeiten zum Tauchen, Rudern und Angeln. Auf dem 15 km langen Tagebaulehrpfad rund um den See sind die Geschichte des Tagebaus der Region sowie die Entwicklung vom Tagebau zum Erholungsgebiet anschaulich dargestellt.

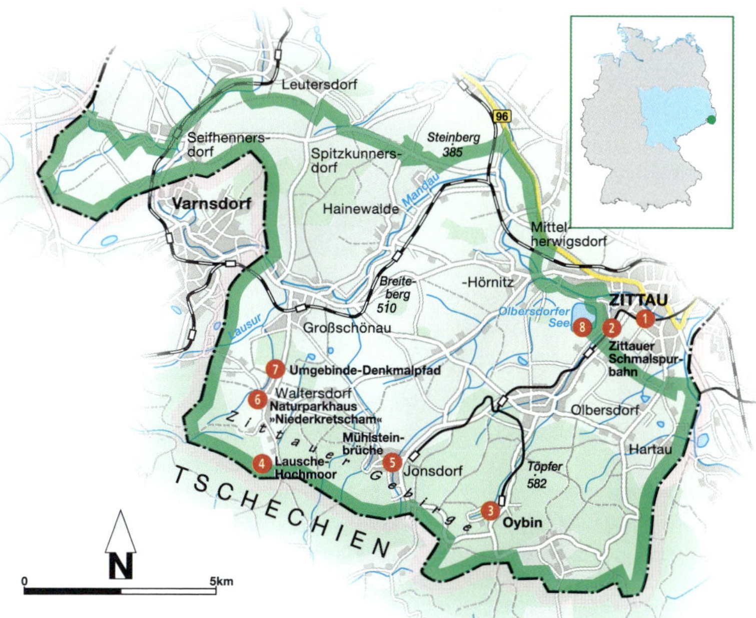

Nationalpark Sächsische Schweiz

SERVICE

Anfahrt Am Autobahn-Dreieck Dresden-West von der A 4 auf die A 17 (Prag) bis Abfahrt Pirna und über Lohmen zur Bastei; mit der Bahn nach Oberrathen an der Bastei

Lage Teil des Elbsandsteingebirges in Sachsen

Größe 93,5 km²

Höchste Erhebung Großer Winterberg (556 m)

Gründung 1990

Information Nationalpark Sächsische Schweiz, An der Elbe 4, 01814 Bad Schandau

Telefon 035022/90 06 00

Infohäuser U. a. Nationalpark Zentrum in Bad Schandau, Schweizerhaus, Amselfallbaude

Internet www.nationalpark-saechsische-schweiz.de

TOP TIPP

1 **Bastei**
Das Muss im Nationalpark

5 **Schwedenlöcher**
Natur pur – nur wenige Minuten vom Rummel

6 **Polenztal**
Geologisch und ökologisch interessantes Tal

8 **Lilienstein**
Markanter Tafelberg, von der Elbe umschlungen

16 **Obere Schleuse**
Bootsfahrt durch die enge Kirnitzschklamm

18 **Schrammsteine**
Glücksgefühle für Wanderer und Naturliebhaber

Welche gewaltigen Kräfte formten dieses Schauspiel der Natur, dieses Felslabyrinth aus Türmen, Toren und Kaminen, aus Gesimsen, Terrassen und Ebenheiten, dieses Ensemble aus Trockentälern und Feuchtwiesen – ein Wunder für uns. Wer sehnt sich nicht nach diesem erhebenden Gefühl des Einsseins mit der Natur?

Der klassische Blick von der Bastei über die Elbe bis hin zum Lilienstein: Impression bei Sonnenaufgang

Hier im Nationalpark Sächsische Schweiz wird es erlebbar, wenn man in aller Frühe die Felsen der Schrammsteine über steil ansteigende Pfade, Treppen und Eisenleitern erklimmt und plötzlich auf der schmalen Torsteinaussicht wie zwischen Himmel und Erde vor einer überwältigenden Kulisse steht. Die verwitterten Felsen des Schrammsteintores wandeln ihre Farben beständig im seidigen Glanz der aufgehenden Sonne, in blauer Ferne erheben sich majestätisch die merkwürdig anmutenden Tafelberge des Lilien- und des Königsteins; eine kleine Birke, die ihren Lebensraum dem kargen Felsen abtrotzt, glitzert im Frühtau.

Das Elbsandsteingebirge ist eigentlich gar kein Gebirge: Vor rund 100 Millionen Jahren ließ das abfließende Kreidemeer eine 600 m starke Sandschicht, den Meeresgrund, zurück. Der Boden verfestigte sich. Über Jahrmillionen zerklüftete die Erosion diese Schichttafel; Elbe und kleinere Flüsse fraßen sich ein und ließen eine Ruinenlandschaft aus Quadersteinen, die allmählich zu Sand zerfällt. Es bildeten sich drei Stockwerke: Zu den Tafelbergen und der Ebene kommen die markanten Täler, Gründe und Schluchten. Höhenunterschiede bis zu 450 m geben dieser Sandsteinlandschaft ein ganz eigenes Gepräge, ergänzt von kegelförmigen Basaltbergen und angrenzenden Hanglagen aus Granit.

Gelegenheit zur Besiedlung boten im Mittelalter nur die Talmulden sowie die

Höhen zur Anlage von Burgen. Im späten Mittelalter verkamen die ritterlichen Herrschaften jedoch zu Raubrittern und wurden von ihren Sitzen vertrieben. Die unzugänglichen Felsgebiete boten der Bevölkerung Rückzugsmöglichkeiten und Verstecke während kriegerischer Auseinandersetzungen, so die Schwedenlöcher und der Große Kuhstall.

Der 1990 gegründete Nationalpark umfasst zwei Teile: das Gebiet der viel besuchten Bastei, zu dem auch der Lilienstein gehört, und flussaufwärts das Elbtal und das Kirnitzschtal, die das Felsgebirge der Schrammsteine umfassen.

Steil abfallende Felsen in der Nähe der Bastei bilden diese enge Schlucht, Schwedenlöcher genannt.

Schroffe Felsen, wilde Schluchten Von Abgeschiedenheit und besinnlicher Stille in erhabener Natur kann auf der ➠ **Bastei** 1 nun wirklich nicht die Rede sein. Dennoch gilt dieses 305 m hoch aufragende Felsensemble mit Recht als der Höhepunkt eines Nationalparkbesuches. Über die steinerne Basteibrücke gelangt man vom Tummelplatz der Kioske, Restaurants und ganz bequem zu der märchenhaften Felswelt mit ihren bekannten Aussichtspunkten. Senkrecht fallen die Basteiwände fast 200 m zur Elbe ab. Die an ganz andere Gegenden der Welt erinnernde Silhouette der Tafelberge Lilienstein, Pfaffenstein und Königstein begrenzt das Flusspanorama. Auf der anderen Seite bietet der Rathener Felsenkessel ein noch eindrucksvolleres Bild. Die engen Schluchten münden vielfach in größere, zum Teil durch Felsstürze entstandene Gründe, die sich zum kesselartig geformten Amselgrund hin öffnen. Zahlreiche Einzelfelsen stehen herausgelöst, isolierte Massive mit fantasievollen Namen wie Große und Kleine Gans, Lamm, Lokomotive, Bienenkorb oder Storchennest. Die Verwitterung macht nicht Halt, Felsabgänge sind keine Seltenheit. 1948 brach der Obere Ganskopf ab und stürzte in die Schlucht.

Die Unzugänglichkeit der Basteifelsen war im Mittelalter Anlass zum Bau von Befestigungsanlagen. Reste der **Felsenburg Neurathen** 2 mit ihren schwindelerregenden Brückenstegen können besichtigt werden (geöffnet täglich 9–18 Uhr). Der Zutritt zur Bastei ist kostenlos, die Anfahrt erfolgt über Lohmen oder Hohnstein.

Wer von der Bastei den Weg nach Rathen hinabsteigt, kann schon nach wenigen Metern den Rummel hinter sich lassen und die wilde romantische Land-

Wenn über der Bastei der Mond aufgeht, versinkt der Lilienstein im blauen Dunst des Abendlichts.

schaft genießen. Ob Schiller die Naturkulisse der **Felsenbühne Rathen** ③ gekannt hat? Für seinen Wilhelm Tell jedenfalls ist diese grandiose Naturbühne unterhalb der Bastei, unweit des Städtchens Rathen, eine Traumkulisse. Bekannter jedoch sind die hiesigen Winnetou-Dramen. Bis zu 2000 Besucher fasst die Felsarena, geboten wird ein vielfältiges Programm mit Inszenierungen von »Ronja Räubertochter« bis zu den »Carmina Burana«.

Von der Felsenbühne führt ein Waldpfad am Grünbach entlang zum Amselsee mit Bootsverleih und weiter zum **Amselfall** ④. Letzterer entstand an einer Einsturzhöhle, in der sich Strudelköpfe und Auskolkungen gebildet haben. Ganz in der Nähe, in der Amselfallbaude, befindet sich eine Informationsstelle des Nationalparks (Mai–Sept. täglich 10–18 Uhr, im Oktober und April täglich 10–16 Uhr).

Auf der Flucht vor den brandschatzenden und raubenden Soldaten des Schwedenkönigs im Dreißigjährigen Krieg suchte die Bevölkerung Schutz in den unzugänglichen Schluchten, den ➡ **Schwedenlöchern** ⑤. Unterhalb des Amselfalls beginnt der Aufstieg durch die Felsengruppe hinauf zur Bastei. Anfangs führt der Steg über eine blockreiche Halde, dann über 800 Stufen durch dämmrige, schulterenge Felsgassen und Tunnel. Totholz verkeilt sich kreuz und quer über Abgründen und Felsüberhängen, Felsbrocken versperren den Weg. In diese tiefen Schluchten verirrt sich nur selten ein Sonnenstrahl. Sie bieten zahlreichen Farnen und Moosen besten Lebensraum, die leuchtend gelbe Schwefelflechte breitet sich an den feuchten Felsen aus.

Urig geformtes Urgestein Das geologisch seltene ➡ **Polenztal** ⑥ war das erste Gebiet in der Sächsischen Schweiz, das 1912 unter Schutz gestellt wurde. Der tiefe Bachlauf der Polenz führt von einem Granit- in ein Sandsteingebiet. Die Wasser haben sich im Granit v-förmig eingeschnitten, während sie im weicheren Sandstein ein u-förmiges Tal hinterließen. An diesen Uferabschnitten der Polenz ragen bis zu 100 m hohe Felswände und Steintürme schroff empor. Zur Erkundung des Polenztals bietet sich als Ausgangspunkt **Hohnstein** 7 an, ein schmucker Ort mit Fachwerkhäusern und einer Burg aus dem 12. Jahrhundert. Ein 6 km langer Lehrpfad berichtet von den kulturhistorischen und geologischen Besonderheiten der Gegend. Die Wanderung führt von der Burg Hohnstein hinab ins Polenztal und hinauf zum Hockstein, folgt dann der geologisch hochinteressanten Wolfsschlucht bis zur Gautschgrotte, einem riesigen Felsüberhang aus besonders widerstandsfähigem Sandstein, und erreicht wieder die Burg Hohnstein.

Aus einem Kiefernwald ragt der 415 m hohe **Lilienstein** 8 empor, der schönste Tafelberg der Sächsischen Schweiz. Seine Felswände erheben sich 60 bis 70 m über seinem Schottergürtel. Die Elbe muss sich in einer gewaltigen 180-Grad-Schleife um den Berg herumwinden. Zur Besteigung des Liliensteins setzt man von der Stadt Königstein mit der Fähre über die Elbe und folgt den

Flechten

Selbst Naturfreunde wissen wenig über diese interessante Pflanzengruppe. In Mitteleuropa gibt es etwa 2000 Flechtenarten, weltweit sind es zehnmal so viele. Sie entwickeln einen unglaublichen Formen- und Farbenreichtum. Auch trichterförmige Strukturen wie bei der Trompetenflechte (*Cladonia fimbriata,* Bild) sind nicht selten. In der Sächsischen Schweiz wurden bisher 367 Arten nachgewiesen. Am leichtesten zu entdecken ist die gelbe Schwefelflechte *(Chrysothrix chlorina)*. Von der Wolfsflechte *(Letharia vulpina)* ist in Deutschland nur ein einziger Fundort bekannt, in der hinteren Sächsischen Schweiz.

Vom freundlichen Ort Hohnstein aus kann man schöne Wanderungen ins Polenztal unternehmen.

Der markanteste Tafelberg der Sächsischen Schweiz mit seiner typischen Form ist aus allen Himmelsrichtungen unverkennbar.

blauen Wegzeichen bis zur Berggaststätte am Gipfel. Auf der Wanderung sind die schrillen Schreie der Wanderfalken nicht zu überhören. Die in der Sächsischen Schweiz bereits ausgestorbenen Greifvögel konnten in den letzten Jahren wieder erfolgreich angesiedelt werden.
An seiner ungewöhnlichen Form ist der Lilienstein zu erkennen, gleich aus welcher Himmelsrichtung man sich nähert. Von der gegenüberliegenden **Festung Königstein** 9 aus, die auf dem gleichnamigen Tafelberg thront, wirkt der Lilienstein besonders eindrucksvoll. Der Königstein liegt nicht mehr im Gebiet des Nationalparks, ist aber dank seiner imposanten Festung als Ausflugsziel sehr beliebt und wegen der hervorragenden

Besonderheiten des Klimas

Die stark ausgeprägte Höhengliederung des Elbsandsteingebirges bedingt eine hochinteressante ökologische Besonderheit: Im Sommer sind die Gründe kühl und feucht (Kellerklima), in den höheren Lagen und auf den Felsen ist es jedoch warm und trocken. Die landläufige Verbreitung von Vegetation und Tieren kehrt sich um: Gebirgsbewohner siedeln im Keller, Flachländer erobern die Gipfel. Wissenschaftler sprechen von einer Klimatischen Inversion, der Umkehrung mitteleuropäischer Waldhöhenstufen. Zu beobachten ist diese unter anderem an der Gautschgrotte (Bild) im Polenztal 6.

Hoch über der Stadt Königstein thront auf mächtigem Fels die gleichnamige Burg, einst stärkste Festung Deutschlands.

Sicht auf die Sächsische Schweiz einen Besuch wert. Aufstieg vom Parkplatz an der B 172 Pirna–Königstein.

Zwischen den Wassern der Elbe, die ruhig strömt, und den steil aufsteigenden bewaldeten Höhen des Elbsandsteingebirges liegt der Kneipp-Ort **Bad Schandau** 10. Bei der Nationalparkinformation geben Schautafeln, reichlich Prospekte und natürlich die freundlichen Nationalparkwächter Auskunft über die Besonderheiten ihrer Region. Das Städtchen mit den illustrativen Fachwerkhäuschen ist also das Tor zum Teil zwei des Nationalparks.

Mit der Straßenbahn in die Natur Die erste Überraschung erwartet den Gast gleich in Bad Schandau: Welcher Nationalpark hat schon eine eigene Straßenbahn? Die Kirnitzschtal-Bahn bringt die Besucher durch das anmutige Tal direkt in die Natur zum Lichtenhainer Wasserfall. Die Kirnitzsch entspringt in Nordostböhmen und mündet nach 45 km bei Bad Schandau in die Elbe. Sie strömt an steilen Sandsteinwänden entlang, im Unterlauf wird das Tal breiter, die Felsböschungen sind hier flacher. Bis ins letzte Jahrhundert hinein nutzte man die Kirnitzsch zum Triften gefällter Baumstämme; ein fischreiches Gewässer ist sie immer noch. Früher fing man hier Lachse, heute sind es vor allem Forellen und Äschen.

Beliebt ist der Flößersteig, der durch das schöne **Kirnitzschtal** 11 führt, für weniger anstrengende Wanderungen. Auf dem heimatkundlichen Lehrpfad ist viel vom Leben der Flößer und Waldarbeiter, aber auch über Geologie und Botanik zu erfahren. Der 20 km lange Weg führt von Bad Schandau bis zur Neumannmühle, einem technischen Naturdenkmal, das man auch mit dem Auto erreichen kann.

Zwölf Mühlen drehten sich einst im Kirnitzschtal – die **Lichtenhainer Mühle** 12, die Felsenmühle, die Neumannmühle, die

Klettern

Das Besondere des Bergsteigens und Wanderns in der Sächsischen Schweiz liegt vor allem an der grandiosen, aber auch empfindlichen Landschaft des Elbsandsteingebirges. Naturerleben und Naturschutz sind eng miteinander verbunden. 15 000 Routen verteilen sich auf 1100 Klettergipfel (Bild: im Basteigebiet). Das Klettern ist wegen der geologischen Besonderheiten des Sandsteins ganz anders als in den sonstigen Klettergebieten der Welt und unterliegt strikten Regeln zum Naturschutz. Sandstein verliert bei Nässe erheblich an Festigkeit, Klettern am nassen Fels sowie die Benutzung von metallischen Sicherungsmitteln sind hier verboten. Die erlaubten Kletterziele sind im aktuellen Standardführer beschrieben.

Buschmühle und die Niedermühle bemühen sich heute um das leibliche Wohl der Nationalparkbesucher. In Lichtenhain stürzt nicht nur ein (künstlicher) Wasserfall über die Felsen, hier gibt es auch unter einer ehrwürdigen Kastanie einen schattigen Rastplatz, beste Gastronomie verwöhnt müde Wanderer. Die Endstation der Straßenbahn ist ein guter Ausgangspunkt für Wanderungen.

Die recht kurze Tour zu den Sandsteinfelsen Neuer Wildenstein führt in ein Gebiet mit zahlreichen Grotten und Überhängen. Die größte dieser Höhlen, **Kuhstall** 13 genannt, diente den Bewohnern von Lichtenhain im Dreißigjährigen Krieg als Versteck für ihr Vieh. Der 24 m lange Felstunnel ist 11 m hoch und 17 m breit. Das gigantische Felsenfenster umrahmt den Ausblick auf den Kleinen Winterberg und den Winterstein. Das Gipfelplateau des 336 m hohen Neuen Wildensteins ersteigt man über die 108 Stufen der Himmelsleiter.

Nicht wegen der Mauerreste der mittelalterlichen Raubritterburg nimmt man den schwierigen Anstieg auf die **Ruine Arnstein** 14 in Angriff – wieder ist es der Blick auf weitere Felsen, auf die nächsten Naturattraktionen, der uns belohnt.

Die weiträumige Sandsteinlandschaft der **Große Zschand** 15 wird durch zahlreiche Schluchten gegliedert. Steilwände und bewaldete Hangzonen wechseln in Abhängigkeit von den Gesteinsformationen. In reinen Sandsteinbereichen dominieren schroffe Felsformen. Jenseits der Torwälder Wände fallen die sowohl auf sächsischem als auch auf tschechischem Gebiet liegenden Kuppen der jungvulkanischen Basalte und Phonolithe auf. Letztere sind vulkanisches Ergussgestein, das beim Anschlagen einen metallenen Klang von sich gibt.

Bootsfahrten durch die Schlucht Für das Triften von Holz auf der Kirnitzsch war im Oberlauf der Bau von Stauanlagen erforderlich. Schon im 16. Jahrhundert entstand die **Obere Schleuse** 16. Zuerst aus Holz bestehend, wurde sie 1816/17 in Stein ausgeführt. Die heutige Sperre aus dem Jahr 1931 mit einer Höhe von 7 m und einer Breite von nur 3 m staut die Kirnitzsch auf 700 m Länge auf.

Den in der engen Steinschlucht entstandenen See nutzt man bereits seit 1879 zu touristischen Bootsvergnügungen. Vom Parkplatz in Hinterhermsdorf bis zu

Grandioses Naturmonument: Der Felstunnel Kuhstall diente in Kriegszeiten als Versteck für das Vieh.

Bootsstation läuft man eine halbe Stunde. Öffnungszeiten Gasthaus und Bootsverleih von Ostern bis Oktober Mo–Fr 9.30–16 Uhr, Sa/So 9–17 Uhr.

Die **Kirnitzschklamm** (17) verläuft entlang der tschechischen Grenze. Auf schwindelerregendem Pfad durchwandert man hoch über dem rauschenden Bach die Klamm. Im Grund des engen Tals herrscht wie auch im Polenztal oder im Felsgebiet des Großen Zschand Kellerklima: Auch im Sommer bleibt es hier kühl. In der Talsohle wachsen Fichten, an den Steilwänden Buchen und Tannen, während die Felsriffe von Kiefern bestanden sind. Fichten und Tannen können hier bis zu 300 Jahre alt werden und Höhen bis zu 50 m erreichen.

Etwas mächtig Ergreifendes Vielleicht ist es die Überschaubarkeit dieser Felsenwelt, vielleicht ist es der Wechsel zwischen der Herbheit schroff aufragender Felsen, sanfter Täler, der Blick über das Kronenmeer der Bäume, der uns so fasziniert. Der dänische Märchendichter Hans Christian Andersen erinnert sich nach einer Wanderung im Sommer 1831: »Wie ein versteinertes Meer lagen die Berge vor mir. Es liegt etwas mächtig Ergreifendes darin, auf solche Weise über ein großes Land hinzuschauen.«

Die → **Schrammsteine** (18) sind wohl das imposanteste Ensemble im Nationalpark. Selbst auf kleineren Wanderungen stößt man immer wieder auf eigenartige, durch Verwitterung des Sandsteins entstandene Formen. Steingitter, Eisenbänder, Waben, Sanduhren und Höhlungen haben sich gebildet und sind ständig weiteren Veränderungen unterworfen. Kurz vor dem Grenzübergang nach Tschechien, vom Ort Schmilka aus, führt ein steiler Pfad auf 160 Höhenmeter über Wurzeln, Treppchen und Gestein, durch mannshohen Farn hinauf zur **Kleinen Bastei** (19). Beim Anblick der weitläufigen Elblandschaft mit dem Lilienstein vergisst man rasch die zitternden Knie. Eigenwillige Felsenformationen begleiten das tief eingeschnittene Elbtal: zerklüftete Steintürme, von Wind und Wettern geformt, die Kronen der mächtigen Buchen, Eichen und Fichten überragend, sprudelnde Bäche und mit Wildkräutern übersäte Wiesen stehen in erstaunlichem Kontrast zu dieser gigantischen Felsen-Inszenierung.

Eine Wanderung über die Schrammsteine führt zur Breiten Kluft: Weit kann hier der Blick dem Lauf der Elbe bis nach Tschechien folgen.

Lebensraum Wiesen und Weiden

Farbenprächtige Oasen

Wiesen und Weiden sind unter dem Einfluss des Menschen entstanden. Als landwirtschaftliches Grünland genutzt, werden Weiden durch grasendes Vieh vor der Verbuschung bewahrt, Wiesen durch die Mahd. Ohne diesen Eingriff würden beide von Büschen und Bäumen besiedelt und in Wald übergehen.

Oben: Salzwiesen bei Westerhever im Nationalpark Schleswig-Holsteinisches Wattenmeer
Mitte: Distelfalter
Unten: Bunte Sommerwiese

Fast alles Natur

Wiesen wie Weiden sind ein Lebensraum, der vom Menschen geschaffen und erhalten wird. Man spricht daher von einer Halbkulturformation. Diese bietet sehr gute Lebensbedingungen für eine Fülle an Pflanzen und Tieren. Lichtliebende Pflanzen, vor allem Gräser, überwiegen in der Flora der Wiesen und Weiden. Sie wachsen, blühen und fruchten schnell, ehe sie der Mahd oder dem grasenden Vieh zum Opfer fallen. Perfekt für eine extensive Nutzung. Der Mensch greift wenig ein, alles wird der natürlichen Entwicklung überlassen. Der Lebensraum Wiese wird nicht gedüngt, nicht speziell bearbeitet, bis auf die Mahd nicht von Menschenhand gepflegt. Das große Spektrum an Pflanzen ist Grundlage für eine ebenfalls vielfältige Fauna. Auf wenigen Quadratmetern Wiese tummeln sich oft Hunderte Insekten und Spinnen. Von ebenso großer Bedeutung ist dieses Biotop für am Boden brütende Vögel, die auf dem extensiv genutzten Grünland ein Refugium finden.

Naturparks erhalten Biodiversität

Doch Deutschlands Wiesen und Weiden werden zunehmend weniger und artenreiche Grünlandflächen auf Kosten der biologischen Vielfalt in Ackerland umgewandelt. Die Zersiedelung und Intensivierung der Landwirtschaft vernichten die Lebensräume einzigartiger Tiere und Pflanzen. Damit geht auch die genetische Vielfalt verloren, die für das Fortbestehen einer Art wichtig ist. Die Natur leistet unverzichtbare Dienste, ihr Schutz und die Erhaltung der globalen Biodiversität müssen an erster Stelle stehen. Hier leisten Natur- und Nationalparks sowie Biosphärenreservate einen wichtigen Beitrag.

Jeder kann etwas tun

Genauso kann aber jeder einzelne die Zukunft unserer Natur mitgestalten. Darum hier zehn einfach zu beherzigende Tipps, wie man Natur, Klima und Artenvielfalt schützen kann.
Weitere Tipps und Infos gibt es beim Bund für Umwelt und Naturschutz Deutschland e.V. (www.bund.net).

1. Gestalten Sie einen Garten für Nützlinge Gärten mit möglichst vielen Pflanzenarten minimieren den Schädlingsbefall. Eine Mischkultur heimischer Bäume und Sträucher mit Wiesen, Wildblumen und Wasserstellen sorgt für das beste ökologische Gleichgewicht und den optimalen Lebensraum für Nützlinge.

2. Verwenden Sie Kokos statt Torf Erde für Zimmerpflanzen besteht meist aus Torf. Der Abbau von Torf schadet jedoch dem Klima und vernichtet wichtige Lebensräume für gefährdete Pflanzen und Tiere. Kokosblumenerde ist ebenso im Pflanzenfachhandel erhältlich – und viel nachhaltiger.

3. Schaffen Sie Bienen ein Zuhause Mehr als 80 Prozent der heimischen Blütenpflanzen sind auf die Bestäubung durch Bienen angewiesen. Aus Holzscheiben oder Holzblöcken entstehen Nisthilfen und Wohnraum für die nützlichen Insekten.

4. Augen auf beim Baum- und Heckenschnitt Im Frühjahr ist Brutsaison der Vögel. Ihre Nester verstecken sie in Bäumen, Büschen und Hecken. Von März bis September, bis die Jungvögel flügge sind, sollte man daher keine Bäume fällen und beim Heckenschnitt große Vorsicht walten lassen.

5. Schützen Sie den Wildtiernachwuchs In der Brut- und Setzzeit im Frühjahr brauchen Wildtiere besonders viel Schutz. Denn ohne Muttertier haben die Jungtiere keine Überlebenschancen. Spaziergänger sollten daher in der Natur auf angelegten Wegen bleiben und Hunde an die Leine nehmen.

6. Geben Sie Schmetterlingen Lebensraum In Gärten und Parks wird zunehmend Exotisches gepflanzt. Raupen und Falter können sich davon häufig nicht ernähren. Wer ein Beet mit einheimischen Wildpflanzen und aromatischen Kräutern anlegt, darf sich bald an flatternder Pracht erfreuen.

7. Bauen Sie Nisthilfen für Vögel Weil in Parks und Wäldern alte und morsche Bäume abgeholzt werden und Streuobstwiesen vielerorts verschwinden, fehlt vielen Vögeln Platz zum Nestbau. Stachelige Büsche – alternativ auch Nistkästen – schaffen in Privatgärten Abhilfe.

8. Setzen Sie bei der Gartenarbeit auf Mechanik Gartenbesitzer leisten einen Beitrag zum Klimaschutz, wenn sie auf unnötige Motor- und Elektrogeräte verzichten. Lieber Harke statt Laubsauger, Hackbeil statt Häcksler, Hand- statt Benzinrasenmäher. Sportliche Fitness inklusive!

9. Bewahren Sie die heimische Flora und Fauna Exoten aus dem Urlaub gehen aufgrund der ungewohnten Umweltverhältnisse bei uns oft zugrunde oder sie bedrohen die einheimische Pflanzen und Tiere. Also lieber dort lassen!

10. Bleiben Sie beim Reisen am Boden Insbesondere bei Kurzurlauben und Reisezielen in der Nähe sollte man auf klimaschädliche Flugreisen verzichten. Entdecken Sie stattdessen lieber Deutschland: in über hundert Naturparks!

Oben: Rehkitze sind zur Erntezeit besonders gefährdet.
Mitte: Viehweide mit Blick auf den Grünten
Unten: Der Kiebitz versteckt sein Gelege in Wiesen.

Naturpark Haßberge

Wie die Haßberge zu ihrem Namen kamen, ist umstritten; die meisten Heimatkundler neigen zu der Ansicht, dass die Bezeichnungen »Haßgau« und »Haßberg« wohl von den Hessen herrühren muss, die bei der Besiedlung dieser Landschaft ohne Zweifel beteiligt waren. Die ursprüngliche Bezeichnung des Volksstamms war »Hassi«.

SERVICE

Anfahrt Auf der A 71 Schweinfurt–Erfurt bis zur Ausfahrt Bad Neustadt a. d. Saale, weiter auf der B 279 nach Bad Königshofen-Ipthausen; mit der Bahn erreicht man Zeil am Main.

Lage Im nördlichen Bayern zwischen Thüringer Wald, Rhön und Maintal

Größe 804 km²

Höchste Erhebung Nassacher Höhe (506 m)

Gründung 1974

Information Naturpark Haßberge, Am Herrenhof 1, 97437 Haßfurt

Telefon 09521/27 224

Infohäuser In Eltmann am Main und Hofheim i. Ufr.

Internet
www.naturpark-hassberge.de

TOP TIPP

- 7 **Schwedenschanze** Moderner Aussichtsturm auf uralter Wallanlage
- 10 **Königsberg in Bayern** Fachwerk-Altstadt, Stauferburg und Naturlehrpfad für die ganze Familie
- 15 **Felsenlabyrinth Lichtenstein** Imposanter natürlicher Irrgarten
- 16 **Altenstein** Schönste Burgruine Frankens

Im Herzen der Haßberge liegt Altenstein mit der schönsten Burgruine des Frankenlandes.

Der Haßgau mit seinen gleichnamigen Bergen ist eine unspektakuläre, aber schöne Landschaft, auch fromm, wie die zahlreichen Wegkreuze und Marienstatuen an den Häusern bezeugen. In sanfte Hügel schmiegen sich Dörfer, die Ruhe und Vertrautheit ausstrahlen. Jahrzehnte zollte man diesem Stück Land wenig Aufmerksamkeit, es blieb vergessen und verlassen. Jetzt holen die naturbegeisterten Freunde, Radwanderer und Mountainbiker die Haßberge aus ihrem Schattendasein, entreißen sie ihrem Dornröschenschlaf – ein großes Plus für eine Region fernab von Hektik und großen Industrien, von der Hast des Alltags und dem Lärm des ständigen Verkehrs. Die Haßberge bilden die Fortsetzung des Brudergebirges Steigerwald südlich des Mains. Die beiden bewaldeten Höhenzüge sind von gleichem Gestein, dem Keupersandstein. Für den Westtrauf und das Maintal sind die Wärme liebenden Eichen-Hainbuchen-Wälder und kleine Weinberge charakteristisch. Hier finden sich seltenste Pflanzenarten. Die Flüsse Baunach und Weisach leiten über zum sogenannten Itz-Baunach-Hügelland mit seinem imposanten Anstieg zum Rhät, jenen bizarren Sandsteinformationen mit dem Felsengarten von Lichtenstein. Im Osten werden die Waldlandschaften von den Wiesengründen der kleinen Flüsse Ermetz und Lauter durchzogen. Mehr als die Hälfte der Fläche des Naturparks ist mit Wald bedeckt.

Burgen, Schlösser und Kirchen wie Perlen am Wegesrand Den von Norden kommenden Besucher begrüßt am Rande des Naturparks ein wahres Kleinod fränkischer Rokokokunst: die **Wallfahrtskirche Maria Hilf** 1 in Ipthausen (einem Ortsteil von Bad Königshofen). Äußerlich sehr schlicht, überrascht sie mit ihrem festlich strahlenden Innenraum. Die Deckengemälde von Georg Anton Urlaub (1713–

1759), einem fränkischen Maler im Banne des großen Barockmeisters Tiepolo, erzeugen einen illusionistischen Effekt. Weitere Kostbarkeiten sind eine Pietà (17. Jahrhundert) und das Vortragekreuz für Prozessionen. Im benachbarten **Eyershausen** 2 wurde die katholische Pfarrkirche vom selben Künstler kaum weniger prächtig ausgestaltet.

Bad Königshofen 3, das vor den Grenzen des Naturparks liegt, ist mit seinem historischen Marktplatz und dem Vorgeschichtsmuseum einen Besuch wert. Glanzpunkte der Sammlung sind die reichen Grabausstattungen der Hallstattzeit und Funde von befestigten Höhensiedlungen. Spielend werden Kinder mit der Geschichte vertraut gemacht, und sie können aus Kupferdraht keltischen Spiralschmuck nachbilden oder Fibeln basteln.

Die Hochflächen der Haßberge schmücken artenreiche Buchen-Mischwälder; schmale Wiesentäler durchziehen sie von Ost nach West. Wollgras, Feuchtwiesen-Knabenkräuter und andere Orchideen sind hier zu finden, und für die Reinheit der Gewässer sprechen die in den Bächen immer noch vorkommenden Steinkrebse. Eine unbereinigte Kulturlandschaft in kleinen Parzellen, mit einem Wechsel von Wiesen und Hecken, Weinbergen und Streuobstwiesen – Mensch und Natur sind im Gleichgewicht.

In dieser abgelegenen Landschaft ist auch das sehenswerte **Wasserschloss Brennhausen** 4 zu finden. Sein Ursprung im 13. Jahrhundert, der Sage nach als Kloster erbaut, erinnert es in seiner Kargheit an schottische Towerhouses. Es kann leider nicht besichtigt werden, doch lohnt sich ein Spaziergang um die dreiflügelige Anlage. Der Weg dorthin ist nicht ausgeschildert (von Sulzdorf in Richtung Königshofen fahren, 200 m vor dem Ortsausgangsschild links in die Brennhauser Straße abbiegen, dann noch 4 km). Westlich von Sulzdorf liegt der größte natürliche Binnensee Unterfrankens, der **Reutsee** 5, eine Freizeit- und Badeoase. Wahrhaft steinalt ist die Gerichtslinde von **Birnfeld** 6 auf der anderen Seite der

Unter zahlreichen Schlössern und Burgen besonders bemerkenswert: das Wasserschloss Brennhausen

Haßberge. Den mächtigen Baum umgeben zwei Steinkränze mit sechs und zwölf Säulen. Unter dieser alten Linde fällte bereits vor über 1000 Jahren das Dorfgericht seine Urteilssprüche. Zu den landschaftlichen Höhepunkten der Haßberge zählt die ➠ **Schwedenschanze** 7. Den Berggipfel umgeben ein bis zu 7 m tiefer Graben und ein gut erkennbarer Steinwall, der aus der La-Tène-Zeit (ab 500 v. Chr.) stammt. Ausgrabungen wiesen auch ein keltisches Dorf (Oppidum) nach. Noch im

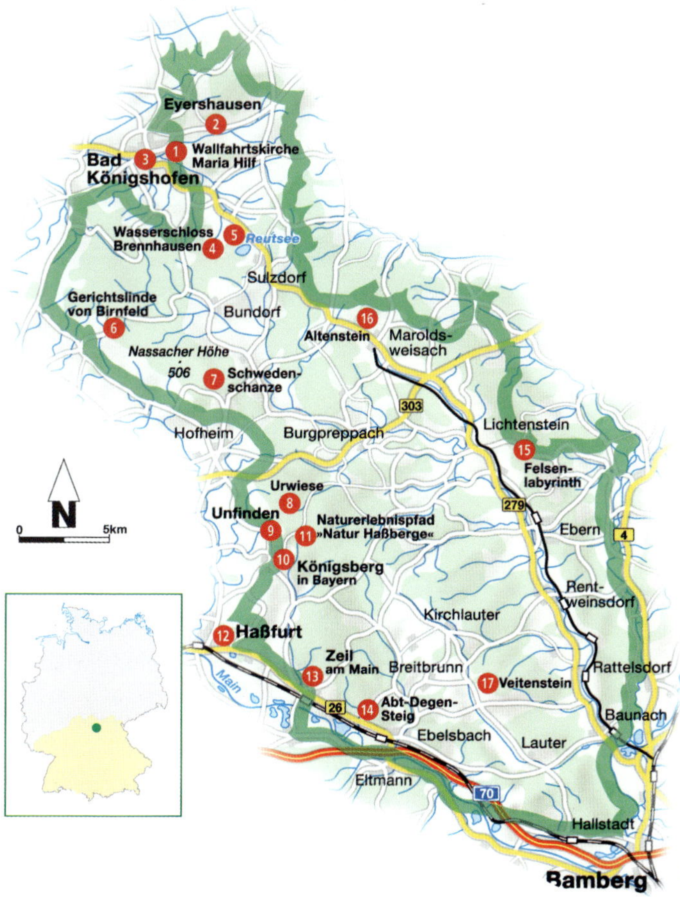

Gut zu finden: die mit Orchideen geschmückte Urwiese bei Unfinden, ein natürliches Kleinod inmitten der Haßberge

Dreißigjährigen Krieg wurde die 250 m lange und 2,5 ha große Wallanlage als Schutzsiedlung genutzt. 1928 errichtete man einen ersten Aussichtsturm aus Stein und Holz, der 2002 durch eine moderne, 29 m hohe Eisenkonstruktion mit bugförmiger Holzverkleidung ersetzt wurde. Nach einer Wanderung entlang des Rennweges, der über diese Bergkuppe führt, empfiehlt es sich, den Turm zu ersteigen. Kein Lüftchen regt sich in der Höhe. Dort, wo sich die Bergketten der Rhön und des Thüringer Waldes in der blauen Ferne verlieren, steigen gewaltige weiße Wolken auf. Aus der Dr.-Krahmer-Hütte am Fuß des Turmes (am Wochenende und an Feiertagen eine willkommene Rastmöglichkeit) tönt Gläserklingen herauf. Vom Ort Eichelsdorf erreicht man die Schwedenschanze auf einer 4,5 km langen Wanderung. Mit dem Auto biegt man am Gasthaus Schwedenschanze (an der Straße Eichelsdorf–Schweinshaupten) auf eine 3 km lange Straße ab, die sich durch den Wald zum Parkplatz windet.

Was das Herz begehrt: Natur und fränkischer Wein Weiter auf dem Rennweg in südöstlicher Richtung stößt man auf einen Felsbrocken. »1317 stand hier Zeysendorf«, ist zu lesen. Der Ort wurde im Dreißigjährigen Krieg verlassen, es entstand eine große **Urwiese** 8, auf der die Pyramiden-Spitz-Orchidee und das Stattliche Knabenkraut blühen. Über einen tief eingeschnittenen Hohlweg gelangt man zu dem unter Denkmalschutz stehenden Ort **Unfinden** 9, das Dorf der Maler und Dichter. Historische Zunft- und Familienwappen zieren Fachwerkfassaden. Hier wird seit Jahrhunderten Weinbau betrieben. Eine gute Möglichkeit, fränkischen Wein zu verkosten. Die Urwiese erreicht man nur zu Fuß über den Rennweg, von Unfinden führt der 8 km lange Rundwanderweg (Markierung: Marder) ebenfalls an der Urwiese vorbei.

Über diesen Weg gelangt man auch nach ➠ **Königsberg in Bayern** 10, die Stadt des Regiomontanus (1437–1476). Der Mathematiker, Astronom und Erfinder hieß eigentlich Johannes Müller und verfasste schon im ausgehenden Mittelalter ein Lehrbuch der Trigonometrie, gründete in Nürnberg die erste deutsche Sternwarte und sagte Mond- und Sonnenfinsternisse richtig voraus. Das Geburtshaus und sein Denkmal zieren den malerisch ansteigenden Salzmarkt. Die gesamte Altstadt von Königsberg mit ihren dekorativen Fachwerkhäusern und schönen Stadttoren steht unter Denkmalschutz. Über ihr thront die Ruine einer alten Stauferburg. Den kurzen Anstieg auf den Schlossberg belohnt ein Besuch in der Burgschenke.

Nicht weit entfernt, an der Straße nach Hohnhausen, erwartet der **Naturerlebnispfad »Natur Haßberge«** 11 vor allem Kinder. An 13 Erlebnisstationen können sie springen, klettern, auf verschiedenen Untergründen barfuß laufen, Steine bearbeiten, Musik machen und viel über Tiere und Pflanzen erfahren.

Königsberg ist bei weitem nicht die einzige geschichtsträchtige Stadt in den Haßbergen. Weiter südlich am Main liegt **Haßfurt** 12. Wahrzeichen und bedeutendstes Bauwerk ist die spätgotische Ritterkapelle von 1390. Die etwa gleichzeitig entstandene Pfarrkirche beherbergt wertvolle Holzskulpturen des berühmten Künstlers Tilman Riemenschneider.

Den Marktplatz in **Zeil am Main** 13 säumen barocke Bürgerhäuser und das Renaissance-Rathaus, eine würdige Kulisse für das weithin bekannte Zeiler Weinfest im August. Der bedeutendste Sohn der Stadt, Abt Alberich Degen, führte 1665 die Silvanerrebe in Franken ein. Seitdem gedeiht die Grundlage für den vorzüglichen Frankenwein auf den sonnigen Südhängen rund um Zeil.

An der Wallfahrtskirche Zeiler Käppele oberhalb von Zeil (dort gibt es mehrere Parkmöglichkeiten) beginnt der **Abt-Degen-Steig** 14, der mit schönen Ausblicken auf das Maintal bis zu den bereits im Jahr 1335 erwähnten Weinbauanlagen Pfaffenberg und Nonnenberg führt. Mehrere Trockenmauern, die wie die Gräten eines Fisches angelegt wurden gliedern die extrem steilen Hänge. Durch die Flurbereinigungen nach dem Zweiten Weltkrieg drohten die alten Weinbergmauern zu verfallen, doch 1986 stellte man die historischen Rebfluren, die nach wie vor von Hand bewirtschaftet werden, unter Naturschutz.

Rätselhafte Felsen, sagenumwobene Ruinen Zwanzig vorgeschichtliche Fliehburgen und Wallanlagen, 15 Burgen und 26 Schlösser hat man in den Haßbergen gezählt. In Lichtenstein liegt unterhalb der Ruine der einzigartige Rhätsandstein-Felsengarten. Die Doppelburg teilt sich in die gut erhaltene und noch bewohnte Südburg und die Ruine der Nordburg, die an Wochenenden gegen Eintrittsgeld besichtigt werden kann. Der Zugang zum ➡ **Felsenlabyrinth** (15) liegt gleich neben der Ruine. Besonders imposant ist der Walfischfelsen, in dessen aufgeklapptem Maul man deutlich die wabenförmige Verwitterung des Sandsteins erkennen kann. Weiter führt der Weg zum Teufelsstein mit einem in den Fels geritzten Mühlespiel. Der Burgsage nach hat ein Lichtensteiner Ritter durch eine List an diesem Spielbrett den Teufel besiegt. Nach etwa 2,5 km Wanderung gelangt man zurück zum Dorf. In Lichtenstein beginnt auch der 40 km lange »Burgenkundliche Lehrpfad«, der zu acht Burgen und Ruinen führt. Alle Stationen dieses Rundkurses sind mit Informationstafeln zur Geschichte und Architektur der mittelalterlichen Wehranlagen ausgestattet. Die schönste Burgruine Frankens liegt in ➡ **Altenstein** (16). Leider steht sie auf sehr instabilem Rhätsandstein-Untergrund. Das Gemäuer der spätgotischen Burgkapelle möchte man am liebsten stützen, so beängstigend aus dem Lot geraten ruht es am Rande des tiefen Felsabgrundes. Die vorbildlich gesicherte und erschlossene Burg kann tagsüber kostenlos besichtigt werden. Altenstein ist ein guter Ausgangspunkt für Wanderungen, etwa zum 3,5 km nordöstlich gelegenen Herthasee oder zu der 2,5 km entfernten Felsengruppe »Diebskeller«.

Flusskrebs *(Astacus astacus)*

Der Edelkrebs oder Europäische Flusskrebs ist die größte unter den in Europa heimischen Krebsarten. Die Tiere werden 15 bis 20 Jahre alt. Flusskrebse sind dämmerungs- und nachtaktive Einzelgänger. Früher waren die meisten Binnengewässer von Flusskrebsen besiedelt. Der Bestandsrückgang ist auf naturfernen Ausbau und die Schadstoffbelastung vieler Gewässer sowie das Auftreten der Krebspest zurückzuführen. Heute ist der Flusskrebs vom Aussterben bedroht.

Eine frühgeschichtliche Kultstätte darf man auf dem **Veitenstein** (17) vermuten. Der von Spalten und Höhlen durchzogene Sandsteinfelsen liegt östlich des Lautertals bei Lußberg. Durch geologische Verschiebungen hat sich der vordere Teil des 15 m hohen Felsens vom 460 m hohen Gipfel des Lußbergs abgespalten und eine etwa 1,5 m breite Kluft gebildet, die sich im Inneren des Berges senkrecht fortsetzt. Offenbar wurde die Höhle zu kultischen Zwecken erweitert. Bemerkenswert ist eine enge Lichtöffnung, die der Sage nach von Querkeln (Zwergen) geschaffen wurde. Keltische Schriftzeichen am Querkelloch verweisen auf ein heidnisches Heiligtum. Eine massive Holztür versperrt den Zugang zur Höhle (Führungen unter Tel. 09536/10 12). Die Wanderung zum Veitenstein beginnt am Parkplatz des Ortes Lußberg, 1,5 km mit steilem Anstieg, Rückweg (2,5 km) über das Jungfernkreuz nach Lußberg.

Zeugnis frühgeschichtlicher Kulte: keltischer Drudenfuß am sagenumwobenen Veitenstein

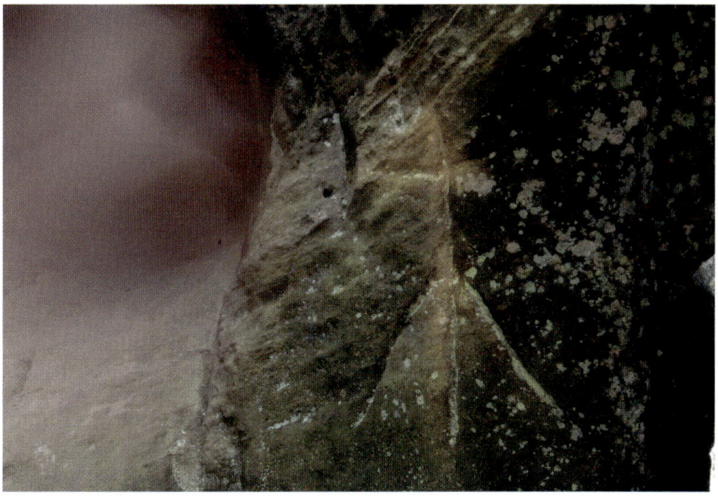

Naturpark Frankenwald

Weit schweift der Blick über schwingende Höhen. Auf saftigen Wiesengründen, von Flüsschen und Teichen durchzogen, setzen Hahnenfuß, Vergissmeinnicht und Ehrenpreis farbige Akzente. Der Frankenwald gehört seit je zu Oberfranken und wird zu Recht die »grüne Krone Bayerns« genannt. Zusammen mit den Naturparks Thüringer Wald und Thüringer Schiefergebirge/Obere Saale bildet er eine geografische Einheit – ein Schutzgebiet für die Natur mit einer Gesamtfläche von rund 925 km².

SERVICE

Anfahrt Auf der A 4 bis Jena, von dort auf der B 85 nach Lauenstein; Ludwigsstadt, Kronach, Marktschorgast und weitere Orte des Naturparks sind mit der Bahn zu erreichen.

Lage Im bayerischen Oberfranken an der Grenze zu Thüringen

Größe 1022 km²

Höchste Erhebung Döbraberg (794 m)

Gründung 1973

Information Naturpark Frankenwald, Güterstraße 18, 96317 Kronach

Telefon 09261/67 82 42

Infohäuser In Bad Steben-Bobengrün, Lichtenberg, Ludwigsstadt, Marktschorgast, Stadtsteinach, Steinwiesen und Tettau

Internet
www.naturpark-frankenwald.de
www.frankenwald-tourismus.de

TOP TIPP

2 Steinbach an der Haide
Ursprüngliches Rundangerdorf mit freskengeschmückter Kirche und Blumenanger

6 Höllental
Imposantes, bis zu 170 m tiefes Schluchttal

12 Kronach
Mittelalterliche Stadt und Geburtsort Lucas Cranachs d. Ä.

14 Steinachtal
Romantisches Tal mit Mühlen, Burgruine und üppiger Flora

Anmutig und heiter wie ein sonniger Frühlingsmorgen: die Landschaft des Frankenwaldes bei Steinbach a. d. Haide

Die Übergänge zum nördlich gelegenen Thüringer Wald sind kaum spürbar, vielleicht ist der Frankenwald aber noch grüner, noch stiller und abgeschiedener. Besiedelt wurde er erst im Mittelalter, auf Rodungsinseln entstanden die ersten Siedlungen mit den erkennbaren Siedlungsformen des Waldhufen- oder Rundangerdorfes.

Die Wälder waren der Reichtum des Landes und sind es heute noch. Große Bedeutung besaß die Rodach, auf der geschlagenes Holz bis nach Frankfurt und weiter nach Holland geflößt wurde. Vor nicht allzu langer Zeit stieg noch der Rauch von Holzmeilern über die Baumkronen empor.

Geschichte und Geschichten aus dem Frankenwald Das zu Stein gewordene Sinnbild der »grünen Krone Bayerns« ist die **Burg Lauenstein** 1 aus dem 12. Jahrhundert. In den blutigen Fehden des 14. Jahrhunderts wurde sie stark beschädigt. Danach verewigten sich emsig mehrere Bauherren: Den heute noch zu besichtigenden Orlamünde-Bau mit seinen Glasgemälden errichtete Graf Otto von Orlamünde; Heinrich von Thüna ließ 1506 eine Burgkapelle, sein Nachfolger Christoph von Thüna d. Ä. den prächtigen mehrgeschossigen Schlossbau mit sterngewölbtem Rittersaal erbauen. Der Hallenser Dr. Ehrhard Meßmer erwarb Burg Lauenstein 1896. Bei ihrer Instand-

setzung spielten Gestaltung und Kunstauffassung des Historismus und beginnenden Jugendstils eine tragende Rolle. Meßmer erweiterte die Anlage um ein Hotel und empfing namhafte Gäste wie den Poeten Joachim Ringelnatz. Die Erben verkauften die Burg 1962 an den Freistaat Bayern, der die Anlage aufwendig restaurieren ließ. Die interessante Burg mit Rüstungen aus dem 16. und 17. Jahrhundert kann nur im Rahmen einer Führung besichtigt werden.

➠ **Steinbach an der Haide** 2, ein kleines Rundangerdorf, gehörte im 16. Jahrhundert zum Herrschaftsbereich der Burg Lauenstein. Sein Ursprung liegt jedoch wesentlich weiter zurück. Dichter Urwald bedeckte zur Zeit der mittelalterlichen Jahrtausendwende die Höhen des Frankenwaldes. Es waren Mönche des Benediktinerklosters Paulinzella in Thüringen, die mit der Rodung und Besiedlung des wilden »Nortwalds« begannen. Steinbach dürfte um 1100 gegründet worden sein; um 1250 weihten Mönche aus dem nahen Probst-zella der hl. Elisabeth von Thüringen (1207–31) eine Kapelle. Bei deren Renovierung 1963 legte man mittelalterliche Wandmalereien frei. Die ältesten Fresken, eine Gerichtsszene an der Ostwand hinter dem Altar, stammen noch aus der Entstehungszeit der Kapelle. Zu sehen ist auch die verehrte Elisabeth, die schon bald nach ihrem frühen Tod heilig gesprochen wurde. Ebenfalls erhalten blieb eine Darstellung der Burg Lauenstein. Auf dem weiträumigen Anger oberhalb der kleinen Kirche leuchtet ein Blumenmeer. Als Anger bezeichnete man einen Dorfplatz in Gemeinbesitz, den alle Bewohner nutzten. Oft wurde das Vieh über Nacht auf dem Anger in Sicherheit gebracht. Doch zur Zeit des Zweiten Weltkrieges wuchsen hier Kraut und Rüben und Hopfen für die örtliche Brauerei: Krautsteinbach nennt der Volksmund seitdem diesen Ort.

Abstieg in niedere Gefilde – Höllental und Höllenfahrt An der Grenze zu Thüringen verläuft die **Saale-Panoramastraße** 3. Die ursprünglich nur 10 km lange Strecke entlang der Saale bietet wunderbare Aussichten auf den Fluss und den benachbarten Naturpark Thüringer Schiefergebirge/Obere Saale. Inzwischen führt die Panoramastraße von Bad Steben über 40 km bis nach Hof. Zu den Sehenswürdigkeiten der Panoramastraße zählt der **Friedrich-Wilhelm-Stollen** 4 bei Lichtenberg. Im Besucherbergwerk wandelt man auf den Spuren Alexander von Humboldts, der den Stollen zu Forschungszwecken projektierte.

In unmittelbarer Nähe im ehemaligen Lichtenberger Bahnhof in Blechschmidtenhammer ist das **Naturpark-Infozentrum** 5 (Bahnhof Blechschmidtenhammer, täglich 10–17 Uhr, Telefon 09288/76 51) untergebracht. Auf alten

Kronach, Geburtsstadt von Lucas Cranach d. Ä., über der die mächtige Festung Rosenberg aus dem 13. Jahrhundert thront

Gleisen stehen Waggons der Höllentalbahn, als würde der Schaffner gleich das Signal zur Abfahrt geben. Doch die Eisenbahn rattert nur noch im Modell durch das naturgetreu nachgebaute Höllental in den Räumen des Infozentrums. Empfehlenswert ist es, das schönste Tal des Frankenwaldes gleich hier vom Infozentrum aus zu erkunden.

Im ➠ **Höllental** 6 entwickelt das kleine Flüsschen Selbitz eine erstaunliche Kraft; bis zu 170 m tief hat es sich in das vulkanische Diabasgestein gegraben. Die Quelle liegt auf 605 m Höhe bei Wüstenselbitz, nach 40 km mündet das Flüsschen bei Blankenstein in die Saale. Im etwa 4 km langen Höllental verliert die Selbitz gleich 50 m an Höhe; das Wasser strömt schnell und erzeugt genug Kraft für den Betrieb eines kleinen Kraftwerks, das schon seit 1888 Energie erzeugt. Die Wasserqualität im Höllental ist so gut, dass man aus Tiefenquellen Mineralwasser gewinnt.

Enge Täler prägen den Frankenwald. Von wirtschaftlicher Bedeutung war einst die Rodach, ein rechter Nebenfluss des Mains. Sie hat zwei Quellflüsse: Die Rodach entspringt 690 m hoch am Rennsteig, die Wilde Rodach am Südhang des **Döbraberges** 7, der mit 794 m höchsten Erhebung des Frankenwaldes. In früherer Zeit wurde die Rodach für die Flößerei genutzt. Der Titschendorfer Floßteich (bei Nordhalben) und der Floßteich beim heutigen Gasthof Bischofsmühle (unterhalb des Döbraberges) waren Ausgangspunkte, von denen Holz aus dem Frankenwald über Kronach und Frankfurt bis in die Niederlande transportiert wurde. In **Wallenfels** 8 an der Wilden Rodach kann man eine Floßfahrt ohne die damaligen Strapazen erleben: Jeweils samstags, von Mai bis September, schaukeln erfahrene Flößer auf den wackligen Stämmen Touristen etwa 5 km von Schnappenhammer nach Wallenfels. Mit 30 Gästen an Bord durch Brücken und über Wehre – da bleiben weder Hemd noch Hose trocken (Anmeldungen unter www.wallenfels.de).

Munter umfließt die Steinach mächtige Felsen, die ihr den Weg verstellen.

Es hat nicht Ruh' bei Tag und Nacht Die Wasserkraft nutzte man früher auch für die zahlreichen Sägewerke an der Wilden Rodach, so etwa die Dorschenmühle und die Rauschenhammermühle. In **Steinwiesen** 9 an der Rodach ist die seit 1122 bestehende Teichmühle noch heute voll funktionsfähig. Bei einer Besichtigung der Museumsmühle werden Funktionsweise und der Betriebsablauf an einem Schneidtag vorgestellt.

Der Steilabfall des Frankenwaldes zum Obermainischen Hügelland markiert eine geologische Verwerfungsspalte, die »Fränkische Linie«. Bei Zeyern tritt am Prallhang der Rodach dieses geologische Phänomen zutage. An diesem natürlichen Aufschluss erkennt man die gesamte Schichtenfolge des Unteren Muschelkalks. Die **Zeyerner Wand** 10 steht seit 1985 unter Naturschutz und lässt sich auf einer 5 km langen Wanderung erkunden (von der B 173 Richtung Roßlach abbiegen, am Ortsausgang das Fahrzeug auf dem geschotterten Platz parken, von dort auf den Flößerweg entlang der Rodach).

Folgt man dem Weg weiter, gelangt man zu dem **Flößermuseum Unterrodach** 11. Es ist in einem ehemaligen Floßherrenhaus untergebracht, von denen in Unterrodach noch einige zu sehen sind. Sie zeigen, dass man es mit der für den Frankenwald so bedeutsamen Flößerei durchaus zu Wohlstand bringen konnte.

Aus dem Waldesdunkel ans Licht Kulturelles Glanzlicht des Frankenwaldes ist die Stadt ➠ **Kronach** 12, über der die mächtige Festung Rosenberg aus dem 13. Jahrhundert thront. Die schöne Altstadt schmiegt sich an den Burgberg und wird von der erhalten gebliebenen Stadtmauer umschlossen. Das Haus »Zum Scharfen Eck« ist vermutlich das Geburtshaus (1472) von Lucas Cranach d. Ä., der sich nach seiner Heimatstadt benannte. Seine Bilder hängen in der Fränkischen Galerie auf der Festung Rosenberg. Wenige Kilometer vor den Toren Kronachs (in Richtung Mitwitz/Coburg) erhebt sich auf dem Wolfsberg eine der ältesten Steinbefestigungen in Mitteleuropa, die **Heunischenburg** 13. Sie wird in die Bronzezeit datiert. Eine rekonstruierte Torgasse mit Ausfallpforte und hölzernem Turm kann besichtigt werden.

Zwischen Wildenstein und Stadtsteinach hat sich das Flüsschen Steinach das romantische ➠ **Steinachtal** 14 gegraben. Munter dreht sich das Wasserrad der alten Schneidmühle von 1865. Sie wurde 1982 von Studenten der Fachhochschule Düsseldorf restauriert und wieder in Gang gebracht. Wenig weiter erhebt sich die Ruine Nordeck inmitten eines Naturreservates. Nur der Stumpf des Bergfrieds blieb erhalten. Prächtig ist der Pflanzenreichtum zu ihren Füßen: Storchenschnabel, Maiglöckchen, Haselwurz, duftende Minze, Kleines Immergrün und schmackhafte Walderdbeeren. Vom Fischreichtum der Steinach kann man sich in der Räucherei unterhalb der Burgruine überzeugen.

Schließlich verengt sich das Tal bei Wildenstein zu einer Klamm, an der sich mächtige Quarzfelsen gegenüberstehen. Um die romantische **Steinachklamm** 15 ranken sich Legenden: Als die Steinach an einer großen Felswand nicht weiterkam, bat sie den Gott Thor, den Weg mit seinem Hammer frei zu machen. Zum Dank musste die Steinach die Waffenschmiede des Gottes antreiben.

Die Schneidmühle im Steinachtal wurde 1982 von Düsseldorfer Studenten sorgfältig und fachgerecht restauriert.

Geo-Naturpark Bergstraße-Odenwald

SERVICE

Anfahrt A 67 bis Ausfahrt Lorsch; nächstgelegene ICE-Bahnhöfe in Heidelberg und Darmstadt

Lage In den Bundesländern Hessen und Bayern, südöstlich von Darmstadt und nördlich von Heidelberg; begrenzt durch den Rhein im Westen, den Main im Osten sowie Darmstadt im Norden

Größe 3500 km²

Höchste Erhebung Melibokus (517 m)

Gründung 1960

Information Naturpark Bergstraße-Odenwald, Nibelungenstraße 41, 64653 Lorsch

Telefon 06251/70 79 90

Infohaus In Bensheim-Auerbach

Internet www.geo-naturpark.de

TOP TIPP

1. **Lorsch** Mit Königshalle und Museumszentrum
2. **Kühkopf und Knoblochsaue** Die schönste Rheinaue, ein Naturschutzgebiet
5. **Fürstenlager** Prächtiger Staatspark im englischen Stil mit Infozentrum
8. **Grube Messel** Weltnaturerbestätte mit urzeitlichen Funden
10. **Michelstadt** Gotisches Rathaus, Odenwaldmuseum, prächtige Altstadt

Seit 2004 ist der Naturpark Mitglied im »Global Network of Geoparks« der UNESCO. Unter dem Motto »Zwischen Granit und Sandstein – Kontinente in Bewegung« stellt diese Region ein einzigartiges Fenster in über 500 Millionen Jahre wechselvoller Erdgeschichte dar.

Nicht nur für Kinder ein kleines Kletterparadies: das beeindruckende Felsenmeer in Lautertal-Reichenbach

Das geologische Erbe ist Fundament und Vorbedingung zugleich für die Besiedlung und Nutzung der Region wie auch für die vielfältige Kultur, die sich daraus entwickelt hat. Dieses Potenzial macht der Geopark erlebbar: Ziel ist es, das Zusammenwirken geologischer, naturräumlicher und kultureller Prozesse und ihre Bedeutung für die Umwelt und unser tägliches Leben anschaulich und verständlich zu vermitteln.

Königin unter den Rheinauen Ein besonderes Juwel hat das in der Rheinebene gelegene Städtchen ➡ **Lorsch** ❶ vorzuweisen: die Königshalle. Seit 1991 ist dieses Bauwerk Weltkulturerbestätte der UNESCO. Die Königshalle und die Reste einer romanischen Kirche sind die letzten Überbleibsel des einst so prächtigen Klosters Lorsch. Die Entstehungszeit des Portalbaus vermuten Wissenschaftler im 9. Jahrhundert. Sein heutiges Aussehen stammt aus dem 14. Jahrhundert. Der einstige Zweck des Bauwerkes ist nicht genau zu klären: War es eine Bibliothek oder vielleicht eine Schauhalle für Reliquien? Wer sich über die Königshalle und das Kloster kundig machen will, dem sei der Weg ins Museumszentrum Lorsch empfohlen. Im Klostermuseum zeigt eine Computersimulation, wie die Anlage früher einmal ausgesehen haben mag. Zwei weitere Museen sind hier untergebracht: Das Tabakmuseum dokumentiert, welch wichtige Rollen der Tabakanbau und die Tabakverarbeitung in Lorsch und Umgebung vom

Ende des 17. bis zum Ende des 20. Jahrhunderts gespielt haben. Die Alltagskultur Hessens in vergangenen Zeiten vermittelt das Museum für Volkskunde (geöffnet Di–So 10–17 Uhr).

Eine etwa 16 km lange Schlinge des Altrheins zwischen Stockstadt und Erfelden umschließt das mit 2400 ha größte Naturschutzgebiet Hessens: ➞ **Kühkopf und Knoblochsaue** ❷. Eine Rheinbegradigung 1828/29 trennte das Gebiet vom Rheinverlauf ab und ließ eine große Mäanderstromaue entstehen. Bei Hochwasser wird das Naturschutzgebiet immer wieder überflutet – so entsteht ein Lebensraum mit einem unglaublichen Artenreichtum von Pflanzen und Tieren: Es gibt mehr als 250 Vogelarten, darunter den seltenen Mittelspecht, die Nachtigall und den Schwarzmilan. Einen Ausflug ins Kühkopfgebiet beginnt man am besten am Parkplatz Stockstädter Brücke nördlich von Stockstadt. Hier befindet sich auch das Informationszentrum Kühkopf, das alles Wissenswerte zum Naturschutzgebiet und den Wegeverlauf dokumentiert. Sieben Rundwanderstrecken führen auf befestigten Wegen durch das Naturschutzgebiet – wegen des empfindlichen Untergrundes dürfen sie nicht verlassen werden. In die Knoblochsaue gelangt man von Erfelden aus, Parkplätze und Wanderwege sind ausgeschildert.

Wo einst die Fürsten lagerten Drei Sehenswürdigkeiten liegen im westlichsten Winkel des Naturparks eng beieinander: Melibokus, Schloss Auerbach und Fürstenlager. Die Tour beginnt in Bensheim-Auerbach, auf Serpentinen geht es bergauf bis zum Wanderparkplatz Not Gottes. Ein Rundweg (Nr. 6) führt zum Aussichtsturm auf dem kristallinen Kegel des **Melibokus** ❸. Der Blick von hier reicht weit über die Höhen des Odenwalds bis zu den Bergzügen des Spessarts. Für den Rundweg sollte man 1,5 Stunden einplanen. Anschließend geht die Fahrt auf derselben Straße ein kleines Stück zurück zum **Schloss Auerbach** ❹. Von der Aussichtsterrasse kann man den Ausblick in die Rheinebene genießen. Die gut erhaltene Ruine beherbergt ein Restaurant, das Rittermahle und -spiele anbietet. Bergabwärts führt die Straße dann ins Tal, wo man nach wenigen Minuten links zum Staatspark ➞ **Fürstenlager** ❺ abbiegt. Am Anfang der Entstehung des Fürstenlagers im Jahr 1739 stand eine mineralische Quelle. Doch erst 1790, unter Ludwig X., einem der Landgrafen von Hessen-Darmstadt, begann man mit dem Ausbau der Anlage zur Sommerresidenz. Der im englischen Stil angelegte Landschaftspark erhielt im 19. Jahrhundert exotische Bäume, heute mächtige Exemplare. Spazierwege führen u. a. an Libanonzedern, Sumpfzypressen und an einem Riesen-Lebensbaum vorbei. Im »Fremdenbau« befindet sich ein Infozentrum des Natur-

Schiff ahoi

Von Miltenberg ⓭ (Bild) aus per Schiff den Main kennenlernen: Die Kleine Rundfahrt dauert eine Stunde und führt über Kleinheubach nach Bürgstadt und zurück. Wer etwas mehr Zeit mitbringt, wählt am besten die Große Rundfahrt. Sie führt in 1,5 Stunden über Kleinheubach nach Freudenberg und zurück. Gleich zwei Schleusen durchfährt man bei einem Tagesausflug nach Wertheim. Dreimal in der Woche geht es per Schiff in dieses malerische Mainstädtchen. Die zwei Stunden Aufenthalt bieten willkommene Gelegenheit zu einem Bummel durch die Altstadt und einem Besuch im Glasmuseum.

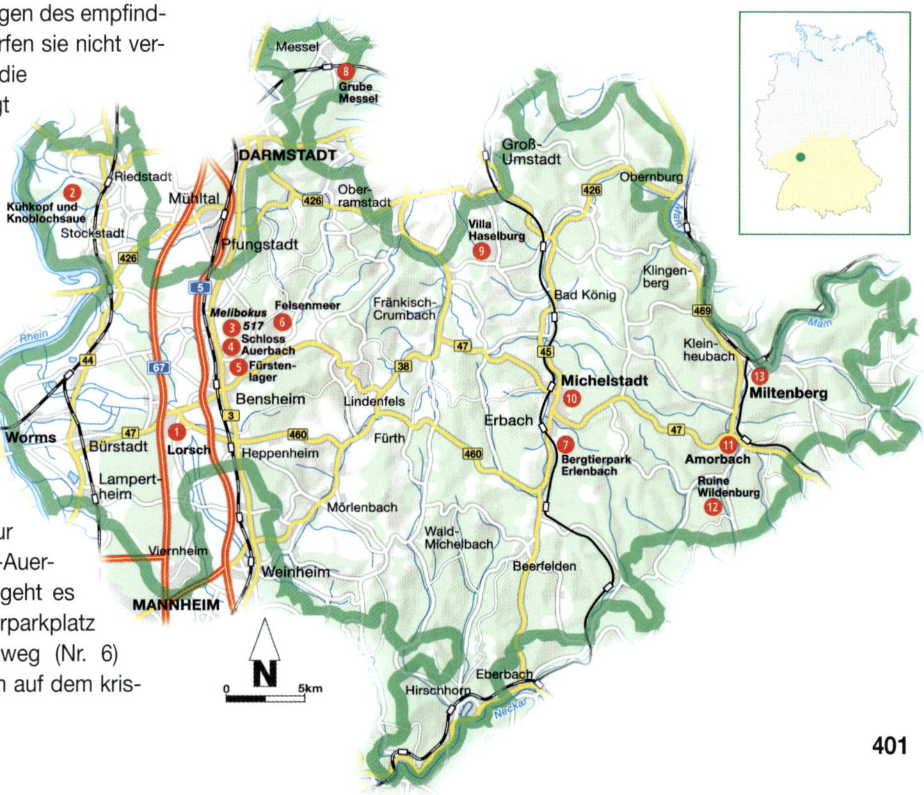

parkvereins und eine Ausstellung zur Geschichte des Fürstenlagers.

Felsenmeer, Bergtierpark und Fenster zur Urzeit Ein eindrucksvolles Naturdenkmal kann man im Lautertaler Ortsteil Reichenbach erwandern: das **Felsenmeer** 6. Tausende gerundete Steinblöcken aus Diorit bedecken die Hänge des Felsberges. Ursprünglich bildete das Tiefengestein ein großes Massiv, das verwitterte und ausgewaschen wurde. Übrig blieben die abgeschliffenen Gesteinskerne. Vom ausgeschilderten Parkplatz bei Lautertal-Reichenbach erreicht man in wenigen Minuten den unteren Rand des Felsenmeeres. Einige Felsblöcke zeigen noch die Bearbeitungsspuren römischer Steinmetze. Während die Erwachsenen die Felsformationen am geologischen Lehrpfad studieren, können Kinder auf den Steinen klettern oder den schön angelegten Spielplatz besuchen.
Der Bergtierpark **Erlenbach** 7 oberhalb des gleichnamigen Ortes, zeigt Tiere von fünf Kontinenten – heimische Arten wie Damhirsch, Gämse und Alpensteinbock oder Känguru, Mähnenspringer, Yak und Tahr aus fremden Ländern (April–Okt. 10–18 Uhr, Nov.–März 13–17 Uhr).
»Das Fenster zur Urzeit«, so wird die ➡ **Grube Messel** 8 auch genannt. Deutschlands einzige Naturwelterbestätte steht seit 1995 auf der Liste der UNESCO. Man erreicht sie von Messel aus, das an der Straße von Darmstadt nach Rödermark liegt; sie ist sehr gut ausgeschildert. Vor 47 Millionen Jahren fand hier ein Vulkanausbruch statt. Der Krater füllte sich zuerst mit Schuttmassen des Kraterwalls, dann mit Wasser. Unter tropischen Bedingungen setzten sich feinste Partikel und abgestorbene Algen am Seegrund ab. Das machte die Verhältnisse dort lebensfeindlich, und der See wurde für zahlreiche Lebewesen zu einer tödlichen Falle. Aufgrund des Fehlens von Sauerstoff fanden keine Zersetzungs- oder Fäulnisprozesse statt. Durch die Überdeckung mit abgesunkenen Algen wurden die Lebewesen als »Zeitzeugnisse« im Faulschlamm gesichert; das Wasser sickerte ab, fester Ölschiefer entstand. Etwa 1,5 Millionen Jahre Artenentwicklung konservierte der See, bevor er vollständig verlandete. Die berühmtesten Funde sind das Große und das Kleine Urpferdchen. Der bisher in der Grube Messel identifizierte Bestand umfasst mehrere Hundert Arten aus den Gattungen Pflanzen, wirbellose Tiere, Fische, Amphibien, Reptilien, Vögel und Säugetiere. Zum Teil handelt es sich dabei um Vorläufer der heutigen Tierwelt, aber auch um Tiergruppen aus der Saurierzeit. Fundstücke aus der Grube sind im Heimatmuseum Messel zu besichtigen (geöffnet April–Okt. täglich 11–17 Uhr, Nov.–März Sa, So 11–17 Uhr). An der Grube selbst kann man von einer Aussichtsplattform einen Blick in die Erdgeschichte werfen. Im Besucherzentrum gibt es Infos rund um die Grube.

Von Orgelklang und Parzival Das ist wirklich ein schöner Platz zum Bauen, hat sich der Bauherr gesagt: Vor etwa 1800 Jahren ließ ein Römer eine »villa rustica« (im Landhausstil) auf einem aussichtsreichen Fleck bei Hummetroth errichten. Die **Villa Haselburg** 9 ist gut ausgeschildert. Anhand der freigelegten Grundmauern kann man sich eine Vorstellung von diesem luxuriösen Bau machen: Sanitäranlage, Badehaus und Hei-

Die Sommerresidenz derer zu Hessen-Darmstadt kann man im Staatspark Fürstenlager bei Bensheim bewundern.

zung sind gut zu erkennen. Ein ausgelegtes Faltblatt führt durch die Anlage und ein Modell des Gutshofes zeigt, wie er vielleicht einmal ausgesehen hat.

Nicht ganz so alt, dafür weit bekannter und gut erhalten ist das gotische Rathaus von ➠ **Michelstadt** (10), das 1484 erbaut wurde. In der offenen Rathaushalle fanden einst die Sitzungen des Zehntgerichtes statt, im Obergeschoss hingegen tagte das »Ehrbare Gericht«. Durch die Fußgängerzone erreicht man die Kellerei, die zwei Museen beherbergt: Das Odenwaldmuseum widmet sich der Geschichte der Region und dem Thema »Römer im Odenwald«. Das Spielzeugmuseum begeistert die kleinen Besucher mit historischem Spielzeug (geöffnet März–Sep. Fr 12–17 Uhr, Sa/So 10–17 Uhr). Im Michelstadter Ortsteil Steinbach sollte man die Einhardsbasilika besuchen. Sie gilt als eines der am besten erhaltenen Bauzeugnisse der Karolingerzeit (Öffnungszeiten unter www.michelstadt.de). Am Parkplatz der Basilika beginnt ein kulturhistorischer Wanderweg.

Wenn aus Pfeifen Töne kommen, kann das schon ein echtes Erlebnis sein! Lassen Sie sich verzaubern in der Abteikirche **Amorbach** (11). Die klangprächtige Barockorgel, von den berühmten Orgelbauern Gebrüder Stumm in acht Jahren ab 1774 geschaffen, lässt mit ihren 5116 Pfeifen und einem Glockenspiel die hervorragende Akustik des Gotteshauses voll zur Geltung kommen. Mit etwas Glück kann man das bei einer Führung durch den Grünen Saal, die Bibliothek und die Abteikirche selbst erleben.

Wolfram von Eschenbach soll auf der **Ruine Wildenburg** (12) bei Preunschen gedichtet haben, tief im Odenwald. Geblieben ist von des mittelalterlichen Dichters Ort nur eine Ruine, aber eine eindrucksvolle. Steht man vor den Resten des großen Kamins im Palas, kann man sich vorstellen, dass Wolfram sie in seiner Parzivaldichtung als Vergleich zum riesigen Kaminfeuer in der Gralsburg heranzog. In Preunschen folgt man der Beschilderung zum Watterbacher Haus und dessen Parkplatz. Hier beginnt der 15-minütige Weg zur Wildenburg (Markierung rote liegende Raute). Wahrscheinlich handelt es sich beim Watterbacher Haus um das älteste Bauernhaus des Odenwalds: erbaut 1475, zweimal versetzt, bis es schließlich Mitte der 1990er-Jahre als Waldmuseum hier in Preunschen seine letzte Nutzung fand. Im Mittelpunkt stehen der Wald, seine Bewirtschaftung und natürlich die Geschichte des Watterbacher Hauses selbst (Informationen gibt es im Rathaus Kirchzell, www.kirchzell.de oder Telefon 09373/97 430).

Seine Lage an dem wichtigen Handelsweg zwischen Frankfurt und Nürnberg machte **Miltenberg** (13) im Schutz der um 1200 erbauten Mildenburg früh zu einer florierenden Stadt. Zeugnis dieser Zeiten ist die schöne Altstadt, die man von Westen durch das Würzburger Tor betritt. Hier steht auch das wohl älteste Gasthaus Deutschlands, Zum Riesen, das aus dem Jahr 1590 stammt. Einen herrlichen Blick über das Maintal und auf die andere Talseite zum Kloster Engelburg gibt es vom Weg durch das Schnatterloch zur Mildenburg. Zwei schöne Wanderwege seien noch empfohlen: der Römerweg und die Wanderung zum Kloster Engelberg (Informationen bei der Touristinformation Miltenberg, Engelplatz, Telefon 09371/40 41 19).

Zu einer kleinen Stärkung lädt das Stadtcafé am Lindenplatz in Michelstadt die Besucher des Naturparks ein.

Naturpark Neckartal-Odenwald

SERVICE

Anfahrt Auf der A 6 und der A 5 nach Weinheim; nächstgelegene ICE-Bahnhöfe in Heidelberg und Darmstadt

Lage In Baden-Württemberg östlich von Heidelberg und nördlich von Heilbronn; im Norden schließt sich der Naturpark Bergstraße-Odenwald an.

Größe 1300 km²

Höchste Erhebung Katzenbuckel (626 m)

Gründung 1980

Information Naturpark Neckartal-Odenwald, Kellereistraße 36, 69412 Eberbach

Telefon 06271/72985

Infohaus In Eberbach

Internet www.naturpark-neckartal-odenwald.de

TOP TIPP

1 **Weinheim** Stadt mit Exotenwald, historischem Marktplatz

6 **Königstuhl und Felsenmeer** Panoramaberg und geologisches Naturdenkmal

7 **Feste Dilsberg** Mächtige Burgruine bei Neckargemünd

11 **Odenwälder Freilandmuseum** Großes Gelände mit historischen Bauernhäusern

13 **Eberstadter Tropfsteinhöhle** Beeindruckende Tropfsteinformationen

Die Landschaftsformen sind geprägt vom geologischen Untergrund. Während sich im Grundgebirge aus Gneis und Granit sanfte Muldentäler gebildet haben, ist dies im Buntsandstein eher selten. Hier sind es meist waldreiche Hochflächen, die das Landschaftsbild bestimmen. Die wenig ertragreichen Böden des Buntsandsteins machten Rodungen unwirtschaftlich.

Die bezaubernde Altstadt von Weinheim bietet dem Naturparkbesucher auch zahlreiche kulturelle Attraktionen.

Ursprünglich herrschten hier Laubwälder vor, die inzwischen durch Misch- oder Nadelwälder verdrängt wurden. So vielgestaltig die Landschaft, so vielfältig ist auch ihre Tier- und Pflanzenwelt. Die Wälder beheimaten die häufigen Wildarten Hirsch, Reh und Wildschwein. Hier ist auch der Siebenschläfer noch oft anzutreffen, seltener bekommt man den Gartenschläfer und die Haselmaus zu sehen. Die Vogelwelt präsentiert als Besonderheit die in den Steinbrüchen brütenden Wanderfalken und Uhus. Die größte Rarität des Naturparks aber ist die ungiftige Äskulapnatter.

Ein wenig mediterran Sind es die exotischen Baumriesen und engen Gässchen, oder ist es die Lage des Marktplatzes mit seinen Straßencafés? Ein wenig mediterrane Stimmung kommt schon auf in ➡ **Weinheim** 1. Man parkt am besten auf den ausgeschilderten Flächen nahe dem Rathaus. Dort befindet sich auch der Eingang des Weinheimer Schlossparks mit dem kleinen Anlagensee, Vogelvolieren und Kinderspielplatz. Im sich anschließenden Exotenwald sind rund 140 verschiedene Baumarten zu bewundern. 1872 ließ Freiherr von Berckheim hier kleine Wäldchen mit exotischen Baumarten pflanzen, die auf drei unterschiedlich langen, ausgeschilderten Rundwegen erkundet werden können. Am Rathaus – dem ehemaligen Schloss – vorbei führt der Weg in die Weinheimer Altstadt. Über den historischen Marktplatz erreicht man durch heimelige Gassen das ausgeschilderte Museum im ehemaligen Deutschordenshaus. Hier erfährt der Besucher Wissenswertes zur Weinheimer Geschichte (geöffnet Di–Sa 14–17, So 10–17 Uhr, www.museum-weinheim.de).

Bilderbuchruinen, tiefe Stollen und ein Felsenmeer Im Weinstädtchen **Schriesheim** ❷ gibt es nicht nur einen guten Tropfen und eine sehenswerte Altstadt, sondern auch viel zu besichtigen. Am besten parkt man am Rathaus. Von dort sind es etwa 20 Minuten durch die Talstraße zum Besucherbergwerk »Grube Anna-Elisabeth«. Schon vor über 500 Jahren suchten Bergleute dort nach Silber und später nach Eisenvitriol. Führungen vermitteln einen Eindruck von der Arbeit unter Tage, besonders interessant ist die »Erlebnisführung«, die in die tiefste Sohle führt (geöffnet Ende März bis Anfang November, So und Feiertage 11–16.30 Uhr). Hoch über Schriesheim thront die **Strahlenburg** ❸, heute ein Gasthof mit herrlicher Aussichtsterrasse. Eigentlich gibt es nur noch die halbe Burg: Im 15. und 16. Jahrhundert suchten Feuer und Feinde das Festungswerk heim. 1733 erlaubte der Kurfürst den Abbruch, um mit dem Baumaterial die Weinberge zu schützen. Der Weg zur Burg ist in Schriesheim ausgeschildert.

In der **Schwerspatschlucht** ❹ baute man unter Tage und auch im Tagebau Baryt ab, ein Mineral, das in der Farbenindustrie verwendet wird. Um den Weg zur imposante Schwerspatschlucht zu finden, gibt es im Rathaus eine Karte. Auf einer beachtlichen Länge haben Bergleute bis zu 10 m tief eine Klamm in den Berg gegraben.

In **Heidelbergs** ❺ Altstadt treffen sich Touristengruppen aus aller Welt, denn die Stadt in herrlicher Neckarlage steht auf den Reiseplänen vieler Veranstalter. Einen Rundgang sollte man sich nicht entgehen lassen. Den besten Blick über die Stadt genießt man von den Terrassen des Heidelberger Schlosses. Mit der Zahnradbahn geht es steil den Berg hinauf. Im Schloss selbst ist das wahrscheinlich größte Fass der Welt zu besichtigen, das allerdings nie so richtig dicht war. Außerdem beherbergt das Schloss das »Deutsche Apothekenmuseum« mit einigen originalgetreuen Apothekeneinrichtungen vergangener Zeiten (geöffnet April–Okt. täglich 10–18 Uhr, Nov.–März täglich 10–17.30 Uhr). Von den Spazierwegen entlang des Schlossgrabens kann man hinunter ins Neckartal und auf die schöne Stadt Heidelberg sehen.

Zwei weitere Attraktionen, die nur eine Zahnradstation weiter erreicht werden, sind ➠ **Königstuhl und Felsenmeer** ❻. Der 568 m hohe Königstuhl bietet mit seinem Aussichtsturm einen schönen Blick über die Stadt sowie über den

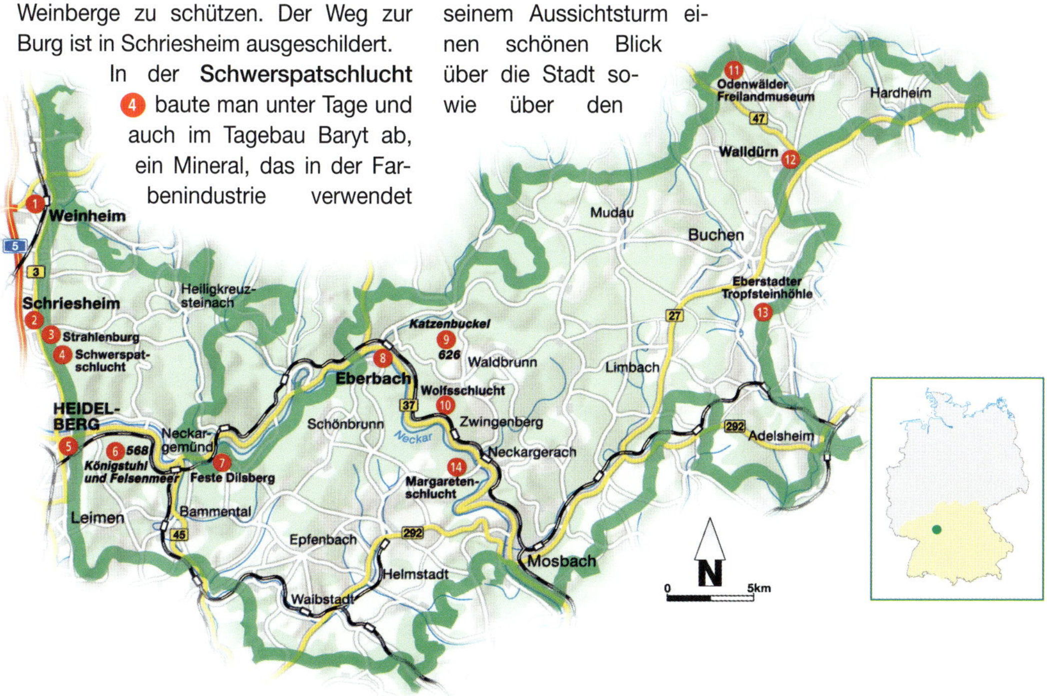

Im Odenwälder Freilandmuseum in Gottersdorf erfährt man alles darüber, wie sich das Landleben früher gestaltete.

Burgenwanderweg

Was liegt näher, als im burgenreichen Naturpark eine Wanderung von Burg zu Burg zu unternehmen? Gegenüber von Neckargerach (südlich von Zwingenberg an der B 37), nicht weit von der Margaretenschlucht (14) entfernt, liegt die imposante Minneburg (Bild). Zwei ausgeschilderte Wanderparkplätze sind der Ausgangspunkt für den Weg hinauf zu dieser gut erhaltenen Ruine. Der weiträumige Palas ist mit repräsentativen Räumen auf drei Etagen zu besichtigen und vermittelt eine Vorstellung vom Wohnen und Leben im Mittelalter. Der markierte Burgenwanderweg führt dann über 8,5 km auf der Höhe am westlichen Talrand flussabwärts hinüber zur Ruine Stolzeneck.

Odenwald. Zu den beeindruckenden Felsformationen des Naturschutzgebietes Felsenmeer führt eine etwa einstündige Wanderung, die am Parkplatz Königsstuhl beginnt. Auf bis zu 300 m Breite bedecken Buntsandsteinblöcke den Nordhang des Berges. »Via naturae« – Weg der Natur: So heißt der 8 km langen Walderlebnispfad, der ebenfalls am Parkplatz beginnt. Mit vielen Bildtafeln versucht er, dem Menschen den Wald als Teil der eigenen natürlichen Lebensgrundlage näher zu bringen.

Eine der prächtigsten Burgen des Neckartals ist die ➠ **Feste Dilsberg** (7) bei Neckargemünd. Erstmals 1208 erwähnt, wurde sie im 15. Jahrhundert zu einer mächtigen Festung ausgebaut. Sie widerstand dann auch manchen Angriffen, aber 1826 schien ihr Schicksal besiegelt: Da keine Nutzung in Aussicht war, gab die badische Domänenkammer die Burg zum Abbruch frei. Die Rettung brachte die Romantik: Der Schriftsteller Mark Twain und der Maler William Turner entdeckten die Feste und machten das mauerumgürtete Dilsberg (Stadtteil von Neckargemünd) mit seiner mächtigen Ruine zum beliebten Ausflugsziel. Empfohlen sei noch ein Gang durch die Neckargemünder Altstadt zum fachwerkgesäumten Marktplatz.

Auch die Altstadt von **Eberbach** (8) ist sehenswert. Zwei Türme der Stadtbefestigung sind noch erhalten und können zu einem Blick über die Stadt bestiegen werden. Neben der Stadtgeschichte und der Geologie der Region widmet sich das Museum der Neckarschifffahrt und dem Fischfang (geöffnet Di–Fr 15–17 Uhr, Sa, So 14–17 Uhr). Wer Näheres über den Naturpark und seine Eigenheiten erfahren möchte, besucht das Naturpark-Zentrum im Thalheim'schen Haus, dem ältesten Steinhaus in Eberbach. Auf mehreren Stockwerken sind Lebensräume, landschaftliche und geologische Besonderheiten ansprechend dargestellt. Für Kinder gibt es viel zu probieren (geöffnet Di–Do 14–16.30 Uhr).

Ein erloschener Vulkan und Museen der besonderen Art Der **Katzenbuckel** (9) ist mit 626 m die höchste Erhebung des Odenwalds. Die »Ruine« des längst erloschenen Vulkans lässt interessante Rückschlüsse auf die frühere geologische Beschaffenheit des Mittelgebirges zu. In einem Steinbruch fanden sich Reste von Juragestein, das sonst in dieser Landschaft nicht vorkommt. Vor Urzeiten muss eine andere, mehrere Hundert Meter mächtige Gesteinsschicht über dem heute dominierenden Buntsandstein gelegen haben, die in Jahrmillionen abgetragen wurde. In Waldkatzenbach folgt man der Beschilderung »Katzenbuckel« bis zum Parkplatz Burgschenke. Von dort führt der Weg in etwa zehn Minuten zum Gipfel. Hier hat man neben einer herrlichen Rundumsicht, die manchmal sogar den Stuttgarter Fernsehturm einschließt, auch die Möglichkeit, den »Wald- und Naturlehrpfad Katzenweg« einzuschlagen, der in etwa 1,5 Stunden zurück nach Waldkatzenbach führt.

Auf dem Weg durchs Neckartal fällt zuerst die prächtige Zwingenburg ins Auge. Dass sich neben der Burg auch die **Wolfsschlucht** (10) bei Zwingenberg erkunden lässt, wird erst bei einer Wanderung auf den Burgberg deutlich (Wanderwegetafel am Bahnhof Zwingenberg). Die Burg selbst ist leider nur zu Festspielzeiten bei Führungen zu besichtigen. Am Burgeingang geht es rechts hinab in die wildromantische Klamm, die der Bach über Jahrmillionen in den Buntsandstein gegraben hat. Umgestürzte Bäume, rieselndes Wasser und mächtige Farne zeigt diese urtümlich wilde Natur.

»Wie lebte man einst auf dem Land?« Diese Frage wird im ➠ **Odenwälder Freilandmuseum** ⑪ trefflich beantwortet. Es weist eine Vielzahl an Gebäuden vor, die hier in Gottersdorf originalgetreu wieder aufgebaut und zumeist mit der Originalausstattung versehen wurden. Es gibt zwei »Ortschaften«, eine dritte ist geplant. Außerhalb des Geländes liegen das Großbauernhaus Schüßler und ein Kleinbauernhof mit wechselnden Sonderausstellungen (Info: www.freilandmuseum.com, Telefon 06286/320).

Ein Museum anderer Art kann man im benachbarten **Walldürn** ⑫ besuchen. Das Stadt- und Wallfahrtsmuseum hat neben der Stadtgeschichte einen weiteren Schwerpunkt: Vergangenheit und Gegenwart der Wallfahrt. Das überrascht eigentlich nicht in einem Ort, dessen Wallfahrt zum Heiligen Blut seit 600 Jahren begangen wird und zu der jährlich über 100 000 Pilger nach Walldürn kommen. Die reichhaltige Dauerausstellung informiert über die Entstehung der Wallfahrt im Mittelalter, ihre Entwicklung bis heute sowie über die wirtschaftliche Bedeutung für die einheimische Bevölkerung. Zielort der Wallfahrt zum Heiligen Blut ist die Walldürner Basilika, entstanden in ihrer heutigen Form in der Zeit zwischen 1698 und 1728. Mit ihrer prächtigen Innenausstattung zählt sie zu den schönsten Barockbauten im Rhein-Main-Gebiet.

Tiefe Höhle, schroffe Schlucht Der Zugang zur ➠ **Eberstadter Tropfsteinhöhle** ⑬ wurde 1971 entdeckt. Das Alter der Höhle schätzen Wissenschaftler auf 1 bis 2 Millionen Jahre, denn diese Zeit brauchen Stalagmiten und Stalaktiten, bis sie zu solch beeindruckenden Formationen angewachsen sind. Ohne Stufen (für Rollstuhlfahrer geeignet) führt der ca. 600 m lange Weg an sehenswerten Tropfsteinformationen vorbei (Information: www.tropfsteinhoehle.eu, Tel. 06281/27 80 oder 06281/31 155). Wer sich über Geologie und Natur rund um die Tropfsteinhöhle schlau machen will, dem sei der Geologische bzw. der Naturlehrpfad empfohlen. Eine Tafel am Parkplatz zeigt den Wegeverlauf.

Bei Neckargerach hat das Wasser des Flursbaches ein grandioses Naturdenkmal geschaffen: die **Margaretenschlucht** ⑭. Auf einer Länge von 450 m fällt der Bach über 130 m in die Tiefe. Mächtige Felsformationen hat er aus dem Gestein gespült, und in der feuchten Luft gedeiht eine an Moosen und Farnen reiche Flora. Allerdings ist Vorsicht geboten: Warnschilder weisen auf die Unsicherheit der Wege, auf Halteseile und die Notwendigkeit guter Ausrüstung hin. Ein Besuch lohnt sich trotzdem, denn der Weg zur Schlucht (ausgeschildert: unter der Bahnlinie hindurch, dann zweimal links halten; parken im Wohngebiet) führt am Hang entlang, mit grandiosen Aussichten auf die Flusslandschaft des Neckars, auf einem fast historischen Weg zum unteren Schluchteingang. Schon allein dieser Spaziergang ist wunderschön. Wer dann in die Schlucht einsteigen möchte, tut dies auf eigene Verantwortung.

Beim Wandern in der Margaretenschlucht bei Neckargerach ist Vorsicht geboten: Seile bieten stellenweise einen Halt.

Naturpark Steigerwald

Der markante Steigerwald zieht sich durch Franken und Schwaben. Steil ragen die mit Rebgärten und Wäldern bedeckten Flanken des Steigerwalds vom flachwelligen Vorland bis zu Höhen von knapp 500 m auf. Von Osten her steigt das Gelände dagegen ganz sanft, fast unmerklich an. Die Landschaft wird von festen Sandsteinen des Keupers gebildet.

SERVICE

Anfahrt Auf der A 70 bis Haßfurt, dann über Donnersdorf, Falkenstein und Hundelshausen zum Zabelstein; nächstgelegene ICE-Bahnhöfe in Bamberg und Würzburg

Lage In Bayern zwischen der Aisch im Süden, dem Main im Norden, dem Steigerwaldvorland im Westen und dem Mittelfränkischen Becken im Osten

Größe 1280 km^2

Höchste Erhebung Scheinberg (498 m)

Gründung 1971

Information Naturpark Steigerwald, Hauptstraße 1, 91443 Scheinfeld

Telefon 09162/12 424

Infohaus In Scheinfeld

Internet www.steigerwald-info.de

TOP TIPP

2 Böhlgrund Nahezu unberührtes Wiesental

3 Eltmann Aussichtswarte mit Blick auf das Maintal

4 Ebrach Ehemalige Zisterzienserabtei und barocke Klosteranlage

6 Iphofen Reizendes Weinstädtchen, das sein mittelalterliches Bild bewahrte

11 Bullenheimer Berg Aussichtsberg über dem »Bullenheimer Paradies«

Die Kirche St. Rochus südlich von Kloster Ebrach inmitten einer blühenden Sommerwiese

Die Sandsteine verwittern zu armen Böden, gut ein Drittel bis die Hälfte des Steigerwalds ist daher Waldland geblieben. Buchen, darunter 200-jährige Baumveteranen, haben noch einen stattlichen Anteil, auch alte Eichen, an deren Früchten sich die Wildschweine laben und in den Kronen seltene Greifvögel wie der Rote Milan oder der Wespenbussard horsten. Am artenreichsten sind Flora und Fauna im Grenzsaum, in dem die Waldberge in die Weinberge übergehen, sich auf den besonnten Hängen dichte Hecken aus Weißdorn, Liguster und Pfaffenhütchen ausbreiten. Und innerhalb der Wälder bilden wiederum die Gründe und Täler mit ihren Weihern und Feuchtwiesen besonders wertvolle Lebensräume.

Franken aus der Vogelschau Am größten sind die Höhenunterschiede zum Vorland dort, wo sich der Main nahe an das Gebirge drängt und zusammen mit seinen Nebenflüssen schroffe Bergsporne aus der Sandsteinplatte gesägt hat, z. B. den **Zabelstein** 1 oberhalb von Hundelshausen. Der nordwestlichste Ausläufer des Steigerwaldes bietet aus luftiger Höhe (488 m) vom Aussichtsturm einen Panoramablick auf das Maintal und das westliche Steigerwaldvorland, bei klarem Wetter ist in der Ferne die Rhön zu erkennen. Die Burgmannen der Ende des 17. Jahrhunderts zerstörten Veste Zabelstein konnten also Feind oder Beute rechtzeitig sichten. Der schweißtreibende Anstieg zur Höhe bleibt einem heute erspart; von Hundelshausen führt eine Straße zum Wanderparkplatz am Nordhang des Nußberges hinauf. Von dort spaziert man auf dem fast ebenen Waldweg in einer knappen halben Stunde zur Burgruine und zum Aussichtsturm.

Zu Füßen des Ebersbergs liegt der hübsche Ort Zell mit seiner Burgruine Ebersberg. Vom Parkplatz am südlichen Ortsrand führt ein interessanter Weg durch den ➡ **Böhlgrund** 2. Das offene Wie-

Das Innere der Klosterkirche von Ebrach beeindruckt mit seiner in üppigem Barock gehaltenen Ausstattung.

sental mit seinem naturnahen Bachlauf, den Flachmooren und Feuchtwiesen, urwüchsigen Schluchtwäldern und ausgedehnten Buchenwäldern mit einem großen Anteil von Totholz gilt als eines der ursprünglichsten Täler im Steigerwald und als Waldregion von internationaler Bedeutung. Hier ist der bunt schillernde Eisvogel zu Hause, und in den von den Spechten gezimmerten Baumhöhlen findet die seltene Bechsteinfledermaus, eine echte Waldfledermaus, Unterschlupf. Maximal 30 cm Flügelspannweite weist der rund 10 g leichte Winzling auf; die blaugrau gefiederten Graureiher, die über dem Maintal bei ➠ **Eltmann** 3 kreisen, spannen hingegen ihre Flügel mehr als 1,5 m weit. Die als Fischräuber gescholtenen Schreitvögel besitzen in Dippach am Main ihre größte Brutkolonie in Bayern (in guten Jahren über 300 Paare). Vom Wallburgturm, Überbleibsel der nach 1777 bis auf den runden Bergfried abgetragenen mittelalterlichen Burg, erlebt man Franken selbst aus der Vogelschau; ein letztes Werk seines größten Baumeisters, die Wallfahrts- und Pfarrkirche Mariae Heimsuchung, steht wenige Kilometer stromabwärts am Maintalradweg. Balthasar Neumann hat das äußerlich schlichte, im Innern jedoch verschwenderisch im Stil des Rokoko ausgestattete Gotteshaus entworfen.

Noch kostbarer ist die Kirchenausstattung der ehemaligen Zisterzienserabtei ➠ **Ebrach** 4, die in ihrem Außenbau bruchlos spätromanische Bauelemente mit früher Gotik vereint. Das weitläufige barocke Kloster wurde 1687–1730 unter Mitwirkung von Balthasar Neumann erbaut; heute dient es zum Teil als Haftanstalt. Würzburgs Hofstuckateur Materno Bossi schuf gegen Ende des 18. Jahrhunderts die kunstvollen Stuckarbeiten der Klosterkirche, darunter den Hochaltar und zehn Seitenaltäre. Weitere Kostbarkeiten sind das prunkvolle Treppenhaus und der Kaisersaal. Ebrach liegt mitten im Buchenland; einen der urigsten Bestände lernt man bei der Wanderung durch das Naturwaldreservat »Brunnstube« kennen (ab Wanderparkplatz Dreibrunn zwischen Ebrach und Neudorf).

In den Namen der Marktgemeinden und der wichtigsten Flüsse des Steigerwaldes steckt unverkennbar der Eberbach, genauso wie bei **Burgebrach** 5, das als östliches Tor des Steigerwalds gilt und im Rathaus mit dem markanten Bogen auch ein altehrwürdiges Tor besitzt. Die Grundmauern zur Pfarrkirche St. Veit wurden schon im Mittelalter gelegt, ihr Inneres präsentiert sich in fränkischem Barock. Den Kirchplatz ziert eine spätgotische Ölbergskulptur.

Die Stadtpfarrkirche von ➠ **Iphofen** 6 trägt gleichfalls den Namen des heiligen Veit (auch Vitus). Generationen haben an ihr gebaut und sie mit Kostbarkeiten wie der »Schönen Madonna von Iphofen« und Werken Tilman Riemenschneiders oder aus der Riemenschneiderschule geschmückt.

Steigerwald-Höhenstraße

Die Straße mit zahlreichen Wandermöglichkeiten erschließt den Naturpark gewissermaßen am Stück, auf rund 60 km Länge (plus diverser Abstecher) vom Main zur Aisch, vom Naturpark Haßberge im Norden bis zum Naturpark Frankenhöhe im Süden. Bergauf, bergab und mit ungezählten Kurven führt die Route zu einigen der bedeutendsten Sehenswürdigkeiten: so etwa nach Eltmann 3, Ebrach 4, Münchsteinach 10, Bad Windsheim 13 sowie zum Freizeitland Geiselwind (Bild). Für die relativ kurze Strecke sollte man einschließlich Besichtigungen und Wanderungen möglichst zwei Tage einplanen. Als Übernachtungsort bietet sich das noch von einer Stadtmauer umschlossene altertümliche Städtchen Schlüsselfeld an.

Fast vollständig sind die Befestigungsanlagen mit ihren Türmen erhalten, darunter das an den Zwinger angebaute Rödelseer Tor. Unter den jüngeren Bauten zieht das stattliche Barockrathaus die Blicke auf sich. Die Vinothek im ehemaligen Messnerhaus der St.-Veit-Kirche lockt mit anderen Genüssen des fränkischen Weinstädtchens. Ein Besuch im KnaufMuseum zeigt, welche Kunstwerke aus Gips geschaffen werden können – genau am richtigen Ort, denn der Keuper des Steigerwalds enthält auch dicke Gipslager.

Der Gipskeuper ist nur eine von mindestens drei mächtigen Schichtenfolgen, die an den Hängen des **Schwanbergs** 7 oberhalb von Iphofen zutage treten; über ihm folgen weiche Mergel und ganz oben die buchstäblich steinharten Sandsteine, die das Plateau mit dem im Inneren nicht zugänglichen Schloss tragen. Jede Gesteinsart spiegelt sich nicht nur in den Landschaftsformen, sondern im gesamten Ökosystem wider. Der Geo-Ökologische Lehrpfad am Schwanberg informiert oberhalb der Weinlage Kronsberg auf 1,4 km Länge mit 14 Informationstafeln über die Beziehungen zwischen Geologie und belebter Natur. Mit dem Auto fährt man von Rödelsee auf einer Serpentinenstraße zum Gipfel des wohl schon in frühgeschichtlicher Zeit besiedelten Berges hinauf.

Wo es Weinberge gibt, sind Burgen und Schlösser nicht weit. Der rund 1200-jährige malerische Winzerort **Castell** 8 besitzt gleich mehrere davon: die Burgruine Alt-Castell, das Obere Schloss, von dem nur der Treppenturm erhalten ist, das Untere Schloss, ein nobler Barockbau mit schönem Schlosspark, das Schlösschen in Castell, das Kirchbergschlösschen und nicht weit davon entfernt, auf einer Terrasse wirkungsvoll in Szene gesetzt, die Pfarr- und Schlosskirche in kühlem Klassizismus. Kühl sollten auch die meisten Weine getrunken werden, die von den örtlichen Weingütern angeboten werden, überwiegend trocken ausgebaute wie der Silvaner, die Traditionsrebe Frankens, oder der mildere Bacchus.

Der Steigerwald als Kunst- und Naturparadies Am Stammsitz derer zu Castell-Castell beherrscht die Schlosskirche das Stadtbild, in **Scheinfeld** 9 hingegen die vieltürmige Silhouette von Schloss Schwarzenberg, dem die Grafen zu Schwarzenberg 1671 anlässlich ihrer Erhebung in den Reichsfürstenstand den Schwarzen Turm als höchste Warte hinzufügten. Der stolze, bis heute noch zeitweise vom Schlossherrn bewohnte und nur im Rahmen von Führungen zugängliche Renaissancebau umfasst herrliche Ahnensäle sowie als kunsthistorisches Kleinod des Schwarzenberger Landes die Schlosskapelle Heilige Drei Könige, in der der Stuckmarmor des Hochaltars die Brücke zum Gipskeuper schlägt. Neben diesem herrschaftlichen Schloss sind die nicht weniger majestätische Stadtpfarrkirche, das Alte Rathaus und das Kloster Schwarzenberg sehenswert. Von der ehemaligen Benediktinerabtei **Münchsteinach** 10, die 1528 aufgehoben wurde, ist nur wenig übrig geblieben: das Abtsschlösschen, einige Wirtschaftsgebäude im Klosterbereich sowie die einstige Klosterkirche Sankt Nikolaus, mit ihrem nadelspitzen Turmhelm und fein gemeißelten Kapitellen eine der schönsten romanischen Kirchen Frankens. Der schon 912 als »Steinaha« erwähnte Ort an der Steigerwald-Höhenstraße ist aber gerade wegen seiner bescheideneren Attraktionen wie den zahlreichen altfränkischen Fachwerkhäusern, der Klostermühle von 1736 und dem erst in den 1980er-Jahren angelegten Dorfteich so reizvoll. Viele Wege führen zum 450 m hohen ➠ **Bullenheimer Berg** 11 und dem mit ihm als Zeugenberg eng verbundenen, etwa gleich hohen Kapellberg: u. a. der KeltenErlebnisweg, der seinen Namen von einer keltischen Siedlung auf der Höhe hat, und der Kunigundenweg, der an die später heilig gesprochene Gemahlin Kaiser Heinrichs II. und die ihr zu Ehren errichtete Kapelle mit dem benachbarten Aussichtsturm erinnert. Durch das »Bullenheimer Paradies« führt der »Wein-Wald-Kultur-Lehrpfad«; unten im Kern des idyllischen Winzerortes, der sich um die wehrhafte Kirche und das prächtige Rathaus drängt, werden die köstlichen Tropfen der berühmten Weinlage kredenzt.

In Weinbauregionen ist zuweilen noch eine traditionelle Form der Waldnutzung erhalten: der Mittelwald, besonders schön auf den Hängen des **Scheinbergs** 12, den der mit einer Traube markierte Bocksbeutelweg quert. Er besteht hier hauptsächlich aus einzelnen hohen Eichen, die man als Stammholz nutzte. Darunter breitet sich eine zweite Schicht aus jüngeren Bäumen aus, die alle 30 bis 40 Jahre als Brennholz ausgehauen wurden. Diese Nutzungsform begünstigt Gehölze, die aus dem Wurzelstock stets neue starkwüchsige Schösslinge austreiben, wie Eiche, Hainbuche und Linde, dazu andere Arten, z. B. die seltene Elsbeere oder den Speierling. Der zweischichtige Aufbau und die Artenfülle der Gehölzflora schaffen eine Vielzahl ökologischer Nischen für Tiere, beispielsweise für Kleiber, Schnäpper und Specht.

Aus dem äußersten Süden des Parks, der von der Aisch durchflossenen Windsheimer Bucht, ist der Wald fast ganz verschwunden. Hier kommt auch der Gipskeuper weitflächig an die Oberfläche, bildet Karsterscheinungen wie den Häfeleinsbrunnen oder trägt die seltene Gipssteppenflora der Külsheimer Gipshügel nördlich von **Bad Windsheim** 13, darunter botanische Kostbarkeiten wie Frühlings-Adonisröschen, Purpur-Schwarzwurzel oder Federgras.

Das schlossartige Rathaus des Heilbads besteht ebenfalls aus Gipsgestein; lang ist die Liste gepflegter Fachwerkhäuser, und die Evangelische Stadtpfarrkirche glänzt mit sehenswerten Stuckarbeiten. Kostbarstes Baudenkmal ist der alte Bauhof der Stadt, ein Meisterwerk der Zimmermannskunst. Er gehört zum Fränkischen Freilandmuseum Bad Windsheim am Rand der Altstadt, das gut 80 Gebäude aus Mittelfranken zeigt.

Ein Besuch in Castell lohnt nicht nur wegen der Kirche und der Schlossanlagen, sondern auch wegen der Weine.

Naturpark Frankenhöhe

Im Frankenlied wird die Frankenhöhe nicht explizit erwähnt – dabei liegt sie genau in der Mitte, in Mittelfranken, wo die Schichten der Keuperformation zutage treten. Sie bilden keine geschlossene Schichtstufe wie im benachbarten Steigerwald, eher ein durch Buchten in einzelne, bis über 500 m hohe Massive aufgelöstes Waldbergland, das nach Westen und Osten hin in die offenen Gäulandschaften des Mittelfränkischen Beckens und Mainfrankens übergeht.

SERVICE

Anfahrt Auf der A 7 bis Bad Windsheim, dann auf der B 470 bis Burgbernheim und weiter in Richtung Hornau zum Burgbernheimer Wald; nächstgelegener EC-/IC-Bahnhof in Ansbach

Lage In Bayern, im Westen Mittelfrankens

Größe 1104 km^2

Höchste Erhebung Sandberg (535 m)

Gründung 1974

Information Naturpark Frankenhöhe, Am Kirchberg 4, 91598 Colmberg

Telefon 09803/9 32 62 02

Infohaus In Colmberg

Internet www.naturpark-frankenhoehe.de

TOP TIPP

- **2 Petersberg** Die Aussichtskanzel der Frankenhöhe mit spannendem Lehrpfad
- **4 Rothenburg ob der Tauber** Stadt, in der das Mittelalter noch lebendig ist
- **6 Windelsbach** Einsamer Waldsee und Biberrevier
- **9 Wettringen** Abrutschender Berg und die Fledermäuse
- **10 Schillingsfürst** Barock und Wasserkunst in einem alten Residenzstädtchen

Die mittelalterliche Silhouette von Rothenburg ob der Tauber ist weit über die Grenzen des Naturparks hinaus bekannt.

Die Frankenhöhe zählt zu den am dünnsten besiedelten Gegenden des Landes, ist aber zugleich auch eine Kulturlandschaft, in der der Mensch seit Jahrtausenden die Natur geprägt und dabei neue Lebensräume geschaffen hat: artenreiche Laubmischwälder, in denen Specht und Baummarder ihren Platz finden; Streuobstwiesen, die nicht nur die Menschen, sondern auch die Tiere mit süßen Früchten versorgen; durch die Beweidung entstandene Magerrasen, über denen Schmetterlinge gaukeln und auf denen Wildblumen blühen; zahllose von Schilfdickichten gesäumte Weiher, aus denen der Graureiher und noch häufiger der Mensch seine Beute fischt.

Von der Altmühl zur Tauber Die Frankenhöhe ist ein hydrografischer Kriegsschauplatz; die Schlachten werden dabei entlang der wichtigsten Wasserscheide Deutschlands ausgetragen – derjenigen zwischen dem Flussgebiet der Donau und des Rheins. Meist sind die Zuflüsse des Rheins die Sieger. Sie graben den Zuflüssen der Donau buchstäblich das Wasser ab, irgendwann wohl auch der Altmühl, die im **Burgbernheimer Wald** 1 im lauschigen Hirschteich entspringt. Bis auf weniger als 500 m hat sich der rheinische Tiefenbach bereits an das Revier der danubischen Altmühl herangearbeitet. Er entspringt am Burgbernheimer Wildbad, einem der ältesten Mineralbäder Deutschlands, ein beliebtes Ausflugsziel und Ausgangspunkt zu Wanderungen, etwa zum Markgrafenbau, einem ehemaligen Jagdschloss. Am Fuß der Höhe, bei Burgbernheim, zu dem man auf der Kreisstraße in Richtung Hornau gelangt, informiert der 4 km lange Natur- und Erlebnispfad »Im Gründlein« über die Lebensräume der Frankenhöhe. Es lohnt sich aber auch ein Bummel durch den altertümlichen Ort Burgbernheim mit Rathaus, Seilersturm und Torbau sowie der spätgotischen St. Johanniskirche.

Im Burgbernheimer Wald verlaufen die Wanderwege unter hohen Baumkronen, vom ➠ **Petersberg** ❷ bei Marktbergel schweift dagegen der Blick frei über die Gäulandschaften Mainfrankens. Ein 3,5 km langer Lehrpfad mit 15 Stationen führt vom Parkplatz am Skate-Park an der B 13 zum sagenumwobenen Gipfel hinauf. Wer möchte, kann seinen Kopf in die Höhlung des Summsteins stecken, in verschiedenen Stimmlagen summen und sich in harmonische Vibrationen versetzen lassen. Spannender ist es, den Stimmen der Vögel zu lauschen, hier präsentiert sich der Chor mit Neuntöter, Feldschwirl, Wendehals und Heidelerche nämlich vielstimmiger als irgendwo sonst.

Und wenn am südwestlichen Ufer des als Hochwasserrückhaltebeckens geschaffenen Sees bei **Obernzenn** ❸ ein »tiri tiri tiri treck treck treck« aus dem Schilf ertönt, ist das der Teichrohrsänger. Eine Zone des beliebten Freizeitsees dient als Refugium für Wasservögel, die anderen Zonen werden von Wassersportlern genutzt. Auf dem Terrain einer mittelalterlichen Wasserburg stehen im Ort seit dem 18. Jahrhundert das Rote und das Blaue Schloss, noch heute Sitz der Familien von Seckendorff. Im Rahmen von Führungen darf man hinter die Fassaden schauen und das erlesene Stuckdekor sowie die Ahnenporträts im Bildersaal bewundern.

Wer in ➠ **Rothenburg ob der Tauber** ❹ Station macht, packt gewöhnlich nicht zuerst die Wanderstiefel aus. Zu lang ist die Liste der sehenswerten Türme, Tore, Brunnen, Plätze und Patrizierhäuser, die in der weltberühmten Stadt auf Besucher warten. Das Erlebnis von Kultur und Natur verbindet man auf entspannende Weise miteinander, z. B. auf dem Bettenfeld-Jakobsweg (Wanderzeit 4,5 Std), der an der Schandtauberhöhle vorbei zum Wasserwirtschaftlichen Lehrpfad führt, oder auf dem Lindleinseeweg (Wanderzeit etwa 2,5 Std). Der Große und der Kleine Lindleinsee waren einst Teile eines Verteidigungsbollwerks, das die Reichsstadt vor Angreifern schützte. Heute nisten hier Graureiher, Rohrammer und Wiesenweihe.

Naturvielfalt auf kargen Böden Bei Rothenburg hat sich die Tauber tief in das flache Vorland eingegraben. Zahlreiche Bäche fließen ihr zu, so der Kirnberger Mühlbach, der seinen Namen vom alten Mühlenort **Kirnberg** ❺ hat, ein verträumtes Dorf mit einigen schönen Fachwerkhäusern. Kleinode der Natur sind die durch die Beweidung mit Schafen entstandenen Trockenrasen in der Umgebung, etwa am Wolfsberg an der Straße nach Gebsattel. Auf dem warmen, trockenen Boden blüht der Frühlingsenzian oder die Küchenschelle, und der Neuntöter

Jagdfalkenhof Schloss Schillingsfürst

Die Jagd mit Greifvögeln ist eine uralte Form der Jagd, die früher vorwiegend dem Adel vorbehalten war. Karl Wilhelm Friedrich von Brandenburg-Ansbach unterhielt im 18. Jahrhundert auf seinem Landsitz bei Ansbach eine der größten Falknereien Europas. Heute ist die prachtvolle Barockanlage von Schloss Schillingsfürst (bei 10) der würdige Rahmen für einen der ältesten und renommiertesten Falkenhöfe Deutschlands (www.bayerischer-jagdfalkenhof.de). Adler, Falken, Milane und Geier sind bei Vorführungen (Bild) zu bewundern.

jagt nach Insekten. Vollkommen andere Lebensräume sind die Buchenwälder und Eichen-Hainbuchen-Wälder auf der Höhe über dem Dorf. Dort befinden sich die Reviere der seltenen Mopsfledermaus und des ebenso raren Hirschkäfers.

Feuchte Wälder sind bekanntlich der Arbeitsplatz des Bibers, doch ist er bei uns in freier Wildbahn nur noch selten anzutreffen. Im Naturschutzgebiet Karrachsee, gleich hinter der idyllisch bei ➠ **Windelsbach** 6 im Klosterwald gelegenen Karrachmühle, ist die Chance, einem Biber zu begegnen, nicht schlecht. Doch mit seinen Weihern, Erlenfeuchtwäldern und Feuchtwiesen ist das Naturreservat ohnehin ein Erlebnis. (Vom Wanderparkplatz am Nonnenweiher dem Wegweiser Karrach folgen.)

Cadolzhofen 7 gehört zur Gemeinde Windelsbach. Die Cadolzhöfer Hut am Lenzenberg rund 1 km nördlich des Orts diente jahrhundertelang als extensives Weideland für Schafherden – und muss auch weiterhin beweidet werden, sonst breiten sich Sträucher in die Trockenrasen aus und überwuchern die vielen seltenen Kräuter, z. B. Knabenkraut und Enzian, die hier im Frühjahr besonders üppig blühen. Schafe halten als vierbeinige Landschaftspfleger den Strauchwuchs kurz und erhalten damit auch den Lebensraum des Distelfalters, der im Frühsommer aus dem Mittelmeerraum über die Alpen zu uns kommt.

Wie wichtig die Schäferei für die Natur ist, zeigt die lebensgroße Figur des Schäfers, die den Besucher im Informationszentrum des Naturparks Frankenhöhe auf dem Kirchberg in **Colmberg** 8 empfängt. Der Besucher erfährt auch viel Wissenswertes über andere Themen und kann auf dem 3,5 km langen Colmberger Eichenwaldweg einen der ältesten Eichenbestände der Region in natura erkunden.

Ein Berg rutscht ab Wenige Kilometer unterhalb des Ursprungs der Tauber steigt über dem rechten Flussufer bei ➠ **Wettringen** 9 ein steiler, bewaldeter Berghang bis auf über 500 m empor. Wie so viele Berge der Frankenhöhe besteht der Gailnauer Berg in den Gipfellagen aus Sandstein, darunter aus tonigen und mergeligen Schichten. Ein derartiger geologischer Aufbau hat früher oder später fatale Folgen. Durch den zerklüfteten Sandstein kann das Wasser rasch versickern und das tonige Gestein in einen Brei verwandeln. Im Februar 1958 ereignete sich deshalb auch auf etwa 120 m Länge ein großer Bergrutsch. Seine Wunden sind noch längst nicht vernarbt. Und da auf dem Chaos von Gesteinsblöcken keine forstwirtschaftliche Nutzung möglich ist, bleibt der Wald weitgehend sich selbst überlassen. Dies wiederum behagt den Fledermäusen, die im Totholz viele Schlupflöcher finden. Von Wettringen steigt man auf dem Wanderweg Tauber-Wörnitz zum Bergrutschgelände hinauf (Karte und Prospekt bei der Gemeindekanzlei).

An finanziellen Mitteln mangelte es den Bauherren, die über dem alten Residenzstädtchen ➠ **Schillingsfürst** 10 ihr wahrhaft fürstliches Barockschloss mit prunkvollen Sälen erbauen ließen, offenbar nicht. Aber den Grafen und Fürsten zu Hohelohe-Schillingsfürst fehlte in ihrer hoch gelegenen Residenz das Wasser. Daher beauftragten sie 1702 einen Nürnberger Brunnenmeister, der das Problem mit einer ebenso einfachen wie genialen Anlage löste: einem von Ochsen bewegten Tretscheiben-Pumpwerk, das sich die mechanischen Prinzipien von Hebel und schiefer Ebene zunutze machte. In zwölf Stunden konnte das technische Meisterwerk, das im historischen Bronnenhaus zu besichtigen ist, ungefähr 27 m^3 Wasser zum 1,5 km entfernten Schloss fördern.

Auch für die Flora kann die Wasserversorgung zum Problem werden, besonders im Regenschatten der Höhen und auf flachgründigen Böden, wie im Becken von **Gastenfelden** ⑪. Der Lenzenberg, der am nördlichen Ortsrand den gedrungenen Turm der – im Inneren mit einem kunstvollen Kanzelaltar und einer romantischen Orgel geschmückten – St.-Maria-Magdalena-Kirche überragt, trägt daher eine Trockenrasenvegetation. Da hier die Gesteine von Ton über Gips bis Sandstein kleinräumig wechseln, verändert sich auch das Pflanzenkleid beinahe von Meter zu Meter – von artenreichen Enzian-Schillergras-Rasen auf den sandigen zu Borstgrasrasen auf den sauren Böden. Diese Artenvielfalt in der Pflanzenwelt der Rasen ist, vor allem im Verbund mit den Streuobstwiesen, Hecken und Gebüschen, die beste Voraussetzung für eine vielfältige Fauna.

Der Schäferbrunnen ziert den Platz vor dem Rathaus der Marktgemeinde **Dombühl** ⑫. Es gilt als das kleinste Rathaus im Freistaat Bayern und war ursprünglich das Spritzenhaus. Die Wehrkirche St. Veit steht dahinter auf einem Hügel. Um die Mitte des 16. Jahrhunderts wurden die Mauern auf die Hälfte abgetragen. Seither leben auch keine Ordensschwestern mehr im ehemaligen Prämonstratenserinnenkloster Sulz, das von Dombühl aus zu Fuß in einer halben Stunde zu erreichen ist. Der schlanke Turm der Kirche mit dem charakteristischen Zwiebeldach ist im grünen Tal der Sulzach nicht zu übersehen.

Mit der Pferdekutsche kann man die historische Altstadt von Rothenburg ob der Tauber bequem erkunden.

Einen spitzen Helm trägt dagegen der Turm der St.-Nikolaus-Kirche in **Schalkhausen** ⑬ bei Ansbach. Sie birgt einen sehenswerten spätgotischen Flügelaltar. Durch die Hauptstraße, dann an der Bahnlinie rechts ab führt der Weg zum Scheerweiher, ehemals Mühlteich der Scheermühle und heute ein Dorado für die Tierwelt. Rund fünf Dutzend Vogelarten brüten in dem Mosaik von offenen Wasserflächen, Röhrichten, Feuchtwiesen, Auwäldern und an Totholz reichen Wäldern des benachbarten Bocksbergs. Hinzu kommen viele gefiederte Gäste, die hier rasten, und andere wasserliebende Tiere wie Laubfrosch, Bekassine, Braunkehlchen, Drosselrohrsänger und Zwergtaucher.

Neuntöter *(Lanius collurio)*

Er ist kein Massenmörder unter den Singvögeln, auch wenn sein zweiter Name, »Rotrückenwürger«, dies gleichfalls vermuten ließe. Der vom Frühling bis zum Frühherbst in Mitteleuropa heimische Zugvogel, bei dem die Männchen am Rücken und auf den Flügeln rotbraun gefärbt sind, verdankt seinen Namen seiner besonderen Jagdtechnik. Er stürzt sich fast wie ein Falke auf seine Beute (vor allem große Insekten), packt sie und spießt sie an den langen Dornen von Sträuchern auf oder klemmt sie an anderen »Schlachtbänken« wie Astgabeln ein. Auf diese Weise sorgt er für schlechte Zeiten vor. Die bevorzugten Lebensräume des Neuntöters, Gebüsche und Hecken, sind bei uns rar geworden; auf der Frankenhöhe gehört die Vegetation der Gipshügel dazu.

Naturpark Fränkische Schweiz-Veldensteiner Forst

SERVICE

Anfahrt A 9 Bayreuth–Hof bis AS Münchberg-Nord und über Münchberg auf der B 289 nach Lichtenfels; nächster ICE-Bahnhof in Lichtenfels

Lage Im Norden Bayerns zwischen Nürnberg, Bamberg und Bayreuth

Größe 2300 km²

Höchste Erhebung Ossinger (651 m)

Gründung 1968

Information Naturpark Fränkische Schweiz-Veldensteiner Forst, Forchheimer Straße 1, 91278 Pottenstein

Telefon 09243/70 816

Infohäuser In Ebermannstadt und Pottenstein

Internet www.fsvf.de

TOP TIPP

4 **Kleinziegenfelder Tal** Malerischer Bachlauf mit Kalkfelsen und seltenen Pflanzen

5 **Wonsees** Zur Burg Zwernitz und zu einem Felsengarten

8 **Hirschbachtal** Klettergebiet mit »Höhenglückssteig«

9 **Oberes Püttlachtal** Bizarre Felsen und viele Orchideen

11 **Teufelshöhle** Tropfsteine und fossile Knochen

14 **Druidenhain** Kultstätte der Kelten in reizvollem Waldgebiet

Schon Romantiker wie Ludwig Tieck oder Wilhelm Heinrich Wackenroder schwärmten von der Schönheit der Fränkischen Schweiz. Wälder, Felder, Wiesen, Obstgärten, die im Mai in voller Blüte stehen, goldgelbe Getreidefelder im Sommer und leuchtend gefärbte Laubbäume im Herbst verwandeln die Landschaft in ein Farbenmeer.

Die zerklüfteten Felsen im Wiesenttal bei Streitberg eröffnen Wanderern immer wieder fantastische Ausblicke.

Näher betrachtet, zeigt die Natur aber noch viel mehr Gesichter: In den Buchenwäldern blühen Buschwindröschen, Leberblümchen, Haselwurz, Seidelbast, Einbeere, Maiglöckchen, Akelei und Türkenbund sowie seltene Orchideen. Auf Dolomitfelsen und Wacholderheiden, wo Sonne und Trockenheit vorherrschen, siedeln Mauerpfeffer, Felsenhungerblümchen, Steinbrech, Kuhschelle, Glockenblume, Teufelskralle, Sonnenröschen, in den Spalten wachsen Mauerraute und Streifenfarn. Fasane, Rebhühner, Bussarde, Falken oder Eichelhäher fühlen sich hier wohl, auf den Wiesen flattern Schmetterlinge, darunter auch seltene Prachtstücke wie Schiller- und Segelfalter oder der Große Apollo.

Von Korbmachern und Kelten Das nördliche Tor zum Naturpark ist die Stadt **Lichtenfels** 1. Als Zentrum der Korbflechter bekannt, gibt es in der Innenstadt zahlreiche Geschäfte mit schönen Korbwaren. Neben stattlichen Bürgerhäusern und dem barocken Rathaus ist der Kastenboden sehenswert, ein Getreidespeicher, der 1555 als Stadtschloss errichtet wurde (Am Kastenboden 1). Wer mehr über Korb wissen möchte, findet in Michelau, 5 km nordöstlich von Lichtenfels, das Deutsche Korbmuseum.

Die **Wallfahrtskirche Vierzehnheiligen** 2 südlich von Lichtenfels gilt als Glanzstück des fränkischen Barock und steht auf dem Grund des Frankenthal-Hofes, der durch Wunderberichte bekannt wurde. 1741 wurde der Grundstein für die große Basilika gelegt und nach Plänen des Weimarer Baumeisters Gottfried Heinrich Krohne und Balthasar Neumann errichtet. Man betritt den lichtdurchfluteten Innenraum durch die großartige Zweiturmfassade und wird sofort vom prächtigen Gnadenaltar im Zentrum der Kirche gefangen. Genau hier – so wird erzählt – soll einem Schäfer 1445 ein Kindlein erschienen sein, beim dritten Mal sogar mit 14 anderen. Die Gründungslegende besagt, dass es sich dabei um das Jesuskind mit 14 Nothelfern handelte.

Weiter südwestlich erhebt sich nahe der Stadt **Staffelstein** 3 der Staffelberg mit 539 m, wo schon Kelten siedelten. Der Ausblick auf die Niederung des Maintales ist legendär, schon der Dichter und Schriftsteller Joseph Victor von Scheffel ließ sich hier im 19. Jahrhundert inspirieren. In keltischer Zeit befand sich auf dem Staffelberg ein Ringwall und im 1. Jahrhundert v. Chr. ein Oppidum. Es ist als Modell im Städtischen Museum in Staffelstein in der Kirchgasse 14 zu sehen. Das Naturschutzgebiet Staffelberg mit seinen Buchenwäldern beeindruckt im Frühling mit Schlüsselblumen, Leberblümchen, Buschwindröschen, Gelben Windröschen und Lungenkraut, später folgen zahlreiche Orchideen sowie Berglauch und Badisches Rispengras in den Felsfluren. Kalktuffquellen und Niedermoore prägen das Landschaftsbild dieses Gebietes.

Tatsächlich ohnegleichen – das »Ruinentheater« im eindrucksvollen Felsengarten Sanspareil bei Wonsees.

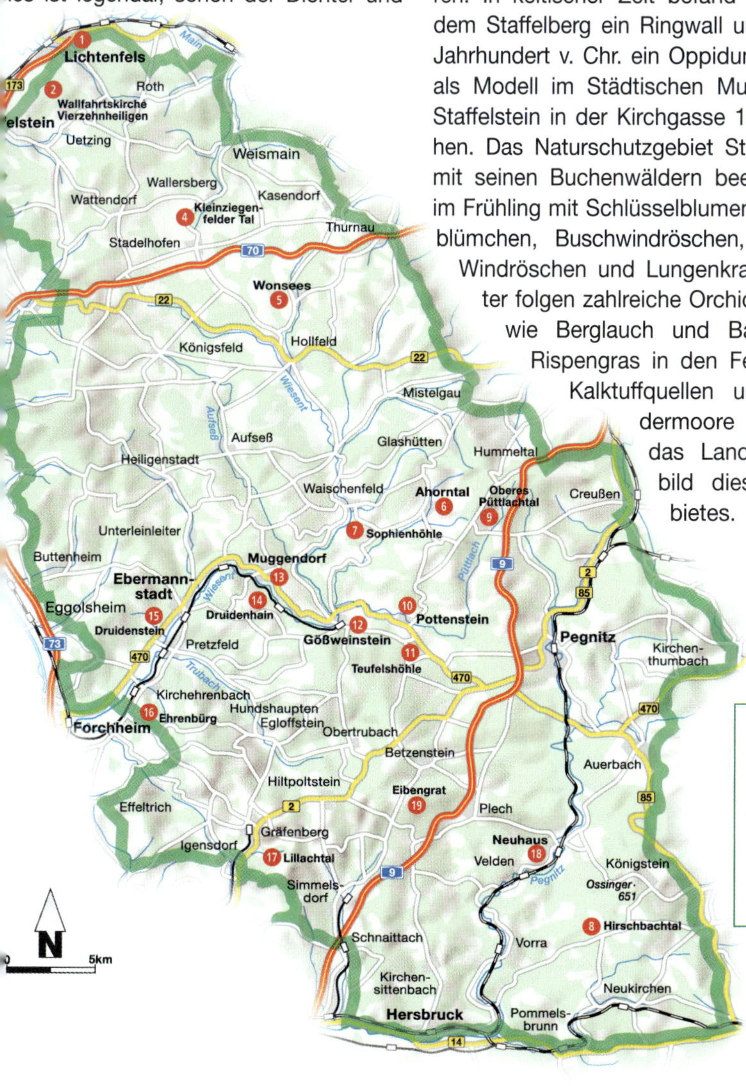

Hier schmiegt sich Stein an Stein: Das romantische Fachwerkensemble in Tüchersfeld wird von steilen Felsen überragt.

Natur pur bietet auch ein Bachlauf zwischen Kleinziegenfeld und Wallersberg: das ➠ **Kleinziegenfelder Tal** 4. Hochstaudenfluren und Erlen-Eschen-Auwälder säumen die feuchten Uferbereiche. Im klaren, sauerstoffreichen Wasser leben die seltene Koppe und das Bachneunauge. Auf den Kalkmagerrasen gedeihen viele Orchideenarten, in den Felsspalten und auf Felsbändern siedeln Hungerblümchen, Felsschaumkresse, Gänsekresse, Steinnelke und der Grüne Streifenfarn. Die Kalkfelsen der Umgebung sind als Klettergebiet beliebt.

Geheimnisvoller Felsengarten Hoch über der nördlichen Fränkischen Schweiz erhebt sich bei ➠ **Wonsees** 5 auf einem Felsmassiv der Turm von Burg Zwernitz, die bereits im 12. Jahrhundert erstmals urkundlich erwähnt wird. Die Markgrafen von Bayreuth ließen die Burg im 18. Jahrhundert modernisieren. Die Markgräfin Wilhelmine von Bayreuth fand vor allem an den merkwürdigen Felsbildungen der Gegend Gefallen, die durch Schwämme des Jurameeres vor rund 130 Millionen Jahren entstanden sind. Sie rief: »C'est sans pareil!« (»Das ist ohnegleichen!«), und ließ einen Felsengarten anlegen – fortan hatte das Dorf zu Füßen der Burg seinen exotischen Namen Sanspareil und die Markgräfin einen zauberhaften Felsenpark unter Buchen. Der Humanist Friedrich Taubmann vergleicht die Schönheit des Haines in seinem 1604 erschienen Werk »Schediasmata poetica« mit der von Homer als Heimat des Odysseus beschriebenen Insel Ithaka. Taubmann wurde 1565 in Wonsees geboren und wirkte als »Fränkischer Eulenspiegel« am sächsischen Hof. Ihm wurde in Wonsees der Brunnen am Marktplatz gewidmet, und am Rathaus erinnern zwei Gedenktafeln an den Dichter.

Weiter südlich liegt das breite Becken des **Ahorntales** 6, von Wiesen und Wäldern bedeckt. Besonders reizvoll ist es im engen Talbereich des Ailsbaches mit seinen charakteristischen Felstürmen – eine typische Juralandschaft. Auf schmalem Bergsporn erhebt sich die Burg Rabenstein. Im Greifvogel- und Eulenpark kann man über 70 Tag- und Nachtgreifvögel in großräumigen Volieren aus nächster Nähe betrachten. Besonders beliebt – nicht nur bei Kindern – sind die Flugvorführungen in der Falknerei (geöffnet Di–So 11–17 Uhr, Flugvorführung 15 Uhr). Nur 15 Minuten entfernt thront auf einem steil abfallenden Dolomitfelsen die Klaussteinkapelle. Im Mittelalter die Kapelle der Burg Ahorn, glänzt sie inzwischen durch eine herrliche Barockausstattung aus dem 18. Jahrhundert. Nur in den Seitenmauern

sind noch romanische Stilelemente sichtbar. Unter dem Felsmassiv der Klaussteinkapelle befindet sich der Eingang zur **Sophienhöhle** 7, die der Schlossgärtner des Grafen Erwein von Schönborn 1833 durch Zufall entdeckte: Er arbeitete in der davor liegenden Klaussteinhöhle und bemerkte am Ende des Raumes einen Luftzug. Hinter einer Felsspalte traten tropfsteingeschmückte Hallen zutage. Nachdem er die Entdeckung seinem Herrn mitgeteilt hatte, taufte der sie auf den Namen seiner Schwiegertochter, der Gräfin Sophie von Schönborn. Diese Höhle ist eine der größten Zerklüftungshöhlen in der Fränkischen Schweiz und gilt mit ihren wundervollen Tropfsteingebilden als besondere Attraktion. Berühmt sind der steinerne Wasserfall mit 5 m Höhe und der »Millionär«, ein einzeln stehender, 2,4 m hoher Stalagmit (Höhle geöffnet April–Okt. täglich außer Mo von 10.30–17 Uhr).
Im seinem oberen Teil schon oberpfälzisch, wird das ➠ **Hirschbachtal** 8 vor allem aus touristischen Gründen noch zur namhaften Frankenalb gerechnet. Wichtigste Orte dieses Landstriches südlich von Pegnitz sind Königstein im Norden und Hirschbach im Süden. Zu den besonderen Attraktionen des Hirschbachtales gehören die Kletterwege wie die viel besuchte Mittelbergwand bei Hirschbach, der Norissteig oder der Höhenglückssteig. Im Gegensatz zu den meisten anderen Kletterfelsen, die echten Profis vorbehalten sind, können diese mit Drahtseilen gesicherten Steige auch von geübten Wanderern begangen werden.
Eines der schönsten Täler im Naturpark Fränkische Schweiz ist das **Obere Püttlachtal** 9 – eng, von üppiger Vegetation und interessanten Felsgebilden geprägt. Kurz vor Pottenstein ragt der Adamfelsen auf. Die Felsnischen dienten als steinzeitliche Wohnstätten, im Tal machte man viele prähistorische Funde. Die Flora ist besonders artenreich, auf dem Kalkstein gedeihen allein über 40 verschiedene Orchideen, von denen der Frauenschuh wohl zu den seltensten Arten gehört. Auch den Türkenbund kann man entdecken.
Wo Püttlach, Haselbrunnbach und Weihersbach zusammenfließen, liegt **Pottenstein** 10, eine der ältesten Stadtsiedlungen in der Fränkischen Schweiz. Hoch auf einem Bergsporn zwischen Püttlach- und Weihersbachtal thront die gleichnamige Burg, die 918 unter König Konrad als Befestigung gegen die Slawen und Magyaren gebaut wurde. Der Name des Ortes geht auf den Pfalzgrafen Botho von Kärnten (Bothostein) zurück, der die Feste im 11. Jahrhundert weiter ausbauen ließ. Auch die heilige Elisabeth von Thüringen, die nach dem Tod ihres Mannes 1228 aus Eisenach verjagt wurde, wohnte einst in dieser Burg. An der Brücke über die Püttlach hat man ihr ein Denkmal gesetzt. Von Pottenstein lohnt sich ein Abstecher ins malerische Tüchersfeld mit seiner imposanten Felsenkulisse. Hier ist ein Besuch im Fränkische-Schweiz-Museum zu empfehlen, das über den Landschafts- und Kulturraum Fränkische Schweiz informiert. Die angegliederte, original erhaltene Synagoge aus dem 18. Jahrhundert vermittelt zudem Informationen über den jüdischen Glauben und die Juden, die seit dem Mittelalter in Franken siedelten. Auf einem schönen Spazierweg am Weihersbach entlang gelangt man zum Schöngrundsee mit Bootsverleih und dem Felsenbad Pottenstein.

Tiefe Höhlen, Kirchen und kostbares Holz Die ➠ **Teufelshöhle** 11 bei Pottenstein ist nicht nur die bekannteste, sondern mit einer erschlossenen Länge von 1,4 km auch die größte Schauhöhle

In üppigem Barock erstrahlt das Innere der von Balthasar Neumann erbauten Basilika von Gößweinstein.

Felsen und Höhlen

Vor rund 190 Millionen Jahren wurden im Jurameer verschiedene Gesteine als Schichten abgelagert und durch den Druck späterer Schichten verfestigt. Die obere Schicht besteht aus Kalkstein, der von Skeletten und Kalkschalen abgestorbener Kalkalgen, Schnecken und Muscheln stammt, die auf den Meeresboden sanken. Ohne Schichtung sind dagegen die Riffe von Schwämmen, die im mittleren Malm den Meeresboden besiedelten. Da in der Fränkischen Schweiz vor allem die Schwammriffe zu Dolomit umgewandelt wurden, konnten die weicheren Schichten ausgewaschen werden. Zurück blieben die beeindruckenden Felsformationen, wie z. B. auf dem Walberla 16 (Ehrenbürg) und an den Talhängen von Streitberg und Muggendorf 13. Durch die Lösungskraft von kohlensaurem Wasser entstanden im Gestein etliche Höhlen mit teilweise beeindruckenden Tropfsteingebilden (Bild).

der Fränkischen Schweiz und Fundort zahlreicher fossiler Knochen. Besonders sehenswerte Tropfsteinbildungen sind »Wasserfall«, »Vorhang«, »Orgel«, »Goliath« und »Barbarossadom« (www.teufelshoehle.de).

Bei Behringersmühle, kurz hinter der Mündung der Püttlach in die Wiesent, liegt der berühmte Wallfahrtsort **Gößweinstein** 12. Sehenswert ist die Wallfahrtsbasilika Zur Heiligsten Dreifaltigkeit, 1730-39 von Balthasar Neumann erbaut. Hoch oben thront die Burg Gößweinstein. In der Nähe gibt es einen dicht mit Eiben bewachsenen Steilhang, eine botanische Kostbarkeit (Wanderweg von Gößweinstein zu Martinswand und Stempfermühle). Eiben waren früher weit verbreitete Nadelbäume, wurden aber auf ihren natürlichen Standorten immer mehr durch Laubgehölze verdrängt. Zum Verhängnis wurde der Eibe zudem ihr hartes, zähes Holz, aus dem schon im Mittelalter mit Vorliebe Bogen und Armbrüste gefertigt wurden. In Naturlandschaften sind die Bäume heute nur noch selten anzutreffen, nur an schwer zugänglichen Steilhängen konnten sie sich bis ins 20. Jahrhundert erhalten und wurden schließlich unter Schutz gestellt – so auch der Eibenwald bei Gößweinstein.

Folgt man der Wiesent weiter durch ein herrliches Tal, führt der Weg nach **Muggendorf** 13, bekannt durch die Reisewelle im 19. Jahrhundert. Damals kamen Forscher und vornehme Kurgäste in das »Muggendorfer Gebürg«, unter ihnen Professor Rosenmüller, Entdecker der nach ihm benannten Höhle bei Muggendorf.

Vom Druidenhain zum Walberla – Wandern zu geheimnisvollen Orten Ganz in der Nähe befindet sich bei Wohlmannsgesees der ➠ **Druidenhain** 14, wo tonnenschwere, bemooste Felsblöcke scheinbar einer mysteriösen Ordnung folgend nebeneinander liegen. Handelt es sich hier um eine Kultstätte der Kelten oder ist diese Anordnung rein zufällig entstanden? Mehrere Wissenschaftler sind dieser Frage bereits nachgegangen. Eine bislang nicht bewiesene Hypothese lautet, dass es sich bei den Steinen um eine alte Sonnenkultstätte handelt, die einst astronomischen Berechnungen diente. So sollen z. B. an Sonnwendtagen die ersten und letzten Sonnenstrahlen durch ein rundes Loch im Taufstein, einem 4 m langen und 40 cm dicken Fels, auf die umliegenden Felsblöcke geworfen werden. Wie dem auch sei, seine Anziehungskraft hat dieser geheimnisumwitterte Platz bis heute nicht eingebüßt.

Nichts zu verbergen hat der **Druidenstein** 15 – völlig exponiert steht die Felsnase am Naturlehrpfad »Langer Berg« bei Ebermann-stadt. Der Pfad beginnt am Wasserschöpfrad von 1603 (Markierung grüner Ring) und verläuft als Rundweg unterhalb des Oberen Berges. Auf dem Druidenstein gedeihen viele Pflanzen, die Sonne und Trockenheit bevorzugen: Gelb blühender Mauerpfeffer, Immergrünes Felsenblümchen und Färber-Hundskamille sind nur einige der Arten. Viele der Pflanzen werden auf Tafeln am Lehrpfad vorgestellt, aber auch Schmetterlinge, Vögel und andere Tiere. Auffällig sind auch die zahlreichen Hohlwege, die – trotz des harten Doggersandsteins – durch das Bremsen und Anfahren der Ochsenkarren entstanden sind.

Von der breiten Wiesentaue im Nordwesten begrenzt und vom Ehrenbach im Osten von der Frankenalb abgetrennt, erhebt sich die **Ehrenbürg** 16 über der Regnitzebene. Im Volksmund nur Walberla genannt, handelt es sich hierbei um einen mächtigen Felsklotz mit zwei Gipfeln, dem Rodenstein (532 m) und dem Walberla (514 m), die durch ein breites Plateau von 1500 m Länge und 300 m Breite voneinander getrennt sind. Diese Gegend war schon in der Bronzezeit um 1000 v. Chr. besiedelt, die Kelten errichteten hier eine Wallburg. Heute steht auf dem Hochplateau die im 16./17. Jahrhundert erbaute Walpurgiskapelle, die dem Berg seinen volkstümlichen Namen gab. Im Naturschutzgebiet wachsen zahlreiche geschützte Pflanzen, zu denen auch mehrere Orchideenarten gehören. Wandert man von der Niederung mit den Dörfern Schlaifhausen, Wiesenthau und Kirchehrenbach bergan zur Ehrenbürg, wird das Ackerland von einem Ring aus Wiesen abgelöst, in denen man immer wieder Quellen und sumpfige Stellen findet: Hier wachsen Sumpfdotterblumen, aber auch Kuckuckslichtnelken und Schlangenknöterich. Solche Wiesen bieten zudem Orchideen wie der Breitblättrigen Kuckucksblume ideale Bedingungen, die in der zweiten Maihälfte in Blüte stehen. Die Nordostseiten sind von Buchenmischwäldern mit Eschen und Spitzahorn bedeckt, wo in der Krautschicht Wiesen-Schlüsselblumen und das Wald-Bingelkraut vorkommen. In den Waldgebieten rund um das Gipfelplateau des Walberla gedeiht die Breitblättrige Stendelwurz, eine hier recht häufige Orchidee. Auf den Lichtungen rund um das Walberla kann man gelegentlich die Mücken-Händelwurz antreffen, die aber besonders häufig am Rodenstein vorkommt. Wo sich Eichenwälder ausbreiten, siedelt sie in Gemeinschaft anderer, wärmeliebender Pflanzen wie Pfirsichblättrige Glockenblume, Raues Veilchen und Echte Goldrute. Unterhalb der Dolomitfelsen am Walberla breitet sich ein Halbtrockenrasen aus, wo Kleines Habichtskraut, Karthäuser-Nelke, Zypressen-Wolfsmilch und Gemeines Sonnenröschen wachsen. Der Duft des Arzneithymians erfüllt hier die Luft, und an weniger zugänglichen Stellen steht das kleine Brand-Knabenkraut, eine Orchidee.

Wandern und Klettern im Lillach- und Pegnitztal Schon lange kein Geheimtipp mehr sind die Kalktuffterrassen im **Lillachtal** (17) bei Weißenohe. Wenn sich Regenwasser mit dem Kohlendioxid der Luft anreichert, löst es als Kohlensäure den im Boden vorhandenen Kalk. Durch das Wirbeln und Sprudeln der Lillach entweicht das Kohlendioxid wieder, der Kalk fällt aus und lässt stockwerkartige Gebilde, die Kalktuffterrassen, entstehen. Sie wachsen im Jahr rund 2 mm. Von Weißenohe führt ein markierter Wanderweg zur Lillachquelle und weiter durch das reizvolle Lillachtal zu den Kalktuffterrassen. In diesem Biotop haben Feuersalamander, Gelbbauchunke so- wie rund 100 Schmetterlingsarten ihren Lebensraum gefunden.

Der westlich von Weißenohe gelegene Veldensteiner Forst ist mit seinen 7000 ha Kiefernwald eines der größten zusammenhängenden Waldgebiete Frankens. Dolinen, Dolomitfelsen und Trockentäler bestimmen die Landschaft. Wo die Pegnitz den Veldensteiner Forst verlässt, liegt **Neuhaus** (18), malerisch zur Burg Veldenstein hin ansteigend. Diese Höhenburg liegt 56 m hoch über dem Tal auf einem Felssporn und wurde Anfang des 13. Jahrhunderts als Bamberger Amtssitz zum Schutz des Waldes erbaut. Im 15. und 16. Jahrhundert erweitert, blieb sie weitgehend unversehrt und überstand Hussiteneinfälle und Bauernkriege. Mit doppelter Ringmauer und den zahlreichen Mauertürmchen, viereckigem Bergfried und zum Teil erhaltenem Palas ist sie die größte Burganlage des gesamten Pegnitztales.

Zu den schönsten Wanderungen im Veldensteiner Forst zählt der 7 km lange Weg von Spies nach Betzenstein über den abenteuerlichen **Eibengrat** (19). Dieser Klettersteig ist etwa 1 km lang und führt zwischen Blockgestein zum idyllisch gelegenen Waldgasthof Reuthof und über Spitzberg und Teufelsgrund zurück nach Betzenstein.

Das Walberla, der bekannteste Berg des Naturparks Fränkische Schweiz

Naturpark Hirschwald

Der Naturpark Hirschwald im Herzen des Naturraums Mittlere Frankenalb erstreckt sich von den Erzberghöhen in der Nähe des mittelalterlich geprägten Amberg bis nach Schmidmühlen und vom Lauterachtal bis zum Tal der Vils im südlichen Landkreis Amberg-Sulzbach. Das Herzstück des Naturparks ist zugleich der Namengeber – der **Hirschwald** ①. Das ehemalige kurfürstliche Jagdgebiet vor den Toren der Stadt Amberg ist einer der traditionsreichsten Forste in Bayern.

SERVICE

Anfahrt Auf der A 6 bis zur Ausfahrt Amberg-West oder Amberg-Süd bzw. auf der A 93 bis zur Ausfahrt Ponholz, dann in Richtung Schmidmühlen; nächstgelegener ICE-Bahnhof in Nürnberg

Lage In der Oberpfalz in der Mitte Bayerns, im südlichen Landkreis Amberg-Sulzbach

Größe 277 km^2

Höchste Erhebung Wart bei Kastl (601 m)

Gründung 2006

Information Naturpark Hirschwald e. V., Marktplatz 11, 92224 Amberg

Telefon 09621/1 05 17

Internet www.naturparkhirschwald.de

Der »Stadtbrille« genannte Wassertorbau ist Teil der historischen Stadtmauer von Amberg.

Noch heute hat der Forst das Privileg, ein Rotwildgebiet zu sein. Hautnah ist das Rotwild beim Hirschpark im Ursensoller Ortsteil Heinzhof zu erleben, Wildschweine gibt es im Ortsteil Waldhaus zu sehen. Auf einer Rodungsinsel am Südrand des Hirschwaldes bei Rieden hat sich das ostbayerische Reit- und Turniersportzentrum entwickelt. Erholungssuchenden bietet der Park ausgedehnte Misch- und Nadelwälder mit einer Vielzahl von gut gepflegten Wanderwegen.

Wacholderheiden mit seltener Flora und Fauna Naturkenner kommen im ➠ **Lauterachtal** ②, dem Urbild eines Oberpfälzer Jurabaches, voll auf ihre Kosten. An den Südhängen dieses einmaligen Tals zeigen sich wunderschöne zusammenhängende Wacholderheiden mit einer außergewöhnlichen Flora und Fauna. So sind Kreuzenzian und Küchenschelle ebenso wie die seltenen Orchideen Brandknabenkraut und Rotes Waldvögelein noch zahlreich zu finden. An heißen Sommertagen gaukelt sogar der rare Segelfalter an den Hängen entlang – auf der Suche nach Nektar und einem Platz zur Eiablage. Die Lauterach selbst ist ein noch weitgehend unberührter Bach und als attraktives Fischgewässer bei Anglern weithin

TOP TIPP

② **Lauterachtal**
Große Wacholderheiden mit seltenen Pflanzen und Tieren

③ **Vilstal**
Durch naturnahe Auenlandschaft und ein reizvolles Tal fließender Fluss

bekannt. Im klaren Wasser tummeln sich Äschen und Bachforellen. Etliche dieser exzellenten Speisefische landen in zahlreichen Varianten als Spezialität auf dem Teller. Abends kann man am Ufer der Lauterach verschiedene Fledermausarten bei der Jagd nach Insekten beobachten.

Auf dem Schweppermannradweg geht es von Amberg aus in die Dolomitkuppenlandschaft zwischen Ursensollen und Kastl. Wer aufmerksam ist, kann hier die wohl beeindruckendste heimische Orchidee entdecken: den Frauenschuh. Gemütlicher radelt man im Lauterachtal von Markt zu Markt – von Kastl über Hohenburg nach Schmidmühlen – oder schnürt die Wanderstiefel für den Jurasteig.

Flussauen und eine mittelalterliche Stadt Das ➠ **Vilstal** 3 lässt sich auf vielerlei Arten erkunden: per pedes auf dem Vilstalwanderweg, mit dem Fahrrad auf dem Fünf-Flüsse-Radweg oder mit dem Kanu. Die Vils – sie begrenzt den Naturpark im Osten – war im Mittelalter die Lebensader der mittleren Oberpfalz. Noch bis weit in das 19. Jahrhundert hinein war der Fluss eine bedeutende Schifffahrtsstraße für Eisenerz und Salz und brachte Wohlstand in die Region. Von dieser Blütezeit zeugen noch heute viele Schlösser und Klöster.

Das **Salesianerkloster Ensdorf** 4 beheimatet eine Umweltstation und ist zugleich Einkehrstätte für Pilger auf dem Jakobusweg. Hier kann man auf dem Naturwallfahrtsweg viel Interessantes entdecken.

Mit ihrer fast 1000-jährigen Geschichte und einer eindrucksvollen historischen Kulisse präsentiert sich die Stadt **Amberg** 5 im 21. Jahrhundert mit einem breit gefächerten Kulturangebot. Noch heute besticht die Stadt durch ihren geschlossenen mittelalterlichen Stadtkern. Fast vollständig umgeben von einer Stadtmauer mit Türmen und Toren sowie einem einzigartigen Wassertorbau, beherbergt sie viele herausragende Bauwerke. Das gotische Rathaus, zahlreiche Kirchen, Bürgerhäuser und Klosteranlagen liegen in der von der Vils durchflossenen Altstadt. Das ehemalige Landesgartenschaugelände führt den Besucher aus der Stadt in eine naturnah gestaltete **Wiesenauenlandschaft** 6 mit ihren typischen Pflanzen- und Tierarten. Entlang der Vilsauen verläuft ein wasserwirtschaftlicher Lehrpfad. Für Kinder ein absolutes Muss ist der einmalige Piratenspielplatz, bei dem die Kleinsten und ihre Familien auf ihre Kosten kommen – und ganz nebenbei können die Kinder spielerisch erste ökologische Zusammenhänge im wahrsten Sinne des Wortes begreifen.

Kanutour auf der Vils

Ein unvergessliches Erlebnis bildet eine Kanutour auf der Vils von Amberg 5 nach Schmidmühlen. Diese Tour kann auch in Etappen absolviert werden. Gleich nach dem Start wird südlich der Stadt deutlich, dass man sich im Oberpfälzer Jura befindet: Die Vils fließt durch ein trogartiges Tal mit zumeist bewaldeten Steilhängen. Im Westen reicht der Hirschwald teilweise bis an den Fluss. Die Vils hat in der Regel eine mäßige Strömung und ist auch für ungeübte Kanufahrer – trotz vieler Wehre – gut zu bewältigen. Südlich von Rieden bis etwa Schmidmühlen fährt man meist abseits von Verkehr und Ortschaften. Am Unterlauf der Vils lebt eine interessante und reichhaltige Vogelwelt, u. a. mit Eisvogel, Wasseramsel und Reiher. Seit vielen Jahren hinterlässt auch der Biber hier seine Spuren.

Naturpark Nördlicher Oberpfälzer Wald

SERVICE

Anfahrt A 93 bis Ausfahrt Windischeschenbach, weiter über die B 22 und B 299 nach Hessenreuth; nächstgelegene ICE-Bahnhöfe in Nürnberg und Regensburg

Lage Im Nordosten Bayerns an der tschechischen Grenze, in den Landkreisen Tirschenreuth, Neustadt/Waldnaab, Weiden i. d. OPf.

Größe 1380 km²

Höchste Erhebung Entenbühl (901 m)

Gründung 1975

Information Naturpark Nördlicher Oberpfälzer Wald Stadtplatz 38 92660 Neustadt/WN

Telefon 09602/79 31 00

Infohaus In Neustadt a. d. Waldnaab

Internet www.naturpark-now.de

TOP TIPP

- **2 Waldnaabtal** Außergewöhnliche Felsformen und Stromschnellen
- **6 Neustadt/Waldnaab** Altstadt mit zwei Schlössern und Stadtmuseum
- **7 Flossenbürg** Malerische Burgruine auf einem Granitkegel mit herrlichem Blick
- **9 Pfrentschweiher** Reizvoller Moorsee in urwüchsigem Wald
- **10 Burgruine Leuchtenberg** Schönste Burgruine der Oberpfalz

Zwei große Waldgebiete prägen den Nordwesten des Naturparkgebiets: der Hessenreuther und der Manteler Wald. Unübersehbar ragt die Basaltkuppe des Parksteins mit seiner Wallfahrtskapelle über die Baumwipfel. Im Tal der Haidenaab im Süden mit seinen vielen Weihern und Tümpeln nisten zahlreiche Vogelarten.

Markant ragt die Burgruine Flossenbürg auf einer Granitkuppe über dem Nördlichen Oberpfälzer Wald auf.

Eine hügelige Mittelgebirgslandschaft schließt im Nordosten der Oberpfalz an. Den östlichen Teil des Naturparkgebiets an der Grenze zu Tschechien bedecken weitläufige Wälder, in denen vornehmlich Fichten wachsen. Sie sind von einem gut ausgebauten Wanderwegenetz durchzogen. Als eine der markantesten Landmarken dieser Gegend gilt die Burgruine Flossenbürg, die zugleich Wahrzeichen des Naturparks ist.

Den Norden des Naturparks bestimmen bewaldete Bergrücken, unterbrochen von idyllischen Tälern und moorigen

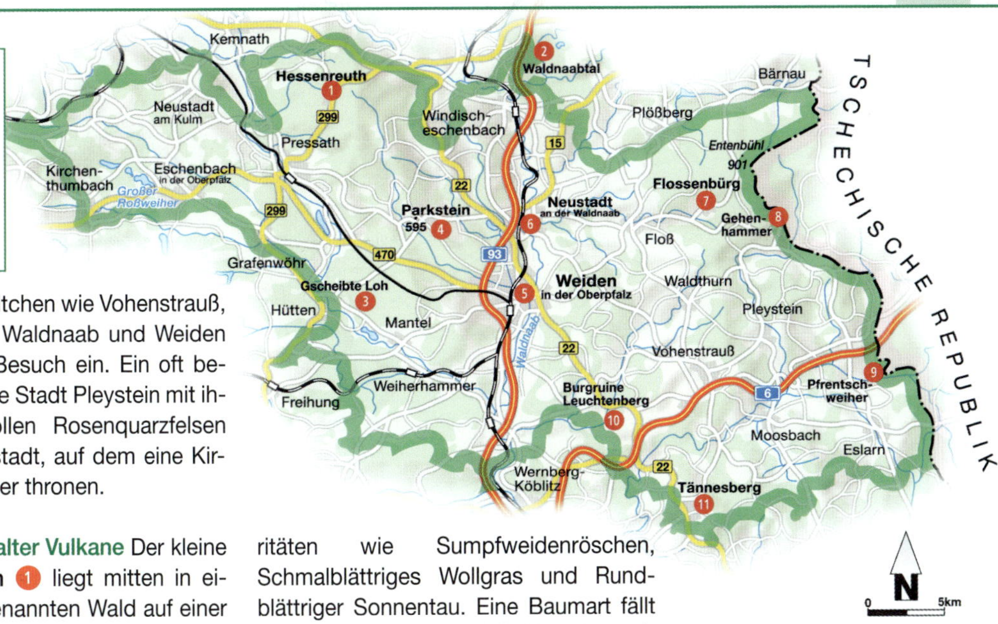

Wiesen. Alte Städtchen wie Vohenstrauß, Neustadt an der Waldnaab und Weiden laden zu einem Besuch ein. Ein oft besuchtes Ziel ist die Stadt Pleystein mit ihrem eindrucksvollen Rosenquarzfelsen mitten in der Altstadt, auf dem eine Kirche und ein Kloster thronen.

Auf den Spuren alter Vulkane Der kleine Ort **Hessenreuth** 1 liegt mitten in einem nach ihm benannten Wald auf einer großen Lichtung. Das ausgezeichnete Wandergebiet rund um das benachbarte Städtchen Pressath lässt sich am besten von den Parkplätzen an der B 299 aus erkunden. Wanderwege führen auf den Hesserberg und den Schwarzberg, beides dicht bewaldete Höhenrücken. Nicht weit entfernt liegt auch der Kuschberg, ein ehemaliger Vulkan. Der Aufstieg zum Gipfel lohnt sich – von hier hat man einen grandiosen Panoramablick.

Im ➠ **Waldnaabtal** 2 zwischen Windischeschenbach und Falkenberg kann man ein außergewöhnliches Naturphänomen besichtigen: Hier hat das Wasser ein richtiges Kerbtal in den Granit »gesägt«. Der Fachmann nennt dies ein antezendentes Durchbruchstal, der Laie genießt die blütenreichen Uferwiesen, plätschernden Stromschnellen und die faszinierenden Felsgebilde. Verschiedene Wander- und Radtouren sind in beiden genannten Orten ausgeschildert.

Die **Gscheibte Loh** 3 ist ein Naturwaldreservat, das sich im Übergangsstadium vom Nieder- zum Hochmoor befindet. Ihren Namen hat sie von der Lohe, die zum Gerben verwendet wurde, und von der runden Scheibenform des langsam verlandenden Moorsees. Im 120 ha großen Naturschutzgebiet brüten über 60 Vogelarten, und es finden sich botanische Raritäten wie Sumpfweidenröschen, Schmalblättriges Wollgras und Rundblättriger Sonnentau. Eine Baumart fällt besonders ins Auge: die Spirke, eine aufrechte, meist einstämmige Form der Bergkiefer, die zum Ende des Eiszeitalters aus dem Vorland der Alpen hierher gelangte. Vom Ort Mantel fährt man nach Norden Richtung Hütten, kurz vor der Ortschaft biegt man rechts ab nach Parkstein. Nach rund 500 m erreicht man einen Wanderparkplatz mit einer Tafel, die über die markierten Wege durch das Naturwaldreservat informiert.

Fast 600 m hoch erhebt sich der **Parkstein** 4 über die ansonsten sanft gewellte Hügellandschaft seiner Umgebung. Über einen gemütlichen Wallfahrtsweg erreicht man den Gipfel des Basaltkegels mit der kleinen Kapelle. Nicht versäumen sollte man den Blick nach Süden und Osten über die Höhen des Oberpfälzer Waldes und auf die Stadt Weiden in der Oberpfalz. Eindrucksvolle Basaltskulpturen zeigt ein Aufschluss an der Südostseite des Berges, den man am besten vom Parkplatz an der Südseite aus erreicht. Fünf-, sechs-, ja bis zu achtkantige lange und schmale Säulen wurden hier garbenförmig ausgebildet und ließen eine mustergültige Vulkanruine entstehen. Das Richtung Oberfläche dringende Magma erstarrte vor der Eruption und bildete die Basaltformationen, die wir heute bewundern können.

Burgfestspiele Leuchtenberg

In den Monaten Juni, Juli und August dient die Burgruine Leuchtenberg (10) (Bild) der Stadtbühne Vohenstrauß als stimmungsvolle Kulisse für ihre Aufführungen. Das Repertoire reicht dabei vom Volksstück bis zum Klassiker, vom Singspiel bis zum Musical, vom Historienspiel bis hin zu modernen Stücken. Die meisten Vorstellungen sind bereits vor der Premiere ausverkauft. Es ist deshalb zu empfehlen, sich frühzeitig Karten zu sichern. In der Regel startet der Vorverkauf Anfang Mai (Festspielbüro-Telefon 09659/93 100; www.landestheater-oberpfalz.de).

Musik und Bleikristall Durch das Untere oder das Obere Tor schlendert man nach **Weiden in der Oberpfalz** (5) hinein zum Alten Rathaus. Durch die sehenswerte Altstadt mit manch prächtigem Renaissancegiebel gelangt man zum Alten Schulhaus. Das hier untergebrachte Stadtmuseum informiert über die Geschichte des Marktes Weiden. An den berühmtesten Sohn der Stadt erinnern die Max-Reger-Zimmer. Der Komponist Max Reger (1873–1916) verlebte hier seine Jugendjahre und schuf einige seiner berühmtesten Orgelwerke. Am Alten Rathaus beginnt auch »Der etwas andere Spaziergang durch die Stadt«. Dieser stadtökologische Lehrpfad vereint auf originelle Weise die Themenbereiche Wohnen, Leben und Natur. So erfahren die Besucher etwa, welche Pflanzen sich in den Fugen der Weidener Stadtmauer angesiedelt haben oder warum so viele exotische Tiere die Gewölbe der Josefskirche zieren.

Für die Kunst des Glasblasens war und ist ➠ **Neustadt an der Waldnaab** (6) berühmt. In der »Altbayerischen Krystall Glashütte« können die Besucher dieses Handwerk aus nächster Nähe bewundern und die entstandenen Kostbarkeiten auch erwerben (geöffnet Mo–Fr 9.30–18 Uhr, Sa 9.30–14 Uhr). Der alte Stadtkern wurde vom Fürstengeschlecht derer von Lobkowitz geprägt. Das Neue und das Alte Schloss am oberen Ende des Stadtplatzes gehen auf diese Familie zurück, die auch maßgeblich am Bau der Stadtpfarrkirche St. Georg mitgewirkt hat. Das Innere des Rokokobaus überrascht durch sein Wessobrunner Stuckwerk.

Gleich neben der Kirche ist im Alten Schulhaus das Stadtmuseum untergebracht. Die Ausstellung beschäftigt sich u. a. mit der Geschichte von Handwerk und Gewerbe, zeigt Schätze aus Bürgerhäusern, Kirchen und Klöstern und erzählt die Stadtgeschichte. Eine eigene Abteilung widmet sich mit prächtigen Ausstellungsstücken der Geschichte der meisterlichen Kunst der Glasbläserei in der »Stadt des Bleikristalls« (geöffnet Di–So 14–16 Uhr, April–Okt. Sa und So 14–17 Uhr).

Von Neustadt an der Waldnaab aus sollte man unbedingt einen Abstecher zum nahe gelegenen Naturschutzgebiet Dost im engen Waldtal der Girnitz unternehmen. Das Naturschutzgebiet beeindruckt durch eine üppige Vegetation und vor allem durch riesige, in Jahrhunderttausenden glatt geschliffene Granitblöcke. Man fährt Richtung Floß, biegt nach Diepoltsreuth ab und erreicht nach wenigen Minuten den Gollwitzerhof. Von dort führt ein markierter Weg in etwa 15 Minuten zum Naturschutzgebiet.

Fernsicht bis zum Böhmerwald Der Schlossberg von ➠ **Flossenbürg** (7) mit seiner weithin sichtbaren Burgruine ist für viele Geologen die schönste Granitkuppe der Welt. Beim etwas mühevollen Aufstieg (im Ort ausgeschildert) sind die schuppenartigen Granitplatten nicht zu übersehen, die Aufschluss darüber geben, wie diese Kuppe einmal entstanden ist. Ein an die Oberfläche drückender Schmelzfluss blieb in wenigen Kilometern Tiefe in der Erdkruste stecken und erstarrte langsam zu hellem Granit. Die Deckschichten wurden abgetragen und legten die Granitschalen frei. Entlang dem neu angelegten »Weg des Granits« kann man besonders am Burgweiher bequem die faszinierenden Gesteinsfomationen bestaunen. Die im 12. Jahrhundert als Grenzfeste erbaute Burg Flossenbürg fiel dem Dreißigjährigen Krieg zum Opfer und bietet vom einstigen Wohnturm aus eine atemberaubend schöne Sicht bis zum Böhmerwald.

Oberhalb des Ortes erinnern erschütternde Zeugnisse an ein dunkles Kapitel deutscher Geschichte. Ein Rundgang durch die Grab- und Gedenkstätte des ehemaligen Konzentrationslagers Flossenbürg führt die Gräueltaten der Nationalsozialisten drastisch vor Augen (täglich 9–17 Uhr, Dez.–Feb. 9–16 Uhr).

Die idyllisch gelegene **Gehenhammer Mühle** (8) bei Georgenberg war einst eines von vielen Hammerwerken in der

Oberpfalz. Bis 1971 trieb das große Wasserrad den Mühlstein zum Mahlen des Getreides an. Inzwischen dient die restaurierte Mühle als Museum und gemütliche Gaststube, die deftige Brotzeiten anbietet (geöffnet Mi, Fr–So 13–19 Uhr). An der Mühle beginnt der 78 km lange Glasschleiferweg, ein Rundweg, der durch reizvolle Bachtäler vorbei an Glasschleifereien und Eisenhämmern verläuft (Markierung weißes Weinglas auf rotem Grund).

Vom »Urwald« zur »Akropolis« Eine besondere Attraktion erwartet den Wanderer in der Nähe von Pfrentsch: Hier kann man am **Pfrentschweiher** 9 einen naturbelassenen, sehr urwüchsigen Wald erkunden. Am Staatsgut beginnt ein 1,5 km langer landwirtschaftlicher Lehrpfad. Unmittelbar an der Grenze zu Tschechien liegt dieses sogenannte »Urwaldgebiet«, dessen Mittelpunkt ein Moorsee bildet, der zwar im 19. Jahrhundert trocken gelegt, inzwischen aber wieder geflutet wurde. Eine artenreiche Flora und Fauna hat sich auf den Moorwiesen angesiedelt.

»Die Akropolis der Oberpfalz« nennt man hier die **Burgruine Leuchtenberg** 10 – die schönste ihrer Art in der Oberpfalz. Stolz thront das im Stil mittelalterlicher Landgrafenburgen angelegte Bauwerk auf dem felsigen Grund. Am besten geht man vom Marktplatz in Leuchtenberg zur Ruine hinauf; dort sind ausreichend Parkplätze vorhanden. Alljährlich finden von Mai bis August die Leuchtenberger Burgfestspiele statt. Prunkstück der Anlage ist die romanische Schlosskapelle sowie der 24 m hohe Bergfried. Der Aufstieg lohnt sich, denn der Turm ist einer der schönsten Aussichtspunkte in der Oberpfalz: Von Nord nach West bietet sich dem Auge eine traumhafte Kulisse mit Fichtelgebirge, Steinwald, Böhmerwald, Oberpfälzer Wald und Bayerischem Wald sowie Fränkischem Jura.

Von Leuchtenberg aus empfiehlt sich ein kurzer Abstecher zur Wolfslohklamm. Zwar haben nur Oberschichten der eiszeitlichen Gletscher die Oberpfalz erreicht, doch hinterließen sie im nahen Lerautal mächtige Granitblöcke. Inzwischen vom Frost gesprengt und vom Wasser abgeschliffen, bilden sie nun die wilde Wolfslohklamm. Über die B 22 erreicht man den Parkplatz an der Sargmühle, von dort sind es nur etwa 200 m zum ausgewiesenen Naturschutzgebiet.

Der Markt **Tännesberg** 11 hat alljährlich am vierten Sonntag im Juli eine besondere Attraktion zu bieten: den St.-Jodok-Ritt, eine prächtige Pferdewallfahrt. Auf dem Tännesberg können am Kreuzweg die Reste gleich zweier Burgen besichtigt werden. Auch zwei bemerkenswerte Naturerlebnispfade nehmen in Tännesberg ihren Anfang: Über 7 km verläuft Bayerns längster Obst-Naturerlebnispfad bis nach Vohenstrauß. Beim Spaziergang erfährt man alles Wissenswerte über Obstanbau, Obstsorten und die ökologische Bedeutung der Streuobstwiesen. Ein geologischer Naturerlebnispfad über 1,3 km Länge erklärt die Besonderheiten der verschiedenen Erdzeitalter. Zu beiden Naturerlebnispfaden gibt es Audio-Guides, die bei der Touristinformation Tännesberg erhältlich sind (www.taennesberg.de).

In der Nähe des Pfrentschweihers lohnt die Erkundung eines naturbelassenen, geradezu urwaldartigen Waldes.

Naturpark Oberpfälzer Wald

Der Naturpark umfasst den Süden des Hinteren und Vorderen Oberpfälzer Waldes und schließt im Süden an den Naturpark Oberer Bayerischer Wald an. Jedoch wird die Landschaft sanfter, steile Abhänge und tief eingeschnittene Täler kommen hier nicht vor.

SERVICE

Anfahrt Auf der A 93 Regensburg–Weiden bis Nabburg; nächstgelegene ICE-Bahnhöfe in Regensburg und Nürnberg

Lage In Bayern, nördlich von Regensburg und östlich von Amberg

Größe 817 km^2

Höchste Erhebung Weingartner Fels (896 m)

Gründung 1985

Information Naturpark Oberpfälzer Wald e. V., Wackersdorfer Straße 80, 92421 Schwandorf

Telefon 09431/47 13 37

Infohäuser Nabburg und Schönsee

Internet www.oberpfaelzerwald.de

TOP TIPP

1 **Oberpfälzer Freilandmuseum** Schön angelegtes Freilichtmuseum mit fünf Baugruppen

4 **Prackendorfer und Kulzer Moos** Einer der größten Moorkomplexe in der Oberpfalz

5 **Schönseer Land** Abwechslungsreiche Landschaft und »Centrum Bavaria Bohemia« als kulturelle Verbindung

1 **Lamer Winkel** Landschaftlich großartigstes Tal des Bayerischen Waldes

»Klein-Finnland« in Bayern: Die vielen Seen brachten dem Charlottenhofer Weihergebiet seinen Zweitnamen ein.

Die meisten Gipfel sind waldbedeckt, so auch der höchste im Park, der Weingartner Fels (896 m). Die ehemalige Grenzlage des Naturparkgebietes macht es für Wanderer und Erholungssuchende interessant. Fauna und Flora gedeihen gut in den abgelegenen Winkeln. Manche Besonderheit kann man hier noch entdecken, so die Schachbrettblume, den Lungenenzian und einige Orchideenarten.

Alltag, wie er früher einmal war ... So etwa könnte das Motto des ➠ **Oberpfälzer Freilandmuseums** 1 in Neusath-Perschen bei Nabburg lauten. Gleich fünf kleine Dörfer mit 40 wiederaufgebauten Häusern machen einen Rundgang, der etwa zwei Stunden dauert, zu einem geschichtlichen Erlebnis. Rund 300 Jahre Wohnen und Wirtschaften in allen täglichen Anforderungen und Abläufen sind in diesem Freilichtmuseum dokumentiert oder werden vorgeführt. Nach dem Rundgang weiß man mehr über die Unterschiede des Alltagslebens in Mühlental, Stiftland-, Waldler-, Naabtal- und Juradorf (www.freilandmuseum.org).

Wer über die Landwirtschaft in früheren Zeiten noch mehr wissen will, dem sei ein Abstecher in die Ortschaft Perschen empfohlen. Das dortige Bauernmuseum im Edelmannshof, einem historischen Dreiseithof, ist komplett mit Gerätschaften und Einrichtungsgegenständen aus der damaligen Zeit ausgestattet (geöffnet Di–So 13–18 Uhr).

Schon aus der Ferne ist der Domturm der über 1000 Jahre alten Stadt **Nabburg** 2 zu erkennen. Hoch über dem Fluss thront die Altstadt mit ihren Mauern und Türmen, den verwinkelten Gassen und eng gebauten Häusern. Verschiedene Ausstellungen, u. a. zum Thema »Von Menschen und Tieren«, zeigt das örtliche Stadtmuseum im ehemaligen Zehentstadel. Integriert ist auch das Bayerische Informationszentrum für Ameisenkunde (geöffnet April–Okt. Di–So 14–17 Uhr, Nov.–März Fr–So 14–17 Uhr).

Auf dem Weg nach »Klein-Finnland«

Kostbarkeiten anderer Art kann man im **Charlottenhofer Weihergebiet** 3 zwischen Schwandorf und Schwarzenfeld entdecken. Etwa 100 Seen sind es, die den Rest eines einst viel größeren Seengebietes bilden; dies brachte ihm auch den Beinamen »Klein-Finnland« ein. Mit rund 830 ha das größte Naturschutzgebiet der Oberpfalz, besitzt es große Bedeutung für die Vogelwelt. Hier sind noch Blaukehlchen, Tafelenten und Schwarzhalstaucher zu sehen. In den Uferzonen und den Dickichten brüten über 100 Wasservogelarten, und Zugvögel rasten hier auf ihrer Reise nach Süden oder Norden.

Eines der größten Moorgebiete in der Oberpfalz erschließt sich auf dem Moorlehrpfad durch das ➠ **Prackendorfer und Kulzer Moos** 4. Der 3 km lange, gut markierte Rundweg (Startpunkt ist der ausgeschilderte Parkplatz an der Straße von Kulz nach Dautersdorf) führt durch einen urwüchsigen Moorwald, vorbei an dunkel schimmernden Gewässern. Auf Schautafeln kann man viel über die Entstehung von Mooren sowie über deren frühere Nutzung erfahren.

Das ➠ **Schönseer Land** 5 und vor allem die Stadt Schönsee sind berühmt für die hohe Kunst des Spitzenklöppelns. Die schönsten Arbeiten sind im Jagdmuseum des Hotels St. Hubertus zu bewundern. Wer möchte, kann diese Kunst in Wochenendkursen erlernen.

Das »Centrum Bavaria Bohemia« (CeBB) in Schönsee bietet den Besuchern breit gefächerte und zweisprachige Informationen über Kulturangebote und das Kulturleben der bayerischen und tschechischen Nachbarregionen (Informationen im Internet unter www.bbkult.net). Einen guten Überblick über die abwechslungsreiche Gegend des Schönseer Landes sowie über den Oberpfälzer Wald und den Bayerischen Wald kann man sich mit einer Wanderung auf den Böhmerwald-Aussichtsturm verschaffen. Der 2 km lange Turmsteig mit der Markierung »42« beginnt in Stadlern direkt beim Sport- und Freizeitzentrum.

Am Zusammenfluss von Naab und Pfreimd liegt umrahmt von sanften Höhenzügen die Stadt **Pfreimd** 6. Die sehenswerte barocke Stadtpfarrkirche Mariä Himmelfahrt und die Renaissancekirche in der Klosteranlage lohnen einen Besuch.

Zwei Ausflüge bieten sich hier an: einmal zur einsam gelegenen Wallfahrtskirche Sankt Barbara auf dem nahen Eixlberg und zum anderen eine Wanderung in das idyllische Stelzlmühlbachtal.

Weit ragt der Turm des Doms von Nabburg über die idyllische Felslandschaft, die das Städtchen umgibt.

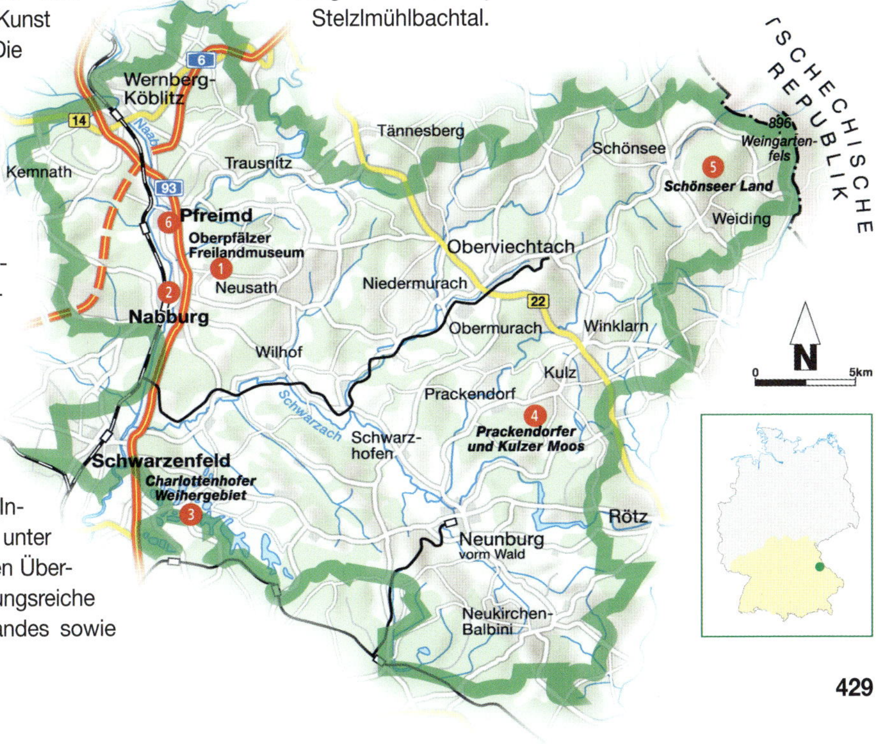

Naturpark Oberer Bayerischer Wald

SERVICE

Anfahrt Auf der A 3 Regensburg–Passau bis zur Ausfahrt Straubing, dann über Bad Kötzting nach Lam; Lam ist Endbahnhof der Oberpfalzbahn Cham–Bad Kötzting–Lam, nächstgelegener ICE-Bahnhof in Regensburg

Lage In Bayern, umfasst den Landkreis Cham in der Oberpfalz an der Grenze zu Tschechien

Größe 1796 km²

Höchste Erhebung Osser (1293 m)

Gründung 1973

Information Naturpark Oberer Bayerischer Wald, Rachelstraße 6, 93413 Cham

Telefon 09971/78 394

Infohäuser In Arnschwang und Nittenau

Internet www.naturpark-obw.de

TOP TIPP

1. **Lamer Winkel** Landschaftlich großartigstes Tal des Bayerischen Waldes
2. **Kleiner Arbersee** Karsee mit »schwimmenden« Inseln
3. **Osser** »Matterhorn des Bayerischen Waldes« mit Panoramagipfel
6. **Schwarzeck-Kamm** Bergkamm mit »Zwölf-Tausender-Höhenwanderweg« und Zielen wie dem Kaitersberg

Er hat viele Gesichter, doch das verwundert nicht. Schließlich spannt sich der im Nordosten an Tschechien grenzende Naturpark nicht nur über den gesamten Landkreis Cham – das fast 2000 km² große Gebiet reicht vom südlichen Oberpfälzer Wald und vom Falkensteiner Vorwald über die Cham-Further Senke hinweg bis heran an den Arber, das höchste Bergmassiv des Bayerischen Waldes.

Nach einer ausgedehnten Wanderung durch den Naturpark kann man am Kleinen Arbersee Badefreuden genießen.

Dass der Naturpark so unterschiedliche Landschaftseinheiten umfasst und dennoch »nur« den Bayerischen Wald im Namen führt, liegt daran, dass rund um den Lamer Winkel im Hinteren Bayerischen Wald die Glanzlichter des Naturparks zu finden sind – Osser, Arber, Schwarzeck, Kaitersberg, um nur die Wichtigsten zu nennen.

Lamer Winkel – Idyll zwischen Bayerwald und Böhmerwald Die landschaftlich beeindruckendste besiedelte Talschaft des Bayerischen Waldes ist der ➠ **Lamer Winkel** (1). Dieses vom Weißen Regen durchflossene Wald- und Wiesenidyll liegt zwischen Arbermassiv, Künischem Gebirge, Schwarzeck-Kaitersberg-Kamm und Hohem Bogen. Es ist ein beliebter Ausgangspunkt für Ausflüge zu einigen der höchsten Gipfel des Bayerischen und des Böhmerwaldes. Namengeber ist der Luftkurort Lam, einer der ältesten Fremdenverkehrsorte des Bayerischen Waldes.

Vom Parkplatz auf dem Brennessattel an der Straße von Bayerisch Eisenstein nach Lam ist der ➠ **Kleine Arbersee**

2 zu erreichen. Der unter Naturschutz stehende Quellsee des Weißen Regens ist ein von schroffen Felswänden überragter Karsee in der Nordflanke des Arbermassivs. Im Lauf der Jahrtausende verlandete der bis zu 10 m tiefe See, ehe er 1885 zur Holztrift aufgestaut wurde. Bei diesem Eingriff lösten sich vom nassen Boden Schwingrasen, die seither auf der Wasseroberfläche treiben. Ein Rundweg führt um den etwa 9 ha großen See, an dessen Ostufer die Gaststätte Seehäusl zur Einkehr einlädt: Am Seehäusl beginnt der urige Wanderweg auf den Großen Arber, von dem aus man aus der Vogelperspektive die schwimmenden Moorteppiche des Kleinen Arbersees unter sich sieht und einen herrlichen Blick auf den Lamer Winkel und den Osser bis hin zum Hohen Bogen genießen kann.

Mit Leichtigkeit auf das »Matterhorn«

Der hoch über dem Lamer Winkel und dem Tal der Uhlavá auf dem Grenzkamm des Künischen Gebirges gelegene zweigipfelige ➡ **Osser** 3 ist ein echtes Charakterhaupt des Bayerischen Waldes und des Böhmerwaldes: Von nahezu allen Bergen – selbst aus weiter Ferne – ist seine unverwechselbare Doppelgipfel-Silhouette erkennbar: Ein mondsichelförmig geschwungener Kamm verbindet die beiden Bergspitzen, deren höhere 1293 m erreicht, während die andere mit 1266 m nur unwesentlich niedriger ist. Auf böhmischer Seite wird diese Silhouette »Brust der heiligen Mutter Gottes« genannt, auf bayerischer Seite gilt der Kleine Osser als »Matterhorn des Bayerischen Waldes«: Steil wie eine Wand stürzt diese Glimmerschiefer-Felsbastion stellenweise in den Lamer Winkel ab, dessen Talsohle rund 700 m niedriger liegt, und gewährt eine einzigartige Aussicht auf den Lamer Winkel, den Arber, zum Schwarzeck und zum Kaitersberg sowie weit nach Böhmen hinein. Während der Kleine Osser als einzigen Schmuck ein Bergkreuz trägt, steht auf dem Großen Osser ein Gast- und Unterkunftshaus. Da auf dem Großen Osser die deutsch-tschechische Grenze verläuft, wird dieser Gipfel von beiden Länderseiten aus häufig besucht; der Aufstieg auf der tschechischen Seite erfolgt über den Schwarzen und den Teufelssee, zwei der berühmtesten Karseen des Böhmerwaldes. Zu den verschiedenen hervorragenden Wanderrouten, die am Osser ihren Ausgangspunkt nehmen, zählt der zum Zwercheck führende felsige Steig entlang der Grenze auf dem Kamm des Künischen Gebirges.

Zwischen Lamer Winkel und der Cham-Further Senke liegt der **Hohe Bogen** 4. Er ist die nördlichste Bergbastion des Bayerischen Waldes und 1079 m hoch. Im Freizeitzentrum Hohenbogen im Wallfahrtsort **Neukir-**

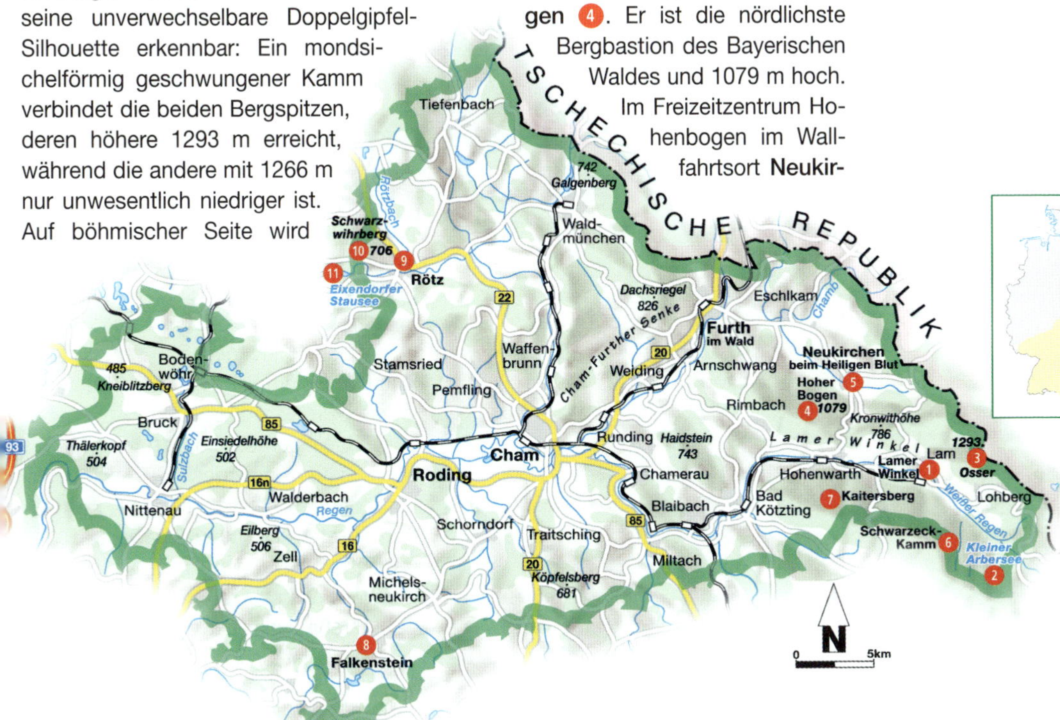

Unterhalb der Burg Falkenstein auf ihrem spektakulären Bergkegel lockt ein interessanter Natur- und Felsenpark.

chen beim Heiligen Blut 5 kommen im Skate-Park vor allem Inlineskater auf ihre Kosten, der Fun-Park des Freizeitzentrums lockt mit Wasserrutsche und Sommerrodelbahn. Hier befindet sich auch die Talstation der Sesselbahn auf den Hohen Bogen: Sie überwindet auf ihrer Fahrt 393 Höhenmeter und ist mit 1358 m die längste des Bayerischen Waldes. An der Bergstation beginnen Wanderwege durch tiefe Wälder und zu Felsenmeeren und zu immer wieder herrlichen Aussichten: Unten zeigt sich Neukirchen mit der Wallfahrtskirche inmitten ausgedehnter Feld- und Wiesenflure, dahinter zeichnen sich die bewaldeten Kuppen im Grenzgebiet von Bayern und Böhmen ab.

Südwestlich des Hohen Bogens liegt am Weißen Regen der beliebte Kneipp-Kurort Bad Kötzting. Hoch über der Stadt, am Kreuzfelsen, beginnt der »Zwölf-Tausender-Wanderweg« über den ➠ **Schwarzeck-Kamm** 6 zum Arber: die »Haute Route« des Bayerischen Waldes. Der erste Abschnitt führt über den Rücken des **Kaitersberges** 7 zum Mittagstein (1034 m) und zur Kötztinger Hütte mit atemberaubendem Ausblick. Weiter geht es auf beschwerlichem Felsenpfad durch das Steinbühler Gesenke und das Klettergebiet der Rauchröhren bis zum Großen Riedelstein (1132 m), dann steil hinab zum Berggasthaus Eck auf dem Eck-Sattel. Hier kann man neue Kräfte sammeln, dann führen Wurzelwege und felsige Steige den Wanderer weiter über Mühlriegel (1080 m), Ödriegel, Schwarzeck (1238 m), Heugstatt, Enzian (1284 m) und Kleinen Arber (1364 m) zum Großen Arber (1456 m) – die ganztägige Höhenwanderung ist recht anstrengend, aber unvergesslich.

Natur- und Felsenpark Falkenstein – Wandern und Klettern vom Feinsten

Der für seine bizarren Felsformationen berühmte Burgberg des Luftkurortes **Falkenstein** 8 ist Namengeber des Falkensteiner Vorwaldes, des westlichsten Ausläufers des Bayerischen Waldes. Die Verwitterungsformen im Granit dieses hervorstechenden Bergkegels, dessen Gipfel eine Burgruine aus dem 11. Jahrhundert trägt, sind so außergewöhnlich und spektakulär, dass das Gebiet unter Naturschutz steht und zugleich als Natur- und Felsenpark öffentlich zugänglich ist. Die mit fantasievollen Namen wie »Froschmaul« oder »Himmelsleiter« bedachten Felsen und Felsgruppen sind durch eine Vielzahl von Wegen und Steigen, Leitern und Brücken miteinander verbunden. Zu den markantesten Erscheinungen zählen die zahlreichen Schalensteine, die, glaubt man der Wissenschaft, Ergebnisse natürlicher Verwitterung sind. In alten Sagen werden sie hingegen als Opfersteine aus heidnischer Vorzeit gedeutet. Die Burg Falkenstein thront auf einem laubwaldgeschmückten Bergkegel. Die zinnenbekränzte Aussichtsplattform des im Kern romanischen Bergfriedes bietet ein hervorragendes Panorama weit über den Naturpark.

Der Falkenstein-Radweg zwischen Falkenstein und Gonnersdorf bei Regensburg ist mit 40 km nur kurz, doch einer der schönsten Bahntrassenradwege Deutschlands; die Strecke ist auch mit kleinen Kindern problemlos zu schaffen. In den Ferien und am Wochenende kann die Anreise mit dem Radlbus erfolgen (Regensburg–Falkenstein und zurück, mit zahlreichen Zwischenstationen). Die durchgehend markierte Strecke folgt der Trasse der 1984 stillgelegten Eisenbahnlinie Regensburg–Falkenstein, einer Lokalbahn (»Falkensteiner Bockerl«), die 1913 eröffnet wurde. Neben Sitzbänken, Picknickplätzen und Gasthäusern am Weg finden sich diverse Einrichtungen, die die Erinnerung an das alte »Bockerl« wachhalten: Bahnhöfe, Prellböcke, Rangiergleise, Kilometersteine, Brücken und Unterführungen.

Bewegte Geschichte – bewegende Landschaft Die über 500 Jahre alte Stadt **Rötz** (9) liegt am Fuß des Schwarzwihrberges im Schwarzachtal, umgeben von den Bergen, Wäldern und Seen des romantischen Schwarzachberglandes, das sich von Rötz flussaufwärts bis in die Trenck-Festspielstadt Waldmünchen und weiter bis zur tschechischen Grenze erstreckt. Die mächtige Ruine der Schwarzenburg thront oberhalb der idyllisch gelegenen Stadt Rötz auf dem Gipfel des **Schwarzwihrberges** (10) (706 m), der zum Aussichtsturm ausgebaute Schwanenturm bietet einen herrlichen Rundblick auf das Schwarzachbergland, den Bayerischen und den Oberpfälzer Wald. Vom nahen Schellhof heraufwandernde Ausflügler stärken sich in der gemütlichen Berghütte. Die ausgedehnte, im Kern romanische Burganlage war ab dem 11. Jahrhundert Sitz der Schwarzenburger, unter deren Herrschaft der Marktort Rötz an der alten Handelsstraße nach Böhmen aufblühte. Im Jahr 1433 sammelte sich hier das bayerische Heer zur Abwehr der Hussiteneinfälle. 1506 erwarb der böhmische Adelige Heinrich von Guttenstein die Burg und verwandelte sie in die Schaltzentrale einer Raubritterherrschaft, unter der auch Rötz schwer zu leiden hatte. Als »der Guttensteiner« auf einem seiner Raubzüge Feuerwaffen erbeutete, ließ er seine eigene Burg beschießen, um ihre Standfestigkeit zu testen. Die Feuerwaffen erwiesen sich als überlegen, und er gab auf, als die Reichsstadt Nürnberg den Schwäbischen Bund im Kampf gegen den Raubritter zu Hilfe rief: 1510 verkaufte er die Burg an den Wittelsbacher Kurfürsten Ludwig V. von der Pfalz. Die letzten Jahre der Herrschaft des Guttensteiners werden alljährlich im Sommer auf der Schwarzenburg in einem Freilichtspiel inszeniert.

Der **Eixendorfer Stausee** (11) zu Füßen des Schwarzwihrberges ist ein wahres Paradies für Wassersportler, Angler und Sonnenanbeter. Im Zuflussbereich des Sees befindet sich in dem kleinen Ort Hillstett das Oberpfälzer Handwerksmuseum. In originalgetreu nachgebauten Werkstätten wird hier auf anschauliche Art und Weise die Arbeit traditioneller Handwerksberufe gezeigt, etwa die eines Drehers, eines Wagners, eines Kammmachers oder eines Sattlers.

Trenck-Festspiele und Pandurensteig

Seit 1950 führen Waldmünchener Laienschauspieler jedes Jahr im Juli/August das Freilichtfestspiel »Trenck, der Pandur vor Waldmünchen« auf (Bild). Als Trenck mit seiner Soldateska Waldmünchen (nordöstlich von (9)) bedrohte, konnte sich die Stadt in letzter Minute freikaufen. An die Pandurenzeit erinnert auch der Pandurensteig: Der Fernwanderweg führt auf 160 km von der Ilzmündung in Passau nach Waldmünchen im Grenzgebiet von Bayerischem und Oberpfälzer Wald. Zu Beginn des Österreichischen Erbfolgekrieges stellte der preußische Offizier Franz Freiherr von der Trenck 1741 ein Korps von Panduren auf, d. h. von Soldaten aus dem ungarisch-kroatischen Raum.
1742 verwüstete diese Truppe das Gebiet, durch das der Pandurensteig führt. Dabei wurden u. a. die am Steig liegenden Burgen Dießenstein bei Perlesreut, Bärnstein bei Grafenau, Klebstein bei Schönberg und Weißenstein bei Regen zerstört.

Naturpark Bayerischer Wald

Der Naturpark Bayerischer Wald zwischen Donau, Böhmerwald und Mühlviertel umfasst auf 3070 km² die in Niederbayern gelegenen Berg-, Tal- und Kulturlandschaften des nach dem Schwarzwald zweithöchsten deutschen Mittelgebirges. Weitere 243 km² dieses Mittelgebirges stehen im Nationalpark Bayerischer Wald unter Schutz, die oberpfälzischen Gebiete des Bayerischen Waldes liegen im Naturpark Oberer Bayerischer Wald.

SERVICE

Anfahrt Auf der A 3 von Regensburg Richtung Passau bis Ausfahrt Deggendorf und auf der B 11 bis Patersdorf, dort auf Nebenstraßen über Bodenmais zum Großen Arbersee bzw. zur Talstation der Arberseilbahn; nächstgelegener Bahnhof in Bayerisch Eisenstein

Lage Im Nordosten Niederbayerns

Größe 3070 km²

Höchste Erhebung Großer Arber (1456 m)

Gründung 1967

Information Naturpark Bayerischer Wald, Infozentrum 3, 94227 Zwiesel

Telefon 09922/80 24 80

Infohäuser In Bogen, Bayer. Eisenstein, Außernzell, Zwiesel und Viechtach

Internet www.naturpark-bayer-wald.de

TOP TIPP

1 **Großer Arber** Höchster Berg des Bayerischen Waldes

4 **Pfahl** Drachenkammartige Quarzrippe, eines der schönsten Geotope Bayerns

12 **Ilzleiten** Wildwasserabschnitt der Ilz

14 **Buchberger Leite** Großartigste Schlucht des Bayerischen Waldes

16 **Dreisesselberg** Panoramaberg mit Steinernem Meer

Der höchste Gipfel des Bayerischen Waldes: der Große Arber mit seiner unverwechselbaren Silhouette.

Vom Dach des Bayerischen Waldes die sagenhafte Aussicht genießen Der Arber ist als höchstes Bergmassiv des Bayerischen Waldes wie des Böhmerwalds ein bedeutendes Fremdenverkehrs- und Wintersportgebiet. Der in weitgehend unzugänglichen Wänden zu den Arberseen abstürzende, von Felsen durchbrochene Bergstock thront über den Tälern von Schwarzem und Weißem Regen und schickt nach Westen zwischen Lamer Winkel und Zellertal den Schwarzeck-Kaitersberg-Kamm in Richtung des Kurortes Kötzting. Von fast überall ist der ➡ **Große Arber** 1 (1456 m) als die höchste Erhebung an seiner unverwechselbaren Silhouette erkennbar: Mächtige Gneisfelsen umgeben die waldfreie Gipfelverebnung wie die Bastionen einer natürlichen Burg. Der Große Arbersee in der Ostflanke und der Kleine Arbersee in der Nordflanke sind Karseen, die aufgrund ihrer Schönheit und ihres botanischen Reichtums zu den herausragenden Sehenswürdigkeiten des Bayerischen Waldes zählen. Wie viele hohe Berge trägt auch der Arber eine Grenze: Der Kleine Arbersee liegt in der Oberpfalz und im Naturpark Oberer Bayerischer Wald, der Große Arbersee hingegen in Niederbayern und im Naturpark Bayerischer Wald. Auch der vom Großen Arber westwärts ausstrahlende Kamm über Kleinen Arber, Enzian, Schwarzeck, Ödriegel und Eck-

sattel trägt bis zum Großen Riedelstein die Grenze von Niederbayern (südlich) und Oberpfalz – vielleicht hat genau diese Grenzlage dazu geführt, dass der so naturnahe Wanderweg über diesen Kamm zu den sicherlich schönsten im Bayerischen Wald zählt; seinem Verlauf folgt auch der Europäische Fernwanderweg 6.

Ein Rundgang auf dem durch Wanderwege sowie durch Sessellift und Gondelbahn erschlossenen Großen Arber vermittelt eine hervorragende Übersicht über den Bayerischen Wald und den Böhmerwald. Der höchste Punkt des im Besitz des Fürstenhauses Hohenzollern-Sigmaringen befindlichen Gipfels ist eine Gneisrippe mit hölzernem Bergkreuz und einer Aussicht, die an klaren Tagen bis zu den Alpen, zum Wienerwald, zum Fichtel- und zum Erzgebirge sowie zum Prager Hradschin reicht. Vom Südwestriegel-Felsen fällt der Blick mehr als 700 Höhenmeter hinab in die Mulde des oberen Zellertals mit den Häusern von Bodenmais. Am Seeriegel-Felsen steht die Arberkapelle, an der alljährlich am Bartholomäustag, dem 24. August, die Arberkirchweih gefeiert wird. Der Felsen oberhalb der Kapelle bietet eine wundervolle Aussicht: Tief unten leuchtet der Große Arbersee, oberhalb ist auf der Seewand das Mittagsplatzl in Sicht, weiter links zeigt sich Zwiesel, noch weiter links erhebt sich das Falkensteinmassiv im Nationalpark und ganz links liegen im Regental die Städte Bayerisch und Böhmisch Eisenstein.

Der **Große Arbersee** (2) in der Südostflanke des Arbermassivs ist der meistbesuchte Karsee des Bayerischen Waldes. Der Abschnitt auf der Seite der Straße kann mit Ruder- und Tretbooten befahren werden, während der verlandende Westuferbereich mit seinem Schwingrasen ebenso unter Naturschutz steht wie die dahinter aufragende Seewand. Vom Großparkplatz am Arberseehaus führt der 2 km lange Arbersee-Rundweg teilweise auf Bohlenwegen um den 8 ha großen eiszeitlichen Restsee.

Ein weiteres herausragendes Naturschutzgebiet sind die **Rißloch- oder Rieslochfälle** (3).

In einer Schlucht in der Südflanke des Arbermassivs oberhalb des Luftkurortes Bodenmais gelegen, sind sie die größten Wasserfälle des Bayerischen Waldes. In

Die Rißloch- oder Rieslochfälle in der Nähe von Bodenmais sind die größten Wasserfälle im Bayerischen Wald.

Auf dem höchsten Felsen des Pfahls thront die Burgruine Weißenstein; von hier aus bietet sich ein sagenhafter Ausblick.

der tiefen, bewaldeten Schlucht, in die kaum einmal Sonnenlicht dringt, überwindet der Riesbach auf einer Länge von 1,6 km mehrere Gneisstufen, dreht sich in Strudeltöpfen und tost über mächtiges Blockwerk. Der höchste dieser Wasserfälle stürzt durch das Riesloch (Rißloch). Das feuchtkühle Kellerklima fördert ein üppiges Mooswachstum auf den Felsen.

Pfahl – eine malerische Felsrippe aus blendend hellem Quarz Eine riffartig bis zu 30 m hoch herausgewitterte Härtlingsrippe aus Quarz durchzieht den Bayerischen Wald auf 150 km Länge und trennt den Vorderen vom Hinteren Wald: der ➠ **Pfahl** ④. Dieses Naturdenkmal, dessen malerische Felsen auch zum Klettern aufgesucht werden, verläuft nahezu schnurgerade durch die beiden Naturparks Bayerischer Wald und Oberer Bayerischer Wald von Freyung über Regen, Viechtach und Cham bis Schwandorf am Südrand des Oberpfälzer Waldes. Während die umgebenden Gneise und Granite an der tektonischen Bruchlinie zwischen Hinterem und Vorderem Wald im Lauf von Jahrmillionen abgetragen wurden und auf diese Weise eine Senke (»Pfahlsenke«) entstand, blieb der bis zu 120 m breite Quarzpfahl stehen. Ab dem 19. Jahrhundert wurde das harte Gestein industriell abgebaut und u. a. zu Straßenschotter verarbeitet. Erhaltene Reste des Pfahles stehen unter Naturschutz, darunter der durch einen Rundwanderweg erschlossene Große Pfahl an der B 85 westlich von Viechtach; die weithin sichtbare, bizarre Felsmauer gilt als schönste erhaltene Partie des gesamten Pfahles. Auf dessen höchstem Punkt steht bei der Stadt Regen die Burgruine **Weißenstein** ⑤. Von der zinnenbekränzten Aussichtsplattform des Bergfriedes bietet sich ein faszinierendes Panorama beider Teile des Bayerischen Waldes: Der Blick schweift hinauf zu Lusen, Rachel und Falkenstein im Nationalpark auf dem Grenzkamm zu Böhmen ebenso wie zum Arber und zum Kaitersberg, während sich im Vorderen Wald der drachenkammartig herausgewitterte Felsgrat Teufelstisch bei Bodenmais und als höchste Erhebungen der Einödriegel und der **Geißkopf** 6 oberhalb der Breitenau zeigen. Ein weiterer Aussichtsberg liegt wenig weiter westlich bei Sankt Englmar: Der **Hirschenstein** 7 mit seinen mächtigen Felsfreistellungen gilt als »König des Vorderen Bayerischen Waldes«. Vom steinernen Aussichtsturm schweift der Blick zu Arber, Falkenstein, Rachel, Lusen und Dreisessel sowie auf die Breitenau am Geißkopf; bei entsprechendem Wetter reicht die Sicht bis zu den Alpen. Der **Brotjacklriegel** 8 ist der südlichste Bergstock, den der Bayerische Wald der Donau entgegenstemmt. Er weist die für diese Region typische »Riegel«-Form auf: ein lang gezogener, breit ausladender Bergrücken.

Donauauen und Inselberge am Fuß des Waldgebirges Längs der Donau erheben sich am Südrand des Naturparks inselartige Berge, die wegen ihres botanischen Reichtums zum Teil geschützt sind, alte Burgruinen oder Kirchen tragen und eine imponierende Aussicht gewähren, darunter der Bogenberg, der »heilige Berg Niederbayerns«, der Natternberg oberhalb der Isarmündung bei Deggendorf sowie der Frauen- und der Rohrberg in Hengersberg gegenüber der Benediktinerabtei Niederaltaich. Sie alle sind Teil eines Gneisriegels, dessen hartes Gestein den Lauf des Flusses am Südrand des Waldgebirges lenkt. Der **Bogenberg** 9 mit der gotischen Marienwallfahrtskirche ist eine von Laubwäldern und mediterranen Pflanzen besiedelte Gneiskuppe, die oberhalb der Stadt Bogen zwischen den hügeligen Südausläufern des Bayerischen Waldes und der flachen Gäubodenlandschaft des Dungaus 118 m aus dem Donautal aufragt und eine einzigartige Aussicht bis zu den Alpen, nach Österreich und zu den höchsten Höhen des Bayerischen Waldes gewährt.

Aufgrund der exponierten Lage empfängt der Bogenberg starke Sonneneinstrahlung und ist von Pflanzen besiedelt, die extreme Hitze, Trockenheit und Hunger vertragen. Auch der Frühling beginnt hier früher als andernorts: Wenn die höheren Lagen des Waldgebirges noch schneebedeckt sind, blühen im Südhang des Bogenbergs Küchenschelle, Frühlingsfingerkraut, Hungerblümchen und Blaustern.

Die Anwesenheit von Menschen auf diesem markanten Landschaftspunkt, das Wahrzeichen einer ganzen Region, ist archäologisch seit der frühen Bronzezeit belegt. Wie die Legende berichtet,

Bikepark am Geißkopf

Für Mountainbike-Enthusiasten eine Top-Adresse: der Bikepark am Geißkopf 6. Der Hausberg von Bischofsmais ist durch einen Sessellift und mehrere Schlepplifte erschlossen und wartet mit rund einem Dutzend MTB-Routen unterschiedlicher Länge und Schwierigkeitsgrade auf: vom einfachen Trainings- und Kinderparcours bis zu Jump- und Freeride-Trails mit Wippen, Sprunghügeln und 2 m hohen Drops. Der Aussichtsturm des Geißkopfes gewährt eine prachtvolle Rundschau. Mitte Mai findet das Geißkopffest statt, an Mariä Himmelfahrt (15. August) wird die Geißkopfkirchweih veranstaltet.

Malerisch – mit Blick auf die Donau – krönt die Marienwallfahrtskirche den »heiligen« Bogenberg.

Museumsdorf Bayerischer Wald

Das Museumsdorf Bayerischer Wald am Dreiburgensee in Tittling (bei 11) ist das größte Freilichtmuseum des Bayerischen Waldes. Auf etwa 20 ha präsentiert es fast 150 historische Gebäude aus dem 17. bis 19. Jahrhundert: Höfe mit Nebengebäuden, Schmieden, Sägewerke, Dorf- und Wegekapellen, Mühlen (Bild), Flurdenkmäler und dazu die älteste Volksschule Deutschlands. Das Museum dokumentiert mit rund 60 000 Objekten Wohnen und Wirtschaften von Groß- und Kleinbauern, Tagelöhnern, Dienstboten und Handwerkern vom 18. bis in das frühe 20. Jahrhundert: bäuerlicher Hausrat, Möbel, Trachten, Kleidung, Wäsche, Werkzeuge und Zeugnisse der Volksfrömmigkeit. Zur Einkehr lädt das altbayerische Gasthaus Mühlhiasl die Besucher ein.

schwamm 1104 ein steinernes Marienbild donauaufwärts und landete am Bogenberg: Dieser wurde darauf als »Berg der heiligen Maria« eines der bedeutendsten Wallfahrtsziele Niederbayerns. Das alte Gnadenbild steht in einer Nische rechts des Hochaltars in der Wallfahrtskirche: eine archaische, steinerne Sitzmadonna mit Krone und Kind, die von Kunsthistorikern mit den Schwarzen Madonnen der Romanik verglichen wird. Das um 1400 geschnitzte neue Gnadenbild zeigt eine Maria in der Hoffnung: Der Bogenberg war ein bevorzugtes Wallfahrtsziel von Schwangeren und von Frauen, die sich Kinder wünschten. Von der Wallfahrtskirche leiten mehrere Wege mit herrlicher Aussicht durch die Südflanke dieses wundersamen Berges.

Auch in **Niederaltaich** 10 verbinden sich Natur, Kultur und Legenden. Die Benediktinerabtei mit der monumentalen Doppelturmfassade der barocken Abteikirche liegt links der Donau in einem ehemaligen Altarme- und Auengebiet, das noch der Name bewahrt: Altaich = Altaha = Altwasser. Der Agilolfinger Herzog Odilo von Bayern gründete das Kloster 731 auf einer nur per Boot erreichbaren, hochwassersicheren Terrasse in der 3 bis 4 km breiten Donauaue mit ihren Altwassern, Inseln, Auwäldern und Sümpfen.

Die wilde Flusslandschaft unterhalb der Isarmündung ist seit der Donaukorrektur im 19. Jahrhundert und der Errichtung von Volldämmen ab 1938 einer Kanal- und Grabenlandschaft gewichen, in der einige bedeutende Relikte wie das Naturschutzgebiet Staatshaufen und das von der Alten Donau umflossene Naturdenkmal Gundelau an die einstige Lage von Altaich erinnern. Ziel der Klostergründung war es, den Nordwald urbar zu machen und zu christianisieren: Die systematischen Rodungen im Bayerischen Wald begannen um 1000, Niederaltaich wurde eines der reichsten Klöster und bedeutendsten Kulturzentren Altbayerns. Die archaische Verbindung zwischen Kloster und Fluss hat sich bis ins 3. Jahrtausend bewahrt: Jeweils am letzten Sonntag im Monat findet in Niederaltaich die feierliche Segnung der Donau statt; auch die Fronleichnamsprozession ist mit der Flusssegnung verbunden.

Die Sumpfdotterblume bringt Farbe an die Ufer der schnell dahinfließenden Bäche.

Die Stromschnellen der Ilzleiten sind für Wildwasserkanuten eine sportliche Herausforderung.

Alte Burgen in luftiger Höhe, Wildwasserfreuden auf der Ilzleiten Das wunderschöne **Dreiburgenland** 11 bei Saldenburg und Tittling westlich der Ilzleiten zählt mit seinen drei Höhenburgen – Saldenburg, Englburg und Fürstenstein –, dem Museumsdorf Bayerischer Wald am Dreiburgensee und seinen zahlreichenn, wirklich außergewöhnlichen Granitformationen zu den herausragenden Ferien- und Freizeitgebieten der Region. Die ➠ **Ilzleiten** 12 bilden eine der bedeutendsten Wildwasserstrecken ganz Deutschlands. Die Landschaft des granitenen Dreiburgenlandes unterscheidet sich deutlich von den umgebenden Gneisgebieten, am augenfälligsten sind die bizarren Felsformationen mit ihrer charakteristischen Wollsackverwitterung. Der Diebstein bei Saldenburg, der Drei-Schalen-Stein auf der Rückseite des Saldenburger Burgberges, der Höhenberg östlich des Dreiburgensees und der Hohe Stein bei Fürstenstein sind eindrucksvolle Beispiele für diese malerischen Felsformationen, deren bekannteste der Wackelstein bei Solla ist. Dieser rund 50 t schwere, im Lauf der Jahrmillionen glatt geschliffene Block liegt auf einem leicht gewölbten Felspodium auf und lässt sich mit der Hand hin und her wackeln, wenn man den »Zauberpunkt« kennt. Wie alle Wackelsteine ist er derart positioniert, dass er ungeachtet seines Gewichts durch ein leichtes Drücken an der richtigen Stelle ins Schaukeln gebracht werden kann.

Das **Ilztal** 13 ist als Rückzugsgebiet für gefährdete Pflanzen- und Tierarten ein Traum für alle Naturliebhaber. Seit 1997 steht dieser landschaftlich großartige Abschnitt der Ilz als Naturschutzgebiet Oberes Ilztal zwischen der Ettlmühle bei Grafenau und der Mündung der Wolfsteiner Ohe bei Fürsteneck unter Schutz. Das vom Ilztalwanderweg und weiteren Wanderwegen durchzogene Kerbsohlental mit seinen felsendurchsetzten, von Burgruinen bekrönten Steilhängen – als Leiten bezeichnet – erweckt vielerorts den Eindruck einer Schlucht, doch ist die Talsohle meist relativ breit. Den Fluss begleiten Bruchweiden- und Schwarzerlen-Gehölze, Auenwiesen, lindenreiche Eichen-Hainbuchen-Wälder und naturnahe Tannen-Buchen-Wälder. Unter Kanu-

Auf Schusters Rappen durch den Bayerischen Wald

Der Europäische Fernwanderweg E6 im Bayerischen Wald ist ein naturnaher, abwechslungsreicher und spannender Bergwanderweg. Auf der Grenze der Naturparks Oberer Bayerischer Wald und Bayerischer Wald führt er zwischen Lamer Winkel und Zellertal über den Schwarzeck-Kamm zum Großen Arber (1), tritt dann in den Nationalpark Bayerischer Wald ein und überschreitet mit Falkenstein, Rachel und Lusen an der Grenze zum tschechischen Nationalpark Sumava drei weitere herausragende Böhmerwaldberge, ehe er am Dreisesselberg (16) endet bzw. seine Fortsetzung im Nördlichen Kammweg findet; Letzterer führt weiter nach Österreich. Wegen der zum Teil spürbaren Anstiege ist eine gute Kondition Voraussetzung für die Begehung, zudem wartet der Weg mit wurzeldurchsetzten, steinigen und zum Teil steilen Passagen auf. Außer den zahlreichen Unterkunftsmöglichkeiten in den Talorten gibt es an fast allen Gipfeln gasthofartige Berghäuser, so auch auf dem Dreisesselberg.

und Kajakfahrern besonders bekannt ist die nach Burg Dießenstein benannte Dießensteiner Leite. Die bedeutendste Veranstaltung hier ist die alle zwei Jahre im Frühjahr veranstaltete Bayerwald-Wildwasserregatta.

Die Ilz entspringt im Nationalpark Bayerischer Wald in mehreren Quellbächen. Unterhalb von Grafenau vereinigen sich Kleine und Große Ohe und Mitternacher Ohe zur Ilz, die nun das Naturschutzgebiet Oberes Ilztal durchfließt und bei Fürsteneck als weiteren Wildbach die Wolfsteiner Ohe aufnimmt.

In der ➠ **Buchberger Leite** (14) bei Ringelai hat die Wolfsteiner Ohe ein wildes Schluchttal geschaffen: Vom Parkplatz am Ortsrand von Ringelai geht es bachaufwärts auf schmalen Wegen, Pfaden und Felssteigen durch den steilen, von prächtigem Mischwald bedeckten, felsendurchsetzten Hang – gelegentlich ist der Weg geländergesichert, und an einer Stelle überspannt eine Hängebrücke den Bach. Nach Durchschreiten eines Felstunnels ist die von steilen Wänden umstandene Klamm der Buchberger Leite erreicht. Felsig und wurzelreich führt der Pfad weiter aufwärts. An einer malerischen Kaskade mit Strudeltöpfen laden Sitzbänke zur Rast ein, anschließend führt der Weg wieder in wildromantische Laubwälder mit mächtigen Felsen. Wenig später mündet der Saußbach ein: Hier vereinigen sich Reschbach und Saußbach zur Wolfsteiner Ohe.

Dieser Saußbach ist nicht zu verwechseln mit seinem Namensvetter, der sich bei Waldkirchen befindet: Die als Naturschutzgebiet ausgewiesene **Saußbachklamm** (15) ist eine tief in den Berg eingeschnittene Schlucht mit riesigen Granitblöcken. Von Waldkirchen aus führt ein bequemer Wanderweg hinauf in diese wildromantische Gegend.

Wo schon die Heiligen Drei Könige verweilten Es gibt nur wenige Stellen im Bayerischen Wald und im Böhmerwald, um die sich derart viele Sagen ranken wie um die drei Sessel auf dem ➠ **Dreisesselberg** (16) im Dreiländereck von Bayern, Böhmen und Österreich. Der am weitesten verbreitete Sagenstrang deutet die schalenförmigen Vertiefungen unter dem Aspekt der Dreiländerlage: »In der uralten Heidenzeit«, so heißt es in Adalbert Stifters Erzählung »Der Hochwald« (1844), »saßen auf ihm einmal drei Könige und bestimmten die Grenzen der drei Lande: Böheim, Baiern und Österreich – es waren drei Sessel in den Felsen gehauen, und jeder saß in seinem eigenen Lande.« Legenden berichten, dass hier die Heiligen Drei Könige gesessen hätten, als sie sich während ihrer Wanderung zum Christkind, dessen Geburtsstätte sie im Bayerischen Wald vermuteten, verirrt hatten. Der Dreisesselfels bietet einen wunderbaren Panoramablick zu Lusen und Rachel sowie zum Arber und westwärts

Der Arbeitsplatz des bedeutenden Schriftstellers Adalbert Stifter

zum Brotjacklriegel; bei klarer Sicht zeigen sich die Alpen. Der Dreisesselfels erhebt sich neben dem gleichnamigen Berggasthaus und kann auf einer schmalen Stufenanlage erstiegen werden. In Adalbert Stifters historischem Böhmen-Roman »Witiko« (1865–67) erlebt die Hauptperson die Aussicht folgendermaßen: »Witiko kletterte über die Treppe empor, Wolf folgte ihm. Oben war ebener Stand und drei hohe Lehnen, über die man hinausblicken konnte. Witiko sah in das Land Bayern. Zu seinen Füßen sah er die großen Wälder, er sah dann den Inn, die Isar und die Donau, und an dem Rande sah er die Berge der Alpen. Er wendete sich dann um, und sah gegen Mitternacht und Morgen auf die dunkeln Häupter der nahen Wälder …«

Verbunden sind der Dreisesselberg und der nahe Plöckenstein – der höchste Böhmerwaldgipfel Tschechiens und Österreichs – durch den Nordwaldkammweg, der durch das sogenannte Steinerne Meer im Hang des Bayerischen Plöckensteins führt und ein Teil des Europäischen Fernwanderweges E6 ist, sowie durch den Kammweg zum Dreiländereck. Verknüpft sind sie ferner durch Adalbert Stifter, der 1805 in Oberplan (Horní Planá) im Moldautal östlich des Plöckensteins geboren wurde und seine Wanderungen in diesem Gebiet in »Der Hochwald« und »Witiko« literarisch verarbeitet hat. An ihn erinnern der Name »Adalbert-Stifter-Steig« für die Nordwaldkammweg-Passage vom Dreisesselberg durch das Steinerne Meer, das Denkmal des Erzählers über der Karwand des Plöckensteinsees und der »Witikosteig«, ein Wanderweg von Lackenhäuser zum Dreisesselberg.

Solche faszinierenden Waldbilder sind die Kulissen zu Adalbert Stifters »Hochwald«.

Nationalpark Bayerischer Wald

SERVICE

Anfahrt A 3 bis Kreuz Deggendorf, weiter B 11 über Regen und Zwiesel; Bahnverbindungen nach Zwiesel und Spiegelau

Lage In den Landkreisen Regen und Freyung-Grafenau im Inneren Bayerischen Wald entlang der tschechischen Grenze

Größe 243 km²

Höchste Erhebung Großer Rachel (1453 m)

Gründung 1970; 1997 erweitert

Information Nationalparkverwaltung, Freyunger Str. 2, 94481 Grafenau

Telefon 08552/9 60 00

Infohäuser U. a. Frauenau, Spiegelau, Zwiesel

Internet www.nationalpark-bayerischer-wald.de

TOP TIPP

1 **Großer Falkenstein** Schöne Wanderungen rund um das gewaltige Bergmassiv

5 **Schachten und Filze** Erlebnisweg zu Almen und Mooren

7 **Großer Rachel** Höchster Gipfel im Nationalpark

10 **Seelensteig** Zauberhafter Märchenwald

13 **Lusen** Steiler Anstieg über die Himmelsleiter

14 **Tierfreigelände** Ins Reich wilder Tiere

Wo Moore Filze heißen und Weideflächen Schachten sind, wo geheimnisvolle Bergfichtenwälder an die Märchen aus der Kindheit erinnern und glasklares Quellwasser eilig über Fels und Wurzelwerk hüpft, liegt eines der ältesten Gebirge der Erde und Deutschlands erster Nationalpark.

Wölfe und viele andere wilde Tiere sind in den beiden Tierfreigeländen zu beobachten.

Das »Wäldle«, wie es die Einheimischen nennen, birgt Schönheit und Größe. Damit sind weniger die riesigen Waldflächen – die größten in Mitteleuropa – gemeint als vielmehr die Erhabenheit und Stille der Natur, die Schönheit und Gelassenheit der Gebirgsregion. Entlang der deutsch-tschechischen Grenze türmen sich gewaltige Bergmassive auf: Falkenstein, Rachel, Lusen und Dreisessel.

Einst höher als die Alpen Die Berge des Bayerischen Waldes waren im Erdaltertum höher als die der Alpen. Seit etwa zwei Millionen Jahren werden verwitterungsfähige Gesteinsschichten abgetragen und abgeschliffen, zurück bleiben tiefe Täler und hohe Gipfel aus dem harten Urgestein Gneis (Arber, Rachel), Granit (Lusen, Dreisessel), Glimmerschiefer (Osser) und Hornblendgestein (Hoher Bogen). Im jetzigen Stadium ist der Bayerische Wald das zweithöchste deutsche Mittelgebirge und die Heimat riesiger Nadelwälder. 80 Prozent seines Bestandes sind Fichten, die in den Hochlagen beste Wachstumsbedingungen finden. Ein uriger Wald, im wahrsten Sinne des Wortes, zerklüftete Felsen und schroff nach Süden abfallende Hänge, eingehüllt in dichten, dunklen Tannenwald oder lichten Mischwald. Bäche plätschern über ihr Kiesbett, über bemooste Wurzeln und braune Tannennadeln und suchen ihren Weg mal über, mal unter ausgewaschenem Gestein. Der Waldreichtum, seine Lage außerhalb der großen Touristenströme, dazu eine an Großindustrie arme

Wahrhaftiger Höhepunkt in wilder Berglandschaft: Der Aufstieg zum Gipfel des Großen Rachel ist ein Erlebnis.

Region mit klarer Luft, begünstigen seine natürliche Entwicklung. Das Klima der Region ist rau. Lang anhaltende Nebel prägen November und Dezember; der Februar ist schneesicher und der Sommer nur kurz. Doch der Blütenreichtum in dieser kurzen Zeit ist üppig.
Der Nationalpark teilt sich in drei Gebiete auf, die von den Gipfeln des 1453 m hohen Rachel und des 1373 m hohen Lusen dominiert werden. Mit der Erweiterung des Nationalparks 1997 kam der 1315 m hohe Falkenstein im Norden hinzu. Auf 300 km ausgewiesenen Wanderwegen kann man alle drei Gebiete naturnah erleben.

Wilder Falkenstein Das wuchtige Gneismassiv des ➠ **Großen Falkensteins** ① bedeckt ein Urwald aus Fichten und Tannen. Im niederen Hangbereich werden die Nadelgehölze mit ihrem dunklen Geäst von Buche, Ahorn und Birke begleitet. Am Gipfel wachsen Bergkiefern, auch Legföhre oder Latsche genannt. Da der Falkenberg nach Westen steil abfällt, bietet er eine ausgezeichnete Rundsicht auf die Nachbarn Arber, Rachel und Lusen. Der Aufstieg erfolgt vom Zwiesler Waldhaus (Parkplätze, Gaststätten) über verschiedene Routen (Höhenunterschied 600 m, Dauer je nach Route zwischen 2,5 und 4 Std.).
Aufgrund des großen Erfolges des Tierfreigeländes am Hans-Eisenmann-Haus wurde 2006 am Haus der Wildnis (Ludwigsthal, 94227 Lindberg) das **Tierfreigelände II** ② mit den drei naturnah gestalteten Freigehegen für Luchse, Wölfe, Urpferde und Auerochsen eröffnet. Die Freiflächen in Sichtweite des Falkensteins sind dem natürlichen Gelände angepasst und zum Teil überdacht. Das **Höllbachgespreng** ③ unterhalb des Falkensteins ist eines der ältesten Naturschutzgebiete im Bayerischen Wald. In dieser felsigen Region stürzt sich der Höll-

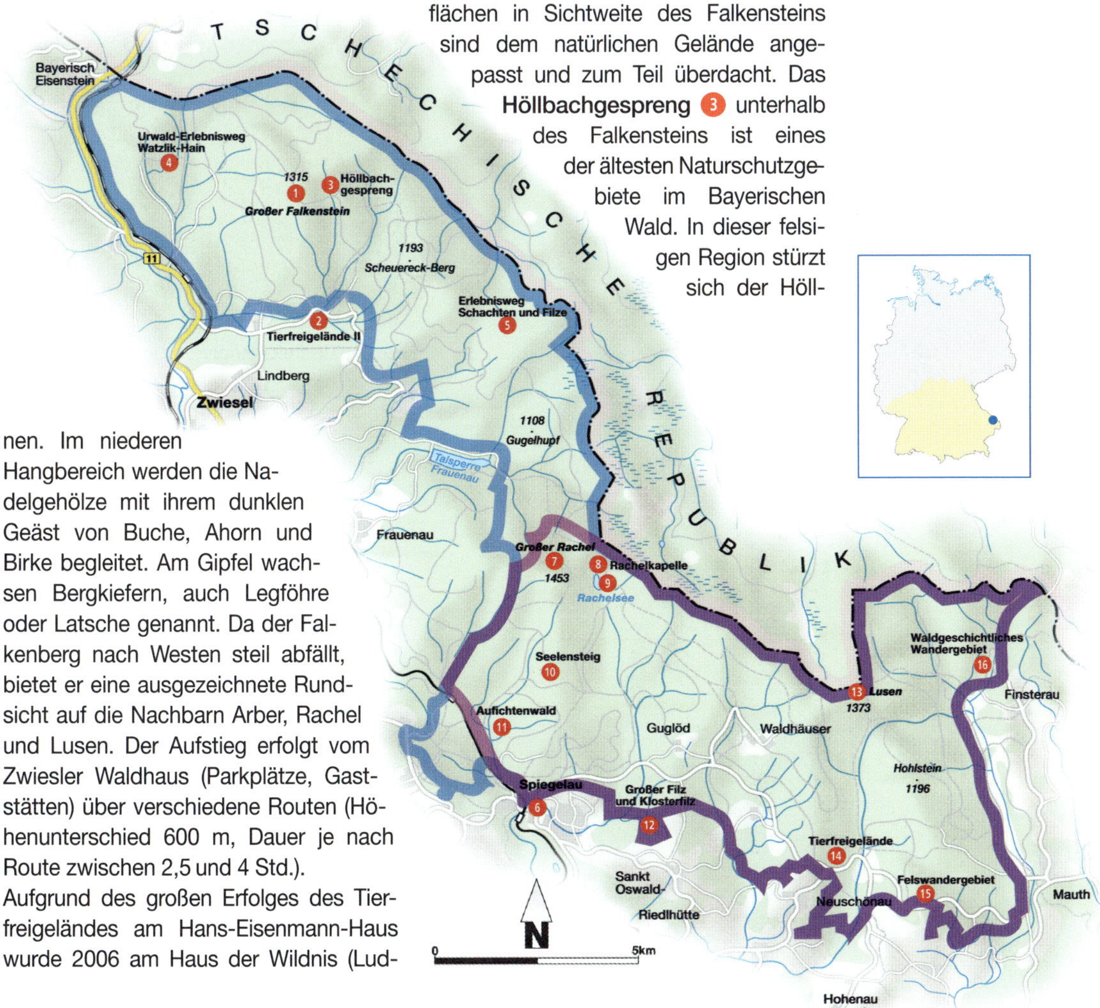

Luchs (*Lynx lynx*)

Das Wappentier des Nationalparks Bayerischer Wald wird bis zu 1,30 m groß, bei einer Schulterhöhe von 65 cm – es ist die größte Katze Europas. Der Luchs lebt als Einzelgänger, der vor allem in der Dämmerung und nachts kleine und mittelgroße Huftiere jagt. Im Übrigen gehören zu seiner Beute praktisch alle im jeweiligen Lebensraum vorhandenen kleinen und mittelgroßen Säuger und Vögel. Das Leben als Einzelgänger geben die Luchse nur zur Paarungszeit zwischen Februar und April auf. Die zwei bis drei Jungen werden meist nach einer Tragzeit von zehn Wochen in einer Felsenhöhle geboren und bleiben bis zum nächsten Frühjahr bei der Mutter. Die Lebensdauer eines Luchses liegt bei zehn bis zwölf Jahren, es wird allerdings auch von älteren, bis zu 24-jährigen Einzeltieren berichtet.

bach als imposanter Wasserfall über haushohe Felsen, wahrlich ein furchterregender Ort. In grauer Vorzeit vermutetete man in dieser einsamen, wilden Bergregion gar den Eingang zur Hölle – eine Vorstellung, die wegen der von der Schwefelflechte gelb gefärbten Felsüberhänge durchaus glaubhaft war. Der Aufstieg durch diese Landschaft verlangt Kondition und Trittsicherheit. Etwas einfacher zu laufen ist der **Urwald-Erlebnisweg Watzlik-Hain** 4 zwischen Zwiesler Waldhaus und Schwellhäusl. Ein schmaler Pfad führt als etwa 2 km langer Erlebnisweg unter 50 m hohen Baumriesen durch den Watzlik-Hain. Die Kolosse haben bereits 500 Winter überstanden.

In das wilde Falkensteingebiet führt der ➡ **Erlebnisweg Schachten und Filze** 5. Auf die 1000 bis 1200 m hoch gelegenen Schachten, die Almen des Bayerischen Waldes, trieb man früher im Sommer Jungrinder und Ochsen. Die Waldhirten lebten in kleinen Holzhütten und waren ganz auf sich gestellt. Seit 1962 werden diese Waldweiden nicht mehr genutzt, sodass der Wald das ihm entrissene Land zurückerobern kann. Wie eine Kette reihen sich die Schachten in den höheren Lagen zwischen Falkenstein und Rachel aneinander, Inseln im Waldmeer mit uralten Exemplaren von Ahorn und Buche. Zwischen den Schachten blieben Hochmoore erhalten, die im Bayerischen Wald Filze genannt werden. An manchen Stellen verbindet ein naturschonender Holzbohlensteg die charakteristischen Schachten und Filze zu einem Erlebnisweg. Eine Tageswanderung beginnt am Parkplatz der Talsperre Frauenau und

Der Rachelsee mit seinem kristallklaren Wasser – ein gern besuchtes sommerliches Idyll in stiller Bergwelt

Auf 1140 m Höhe liegt die erhaltene Berghütte des 1829 angelegten und 1962 aufgegebenen »Verlorenen Schachten«.

schlägt einen weiten Bogen nach Buchenau (Möglichkeit zur Einkehr); von dort sind es 1,5 km Rückweg bis zur Talsperre.

Großer Rachel – imposanter Gipfel in glasklarer Luft Der Urlaubsort **Spiegelau** 6 ist bekannt für sein Kristallglas und seine glasklare Luft. Zahlreiche Wanderwege führen zu den schönsten Stellen des Bayerischen Waldes: zum zauberhaften Seelensteig, zum geheimnisvollen Aufichtenwald oder auf den Gipfel des Großen Rachel. Kinder fühlen sich im Waldspielgelände bestens aufgehoben. Die Tour auf den zweithöchsten Berg im Bayerischen Wald, den ➠ **Großen Rachel** 7, beginnt am Parkplatz Gfäll, den die umweltfreundlichen Igel-Busse fast stündlich anfahren. Bis zum 1453 m hohen Gipfel sind 500 m Höhenunterschied zu bewältigen. In den niederen Hanglagen führt der Weg zunächst durch geschlossene Bergmischwälder: Fichten, begleitet von Weißtannen und Rotbuchen, herrschen vor, auf geschützten Hängen wachsen auch Bergahorn, Bergulme, Esche und Wildkirsche, mitunter selbst die seltene Eibe. Der Weg führt beständig bergan. Durch die Kronen der Bäume fallen goldene Lichtflecke auf den holprigen Pfad. Einen märchenhaften Wald bilden die Fichten in den höheren Berglagen. Bis zum Waldboden reichen ihre struppigen Äste – verfilzt und undurchdringlich ist hier der Wald. Es gibt kaum Pflanzengrün außer vereinzelten Farnen, dafür im Unterholz aber Pilze in den vielfältigsten Formen und Farben. Bevor das flachgewölbte Gneisplateau des Rachel erreicht wird, verheißt die Rachelschutzhütte Erfrischung auf Holzbänken mit Fernsicht. Bis zum Gipfelkreuz ist es nur noch ein kurzer, aber steiler und steiniger Aufstieg. Sturm und Schnee machen der Pflanzenwelt in Gipfelnähe das Leben schwer. Hier halten sich trotzdem Latschen und die widerstandsfähigen Vogelbeerbäume, Flechten, Moose und Farne überdecken Steine und Geröll.

Lichter tanzen auf den Wassern der Kleinen Ohe, wenn sie sich ihren Weg durch das Granitgestein am Lusen bahnt.

Auch Bärlapp, Siebenstern, Blauer Eisenhut und den Frühblüher Soldanelle, Bergglöckchen genannt, kann der aufmerksame Wanderer entdecken. Sogar der seltene und deshalb streng geschützte Ungarische Enzian ist zu finden. Vom Großen Rachel überblickt man die Berge des Böhmerwalds (auf Tschechisch: Sumava), der wie sein deutsches Pendant zum Nationalpark erklärt wurde.

Urwald in unwegsamem Gelände Der Abstieg zur **Rachelkapelle** 8 beginnt über steile Felsstufen. Vor langer Zeit, erzählt eine Geschichte, verweigerte das Pferd des Försters im dichten Nebel den Gehorsam und bewahrte so seinen Herrn vor dem Absturz von der Felswand. Zum Dank errichtete der Reiter diese kleine, ausgeschmückte Holzkapelle.

An der steil zum **Rachelsee** 9 abfallenden Seewand hat sich ein urwüchsiger Wald gebildet. Die schroffen Felshänge, das abgestürzte Holz, verwitterte Wurzeln und überwuchertes Gestein sind ein bizarrer Kontrast zu der spiegelglatten Wasserfläche des Sees, der sich im 14 m tiefen Bett eines eiszeitlichen Gletschers gebildet hat. Den See umgibt eine feierliche Stille, nur bisweilen vom fernen Klopfen eines Spechtes unterbrochen. Sein schwefelhaltiges Wasser lässt der Pflanzenwelt keine Chance. Über den Abfluss des Sees, die Große Ohe, trifteten früher Waldarbeiter Holz in das Gebirgsvorland. Informationstafeln und ein Lehrpfad erläutern die Spuren der letzten Eiszeit und machen mit der Waldentstehung im Rachelseegebiet bekannt.

Ein lokaler Gewittersturm verwüstete im Sommer 1983 die Bergmischwälder am Fuße des Rachel. Abertausende vom Wind geworfene Fichten türmten sich zu einem undurchdringlichen Verhau. Die Natur zauberte, was kaum jemand für möglich hielt, in nur zehn Jahren aus dem Chaos einen Märchenwald. Ein Holzsteg, genannt ➡ **Seelensteig** 10, überquert gestürzte Bäume und Bachläufe und umgeht Unwegsamkeiten – die Erde wird von den Füßen der Naturliebhaber nicht berührt. Das Dunkel des tiefen Waldes, der Duft der Wildblumen, erdige Gerüche, das leise Rascheln von kleinen Waldlebewesen, all das schärft die Sinne. Zusammenhänge in der Natur und ihre Selbstheilungskräfte werden sichtbar. Hier hat das Wachsen, Werden und Vergehen uneingeschränkten Vorrang.

Auf den nassen Böden des Tals bei Spiegelau wächst natürlicher **Aufichtenwald** 11. Seinen Wurzeln bietet der weiche Untergrund nur wenig Halt, sodass es immer wieder zu Windwürfen kommt. Sie bestimmen die natürliche Entwicklung des Aufichtenwaldes. Ein Steg, der durch das Gebiet gelegt wurde, hält die Füße der Wanderer trocken und ermöglicht Einblicke in den positiven Ablauf der sich selbst überlassenen Natur.

Östlich von Spiegelau erstreckt sich ein Moorgebiet, das **Großer Filz und Klosterfilz** 12 genannt wird. Auch dieses Hochmoor bleibt weitgehend sich selbst überlassen und darf im Kernbereich nicht betreten werden. Jedoch ermöglicht ein Aussichtsturm einen Blick auf das allmählich zuwachsende Hochmoor, auf dessen nährstoffarmer Torfschicht Sonnentau und Scheidiges Wollgras wachsen. Der Turm kann nach einem 20-minütigen Fußweg vom Parkplatz Filzwald an der Nationalparkstraße von Spiegelau nach Neuschönau erreicht werden.

Erhabener Lusen Der Aufstieg auf den mit 1373 m zweithöchsten Berg des Nationalparks, den ➠ **Lusen** 13, führt über den schnurgeraden Sommerweg zuerst mäßig bergan, dann aber über die steilen Steintreppen der »Himmelsleiter« direkt zum Gipfel. Der mühevolle Aufstieg wird bei entsprechendem Wetter mit einer grandiosen Fernsicht belohnt. Die kahle Kuppe bedecken heillos durcheinander geworfene Granitbrocken. Während der Eiszeit hat der ständige Wechsel zwischen schneller Erwärmung und Abkühlung den Granitfelsen auseinanderbrechen lassen. Die alten Bergfichtenwälder am Lusen fielen ab 1995 dem Borkenkäfer zum Opfer; doch stirbt nicht der ganze Wald, nur einzelne alte Bäume gehen ein. Im Schutz der toten Bäume wächst stürmisch ein neuer, wilder Jungholzwald nach.

Das Lusenschutzhaus mit Einkehrmöglichkeit befindet sich nur wenige Meter unterhalb des Lusengipfels. Die Öffnungszeiten sind zu Beginn der Tour auf einer Infotafel des Nationalparks am Parkplatz zu erfahren. In der Regel wird die Berghütte im Sommer durchgehend bewirtschaftet, im Winter nur von Freitag bis Sonntag, ansonsten bei Bedarf. Der Abstieg erfolgt über den Winterweg, der von mächtigem Bergahorn und von Buchen gesäumt wird.

Bärwurz *(Meum athamanticum)*

Die lateinische Bezeichnung soll auf den römischen Naturforscher Plinius d. Ä. (1. Jh.) zurückgehen. Die weißen Blütendolden leuchten aus dem Wiesengrün, das Blattkraut ähnelt dem Dill: Bärwurz wird bis zu 60 cm hoch und blüht von Mai bis Juni auf Weiderasen mit durchlässigem, feuchtem Boden. Das feine Laub und die Wurzeln haben einen kräftigen Geschmack. Im Bayerischen Wald werden die Wurzeln zum Brennen von Bärwurzschnaps verwendet und in die charakteristischen braunen Steingut-Flaschen abgefüllt.

Hochmoore mit ihrer interessanten Vegetation werden im Bayerischen Wald Filze genannt.

Borkenkäfer *(Scolytinae)*

In den höheren Lagen strecken sich reihenweise bleiche Baumgerippe in den Himmel (Bild). Gegen den Borkenkäfer müsse man doch etwas unternehmen, lautet eine häufige Forderung. Nein, sagen die Naturschützer, der Borkenkäfer befalle nur kranke Bäume, besonders in Monokulturen mit gleich großen, gleich alten und gleich labilen Fichten. Denn die Fichte liebt es kalt und feucht; in Mitteleuropa kommt sie natürlich erst ab Höhen von 900 m vor, ist also in den oberen Lagen des Bayerischen Waldes durchaus anzutreffen. Gesunde Fichten wehren sich mittels ihres zähflüssigen Harzes erfolgreich gegen den Befall durch die nur reiskorngroßen Insekten. Nach dem Motto »Natur Natur sein lassen« hat man nichts gegen den Borkenkäfer unternommen und den Wald auf 10 000 ha seinem Schicksal überlassen. Doch im Gegensatz zu den bewirtschafteten Forsten bleiben die toten Fichten stehen. Darunter wächst erstaunlich rasch, innerhalb weniger Jahre, ein neuer, artenreicher Bergwald heran. Das ist naturgemäßer und kostengünstiger, als befallene Fichten zu fällen und wieder aufzuforsten.

Der Ausgangspunkt für die Bergtour ist der Parkplatz Lusen, der im Sommer (Mitte Mai bis Ende Oktober) von 9–16 Uhr nur mit den Igel-Bussen erreicht werden kann; im Winter gilt ein reduzierter Fahrplan. Die Tour erfordert festes Schuhwerk und Trittsicherheit (Länge 4,2 km, Höhenunterschied 250 m, zum Gipfel hinauf sehr steil auf der »Himmelsleiter«, Dauer etwa 2,5 Std.).

An den feuchten Bachläufen im Halbdunkel der riesigen Fichten gedeiht prächtig die Pestwurz.

Eine rund dreistündige Wanderung nimmt ebenfalls am Parkplatz Lusen ihren Anfang, führt aber ab der Wegkreuzung »Schutzhütte Böhmweg« zum sagenumwobenen Teufelsloch. In dieser tiefen Felsschlucht rauscht unter Tausenden Granitblöcken dumpf und geheimnisvoll das Wasser des Flüsschens Kleine Ohe. Am Weg blühen unzählige Blumen und Kräuter: Alpenmilchlattich, Berghahnenfuß, Waldgeißbart und Pestwurz. Über die »Wanderlinie Ranne« gelangt man zur Martinsklause, einem Teich, der im vergangenen Jahrhundert zur Holztrift angelegt wurde. Von hier geht es zurück zum Parkplatz.

Bär, Wolf & Co. Unter dem dichten Kronendach der Laub- und Nadelwälder wächst im spärlichen Sonnenlicht nur wenig Nahrung für große Tiere. So ist frei lebendes Wild im Naturwald schwer zu beobachten. Das 200 ha große ➞ **Tierfreigelände** ⓮ bei Neuschönau erlaubt es dem Besucher dennoch, sich mit den 45 heimischen Tierarten vertraut zu machen, die vor etwa 150 Jahren hier noch in freier Wildbahn lebten. In den Freigehegen tummeln sich Bären, Wölfe, sogar Wisente und ein Luchspärchen, Biber, Otter und viele Greifvögel. Die Tiere lassen sich am frühen Vormittag und am späten Nachmittag am besten beobachten und fotografieren. Für den 7 km langen Rundweg sollte man sich mindestens drei Stunden Zeit nehmen. Die Wege eignen sich auch bestens für Kinderwagen und Rollstuhlfahrer. Ausreichend Parkplätze gibt es am Informationszentrum Hans-Eisenmann-Haus.

Die Wanderung zum **Felswandergebiet** 15 führt durch die Vorberge des Lusen. Die markantesten Felsen, Große und Kleine Kanzel, gewähren weite Ausblicke auf das Vorland. Steile Steintreppen aus Natursteinblöcken, schulterenge Felspassagen, Pfade auf federndem Waldboden und gigantische Wurzelteller riesiger umgestürzter Bäume rufen eine urzeitliche Stimmung hervor. Die Landschaft des Steinberges ist äußerst abwechslungsreich, beeindruckend und leicht zu erlaufen. Der Rundweg mit 170 m Höhenunterschied beginnt am Parkplatz Felswandergebiet an der Straße zwischen Neuschönau und Mauth. Im Sommerhalbjahr ist das Felswandergebiet auch mit Igel-Bussen erreichbar, die Wege sind im Winter nicht geräumt (etwa 1,5 Std. Wanderzeit).

Wandern und lernen kann man auch im **Waldgeschichtlichen Wandergebiet** 16 bei Finsterau. Auf der 8,5 km langen Wanderung lernt man den Wald als Wirtschaftsraum im Laufe der Zeit kennen. Der Rundweg beginnt am Parkplatz Wistlberg und führt über das Finsterauer Filz zum Waldsee Reschbachklause und auf den Aussichtspunkt Siebensteinfelsen. Ein Besuch im Freilichtmuseum Finsterau mit zehn originalgetreu aufgebauten Waldhäusern rundet einen erlebnis- und wissensreichen Tag ab.

Der Gipfel des Lusen ist ein erhabener Ort zum Abschiednehmen von einem wunderbaren Wandertag.

Naturpark Stromberg-Heuchelberg

SERVICE

Anfahrt Auf der A 6 bis zur Ausfahrt Sinsheim/Steinsfurt und weiter nach Eppingen, dort ist der Ottilienberg an der Straße nach Mühlbach ausgeschildert; nächstgelegene ICE-Bahnhöfe in Bruchsal und Stuttgart

Lage Im westlichen Baden-Württemberg

Größe 330 km^2

Höchste Erhebung Baiselsberg (477 m)

Gründung 1980

Information Naturparkzentrum, Stausee Ehmetsklinge, 74374 Zaberfeld

Telefon 07046/88 48 15

Infohaus In Zaberfeld

Internet www.naturpark-sh.de

Stromberg und Heuchelberg erheben sich über den Gäulandschaften von Kraichgau und Neckarbecken. Der Laubwald mit seinem Vogelreichtum – der Stromberg ist Vogelschutzgebiet –, die zahlreichen Wander- und Radwege, die Weinberge und Streuobstwiesen, die teils als Naturschutzgebiete ausgewiesenen, teils als Badeparadiese genutzten Teiche, die Kulturattraktionen in den Fachwerkorten haben Strom- und Heuchelberg zu einem klassischen Naherholungsgebiet werden lassen. Kultureller Höhepunkt ist das Kloster Maulbronn.

Kloster Maulbronn, Teil des Weltkulturerbes, stellt einen besonderen Anziehungspunkt im Naturpark dar.

TOP TIPP

1 **Ottilienberg** Ringumwallter Gipfel mit prachtvoller Aussicht und Wanderwegen

4 **Michaelsberg** Wahrzeichen des Zabergäus mit wundervoller Aussicht

6 **Maulbronn** Klosteranlage, umgeben von Teichen, UNESCO-Welterbe

Von der Pilgerkapelle zum Welterbe, vom Milchbrunnen zum Weindorf Auf der Eppinger Hardt liegt eine aussichtsreiche Sandsteinkuppe: der **Ottilienberg** ➔ 1. Innerhalb eines keltischen Ringwalls erheben sich die Ruinen der spätgotischen Ottilien-Wallfahrtskapelle. Ihr Turm fungiert als Aussichtsturm und bietet einen erstklassigen Blick auf die Fachwerkstadt Eppingen im Elsenztal und auf die 1000 Hügel des Kraichgaus. Am Wanderparkplatz am Aufgang zum Ringwall beginnen herrliche Wanderwege in die umgebenden Laubwälder, darunter zum Kraichgaublick, auf dem Eppinger-Linien-Weg zum Hügelgräberfeld im Kopfrain sowie zum Jägersee, dem ehemaligen Klosterteich im Teufelsgrund am Fuß des Ottilienberges. Alljährlich im Frühjahr sind die Waldwege nördlich des Berges Schauplatz des am Kraichgaustadion beginnenden »Ottilienberglaufes«, eines der drei 10-km-Volksläufe um den Heuchelberg-Cup.

Der größte Strombergrücken erstreckt sich von Sternenfels ostwärts zwischen Zabergäu und Kirbachtal bis fast an den Neckar, auf dem Rücken verläuft der »Rennweg«, ein als Rad- und Wanderweg genutzter mittelalterlicher Höhenweg.

Eppinger-Linien-Weg

Das Kraichgaustadion im Norden des Ottilienberges ❶ ist Ausgangspunkt dieses 40 km langen Höhenwanderweges. Die Eppinger Linien (Bild) sind eine historische Verteidigungslinie, die Ludwig Wilhelm I. von Baden-Baden 1695-97 während des Pfälzischen Erbfolgekrieges zum Schutz vor den Truppen des französischen »Sonnenkönigs« Louis XIV. zwischen Neckar und Enz errichten ließ. Am besten erhalten ist diese aus einem Wall-Graben-System mit Wachtürmen bestehende Schutzlinie im Naturpark. Der Eppinger-Linien-Weg folgt dieser alten Verteidigungslinie von Eppingen bis Mühlacker. Markiert ist er mit einer Chartaque, dem charakteristischen Wachturm. Viele Infotafeln entlang der Strecke geben Auskunft über Entstehung und Geschichte der Eppinger Linien.

Sternenfels ❷ ist das Weindorf an der Quelle der Kraich, die mitten im Ort entspringt und der Region den Namen gab. Wer dem Bach ca. 15 Minuten talwärts folgt, gelangt zum Trinkwaldsee, zum Rotwildgehege und zum Kraichsee. Der Schlossbergturm ist das Wahrzeichen von Sternenfels. Er gewährt oberhalb der Weinberge einen prachtvollen Blick auf das Dorf und über den Kraichgau bis zum Odenwald und zur Pfalz. Der Schlossbergturm, bei dem sich ein Wanderparkplatz befindet, ist Ausgangspunkt für Wanderungen auf dem Rennweg, an dem die Ruinen der Stauferburg **Blankenhorn** ❸ ein viel besuchtes Ausflugsziel sind. Unterhalb der Burg entspringt in der schluchtenartigen Milchbrunnenklinge der Milchbrunnen: Sein Wasser ist so kalkhaltig, dass es oft milchweiß aussieht.

Der im Nordosten aus dem Kamm vorspringende ➠ **Michaelsberg** ❹ ist das Wahrzeichen des Zabergäus. Seit dem Mittelalter trägt der rebengeschmückte Bergrücken eine dem Erzengel geweihte Wallfahrtskirche. Das ebenfalls auf dem Gipfel errichtete ehemalige Kapuzinerhospiz (1739) dient als katholisches Jugendhaus. Erreichbar ist der aussichtsreiche Gipfelbereich in knapp 15 Minuten vom ausgeschilderten Parkplatz an der Straße Cleebronn-Bönnigheim. Bei gutem Wetter reicht die Fernsicht bis zum Katzenbuckel im Odenwald, zu den Löwensteiner Bergen und zur Schwäbischen Alb.

Einen Ausblick über die Weinberge im Süden des Naturparks sowie über das Enztal hinweg zu den Höhen der oberen Gäue und des Schwarzwaldes bietet der Aussichtsturm der Eselsburg auf dem **Eselsberg** ❺ beim Wein- und Fachwerkdorf Ensingen.

Die ➠ **Zisterzienserabtei Maulbronn** ❻ ist eine erhaltene mittelalterliche Klosteranlage. 1993 nahm die UNESCO das von der Romanik bis zur Spätgotik entstandene Gebäudeensemble und die von Mönchen angelegten Teiche im Salzachtal in die Liste des Weltkulturerbes auf. Die Anlage stellt sich in der Art eines Freilichtmuseums dar – wie eine »Klosterstadt« mit Ringmauer, Türmen, Mühle, Spital, Schmiede, Scheune und Gesindehaus. Gegründet wurde die Abtei 1147 als Tochterkloster des elsässischen Zisterzienserklosters Neuburg. In der Folgezeit entstanden als bedeutendste Werke die Klosterkirche mit romanischer Westfassade, Paradies und Netzgewölbe, der gotische Kreuzgang mit der Brunnenkapelle, das Herrenrefektorium, der Kapitelsaal sowie das Parlatorium (Gesprächsraum). Das Weiher- und Grabensystem oberhalb des Klosters Maulbronn ist teilweise erhalten und ebenfalls Bestandteil des UNESCO-Welterbes.

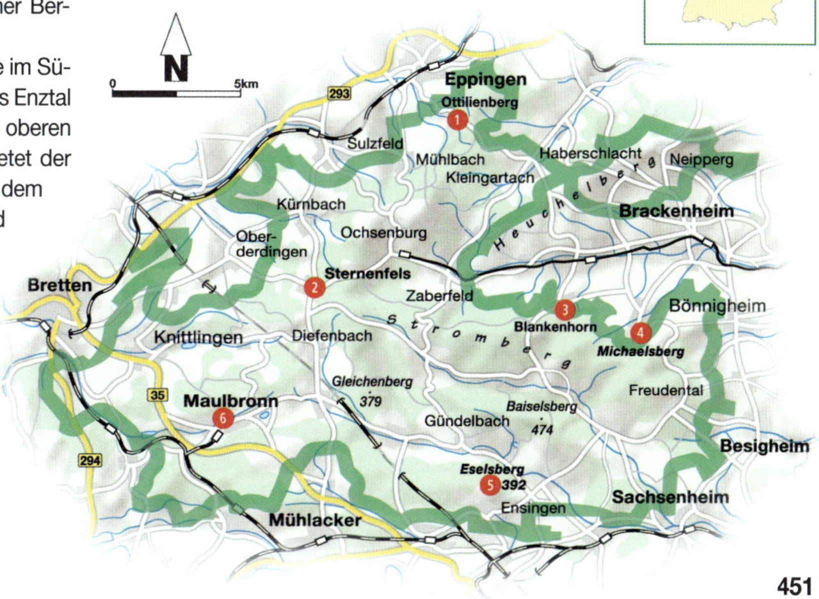

Naturpark Schwäbisch-Fränkischer Wald

SERVICE

Anfahrt Auf der A 81 Stuttgart–Heilbronn bis zur Ausfahrt Ilsfeld, weiter nach Beilstein; nächstgelegene Bahnhöfe in Heilbronn und Backnang

Lage Nordöstlich von Stuttgart im Nordosten Baden-Württembergs

Größe 904 km²

Höchste Erhebung Hohe Brach (586 m)

Gründung 1979

Information Naturpark Schwäbisch-Fränkischer Wald e. V., Naturparkzentrum, Marktplatz 8, 71540 Murrhardt

Telefon 07192/21 38 88

Infohaus In Murrhardt

Internet www.naturpark-sfw.de

TOP TIPP

3 **Hohlenstein** Geologische Sensation: eine natürliche »Brücke« über eine kleine Schlucht

4 **Römerturm bei Grab** Rekonstruierter Wachturm des Limes

6 **Murrhardter Felsenmeer** Imposantes Naturdenkmal aus mächtigen Felsblöcken

9 **Brunnen- und Hägelesklinge** Verzweigte, tief eingeschnittene Klingen im Buntsandstein

10 **Welzheim** Gemütliches Waldstädtchen mit einem römischen Kastell

Die Löwensteiner Berge im Nordwesten, die Waldenburger Berge im Nordosten, Mainhardter und Murrhardter Wald im Zentrum und schließlich der Welzheimer Wald im Süden bilden die Naturräume, die der Naturpark umfasst. Karg ging es hier einst zu, denn auf weiten Flächen eignen sich die Böden im Keuperbergland nicht zum Ackerbau. Reichlich gab es nur zweierlei: Holz und Wasser.

Beeindruckenden Felsformationen begegnet der Besucher des Naturparks immer wieder, wie hier am Hohlenstein.

Was früher die Menschen zur Abwanderung trieb, lockt heute die Erholungsuchenden: Wem der Trubel im wirtschaftsstarken Großraum Stuttgart mit seinen 2,7 Millionen Einwohnern zu viel wird, der fährt gerne in das dünn besiedelte, waldreiche Bergland nordöstlich der Landeshauptstadt zum Wandern, Radfahren, Schwimmen – oder zu genussreicher Einkehr.

Flugkünste, Fernblicke und eine natürliche Felsbrücke Adler und Geier kreisen majestätisch über sonnenbeschienenen Rebhängen: Das ist das ebenso irritierende wie reizvolle Bild, das sich dem Besucher täglich bei der Burgfalknerei **Hohenbeilstein** 1 bietet (www.falknerei-beilstein.de). Vom fachwerkgeprägten Städtchen Beilstein, das durchaus einen Bummel lohnt, fährt man bergan (weiträumig ausgeschildert) zum Großparkplatz. Am kurzen, gemächlichen Aufstieg zur Burg informiert ein Weinlehrpfad über verschiedene Aspekte der Rebpflege. Weit schweift der Blick ins Land, u. a. in das rebenreiche Bottwartal. Bald ist die um 1255 errichtete, weitgehend erhaltene bzw. rekonstruierte Burg erreicht, die auf eine Befestigung aus dem 11. Jahrhundert zurückgeht. Im ehemaligen Burggraben sind heute die Volieren der etwa 100 Tag- und Nachtgreifvögel untergebracht; die faszinierenden Tiere werden hier nicht nur gehalte und gezeigt, sondern auch nachgezüchtet und (beispielsweise nach Verletzungen) aufgepäppelt. Den Höhepunkt aber stellt die Flugschau dar, wenn der Falkner seine beeindruckenden Schützlinge aufsteigen lässt und Erläuterungen zur hohen Kunst der Falknerei gibt.

Von dem 22 m hohen, 1932 errichteten Turm auf dem **Juxkopf** (2) (533 m) genießt man einen wunderbaren Ausblick: auf die Löwensteiner Berge im Norden, den Mainhardter und den Murrhardter Wald im Osten sowie die Schwäbische Alb im Süden. Man stellt sein Auto auf dem Parkplatz am nördlichen Ortseingang von Jux (Haltestelle »Kindergarten«) ab und spaziert rund 400 m auf einer Landwirtschaftsstraße zum Turm hinauf. Er ist in den Sommermonaten sonntags geöffnet und bewirtschaftet, zu anderen Zeiten kann man sich den Schlüssel im Gasthaus Zum Löwen in Jux holen.

Eine geologische Sensation stellt zweifellos der ➠ **Hohlenstein** (3) dar, ein geschütztes Naturdenkmal. Man parkt auf dem ersten Wanderparkplatz links der B 39 von Löwenstein nach Wüstenrot und nimmt dann den linken Weg, den durch Holzschilder markierten Sommerrainweg. Nach rund 1 km durch artenreichen Mischwald weist ein kleines Schild rechts steil bergab (gutes Schuhwerk!). Nach etwa 200 m steht man im schummrigen Halbdunkel des dichten Waldes vor dem zauberhaften Naturphänomen: Eine kleine Klinge mit einem Bächlein wird von einer natürlichen Brücke überspannt, die man – entsprechend vorsichtig – sogar betreten kann.

Von Römern und Riesen Vom Südrand des Großerlacher Ortsteils ist er bereits zu erkennen: der ➠ **Römerturm bei Grab** (4) auf dem Heidenbuckel (536 m). Man parkt, nachdem man sich den Turmschlüssel im Gasthof Löwen oder Rössle in Grab geholt hat, am Fuße des Berges und nimmt entweder den etwas längeren, auch für Rollstühle geeigneten Weg nach oben (10 Min.) oder den kürzeren, steileren Weg. Dort oben glaubt sich der Besucher wahrhaft zurückversetzt in die Römerzeit: Nicht nur der Wachturm wurde rekonstruiert, sondern auch Teile von Graben, Wall und Palisade; außerdem wurde – so wie es früher war – der Wald entlang dem schnurgeraden alten Grenzverlauf des Limes auf einer Länge von 300 m gerodet. Die Fachleute sind sich mittlerweile weitgehend einig darüber, dass es sich beim Limes weniger um eine Verteidigungsanlage als vielmehr um ein Machtsymbol gehandelt hat. Der Eingang lag in der Regel im mittleren Stock und war nur über eine Leiter zu erreichen. Im Fall eines Angriffs hätten die Turmwächter die Leiter eingezogen und so Zeit gewonnen, die Besatzung des stets in Sichtweite stehenden Nachbarturmes mit Rufen, Trompetensignalen, Feuerzeichen oder anderen Alarmsignalen auf die drohende Gefahr hinzuweisen.

In Murrhardt folgt man westlich der Ausschilderung Richtung Siebenknie und dann den kleinen, braunen Schildern

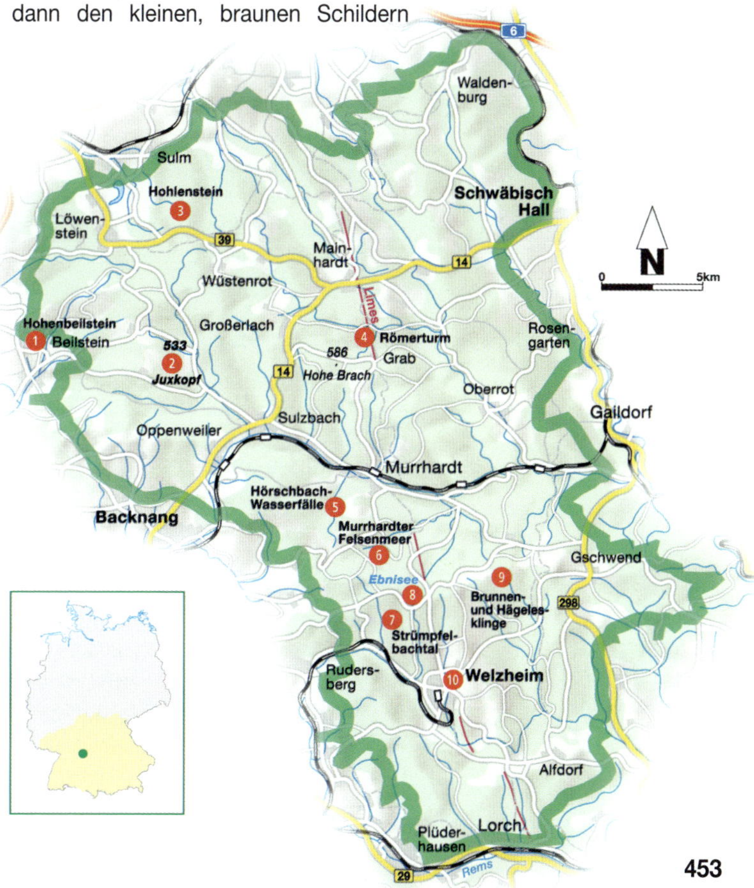

Der Limes

2005 hat die UNESCO den zwischen 100 und 160 n. Chr. errichteten Obergermanisch-Rätischen Limes in die Liste des Weltkulturerbes aufgenommen; zusammen mit dem Hadrianswall in Großbritannien bildet er die Welterbestätte »Grenzen des Römischen Reiches«. Der 550 km lange Limes durchquert auch den Naturpark Schwäbisch-Fränkischer Wald; beeindruckende Zeugnisse dieser Grenzbefestigung hier sind etwa der Römerturm bei Grab (4) und das Ostkastell in Welzheim (10). Zwischen diesen beiden Orten verläuft der ausgeschilderte, 45 km lange Limeswanderweg (Broschüre). Von Grab aus 28 km nach Norden führt ein Limes-Lehrpfad; deutlich länger ist der Deutsche Limes- Radweg. Auch die Deutsche Limes-Straße (braune Schilder; www.limesstrasse.de) vom Rhein bis zur Donau quert den Naturpark.

zum Wanderparkplatz Wasserfälle. Bereits dort hört man in der Waldesstille das Rauschen und Plätschern der **Hörschbach-Wasserfälle** (5), denn schon nach 80 m Weg hat man den vorderen, 6 m hohen Wasserfall erreicht. Ein ausgeschilderter, 5 km langer Wanderpfad (gutes Schuhwerk!) führt die Besucher durch die unter Naturschutz stehende Hörschbachschlucht mit ihrem urtümlich anmutenden Wald und den beeindruckenden Felswänden bis zum hinteren Wasserfall mit seinen 12 m Höhe. Solche Kaskaden verdanken ihre Entstehung der Tatsache, dass das Gestein lagenweise unterschiedlich hart ist; das Gewässer schafft es nicht, sich in eine harte Schicht einzugraben, wohl aber, die darunter liegende, weichere Lage abzutragen.

Südlich von Murrhardt, Richtung Althütte, beginnt am ersten Wanderparkplatz ein 6 km langer Waldlehrpfad, auf dem man nach gut 500 m das ➠ **Murrhardter Felsenmeer** (6) erreicht. Wirr liegen hier die gigantischen, bemoosten Felsbrocken an der Flanke des Riesberges durcheinander. Früher konnte man sich das Naturschauspiel nur so erklären, dass Riesen die Felsen dorthin geworfen haben. Tatsächlich aber handelt es sich um harte Sandsteine, die von einer darüber liegenden Kante abgebrochen sind.

Enge Klingen und ein römisches Kastell

Als naturnahes, einsames Waldtal, wie es einst typisch war für den Schwäbisch-Fränkischen Wald, lädt das **Strümpfelbachtal** (7) zu einem Besuch ein. In dem Naturschutzgebiet entdeckt man zahlreiche seltene Tier- und Pflanzenarten und zauberhafte Felsgruppen. Hier herrschen nach wie vor die starken Kräfte der Erosion, und so kann es durchaus vorkommen, dass auch einmal ein Stück des Weges nicht passierbar ist. Man fährt von Althütte in Richtung Ebni, biegt gleich nach dem Ortsausgang rechts ab zur (abgebrannten) Nonnenmühle (kleines Schild) und parkt dort. Nach gut 2 km erreicht man die Mündung des Strümpfelbachs in die Wieslauf.

Der großräumig ausgeschilderte **Ebnisee** (8) bietet dagegen eher Unterhaltung in einer reizvollen Landschaft als ein stilles Naturerlebnis. Kiosk, Wirtshaus und Nobelhotel sorgen für jede Art von Verpflegung, Badestellen und ein Bootsverleih bieten Erfrischung und sportliche Betätigung. Das Gewässer entstand um die Mitte des 18. Jahrhunderts als Schwellsee für die Brennholzflößerei; war er voll aufgestaut, konnte man sechs Tage lang die hier im Überfluss vorhandenen und andernorts dringend benötigten Stammabschnitte zu Tal schwemmen. Jedoch auch Naturliebhaber werden hier fündig: Gleich neben dem See liegt ein kleines Schongewässer mit naturnahem Bewuchs und entsprechender Tierwelt, und nur gut 1 km von der Nordspitze des Ebnisees entfernt lockt die großartige Gallengrotte.

Die ➠ **Brunnen- und Hägelesklinge** (9) bilden das wohl schönste Klingensystem des Naturparks. Man stellt das Auto auf dem ersten Wanderparkplatz links der Straße Kaisersbach–Cronhütte ab (dort auch großer Kinderspielplatz), geht rund 300 m parallel zur Straße weiter und biegt dann links, den Holzschildern folgend, in ein Tälchen ein. Bald verengt sich das Tal zur Schlucht der Brunnenklinge, nur mühsam kommt der Wanderer, über Baumstämme und Steinbrocken hinweg, im Mischwald voran. Kleine Grotten und überhängende Felsnasen ziehen immer wieder den Blick auf sich. Das Ende der Klinge wird (typischerweise) von einer Grotte markiert. Nach rund 200 m ist auch die ebenfalls wildromantische Hägelesklinge erreicht, benannt nach einem Deserteur, der sich hier im 19. Jahrhundert versteckte.

Das stille Waldstädtchen ➠ **Welzheim** ⑩ lockt mit seinem reizvollen Ortsbild, einem beachtlichen Stadtmuseum mit geologischer und römischer Abteilung (geöffnet Di–Fr 14–17 Uhr, Sa 10–12 und 14–17 Uhr, So 10–17 Uhr) und einem Stadtpark mit uralten Mammutbäumen. Vor allem der Archäologische Park Ostkastell (frei zugänglich) lohnt einen Besuch.

Während sich viele Kastelle zu Orten entwickelten und überbaut wurden, blieb das hiesige, zum Limes gehörige und 1,64 ha große quadratische Ostkastell aus der zweiten Hälfte des 2. Jahrhunderts n. Chr. ohne diese Veränderungen und konnte in den 1890er-Jahren, 1976/77 und 1981 ausgegraben werden. Besonders beeindrucken die Grundmauern des Badegebäudes, das rekonstruierte Westtor und der Brunnen, in dem die Archäologen nicht weniger als 100 römische Lederschuhe fanden – er dürfte einem Schuster als Müllkippe gedient haben. Abgüsse einiger Fundstücke und gut gemachte Informationstafeln geben Einblicke in das Leben der wohl 130 bis 140 Soldaten, die einst hier stationiert waren. Das Gebiet gehört zur UNESCO-Welterbestätte Limes.

Der Römerturm bei Grab gehört zu den sehr gut rekonstruierten Teilen des Obergermanisch-Rätischen Limes.

Naturpark Altmühltal

Zwischen dem Thermalbad Treuchtlingen und der Mündung in die Donau bei Kelheim durchfließt die Altmühl das landschaftlich großartigste Karstdurchbruchstal Deutschlands. Fantastisch geformte Jurakalkfelsen und seit der Steinzeit genutzte Höhlen prägen dieses windungsreiche Tal im Süden der Fränkischen Alb ebenso wie malerische Altstadtbilder und trutzige Burgen auf felsigen Höhen: Die Verbindung aus urwüchsiger Natur und hochrangigen Kulturdenkmälern prägt wesentlich das Erlebnis im Naturpark.

SERVICE

Anfahrt Auf der A 9 München–Nürnberg bis Ausfahrt Denkendorf oder auf der A 6 Nürnberg–Heilbronn bis Ausfahrt Ansbach, von dort jeweils auf der B 13 nach Weißenburg; nächstgelegener Bahnhof in Weißenburg

Lage Im Grenzgebiet von Oberbayern, Oberpfalz und Franken

Größe 2962 km^2

Höchste Erhebung Dürrenberg (656 m)

Gründung 1969

Information Informationszentrum Naturpark Altmühltal, Notre Dame 1, 85072 Eichstätt

Telefon 08421/98 760

Infohäuser In Eichstätt und Treuchtlingen

Internet www.naturpark-altmuehltal.de

TOP TIPP

1. **Obergermanisch-Rätischer Limes** Ehemalige Grenzbefestigung und UNESCO-Welterbe
2. **Fossa Carolina** 1200 Jahre alter Kanal, der zu den schönsten Geotopen Bayerns zählt
5. **Zwölf Apostel** Felsformation und Wahrzeichen des Altmühltals
14. **Weltenburger Enge** Canyonartiger Flussabschnitt zwischen Kloster Weltenburg und Kelheim

Eine der spektakulärsten Landschaften des Naturparks: der Donaudurchbruch in der Nähe des Klosters Weltenburg

2006 nahm das Bundesministerium für Umwelt das Altmühltal und das Wellheimer Trockental in die Liste der bedeutendsten Geotope Deutschlands auf. Die zweite Leitlinie im Naturpark ist neben der Altmühl der Rätische Limes: Seit 2005 steht diese »Teufelsmauer« als Welterbe unter dem Schutz der UNESCO.

Auf den Spuren von Römern und Bajuwaren Mit einer Länge von 550 km ist der ➠ Obergermanisch-Rätische Limes (1) das größte historische Denkmal in Deutschland. Seit 2005 steht diese befestigte Demarkationslinie zwischen dem römischen Kaiserreich und dem freien Germanien als Weltkulturerbe unter dem Schutz der UNESCO. Als die Alemannen zu Beginn des 3. Jahrhunderts n. Chr. dieses Verbundsystem aus Palisaden – noch heute gibt es zahlreiche »Pfahl«-Flurnamen, die sich darauf beziehen –, Wällen, Gräben, Militärlagern, Wachtürmen und Heerstraßen erstmals ernsthaft bedrohten, wurde der Limes durch bis zu 3 m hohe Steinmauern zusätzlich befestigt: An diesen Abschnitt aus Stein erinnert die vom Volksmund geprägte Bezeichnung »Teufelsmauer«. Im heutigen Naturpark Altmühltal erreichte der Rätische Limes sein östliches Ende: Von der »Römerstadt« Weißenburg führte er ohne Rücksicht auf landschaftliche Gegebenheiten nahezu schnurgerade südostwärts, durchquerte bei Pfünz das Altmühltal und endete am Kastell Abusina bei Kelheim. Die »Deutsche Limes-Straße« ist zwar nach ihm benannt, kann jedoch nur in etwa seinem Verlauf folgen: Auf dem Gebiet des Naturparks ist der Limes oft nur noch als Wall oder Aufschüttung erkennbar, vielerorts wurden jedoch einstige Anlagen rekonstruiert – wie der Wachturm im Wald bei Kipfenberg oder Teile eines ganzen Lagers wie in Pfünz. Das Bayerische-Limes-Informationszentrum im Römermuseum in Weißenburg dokumentiert die Geschichte des Grenzwalls – auch anhand archäologischer Funde. Zahlreiche Fundstücke aus römischer Zeit befinden sich im Römer- und Bajuwaren-Museum in der Burg Kipfenberg. Alljährlich im August feiert der Markt Kipfenberg, auf dessen Gebiet sich ein gut erhaltenes Teilstück des Rätischen Limes mit rekonstruiertem Wachturm befindet, das »Limesfest«. Einen sehr guten Blick auf das ehemalige Grenzgebiet des Römischen Reiches bietet der aussichtsreiche Michaelsberg, ein markanter Dolomit-Felssporn hoch über Kipfenberg: Seine teilweise senkrecht abfallenden Felswände bilden eine natürliche Festung, die im Lauf der Jahrtausende teils als heilige Stätte, teils militärisch genutzt wurde und heute ein bedeutendes geowissenschaftliches Biotop ist. Von oben blickt man hinab in das Altmühltal und auf Markt Kipfenberg mit seinen Kirchen und Burgen. Links der Altmühl erhebt sich der bewaldete Pfahlbuck, auf dessen Rücken der Rätische Limes verlief, und im Tal oberhalb von Kipfenberg liegt das alte Dorf Böhming mit seiner Karstquelle und – etwas außerhalb bei der romanischen Johanneskirche – den Resten eines im 2. Jahrhundert angelegten Römerkastells.

Mächtige mittelalterliche Stadtmauern und ein Wassergraben umschließen die Altstadt von Weißenburg.

Stromabwärts vom Karlsgraben zur Perle des Altmühltals Bei Treuchtlingen, wo sich die Flusssysteme von Donau und Main bis auf wenige Kilometer nähern, befindet sich die ➠ **Fossa Carolina** ②. Sie ist ein erhaltenes Teilstück des Kanals, mit dem Karl der Große ab 793 eine schiffbare Verbindung zwischen Nordsee und Schwarzem Meer herzustellen versuchte.

Das Museum Karlsgraben in Graben dokumentiert dieses Projekt, das als Vorläufer des Rhein-Main-Donau-Kanals be-

Imposant ragen die Zwölf Apostel, die schon 150 Millionen Jahre alt sind, aus den Kalkhängen von Solnhofen auf.

trachtet werden kann. Das erhaltene, etwa 500 m lange Teilstück wird vom zuständigen Umweltministerium zu den schönsten Geotopen Bayerns gerechnet.

Die Siebentälerstadt **Treuchtlingen** 3 ist der westliche Ausgangspunkt für die Erkundung des Altmühltals. Hier beginnt der »romantische« Durchbruchsabschnitt der Altmühl durch das Jurageestein. Die erste der malerischen Städte des Altmühltals ist die Burg und Schlossstadt Pappenheim – ehemalige Residenz der 1628 in den Reichsgrafenstand erhobenen Familie Pappenheim – auf einer von der Altmühl umflossenen Hügelzunge. Das flussabwärts gelegene **Solnhofen** 4 ist weltberühmt für seine Plattenkalke (Schiefer) und Fossiliensteinbrüche. Arbeiter fanden 1861 im Solnhofener Schiefer die erste von bislang acht dort entdeckten Versteinerungen des Archaeopteryx (»Urflügel«). Das einst taubengroße Tier wird heute als Übergangsform zwischen Reptilien und Vögeln angesehen. Das Jura-Museum auf der Willibaldsburg in Eichstätt zeigt zahlreiche Fossilien aus den Solnhofener Plattenkalken, darunter ein Exemplar des Archaeopteryx.

Im Prallhang unterhalb von Solnhofen stehen die Felstürme der ➠ **Zwölf Apostel** 5. Sie zählen zu den Wahrzeichen des Altmühltals und werden in der Gütesiegelliste der schönsten Geotope Bayerns geführt. Diese isoliert aufragenden Felstürme aus zerklüftetem Kalkgestein sind die Reste eines Riffgürtels, der vor rund 150 Millionen Jahren im tropisch warmen Jurameer entstand; die Erosion hat die frei stehende Felsen aus dem weicheren Kalkgestein der Umgebung herausgeschält.

Dollnstein mit von wehrmauerumgebenem Ortskern liegt in einem weiten Talkessel am einstigen Zusammenfluss von Urdonau und Altmühl. Bis ins Pleistozän floss die Urdonau durch das heutige **Wellheimer Trockental** 6 nordwärts, nahm beim heutigen Dollnstein die Altmühl auf und schuf das Flusstal, durch das jetzt die Altmühl fließt. Flussverlagerungen in der jüngeren Erdgeschichte führten dazu, dass die Donau ihren Lauf weiter südlich fand und das einstige Urdonautal südlich von Dollnstein über weite Strecken trocken fiel. Das Wellheimer Trockental mit dem Burgort Wellheim und dem Klettergarten Dohlenfelsen ist das reizvollste Seitental der Altmühl. Den Wacholderheideflächen, die schon im Dollnsteiner Raum landschaftsprägend sind, begegnet man erneut in der **Gungoldinger Wacholderheide** 7, einem Paradies für Wanderer mit Blick auf das Altmühltal sowie zur Burgruine Arnsberg auf einem senkrecht zum Tal abfallenden Dolomitfelsen. Auf der Wacholderheide blühen zahlreiche Pflanzen wie etwa Heideröschen, Enzian und Küchenschelle. Nach Passieren von Kipfenberg, dem Marktort am geografischen Mittelpunkt Bayerns, gelangt man zum aussichtsreichen Michelsberg und dem rekonstruierten Wachturm am Limes.

Ab Beilngries nutzen der Altmühltal-Radweg, die »Tour de Baroque« und der Fünf-Flüsse-Radweg gemeinsam die Route durch das Altmühltal. In der historischen Altstadt von **Beilngries** 8 ist die Stadtmauer mit ihren elf Türmen sehenswert, über die man sich auf Tafeln informieren kann. Von Beilngries geht es weiter flussabwärts, bei Töging beginnt die alte Eisenbahntrasse in die Siebentälerstadt **Dietfurt** 9 an der Mündung der Weißen Laaber. Nach Umfahren des von Wallanlagen umgebenen Wolfsberges stößt der Radweg hinter Mühlbach wieder auf den Main-Donau-Kanal, folgt ihm nach Riedenburg, der »Perle des Altmühltals«. Hier liegt auch das faszinierende **Schloss Prunn** 10, eine der am besten erhaltenen Ritterburgen Bayerns: Auf einem 70 m hohen Felsen thront es über der Altmühl. Kurz nach Passieren des mittelalterlich anmutenden Ortes **Essing** 11 mit einer der längsten Holzbrücken Europas ist an der Mündung der Altmühl in die Donau das vom Michelsberg überragte Kelheim erreicht.

Rund um Kelheim – Natur und Kultur vom Feinsten Befreiungshalle, Donaudurchbruch, das Benediktinerkloster Weltenburg – wie kaum andernorts in Deutschland bietet sich rund um **Kelheim** 12 eine Fülle bedeutender Natur- und Kultursehenswürdigkeiten.

Der **Michelsberg** 13 (478 m) mit dem »Keltenwall« im Mündungswinkel von Altmühl und Donau trug in keltischer Zeit das größte Oppidum (stadtähnliche Höhensiedlung) in Bayern und ist zugleich eine der bedeutendsten Fundstätten der jungsteinzeitlichen Michelsberger Kultur in Deutschland. Die monumentale Befreiungshalle ist neben der Walhalla bei Donaustauf und der Ruhmeshalle auf der Münchner Theresienwiese das dritte Nationaldenkmal, das König Ludwig I. von Bayern Anfang bis Mitte des 19. Jahrhunderts in Auftrag gab. Sie thront auf einem Ausläufer des Michelsberges hoch über der Mündung der Altmühl mit einmaligem Blick auf die beiden von Jurafelsen flankierten Flusstäler. An der Befreiungshalle beginnt der Wanderweg zum Kloster Weltenburg, begleitet von den Lehrtafeln eines Archäologischen Wanderpfades. Bequem führt er durch die Wälder im als Naturschutzgebiet ausgewiesenen Hang des Michelsberges.

Zwischen den Bäumen fällt der Blick hinab auf die ➡ **Weltenburger Enge** 14: Bis zu 40 m hohe Weißjurafelsen schnüren die Donau auf eine Breite von 110 m ein. König Ludwig I. von Bayern ordnete 1840 den Schutz dieses Canyons an und ließ das während der napoleonischen Kriege 1803 säkularisierte **Kloster Weltenburg** 15 1842 von Benediktinern neu besiedeln. Es ist eines der Urklöster Bayerns – die von den Gebrüdern Asam 1716–36 errichtete und ausgestaltete Klosterkirche zählt zu den bedeutendsten Werken des Spätbarock. Doch nicht nur sein kunsthistorischer Rang und seine Schönheit machen das Kloster, das von weitem so wirkt, als sei es von einem Maler der Romantik in die Flusslandschaft hineinkomponiert worden, zum Anziehungspunkt: Die 1877 eröffnete Klosterschenke ist das traditionsreichste Ausflugslokal im Naturpark.

Altmühltal-Radweg und -Panoramaweg

Der Altmühltal-Radweg von Gunzenhausen über Eichstätt nach Kelheim ist 164 km lang. Markiert ist er mit den Zeichen versteinerte Schnecke, Radler und blauer Fluss. Er führt durch die Felsenlandschaften zwischen Treuchtlingen 3 und Kelheim 12 und ist durch das nur sanft abfallende Geländeprofil auch für Genussradler geeignet. Die Etappen lassen sich dank der hervorragenden Infrastruktur – bestens ausgebaute und beschilderte Wege, Übernachtungs- sowie Variationsmöglichkeiten mit Bahn und Ausflugsschiffen – individuell einteilen.

2005 wurde der Altmühltal-Panoramaweg eröffnet. Auf der 200 km langen Route können Wanderer eine abwechslungsreiche Kombination aus Tal-, Steilhang- und Höhenstrecken genießen. Hinzu kommen 20 als Tagesrundwanderwege angelegte »Schlaufen«, die zu Kultur- und Natursehenswürdigkeiten abseits der Hauptroute führen. Markiert ist er mit rotem Flusssymbol auf gelbem Grund neben der versteinerten Schnecke; die Schlaufenwege tragen das Zeichen gelber Fluss auf blauem Grund.

Biosphärengebiet Schwäbische Alb

SERVICE

Anfahrt Auf der A 8 bis Kirchheim unter Teck; gut erreichbar via Bahnstrecke Stuttgart–Tübingen

Lage Zwischen dem Vorland der Mittleren Alb im Norden und der Donau im Süden

Größe 850 km²

Höchste Erhebung Römerstein (872 m)

Gründung 2008

Information Biosphärenzentrum Schwäbische Alb, Von-der-Osten-Str. 4, Altes Lager, 72525 Münsingen-Auingen

Telefon 07381/932 93 80

Infohäuser U. a. in Beuren, Marbach, Münsingen, Schopfloch

Internet www.biosphaerengebiet-alb.de

TOP TIPP

2 Zentrum für Natur, Umwelt und Tourismus Dauerausstellung zu den Lebensräumen der Schwäbischen Alb

2 Freilichtmuseum Beuren 20 Originalgebäude und viel Geschichte zum Anfassen

2 Schertelshöhle Westerheim Tropfsteinhöhle mit imposanten Tropfgebilden und Sinterformen

Insgesamt 29 Gemeinden umfasst das UNESCO-Biosphärengebiet Schwäbische Alb, darunter Teile der Landkreise Reutlingen, Esslingen und Alb-Donau-Kreis. Herzstück des Reservats ist der 2005 aufgegebene Truppenübungsplatz Münsingen, mit knapp 7000 ha eine der größten unzerschnittenen Flächen Baden-Württembergs.

Der ehemalige Truppenübungsplatz Münsingen

Markantes naturräumliches Alleinstellungsmerkmal des Biosphärengebiets sind die Hang- und Schluchtwälder am Albtrauf, dem Steilabfall der Schwäbischen Alb. Aber auch Streuobstwiesen, Wacholderheiden, Magerrasen, Weiden und Ackerflächen bestimmen die Region.

Natur, Kultur und Nachhaltigkeit Mit einem militärischen Übungsplatz fing alles an. Nach Aufgabe des **Truppenübungsplatzes Gutsbezirk Münsingen** 1 war schnell klar: der naturkundliche und kulturhistorische Wert dieses 6700 ha großen Geländes sollte erhalten bleiben – und zwar als Biosphärenreservat, das einzigartige Ökosysteme und bedeutsame Kulturlandschaften schützt und bewahrt. Inzwischen bestimmen 29 Städte und Gemeinden die Grenzen der Destination. Gemein ist allen: Sie setzen auf Nachhaltigkeit. So finden sich heute im Gutsbezirk Münsingen viele Wanderschäfer, die ihre Schafe noch ganz traditionell hüten. Ebenso entstanden im Biosphärengebiet zahlreiche grüne Projekte in der Land- und Forstwirtschaft: etwa das Vermarktungsprojekt »Albkorn«, an dem sich 40 Landwirte, eine Mühle und neun Bäckereien beteiligen. Daneben werden regionale Säfte, Cidre und Most beworben, zudem ökologische Produkte wie Albmozarella, Nahrungsmittel mit Albwacholder oder Dinkel- und Emmernudeln. Besucher der Schwäbischen Alb können sich bei diversen Bauernhofbrunchs unter dem Motto »Frühstück mal regional« von den kulinarischen Leckereien der Region überzeugen.

Vom Tourismus über das Handwerk zum Obstbau Viel Information zu Regionalentwicklung und nachhaltigem Tourismus hält das ➠ **Zentrum für Natur, Umwelt und Tourismus** ② im Münsinger Bahnhof bereit. Die Dauerausstellung »Reiseziel Natur« erzählt mittels Plakaten, Comics und interaktiven Installationen von den Lebensräumen der Schwäbischen Alb. Anschließend führt die Schwäbische Alb-Bahn vom Münsinger Bahnhof aus durch das Biosphärengebiet.

Im Norden der Region lockt das ➠ **Freilichtmuseum Beuren** ③ mit etwa 20 Originalgebäuden und vielen Geschichten aus dem früheren Alltag der Landbevölkerung. Ob Schreinerwerkstatt, Schlafkammer, Stall oder Scheune, ob Weberhaus, Back- und Waschgebäude oder Rathaus: Große und kleine Besucher erfahren hier alles über ländliche (Bau-)Geschichte, historisches Handwerk und Landwirtschaft.

In einer alten Kelter im Metzinger Ortsteil Glems dreht sich alles rund um den Obstbau. Im historischen Gebäude des **Obstbaumuseum Glems** ④ verbirgt sich eine moderne, lebendige Schau, die das handwerkliche Verfahren einer Mosterei erlebbar macht. Wer sich mehr für vergorenes Obst interessiert, dem sei ein Abstecher ins **Metzinger Weinbaumuseum** ⑤ empfohlen.

Höhlen, Trachten und Pferde Inmitten eines herrlichen Wald- und Wandergebiets liegt die ➠ **Schertelshöhle Westerheim** ⑥. Die insgesamt 235 m lange Tropfsteinhöhle offenbart in ihren zwei Gängen imposante Tropfgebilde und Sinterformen. Einst musste man sich am Höhleneingang über das 24 m tiefe Kuhloch abseilen, heute ist der Zugang über Treppenstufen deutlich komfortabler.

Im Wohnteil einer ehemaligen Getreidemühle fand die Trachtensammlung des Schwäbischen Albvereins ihren Platz. Im **Württembergischen Trachtenmuseum** ⑦ sehen Besucher seltene Exponate aus dem ehemaligen Königreich Württemberg. Und auch zur Geschichte der ländlichen Kleidung – vom Spinnen des Garns bis zur fertiggenähten Robe – gibt die Ausstellung Auskunft.

Das **Haupt- und Landgestüt Marbach** ⑧ dürfte nicht nur Pferdefreunden ein Begriff sein. Bekannt für seine Araberzucht, bietet das Gestüt u. a. eine jährliche Hengstparade, Gestütsführungen, Kutschfahrten sowie eine rustikale Einkehr im Gestütsgasthof.

Silberdistel

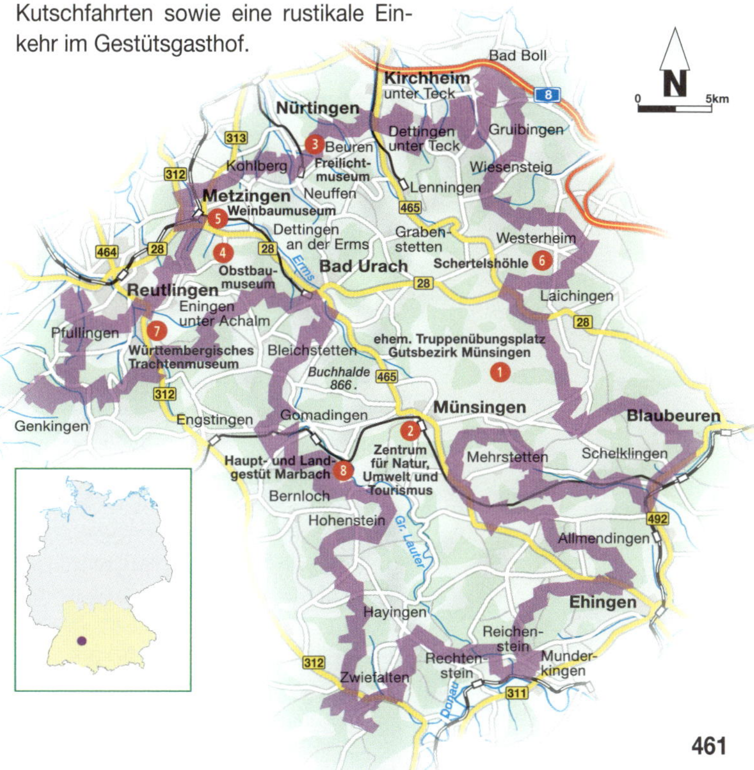

Naturpark Schwarzwald Mitte/Nord

SERVICE

Anfahrt Auf der A 8 bis zur Ausfahrt Pforzheim-Nord, von dort weiter auf der B 463 nach Pforzheim; nächstgelegener ICE-Bahnhof in Karlsruhe

Lage Im westlichen Baden-Württemberg zwischen Karlsruhe, Pforzheim und Schramberg

Größe 3750 km²

Höchste Erhebung Hornisgrinde (1163 m)

Gründung 2000

Information Naturpark Schwarzwald Mitte/Nord e. V.
Schwarzwaldhochstraße 2
77889 Seebach

Telefon 07449/91 30 54

Internet
www.naturparkschwarzwald.de

TOP TIPP

6 **Wildseemoor** Idyllisches Hochmoor

9 **Mummelsee** Karsee vor Alpenpanorama

11 **Seekopf** Bergwiesen-Naturschutzgebiet

12 **Karlsruher Grat** Kniffliger, aber reizvoller Kletterwanderweg

13 **Gottschlägtal** Faszinierende Wasserfallschlucht

14 **Schliffkopf** Bergwiesen-Naturschutzgebiet mit toller Aussicht und »Lothar«-Orkan-Lehrpfad

Von den sanften Nordschwarzwald-Vorbergen bei Karlsruhe und den lichten Hecken- und Wiesenlandschaften der Oberen Gäue bei Pforzheim erstreckt sich Deutschlands größter Naturpark 90 km weit südwärts bis in die burgenreiche Ortenau, an deren Südgrenze der Naturpark Südschwarzwald anschließt.

Rast mit herrlicher Aussicht: Die Bäderstadt Baden-Baden ist auf fast allen Seiten von Bergen umgeben.

An Abwechslungsreichtum, Schönheit und natürlicher Wildheit ist das durch Ferienstraßen, Wanderwege, Radrouten und Naturlehrpfade bestens erschlossene Gebiet mit seinen traditionsreichen Fachwerkstädtchen kaum zu übertreffen.

Drei touristische Hauptadern Der in der Hornisgrinde (1163 m) gipfelnde Grindenkamm ist der First des Nordschwarzwaldes und der aussichtsreichste Bergrücken des Naturparks. Ihm folgen die drei großen auto-, wander- und radtouristischen Hauptadern: Die Schwarzwaldhochstraße (B 500) zwischen Baden-Baden und Freudenstadt verläuft kammnah im Hang, der Westweg führt als bequemer Wanderweg über den Kamm, und der Schwarzwald-Radweg besticht als Mountainbike-Strecke mit hohem sportlichem Anspruch. Der breite, vermoorte Buntsandsteinkamm bildet die Wasserscheide zwischen Acher und Murg, früher trug er die Grenze zwischen Baden und Württemberg. Wegen seiner einzigartigen Vegetation wurde der Grindenkamm 1911 unter Naturschutz gestellt. Westwärts stürzt er in von Wasserfällen durchbrausten Felsflanken zu den Rebfluren der Bühler Vorberge und in die sonnige Ortenau sowie südwärts ins Kinzigtal, das größte Tal im Naturpark, ab, während ihm auf der Ostseite die Quellbäche der Murg entströmen. Landschaftlich geprägt wird er durch den Wechsel von weiten Borstgrasmatten mit Legföhren, einzelnen Fichten und sperrigen Wetterkiefern in exzentrischen Formen. Aber auch kleine Hochmoore und Heidevegetation, im Herbst mit reichem Bestand an Blau- und Preiselbeeren, findet man hier.

Ideal für Wanderer und Radler Der Wildwasserabschnitt **Unteres Würmtal** 1 bei Pforzheim ist ein wunderschönes Schluchttal. Ein Wander- und Radweg folgen dem Fluss durch Laubwälder, Feuchtwiesen, an Hochstaudenfluren und Felswänden vorbei durch ein 155 ha großes Naturschutzgebiet, das sich zwischen der Mündung der Würm in die -Nagold am »Kupferhammer« und der Immelsklinge oberhalb der Burgruine Liebeneck erstreckt. Startpunkt der Wege ist die Gaststätte Kupferhammer an der Mündung der Würm in Pforzheim. Hier beginnen der Westweg (Europäischer Fernwanderweg E1) nach Basel, der Ostweg nach Schaffhausen und der Mittelweg nach Waldshut. Die Route durch das Untere Würmtal bildet den Auftakt des Ostweges, der kurz darauf durch die ebenfalls urtümliche, heute noch autofreie Monbachschlucht bei Bad Liebenzell zur Nagold zurückführt.

Hoch über der Bäderstadt Das im Oostal gelegene **Baden-Baden** 2 war schon in der römischen Antike ein berühmtes Heilbad und ist seit dem 19. Jahrhundert der Inbegriff einer kultivierten Bäderstadt. Die Lichtentaler Allee längs der Oos zählt zu den schönsten Landschaftsparks im Schwarzwald. Das 1824 eröffnete Casino, in dem schon Tolstoi und Dostojewski (»Der Spieler«) die Kugel rollen ließen, ist die größte Spielbank Deutschlands und mit seinen prachtvollen Sälen auch eine der schönsten der Welt. Nicht zuletzt strömen jedes Jahr rund 180 000 Menschen ins nahe gelegene Iffezheim, wo 1858 die ersten Vollblüter auf der Baden-Badener Galopprennbahn starteten – heute sind die Rennen ein sportliches und gesellschaftliches Top-Ereignis im internationalen Turfsport.

Rund um Baden-Baden erhebt sich ein malerisches Bergensemble. Die steil aufragenden Kegel von Merkur, Fremersberg und Yberg sowie die unter Naturschutz stehenden Felsriffe des Battert bieten herrliche Ausblicke zu den höchsten Nordschwarzwald-Bergen sowie an klaren Tagen über die Oberrheinebene bis nach Straßburg, zum Pfälzerwald und zu den Vogesen. Hausberg der Bäderstadt ist der Merkur (668 m), der seinen Namen nach einem in römischer Zeit aufgestellten Götterbild trägt – eine Replik davon befindet sich am Gipfel beim Aussichtsturm. Man erreicht ihn mit einer Standseilbahn – ein technisches Wunderwerk: Auf 1192 m Länge meistert sie Steigungen von bis zu 54 %. Der zweite herausragende Baden-Badener Berg ist der von Laubmischwäldern bestandene Battert, ein beliebtes Klettergebiet mit Felstürmen und Massivwänden, die eine Höhe von bis zu 60 m erreichen.

Durch die Hänge über der Bäderstadt führt als 40 km langer Rundwanderweg der »Baden-Badener Panoramaweg«. Zu seinen Höhepunkten zählt der **Geroldsauer Wasserfall** 3. Vom Parkplatz an der

Wald der Heilbäder und Quellen

Der Naturpark Schwarzwald Mitte/Nord ist eines der bedeutendsten Bäderzentren Deutschlands. Thermen, Säuerlinge, sulfatreiche Brunnen sowie Sole- und Schwefelquellen decken neben Mooranlagen und Kneippkurorten fast den gesamten Bereich der kurmäßigen Bädertherapie ab – und dies teilweise seit Jahrhunderten: Bad Peterstal im Renchtal wird 1360 erstmals als Heilbad erwähnt; Bad Wildbad (Bild, bei 6) erlangte Berühmtheit, als 1367 die Grafen von Eberstein den dort badenden württembergischen Herzog Eberhard überfielen; und in den heißen Salzthermen von Aquae, wie Baden-Baden 2 in römischer Zeit hieß, suchten schon die römischen Kaiser Trajan, Hadrian und Caracalla Erholung – 1700 Jahre später auch Bismarck, Dostojewski, Tolstoi und Flaubert.

Schwarzwaldhochstraße führt der ausgeschilderte Weg in 10 Minuten in die Schlucht.

Wanderungen durch romantische Täler und ein Hochmoor Weitere lohnende Ziele im nördlichen Teil des Naturparks sind das **Albtal** 4 und seine Seitentäler. Sie stehen auf einer Fläche von 636 ha unter Naturschutz. Zwischen den sanften Bergen des Nordschwarzwalds hat sich die Alb tief eingeschnitten. Charakteristisch sind die großen, zusammenhängenden, durch Wander- und Radwege erschlossenen Wälder – durchbrochen durch die Rodungsinseln der Dörfer – sowie die schmalen Talauen mit ihren Wiesen und Ufergehölzen. Ausgangspunkt für einen Streifzug durch die autofreie höchste Region des Albtales ist der Kurort Bad Herrenalb. Im Umkreis des Ortes entspringen mehr als 60 Quellen – mit unterschiedlichstem Charakter: Es gibt Sturzquellen, Quellsümpfe, gefasste Quellen; erkunden kann man sie auf dem »Quellenerlebnispfad«, einer äußerst romantischen Wanderroute, die zur mehr als 700 Jahre alten Plotzsägmühle führt. Die Plotzsägmühle ist ein uriges Ausflugsrestaurant mit einem kleinen Technikmuseum, das u. a. ein Holzsägewerk mit oberschlächtigem Wasserrad umfasst. Ein treuer Gefährte auf dem Weg zur Mühle ist die Alb, ein Wildbach, der sich unweit des Lehrpfades mal schäumend über Geröll, mal ruhig durch die Wiesen schlängelt. Die Alb entspringt in einem schluchtenartigen Einschnitt zwischen Langmartskopf und **Teufelsmühle** 5 (908 m); auf beide Berge führen Wanderwege, die Teufelsmühle ist zudem auf einer serpentinenreichen Mautstraße mit dem Auto erreichbar. Der Aussichtsturm des Schwarzwaldverein-Wanderheimes auf ihrem nördlichen Vorgipfel (893 m) bietet einen prachtvollen Blick über das Murgtal hinweg auf die Baden-Badener Berge. Benannt ist die Teufelsmühle nach den zahllosen Buntsandsteinblöcken, die wie die Trümmer einer riesenhaften vorzeitlichen Burg in den Wäldern verstreut liegen und der Legende nach die Überreste einer zerstörten Mühle des Teufels sind.

Oberhalb von Bad Wildbad liegt das größte Hochmoor im Schwarzwald: das Naturschutzgebiet ➜ **Wildseemoor** 6, in dem im Mittsommer das Wollgras seinen weißen Haarbusch zeigt und im Herbst Moorpflanzen in leuchtendem Rot erstrahlen. Die zwei größten Moorseen sind der Hornsee und der Wildsee. Auf der von Hochmooren und Wald bedeckten Buntsandsteinfläche, die jährlich bis zu 1800 mm Niederschlag empfängt, leben Pflanzen und Insekten, die nach der Eiszeit wegen der hohen Feuchtigkeit und der niedrigen Temperaturen sonst nur in Skandinavien überlebt haben. Zwischen Legföhren und Birken führt ein hölzerner Steg durch das Naturschutzgebiet, er gibt den Blick frei auf den von Schwingrasen umgebenen Wildsee. Mitten durch das Moor, dessen Torfschicht bis zu 7,5 m dick ist, verläuft auch die Grenze zwischen Baden und Württemberg. Idealer Ausgangspunkt für einen Ausflug in das Wildseemoor ist der zur Stadt Gernsbach gehörende Weiler Kaltenbronn. Lohnend ist auch die Ausstellung im neuen Naturpark-Informationszentrum im historischen Jagdhaus an der Passstraße vom Enz- ins Murgtal. Hier können sich Interessierte über das Ökosystem Hochmoor informieren.

Während das Wildseehochmoor nur zu Fuß zu erkunden ist, ist das ebenfalls unter Naturschutz stehende **Eyachtal** 7 eine Paradestrecke für Radwanderer. Die Eyach entspringt in mehreren Quellbächen nördlich des Wildseemoores, das Tal ist bis hinab zur Ausflugsgaststätte Eyachmühle durchgehend autofrei.

Jähe Schluchten und Karseen mit wunderlichen Wesen Über die Schwarzwaldhochstraße erreicht man leicht den **Gertelbach** 8. Er hat oberhalb des Luftkurortes Bühlerhöhe eine faszinierende Wasserfallschlucht ausgetieft. Auf einer Länge von 1000 m überwindet der Wasserlauf im Granit einen Höhenunterschied von über 200 m und bildet zahlreiche, bis zu 7 m hohe Wasserfälle. Beidseits der nur 5 bis 20 m breiten Schlucht ragen Granitwände auf, aus denen teilweise sehr hohe Felsstücke herausgewittert und in die Schlucht gestürzt sind: Über dieses Geröll sucht sich der Gertelbach seinen Weg. Der markanteste anstehende Felsen ist der 10 m hohe Emilienfelsen. Ein Wanderpfad windet sich entlang der Kaskaden durch naturnahen Bergmischwald aufwärts. Mehrmals überquert der Steig den Bach auf Stegen und Brücken, später führt er unter Felsklippen dahin und erreicht oberhalb einer Schutzhütte den größten Wasserfall. Der Steig durch die Schlucht ist Teil eines ausgeschilderten Rundwanderweges, der oberhalb der Wasserfälle zum aussichtsreichen Wiedenfelsen und zum Falkenfelsen weiterführt: Letzterer ist das berühmteste der zahlreichen Granitmassive oberhalb von Bühlertal. Der Falkenfelsen entragt etwa 80 m dem Steilhang, er wurde 1932 erstmals erklettert. Für Wanderer zugänglich ist ein geländergesicherter Ausläufer, der sich 45 m senkrecht aus dem Wald erhebt und das wohl schönste Panorama von Bühlertal und seiner Umgebung bietet. Gleich in der Nähe können sich Wanderer im Waldgasthaus Kohlbergwiese stärken, dann führt der Rundweg zurück nach Bühlertal.

An der Südseite der Hornisgrinde liegt der ➡ **Mummelsee** 9. Mit knapp 18 m ist er der tiefste Karsee des Schwarzwaldes – und der reizvollste. Er ist ein viel besuchter Ort an der Schwarzwaldhochstraße und wird wegen seiner Parkplätze, des Berghotels und des Tretbootverleihs zuweilen als »Rummelsee« bezeichnet, doch seiner Schönheit tut dieser Trubel keinen Abbruch. Am Berghotel beginnt der 800 m lange Rundwanderweg um diesen sagenumwobenen See, in dessen Tiefen Nixen, Zwerge und andere als Mummeln bezeichnete wunderliche Wesen hausen sollen. Das Wort »Mummel« bezieht sich zugleich auf die gleichnamige Teichrosengattung, die hier zur Mittsommerzeit ihre gelben Blüten entfaltet. In Vollmondnächten, so wird erzählt, drehen sich die Mummeln im Reigen auf dem Wasser, am Tag verwandelten sie sich in alten Zeiten in Weiblein und halfen den Frauen in den Dörfern beim Spinnen.

Bei klarer Sicht lohnt sich vom Mummelsee der Aufstieg auf die **Hornisgrinde** 10 auf 1163 m, den höchsten Nordschwarzwaldberg – er dauert nur rund 30 Minuten. Steil erhebt sich der teilweise vermoorte, teilweise von artenreichen Bergwiesen bedeckte Gipfelrücken auf dem Grindenkamm, weithin erkennbar am Funkturm des Südwestfunkes. Die Bezeichnung »Grinde« weist darauf hin, dass das Gipfelplateau früher als Viehweide genutzt wurde und waldfrei ist, dementsprechend ausgezeichnet ist die Aussicht: Westwärts schweift der Blick über die Ortenau und das Rheintal hin-

Das Wildseemoor – ein unberührtes Mosaik aus Seen, Schwingrasen und Wäldern mit Birken, Kiefern und Fichten

weg zu den Vogesen und ostwärts über das Murgtal bis zur Schwäbischen Alb.

Der 1910 am Südende des Gipfelplateaus als Aussichtsturm errichtete Hornisgrindeturm ist seit 2005 wieder zugänglich, und in der Nähe des Funkturmes steht als zweite Aussichtsmöglichkeit der Bismarckturm. Ein Naturlehrpfad führt vom Hornisgrindeturm zum Bismarckturm und durch die Moore hoch über dem Biberkessel wieder zurück. Der naturschönste Aussichtsberg des Grindenschwarzwaldes ist – neben dem Schliffkopf – der ➠ **Seekopf** ⑪ über dem Wildseekar. Vom Naturschutzzentrum Ruhestein an der Schwarzwaldhochstraße schwebt man im Sessellift bequem bis auf 1000 m Höhe und spaziert dann in einer Viertelstunde durch das herrliche Naturschutzgebiet zum Aussichtspunkt über dem Wildsee. Legföhren und eindrucksvolle Wetterfichten säumen den Wanderweg, dem auch der Westweg und der Europäische Fernwanderweg E1 folgen, dann blinkt tief unten der Wildsee auf, ein von urwaldähnlichen Bergwäldern gerahmter Karsee. Die Aussicht am Seekopf ist so göttlich, dass man an diesem Ort seinen ewigen Frieden finden könnte, mag sich der Philosoph und Sprachforscher Julius Euting (1839–1913) gedacht haben, Mitbegründer des Vogesenclubs. Er hat hier in einer Urnengrabstätte seine letzte Ruhe gefunden. Wer dem Westweg vom Euting-Grab weiter folgt, gelangt wenig später an die Verzweigung Wildseewegle: Hier beginnt der beschwerliche, nur für Trittsichere zu empfehlende Steig zum Wildsee. Der Westweg hingegen behält seine Höhe bei und erreicht schon bald das abgeschiedene, rustikale Ausflugslokal Darmstädter Hütte, in dem man auch übernachten kann.

Mehrere Quellbäche speisen die Eyach – auf ihrem Weg talabwärts wächst sie zu einem stattlichen Wildbach heran.

Tanz auf der Felsenklinge Dem messerscharfen Eichhaldenfirst, bekannt auch als **Karlsruher Grat** ⑫, folgt die berühmteste Kletterwanderroute im Schwarzwald. Früher galt er als Geheimtipp, seit er jedoch als Top-Sehenswürdigkeit sogar an der Autobahn ausgeschildert ist, erfreut er sich großer Beliebtheit. Festes Schuhwerk, Trittsicherheit und Schwindelfreiheit sind jedoch Voraussetzungen für die Begehung des Felsgrates. Alle kniffligen Passagen können allerdings auch auf einem einfacheren Pfad umgangen werden. Westlich des Karlsruher Grates hat der Gottschlägbach eine von bis zu 8 m hohen Wasserfällen durchbrauste Schlucht, das wilde ➠ **Gottschlägtal** ⑬ gegraben. Der berühmteste Wasserfall tost beim sagenumwobenen »Edelfrauengrab«, einer vom Wasser ausgestrudelten Höhle, durch die Felsen.

Wer »nur« den Karlsruher Grat erwandern möchte, verlässt am Ruhestein die Schwarzwaldhochstraße und fährt Richtung Allerheiligen bis zum Bosensteiner Eck: Hier schnürt man die Stiefel und erreicht nach 10 Minuten den oberen Ansatz des Grates. Wer zusätzlich durch die Wasserfallschlucht wandern will, parkt besser in Ottenhöfen am Schotterwerk: An der Straße Richtung »Schwarzwaldhochstraße« ist der Parkplatz ausgeschildert. Der Aufstieg bis zum Bosensteiner Eck ist steil, er dauert hin und zurück etwa drei Stunden.

Auf dem Orkan-Lehrpfad durch das Grinden-Naturschutzgebiet Als der stimmungsvollste Hochgipfel des Nordschwarzwaldes wird häufig der ➠ **Schliff-**

kopf ⑭ beschrieben. Er ist einer der Berge mit hervorragender Aussichtsmöglichkeit. Nur knappe 15 Minuten dauert der Aufstieg vom Schliffkopf-Hotel an der Schwarzwaldhochstraße aus: Schon die Aussicht auf den mittleren Schwarzwald und die Ortenau am Eingang des Hotels ist atemberaubend, dann führt der Weg hinauf in das Naturschutzgebiet und zwischen Legföhren auf den Schliffkopf, wo sich an der Panoramatafel beim Bergkreuz nahezu der gesamte Schwarzwald einschließlich der Berge im Süden entrollt. Der Quellberg der Rechtmurg und der Allerheiligenfälle ist Namensgeber eines der ältesten und größten Naturschutzgebiete in Baden-Württemberg: Das Grinden-Naturschutzgebiet Schliffkopf umfasst den Grindenkamm auf einer Länge von knapp 10 km vom Naturschutzzentrum Ruhestein im Norden bis zur Jugendherberge Zuflucht am Kniebis im Süden. Niedere Legföhrenbestände, offene Grindenflächen, Wälder und Wollgrasmoore prägen seine Hochlagen ebenso wie die Windwurfflächen am »Lotharpfad«. Dieser Erlebnispfad führt auf einer Länge von 800 m durch das verwilderte Windwurfgelände, das durch das verheerende Wirken des Weihnachtsorkans »Lothar« im Jahr 1999 am Plonkopf entstanden ist. Das Forstamt hat die entwurzelten Fichten liegen gelassen, und zwischen den ineinander verkeilten Stammbruchstücken entwickelt sich jetzt neues Leben, Ebereschen und Birken wachsen empor.

Als Grinden bezeichnet man die karge, fast baumfreie Feuchtheidevegetation in den Hochtälern des Nordschwarzwaldes – auf dem Bild die Hornisgrinde.

Streifzüge durch die Stille Die Murg ist die Seele des Nordschwarzwaldes. Von den Wäldern am Schliffkopf sucht sie ihren Weg in die Auen und Wiesen von Baiersbronn; weiter unten bei Forbach liegt ihr felsenreiches Bett oft trocken, weil das Wasser dort seit Jahrhunderten zur Energiegewinnung genutzt wird. Ab der Fachwerkstadt Gernsbach durchfließt sie das am stärksten industrialisierte Tal des Naturparks, ehe sie nach 97 km unterhalb von Rastatt in den Oberrhein mündet. Ihre Hauptquellbäche sind Recht- und Rotmurg, die am Osthang des Grindenkammes entspringen und sich am Kurpark des Luftkurortes Obertal-Buhlbach vereinigen. Die genannten Bäche sowie der Buhlbach mit dem Buhlbachsee, der Gute Ellbach mit dem Ellbachsee und der Sankenbach mit den Sankenbachwasserfällen am **Kniebis** ⑮ durchfließen eine wunderbare Natur mit den stillsten Wandertälern des Nordschwarzwaldes. Jedes Tal ist unverwechselbar. Die meiste Spannung und Abwechslung bietet das felsenreiche Rotmurgtal, das schluchtenartig in den roten Buntsandstein eingeschnitten ist. Im Buhlbachtal erfreuen die magische Stille des entlegenen Buhlbachsees und die Tiefblicke vom Hangweg in den weit unten durch die Schlucht brausenden Bach; im Rechtmurgtal im Hang des Schliffkopfes befindet sich direkt am Murgtalwanderweg der Murgbrunnen, die Hauptquelle der Murg.
Während die beschaulichen Quellbachtäler der Murg Wanderern vorbehalten sind, kommen Radfahrer auf der belebten »Tour de Murg« zwischen Freudenstadt und Rastatt auf ihre Kosten. Dieser äußerst attraktive Radweg folgt dem Fluss auf fast durchgehend autofreien Wegen und kann dank der zahlreichen S-Bahnhöfe auch problemlos in kurzen Einzeletappen durchfahren werden.

Naturpark Südschwarzwald

Breit ist das Spektrum der landschaftlichen Reize, das von Urwäldern, tosenden Wasserfällen und spektakulären Felsformationen über Almen mit Alpenblick bis zu romantischen Seen und trutzigen Burgen reicht. Dabei liegen Natur und Kultur im Südschwarzwald nie weit voneinander entfernt – jahrhundertealte Kurorte und Fachwerkstädtchen laden zum Bummeln ein und locken mit spannenden Museen. Der Naturpark greift weit über den eigentlichen Südschwarzwald hinaus und umfasst auch den Süden des mittleren Schwarzwaldes bis hinauf zu den Triberger Wasserfällen und ostwärts bis zum Schwenninger Moos, dem Quellmoor des Neckars.

SERVICE

Anfahrt A 5 Ausfahrt Freiburg-Nord und über Waldkirch nach Elzach (B 294), kurz vor Elzach links Richtung Biederbach. Der nächste Bahnhof ist Elzach, von dort Bus nach »Oberbiederbach Kreuz«

Lage Im Südwesten Baden-Württembergs zwischen Freiburg, Waldshut, Donaueschingen und Triberg

Größe 3700 km²

Höchste Erhebung Feldberg (1493 m)

Gründung 2000

Information Naturpark Südschwarzwald, Dr.-Pilet-Spur 4, 79868 Feldberg

Telefon 07676/93 36 10

Internet
www.naturpark-suedschwarzwald.de

TOP TIPP

6 **Kandel**
Aussichtsberg an der Schwarzwald-Panoramastraße

10 **Feldberg**
Mehrgipfeliges Bergmassiv mit einzigartigem Panorama

17 **Wutachschlucht**
Wilder Canyon mit einem Wanderweg durch 100 Millionen Jahre Erdgeschichte

19 **Belchen**
»König des Schwarzwaldes«

22 **Murgtal und -schlucht**
Faszinierendes Schluchttal mit Naturlehrpfad, das per Postkutsche durchfahren werden kann

Eine Landschaft, wie sie spektakulärer kaum sein könnte: die Triberger Wasserfälle inmitten einer grünen Schlucht

Paradiese über dem Elztal Herrliche Panoramen bieten sich auf dem Kandel-Höhenweg vom Biederbacher Gasthof Zum Kreuz bis hin zum **Hünersedel-Aussichtsturm** 1. Hier scheint die Zeit stillzustehen: Verträumte Gipfel und Täler breiten sich im Norden aus. Am Waldrand fällt der Blick über die Feuchtwiesen und Moore des Naturschutzgebiets Brai im Quellgebiet des Biederbaches sowie über das Elztal hinweg zum Kandel, während sich links davon die mächtigen Bergstöcke von Rohardsberg und Brend mit ihren Wäldern und Wiesen hoch über dem Yach- und dem Simonswälder Tal zeigen. Kein Wunder, dass der Gasthof Zum Kreuz ein beliebter Ausgangspunkt für Wanderungen ist: Nahe Ziele sind die Schutterquelle mit schönem Rastplatz in den Wiesen rund um den Quellteich, von dem der Blick hinaus auf die Rheinebene schweift, und der Hünersedel (744 m), die höchste Erhebung des durch zahllose Täler und den Wechsel von Wiesenland, Wald und Einzelhöfen geprägten Gneis- und Granitgebietes im Nordwesten des Naturparks. Der 29 m hohe Aussichtsturm auf der Gneiskuppe bietet einen fantastischen »30-Täler-Blick« auf Kaiserstuhl, Vogesen und die höchsten Schwarzwaldberge: Kandel, Feldberg und Belchen sowie den Hochblauen über dem Markgräflerland und – jenseits des Elztales – den Rohrhardsberg.

Das Massiv des **Rohrhardsberges** 2, dessen Ausläufer die Elz auf drei Seiten umspült, ist mit 1163 m die höchste Erhebung im nördlichen Teil des Naturparks, sein Gipfel und das obere Elztal bilden das Kernstück des Naturschutzgebietes Rohrhardsberg-Obere Elz, das 1997 als 500. Naturschutzgebiet Baden-Württembergs eingerichtet wurde. Vegetation und Tierwelt des teils bewaldeten, teils vermoorten, teils von aussichtsreichen Wiesen bedeckten Rohrhardsbergs sind subalpin. Hier finden sich Gebirgspflanzen wie Alpen-Frauenfarn, Alpendost und Alpenrose; in den Mooren gedeihen prächtig Sumpfbärlapp und Siebenstern; im Gipfelbereich fühlt sich die gelborange, duftende Arnika wohl. Auch Vogelarten wie Auerhuhn, Habicht und Sperber haben auf dem Berg ein Rückzugsgebiet gefunden, der Wanderfalke wird als Nahrungsgast und die seltene Kornweihe als Durchzügler gesichtet.

Die Elz entspringt im Hang des Farnberges in 1089 m Höhe, eines Ausläufers des Rohrhardsberges. Knapp 30 m tiefer liegt die eingefasste Quelle am Westweg im Wald oberhalb des **Naturschutzgebietes Briglirain** 3. Die Elz durchfließt vom Briglirain, dem Sattel zwischen dem Elz- und dem Katzensteigtal, bis zu den Elzfällen (877 m) ein etwa 3 km langes, von Vermoorungen und Wiesenland geprägtes Hochtal, das Farnbergtal. Hier führen u. a. der Schwarzwald-Radweg und der Europäische Fernwanderweg E1 (Westweg) hindurch, sowie Routen, die von oder zu den eindrucksvollen **Triberger Wasserfällen** 4 (Fallhöhe ca. 160 m) und der Schönwalder Hochfläche mit dem verträumten, sagenumwobenen **Blindensee** 5 leiten.

Die Feuchtlandschaft der Briglirain-Senke vermittelt bis heute ein eindrucksvolles Bild davon, wie die Täler hier jahrhundertelang ausgesehen haben. Durch den Briglirain verläuft auch die europäische Wasserscheide zwischen Nordsee und Schwarzem Meer: Während die Elz über den Rhein in die Nordsee abfließt, strömen die Quellbäche im Südteil des Gebirges der Breg zu.

Die Bregquelle (1078 m) in der Nähe der Martinskapelle bei Furtwangen ist die höchstgelegene Donauquelle. 1 l Wasser tritt hier pro Sekunde aus und speist ein Bächlein, das sich nach 48 km in Donaueschingen mit der Brigach zum zweitlängsten Strom Europas vereinigt: »Brigach und Breg bringen die Donau zuweg.«

Der Kandel – wo im Breisgau die Hexen tanzen Mit seinen Felsen, Buchenwäldern und Hochweiden sowie seiner einzigartigen Aussicht ist der ➠ **Kandel** 6 einer der schönsten Panoramaberge

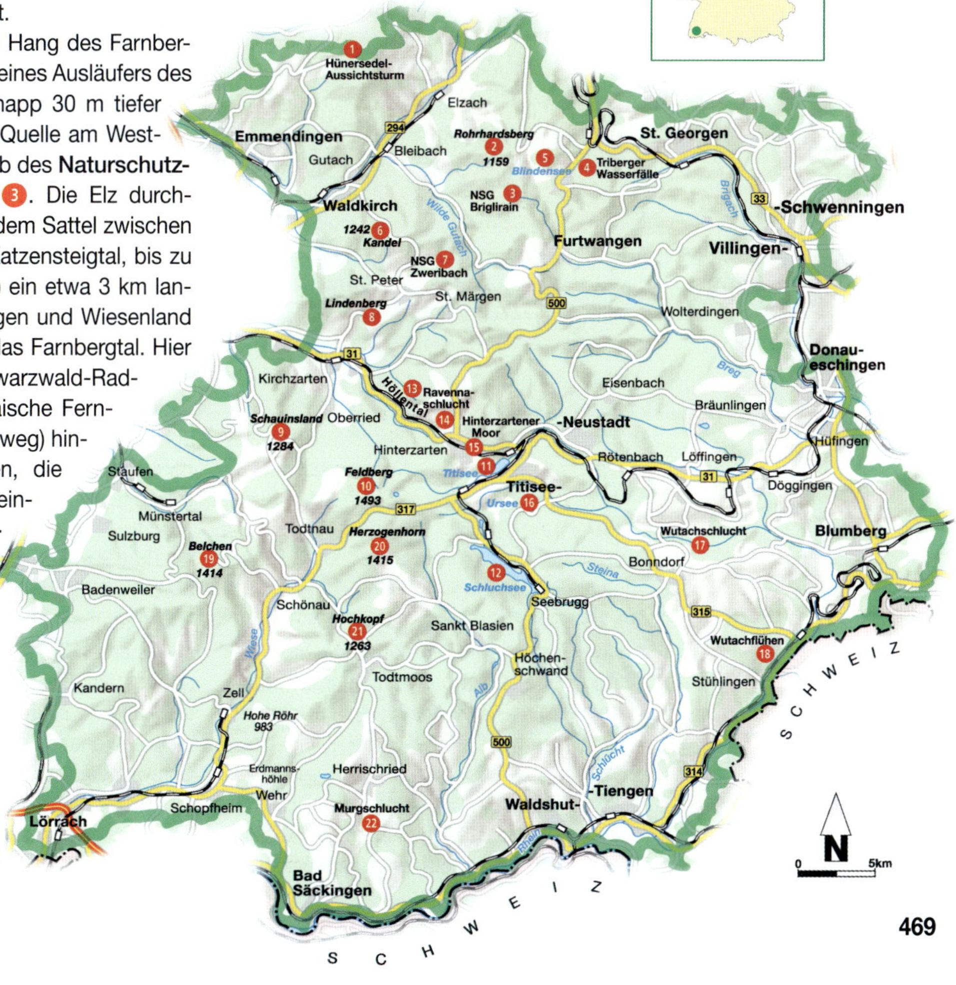

Blick vom Kandel über die im Dunst blau schimmernden Höhen des Hochschwarzwalds

im Schwarzwald. Der Bergstock erhebt sich im Westen des Naturparks zwischen den Tälern von Elz, Glotter und Wilder Gutach mit einer Reliefenergie von fast 1000 Höhenmetern und springt mit seinen Westausläufern über das Suggental hinaus bis fast nach Denzlingen in die Rheinebene vor – ein Topziel für Mountainbiker ebenso wie für Wanderer und Gleitschirmflieger, die sich in Gipfelnähe neben dem Berghotel »Kandel« in den Wind legen. Vom Kleinen Kandelfelsen, einem der zahlreichen Felsbastionen, blickt man aus der Vogelperspektive hinab ins Glotteral mit der aus der TV-Serie bekannten »Schwarzwaldklinik«. Mit dem Auto erreichbar ist dieser sagenumwobene Berg, den die Legenden als »Hexentanzplatz des Breisgaus« kennen, auf der Schwarzwald-Panoramastraße: Von Waldkirch im Elztal führt sie auf 70 km Länge über den aussichtsreichen Kandelbergstock in die Klosterdörfer Sankt Peter und Sankt Märgen und über die Breitnau in das Wintersportzentrum Hinterzarten. In der Nähe des Plattenhofs, eines Bergbauernhofs mit dem Gasthaus Zur Platte an den Ostausläufern des Kandelmassivs über dem Simonswälder Tal, befindet sich das Naturschutzgebiet **Zweribach** 7. Urwaldartige Schluchtwälder, die Zweribach- und Hirschbachfälle sowie der Hohwartfelsen zählen zu den Höhepunkten dieser beeindruckenden Stein-, Wald- und Wasserwildnis, die – so warnt auch ein Hinweisschild – nur von geübten Wanderern mit festem Schuhwerk begangen werden sollte. Zweribach und Hirschbach stürzen durch ein Kar, das von einem Gletscher der letzten Eiszeit in der Ostkante der hochflächenartigen Platte ausgetieft wurde. Nähert man sich dem Talkessel von der Platte aus, etwa vom Plattenhof, öffnet sich der Blick auf das urwüchsige Gebiet erst kurz vor dem jähen Abgrund. Steile Pfade führen hinab zu den tosenden Wasserfällen. Belohnt wird, wer in Sankt Peter die Schwarzwald-Panoramastraße kurz verlässt und dem Schild zum **Lindenberg** 8 folgt: Dieser Südostausläufer des Kandelmassivs trägt eine viel besuchte Marienwallfahrtskapelle, bei der sich ein einzigartiger Ausblick bietet.

Von luftigen Höhen in die Tiefen des Berges Die 15-minütige Seilbahnfahrt auf den Freiburger Hausberg **Schauinsland** 9 ist fantastisch: Kein Wald verdeckt die Sicht, fast endlos schweift der Blick über die Rebfluren und Waldhügel der Rheinebene. Die älteste Großkabinen-Umlaufbahn der Welt transportiert zwischen der Talstation (473 m) in Horben und der Bergstation (1219 m) am Panorama-Restaurant Schauinsland auch Fahrräder. Während sich die einen mit ihren Mountainbikes auf einer der Downhill-Routen talwärts stürzen, wandern die anderen in 15 Minuten zum Aussichtsturm auf dem Gipfel (1284 m) und genießen das einmalige Schwarzwald-Vogesen-Alpen-Panorama. Der Schauinsland ist auch Standort eines großen Bergbaumuseums: Stollen von über 100 km Gesamtlänge durchziehen den Freiburger »Erzkasten«, das zutage geförderte Silber begründete vor 800 Jahren den Reichtum der Münsterstadt, deren filigraner Domhelm einer der schönsten Türme der Christenheit ist. Der Holzverbrauch beim Silberabbau führte zur weitgehenden Entwaldung des Bergstockes. Das Gelände wurde nicht wieder aufgeforstet, sondern als Weide genutzt. So erstreckt sich heute im Südhang des Gipfels im Oberrieder Hofsgrund eine offene Hochweidenlandschaft mit mehrhundertjährigen Hudebuchen und Weidbuchenhainen und überwältigenden Ausblicken. Auch das Fraunhofer-Institut nutzt diese exponierte Lage und unterhält hier ein Sonnenobservatorium. Der abwechslungsreiche Erzkasten-Rundweg (mit Infotafeln) erschließt auf 5 km Länge die Kulturlandschaft des Schauinsland. Den Rundweg erreicht man am besten vom Parkplatz nahe der Bergstation der Schauinslandbahn.

Feldberg – Bergmassiv mit interessanten Gipfeln

Die verschiedenen Feldberggipfel sind im Einzelnen: der eigentliche Feldberg (10) (1493 m, Bild); der durch eine Seilbahn erschlossene Seebuck (1448 m) mit Feldbergturm (Aussichtsturm) und wunderschönem Blick zum Feldsee vom Bismarck-Denkmal aus; der bis weit in den Sommer hinein Schneefelder tragende Baldenweger Buck (1460 m) oberhalb von Zastler Loch, Rinkendobel und Feldseekar sowie der Mittelbuck (1472 m), der hoch über dem Zastler Loch aufragt.

Am Gipfel der Gefühle Der höchste Berg des Schwarzwaldes ist der ➠ **Feldberg** (10), sein Gipfel die höchste deutsche Erhebung außerhalb der Alpen. 2006 wurde das Bergmassiv zusammen mit der Wutachschlucht in die Liste der schönsten Geotope Deutschlands aufgenommen. Der weit geschwungene Rücken des Feldberges mit seinen aussichtsreichen Weidfeldern und seltenen Pflanzen bildet einschließlich der Kare, Schmelzwasserrinnen, »Löcher« und Täler, die eiszeitliche Gletscher in seinen Flanken ausgehobelt haben, das älteste und größte Naturschutzgebiet Baden-Württembergs. Einer seiner Glanzpunkte ist das felsenumkesselte Feldseekar mit dem nahezu kreisrunden Feldsee. Die so weit nördlich ansonsten nur in den Alpen vorkommende Alpen-Troddelblume lässt hier als Eiszeitrelikt auf den Hängen nach der Schneeschmelze ihre lilafarbenen Blüten auswachsen und ist das Wahrzeichen dieses außergewöhnlichen Berges.

Dank der Weitläufigkeit der waldlosen Gipfelebenen bietet jeder Nebengipfel dieses Gneis- und Granitstocks andere Panoramen, sodass die Hochlagen des Feldberges ein bequemes Wandergebiet bilden. Vor allem bei Inversionswetterlage, wenn der Blick bis zu den Alpen reicht, lässt es sich hier auf einer Strecke von 8 bis 9 km Länge herrlich spazieren. Idealer Ausgangspunkt ist das Naturschutzzentrum beim Feldberger Hof am Fuß des Seebucks.

Der aus dem Feldsee austretende Seebach fließt zum **Titisee** (11), dem größten natürlichen See des Schwarzwaldes. Vom Zweiseenblick hoch über Neuglashütten ist der Titisee ebenso zu sehen wie der **Schluchsee** (12): Der 1932 aufgestaute See ist der größte Schwarzwaldsee und ein bedeutendes Wassersportparadies für Segler und Surfer. Seine fast unverbaute Uferlinie macht ihn zu einem Eldorado für (Rad-)Wanderer, seine Strände locken im Sommer die Badegäste. Den Zweiseenblick erreicht man am leichtesten in gut 20 Wanderminuten auf dem Westweg vom Parkplatz am Caritasheim an der B 317 aus.

Von Schlucht zu Schlucht – durch das Höllental zur Wutach Das teilweise sehr schmal und tief eingeschnittene **Höllental** (13) bildet seit Jahrhunderten den Hauptanfahrtsweg von der Freiburger Bucht zu den Hochflächen von Hinterzarten, zum Titisee und zur Baar. Der früher

Der Titisee ist der größte natürliche See im Schwarzwald und lockt mit zahlreichen Freizeitangeboten.

Erdmannshöhle

Die Erdmannshöhle bei Hasel – einige Kilometer nördlich von Wehr an der Wehra über dem vom Belchen 19 überragten Wiesental – ist die berühmteste Tropfsteinhöhle im Schwarzwald. Ihr Schauteil ist 360 m lang, die vermessene Gesamtlänge der Karsthöhle beträgt 2185 m. Zu den Höhepunkten im Schauteil zählen die »Riesentropfsteine«, der größte ist über 4 m hoch und mehr als 2 m dick, sein geschätztes Alter beträgt rund 1 Million Jahre (Bild). Benannt ist die Höhle nach hilfreichen Wichteln, den Erdmännchen und Erdweibchen, die früher hier gewohnt haben sollen.

gefahrvolle Weg durch »die Höll« ist der staugeplagten B 31 gewichen. Am Hirschsprung, wo die felsigen Talflanken so dicht zusammenrücken, dass nur zwei schmale Fahrspuren zur Verfügung stehen, führt die ansonsten gut ausgebaute Straße parallel zur tunnelreichen Höllentalbahn aufwärts zum Hofgut Sternen, einer alten Poststation, in der schon Johann Wolfgang von Goethe übernachtete. Oberhalb des Gasthofes öffnet sich die **Ravennaschlucht** 14, die von Kaskaden durchbrauste wildeste Seitenschlucht des Höllentales: Wer sie betreten will, braucht festes Schuhwerk – auch wenn Brücken, Metallleitern und andere Aufstiegshilfen die Fortbewegung erleichtern. Nach dem Überwinden der serpentinenreichen Streckenabschnitte oberhalb der Schlucht tritt die Straße in die Weitung des Wintersportortes Hinterzarten ein.

Das **Hinterzartener Moor** 15 ist mit einer Fläche von rund 70 ha der größte Hochmoorkomplex im Naturpark. Informationstafeln erläutern die Besonderheit des Moores und der umgebenden Wälder. Vor dem Bahnhof Hinterzarten geht man auf dem Bahnhofweg parallel zur Bahnlinie an den Bushaltestellen und Parkplätzen vorbei, zweigt am Adlerweiher links ab und läuft geradeaus in den Wald. Bald geht der Waldweg in einen Bohlenweg über, der durch das nasse Hochmoor mit Birken und Wollgräsern führt.

Ein wildromantisches Naturerlebnis verspricht eine Wanderung in der Ravennaschlucht in der Nähe von Hinterzarten.

Ein weiteres paradiesisches Moor ist das Naturschutzgebiet um den **Ursee** 16 oberhalb von Lenzkirch, ca. 10 km südöstlich des Hinterzartener Moors. Von einem auf dem Wasser liegenden Schwingrasen ist der See umgeben – Achtung, ihn zu betreten, kann lebensgefährlich sein! – und von einem Hochmoor, in dem seltene Pflanzen ein Rückzugsgebiet gefunden haben: Rosmarinheide, Wollgras, Moosbeere und Sonnentau sind hier ebenso heimisch wie die Kleine Teichrose und der Fieberklee, der die nährstoffreichen Ränder des Moores im Frühjahr in ein weißes Blütenmeer verwandelt. Den eigentlichen Moorbereich umgeben wie ein schützender Haingürtel Kiefern, Birken, Schwarzerlen und Fichten.

Ein weiterer lohnender Abstecher im Osten des Naturparks ist die ➡ **Wutachschlucht** 17, ein eindrucksvoller Canyon. Fast die ganze Schlucht steht unter Naturschutz einschließlich Haslachtal, Rötenbach- und Gauchachschlucht sowie weiterer Seitentäler. Für Wanderer ist diese felsen- und waldreiche Wildflusslandschaft mit ihrer vielfältigen Flora und Fauna besonders reizvoll, ist sie doch eine der wenigen Strecken in den deutschen Mittelgebirgen mit ansatzweise »alpinem« Charakter. Die Wanderung durch diese Schlucht ist eine Zeitreise durch 100 Millionen Jahre Erdgeschichte, denn die Wutach schneidet fast alle Gesteinsschichten Südwestdeutschlands an.

Der Europäische Fernwanderweg E1 führt von Lenzkirch-Kappel auf einer Länge von 11 km durch den Gneis- und Granitabschnitt zum Gasthof Schattenmühle, der auch rustikale Unterkünfte für Wanderer anbietet; es folgen 12 km im Muschelkalk- und Keuperabschnitt bis zur Wutachmühle. Am Ostrand des Naturparks hat der Fluss einen zweiten Schluchtabschnitt geschaffen: Die **Wutachflühen** 18 an der Schweizer Grenze sind berühmt wegen ihrer faszinierenden Landschaften und der »Sauschwänzlebahn«, einer Museumsbahn, die in zahlreichen Kehren zwischen Zollhaus-Blumberg und Stühlingen-Weizen dampft.

Die imposanteste Berggestalt des Schwarzwaldes ist der ➠ **Belchen** (19). Aus allen Himmelsrichtungen führen Wanderwege zum »König des Schwarzwaldes«, der stolz über die Täler zu seinen Füßen emporragt, die wie das Münstertal im Westen oder das Wiesental im Osten gut 1000 m niedriger liegen. Wegen der Steilheit des Geländes rückt bei allen Aufstiegen der von Felsmassiven umkränzte Gipfelbereich erst zuletzt ins Blickfeld – Ausnahme ist der Aufstieg ab Fröhnd-Hof.

Ganz bequem ist der Gipfel mit einer Panoramagondel der Belchen-Seilbahn zu erreichen. In nur 5 Minuten transportiert sie Ausflügler von der Talstation (1074 m) beim Hotel Jägerstüble über knapp 300 Höhenmeter hinauf zur Bergstation (1356 m), die sich neben dem nur zu Fuß erreichbaren Belchenhaus befindet. Von dort führt ein Naturlehrpfad in 20 Minuten zum Gipfel mit Gipfelkreuz in 1414 m Höhe. Weit reicht der Blick über den Süd- und Hochschwarzwald mit Feldberg, Herzogenhorn und Hochkopf, auf die Rheinebene mit dem Kaiserstuhl und zu den Namensvettern des Belchen im Dreiländereck: Großer Belchen (Grand Ballon), Elsässer Belchen (Ballon d'Alsace) und Kleiner Belchen (Petit Ballon) in den Südvogesen und Belchenflue im Schweizer Jura. Bei klarem Wetter reicht die Sicht über den Jura hinweg bis zu den Alpen. Etwas weiter östlich erhebt sich das **Herzogenhorn** (20); auch hier bietet sich am Gipfelkreuz hoch über den Quellbächen der Alb ein traumhafter Panoramablick. Das Herzogenhorn bildet die höchste Erhebung des Kammes, der im Südschwarzwald das Wiesental und den Hotzenwald trennt; diesem Kamm folgt vom Feldberg aus über Herzogenhorn und **Hochkopf** (21) die Ostvariante des Westweges, des bekanntesten Höhenweges des Schwarzwaldvereins. Am Parkplatz beim Hochkopfhaus beginnt der bequeme Karl-Asal-Rundweg, einer der romantischsten Höhen-Rundwege des Südschwarzwalds: Er vereint den Forstweg in der Flanke oberhalb des Präger Gletscherkessels mit dem Westweg, der als urtümlicher Wurzelpfad über den Kamm führt.

Im schaurig-schönen Hinterzartener Moor leben seltene Pflanzen – und angeblich auch Moorgeister!

Auf Schusters Rappen oder mit der Postkutsche durch das Murgtal Der mit mehr als 50 Lehrtafeln zu den Themen Wasser, Bodenkunde und Geologie, Wald, Moor, Wässerwiesen, der Auswanderung um 1850, der Landwirtschaft früher und heute versehene Murgtalpfad folgt der Hauensteiner Murg von ihrer Quelle in knapp 1000 m Höhe durch den Hotzenwald bis zu ihrer Mündung in den Hochrhein. Der Pfad führt durch zwei landschaftlich verschiedene Gebiete: Von der Quelle bis Hottingen, wo sich das »Energiemuseum« befindet, herrschen Hochflächen und Wiesenrücken vor. Erst ab dem Pfaffensteg unterhalb des Hottinger Beckens beginnt die urtümliche ➠ **Murgschlucht** (22), in der ein Lehrpfad der ehemaligen Postkutschenstrecke mit ihren Felstunneln folgt: Kilometerlang findet sich hier kein Haus, nur das dichte Grün des Schluchtwaldes, das Brausen der Murg, der Wasserfall Strahlbrusch und sonnige Talauen mit üppigen, farbenprächtigen Blumenwiesen. Ausgangspunkt des Murgtalpfads ist der Wanderparkplatz Steinernes Kreuz in Herrischried. Die Strecke ist autofrei, kann aber mit dem Fahrrad befahren werden. Bis heute verkehren hier Postkutschen als gerne genutzte Touristenattraktion.

Naturpark Schönbuch

Zu verdanken haben wir dieses Naherholungsgebiet mit seinen großen Mischwäldern der Jagdleidenschaft der württembergischen Könige und Herzöge. Als deren Jagdrevier blieb der Schönbuch von Abholzungen weitgehend verschont. Noch heute führt nur eine größere Straße durch den Naturpark.

SERVICE

Anfahrt Von Norden auf der A 8 und der A 81 bis Hildrizhausen, von Westen auf der A 81 bis Herrenberg; nächstgelegener ICE-Bahnhof in Stuttgart

Lage In Baden-Württemberg, südlich von Stuttgart zwischen Böblingen, Aichtal, Reutlingen, Tübingen und dem Herrenberger Gäu

Größe 156 km²

Höchste Erhebung Bromberg (580 m)

Gründung 1972

Information Naturpark Schönbuch Im Schloss 72074 Tübingen

Telefon 07071/60 22 62

Infohaus In Tübingen

Internet www.naturpark-schoenbuch.de

TOP TIPP

2 Waldrastplatz Teufelsbrücke Schöner Rastplatz mitten im Schönbuch

3 Kloster Bebenhausen Klosteranlage und Jagdschloss mit prächtiger Ausstattung

6 Domäne Einsiedel Ehemaliges Jagdschloss und geschichtlicher Lehrpfad

Die Kloster- und Schlossanlage Bebenhausen: Sehenswert ist vor allem der Kreuzgang aus dem 15. Jahrhundert.

Im 4000 ha großen Wildgehege dominiert das Rotwild, in kleineren Gehegen kann man Dam-, Schwarz- und Muffelwild beobachten. An den Bachläufen entdeckt man den seltenen Eisvogel, Wasseramseln und Teichhühner, aber auch viele Amphibien wie Teichmolch und Gelbbauchunke. Im artenreichen Uferbewuchs finden sich Kostbarkeiten wie Trollblume oder Pestwurz.

Wandern und Rasten in fast unberührter Natur Im Westen des kleinen Naturparks Schönbuch liegt an der Straße Herrenberg–Hildrizhausen das **Naturfreundehaus Jahnhütte** 1 am Alten Rain. Hier beginnt der »Naturlehrpfad Schlossberg«, ein 7 km langer Rundweg. Wer möchte, kann auf einem Abstecher die Reste von Schloss Herrenberg besichtigen und bei einem Stadtrundgang die netten Winkel der Altstadt Herrenberg. Mitten im Wald des Schönbuchs liegt der ➠ **Waldrastplatz Teufelsbrücke** 2, der mit Schutzhütte und Grillstelle zum Verweilen einlädt. Man erreicht ihn von Süden aus vom Parkplatz Bebenhausen auf dem Weg durchs Tal des Großen Goldersbaches oder vom Parkplatz Franzensträßle durchs Tal des Kleinen Goldersbaches. Ganz in der Nähe finden sich die Reste einer ehemaligen Kapelle, die königliche Jagdhütte und ein Damwildgehege. Mit ein bisschen Glück kann man hier in den Hangwäldern einige Seltenheiten, wie z. B. den Schwarzspecht oder die Gelbbauchunke, entdecken.

Am Wanderweg Richtung Bromberg liegt das Naturdenkmal Birkensee, ein See, der sich auf der Sohle eines aufgelassenen Räthsandsteinbruches gebildet hat. Befestigte Wege und Stege führen am hochmoorartigen Ufer entlang – hier wachsen Moosbeere, Heidenelke und der Rundblättrige Sonnentau.

Von 1946 bis 1952 war der Landtag von Württemberg-Hohenzollern im ➠ **Kloster Bebenhausen** ③ untergebracht. Das Kloster wurde 1183 von Pfalzgraf Rudolph gegründet; bis zur Reformation lebten hier Zisterziensermönche. Über die Jahrhunderte bauten sie das Kloster aus und schufen bemerkenswerte Baudenkmale, wie z. B. den Kreuzgang, der Ende des 15. Jahrhunderts entstand. Nach der Reformation und der Säkularisierung verfielen Teile der Klosteranlage, und eine Klosterschule wurde zwischenzeitlich hier untergebracht.

Anfang des 19. Jahrhunderts ließ König Friedrich I. von Württemberg das Abtshaus zum Jagdschloss umbauen. Es gibt einiges zu bestaunen bei der Führung durch die Jagdgemächer mit ihrer teilweise sehr prunkvollen Ausstattung, einem Luxusbad und einer für diese Zeit hochmodernen Küche (www.kloster-bebenhausen.de). Im ehemaligen Schreibturm des Klosters ist auch das Naturparkinformationszentrum untergebracht. Hier gibt es allgemeine Informationen über den Naturpark. Wer ein wenig dörfliche Idylle genießen will und Fachwerkhäuser liebt, sollte nach dem Klosterbesuch noch kurz durch Bebenhausen spazieren – hier gibt es so manchen malerischen Winkel zu entdecken.

Geologisch Interessierte fahren zum Parkplatz Sonntagsstelle an der alten B 27. Von hier verläuft ein Weg durchs **Kirnbachtal** ④ entlang markanter Felsformationen. Schaubilder erläutern interessante geologische Zusammenhänge und die Besonderheiten des Naturparks. Nach etwa 1 km führt der Weg aus dem Tal und über den Kirnberg zurück zum Ausgangspunkt.

Wenn der Wald erzählt Geschichten zum Wald erfährt man im **Schönbuch-Museum Dettenhausen** ⑤: wie er als Hutewald genutzt wurde, welche Abholzungen für die Glasindustrie erfolgt sind und wie er den Abbau des Stubensandsteins erlebt hat. Zu alldem finden sich in den liebevoll gestalteten Ausstellungsräumen zahlreiche Informationen, Bilder und Gegenstände, die von der Lebens- und Arbeitswelt der Menschen dieser Gegend erzählen (Telefon 07157/12 63 2 oder www. dettenhausen.de).

Leider ist nur noch ein Flügel des 1482 vom württembergischen Grafen Eberhard erbauten Jagdschlösschens erhalten geblieben. Heute ist er Teil der ➠ **Domäne Einsiedel** ⑥ und Ausgangspunkt so mancher Wanderung auf der Hochfläche, dem Einsiedel. Hier beginnt auch ein geschichtlicher Lehrpfad, der auf zwölf Schautafeln die frühe Besiedlung des Einsiedel und seine weitere Entwicklung zum Thema hat. Der Rundweg hat eine Länge von 4,5 km, man braucht dafür etwa zwei bis drei Stunden.

Ausgangspunkt eines weiteren Lehrpfades ist der Parkplatz Burkhardtsmühle an der Straße von Waldenbuch nach Neuenhaus. Der **Waldlehrpfad Betzenberg** ⑦ führt über den lang gezogenen Höhenrücken des Berges, dessen Sandstein bereits die Römer zu schätzen wussten. Bis zu 60 m mächtig ist die Gesteinsschicht hier. Die Tafeln am 3,5 km langen Rundweg erzählen die Geschichte des Schönbuchs und erläutern die Besonderheiten der Geologie, der Flora und Fauna.

Durchs schöne Schaichtal

Vom Wanderparkplatz Schaichtal, östlich von Dettenhausen ⑤, führt ein Wanderweg durch das Schaichtal bis Neuenhaus. Man durchwandert eines der letzten naturnahen Bachtäler (Bild) des Schönbuchs. Die üppige Ufervegetation bietet Lebensraum für viele Vogelarten und Amphibien. Der Weg durch das Tal ist rund 9 km lang.

Naturpark Obere Donau

Im Norden umfasst das Naturparkgebiet den höchsten Teil der Hochfläche der Schwäbischen Alb, die sich sanft nach Süden hin absenkt. Ein schroffes Durchbruchstal hat sich die junge Donau in diese Karstschichten gegraben. Vor allem der Abschnitt zwischen Mühlheim und Inzigkofen ist berühmt für seine mächtigen weißen Kalksteinfelsen.

SERVICE

Anfahrt A 81 bis Villingen-Schwenningen und B 27 sowie B 14 über Wellendingen in Richtung Gosheim; B 27 bis Schömberg und über Wellendingen in Richtung Gosheim; nächstgelegene ICE-Bahnhöfe in Stuttgart und Tuttlingen

Lage Auf der Schwäbischen Alb, nördlich des Bodensees

Größe 1350 km²

Höchste Erhebung Lemberg (1015 m)

Gründung 1980

Information Naturpark Obere Donau, Wolterstraße 16, 88631 Beuron

Telefon 07466/92 800

Infohaus In Beuron

Internet www.naturpark-obere-donau.de

TOP TIPP

3 **Donauversickerung** Naturschauspiel: Ein junger Fluss taucht ab

4 **Freilichtmuseum Neuhausen ob Eck** Leben auf dem Land im 19. Jahrhundert

5 **Kolbinger Höhle** Eine der schönsten Tropfsteinhöhlen der Schwäbischen Alb

7 **Kloster Beuron** Kloster in herrlicher Tallage, Haus der Natur

11 **Heuneburg** Museum und Rekonstruktion eines keltischen Fürstenhofes

Bei strahlendem Herbstlicht am schönsten: der Blick vom Knopfmacherfels auf das Donautal und Kloster Beuron

Geologisch interessant ist das Phänomen der Donauversickerungen zwischen Immendingen und Möhringen sowie bei Fridingen. Durch ein Labyrinth von Karstgängen versickert hier das Wasser, und häufig kommt es vor, dass das Flussbett sogar ganz austrocknet.

Touristisch lockt der Naturpark mit vielfältigen Attraktionen: Wanderer finden ein gut ausgebautes Wanderwegenetz von über 3000 km Länge vor, darunter besonders aussichtsreiche Routen entlang der Talflanken und des Albtraufes. Kletterer sind begeistert von den vielen zum Klettern freigegeben Felsen – darunter einige der größten der deutschen Mittelgebirge. Freunde des Wassersports können schließlich die Donau auf verschiedenen Abschnitten während der Sommermonate mit dem Kanu oder Kanadier erkunden. Eine spannende Reise zurück in die Zeit der Kelten, die den Landstrich vor mehr als 2500 Jahren besiedelten, ermöglichen die Heuneburg und das Heuneburgmuseum in und bei Hundersingen.

Berge, die herrliche Ausblicke bieten

Als ein sogenannter Zeugenberg ist der **Lemberg** 1 nicht mehr direkt mit der Hochfläche der Schwäbischen Alb verbunden. Mit seinen 1015 m Höhe und einem über 30 m hohen Aussichtsturm bietet er einen weitreichenden Ausblick über die Hochebene der Baar bis hinüber zum Schwarzwald und auf die Gipfel der Alpen. Man parkt an der Straße Gosheim–Wilflingen. Am dortigen Wanderparkplatz sind einige Wanderwege ausgeschildert. Einer davon führt in etwa 30 Minuten hinauf auf den Lemberg-Gipfel. Von dort kann man mit dem Oberhohenberg und dem Hochberg zwei weitere Tausender der Schwäbischen Alb erklimmen. Die Felsen und Hangwälder der Südwestalb bilden ein artenreiches Ökosystem, in dem sich auch Pflanzen angesiedelt haben, die sonst nur in den Alpen vorkommen, z. B. Immergrünes Felsenblümchen und Alpendistel.

Auch vom **Dreifaltigkeitsberg** 2 (985 m) kann man weit über das Land blicken. Dieser Berg ist von Spaichingen aus mit dem Auto oder auch zu Fuß auf einem Pilgerweg mit zahlreichen Kreuzwegstationen zu erreichen bzw. zu ersteigen. Der Pilgerweg endet an der Wallfahrtskirche, einem schönen Barockbau mit prächtigem Hochaltar. Etwas weniger besinnlich geht es auf dem von Denkingen aus mit dem Auto erreichbaren benachbarten Klippeneck (981 m) zu. Bei geeignetem Wetter herrscht auf dem Segelflugplatz reger Betrieb.

Und das Wetter stimmt hier sehr oft, denn nirgendwo sonst in Deutschland scheint die Sonne länger als auf dem Klippeneck. Bei einem kleinen Imbiss auf der Panoramaterrasse des Hotels kann man eine herrliche Aussicht genießen.

Vom Erdboden verschluckt Arme Donau – gerade erst entsprungen, muss der junge Fluss sein Wasser hier auch schon wieder an den Rhein abtreten und trocknet dabei im Sommer oftmals aus. Ein beeindruckendes Naturschauspiel bietet die junge Donau zwischen Immendingen und Möhringen. Viele Tausende Liter Flusswasser versickern hier an der ➡ **Donauversickerung** 3 im Kalkgestein. Vor allem im Sommer und Herbst kann es passieren, dass man ein völlig ausgetrocknetes Flussbett vorfindet. Wohin das Wasser verschwindet, haben Wissenschaftler anhand von Salzbeigaben und Färbeversuchen bereits im Jahr 1877 herausgefunden.

Nach 30 bis 80 Stunden war der tiefgrüne Quelltopf der rund 12 km südlich gelegenen Aach salzig. Über die Aach gelangt das Wasser in den Bodensee und von dort in den Rhein. Vater Rhein trickst hier auf recht hinterlistige Weise seine Schwester Donau aus und verschiebt unterirdisch die Europäische Wasserscheide zu seinen Gunsten. Von Immendingen oder Möhringen führen Hinweisschilder zu Wanderparkplätzen,

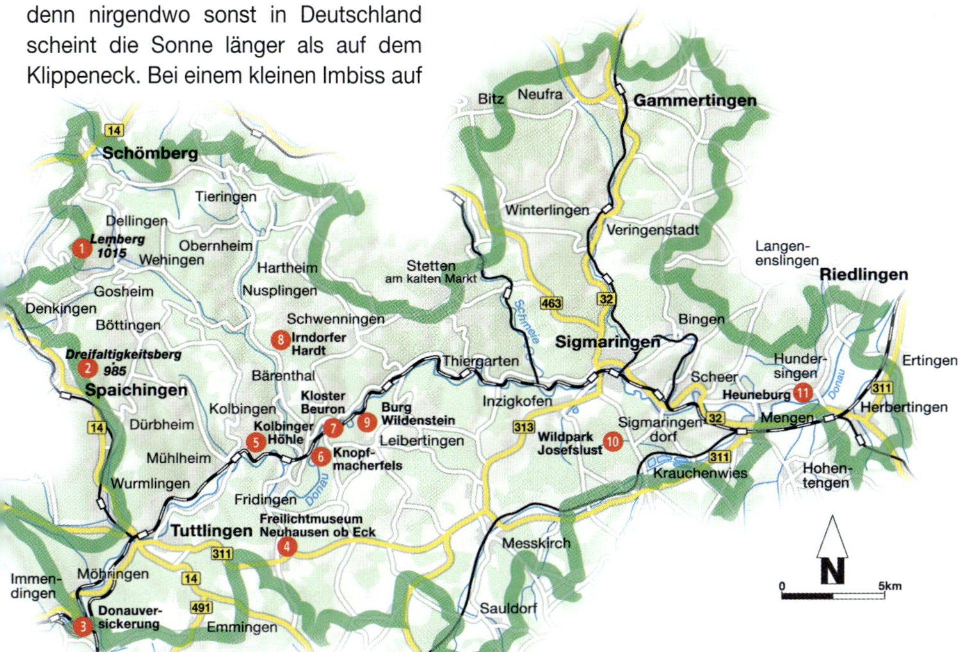

Ein Fluss verschwindet: Zwischen Immendingen und Möhringen kann man sehen, wie die Donau versickert.

von denen die Versickerungsstellen bequem zu Fuß erreicht werden können. Ein etwa 2 km langer Rundweg führt zu den interessantesten Punkten.

Alte Dörfer, gespenstische Höhlen und die schönsten Gipfel des Parks Man meint, mitten in einem Dorf des 19. Jahrhunderts zu stehen, wenn man sich auf dem Marktplatz des ➠ **Freilichtmuseums Neuhausen ob Eck** (4) befindet. Es ist alles da – Rat- und Schulhaus, Kirche, Brunnen und eine alte Schmiede. Auf dem weitläufigen Ausstellungsgelände gibt es aber noch mehr zu entdecken: In den über 20 Gebäuden – vom reichen Bauernhof bis hin zum schlichten Heim eines Tagelöhners – erhält man Einblick in das Leben und Arbeiten längst vergangener Zeiten. Das ganze Sommerhalbjahr (im Winter geschlossen) laden unterschiedliche Vorführungen zum Mitmachen ein, etwa beim Krautschneiden oder Mostpressen. In den Werkstätten zeigen Handwerker historische Techniken. In den Ställen und auf den Weiden grunzen, blöken, schnattern und muhen Schweine, Schafe, Gänse und Kühe. Auf den Feldern werden im Rhythmus der alten Dreifelderwirtschaft fast vergessene Getreidesorten angebaut. Auch einkehren kann man im alten Stil: Im gemüt-lichen historischen Gasthof Ochsen gibt es regionale Spezialitäten (geöffnet April–Okt. Di–So 9–18 Uhr). Tropfsteinhöhlen sind auf der Schwäbischen Alb weit verbreitet. Mit zu den schönsten zählt die ➠ **Kolbinger Höhle** (5). Auf einer Länge von 330 m sind ihre Gänge und Schächte erforscht. Die vorderen Höhlenteile sind schon seit

Nicht nur von außen attraktiv: Im Freilichtmuseum Neuhausen ob Eck gibt es viel zu entdecken.

dem 19. Jahrhundert bekannt. Der Ausbau zur Schauhöhle erfolgte im Jahr 1913, aber erst 1968 richtete die Ortsgruppe des Schwäbischen Albvereines die Weganlagen und eine elektrische Beleuchtung ein. Durch drei Hallen mit gespenstischen Tropfsteinformationen geht es bei einer spannenden Führung rund 90 m in den Berg hinein (geöffnet März–Okt. Sa 13–17, So 10–17 Uhr).

Von einem der schönsten Aussichtspunkte im Tal der oberen Donau, dem sogenannten **Knopfmacherfels** 6, geht der Blick hinunter auf die Klosteranlage Beuron im Osten und Richtung Westen hinüber nach Schloss Bronnen, das auf einem Felsmassiv thront. Vom Wanderparkplatz beim Knopfmacherfels bietet sich insbesondere für Familien mit Kindern eine kleine Höhenwanderung auf dem Walderlebnispfad der Stadt Fridingen an, bei dem immer wieder faszinierende Tiefblicke in das Donautal möglich sind, so z. B. vom Siegelesfelsen aus.

Ein weiterer Spaziergang (ca. 5 km) verbindet zwei ebenfalls sehr reizvolle Aussichtspunkte in der Nähe von Irndorf. Vom Rauhen Stein (Wanderheim und Wanderparkplatz) wandert man immer entlang der Talkante, vorbei am einzigartigen Felsengarten mit seinen extra für Besucher beschilderten Felsenpflanzen, zum bekanntesten Aussichtspunkt des Naturparks, dem Eichfelsen. Von hier hat man einen herrlichen Blick auf die Burg Wildenstein sowie das Schloss Werenwag und den felsgesäumten Lauf der Donau. Zurück geht man über die Hochfläche vorbei am Wanderparkplatz Eichfelsen. Sportliche Naturen dehnen die abwechslungsreiche Wanderung weiter bis zum Schloss Werenwag aus, im 17. und 18. Jahrhundert auf den Mauern eines mittelalterlichen Vorgängerbaues errichtet.

Auf eine Augustinergründung im Jahr 1077 geht das heutige → **Kloster Beuron** 7 zurück. Nachdem es Sitz eines der ältesten Augustiner-Chorherrenstifte war, wurde es 1802 säkularisiert und ging in den Besitz des Fürstenhauses Hohenzollern-Sigmaringen über. Bemerkenswertes geschah 1862: Fürstin Katharina von Hohenzollern kaufte ihrem Stiefsohn Karl Anton von Hohenzollern die Kirche sowie die Klostergebäude ab und vermachte sie mittels einer Schenkung den Benediktinermönchen Maurus und Placidus. Damit erwachte das Klosterleben von neuem und setzt sich bis zum heutigen Tage fort. Um 1738 entstand die sehenswerte Klosterkirche, deren Innenraum durch die gelungene Verbindung von Rokoko- und Barockelementen fasziniert. Das Kloster selbst ist leider nicht zu besichtigen.

Im alten Bahnhof von Beuron ist heute das Haus der Natur untergebracht. Naturparkverein und Naturschutzzentrum Obere Donau informieren gemeinsam mit einer großen, kostenlosen Ausstellung über die Region. Das jährliche Veranstaltungsprogramm umfasst über 100 Veranstaltungen – von der geführten Wanderung bis zum Filzkurs. Schüler- und Jugendgruppen können auf Wunsch individuell mehrstündige Umweltkurse, u. a. zu den Themen Wasser und Wald buchen.

Von blühenden Wiesen ins dunkle Mittelalter Ursprünglich war das **Irndorfer Hardt** 8 wohl Jahrhunderte lang ein lichter Hutewald, in den die Irndorfer

Auf den Spuren der alten Römer

Dass Archäologie richtig spannend sein kann, beweist das Römermuseum in Mengen-Ennetach (östlich von 10). Das im Jahr 2001 eingerichtete Museum verfolgt einen angenehm modernen museumspädagogischen Ansatz mit hohem Erlebniswert. Grundlage der Ausstellungen sind Funde am Ennetacher Berg. Dort befand sich in der zweiten Hälfte des 1. Jahrhunderts ein römisches Kastell, in dem Soldaten verschiedener Einheiten stationiert waren. Hörspiele und Videoinstallationen sollen den Besucher ins 1. Jahrhundert zurückversetzen. Das Alltagsleben in einer römischen Provinz wird am Beispiel Ennetachs gezeigt. Auch für Kinder ist einiges geboten: Sie können sich als Römer verkleiden (Bild) und thematischen Spielen widmen (geöffnet März bis Nov. Di–So 10–18 Uhr).

Durch das schöne Schmeietal

Wer genug hat vom spektakulären Donaudurchbruchstal, von den Felsen und der Donauversickerung, dem sei diese Wanderung empfohlen: Von Dietfurt oder vom ehemaligen Bahnhof Inzigkofen aus erreicht man das liebliche Schmeietal (nordwestlich von 10). Der Weg führt an der Schmeie entlang über die kleine Ortschaft Unterschmeien in das nicht viel größere Oberschmeien. Am Wegesrand gibt es einige botanische Kostbarkeiten zu entdecken! Nachdem man sich in Oberschmeien im örtlichen Gasthof gestärkt hat, kann man entweder wieder den Weg durchs Tal zurückgehen oder aber der Markierung liegendes rotes Y folgen. Dieser Weg führt auf einer Schlaufe über die Hochfläche zurück nach Unterschmeien. Oder man folgt der Markierung rote Raute und kommt so wieder zum Ausgangspunkt im Tal zurück.

Bauern ihr Vieh zum Weiden trieben. Die Kühe fraßen aber nicht nur das Gras, sondern sorgten auch dafür, dass keine jungen Bäume nachwachsen konnten. Als sich im 18. Jahrhundert die Stallfütterung durchsetzte, gab man diese Bewirtschaftung auf, und die Bauern mähten zwischen den Bäumen mit der Sense. Aus dem Weidewald war eine »Holzwiese« geworden. Durch maschinelles Mähen, das Fällen von Bäumen und durch den Einsatz von Kunstdünger drohten die Magerwiesen zu verschwinden. Schon 1938 erklärte man das Irndorfer Hardt daher zum Naturschutzgebiet und sicherte damit den Bestand eines besonderen Lebensraumes. Im Frühjahr schmücken zahllose gelb leuchtende Trollblumen die Wiesen. Das botanisch geübte Auge entdeckt so manche Rarität: Buschnelke, Feldenzian, Gelber Enzian und Narzissen-Windröschen, um nur einige zu nennen. An der Straße von Irndorf nach Schwenningen ist auf der linken Seite ein Parkplatz ausgeschildert, von dem aus man in wenigen Minuten das Naturschutzgebiet erreicht.

Mit etwas Fantasie fühlt man sich auf **Burg Wildenstein** 9 ins Mittelalter zurückversetzt. Rund 200 m über dem Donautal thront die 1077 erstmals erwähnte und im 16. Jahrhundert großzügig erweiterte Burg auf einem Felsvorsprung. Ihr wehrhafter Charakter ist noch gut erkennbar. Über Zugbrücken geht man ins Burginnere, das durch Wehrgänge und Türme gesichert ist. Eine der am schönsten gelegenen Jugendherbergen Deutschlands bietet hier Unterkunft. In der Burgschenke lässt sich trefflich ein-

Das Irndorfer Hardt wurde schon 1938 Naturschutzgebiet und Heimstatt für üppige Trollblumenwiesen.

kehren, beim Kinderspielplatz befinden sich auch Grillstellen. Von Leibertingen kommend ist der Parkplatz an der Burg ausgeschildert; diverse Wandertafeln informieren über Wanderwege rund um die Burg Wildenstein. Hier beginnt auch ein Walderlebnispfad, der als besonderes Highlight mit einer Uhuvoliere aufwartet.

Buchstäblich lustvoll ist ein Spaziergang im **Wildpark Josefslust** 10 an der Straße zwischen Sigmaringen und Krauchenwies. Schön angelegte und gut gepflegte Wege führen durch den 800 ha großen Wildpark, vorbei an alten Baumgruppen und mächtigen Einzelbäumen, Skulpturen, gusseisernen Wegweisern und versteckten alten Toren. Für Kinder sind natürlich die beiden Teiche ein Anziehungspunkt, vor allem aber die Wildgehege mit Rothirschen, Damwild und Wildschweinen, Fasanen und Wölfen interessant. Für eine Pause gibt es Grill- und Rastplätze.

Gleich zwei Museen lohnen in und bei Hundersingen einen Besuch. Nicht nur ein Freilichtmuseum, sondern ein ganz besonderes Erlebnis stellt die ➠ **Heuneburg** 11 dar. Die originalgetreue Rekonstruktion eines keltischen Fürstenhofes aus dem 6. Jahrhundert v. Chr. zeigt anhand von Ausstellungen, Vorführungen und einer Multimedia-Präsentation das Leben auf der Burg zur damaligen Zeit.

Im Heuneburgmuseum in der ehemaligen Zehntscheuer des Klosters Heiligkreuztal sind die Originalfunde und auch die Forschungsergebnisse der langjährigen archäologischen Grabungen aus- und dargestellt. Die Funktion einer außerhalb des Heuneburgareales entdeckten Siedlung konnte inzwischen erklärt und dokumentiert werden: Diese sogenannte Außensiedlung war für die Versorgung der Heuneburg zuständig; es wurden landwirtschaftliche Aktivitäten nachgewiesen und Reste von Werkstätten gefunden (geöffnet April–Okt. Di–So 11–17 Uhr). Ein 8 km langer archäologischer Rundwanderweg verbindet die beiden Museen; am Weg finden sich zahlreiche Grabhügel von beeindruckender Größe und eine Viereckschanze.

Für Groß und Klein, für Alt und Jung ist der Wildpark Josefslust mit Rot-und Damwild, mit Wildschweinen, Fasanen, aber auch Wölfen immer wieder ein Erlebnis.

Naturpark Augsburg-Westliche Wälder

SERVICE

Anfahrt Auf der A 8 bis Augsburg, dann auf der B 2 bis Langweid und von dort nach Wertingen; nächstgelegene ICE-Bahnhöfe in Ulm und Augsburg, von dort bis Lauingen bzw. Dillingen und weiter mit dem Bus

Lage In Bayerisch-Schwaben im Westen Bayerns, westlich von Augsburg und östlich von Ulm

Größe 1200 km^2

Höchste Erhebung Höhenzug am Südrand des Naturparks (649 m)

Gründung 1988

Information Naturpark Augsburg–Westliche Wälder, Fuggerstraße 10, 86830 Schwabmünchen

Telefon 0821/31 02 22 78

Infohäuser In Gessertshausen und Oberschönenfeld

Internet www.naturpark-augsburg.de

TOP TIPP

1 **Wertingen**
Schöne Fachwerkstadt mit Schloss, Heimatmuseum und Stadtkirche

3 **Zusmarshausen**
Sehenswerte Stadt mit Marktplatz, Rothsee und Naturerlebnispfad

4 **Kloster Oberschönenfeld**
Zisterzienserinnenkloster mit Volkskundemuseum, Galerie, Biergarten und Naturparkhaus

Der Naturpark Augsburg-Westliche Wälder mit seinen anmutigen und vielseitigen Landschaften ist wahrlich ein Naturmagnet. Im Norden bedeckt eine fruchtbare Lössschicht die Schotterablagerungen, die eine abwechslungsreiche Wald- und Wiesenlandschaft entstehen ließ. Den südlichen Teil prägen sanfte, reich bewaldete Höhenzüge.

Hier werden alle Register gezogen: ein atemberaubender Regenbogen über dem Kloster Oberschönenfeld.

Ihre größte Ausdehnung erreichen die Waldgebiete im Holzwinkel nordwestlich von Augsburg und in den »Stauden«, im Südwesten der Fuggerstadt. Wälder, Bäche und Talwiesen beherbergen eine vielfältige Flora und Fauna. Besonderheiten unter den Pflanzen sind Seidelbast, Türkenbund und Küchenschelle. In den Strauchgürteln nisten zahlreiche Singvogelarten, in den Wäldern ist die sonst eher seltene Waldohreule anzutreffen.

Kunst, Kultur und Badespaß Die barocke Stadtkirche St. Martin aus dem Jahr 1700 überragt die Stadt ➡ **Wertingen** 1 mit ihren beiden mächtigen Türmen. Sie sind mit Zinnen bewehrt, was einzigartig in Deutschland ist, auf denen alljährlich Störche nisten. Eine wechselvolle Geschichte liegt hinter diesem Bauwerk: Ein romanischer doppeltürmiger Vorgängerbau aus dem 13. Jahrhundert wurde 1462 zerstört, den spätgotischen Folgebau brannten 1646 die Schweden nieder. Im Wertinger Schloss, im 14. Jahrhundert erbaut, ist das Heimatmuseum zu finden. Die Sammlungen zu den Themen Vor- und Frühgeschichte, Stadtgeschichte, Landwirtschaft, Hand- und Kunsthandwerk sowie die Waffensammlung sind sehr umfangreich (www.wertingen.de). Auch ein Rundgang durch die Innenstadt von Wertingen hat seinen Reiz, denn Teile der alten Stadtbefestigung sind erhalten, es geht vorbei an schönen Fachwerkfassaden hinüber zum Marktplatz mit dem schmucken Marienbrunnen.

Das waldreiche Gebiet im nordwestlichen Teil des Naturparks ist der »Schwäbische Holzwinkel«. Dort liegt der Ort **Welden** 2, der einen berühmten Sohn hat: Ludwig Ganghofer verbrachte hier seine Jugend. Näheres zu Leben und Werk des deutschen Heimatschriftstellers erfährt man in der Ganghofer-Stätte Welden im Landgasthof Zum Hirsch. Oberhalb des Städtchens, auf dem Theklaberg, steht weithin sichtbar die Theklakirche, eine wunderschöne Rokokokirche.

Mitten im Naturpark liegt die »Perle des Zusamtals«: ➠ **Zusmarshausen** 3. Am großen Marktplatz fällt die Pfarrkirche Maria Immaculata ins Auge, deren spätgotischer Turm 42 m aufragt. Von der einstigen Bedeutung Zusmarshausens als Marktflecken zeugen die alte Posthalterei, heute »Hotel zur Post«, mit ihrem romantischen Innenhof. Erfrischung bietet im Sommer der nahe gelegene Rothsee: ein Badesee mit großen Liegewiesen, dessen östliches Ufer als Biotop geschützt ist. Am südlichen Rand von Zusmarshausen beginnt am »Horn« der Franz-Rödl-Waldlehrpfad. Hier erfährt man Wissenswertes über einheimische Gehölze.

Museen, Kirchen und ein schattiger Biergarten Auf dem Gelände von ➠ **Kloster Oberschönenfeld** 4 befinden sich ein Volkskundemuseum, das Naturparkhaus, ein Zisterzienserinnenkloster, eine Schwäbische Galerie und eine Gastwirtschaft mit Biergarten. Das Schwäbische Volkskundemuseum bietet Ausstellungen, u. a. zu den Themen »Bräuche durchs Jahr – Feste im Leben«, »Wohnen auf dem Land« und »Von der Handarbeit zur Maschine«. Im ehemaligen Bräumeisterstadel zeigt die Schwäbische Galerie Retrospektiven mit Werken bedeutender schwäbischer Künstler. Das Informationszentrum im Naturparkhaus stellt die Natur und deren nachhaltige Nutzung durch den Menschen vor (geöffnet Di–So 10–17 Uhr).

Im Markt **Ziemetshausen** 5 gibt es zwei kleine Museen, die Beachtung verdienen: das Weberei- und das Handwerkermuseum. Anziehungspunkt für viele Gläubige ist die von Ziemetshausen ausgeschilderte Wallfahrts-kirche Maria Vesperbild. Ursprünglich stand hier eine kleine Feldkapelle, die 1650 eine Pietà erhielt. Die heutige Kirche stammt aus der Mitte des 18. Jahrhunderts. Fährt man die Straße weiter bergan, erreicht man nach wenigen Minuten das Schloss Seyfriedsberg, dessen Garten 1848 mit allerlei exotischen Sträuchern und Bäumen angelegt wurde. Leider ist das Schloss nur von außen zu betrachten, der Park ist jedoch frei zugänglich.

Biegt man von der Straße von **Markt Wald** 6 nach Immelstetten nach rechts zum Ortsteil Oberneufnach ab, sind es vom dortigen Wanderparkplatz aus nur wenige Minuten zu einem Aussichtsturm mit schönem Blick über den Park. Im benachbarten Schnerzhofen schimmert dunkel das Wasser des moorigen Sees. Von Markt Wald aus ist der Parkplatz vor Schnerzhofen ausgeschildert.

Hinein in den Wald

Von Oberschönenfeld 4 aus bieten sich mehrere Wandermöglichkeiten in östlicher Richtung, um in das Tal des Anhauser Bachs zu gelangen. Ein Weg führt durch dichte Mischwälder in das Tal und vorbei an mehreren Weihern. Ein Abstecher bringt den Wanderer zum Engelshof, einem sehr schön gelegenen Landgasthof mit großem Biergarten. Auch im Tal des Anhauser Bachs, im Ort Burgwalden, findet sich eine gemütliche Gastwirtschaft mit Biergarten. Für den Rückweg empfiehlt sich die Waldroute oder aber der Weg über Döpshofen und dann in nördlicher Richtung zurück nach Oberschönenfeld. Je nach Wegwahl sollte man mehrere Stunden für die Wanderung einplanen.

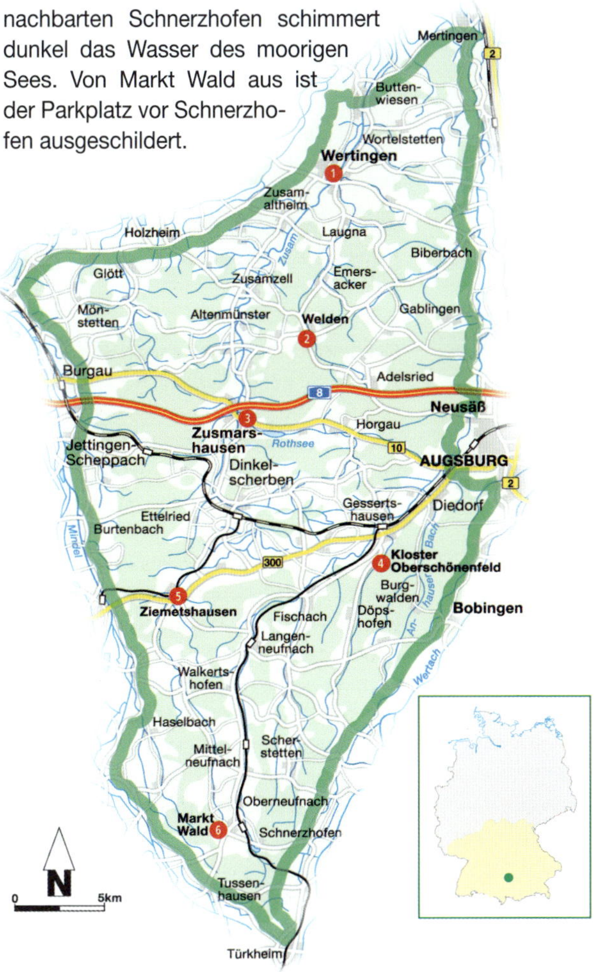

Nationalpark und Biosphärenreservat Berchtesgaden

Drei große Täler, drei tiefe Einschnitte in die gigantische Felslandschaft der Berchtesgadener Alpen, wild zerklüftete Bergstöcke, tiefblaue Seen und eisige Gletscher – all das wurde 1978 zum Nationalpark erklärt, zur Bewahrung und Wiederbelebung einer einzigartigen Bergwelt mitsamt ihrer Kultur.

SERVICE

Anfahrt Von München über die A 8 bis zur Abfahrt 115 Bad Reichenhall; dann ca. 20 km auf der B 20 nach Berchtesgaden und weiter zum Königssee; auch die Deutsche Bahn fährt nach Berchtesgaden

Lage Im äußersten Südosten Bayerns; der Nationalpark umfasst im Wesentlichen den deutschen Anteil an den Salzburger Alpen

Größe 210 km^2

Höchste Erhebung Watzmann (2713 m)

Gründung 1978

Information Nationalpark-Informationszentrum, Hanielstr. 7–11, 83471 Berchtesgaden

Telefon 08652/64 343

Infohäuser U. a. in Hintersee, St. Bartholomä, Kühroint

Internet www.nationalpark-berchtesgaden.bayern.de

TOP TIPP

1 **Königssee** Der einzige Fjordsee in Mitteleuropa

5 **Jenner** Mit der Seilbahn auf das Aussichtsplateau

8 **St. Bartholomä** Idyllische Wallfahrtskirche auf einer Halbinsel im Königssee

12 **Wimbachtal** Spannende Exkursion durch die Erdgeschichte

14 **Mühlsturzhörner** Beeindruckender Bergsturz im Klausbachtal

Die Bindalm vor dem Bergmassiv der Mühlsturzhörner bietet einen herrlichen Blick ins Klausbachtal.

Die bekannten Glanzlichter des Nationalparks sind der malerische Königssee und das mächtige Gipfeltrio des Watzmanns, mit 2713 m der zweithöchste Berg Deutschlands. Die Bergmassive sind aus Dolomit und darüber lagerndem Dachsteinkalk aufgebaut, der vor rund 200 Millionen Jahren abgelagert wurde. Durch die außerordentliche Härte des Kalksteins ließen Verwitterungen keine gerundeten, sondern eher scharfkantige Formen entstehen. Deshalb wird heute noch das Landschaftsbild beherrscht von scharfen, gezackten Graten und schroffen Felswänden. Wie Balsam für die menschliche Seele wirkt der Anblick der Bergmischwälder, wo Raritäten wie Spirke und Zirbe wachsen. Auf den hoch gelegenen alpinen Matten gedeihen Kostbarkeiten wie die Alpenrose, das Edelweiß sowie der Blaue und der Gelbe Enzian – heute selten gewordene, geschützte Pflanzen. Auch für Steinböcke, Murmeltiere und Alpensalamander ist der Nationalpark inzwischen eine sichere Heimat geworden. Zu den imposantesten Vertretern der Vogelwelt zählt der Steinadler, der hoch über den Felswänden seine Kreise zieht.

Das unglaubliche Grün des Königssees

Weit über die Grenzen Bayerns hinaus hat der **Königssee** 1 Berühmtheit erlangt. Durch Abschmelzen eines 1000 m mächtigen Gletschers am Ende der Eiszeit entstand der einzige fjordartige See in Mitteleuropa – ein 8 km langes und 200 m tiefes Trogtal, von klaren

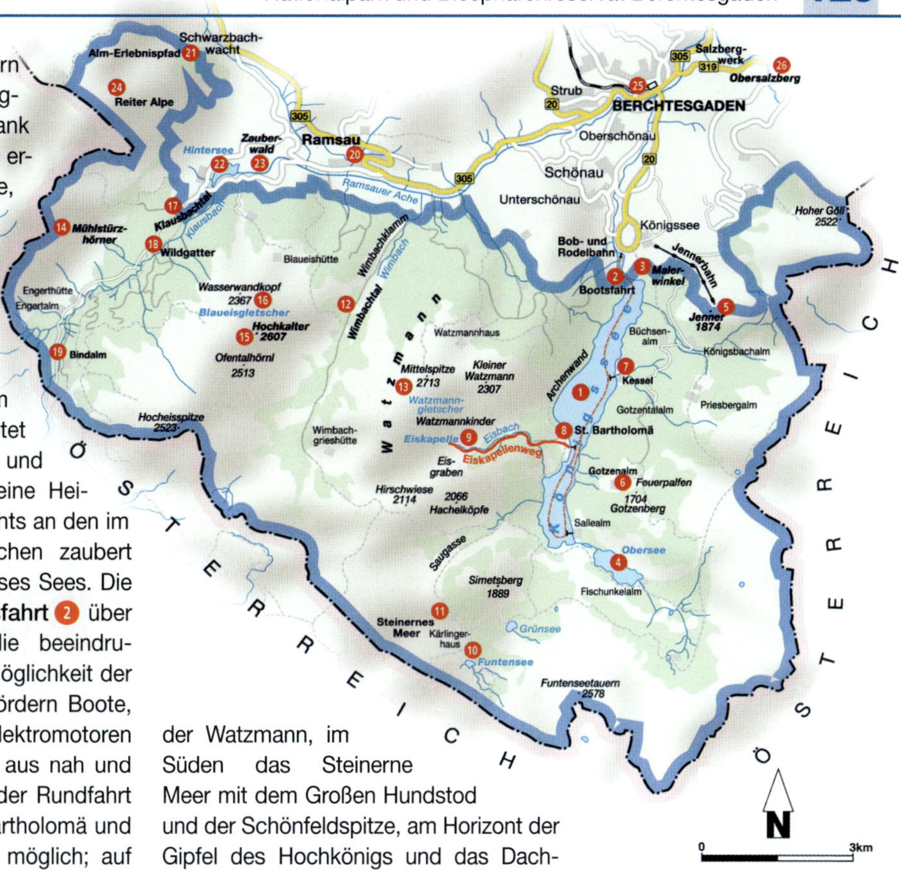

Schmelz- und Quellwassern aus den angrenzenden Bergmassiven genährt. Dank seiner Lage in einem wenig erschlossenen Hochgebirge, 603 m über dem Meeresspiegel, zählt er zu den saubersten Seen Deutschlands. Seltenen Fischarten wie dem Seesaibling und der Seeforelle, aber auch dem Hecht und dem Barsch bietet das maximal 17 °C warme und nährstoffarme Gewässer eine Heimat. Die Brechung des Lichts an den im Wasser gelösten Kalkteilchen zaubert das unglaubliche Grün dieses Sees. Die knapp zweistündige **Bootsfahrt** 2 über den Königssee bietet die beeindruckendste und schnellste Möglichkeit der Erkundung. Seit 1909 befördern Boote, durch umweltfreundliche Elektromotoren angetrieben, Naturfreunde aus nah und fern. Eine Unterbrechung der Rundfahrt ist auf der Halbinsel St. Bartholomä und an der Anlegestelle Salet möglich; auf Wunsch wird auch der kleine Anlegesteg Kessel am Ostufer angesteuert.

Die klassische Aussicht auf den See faszinierte nicht nur die Landschaftsmaler des 19. Jahrhunderts; auch heute ist der Rundwanderweg vom großen Parkplatz in der Ortschaft Königssee über die Seelände zum Aussichtspunkt **Malerwinkel** 3 sehr beliebt. Die bizarren Gipfel des Watzmannmassivs und die Felswände des Steinernen Meeres spiegeln sich im See. Am Ende der Eiszeit trennte ein letzter Gletschervorstoß ein kleines Gebiet vom Königssee ab, den **Obersee** 4. Den kurzen Weg über die zurückgebliebene Endmoräne von der Anlegestelle Salet zum stillen Obersee säumen große Felsblöcke, die 1172 von den Gipfeln ins Tal stürzten.

Eine Seilbahn hinauf zur 1802 m hohen Bergstation des ➠ **Jenner** 5 ermöglicht es auch dem müdesten Wanderer, den Nationalpark in seiner Einzigartigkeit auf einen Blick zu erfassen: gegenüber der Watzmann, im Süden das Steinerne Meer mit dem Großen Hundstod und der Schönfeldspitze, am Horizont der Gipfel des Hochkönigs und das Dachsteinmassiv – und tief eingeschnitten der Königssee. Der ehemals waldbedeckte Jenner ist heute eine durch Almwirtschaft und Holznutzung entstandene offene Landschaft mit Magerrasen, Latschenfeldern und kleineren Wäldern, ein hervorragender Ausgangspunkt für Wandertouren in das Gebiet des Nationalparks.

Ewiges Eis und uralte Bergwälder Die weitläufige Hochfläche **Gotzenalm** 6 östlich des Königssees gehört den Murmeltieren. Ihre warnenden Pfiffe sind nicht zu überhören. Auf lieblichen Almen blühen im Sommer Arnika und der Punktierte Enzian. Der lockere Lärchenbewuchs entstand durch die Beweidung des Gebietes. Dessen Bewirtschaftung geht, urkundlich belegt, bis ins 8. Jahrhundert zurück. Vor dem halbstündigen Aufstieg zum Aussichtspunkt Feuerpalfen hält die Sennerin für den erhitzten Wanderer eine Erfrischung bereit. Die Belohnung nach dem steilen Anstieg ist

Flussaufwärts dem felsübersäten Lauf des Eisbachs folgend bis zur fast 2000 m hohen Watzmann-Ostwand

wirklich spektakulär: der Blick auf den Königssee und die Watzmann-Ostwand. An den östlichen Steilhängen des Königssees, im Gebiet der Bootsanlegestelle **Kessel** 7, haben sich in naturnahen Bergwäldern die heimischen Baumarten wieder angesiedelt: Rotbuche, Bergahorn, Weißtanne und Fichte. Zwar wurde bis 1960 auch an steilen Hängen Holz geschlagen, das unwegsame Gelände und die Bodenbeschaffenheit verhinderten eine Wiederaufforstung mit reinem Fichtenwald zur holzwirtschaftlichen Nutzung.

➠ **St. Bartholomä** 8 ist der Beweis: Die Männer Gottes hatten schon immer einen Blick für die schönsten Flecken dieser Erde. Im Verlauf von 10 000 Jahren schob sich das Verwitterungsgeröll aus den Watzmannwänden, vom reißenden Eisbach getragen, in den Königssee und bildete eine kleine Halbinsel. Ein imposanter Ort; auf dem Mündungsdelta wurde 1134 diese Wallfahrtskirche geweiht. Ihre roten Kuppeln leuchten über den See.

Ein gewölbeartiger Austritt des Eisbachs aus einem Schneefeld am Fuß der 2000 m hohen Watzmann-Ostwand gibt der **Eiskapelle** 9 ihren Namen. Im zusammengepressten Schnee von Lawinenabgängen lassen die Schmelzwasser im Laufe des Sommers eine weite Öffnung entstehen. In früheren Zeiten muss die Eiskapelle wesentlich größer gewesen sein. Von 20 m Höhe, 30 m Breite und einer Länge von 200 m berichten die Chroniken. 1862 vernichtete ein Felssturz diesen großartigen Eisdom. Das Betreten oder Besteigen der Eiskapelle ist lebensgefährlich!

Der einsame **Funtensee** 10 am Rande des Steinernen Meeres liegt 1600 m über dem Meeresspiegel in einer Doline, einer trichterförmigen Vertiefung, entstanden durch den Einbruch einer Höhle. Diese Lage verhindert im Winter das Abfließen von Kaltluft – es wird eisig kalt. Am 21. Januar 2000 zeigte das Thermometer ein Rekordminus von 45,8 °C. Andererseits beeinflusst im Sommer das wär-

mere Klima der Zentralalpen die Vegetationsperiode am Funtensee. Frühjahr, Sommer und Herbst liegen in der kargen Hochmoor- und Weidelandschaft eng beieinander. So entsteht der Eindruck einer üppigen Blütenpracht. Diese klimatische Besonderheit fördert auch das Wachstum der Zirbenwälder.
Die Berghütte Kärlinger Haus am Funtensee bietet Möglichkeiten zum Übernachten. Die wilde, scheinbar vegetationslose Hochgebirgslandschaft des **Steinernen Meeres** 11 wird von Dolinen, Höhlen und ausgewaschenen Felsrinnen geprägt. Gräser und Blumenpolster verstecken sich in Gesteinsnischen und Mulden. Aufmerksame Wanderer entdecken in dieser Felswüste versteinerte Muscheln; vor 200 Millionen Jahren war das Hochplateau in der Tat ein Meer. Steinböcke fühlen sich hier wohl und kommen nicht selten nah heran.

Exkursion durch 70 Millionen Jahre Erdgeschichte Ein 10 km langer und bis 300 m mächtiger Schutt- und Geröllstrom »fließt« zu Tal: Im ➠ **Wimbachtal** 12 erlebt man Erdgeschichte live. Er entspringt im Steinernen Meer und wandert zwischen Watzmann und Hochkalter nach Südwesten. Die Wasser des Wimbachs fließen als Grundwasser unter dem Steinfluss und treten erst 3 km vor der Wimbachklamm ans Licht des Tages. Bei starken Regenfällen kann der Schuttkörper das Wasser nicht mehr aufnehmen, es fließt an der Oberfläche ab. So ist der Schuttstrom ständigen Veränderungen unterworfen, ein richtiger Fluss in Zeitlupe. Es bilden sich immer neue Rinnen, Böschungen und Inseln, auf denen sich kleine Bäume, Sträucher und Gräser ansiedeln. Die seltene Spirke, eine aufrecht wachsende Form der Latschenkiefer, hat sich den rauen Lebensbedingungen auf dem Schuttstrom besonders gut angepasst. Sie wird bis zu 10 m hoch.
Am Ausgang des Wimbachtals zwängt sich das Wildwasser durch eine enge Schlucht, die Wimbachklamm. Auch von den Wänden der Klamm stürzen Wasserfälle in die brodelnde Flut – nach starken Regenfällen und in der Zeit der Schneeschmelze ein beeindruckendes Erlebnis. Bereits in früheren Zeiten wurde in der Klamm ein Triftsteig angelegt, da das Holz für die Berchtesgadener Salinen durch diese Engstelle getriftet werden musste. Der Steg, sicher und massiv ausgebaut, wird noch heute genutzt und ermöglicht das Erleben der Urkräfte unserer Erde.

Um seinen Gipfel jagen Nebelschwaden – der Watzmann Der höchste Gipfel des Nationalparks, der **Watzmann** 13, misst 2713 m und ist nach der Zugspitze der zweithöchste Berg Deutschlands. Seine

Edelweiß *(Leontopodium alpinum)*

Das Edelweiß, eine der bekanntesten Alpenblumen, wird auch Wollblume, Irlweiß, Almsterndl, Federweiß und eher selten Silberstern und Wülblume (in der Schweiz) genannt. Die Pflanze erreicht eine Höhe von 3 bis 20 cm. Ihr Stern aus weißfilzigen Hochblättern ist nur eine Scheinblüte, die eigentlichen Blüten sitzen zu vielen Hunderten inmitten des Sterns beisammen. Auf vielfach durcheinander gewirkten, krausen Härchen sorgen Tausende kleine Luftbläschen dafür, dass das einfallende Licht reflektiert wird. So entsteht der blendend weiße Schimmer auf den Hochblättern. Das Edelweiß wächst ungleichmäßig verteilt auf steinigen Wiesen, Kalksteinfelsen, seltener auf Almwiesen, in Höhen zwischen 2000 und 2900 m. Die Art gelangte nach der Eiszeit aus innerasiatischen Steppen in die Alpen, ist also keine heimische Felsenpflanze. Unter Liebenden galt das Edelweiß früher als ein Zeichen der Verschwiegenheit.

Mit einem Touristenboot über den Königssee zur traumhaft in die Landschaft gebetteten Kapelle St. Bartholomä

Almwirtschaft

Auf dem Höhepunkt der Almwirtschaft um die Mitte des 19. Jahrhunderts gab es etwa 90 Almen. Das Weiderecht gestattet den Almbauern auch heute noch, ihre Rinder im Sommer von den tiefer gelegenen Weideflächen zu den Hochalmen zu treiben. Die Nationalparkordnung schränkt die uralten Rechte der Almbauern nicht ein, allerdings versucht man, auf freiwilliger Basis mehr Naturschutz einzuführen. So ermöglicht die extensive Nutzung der Almen erst einigen seltenen Pflanzen und Wildtieren das Überleben. Im Nationalparkgebiet liegen noch 25 Almen (Bild: Bindalm), lediglich in der nutzungsfreien Kernzone verfallen die Almhütten.

bizarre Form prägen drei fast gleich hohe Gipfel: die Mittel- und die Südspitze, das Hocheck sowie die fünf Zacken der sogenannten Watzmannkinder und der Kleine Watzmann. Markant ist die Ostwand, die fast 2000 m steil zum Königssee abfällt. Sie galt lange Zeit als unbezwingbar und ist noch heute eine große Herausforderung für Alpinisten. Selbst der Aufstieg vom 1928 m hoch gelegenen Watzmannhaus erfordert gute Bergkenntnisse und Ausdauer.

Im September des Jahres 1999 donnerte ein 250 000-Tonnen schweres Stück des Gipfels der ➠ **Mühlsturzhörner** (14) bis in das Klausbachtal hinab. Eine Druckwelle raste mit 300 Stundenkilometern voraus und brach 20 ha Wald. Der Klausbach änderte seinen Lauf, Brücken und Teile des alten Wanderweges verschwanden, meterhohe Felsblöcke und große Schuttmengen behindern seitdem die Durchfahrt auf der Nationalparkstraße. Am Gipfel des Kleinen Mühlsturzhorns ist die Abbruchstelle noch deutlich zu erkennen. Geologen sagen für die nähere Zukunft weitere Bergstürze im Gebiet der Mühlsturzhörner voraus.

Die Dynamik von Entstehen und Vergehen der Alpen wird am zweithöchsten Gipfel (2607 m) des Nationalparks, dem markanten **Hochkalter** (15), deutlich sichtbar. Immer wieder brechen gewaltige Teile des Massivs ab und stürzen zu Tal. Bei den dramatischen Felsstürzen des vergangenen Jahrhunderts kam glücklicherweise niemand zu Schaden.

Der **Blaueisgletscher** (16), nördlichster Gletscher der Alpen, liegt im Gebiet des Hochkalters. Sein Eis befindet sich auf dem Rückzug, die namensgebende blaue Färbung ist nur noch schwer zu erkennen. Wegen seiner steilen Hanglage, zahlreicher Rinnen und Spalten kann er nur mit entsprechender Ausrüstung begangen werden. Einfach hingegen ist der Anstieg vom Parkplatz Seeklause am Hintersee

Durch die brodelnden Wasser der Wimbachklamm wurden einst sogar Baumstämme zu Tale geflößt.

zur Blaueishütte, die einen direkten Blick auf den Gletscher ermöglicht.

In den Steilhängen des **Klausbachtals** 17 nistet ein Steinadlerpaar. Der majestätische Flug der Raubvögel lässt sich oft sogar mit bloßem Auge beobachten. Sie machen hier paarweise Jagd auf Murmeltiere, Schneehasen und Gamskitzen sowie auf Raufußhühner.

Ein 45 ha großes **Wildgatter** 18 dient als Winterquartier für das Rotwild im Klausbachtal. Durch ihre Fütterung werden Verbissschäden und das Abschälen der Bäume verhindert. Tagsüber lässt sich das größte im Nationalpark lebende Tier kaum sehen, bei der Winterfütterung können Hirsche und Rehe jedoch in Ruhe beobachtet werden. Im Frühjahr zieht das Rotwild wieder in die höheren Gebirgslagen.

Seit 100 Jahren intakt – die wunderbare Welt der Almen Auf der so weiträumigen **Bindalm** 19 in den höheren Lagen des Klausbachtals lässt sich das nicht immer einfache Leben der Almbauern in den Kaser genannten Almhütten nachempfinden. Bei frischer Milch und einer herzhaften Brotzeit gewinnt man aufschlussreiche Einblicke in den Alltag der Senner.

Das Dorf **Ramsau** 20 dürfte eines der am meisten fotografierten Motive in den Alpen sein. Malerisch ragt der Zwiebelturm des Kirchleins vor den Bergen des Hochkalters und der Reiter Alpe in die Höhe, eine Brücke überspannt die quirligen Wasser des Flusses Ramsauer Ache. Wunderbare Postkartenmotive entdeckt man auch bei der Wanderung über den **Alm-Erlebnispfad** 21, der etwas entfernt von dem heilklimatischen Kurort an der Schwarzbachwacht in der Nähe des Taubensees beginnt. Er führt gleich über drei Almen und versorgt den Wanderer auf einem guten Dutzend Schautafeln mit allen wichtigen Information zum Almbetrieb, zu Bergmilch und Alpenkräutern. Für den 11 km langen Pfad sollte man sich etwa vier Stunden Zeit nehmen, da ein Anstieg von 890 m bis auf 1540 m Höhe bewältigt werden muss.

Noch verhüllen Wolken den Gipfel des Watzmanns, doch bald wird die Morgensonne die Berge und den Königssee aufleuchten lassen.

Als den kleinen Bruder des Königssees kann man den **Hintersee** 22 bezeichnen – sicherlich nicht so spektakulär, doch wesentlich besser zugänglich und daher bei Urlaubern beliebt. Ein Spaziergang rund um den See dauert etwa eine Stunde. Abwechslung bietet eine Kahnpartie. Der gleichnamige Ort hält ein großes Angebot an Unterkünften bereit.

Vom Hintersee führt ein Naturlehrpfad in den **Zauberwald** 23. Dieser urwüchsige Bergwald verdankt sein Entstehen einem dramatischen Felssturz vor Jahrtausenden. Seither hat die Natur hier aus den riesigen Felsbrocken eine wildromantische alpine Ideallandschaft geformt. Zahlreiche Tafeln informieren über die Entstehung und die Pflanzenwelt dieser einmaligen Landschaft (für ca. 1,5 km Länge 1 Std. Gehzeit einplanen, 80 m Höhenunterschied).

Das Tafelgebirge der **Reiter Alpe** 24 im westlichsten Teil der Berchtesgadener Alpen wird von den Einheimischen Reiteralm genannt. Zahlreiche Gipfel, darunter das Große Häuslhorn (2284 m), das Stadelhorn (2286 m) und das Wagendrischlhorn (2251 m), umkränzen das karstige Hochplateau. Nach außen fällt es fast überall steil ab, während es sich nach innen meist sanft wellt und lohnende Wander- und Skitourenziele

An den steil abfallenden Ufern des Königssees hat die Natur freie Hand.

bietet. Ausgangspunkt für Wanderungen ist wiederum die Schwarzbachwacht.

Diese über 1500 m hoch gelegene Hochfläche bedecken, besonders im nördlichen Teil, Almen und Weiden sowie alte Zirbenwälder und Zwergkiefernbestände. Die Zirbe, auch Zirbelkiefer oder Arve genannt, mit oft vom Sturm zerzauster Krone, gedeiht nur in den höheren Lagen der Alpen, den Karpaten und in Sibirien. Das größte Vorkommen dieser botanischen Rarität in Deutschland befindet sich auf der Reiter Alpe. In der Mitte des Hochplateaus liegt das Reitertrett, eine geheimnisvolle Erdspalte, angeblich der Zugang zu einem großen unterirdischen See. Das Ziel vieler Wanderer, die alte und die neue Traunsteiner Hütte, liegt ganz in der Nähe.

Steinadler *(Aquila chrysaetos)*

Steinadler stehen auf der Roten Liste. Früher in Deutschland verbreitet, leben sie jetzt nur noch in den Alpen. Ihre Anwesenheit ist ein Zeichen für ein intaktes Ökosystem, hier finden sie genug Beute. Das Jagdrevier eines Paares erstreckt sich über 60 km². Steinadler werden etwa 85 cm groß, ihre Flügel erreichen eine Spannweite von 2 m. Paare bleiben ein Leben lang zusammen.

Uralte Stadt vor traumhafter Kulisse Im Jahr 2002 feierte **Berchtesgaden** 25 mit einem großen Fest sein 900-jähriges Bestehen. Einst wurde hier ein Augustiner-Chorherrenstift gegründet. Berchtesgaden war seit 1380 im Reichstag vertreten, seine Repräsentanten saßen sogar auf der Fürstenbank. Kronprinz Rupprecht, der Sohn des letzten bayerischen Königs, gestaltete den fürstlichen Landsitz so, wie er sich noch heute dem Besucher zeigt. Er stattete die Räume mit Kunstwerken u. a. von Riemenschneider,

Veit Stoß, Bustelli, Stieler und Rottmann aus. Die Gäste- und Besucherzahl stieg. Immer mehr Künstler, Schriftsteller und selbst Industrielle fanden Gefallen am Berchtesgadener Tal, darunter der norwegische Schriftsteller Henrik Ibsen. Ludwig Ganghofer ließ hier eine ganze Reihe seiner Heimatromane spielen. Romantische Maler wie Carl Rottmann und Caspar David Friedrich waren von den Berchtesgadener Alpen fasziniert und hielten sie in ihren Bildern fest. Bei den Malern waren vor allem der Hintersee und der Königssee als Motive beliebt – nicht ohne Grund heißt einer der schönsten Aussichtsplätze am Königssee noch heute Malerwinkel. Der Tourismus in dieser Landschaft entwickelt sich bis in die heutige Zeit rasant.

Der Nationalpark wäre ohne das Kehlsteinhaus am **Obersalzberg** 26 nicht vollständig beschrieben, auch wenn dieser Ort mit Natur nur wenig zu tun hat, umso mehr aber mit deutscher Geschichte und Vergangenheitsbewältigung. Der Obersalzberg war schon seit 1923 Hitlers Feriendomizil. Nach 1933 wurde er neben Berlin zum zweiten faschistischen Machtzentrum ausgebaut.

Seit 1999 dokumentiert eine ständige Ausstellung im Gästehaus Göll die Geschichte des Obersalzbergs und seine Verknüpfung mit dem Nazi-Regime. Das Dokumentationszentrum versucht mit den jährlich stattfindenden Obersalzberger Gesprächen, neue Denkanstöße zu geben.

Steinbock *(Capra ibex)*

Er wurde im Jahr 1937 in den höheren Lagen des Nationalparks angesiedelt, obgleich er ursprünglich nicht hier beheimatet war. Da die Tiere nicht gejagt werden, sind sie nicht scheu und lassen sich mit etwas Glück aus nächster Nähe beobachten. In den Alpen lebt der Steinbock auf der Höhe zwischen der Wald- und der Eisgrenze. Eine Steinbockherde setzt sich aus 10 bis 20 Weibchen und Jungtieren zusammen. Der Bock bleibt den Winter über bei der Herde, verlässt sie aber im Frühling. Der Steinbock wurde in früherer Zeit stark mystifiziert, was dazu führte, dass fast alles Verwertbare des Steinbocks – Blut, Haare, sogar Exkremente – als Medizin eingesetzt wurde. Dies führte Anfang des 19. Jahrhunderts fast zum Aussterben der Art in Europa. Derzeit gilt der Bestand glücklicherweise als gesichert.

Bizarre Felsen, abgestorbene Baumriesen, überwältigende Panoramen – eine Natur wie von Künstlerhand geschaffen

Naturpark Nagelfluhkette

Wo die Alpen beginnen, der Bodensee nah ist und ein besonderes Gestein – das seltene Konglomerat Nagelfluh – die Landschaft prägt, liegt der Naturpark Nagelfluhkette. An der Schnittstelle zwischen Allgäu und Bregenzerwald hat sich über viele Jahrhunderte hinweg eine Kulturlandschaft entwickelt, die von artenreichen Alpweiden, markanten Berggipfeln und verträumten Ortschaften geprägt ist. Nicht nur für Wanderfreunde gibt es hier viel zu entdecken.

SERVICE

Anfahrt Auf der A 96 bis Memmingen, weiter über die E 532 bis Kempten, dann über die B 19 Richtung Immenstadt; per Bahn erreicht man Immenstadt oder Oberstaufen

Lage Am Nordrand der Allgäuer Alpen, zwischen dem österreichischen Langenegg im Westen und Immenstadt im Osten

Größe 400 km^2

Höchste Erhebung Hochgrat (1834 m)

Gründung 2008

Information Naturpark Nagelfluhkette e.V., Seestr. 10, 87509 Immenstadt

Telefon 08323/998 87 50

Infohäuser U. a. Balderschwang, Immenstadt, Obermaiselstein

Internet www.nagelfluhkette.info

TOP TIPP

1. **Hochgrat** Höchster Gipfel der Nagelfluhkette, per Seilbahn erreichbar
3. **Balderschwang** Schneesicheres Wintersportgebiet
5. **Immenstadt** Wandern am Großen Alpsee und Deutschlands längste Ganzjahresrodelbahn
7. **Riefensberg** Sennerei und Juppenwerkstatt

Von Oberstaufen geht es per Seilbahn auf den Hochgrat.

Hoch hinaus mit Zugspitz- und Bodenseeblick Wanderungen auf dem Kammweg der Nagelfluhkette gehören wegen ihrer panoramareichen Aussicht auf das Allgäuer Hügelland einerseits und auf den Allgäuer Hauptkamm andererseits zum Pflichtprogramm eines jeden Berg- und Outdoorenthusiasten. Wer es weniger anstrengend mag, nimmt einfach die Seilbahn von Oberstaufen auf den ➠ **Hochgrat** (1), den mit 1834 m höchsten Gipfel der Kette. Oben angekommen, erfreut sich der Wanderer an einer üppigen Gebirgsflora – von Arnika über Enzian bis Silberdistel – und an dem auch als »Herrgottsbeton« bekannten Nagelfluh.

Dem lieben Gott ganz nah sind Besucher bei der jährlichen Stuibenmesse am Gipfelkreuz des **Stuiben** (2) Anfang September. Aber ebenso unterm Jahr lockt der 1749 m hohe Berg mit einem faszinierenden Rundblick bis zum Säntis, zur Zugspitze und zum Bodensee. Auf dem Abstiegsweg bietet die urige Alpe Grund eine wohlverdiente Einkehr. Die Hütte befindet sich auf 1502 m und hält Übernachtungsplätze für müde Bergsteiger bereit.

Auf der bayerischen Seite Neben der namensgebenden Bergkette zählen sieben bayerische und acht Vorarlberger Gemeinden zum 40 000 ha großen Naturpark Nagelfluhkette. Die Ortschaften des ersten deutsch-österreichischen Naturparks sind allesamt um den Gebirgszug der Nagelfluhkette angeordnet. Eine von ihnen ist **Balderschwang** (3). Mit knapp 300 Einwohnern auf 1040 m ist sie zugleich die kleinste und höchstgelegene selbstständige Gemeinde Bayerns. Den Beinamen »Bayerisch Sibirien« verdankt das Dorf seinem Schneereichtum. Im Winter werden 30 km Abfahrtspisten und 40 km Loipen gespurt, im Sommer sind 60 km Wanderwege in dem naturbelassenen Hochtal ausgeschildert.

In **Fischen** (4) liegt das ganze Jahr über reichlich Gesundheit in der Luft. Das 3000-Einwohner-Dorf ist heilklimatischer Kurort der Premiumklasse. Blumenwiesen, Hügel und Wälder garantieren Naturerleben: ebenerdig im Tal oder auf Panoramapfaden in der Höhe.

Gut 200 km Wanderwege gibt es rund um **Immenstadt** (5) zu entdecken. Einige davon führen um den Großen Alpsee. Einen kleinen Geschwindigkeitsrausch verspricht der Alpsee Coaster, mit fast 3000 m Strecke Deutschlands längste Ganzjahres-Rodelbahn. Und danach geht es lehrreich ins Allgäuer Bergbauernmuseum. Dort wird lebensecht gezeigt, wie wichtig die Berglandwirtschaft für Mensch und Natur ist.

Die landschaftlichen Reize des Naturparks mit den nachhaltigen Gesundheits- und Spaangeboten eines Ferienorts verbindet **Oberstaufen** (6). Lifestyle-orientiertes Wellnessen auf der einen Seite sowie die Auszeichnung als Deutschlands beliebtester Wanderort auf der anderen Seite garantieren eine gute Urlaubsmischung.

Im Vorarlberg An den nördlichen Ausläufern des Vorderen Bregenzerwalds liegt die Gemeinde **Riefensberg** (7) – und zwar an der KäseStraße Bregenzerwald, mit noch einer eigenen Sennerei. Sehenswert am Ort ist die Juppenwerkstatt, die die aufwendigen Trachten der Bregenzer Wälderinnen herstellt. Gemeinsam mit den drei anderen »Kleeblattgemeinden« Balderschwang, Hittisau und Sibratsgfäll bietet Riefensberg 100 Wandertouren von unterschiedlicher Länge an.

Als schönste Blumengemeinde des Vorarlbergs gilt **Lingenau** (8) im Westen des Naturparks. Traditionelle Heimatabende, Platzkonzerte, ein Bienenlehrgarten, aber genauso ein Hochseilpark, Flussrafting- und Canyoningangebote sorgen für Auswahl bei der Urlaubsgestaltung.

Alpenrosenblüte am Wannenkopf

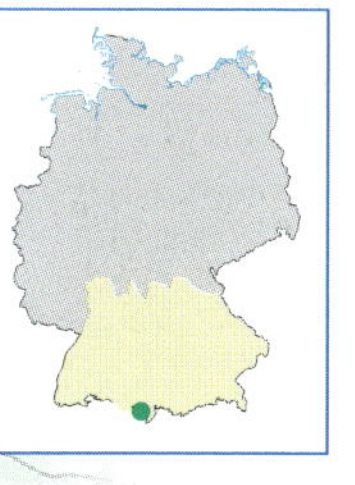

Register

Abtei Brauweiler 225
Ahlhorner Teiche 62
Alendorf 219
Almwirtschaft 488
Altenburg 203
Altenstein 395
Altfriedländer Teiche 145
Althüttendorf 127
Altkönig 237
Altkünkendorf 128
Altmühltal-Radweg und –Panoramaweg 459
Altschlossfelsen 279
Anklamer Stadtbruch 105
Arche Warder 24
Arensberg 193
Aschauer Teiche 77
Aschberg 21
Attahöhle 173
Auerhahn 315
Aukrug 26
Aussuchtsturm »Moorochse« 99
Austernfischer 57
Authausen 333

Bad Brückenau 267
Bad Ellster 373
Bad Emes 233
Bad Kissingen 263
Bad Pyrmont 151
Bad Wildungen 197
Balderschwang 492
Balver Höhle 175
Barbarossahöhle 323
Bargerveen 59
Barhöfter Kliff 36
Bärlauch 349
Bärwurz 447
Basaltsteinbruch 205
Basedow 102
Bastei 383
Baumkronenpfad 346
Bautzen 341
Belchen 473
Belziger Landschaftswiesen 289
Bergische Natur- und Museumsroute
Bergisches Freilichtmuseum 168
Bergpark Wilhelmshöhe 202
Bernau 138
Besucherzentrum 133
Betteleiche 349
Bexaddetal 73
Bikepark am Geißkopf 437
Bilstein 197
Bilstein 209
Bilstein 244
Bilsteinhöhle 179
Biologische Station 162
Biosphärenreservat 17
Biosphärenreservat 460
Bippener Maiburg 66
Birresborner Eishöhlen 223
Bleckede 90
Bleilochtalsperre 363
Blieskastel 274
Böhlgrund 408
Boitzenburg 119
Bommecketal 172
Bordesholm 25
Borkenkäfer 448
Bramwald 204
Braubach 235
Brautrummel 287
Bremsdorfer Mühle 303
Bretziner Heide 86
Brocken 314
Brockenbahn 315
Brockengarten 315
Brühl 225
Brunnen- und Hägelesklinge 454
Brunstal 347
Büchenburg 148
Buchhorst 95
Bühren 206
Bullenheimer Berg 411
Bungsberg 29
Burberg 165
Burg Brandenstein 254
Burg Hauneck 261
Burg Lauenstein 396
Burg Rabenstein 287
Burg Schlitz 102
Burg/Borkowy 298
Burgenwanderweg 406
Burgfalknerei Hohenbeilstein 452
Burghasunger Berg 201
Burgruine Leuchetnberg 427
Burgsinn 248

Casino 463
Caspar David Friedrich 40
Cramberger Lahnschlinge 231
Creuzburg 329

Damerower Werder 99
Dammer Berge/Bergsee 72
Danenberger Marsch 92
Dannauer See 28
Darßer Ort 35
Daudenberg 194
Dauner maare 222
Deutsche Alleenstraße 103
Diemelsee 189
Dinosaurierpark Münchehagen 75
Doberlug-Kirchhain 334
Domäne Einsiedel 475
Dömitz 87
Donauversickerung 477
Donoper Teich 156
Dörenther Klippen 70
Dorfrepublik Rüterberg 87
Dörnberg 201
Drachenfels 227
Drachenfels 277
Drachenfelser Ländchen 225
Drachenschlucht 353
Draisine 102
Drawehn-Höhenweg 89
Drei Kaiserbäder 50
Drei-Seen-Blick 128
Dreienberg 260
Dreisesselberg 440
Druidenhain 420
Dümmer 72
Düwelsteene 152

Ebersnacken 164
Eberstadter Tropfsteinhöhle 407
Ebrach 409
Edelweiß 487
Edertalsperre 196
Egertal 369Tannenzapfenfelsen 370
Eiche 127
Eidersperrwerk 17
Eisvogel 32
Elbsandsteingebirge 382
Elisabeth-Außengroden 54
Elmpter Schwalmbruch 161
Eltmann 409
Emsland Moormusem 58
Engweger Kopf 239
Eppinger-Linien-Weg 451
Erdmannshöhle 472
Erdöl-Erdgas-Museum 59
Erlebnisbergwerk Merkers 262
Erlebnislandschaft Delliehausen 167
Erlebnisweg Schachten und Filze 444
Erpeler Ley 228
Erzgebirgisches Freilichtmuseum 379
Ettelsberg 190
Europäische Wildkatze 351
Europäischer Elch 132
Eversberg 181
Externsteine 157

Fahrzeugmuseum suhl 355
Feengrotten 360
Feldberg 471
Felsenlabyrinth 395
Felsformationen 365
Felswandergebiet 449
Ferschweiler Plateau 221
Feste dilsberg 406
Festung Königstein 386
Feuerlilie 375
Fichtelgebirgsmuseum 367
Fichtelseemoor 366
Findlingsparkmhenzendorf 306
Finowkanal 140
Fischadler 109
Fischerei Köllnitz 295
Fischotter 95
Flechten 385
Fledermausmuseum 143
Flossenbürg 426
Flößersteig 387
Flusskrebs 395
Fokenbachtal 230
Forst Bibra 344
Forum Vogelsang 215
Fossa Carolina 457
Frankenhöhe 412
Freilandmuseum Lehde 299
Freilichtmuseum „Dat Ole Hus“ 27
Freilichtmuseum Beuren 461
Freilichtmuseum Molfsee 23
Freilichtmuseum Neuhausen ob Eck 478
Fürstenlager 401
Fürstlich Drehna 337

Galenbecker See 125
Gangolfsberg 265
Gartzer Schrey 131
Gattberg 68
Gebaberg 262
Gefleckter aronstab 231
Gelnhausen 255
Gersheim 275
Ginsberger Heide 185
Gladenbacher Bergland 247
Glaner Braut 63
Glasau 32
Glauer Tal 293
Glockenmuseum Laucha 344
Gobert 326
Goethewanderweg 356
Göhrde 89
Golm 48
Görtowsee 111
Gottschlägtal 466
Granitz 46
Greetsiel 53
Grindenkamm 462
Große Arber/ Arbersee 434
Großer Brachvogel 63
Großer Falkenstein 443
Großer Fichtelberg 376
Großer Inselberg 354
Großer Ölberg 227
Großer Rachel 444
Großer Stechlinsee 115
Großer waldstein 364
Großtrappe 289
Grotenburg 157
Grube Messel 401
Gülper See 135
Gustav-Kögel-Weg 333
Gut Rantzau 29
Guttau/Hucina 340

Habicht 203
Hafenlohrtal 249
Hahnenbachtal 268
Haithabu bei Haddeby 19
Hallig Hooge 16
Halloh 197
Hameln 150
Hammelburg 263
Hann. Münden 207
Hannoversche Klippen 167
Harzer Schmalspurbahn 316
Hauptmannsberg 123
Häuselloh 368
Havel 135
Haverbeeke 81
Heidberg 21
Heide 78
Heidenmauer 277
Heidschnucke 80
Heigenbrücken 251
Heilige Hallen 122
Heimattierpark Kunsterspring 115
Heinrich Schliemann 110
Hellbachtal 83
Herborn 247
Hermannsweg 70
Hermeskeil 272
Heuneburg 481
Hexentanzplatz 312
Himmelpfort 121
Himmelsscheibe von Nebra 343
Hirschabachtal 419
Historisches Schieferbergwerk Lehesten 362
Hitzacker 89
Hochgrat 492
Hochmoor-Perlmutterfalter 307
Hochmoorgelbling 374
Hohe Bracht 173
Hohe Düne Pramort 36
Hohenleipisch 335
Hohenstein 150
Hohenzollern 126
Hoher Hagen 206
Höhlbeck 89
Hohlenstein 453
Hohler Stein 180
Hohneklippen 319
Höllental 398
Hönnetal 174
Hoppeckequelle 191
Hude 61
Hullerner See 154
Hünenteichen 348

Ibengarten 262
Ihlefelder Kreuz 350
Ilsequelle 187
Ilsetal 316
Ilzleiten 439Buchberger Leite 440
Immenstadt 493
Infozentrum Redderhus 21
Insel Vilm 45
Iphofen 409
Irreler Wasserfälle 221

Jeber-Bergfrieden 291
Jenner 485
Jossatal 254
Jugendherberge Bremsdorf 306

Käflingsbergturm 109
Kahle Asten 183
Kaisermantel 197
Kaiserpfalz 309
Kaiserpfalz Memleben 342
Kalkberg 33
Kalkflachmoor 85
Kalktuffgelände am Tegeler Fließ 140
Kalmit 278
Kämkerhorst 95
Kampfläufer 137
Kandel 469
Karlstalschlucht 278
Karower Teiche 139
Kästeklippe 309
Kellinghusen 27
Kemberg 330
Kermeter 213
Kickelhahn 356
Kiebitz 129
Kitzkammer-Höhle 211
Kleine Schorfheide 120
Kleinziegenfelder Tal 418
Kleßen 135
Klingenberg 250
Kloster 38
Kloster Bebenhausen 475
Kloster Beuron 479
Kloster Chorin 129
Kloster Ebenbach 240
Kloster Hardehausen 159
Kloster Neuzelle 305
Kloster Oberschönenfeld 483
Knabenkraut 42
Köhlerweg 377
Kolbinger Höhle 478
Königsberg in Bayern 394

Königshafen 12
Königslutter 283
Königssee 484
Königsstuhl 42
Königstuhl und Felsenmeer 405
Krakower Obersee 98
Kranich 38
Kranichbeobachtungsturm 337
Kreide 43
Kreuzberg 266
Krickenbecker See 160
Kronach 399
Kronberg 237
Krumbeck 123
Krumminer lindenallee 51
Kühkopf und Knoblochsaue 401
Kummerower See 101
Kunsterspring 117
Kyffhäuser-Denkmal 323

Lachmöwe 49
Lahnstein 235
Lamer Winkel 430
Lammerdorf 217
Land Wursten 55
Landschafts-Informations-Zentrum Liz 180
Landschaftspark Ramholz 253
Latrop 186
Laubach 242
Lauchagrund 354
Lausche-Hochmoor 381
Lauterachtal 422
Lehde 297
Leutesdorf 231
Lilienstein 385
Limes 454
Linz am Rhein 229
Listland 13
Lohr 251
Lorsch 400
Lübbenau/Lubnjow 297
Lübbensteine 284
Luchs 444
Luckau 336
Lusen 447
Lutherstadt Wittenberg 290

Magdeburg 93
Malente-Gremsmühlen 31
Mandelbachtal 275
Martin Luther 332
Mechernich 218
Mecklenbruch 166
Meerbruch bei Winzlar 75
Meeresmuseum Stralsund 36
Megalithgrab Züschen 203
Megalithkultur 64
Meißner-Plateau 211
Menz 116
Merfelder Bruch 152
Mespelbrunn 250
Michaelsberg 451
Michelstadt 403
Milkeler Heide 339
Milseburg 258
Möhnesee 178
Monschau 217
Montabaurer Höhe 232
Moorfrosch 110
Moorwiesen 103
Moosbeere 311
Mooser Teiche 245
Morgenröthe 375
Mörschied 273
Morsum-Kliff 14
Möthlow 136
Mountainbike 470
Mücheln 321
Müden an der Örtze 76
Mühlhausen 327
Mühlsturzhörner 488
Mummelsee 465
Müncheberg 142
Müngstener Brücke 171
Murg 467
Murgschlucht 473
Murrhardter Felsenmeer 454
Museen in Göhren 47
Museumsdorf Bayerischer Wald 438
Museumspark Varusschlacht 67

Narzissenwiesen 215
Nationalparkbus 112
Nationalparkinformation 107
Naturerlebnispfad 113
Naturschutzgebiet Hühnerfeld 207
Naturschutzgebiet Klobichsee 143
Naturschutzgebiet Untere Havel Nord 136
Naturwildpark Granat 155
Naumburg 345
Neroberg 241
Neuhardenberg 145
Neuhardenberg 145
Neukalener Moorwiesen 104
Neuntöter 415
Neustadt (Dosse) 134
Neustadt (Wied) 229
Neustadt an der Waldnaab 426
Neuwerk 57
Nideggen 216
Nonnweiler 272
Nord-Ostsee-Kanal bei Sehestadt 21
Nordhelle 172
Nutscheid 170

Obergermanisch-Räthische Limes 456
Oberharzer Wasserregal 310
Obermarsberg 188
Oberpfälzer Freilandmuseum 428
Oberpfälzer Turm 371
Odenwälder Freilandmuseum 407
Oderbruch 132
Oebisfelde 94
Orscholz 271
Osser 431
Osterkopf 190
Ostheim vor der rhön 265
Ottilienberg 450
Otto-Lilienthal-Museum 105
Our-Schleife 220
Oybin 381

Panorma-Museum 323
Perl 270
Pestruper Gräberfeld 65
Petersberg 413
Pfahl 436
Pfalzmuseum für Naturkunde 278
Pfarrkirche Waldeck 371
Pfingstnelke 199
Pfrentschweiher 427
Pietzmoor 81
Pimpinellenberg 129
Plön 32
Plothener Teiche 361
Poetensteig 145
Polenztal 384
Pomologischer Schau- und Lehrgarten Döllingen 335
Porphyrlandschaft Grimritz 321
Porta Westfalia 69
Prackendorfer und Kulzer Moos 429
Presseler Heidewald 333
Prieros 295
Pulvermaar 223
Putbus 44

Quedlinburg 312
Quernst 195

Rabenstein 194
Raesfeld 153
Ramsau 489
Rasender Roland 45
Ratzeburger See 82
Reesholm 18
Reicherskreuzer Heide 307
Reitlingstal 285
Rheinsberg 114
Rhöndistel 259
Riefensberg 493
Römermuseum Schwarzenacker 275
Römerturm bei Grab 553
Rotbauchunke 140
Rotes Moor 259
Rotes Ufer 333
Rothaarkamm 184
Rothaarsteig 185
Rothenburg ob der Tauber 413
Rothermühl 125
Rübenkamp 177
Rudelsburg und Saaleck 345
Ruhlsdorfer Bruch 144

Saale-Unstrut-Wein 345
Sababurg 207
Sandstein 149
Saurerfährten 68
Schaalsee 84
Schafstein 259
Schaichtal 475
Schanze 186
Scharhörn 57
Schellente 117
Schertelshöhle Westerheim 461
Schiffstour 132
Schillingsfürst 414
Schlepzig/Slopisca 300
Schliffkopf 466
Schloss Bevern 166
Schloss Burgk 363
Schloss Drachenburg 227
Schloss Emkendorf 23
Schloss Homborg 169
Schloss Simmern 269
Schloss Wartenstein 268
Schmale Aue 80
Schmarbecker Wacholderwald 77
Schmeietal 480
Schmiedefeld 359
Schmücke 358
Schneckenstein 374
Schneewittchen 198
Schnelle Havel 140
Schomberg 176
Schöningen 282
Schönseer Land 429
Schotten 243
Schrammsteine 389Wallfahrtskirche Maria Hilf 392
Schwanenblume 300
Schwansener See 19
Schwarzatal 357
Schwarzeck-Kamm 432
Schwarzes Moor 264
Schwarzpappel 131
Schwedenlöchern 384
Schwedenschanze 393
Schwentine 30
Schwingetal 104
Seedorfer Werder 83
Seekopf 466
Seelensteig 446
Seevetal 79
Sehestedter Außendeichsmoor 54
Seiffen 378
Sieben-Seen-Blick 50
Siele 53
Silberbachtal 157
Silbergras 91
Skulpturenpark Bülzig 291
Soisberg 261
Sonneberger Moor 318
Sorgwolder Binnendünen 20
Spiekeroog 54
Spreewald-Kahnfahrt 301
Spreewaldgurke 298
St. Bartholomä 486
St. Peter-Ording 15, 16
Staffelberg 417
Stallberg 256
Stangenhagen 292
Stechpalme 221
Steigerwald-Höhenstraße 410
Steinachtal 399
Steinadler 490
Steinau an der Straße 253
Steinbach an der Haide 397
Steinbock 491
Steinhude 74
Stemweder Berg 73
Sternberg 97
Stocksee 32
Strangmoore 267
Streckelsberg 51
Stubnitz 40
Süntelbuche 150
Süßwassergebiet 125

Tagebau Hambach 224
Tal der Schlaube 303
Taufstein 244
Taunus Wunderland 241
Tecklenburg 71
Templerkapelle 321
Templin 120
Teufelshöhle 253
Teufelshöhle 419
Teufelskanzel 325
Teufelsmauer 312
Teufelsschlucht 221
Teufelstisch 279
Teupitz 294
Tierfreigelände 448
Tiergarten Neustrelitz 113
Till-Eugenspiegel-Museum 284
Totengrund 80
Trappistenabtei Mariawald 213
Trauerseeschwalbe 73
Treffurt 328
Trenck-Festspiele und Pandurensteig 433
Tüschenbroicher Weiher 162

Ueckermünde 124
Üfter Mark 155
Urftstausee 213
Urwald Hasbruch 62
Urwaldsteig 192
Usedom 48

Velmerstot 158
Vesser 359
Vilstal 423
Visbeker Brautzug 64
Vogelschutzwarte Seebach 327

Wacholderheide 329
Wahner Heide 170
Waldeck 371
Waldnaabtal 425
Waldrastplatz Teufelsbrücke 474
Wanderdüne Jüterbog 293
Wanderfalke 211
Wanninchen 337
Warnow-Mildenitz-Ducrhbruchstal 97
Wartburg 352
Wartha 340
Wasserbaum von Ockensen 151
Wasserkuppe 258
Wasserschloss Reinharz 331
Weilburg 236
Weinheim 404
Weiße Seerose 107
Weltenburger Enge 459
Welzheim 455
Werleshäuser Pforte 209
Wernigerode 311
Wertingen 482
Westensee 22
Weststrand 35
Wettin 321
Wettringen 414
Wiesnburg 288
Wildfreigehege Wildenburg 273
Wildpark Donsbach 247
Wildpark Eeckholt 24
Wildseemoor 464
Wilseder Berg 80
Wimbachtal 487
Windelsbach 414
Wispertal 240
Wissower Klinken 43
Witzenhausen 209
Wonsee 418
Wörlitzer Park 93
Wüstegarten 199
Wutachschlucht 472

Zarrentin 84
Zechower Berge 116
Zechsteinkarstgebiet 210
Zehdenicker Tonstichlandschaft 121
Zentrum für Natur, Umwelt und Tourismus 46
Zickersche Alpen 47
Zisterzienserabtei Maulbronn 451
Zittauer Schmalspurbahn 380
Zusmarshausen 483
Zwölf Apostel 458